『의혹을 팝니다』에 보내는 찬사

『피츠버그포스트-가제트』에서 2010년 최고의 책으로 선정.

나오미 오레스케스와 에릭 콘웨이는 많은 사람들이 오래전부터 의심해왔던 바를 증명해냈다. 기후 위기를 비롯한 여러 환경 문제를 둘러싼 '논쟁'을 만들어낸 주인공은 바로 '무해한' 담배를 권장한 이들이었다. 미국 민주주의의 현 상태에 관심 있는 사람이라면 누구나 이 책을 읽어야 한다.
— 전 미국 부통령 앨 고어, 『불편한 진실』의 저자

지난 20년 동안 지구 온난화의 과학이 점점 확실해짐에 따라 이 과학을 공격하는 목소리 역시 날카로워졌다. 이 책을 통해 우리는 기후 변화 문제에 국한되지 않는 이런 역설을 이해할 수 있다. 무척 어려운 문제를 매혹적으로 서술한 책이다.
— 빌 매키번, 『지-구: 불편한 새로운 행성에서 살아가기』의 저자

나오미 오레스케스와 에릭 콘웨이는 중요하면서도 시의적절한 책을 내놓았다. 『의혹을 팝니다』는 기후 변화의 과학이 결말이 났는지를 둘러싼 의문에 최종적인 마침표를 찍었음이 분명하다. 이제 결론이 났는데도 우리는 목숨을 무릅쓰고 이런 메시지를 무시한다.
— 엘리자베스 콜버트, 『파국에서 보내는 현장 노트: 인간, 자연, 기후 변화』의 저자

과학이 어떻게 작동하는지, 과학 정보가 대중에게 보급되는 과정이 어떻게 정치적 동기에 휘둘리는지를 풍부한 자료를 바탕으로 인정사정없이 까발리는 책.
— 『커커스 리뷰 Kirkus Review』

매혹적이면서도 중요한 연구서 『의혹을 팝니다』의 저자 나오미 오레스케스와 에릭 M. 콘웨이는 놀랍고도 불온한 명제를 뒷받침하는 설득력 있는 증거를 제시한다. 흡연의 유해성, 전략 방위 구상('스타 워스')의 난점, 산성비의 효과, 오존홀의 존재, 간접흡연이 야기하는 문제, 그리고 — 마지막으로 — 인간이 야기하는 기후 변화의 존재 등에 관한 과학적 증거에 입각한 주장에 반대하는 입장이 일반 대중에게 중요한 정보가 전달되지 않도록 막으려는 '정치적 목적과 상업적 이해관계에 봉사' 하는 데 활용되었다는 것이다. …… 주요한 정책 결정들이 어떻게 연기되거나 왜곡되었는지를 철저하게 폭로하는 『의혹을 팝니다』는 많은 사람이 읽을 필요가 있다. 과학 정보를 일반 대중에게 전달하는 일에 종사하는 모든 이들은 이 책을 반드시 읽어야 한다.
— 『사이언스』

철저하고 포괄적인 책. …… 오레스케스와 콘웨이는 환경 문제를 둘러싼 복잡하지만 중요한 싸움을 생생하게 그려낸다. …… 매혹적이면서도 어두운 역사를 만난다. ……『의혹을 팝니다』는 중요한 책이다. 얼마나 중요하냐고? 당신이 올해 기후 변화에 관한 책을 딱 한 권 읽을 생각이라면 무조건 『의혹을 팝니다』를 읽기를. 한 권 더 읽을 시간이 있다면 『의혹을 팝니다』를 한 번 더 읽을 것.
— Grist.org

나오미 오레스케스와 에릭 M. 콘웨이는 역사가의 세심함과 탁월한 이야기꾼의 솜씨로 무장하고서 담배 산업 보호론자들의 더러운 역사를 펼쳐 보인다. 이 보호론자들은 담배의 유해성을 둘러싼 논쟁에 과학적으로 '입증할 수 없다.' 는 틀을 씌우고는 수십 년 동안 죽음의 상인들의 시장 점유율을 보장해주었다. 물론 그들은 처음부터 끝까지 담배의 유해성을 잘 알고 있었다. 『의혹을 팝니다』를 통해 우리는 바로 이 사람들이 기후 변화 논쟁에 '입증 불가능' 이라는 틀을 씌우려는 계획에 가담한 당사자들임을 알 수 있다. 그들은 유효성이 증명된 사실 왜곡 전술을 똑같이 써먹었고, 대표성이 없는 과학자들과 산업에 우호적인 입법 의원들을 똑같이 활용했다. 유효성이 증명된 대중적인 사실 재구성은 이번에도 역시 효과를 발휘했다. 그러나 이제 오레스케스와 콘웨이의 강력하고도 시의적절한 연구를 통해 이 모든 기만과 궤변의 정체가 낱낱이 드러났다.
— 스티븐 H. 슈나이더, 스탠퍼드대학교 교수, 『과학은 신체 접촉 스포츠다: 지구 기후를 구

하기 위한 싸움 안에서』의 저자

나오미 오레스케스와 에릭 콘웨이가 '의심을 파는 사람들'을 찾아냈다.
— 『배너티 페어』

콘웨이와 오레스케스는 '부정주의denialism'의 계보에 대한 흠잡을 데 없는 연구를 통해 지구 온난화를 부정하는 핵심 인물들이 과거에 담배 산업의 지원을 받아 흡연과 발암의 연관성에 의혹을 제기하려 한 시도에서 이름을 떨쳤음을 보여준다.
— 『뉴 휴머니스트』(영국)

탁월한 취재와 명쾌한 글쓰기의 산물. …… 이 책에서 정말로 충격적인 점은 겨우 274쪽에 담긴 활발한 논의를 통해 일곱 가지 과학적 쟁점을 꿰뚫어볼 수 있다는 사실이다. 일곱 가지 사례 모두 정부의 결정적인 규제가 필요했지만 실현되지 않았다. 한 줌의 과학자들이 규제 담당자와 정치인, 언론인의 사무실에 의혹의 연기를 흩뿌려댔기 때문이다. …… 오레스케스와 콘웨이는 정말로 대단한 공적 봉사를 한 셈이다.
— HeadButler.com

오레스케스와 콘웨이는 중요한 이야기를 전해준다. …… 정치적·상업적 목적을 위해 과학을 오용하는 현실에 관해 이 책이 던져주는 교훈에 우리는 마땅히 진지한 관심을 기울여야 한다.
— 『퍼블리셔스 위클리』(별점 평)

과학사학자 나오미 오레스케스와 저술가 에릭 콘웨이는 『의혹을 팝니다』에서 일종의 역逆음모 이론을 조사한다. 우리에게 수상쩍은 과학을 떠안기는 것은 생태주의 테러리스트들과 사회주의자들이 아니다. 풍부한 자금과 조직적인 노력으로 장기간에 걸쳐 날조를 부추기는 것은 오히려 담배의 유해성이나 기후 변화를 부인하는 부정론자들이다. 종전의 저서들에서도 비슷한 주제를 요령 있게 다루었지만 이번 책이야말로 정곡을 찌른다. …… 『의혹을 팝니다』를 통해 우리는 오늘날 벌어지는 사태를 이해하는 데 필요한 역사적 관점과 현재적인 정치적 통찰을 얻을 수 있다.
— 『온어스OnEarth』 잡지

오레스케스와 콘웨이는 왜 몇몇 과학자들이 대중적 논의의 중심을 차지하는 쟁점들에 대한 과학계의 압도적인 합의에 계속해서 반기를 드는지를 있는 그대로 묘사한다.
— 『USA 투데이』

몇몇 과학자들이 정치·경제적 의제를 추진하기 위해 어떻게 자신들의 영혼을 팔았는지에 관한 불온한 이야기.
— 『피츠버그포스트-가제트』

강력하다.
— 『이코노미스트』

담배가 폐암을 유발하고, 공해가 지구에 해를 끼치며, 핵무기가 극도로 위험하다는 사실에 대해 의문을 던지는 도무지 이해할 수 없는 언론 보도를 수십 년 동안 접했던지라, 이 모든 의혹 제기의 배후에 동일한 용병 집단이 있는 건 아닌지 궁금해 하는 것도 당연하다. 『의혹을 팝니다』의 저자들이 수집한 증거에 따르면, 실제로 그런 집단이 존재한다.
— 『고등 교육 신문Chronicle of Higher Education』

거짓 과학 정보를 퍼뜨리는 조직적 캠페인에 관한 통렬한 설명. 이 책을 통해 우리는 언론과 과학 공동체와 일반 대중이 얼마나 쉽게 속아 왔는지(그리고 앞으로도 속을 것인지)를 분명히 알 수 있다.
— 『워싱턴 포스트』 '캐피털웨더갱Capital Weather Gang' 블로그

철저한 연구와 명쾌한 글쓰기의 결합.
— 『워싱턴 타임스』

훌륭하다.

— 『아메리카』 잡지

주목할 만한 책. …… 다음번에 친구나 폭스뉴스 해설가, 정당 후보자가 '기후 변화 같은 건 없다.'거나 '설사 기후 변화가 진행된다 할지라도 인간 활동에 따른 것이 아니'라는 주장을 밀어붙일 때, 당신은 그들의 엄청난 오해의 원천을 인식하게 될 것이다. 좋은 소식은 결국에는 정직한 과학이 승리한다는 것이다. 그렇다면 나쁜 소식은 뭘까? 인위적으로 가열된 논쟁이 창궐하는 동안 지구가 뜨거워진다는 것이다. 그렇지만 많은 사람들이 『의혹을 팝니다』를 읽는다면, 언론의 불길이 한결 수그러들 게 틀림없다.
— 『미니애폴리스 스타 트리뷴Minneapolis Star Tribune』

『의혹을 팝니다』는 올해에 나온 가장 주목할 만한 책 중 하나이다. …… 철저한 조사와 증거 자료에 바탕을 둔 이 책을 통해 우리는 지난 몇 십 년 동안 용병 과학자들이 어떻게 담배 산업 및 화학 회사들과 손을 잡고 그들의 제품이 안전하다고 대중을 설득했는지를 알게 된다. 확실한 과학적 증거는 아무 소용도 없었다. …… 『의혹을 팝니다』는 충실하고 종합적인 조사에 바탕을 둔 두툼한 책이다. …… 부디 베스트셀러가 되기를. 이 책에서 하는 말에 사람들이 귀를 기울여야 하기 때문이다.
— 『크리스천 사이언스 모니터』

어떻게 해서 해방liberty과 자유freedom라는 말이 가짜 과학과 뒤얽히게 되었는지, 친기업 성향의 싱크 탱크들이 어떻게 출범하게 되었는지, 과학자들이 어떤 동기로 확실한 것을 넘어서 배신을 하게 되었는지 궁금해 한 경험이 있는가? 『의혹을 팝니다』는 이 모든 문제에 대답하기 위해 역사 속의 비틀리고 구부러진 길을 노련하게 따라가며, 절묘한 세부 묘사로 점철된 흥미진진한 이야기는 다양한 독자들을 모두 빨아들인다. …… 과학자나 과학에 흥미 있는 모든 사람, 특히 언론인과 공공 정책에 직간접적으로 관여하는 이들은 이 책을 주춧돌로 삼아야 한다. 『의혹을 팝니다』를 읽고 나면, 날마다 순진한 대중에게 진정한 과학이라고 제시되는 갖가지 프로파간다에 맞서 싸울 든든한 힘이 생길 것이다. 게다가 이 책은 세심한 연구 조사와 유려한 글쓰기가 결합된 하나의 작품이다.
— 『오스틴 사이언스 폴리시 이그재미너Austin Science Policy Examiner』

단순한 요약이나 서평으로는 이 책에 담긴 정보의 표면만을 긁어낼 수 있을 뿐이다. ……『의혹을 팝니다』는 워낙 흥미로운 내용이라 '마이동풍' 격으로 흘려들을 수 없다. 이제 더는 사실을 부정해서는 안 된다. 어떤 자유 시장도 산성비나 지구 온난화 같은 시장의 실패를 분명하게 다룰 수 없으며, 현실을 무시하는 태도는 도저히 현실을 무시하지 못하게 될 때까지만 유효할 뿐이다.
―『학자와 악당 Scholars and Rogues』

오레스케스와 콘웨이는 ― 철저한 학문적 연구와 탁월한 이야기 얼개를 결합하면서 ― 이른바 기후 '회의론자', '반대론자', '부정론자', '불신론자' 등등이 과거에 제기한 환경과 보건 관련 논쟁에 공통된 연결 고리를 해명한다. 기후 변화를 다루는 흥미로운 신간이 넘쳐나는 때에 블룸스버리 출판사에서 나온 이 책이 특히 소중한 까닭은 무엇일까? 지금은 기억조차 가물가물한 최고의 탐사 저널리즘을 떠올리게 만드는 철저한 조사 연구와 탁월한 글쓰기를 결합한 덕분일까? …… 기후 과학이 정치의 도구가 되어버린 저속한 배경을 이해하기를 원하는 이들은 마땅히 이 책을 읽어야 한다. 기존 과학계에서 가장 존경 받는 몇몇 과학자들과 과학 연구까지도 정치적 과학의 공격 대상이 되었기 때문이다.
―『예일 기후 변화 포럼』

올해 최고의 화제작.
―『허핑턴 포스트 Huffington Post』

매혹적이다. ……『의혹을 팝니다』의 저자들은 여러 질문을 던지고 훌륭한 대답을 찾아서 인상적이면서도 불온한 책을 내놓았다. 언론 편집자들과 국회 의원들, 그리고 물론 기후학자들은 한 명도 빠짐없이 이 책을 읽어야 한다.
― ClimateProgress.org

천 년 뒤의 역사가들은 도대체 무엇이 잘못되었는지 궁금해 할지도 모른다. 인간이 초래한 기후 변화의 현실을 연구자들이 그토록 철저하게 확인한 뒤에도, 어떻게 그렇게나 많은 미국인들이 이 모든 게 좌파의 날조라고 믿는 우를 범하게 되었을까? 나오미 오레스케스와 에릭 M. 콘웨이는 매혹적이고 상세하며 우아한 글로 완성한 신간『의혹을 팝니다』에서 ― 불온하면서도 ― 대단히 훌륭한 답변을 내놓는다. …… 지구의 미래나 인류의 건강, 과학의 완전성에 관심이 있는 사람이라면 이 책을 읽고 분노하지 않을 수 없을 것이다.
— 『아메리칸 사이언티스트』

기후 변화에 대처하는 데 반대하는 캠페인을 혐오해야 할 풍부한 이유를 찾는다면, 두말 말고 이 책을 집어 들 것.
— 『데일리 코스Daily Kos』

눈이 휘둥그레지는 책. …… 『의혹을 팝니다』는 놀라우면서도 주목할 만한 책이다.
— 『아메리칸 바이올로지 티처American Biology Teacher』

오레스케스와 콘웨이는 과학이 어떻게 작동해야 하며, 어떻게 몇몇 결정적인 증거가 미국의 대중적 담론에서 압도당했는지를 개괄적으로 보여준다. 『의혹을 팝니다』는 과학과 언론에 관한 중대한 연구이며 식견 있는 시민이라면 꼭 읽어야 할 책이다.
— 『라이브러리 저널』

저명한 과학자들이 어떻게 과학을 저버렸는지, 어떻게 환경 보호가 공산주의와 동일시되었는지, 어떻게 냉전이 기후 변화 부정론과 연결되기에 이르렀는지를 저자들은 방대한 연구에 바탕을 둔 상세한 서술로 알려준다. …… 우리 시대의 필독서.
— 『어스 게이지Earth Gauge』

시의적절하고 도발적이며 독자를 사로잡는 책.
— 『스켑티컬 인콰이어러Skeptical Inquirer』

과학 필독서 목록을 만든다면 무조건 추가할 책.
— 『캘리포니아 북워치California Bookwatch』

왜 우리가 기후 변화에 대처하는 데 실패하고 있는지를 정말로 알려면 『의혹을 팝니다』를 읽어라.
— 『바이오 사이언스』

오레스케스와 콘웨이는 미국의 산업과 특수 이익집단이 미국인들의 건강과 환경의 질을 희생시키면서 이윤과 이데올로기를 보호하기 위해 어떻게 국민과 정부를 혼란에 빠뜨렸는가 하는 역사를 치밀하면서도 자세하게 이야기한다.
— 『샌프란시스코 북 리뷰』

의혹을
팝니다

MERCHANTS OF DOUBT by Naomi Oreskes and Erik M. Conway

Copyright ⓒ 2010 by Naomi Oreskes and Erik M. Conway
Korean Translation Copyright ⓒ 2012 by Mizibooks
All rights reserved.

This Korean edition is published by arrangment with Naomi Oreskes and Erik M. Conway c/o Ayeshe Pande Literary, New York, through Duran Kim Agency, Seoul.

이 책의 한국어판 저작권은 듀란킴 에이전시를 통한 Ayeshe Pande Literary와의 독점 계약으로 미지북스에 있습니다. 저작권법에 의하여 한국 내에서 보호를 받는 저작물이므로 무단 전재와 무단 복제를 금합니다.

Merchants of Doubt
How a Handful of Scientists Obscured the Truth on Issues from Tobacco Smoke to Global Warming

의혹을 팝니다

담배 산업에서 지구 온난화까지 기업의 용병이 된 과학자들

나오미 오레스케스, 에릭 M. 콘웨이 지음 | 유강은 옮김

차례 — Merchants of Doubt

서론 | 한 줌의 과학자들이 진실을 가리다 · 19

1장 | 의심이 우리의 상품이다 · 37

2장 | 전략 방위 구상의 날조된 진실 · 83

B팀의 탄생 · 88 | 스타 워스: 냉전의 부활 · 96 | 전략 방위에서 핵겨울로 · 104 | 마셜연구소의 창설 · 116 | 과학에 대한 전면 공격 · 125

3장 | 산성비에 대한 의혹 · 137

미국과 캐나다의 불화 · 151 | 레이건 백악관의 회의론 · 153 | 윌리엄 니런버그의 등장 · 157 | 100만 달러짜리 문제에 10억 달러짜리 해법? · 164 | 동료 평가를 조작하다 · 188

4장 | 오존 홀을 둘러싼 싸움 · 209

오존 전쟁 · 220 | 남극 오존층의 구멍 · 229 | 염화불화탄소 규제 · 235 | 북극의 오존 홀? · 238 | 대항 서사 구성하기 · 241 | 뿌리가 뻘건 초록 나무 · 256

5장 | 간접흡연 논쟁 · 261

간접흡연과 나쁜 과학 · 264 | 환경보호청에 대한 업계의 공격 · 284 | 담배를 활용하여 자유 기업을 옹호하다 · 310

How a Handful of Scientists Obscured the Truth on Issues from Tobacco Smoke to Global Warming

6장 | 지구 온난화 부정하기 · 321

1979년: 기후 문제의 원년 · 325 | 엄청난 불확실성: 아무것도 할 필요가 없다? · 331 | '백악관 효과'로 '온실 효과'에 대처하다 · 347 | 태양 탓하기 · 351 | 로저 리벨에 대한 공격 · 358 | 지구 온난화 부정에 박차를 가하다 · 371

7장 | 레이첼 카슨 죽이기 · 403

『침묵의 봄』과 DDT 규제 · 407 | 정치 전략으로서의 부정 · 429 | 자유를 지키기 위해 과학을 죽이다 · 438

결론 | 표현의 자유와 자유 시장에 관하여 · 445

과학인 것처럼 행동하기 · 453 | 표현의 자유와 자유 시장 · 457 | 시장 근본주의와 냉전의 유산 · 461 | 기술은 우리를 구원할 수 없는가? · 474 | 정부가 만든 기술의 역사 · 482 | 과학자들은 왜 일어서지 않았을까? · 485

에필로그 | 과학에 대한 새로운 관점 · 491

감사의 말 · 506
글의 출처 · 510
주 · 511
찾아보기 · 610

한나와 클라라에게
이제 너희들 손에 달렸단다.

우리 세대는 화석 연료 연소 과정에서 나오는 이산화탄소를 꾸준히 증가시킴으로써 …… 지구적 차원의 대기 구성을 바꾸고 있다.
_ 린든 존슨
1965년 의회 특별 교서

미국인들의 문제는 앞서 열린 회의의 속기록을 읽지 않는다는 점이다.
_ 애들라이 스티븐슨

서론

한 줌의 과학자들이
진실을 가리다

벤〔'벤저민'의 애칭. — 옮긴이〕샌터Ben Santer는 누구에게도 공격받지 않을 것 같은 사람이다. 철두철미하게 중용인 인물이다. 키나 몸집도 중간이고, 기질도 온건하며, 정치적 신조도 중도이다. 또한 매우 점잖다. 부드러운 말씨에 자기를 거의 내세우지 않는다. 로렌스 리버모어 국립연구소Lawrence Livermore National Laboratory에 있는 그의 아무 장식 없는 작은 사무실을 보면 회계사라고 생각하기 십상이다. 다른 사람들과 한 방에 몰려 있으면 샌터가 있는지도 모르기 쉽다.

그러나 샌터는 회계사가 아니며, 세계가 그를 주목하고 있다.

샌터는 세계에서 가장 유명한 과학자 중 하나이다. 1998년 맥아더 '천재' 상〔정식 명칭은 '맥아더재단 특별 연구비MacArthur Fellowship'이며 천재들만 받는다고 해서 붙은 별칭이다. 미국인과 미국 거주인 가운데 선발하여 50만 달러를 지원하며, 과거의 특정한 업적에 대해 수여하는 상이 아니라 독창적인 지적 능력을 가진 이에게 그 능력을 발휘하라고 별다른 조건 없이 지원하는 상이다. — 옮긴이〕을 비롯한 수많은 상을 받았을 뿐만 아니라 자신이 일하는 미국 에너지부로부터도 여러 차례 포상을 받았다. 지구온난화를 야기한 인적 요인을 입증하는 데 누구보다도 많은 기여를 했기 때문이다. 1980년대 중반 대학원 연구 시절 이래로 샌터는 지구의 기후가 어떻게 작동하는지, 그리고 인간 활동이 기후를 변화시킨다고 확실히 말할 수 있는지를 알기 위해 노력했다. 그리고 이 질문에 대한 답이 '그렇다'는 것을 보여주었다.

샌터는 로렌스 리버모어 국립연구소 모델분석비교프로젝트Model Diagnosis and Intercomparison Project(MDIP)에서 일하는 대기과학자이다. 이 거대한 국제 프로젝트는 세계 각지로부터 기후 모델 결과를 수집해 다른 연구자들에게 배포하고, 실제 데이터 및 다른 모델과 비교하는 일을 한다. 지난 20년 동안 샌터와 동료들은 우리가 사는 행성이 뜨거워지고 있음을 보여주었다. 온실가스가 원인일 때 예상되는 결과대로 온난화가 진행되고 있는 것이다.

샌터의 연구는 '지문 검색'이라고 불린다. 자연적인 기후 변화는 온실가스가 야기하는 온난화와는 다른 양상과 흔적을 남기기 때문이다. 가장 중요한 것은 대기의 두 부분과 관련된다. 따뜻한 담요처럼 지구 표면을 감싸고 있는 대류권과, 바로 위의 더 얇고 찬 부분인 성층권이 그것이다. 물리학에서 가르쳐주는 바에 따르면, 기후 변화 회의론자들이 계속 주장하는 것처럼 만약 지구 온난화가 태양 때문에 생기는 것이라면, 대류권과 성층권 둘 다 온도가 올라가야 한다. 대기권 바깥에서 열이 오는 것이기 때문이다. 그러나 온난화가 지구 표면에서 방출되어 대부분 대류권 아래쪽에 몰리는 온실가스 때문에 생기는 것이라면, 대류권의 온도는 올라가도 성층권은 올라가지 않을 것이다.

샌터와 동료들은 대류권의 온도는 올라가고 성층권의 온도는 내려간다는 사실을 보여주었다. 사실 이 두 층 사이의 경계는 일정 부분 온도에 의해 **정의되기** 때문에, 현재 경계선이 상향 이동 중이다. 다시 말해, 대기권의 구조 전체가 바뀌고 있다. 태양이 범인이라고 하면, 이런 결과를 설명하기 어렵다. 이런 사실은 우리가 현재 기후에서 목격하는 변화가 자연의 작용이 아님을 보여준다.

대류권과 성층권을 구분하는 문제는 '매사추세츠 주 등 대對 환경보호청Massachusetts et al. v. the EPA' 사건의 연방대법원 공판에서 거론되었다. 연방 정부가 대기청정법Clean Air Act에 따라 이산화탄소를 오염 물질로 규제하지 않은 데 대해 12개 주가 소송을 제기한 사건이었다. 앤터닌 스캘리아Antonine Scalia 대법관은 대기청정법에는 환경보호청의 적극적인 역할을 요구하는 내용이 없다고 주장하면서 이의를 제기했다. 그러나 대법관 또한 과학 속에서 길을 잃었다. 어느 순간 대류권을 성층권이라고 잘못 말한 것이다. 매사추세츠 주 측 변호사가 대꾸했다. "존경하는 판사님, 성층권이 아니라 대류권입니다." 대법관이 대답했다. "성층권이든 뭐든 말입니다. 내가 앞서 나는 과학자가 아니라고 말하지 않았습니까. 이래서 내가 지구 온난화 문제를 다루고 싶지 않은 겁니다.……"[1]

그러나 우리 모두는 좋든 싫든 간에 지구 온난화 문제를 다뤄야 하며, 어떤 이들은 오랫동안 이런 결론에 저항해왔다. 사실 일부 사람들은 지구 온난화가 진행되고 있다는 메시지만이 아니라 이것을 전달하는 사람까지 공격하고 있다. 과학자들이 처음에 지구 기후가 따뜻해지고 있으며 인간 활동이 원인인 것으로 보인다는 증거를 설명하기 시작한 이래, 사람들은 이 데이터에 의문을 제기하고, 증거를 의심했으며, 데이터를 수집하고 설명하는 과학자들을 공격했다. 그리고 누구보다도 더 심하게 ── 또는 가장 부당하게 ── 공격을 당한 이가 바로 벤 샌터였다.

정부간기후변화위원회Intergovernmental Panel on Climate Change(IPCC)는 기후 문제에 관한 세계 최고 권위의 기관이다. 1988년에 세계기상기구World Meteorological Organization와 유엔환경계획United Nations Environment Program에 의해 설립된 이 위원회는 지구 온난화에 관한 초기의 경고에 대응하기 위해 만들어졌다. 과학자들은 오래전부터 화석 연료가 연소될 때 나오는 온실가스가 증가하면서 기후 변화가 야기될 수 있음을 알고 있었지만(1965년에 이에 대해 린든 존슨Lyndon Johnson 대통령에게 설명했다.) 대부분은 이런 변화가 먼 미래의 일이라고 생각했다. 1980년대에 이르러서야 과학자들은 미래가 어쩌면 코앞에 와 있다고 걱정하기 시작했고, 몇몇 독립적 연구자들은 기후 변화가 실제로 이미 진행 중이라고 주장하기 시작했다. 그리하여 기후 변화의 증거를 평가하고, 독립적 연구자들의 말이 옳다면 어떤 영향이 나타날지를 검토하기 위해 위원회가 만들어졌다.

  1995년, 정부간기후변화위원회는 인간이 기후에 미치는 영향이 이제 '식별 가능하다.'고 선언했다. 위원회는 몇몇 개인 연구자들이 아니라 기후학자 집단 전체였다. 그런데 그들은 기후 변화가 진행 중임을 어떻게 알았으며, 우리 인간이 변화의 원인임을 어떻게 알았을까? 이런 중대한 질문에 대한 답은 정부간기후변화위원회에서 발표한 2차 평가 보고서인 『기후 변화 1995: 기후 변화의 과학Climate Change 1995: The Science of Climate Change』에 실려 있다. 보고서 8장인 「기후 변화 탐지와 원인 파악Detection of Climate Change and Attribution of Causes」에서는 지구 온난화가 실제로 온실가스에 의해 야기된다는 증거를 요약해 보여준다. 이 장의 필자가 벤 샌터이다.

샌터는 과학자로서 나무랄 데 없는 자격을 두루 갖춘 인물이었고 전에는 어떤 종류의 의심도 받아본 적이 없었지만, 바야흐로 워싱턴 DC의 어느 싱크 탱크와 연결된 일군의 물리학자들이 그가 보고서를 조작했다고 비난을 퍼부었다. 과학 연구의 확실성을 실제보다 부풀렸다는 것이었다. 이 물리학자들은 샌터가 자신과 다른 생각을 가진 이들의 견해를 말살해버리는 '과학 청소〔'인종 청소'에 빗댄 표현이다. ─옮긴이〕'를 벌이고 있다고 비난하는 보고서를 내놓았다.[2] 「온실 논쟁 계속되다Greenhouse Debate Continued」나 「서류 조작Doctoring the Documents」 같은 제목을 단 보고서가 『에너지 데일리Energy Daily』와 『인베스터스 비즈니스 데일리Investor's Business Daily』 등의 저널에 발표되었다. 그들은 국회 의원들과 에너지부 관리들, 과학 저널 편집자들에게 편지를 보내 이런 비난을 만천하에 퍼뜨렸다. 또 에너지부의 지인들에게 샌터를 해고하라고 압력을 넣었다. 『월스트리트 저널』에 실린 기명 칼럼이 가장 주목을 끌고 널리 선전된 사례이다. 칼럼의 필자는 샌터가 "정책 결정권자들과 대중을 기만하기 위해" 의심스러운 변경을 가했다고 비난했다.[3] 샌터가 보고서에 변경을 가하긴 했지만 그건 누구를 기만하려는 의도가 아니었다. 동료 과학자들의 코멘트를 참조해서 수정을 했을 뿐이었다.

모든 과학 논문과 보고서는 다른 전문가들의 면밀한 검토를 받아야 한다. 이른바 '동료 평가'란 것이다. 과학 저자들은 검토자의 코멘트와 비평을 진지하게 받아들이고 발견될 수 있는 오류를 수정할 것을 요구 받는다. 이런 것은 과학 연구의 기본적인 윤리이다. 동료 평가를 거치기 전까지는 어떤 주장도 타당한 것으로 여겨질 수 없다. 잠재적인 타당성조차 가질 수 없다.

동료 평가는 또한 저자들이 자신의 주장을 분명하게 다듬는 데 도움을 주며, 정부간기후변화위원회에는 이례적으로 광범위하고 포괄적인 동료 평가 과정이 존재한다. 과학 전문가들뿐만 아니라 참가국 정부 대표들도 참여한다. 사실적인 오류를 파악해서 수정하는 것과 더불어 모든 판단과 해석을 적절하게 증명하고 뒷받침하며 모든 이해당사자들에게 설명할 기회를 주기 위해서이다. 저자들은 검토 코멘트에 따라 수정을 가하거나, 아니면 이런 코멘트가 타당하지 않거나 부적절하거나 명백한 오류인 이유를 설명해야 한다. 샌터는 바로 이런 과정을 거쳤다. 동료 평가에 따라 수정을 가한 것이다. 정부간기후변화위원회의 규정에 따라 마땅히 할 일을 했다. 과학이 요구하는 바에 따랐을 뿐이다. 샌터는 훌륭한 과학자라는 이유로 공격을 받은 셈이었다.

샌터는 『월스트리트 저널』 편집장에게 편지를 보내 자신을 방어하려고 했다. 미국지구변화연구프로그램U.S. Global Change Research Program 소장을 비롯하여 모두 저명한 과학자인 29명의 공저자들이 서명한 편지였다.[4] 미국기상학회American Meteorological Society는 샌터에게 공개서한을 보내 그에 대한 공격이 아무 근거도 없는 것임을 확인해주었다.[5] 정부간기후변화위원회의 설립자이자 의장인 베르트 볼린Bert Bolin은 『월스트리트 저널』에 직접 편지를 보내 샌터의 설명을 확인하면서 그에 대한 비난에는 조금의 증거도 없으며, 비난하는 사람들은 자신이나 정부간기후변화위원회 임원, 사실 확인에 관여한 과학자들과 접촉한 적도 없다고 꼬집었다. 볼린이 지적한 것처럼, 그들이 "정부간기후변화위원회의 절차 규정을 찾아보려고 조금의 노력만 기울였다면" 규칙을 위반하거나 절차를 어긴 일이 전혀 없고 아무 잘못도 없었음을 금방 알아냈을 것이다.[6] 나중에 전문가들이 지적한 것처럼, 정부간기후변화위원회 회원국 중 어느 나라도 이의 제기에 동의하지 않았다.[7]

그러나 『월스트리트 저널』은 샌터와 볼린이 보낸 편지의 일부만을 게재했고, 2주일 뒤에는 비난하는 이들에게 또다시 헐뜯을 기회를 주었다. 정부간기후변화위원회의 보고서가 "정치적 목적을 위해 변경되었다."고 주장하는 편지를 게재해준 것이다.[8] 악의적인 비난은 굳어졌고, 산업계 단체들과 친기업적인 신문과 잡지, 싱크 탱크 들은 이런 비난을 널리 퍼뜨렸다. 지금도 인터넷에 그대로 남아 있다. 구글에서 'Santer IPCC'라고 검색하면, 정부간기후변화위원회 보고서 전문은 고사하고 문제가 된 해당 장이 아니라 1995년의 비난을 고스란히 되풀이하는 다양한 사이트만 주르륵 나온다.[9] 한 사이트에서는 심지어 샌터가 "정치적 정책에 맞도록 데이터를 수정한" 사실을 인정했다고 (그릇된) 주장을 펼친다. 마치 미국 정부에 기후 정책이 있어서 그에 맞게끔 데이터를 수정한 것처럼 말이다. (미국 정부는 1995년에 기후 정책이 없었고, 지금도 없다.)[10]

자신의 과학적 평판과 정직성을 옹호하는 한편, 이 모든 일을 겪으면서 결혼 생활을 유지하기 위해 막대한 시간과 정력을 소비한 샌터에게 이 과정은 쓰라린 경험이었다. (결국 부인과는 헤어졌다.) 평상시에는 온화한 이 남자는 요즘 당시 사건만 떠올리면 분노로 얼굴이 하얗게 질린다. 어떤 과학자도 이런 일이 일어날 것을 기대하고서 과학자가 되지는 않기 때문이다.

샌터를 비난한 사람들은 왜 사실을 찾아볼 생각을 하지 않았을까? 왜 그들은 자신들의 비난이 근거가 없음이 밝혀진 뒤에도 비난을 멈추지 않았을까? 물론 그 답은 그들이 사실을 찾아내는 데 관심이 없었다는 것이다. 그들은 사실에 맞서 싸우는 데 관심이 있었다.

그로부터 몇 년 뒤, 샌터는 조간신문을 읽다가 한 기사에 눈길이 쏠렸다. 담배와 암을 연결시키는 과학적 증거를 불신하게 만들기 위해 담배 산업에서 조직한 프로그램에 몇몇 과학자들이 참여한 적이 있다는 기사였다. 기사의 설명에 따르면, "논쟁의 생명력을 유지하는 것"이 이 프로그램의 골자였다.[11] 담배와 암의 인과 관계에 관한 의혹이 존재하는 한, 담배 산업은 소송과 규제를 피할 수 있을 터였다. 샌터는 기사 속 이야기가 섬뜩하리만치 낯이 익다고 생각했다.

샌터의 생각이 옳았다. 그런데 그가 눈치채지 못한 점이 있었다. 전술만 같은 게 아니라 사람들도 똑같았던 것이다. 자신을 공격한 지도자들은 은퇴한 물리학자 두 명이었다. 둘 다 이름이 프레드였다. 프레더릭(프레드) 사이츠 Frederick Seitz와 S.(시그프리드) 프레드 싱어 S.(Siegfrid) Fred Singer가 그 주인공이다. 사이츠는 2차 세계 대전 중에 원자 폭탄 제조에 힘을 보태면서 명성을 얻게 된 고체물리학자였다. 나중에는 미국국립과학학술원 U.S. National Academy of Sciences 원장을 역임하기도 했다. 물리학자 싱어는 실상 로켓과학자로 이름을 날렸는

데, 지구 관측 위성 개발에서 주도적인 인물이 되었고, 미국 기상위성청〔National Weather Satellite Service. 현재는 미국 해양대기청 산하 미국 환경위성자료정보처National Environmental Satellite Data and Information Service. ― 옮긴이〕 초대 청장과 레이건 정부의 교통부 수석 과학자문위원으로 일했다.[12]

두 사람 모두 극단적인 매파로서 과거에는 소련의 위협이 매우 심각하며 최첨단 무기로 미국을 지켜야 한다고 열정적으로 믿었다. 또 둘 다 로널드 레이건의 전략 방위 구상Strategic Defense Initiative(일명 '스타 워스Star Wars')을 옹호하기 위해 설립된 워싱턴DC의 보수적인 싱크 탱크 조지 C. 마셜 연구소George C. Marshall Institute와 관련이 있었다. 그리고 둘 다 예전에 담배 산업을 위해 일한 적이 있었다. 흡연과 사망의 연관 관계를 밝히는 과학적 증거에 의혹을 던지는 데 조력한 것이다.

1979년부터 1985년까지 프레드 사이츠는 R. J. 레이놀즈 토바코R. J. Reynolds Tobacco Company를 위해 연구 프로그램을 진두지휘했다. 이 프로그램은 법정에서 '제품'을 방어하는 데 활용할 증거를 만들어내고 전문가를 양성하는 생물의학 연구를 위해 세계 각지의 과학자들에게 총 4500만 달러를 지불했다. 1990년대 중반에 프레드 싱어는 간접흡연의 건강상 위험을 둘러싸고 미국 환경보호청을 공격하는 주요한 보고서를 공동으로 집필했다. 그로부터 몇 년 전에, 미국 공중위생국장은 간접흡연이 흡연자의 건강뿐만 아니라 흡연에 노출되는 다른 사람에게도 유해하다고 발표한 바 있었다. 싱어는 이런 연구 결과를 비판하면서, 이 연구는 조작된 것이며 우리 삶의 모든 면을 정부가 샅샅

이 통제하려는 정치적 의제에 따라 환경보호청의 과학 심사(전국 각지의 손꼽히는 전문가들이 수행한 것이었다.)가 왜곡되었다고 주장했다. 환경보호청을 비판하는 싱어의 보고서는 담배산업협회Tobacco Institute로부터 지원금을 받았다. 알렉시스 드 토크빌 연구소Alexis de Tocqueville Institution가 중간에서 다리 역할을 했다.[13]

담배 소송 중에 공개된 수백만 쪽에 달하는 문서를 살펴보면 이런 연관성이 입증된다. 문서를 살펴보면, 과학자들이 흡연과 건강 위험의 연관성에 관해 의혹의 씨앗을 뿌리는 데 결정적인 역할을 했음을 알 수 있다. 법률가들과 소수의 학자들을 빼고는 거의 연구하지 않은 이 문서들을 보면 또한 지구 온난화뿐만 아니라 석면, 간접흡연, 산성비, 오존 홀 등 환경과 보건에 관련된 여러 문제들에 동일한 전략이 적용되었음이 드러난다.

이것을 '담배 전략'이라고 해두자. 이 전략의 공격 목표는 과학이었고, 따라서 산업계 변호사들과 홍보 전문가들의 지도에 따라 기꺼이 소총을 겨냥하고 방아쇠를 당길 태세가 되어 있는 과학자들에게 크게 의존했다. 우리가 이 책을 쓰면서 찾아낸 수많은 문서 가운데는 『나쁜 과학: 자료책Bad Science: A Resource Book』이라는 책도 있다. 사실을 추구하는 이들을 위한 안내서인 이 책에는 과학을 훼손하는 데 성공한 전략의 풍부한 사례들이 담겨 있으며, 또한 싱크 탱크나 기업에서 필요로 하는 부정적인 논평을 제때에 해줄 수 있는 과학적 식견을 갖춘 자격 있는 전문가들의 목록도 들어 있다.[14]

각각의 사례마다 프레드 싱어와 프레드 사이츠를 비롯한 한 줌의 과학자들은 우파 싱크 탱크 및 민간 기업과 세력을 규합하여 현대의 수많은 쟁점에 관한 과학적 증거에 이의를 제기했다. 초창기에 이런 노력에 필요한 돈은 대부분 담배 산업에서 나왔다. 나중에는 우파 재단과 싱크 탱크, 화석 연료 산업이 돈줄 노릇을 했다. 그들은 흡연과 암 발병 사이의 연관성이 아직 입증되지 않았다고 주장했다. 또한 과학자들이 스타 워스의 위험성과 한계에 관해 잘못 알고 있다고 목소리를 높였다. 또 산성비는 화산에 의해 생겨나는 것이고, 오존 홀도 마찬가지라고 우겼다. 게다가 환경보호청이 간접흡연을 둘러싼 과학을 조작했다고 비난했다. 가장 최근에는 —— 근 20년에 걸쳐 점점 늘어나는 증거에도 불구하고 —— 지구 온난화라는 현실을 부정했다. 처음에는 지구 온난화 같은 현상은 없다고 주장했고, 그 다음에는 자연적인 변화에 불과하다고 했으며, 결국에는 설사 지구 온난화가 진행되고 인간 때문이라고 할지라도 거기에 적응하면 되니까 큰 문제는 아니라고 주장했다. 모든 사례마다 그들은 과학적 합의의 존재를 꾸준히 부정했다. 자기들이 이 합의에 동의하지 않는 극소수여도 상관없었다.

아무도 관심을 보이지 않는다면 이 한 줌의 사람들이 별 영향을 못 미쳤겠지만, 사람들은 관심을 기울였다. 냉전 시기 무기 개발 프로그램에서 행한 연구 덕분에 이 사람들은 유명세를 떨치고 워싱턴DC에서 대단히 존중 받았으며, 백악관으로 통하는 권력에 접근할 수 있었다. 하나만 예를 들어보면, 1989년에 사이츠와, 역시 이 책에 등장하는 물리학자 로버트 재스트로Robert Jastrow와 윌리엄 니런버그William Nierenberg는 지구 온난화의 증거에 의문을 던지는 보고서를 집필했다. 세 사람은 곧 백악관의 초청을 받아 부시[아버지 부시] 행정부를 상대로 브리핑을 했다.[15] 각료담당실의 한 관리는 보고서에 관해 이렇게 말했다. "모두들 보고서를 읽었고, 진지하게 받아들였습니다."[16]

이런 주장을 진지하게 받아들인 것은 부시 행정부만이 아니었다. 대중 매체도 마찬가지였다. 『뉴욕 타임스』, 『워싱턴 포스트』, 『뉴스위크』 등을 비롯한 수많은 미디어는 시종일관 이런 주장이 마치 과학 논쟁의 '한쪽 편'인 것처럼 보도해주었다. 그러면 블로거에서부터 미국 상원 의원까지, 심지어 미국 대통령과 부통령까지 마치 첩첩산중에서 메아리가 울려 퍼지듯이 이런 주장을 거듭해서 되풀이했다. 이 모든 과정에서 언론인들과 대중은 이것이 현직 과학 연구자들이 과학의 장에서 벌이는 과학 논쟁이 아니라 담배에서부터 시작된 거대한 양상의 일부인 허위 정보라는 사실을 결코 이해하지 못했다.

이 책은 '담배 전략'에 관한 이야기이다. 과학과 과학자들을 공격하고, 우리의 삶과 우리가 사는 지구에 영향을 미치는 중요하고 커다란 문제에 관해 우리를 혼란시키기 위해 '담배 전략'이 어떻게 활용되었는지에 관한 이야기이다. 유감스럽게도 벤 샌터의 이야기는 유별난 사례가 아니다. 성층권 오존 감소에 관한 과학적 증거가 쌓일 무렵, 프레드 싱어는 셔우드 롤런드Sherwood Rowland에 대한 공격에 착수했다. 롤런드는 미국과학진흥협회American Association for the Advancement of Science 회장이자 노벨상 수상자로 특정 화학 물질, 즉 염화불화탄소(CFCs. 일명 프레온 가스)가 성층권 오존을 파괴할 수 있음을 처음 깨달은 과학자였다. 지구 온난화를 최초로 연구한 과학자 중 한 명인 로저 리벨Roger Revelle이 "지구 온난화에 대한 생각을 바꿨다."는 싱어의 주장에 대해 저스틴 랭커스터Justin Lancaster라는 이름의 대학원생이 실상을 정확히 밝히려고 했을 때, 그는 명예 훼손 소송에 휘말렸다. (소송 비용이 없었던 랭커스터는 법원 밖에서 문제를 해결할 수밖에 없었고, 결국 그의 개인적 삶과 직업적 삶 모두 갈가리 찢겼다.)[17]

프레드 사이츠와 프레드 싱어는 이런 활동에 관여한 가장 유명하고 끈질긴 과학자이다. 윌리엄 니런버그와 로버트 재스트로 역시 물리학자였다. 니런버그는 유명한 스크립스해양연구소 Scripps Institution of Oceanography 전前 소장이자 로널드 레이건 대통령 인수위원으로서 행정부의 중요 직책에 과학자들을 발탁하는 데 조력했다. 사이츠와 마찬가지로 니런버그도 원자 폭탄 개발에 힘을 보탰고, 나중에는 몇몇 냉전 무기 개발 프로그램과 연구에 관여했다. 재스트로는 저명한 천체물리학자이자 성공적인 대중 저술가, 나사(NASA. 미국 항공우주국)의 고다드우주연구소 Goddard Institute for Space Studies 소장으로서 오랫동안 미국의 우주 개발 프로그램에 관여했다. 이 사람들은 환경이나 보건 문제에 특별한 전문 지식이 없었지만 권력과 영향력은 확실히 있었다.

사이츠와 싱어, 니런버그와 재스트로는 모두 과학 행정 고위직에 있으면서 제독과 장성, 하원 의원과 상원 의원, 심지어 대통령과도 알게 되었다. 이 사람들은 또한 언론과 광범위하게 접촉했기 때문에 어떻게 해야 언론에서 자기들 견해를 다뤄주는지, 또 안 다뤄줄 때에는 언론을 어떻게 압박하는지를 잘 알았다. 이 사람들은 과학자 자격을 활용해서 권위자 행세를 했고, 권위를 활용해서 자기 마음에 들지 않는 과학의 신뢰도를 떨어뜨리고자 했다.

20년 넘는 시간 동안 이 사람들은 자기들이 끼어드는 갖가지 쟁점 가운데 어느 것에 대해서도 독창적인 과학적 연구를 하지 않았다. 한때는 이름난 연구자였을지 몰라도, 이 책에서 다루는 주제들에 관심을 기울일 무렵이면 다른 연구자들의 연구와 명성을 공격하는 데만 치중했다. 사이츠나 니런버그, 재스트로나 싱어가 내놓은 주장 가운데 어느 것 하나 과학적으로 입증되지 않았다. 사실 그들은 모든 쟁점에서 틀렸다. 흡연은 직접적으로든 간접적으로든 사망을 초래하고, 오염은 산성비를 유발하며, 화산은 오존 홀의 원인이 아니다. 해수면이 높아지고 빙하가 녹는 것은 화석 연료 연소에서 생겨나는 대기 중 온실가스의 효과가 증가하기 때문이다. 사정이 이러함에도 오랫동안 언론에서는 이 사람들의 말을 전문가의 논평으로 인용했으며, 정치인들은 그들의 말에 귀를 기울이면서 이런 주장에 기대어 적극적인 행동에 나서지 않았다. 조지 H. W. 부시[아버지 부시] 대통령은 한때 이 사람들을 '내 과학자들'이라고 지칭하기까지 했다.[18] 지금은 상황이 조금 나아지긴 했지만, 인터넷과 라디오 토크쇼, 심지어 미국 하원 의원들조차도 여전히 그들의 견해와 주장을 인용하고 있다.[19]

자연 세계의 진리를 밝히는 데 전념하는 과학자들이 왜 자기 동료들의 연구에 대해 거짓 설명을 할까? 왜 아무 근거도 없이 비난을 퍼뜨릴까? 자신들의 주장이 틀렸음이 밝혀진 뒤에도 왜 주장을 정정하려고 하지 않을까? 그리고 왜 언론은 그들의 주장이 오류임이 차례차례로 밝혀진 뒤에도 계속해서 그들의 말을 인용하는 걸까? 우리는 이런 이야기를 펼쳐 보이려고 한다. 이 책은 우리 시대의 가장 중요한 수많은 쟁점들에 관해 혼란을 퍼뜨리고 과학적 증거에 맞서 싸운 일군의 과학자들에 관한 이야기이다. 또한 지금도 계속되는 어떤 양상에 관한 이야기이다. 사실에 맞서 싸우고 의혹을 팔아먹는 행태에 관한 이야기이다.

1장

의심이 우리의 상품이다.

1979년 5월 9일, 한 무리의 담배 산업 중역들이 중요한 새 프로그램에 관해 듣기 위해 한자리에 모였다. 라디오와 텔레비전에서 처음으로 담배 광고("카멜을 살 수 있다면 1마일이라도 걷겠어")를 하는 등 선구적인 마케팅으로 유명한 R. J. 레이놀즈의 전 회장 콜린 H. 스토크스Colin H. Stokes가 초청한 자리였다. 몇 년 뒤 레이놀즈는 조 카멜Joe Camel이라는 광고 캐릭터로 아이들을 유혹한 혐의(연방통상위원회Federal Trade Commission는 이 캐릭터를 미키 마우스와 비교했다.)로 연방법 위반에 대해 유죄 선고를 받게 되지만, 당시 모인 중역들은 제품이나 마케팅에 관해 들으러 온 것이 아니었다. 이 자리의 주제는 과학이었다. 그날 저녁의 스타는 스토크스가 아니라 프레더릭 사이츠라는 이름의 나이가 지긋한 대머리 안경잡이 물리학자였다.

사이츠는 미국에서 손꼽히는 유명 과학자였다. 원자 폭탄 제작에 관여한 신동이었던 사이츠는 미국 과학계에서 최고의 자리를 두루 역임했다. 1950년대에는 나토(NATO. 북대서양조약기구) 과학 고문으로 일했고, 1960년대에는 국립과학학술원 원장을 지냈으며, 1970년대에는 미국 최고의 생물의학 연구 기관인 록펠러대학교 총장을 역임했다. 1979년 당시 막 퇴직한 상태였던 사이츠는 마지막 일, 즉 R. J. 레이놀즈를 대신해서 운영할 새 프로그램에 관해 말하기 위해 그 자리에 참석했다. 미국 주요 대학, 병원, 연구 기관에 생물의학 연구 지원금을 제공하는 프로그램이었다.

새 프로그램의 중심은 미국인의 주요 사망 원인인 암, 심장병, 폐기종, 당뇨병 등 퇴행성 질환이었고, 프로젝트의 규모는 대단했다. 향후 6년에 걸쳐 4500만 달러가 지출될 예정이었다. 하버드를 비롯해 코네티컷, 캘리포니아, 콜로라도, 펜실베이니아, 워싱턴 등의 대학과 슬론케터링연구소Sloan-Kettering Institute, 그리고 당연하게도 록펠러대학교 등이 연구 기금 수혜자였다.[1] 기본적인 지원금은 6년 동안 매년 50만 달러였다. 당시만 해도 과학 연구 지원금으로는 대단한 액수였다.[2] 이 프로그램은 만성 퇴행성 질병, 기초 면역학, '생활 습관'이 질병에 미치는 효과 등의 분야에서 각기 다른 26개의 연구 프로그램과 'RJR 연구 장학금RJR Research Scholarship' 수혜자인 젊은 연구자 6명을 지원할 예정이었다.[3]

사이츠가 맡은 역할은 연구비를 지원할 프로젝트를 선별하고, 연구를 지도·감독하고, 진행 과정을 R. J. 레이놀즈에 보고하는 것이었다. 프로젝트 선별 기준을 정하기 위해 사이츠는 저명한 동료 둘의 도움을 구했다. 제임스 A. 섀넌James A. Shannon과 매클린 매카티Maclyn McCarty가 그들이었다.

섀넌은 2차 세계 대전 중에 항말라리아제인 아타브린Atabrine 사용을 제창한 의사였다. 아타브린은 효과가 있었지만 불쾌감을 일으키는 부작용도 있었다. 섀넌은 구역질 같은 부작용 없이 약을 복용하는 방법을 찾아냈고, 남태평양 전역의 수백만 병사들에게 약을 처방하는 프로그램을 진행하여 수천 명을 질병과 죽음에서 구했다.[4] 나중에 섀

년은 1955년부터 1968년까지 미국 국립보건원National Institutes of Health(NIH) 원장을 지내면서 대학과 병원 연구자들에게 연구 지원금을 제공할 수 있도록 의회를 설득함으로써 조직을 변화시켰다. 그 전에는 국립보건원 기금을 내부에서만 사용했고, 따라서 미국의 병원과 대학은 생물의학 연구에 지원 받을 수 있는 돈이 거의 없었다. 섀넌의 외부 지원 프로그램은 큰 인기와 성공을 거두었고, 성장을 거듭했다. 마침내 이 프로그램은 오늘날 국립보건원의 중핵을 이루는 거대한 연구 지원 시스템을 낳았고, 그 덕분에 미국은 생물의학 연구 분야에서 선두를 달리게 되었다. 그러나 이 모든 성과에도 불구하고 섀넌은 노벨상이나 국가 과학 훈장, 또는 흔히 생물학 분야에서 제2의 노벨상이라 불리는 래스커상Lasker Award 등을 받지 못했다.

　매클린 매카티 역시 엄청나게 성공적인 경력에도 불구하고 그에 걸맞은 인정을 받지는 못했다. DNA의 이중 나선 구조를 해독한 공로로 노벨상을 받은 제임스 왓슨James Watson과 프랜시스 크릭Francis Crick에 대해 들어본 사람은 많겠지만, 왓슨과 크릭이 DNA에 세포의 유전 정보가 담겨 있음을 입증한 것은 아니었다. 결정적인 첫걸음을 내딛은 것은 그로부터 10년 전인 1944년의 일로 록펠러대학교의 세균학자 오스월드 에이버리Oswald Avery와 매클린 매카티, 콜린 매클라우드Colin MacLeod가 그 주인공이었다. 세 사람은 폐렴 박테리아 실험을 통해 악성 DNA를 주사하면 양성 박테리아가 악성으로 바뀔 수 있음을 보여주었다. DNA를 변경함으로써 유기체의 형질을 바꿀 수 있는 것이다. 지금은 당연하게 여기는 것이지만 1940년대만 해도 혁명적인 생각이었다.

에이버리가 자신의 발견을 널리 알리지 않는 과묵한 사람이었던 탓인지, 아니면 2차 세계 대전 때문에 곧바로 군사적으로 활용할 수 없는 발견은 관심을 끌지 못했던 탓인지 간에, 에이버리와 매카티, 매클라우드의 실험은 별로 주목 받지 못했다. 그렇지만 세 사람 모두 과학계에서 눈에 띄는 성공을 거두었고, 매카티는 1994년에 래스커상을 받았다. 그러나 1979년에는 확실히 높은 평가를 받지 못했다.

따라서 섀넌과 매카티가 사이츠를 도와 연구 기금 신청서를 선별하는 기준을 마련하는 일을 맡았을 때, 주류와는 다른 관점을 취하는 프로젝트, 유별나거나 색다른 개인, 연방의 지원을 받지 못하는 '성장기'의 젊은 연구자 등에 주목한 것도 놀라운 일은 아니다.[5] 지원을 받은 한 연구는 스트레스와 치료약, (사카린 같은) 식품 첨가제가 면역 체계에 미치는 영향에 관한 것이었다. 또 다른 연구는 "우울증 환자 가족의 감정 구조와 면역 체계 ...... 상태" 사이의 연관 관계를 탐구했다. 세 번째 연구는 "환자의 심리적 태도가 질병의 추이를 결정하는 데 중요한 역할을 할 수 있는지"[6]를 주제로 삼았다. 각종 연구 프로젝트는 동맥경화증의 유전적 · 식습관적 요인, 바이러스의 암 유발 가능성, 약물 대사와 약물 상호 작용의 세부적인 내용 등을 탐구했다.

특히 과학자 두 명이 사이츠의 개인적인 관심을 사로잡았다. 폐의 자연적 방어 기전을 연구하던 UCLA 교수 마틴 J. 클라인Martin J. Cline은 이식 유전자 기관을 최초로 만들어내기 일보직전이었다.[7] 또 한 명인 스탠리 B. 프루지너Stanley B. Prusiner는 광우병을 유발하는 접힌 구조의 단백질인 프리온을 발견했다. 훗날 프루지너는 이 공로로 노벨 생리의학상을 받았다.[8]

선정된 연구는 모두 정당한 과학적 질문을 다루는 것이었다. 그중 일부는 신체 질병에서 감정과 스트레스가 하는 역할 같이 주류 의학에서 무시해온 주제였다. 연구자들은 모두 해당 기관에서 신임을 받는 이들이었다.[9] 그들이 하는 연구 중 일부는 선구적인 내용이었다. 그런데 과연 과학을 향상시키는 것만이 목표였을까? 꼭 그렇지는 않았다.

R. J. 레이놀즈의 여러 문서에 사이츠가 진행한 프로그램의 목표에 관한 논의가 담겨 있다. 일부 문서에는 연구 지원이 "시민 사회의 성원으로서 기업의 의무"라고 서술되어 있다. 다른 문서에서는 "담배 제품의 탓으로 여겨지는 질병의 예방과 치료에 공헌하겠다."는 회사의 포부를 거론한다. 또 다른 문서에서는 과학에 기대어 담배에 대한 비난을 반박함으로써 산업계가 "정부에서 징벌적인 세금을 부과하면서 내세우는 구실을 물리칠" 수 있음을 지적한다.[10] (1978년에 흡연자들은 미국과 해외에서 15억 달러 이상을 담배 소비세로 지불했다. 이렇게 세금이 오른 데에는 담배의 유해성에 관한 과학적 증거가 속속 나온 사실이 일부 작용했다.)

그러나 앞서 말한 5월 9일에 스토크스가 자문단에게 강조하고 수많은 업계 문서에서 되풀이된 주된 목표는 "담배 산업에 대한 공격에 맞서 방어하는 데 유용하며, 과학적 근거가 확실한 방대한 데이터"를 개발하는 것이었다.[11] 물론 일부 과학자들은 업계의 재정 지원을 거절했지만, 다른 이들은 받아들였다. 아마 과학을 연구할 수 있는 한 누가 돈을 대주는지는 중요하지 않다고 생각했을 것이다. 혹시라도 어떤 주주들이 왜 (응용과학이 아닌) 기초 과학을 지원하는 데 기업 자금을 쓰느냐고 묻는다면, "담배 산업에 대한 근본적인 공격에 대항하여 산업을 방어하는 데 필요한 지원이기 때문에 충분히 정당하다."는 답변을 들었을 것이다.[12] 과학에 맞서 과학으로 싸우는 게 목표였다. 아니면 적어도 기존 과학의 결함과 불확실성을 내세우거나 주요한 사건으로부터 딴 데로 관심을 돌리는 데 활용할 수 있는 과학 연구를 내세워서 과학에 대항하자는 것이었다. 오른손에 관심을 집중시키면서 몰래 왼손을 쓰는 마술사처럼, 담배 산업은 관심 전환용 연구를 지원할 속셈이었다.

R. J. 레이놀즈의 내부 법률 고문의 검토를 거치고 국제자문단 International Advisory Board을 상대로 한 발표에서 스토크스는 이런 식으로 설명했다. 담배가 폐암, 동맥경화, 일산화탄소 중독 등과 연관성이 있다는 비난은 근거가 없다는 것이었다. "과학적으로 입증되지 않은 이런 주장들에 대해 레이놀즈를 비롯한 담배 제조업체들은 객관적인 연구에 대한 지원을 강화하는 방식으로 대응하고 있다."[13] 담배 유해론이 전혀 증명된 것이 아니기 때문에 이런 연구가 필요했다는 것이다.

스토크스는 계속해서 주장을 펼친다. "사실 폐암, 폐기종, 심혈관 질환 등 담배 탓으로 돌려지는 만성 퇴행성 질환의 원인이나 진행 과정에 관해 과학적으로 밝혀진 바는 거의 없다." 흡연에 대한 비판의 대다수는 "불완전한" 연구에 근거한 것이거나 "의심스러운 방법이나 가설과 그릇된 해석에 의존한 것이었다." 새로운 프로그램을 통해 새로운 데이터와 가설, 새로운 해석을 제공하고, "담배를 변호하는 든든한 과학적인 데이터와 견해"를 발전시키게 될 터였다.[14] 무엇보다도 증거를 제공할 수 있을 것이었다.

1970년대 말에 이르기까지 흡연으로 인해 개인적인 피해를 입었다는 수많은 법률 소송이 제기되었지만, 담배 업계는 과학자들을 전문가 증인으로 동원하여 흡연과 암의 연관 관계가 분명하지 않다고 증언하는 식으로 방어에 성공하고 있었다. "담배 탓으로 돌려지는 만성 퇴행성 질환"의 다른 "원인이나 진행 과정"에 초점을 맞추는 연구를 논의함으로써 가능한 일이었다.[15] 특히 과학자 자신의 연구일 경우에는 증언이 더욱 설득력이 있었다. 전문가들은 합리적인 의심을 제시할 수 있으며, 이런 일을 하는 데 실제 과학자보다 더 나은 전문가가 누가 있겠는가?

과거에 이런 전략이 통했기 때문에, 장래에도 통하지 않을 것이라고 생각할 이유는 전혀 없었다. 스토크스는 자랑스럽게 말했다. "우호적인 과학적 증언 덕분에, 어떤 원고도 흡연이 폐암이나 심혈관 질환을 야기한다고 주장하는 소송에서 담배 회사로부터 한 푼도 받지 못했다. 1954년 이래 117건의 소송이 제기되었는데도 말이다."[16]

나중에는 사정이 바뀌지만 1979년에는 맞는 말이었다. 1950년대 이래 과학자들은 담배와 암의 연관 관계를 확신하고 있었지만(많은 과학자들은 그전부터 확신했다.) 단 한 명도 담배 업계로부터 한 푼도 받아내지 못했다.[17] 레이놀즈에서 지원하는 모든 프로젝트는 흡연 이외의 질병 유발 요인을 입증할 수 있는 증거를 내놓을 잠재력이 있었다. 가령 프루지너의 연구에서는 외부 요인과 무관한 질병 메커니즘을 제시했다. 사이츠의 설명에 따르면, 프리온은 "동종의 단백질을 과잉 생산해서 …… 세포를 파괴하는 방식으로 세력을 넓힐" 수 있었다. "특정

유전자들이 …… 세포 분열을 과도하게 하여 암으로 이어지도록 자극 받을 수 있는 방식"으로 말이다.[18] 암은 단순히 세포가 과격해진 현상일 수도 있었다.

클라인의 연구는 세포의 자연적 방어를 강화하는 방식으로 암을 예방할 수 있는 가능성을 시사했다. 암이 단지 이런 방어 기능의 (자연적인) 부전 현상이라는 의미였다. 많은 연구들이 스트레스나 유전 형질 등 질병의 다른 원인을 탐구했다. 물론 전적으로 정당한 주제였지만, 담배 산업의 핵심 문제 — 담배가 사람을 죽인다는 압도적인 증거 — 로부터 관심을 다른 데로 돌리는 데 기여할 수도 있었다. 담배가 암을 유발한다는 것은 사실이었고, 담배 업계는 이 점을 알았다. 따라서 다른 데로 관심을 돌리게 만드는 방도를 찾았다. 실제로 담배 업계에서 처음으로 과학에 맞서 싸우기 위해 과학을 활용하기 시작한 1950년대 초부터 이 사실을 잘 알고 있었다. 1950년대 초반은 사실에 대항하는 현대의 싸움이 시작된 때이다. 잠시 1953년으로 돌아가보자.

1953년 12월 15일은 운명적인 날이었다. 그로부터 몇 달 전, 뉴욕 시 슬론케터링연구소의 연구자들이 쥐 피부에 담배 타르를 발랐더니 치명적인 암이 발생한 사실을 입증했다.[19] 이 연구는 언론의 대대적인 주목을 받았다. 『뉴욕 타임스』와 잡지 『라이프』에서 보도했고, 세계에서 가장 많은 독자를 거느린 『리더스 다이제스트』에서 「담배 보루가 암 유발Cancer by the Carton」이라는 제목의 기사를 내보냈다.[20] 아마 언론인들과 편집자들은 극적인 문장으로 결론을 장식하는 과학 논문에 깊은 인상을 받았을 것이다. "담배와 다양한 유형의 암을 필연적으로 연결시키는 임상 데이터에 비춰볼 때, 이런 연구가 시급해 보인다. 이런 연구를 통해 우리는 발암 인자에 관한 지식을 향상시킬 뿐만 아니라 현실적인 측면의 암 예방도 일부 증진시킬 수 있을 것이다."

이런 연구 결과는 전혀 놀라운 일이 아니었다. 일찍이 1930년대에 독일 과학자들은 흡연이 폐암을 유발한다는 사실을 보여주었고, 그 결과로 나치 정부는 대대적인 금연 캠페인을 벌였다. 아돌프 히틀러는 자기 앞에서 절대 담배를 피우지 못하게 했다. 그렇지만 독일의 과학 연구는 나치와의 연관성 때문에 오명을 얻었고, 전쟁 이후에 실제로 금지되지는 않았을지라도 어느 정도는 무시당했다. 독일 과학이 재발견되고 독자적인 유효성이 인정되기까지는 얼마간의 시간이 걸렸다.[21] 그렇지만 이제 나치가 아니라 미국 연구자들이 이 문제를 '시급하게' 다루고, 언론 매체들이 보도하고 있었다.[22] "담배 보루가 암 유발"이라는 말은 담배 업계로서는 결코 환영할 수 없는 슬로건이었다.

담배 업계는 패닉 상태에 빠졌다. 업계 관계자의 한 메모에서는 세일즈맨들이 "몹시 겁을 먹은 상태"라고 토로했다.[23] 그리하여 담배 업계 중역들은 운명적인 결정을 내리게 된다. 이 결정은 훗날 연방 법원이 사기 공모 혐의에 대해 유죄를 선고하는 근거가 된다. 흡연이 건강에 미치는 효과에 관해 미국의 대중을 속이려 한 대대적이고 지속적인 사기의 시작이었다.[24] 홍보 회사와 손잡고 흡연이 사망을 유발할 수 있다는 과학적 증거에 이의를 제기하기로 결정한 것이다.

12월 15일 아침, 아메리칸토바코American Tobacco, 벤슨앤드헤지스Benson and Hedges, 필립모리스Philip Morris, 유에스토바코U.S. Tobacco

등 미국 4대 담배 회사 회장들은 뉴욕 시의 유서 깊은 플라자 호텔에서 회동을 가졌다. 프랑스 르네상스 시대 성城 양식의 호텔 건물은 미국에서 가장 오래되고 유력한 산업을 보호한다는 당면한 과제에 딱 어울리는 곳이었다(호텔의 유명한 오크 룸Oak Room 바에는 여성 혼자서는 들어가지도 못했다.). 회장들이 만나러 온 사람 역시 유력한 인물이었다. 미국 최대이자 가장 유능한 홍보 회사의 하나인 힐앤드놀턴Hill and Knowlton의 창립자이자 최고 경영자인 존 힐John Hill이 그 주인공이었다.

네 회사의 회장들(과 R. J. 레이놀즈와 브라운앤드윌리엄슨Brown and Williamson의 최고 경영자)은 그 전에 담배 제품을 공격으로부터 방어하기 위한 홍보 프로그램에 힘을 모은다는 데 동의한 바 있었다.[25] 담배 회사들은 "이런 비난을 뒷받침하는 확실한 과학적 근거는 전혀 없"으며, 최근 나온 보고서들은 인기를 좇는 과학자들이 연구 자금을 끌어모으기 위해 "선정적인 비난"을 퍼붓는 데 불과하다고 대중을 설득하기 위해 힘을 모을 계획이었다.[26] 자신들이 만드는 제품이 중상모략을 당하는데 한가하게 앉아 있을 생각은 추호도 없었다. 그리하여 담배 회사들은 담배산업홍보위원회Tobacco Industry Committee for Public Information를 만들어서 담배에 반대하는 과학 메시지를 맞받아치기 위해 "적극적인 담배 옹호" 메시지를 제공하려고 했다. 미국 법무부에서 훗날 말한 것처럼, 담배 회사들은 "흡연이 건강에 미치는 효과에 관해 미국 국민들을 기만하기로" 결정했다.[27]

처음에 담배 회사들은 새로운 과학 연구를 지원할 필요가 없다고 생각했다. "기존에 있는 정보를 널리 선전하는 것"으로 충분하다고 판단했기 때문이다. 그러나 존 힐의 생각은 달랐다. 힐은 "담배 회사들이 …… 추가적인 연구를 후원해야 한다고 …… 단호하게 경고했"으며, 이런 후원은 장기적인 프로젝트가 될 것이라고 못 박았다.[28] 또한 새로운 위원회의 이름에 '연구'라는 단어를 집어넣자고 제안했다. 담배를 옹호하는 메시지를 과학으로 뒷받침할 필요가 있다는 것이었다.[29] 그날 회동을 마무리할 때쯤 힐은 "과학적 의혹이 남아 있어야 한다."고 결론지었다.[30] 그렇게 되도록 만드는 것이 앞으로 힐이 할 일이었다.

그 뒤 반세기에 걸쳐 담배 업계는 힐앤드놀턴의 조언을 충실히 실천했다. '담배산업연구위원회Tobacco Industry Research Committee'를 만들어서 담배의 유해성에 관한 늘어나는 과학적 증거에 이의를 제기했다. 또 담배와 암의 연관성에 의문을 던지는 대안적인 연구에 자금을 지원했다.[31] 여론을 측정하기 위해 여론 조사를 실시했으며, 그 결과를 활용해서 여론을 움직이는 캠페인을 조정했다. 의사들과 언론, 정책 결정권자들, 일반 대중에게 겁먹을 필요가 전혀 없다고 주장하는 내용의 팸플릿과 소책자를 배포하기도 했다.

담배 업계의 입장은 담배가 유해하다는 "증거가 전무하다."는 것이었으며, 업계는 '논쟁'을 조작하는 방식으로 이런 입장을 퍼뜨렸다. 책임 있는 언론인이라면 논쟁 '양쪽'의 입장을 모두 소개할 의무가 있다고 설득하는 식이었다. 담배산업연구위원회의 대표자들은 미국 언론 산업의 최상층에 자리한 이들을 비롯하여 『타임』, 『뉴스위크』, 『유에스 뉴스 앤드 월드 리포트』, 『비즈니스위크』, 『라이프』, 『리더스 다이제스트』의 직원들과 만났다. 1954년 여름, 담배 업계 대변인들은

『뉴욕 타임스』 발행인 아서 헤이스 설즈버거Arthur Hayes Sulzberger, 『뉴욕 헤럴드 트리뷴New York Herald Tribune』 회장 헬렌 로저스 리드 Helen Rogers Reid, 스크립스하워드신문그룹Scripps Howard Newspapers 회장 잭 하워드Jack Howard, 『타임』과 『라이프』를 소유한 루스출판사 Luce Publications 회장 로이 라슨Roy Larsen, 윌리엄 랜돌프 허스트 2세 William Randolph Hearst Jr. 등과 만났다. "일차적으로 공익에 헌신하는 …… 원대한 연구 프로그램"(과학이 불안정하기 때문에 시급한 과제였다.)에 담배 업계가 노력을 기울일 것임을 '설명'하겠다는 취지였다. 또한 대중이 불필요하게 겁을 먹지 않도록 "모든 사실을 균형 있게 제시"하는 언론의 책임을 강조하는 것도 필요했다.[32]

담배 업계는 "모든 사실"을 찾아내는 일을 언론인들에게 맡겨두지 않았다. 자신들이 알아서 사실을 찾아주었다. 이른바 '균형 캠페인'은 편집자들과 발행인들에게 업계의 입장을 뒷받침하는 '정보'를 공세적으로 배포하고 장려하는 활동이었다. 그런데 과학이 확고한 것이라면 어떻게 그럴 수 있었을까? 당시의 과학은 확고한 것이었을까?

대답은 그렇다, 이다. 그렇지만 과학적 발견은 일회적인 사건이 아니다. 그것은 하나의 과정이며, 전체적인 상이 뚜렷해지기까지는 시간이 필요하다. 1950년대 말에 이르면, 각종 실험과 역학 데이터를 통해 담배와 암의 연관성이 밝혀졌다. 업계에서 이런 결과에 반대하는 행동에 나선 것도 이 때문이었다. 개인적으로는 업계 중역들도 이런 증거를 인정했다.[33] 지금 와서 보면, 담배와 암의 연관성이 합리적인 의심의 여지가 없이 이미 확고했다고 말해도 무방하다. 물론 과학사가들은 그렇게 말했다. 확실히 어느 누구도 가슴에 손을 얹고서 과학이 흡연이 무해함을 보여주었다고 말할 수 없었다.

그러나 과학에는 많은 세부적인 내용이 수반되며, 그중 많은 것은 당시만 해도 여전히 뚜렷하지 않았다. 왜 어떤 흡연자는 폐암에 걸리는데 다른 흡연자는 걸리지 않는가 하는 문제도 그중 하나이다(이 문제는 지금도 완전히 밝혀지지 않았다.). 따라서 일부 과학자들은 여전히 회의적이었다. 클래런스 쿡 리틀Clarence Cook Little 박사도 그런 과학자였다.

C. C. 리틀은 저명한 유전학자로서 미국국립과학학술원 회원이자 미시건대학교 총장을 지낸 인물이었다.[34] 그러나 또한 과학적 사고의 주류 바깥에 있는 사람이었다. 1930년대에 리틀은 우생학의 유력한 지지자였다. 알다시피 우생학이란 사회가 '적자'의 자손 번식을 장려하고 '부적격자'의 생식은 억제하거나 방지함으로써 유전자 풀gene pool을 적극적으로 개선해야 한다는 사상이다. 1920년대만 해도 리틀의 견해가 유별난 것은 아니었지만(시어도어 루스벨트 대통령을 비롯한 많은 정치인과 과학자가 공히 그런 생각을 갖고 있었다.), 1940년대에는 거의 모든 사람이 우생학을 내팽개쳤다. 나치를 통해 이런 사고가 어디로 귀결되는지가 뚜렷해졌기 때문이다. 그렇지만 리틀은 암에 대한 취약성을 비롯하여 인간의 모든 특성은 본질적으로 유전자에 근거를 둔다고 여전히 확신했다. 리틀이 보기에, 암의 원인은 흡연이 아니라 유전적 취약성이었다.

1954년, 담배 업계는 리틀을 발탁하여 담배산업연구위원회를 중심으로 논쟁적인 구도를 조성하려는 노력을 진두지휘하는 일을 맡겼다. 주로는 담배 업계에 유용해 보이는 과학자들의 연구를 장려하는 방식으로 진행되었다. 이런 과학자 중 한 명이 미국 국립암연구소National Cancer Institute 환경암분과장 윌헬름 C. 휴퍼Wilhelm C. Hueper였다. 휴퍼는 석면 소송에 단골로 등장한 전문가 증인이었다. 이런 소송에서 휴퍼는 이따금 원고의 질병이 석면이 아니라 흡연 때문에 발생한 것이라는 주장을 반박해야 했다. 이런 이유 때문인지 모르겠지만, 휴퍼는 브라질 상파울루에서 열린 회의에서 담배와 암의 연관성에 의문을 제기하는 연설을 준비했다. 담배산업연구위원회는 이런 소식을 접하고 휴퍼에게 접촉했고, 휴퍼는 위원회의 연구 장려 제안을 받아들였다. 힐앤드놀턴은 휴퍼의 연설문과 보도 자료를 전국 각지의 신문사와 통신사, 과학 기자와 주간에게 발송했다. 훗날 그들이 보고한 것처럼, "미국에 〔보도 자료를〕 배포한 결과로 흡연과 암의 연관성에 의문을 제기하는 헤드라인과 기사들이 폭넓은 관심을 받았다."[35] 『유에스 뉴스 앤드 월드 리포트』는 관련 기사를 대서특필했다. "국립암연구소의 새로운 연구는 담배에 지지표를 던지고 있다."[36]

리틀이 이끄는 위원회는 『담배 논쟁에 관한 과학적 관점A Scientific Perspective on the Cigarette Controversy』이라는 소책자를 만들어서 미국 전역의 의사 17만 6800명에게 발송했다.[37] 또 신문 편집자, 기자, 칼럼니스트, 국회 의원 등에게도 1만 5000부를 보냈다. 2년 뒤 실시된 여론 조사에 따르면, "언론이나 대중이나 최근의 담배 비판에 대해 눈에 띄는 공포나 경각심을 보이지 않음"이 드러났다.[38]

담배 업계는 자신에게 유리한 데이터만 골라내고 해명되지 않거나 변칙적인 세부 사항에 초점을 맞추는 방법으로 주장을 입증했다. 1954년에는 어느 누구도 흡연과 암에 관해 파악하는 데 필요한 모든 것이 밝혀졌다고 주장할 수 없었을 것이다. 담배 업계는 정상적인 과학의 이런 정직성을 활용해서 불합리한 의심을 만들어냈다. 가령 존 힐이 담배 회사 중역들과 회동한 직후에 작성된 힐앤드놀턴의 한 문서에서는 담배의 유해성에 관련된 15개의 과학적 질문을 나열했다.[39] 각종 실험에서 밝혀진 바에 따르면, 실험용 쥐에 담배 타르를 발랐을 때는 피부암에 걸렸지만 담배 연기가 자욱한 방에 두었을 때는 암에 걸리지 않았다. 이유는 무엇인가? 여러 도시의 흡연율이 비슷한데도 왜 암 발생률은 큰 차이를 보이는가? 대기 오염 증가와 같은 다른 환경적 변화가 폐암과 상관관계가 있는가? 흡연 증가율은 여성이 가장 높은데 왜 최근의 폐암 증가율은 남성이 가장 높은가? 흡연이 폐암을 유발한다면, 구순암, 설암, 식도암은 왜 증가하지 않는가? 왜 영국의 폐암 발생률은 미국의 네 배인가? 기후가 암에 영향을 미치는가? 영국과 달리 미국 담배에 사용되는 종이가 담배의 유해 효과를 막는 해독제로 작용하는 건 아닌가? 암 발생률 증가 가운데 기대 수명의 증가와 암 진단 정확도 향상에 기인하는 부분은 어느 정도인가?[40]

　이런 질문들 가운데 어느 하나 정당하지 않은 것은 없었지만, 모두 부정직한 속셈에 따른 것이었다. 답을 이미 알고 있었기 때문이다. 암 발생률이 도시와 나라에 따라 다른 것은 흡연이 암의 유일한 원인이 아니기 때문이다. 남성의 암 증가율이 더 높은 것은 잠복성 때문(폐암은 처음 담배를 피운 때부터 10년, 20년, 30년 뒤에 발생한다.)이며, 따라서 최근에야 담배를 많이 피우기 시작한 여성들도 때가 되면 암에 걸릴 터였다(실제로 그러했다.). 진단 정확도 향상은 발병률 증가의 일부만을 설명해줄 뿐이다. 폐암은 대대적인 담배 마케팅이 고안되기 전에는 매우 드문 질병이었다. 등등.

그렇지만 언론인들에게 제시한 이런 함축적인 질문들은 마술 같은 위력을 발휘했다. 사정을 잘 알지 못하는 사람들로 하여금 이 문제 전체에 관해 여전히 의심의 여지가 많다고 믿게 만든 것이다. 담배 업계는 단지 질문을 던지기만 해도 논쟁의 여지가 있다는 인상을 심어줄 수 있음을 알고 있었다. 설사 질문에 대한 답을 이미 알고 있고 그 답이 자신들의 주장에 하등 도움이 되지 않는다 할지라도 아무 상관이 없었다.[41] 따라서 담배 업계는 당시 막 생겨나던 과학적 합의를 격렬한 과학 '논쟁'으로 변형시키기 시작했다.[42]

언론의 균형 보도에 대한 호소(와 더불어 담배 산업의 대대적인 광고 예산)는 기자와 편집자에게 분명히 효과를 발휘했다. 공정 보도 원칙 Fairness Doctrine도 영향을 미쳤을 것이다. 1949년에 (텔레비전의 부상과 관련하여) 확립된 이 원칙 아래서 방송 언론인들은 논쟁의 대상이 되는 대중적인 관심사에 대해 균형 잡힌 방식으로 방송 시간을 할애할 것을 요구 받았다.[43] (방송 인가는 희소한 자원이며 따라서 공공의 자산이라는 논리였다.) 공정 보도 원칙은 종이 언론에는 공식적으로 적용되지 않았지만, 많은 기자들과 편집자들은 담배 문제에 대해 이 원칙을 적용한 것으로 보인다. 1950년대뿐만 아니라 1960년대까지도 신문과 잡지에서 흡연 문제를 과학의 문제가 아니라 커다란 논쟁으로 다루었기 때문이다. 빠른 속도로 증거가 축적되고, 뚜렷한 상이 점점 드러나며, 지식의 궤적이 담배의 안전성에 분명하게 대립되는 상황이었음에도 말이다.[44] 언론에서 추구하는 균형이란 양쪽에 정확한 비중이 아니라 동등한 비중을 부여하는 것으로 해석되었던 듯하다.

위대한 방송인 에드워드 R. 머로Edward R. Murrow조차도 이런 전술의 희생양이 되었다. 1956년, 힐앤드놀턴은 머로와 방송 스태프, 제작자 프레드 프렌들리Fred Friendly와 가진 회의에 대해 다음과 같이 보고했다.

머로의 스태프들은 현재 있는 그대로의 이야기를 전하기 위해 모든 노력을 기울여 냉정하게 객관적인 프로그램을 제공하겠다는 의지를 역설했다. 또한 사실이 아직 확립된 것이 아니며, 담배산업연구위원회에서 지원할 연구 활동 같은 과학적 수단을 통해 사실을 추구해야 함을 보여주기 위해 균형 잡힌 관점과 구체적인 단계를 향한 특별한 노력을 기울일 것을 약속했다.⁴⁵

균형과 냉정한 객관성. 이런 태도는 —— 손가락 사이에 낀 담배와 더불어 —— 머로의 트레이드마크였고, 담배 업계는 두 가지 다 한껏 이용해먹었다. 훗날 머로가 폐암으로 사망한 사실은 비극적이면서도 얄궂은 결과이다. 2차 세계 대전 중에 머로가 저속한 균형 보도에 대해 분명하게 반대한 걸 생각하면 더더욱 그러하다. 데이비드 핼버스탬David Halberstam이 지적한 것처럼, 머로는 민주 진영의 편을 드는 것을 부끄러워하지 않았으며, 나치의 관점을 소개하거나 참전을 거부하는 고립주의자들의 정서를 알릴 필요가 없다고 생각했다. "히틀러와 처칠을 균형 있게 소개할" 필요는 전혀 없었다.⁴⁶

그렇지만 머로는 독립적인 과학과 업계의 이익에 따른 견해를 균형 있게 소개해야 한다는 담배 업계의 주장에 무릎을 꿇었다. 어쩌면 그 자신 흡연자로서 자기의 일상적인 습관이 치명적일 수 있다는 사실을 받아들이는 것이 내키지 않았을지 모른다. 또는 이런 주장이 입증되지 않았다는 말에 안심했을지도 모른다. 『신시내티 인콰이어러Cincinnati Enquirer』의 발행인 로저 퍼거Roger Ferger는 분명히 그렇게 생각했다. 『담배 논쟁에 관한 과학적 관점』소책자에 순진한 말을 적어두었으니 말이다. "나는 45년 정도 담배를 피웠는데 아직 꽤 건강한 종자이다."[47] 결론이 아직 나지 않았다는 말은 확실히 위안이 되는 소식이었다.

그렇지만 담배 업계의 주장에 대한 지지가 브라질에서 열린 정체불명의 회의에서만 나왔다면, 편집자들은 결국 눈치를 챌 수밖에 없었을 것이다. 확실히 담배 업계는 이런 점을 깨닫고 주류 의학계와 연계를 맺으려고 노력했다. 종양의 병리, 진단, 분포 및 관상동맥 심장 질환 같이 연관 가능성이 있는 질병과 관련된 주요 의과 대학의 연구 프로젝트를 지원한 것이다. 1955년에 담배 업계는 의학 학위 준비생들의 연구를 지원하는 특별 연구비 프로그램을 만들었다. 79개 의과 대학 가운데 77개가 프로그램 참여에 동의했다.[48] (담배 업계 문서에서는 참여를 거절한 두 대학이 어디인지 밝히지 않는다. 아마 흡연을 삼가는 교파에 속한 대학일 것이다.) 업계는 또한 국립암연구소 및 미국심장학회 American Heart Association 대표자들을 이사회에 초청하는 방식으로 회원들과 좋은 관계를 쌓으려고 애를 썼다.[49] 1957년, 담배산업연구위원회는 이런 성공에 입각하여 『흡연과 건강Smoking and Health』이라는 새로운 소책자를 발간했다. 35만 부를 찍은 이 소책자는 대부분 의사들과 치과 의사들에게 발송되었다.[50]

1950년대 말에 이르면, 담배 업계는 미국 전역의 의사들과 의과 대학 교수진, 공중 보건 당국과 긴밀한 유대 관계를 맺고 있었다. 1962년에 루서 L. 테리Luther L. Terry 공중위생국장이 '흡연과 건강에 관한 자문위원회Advisory Committee on Smoking and Health'를 설치했을 때, 담배 업계는 인사를 추천하고 정보를 제공했으며, 리틀 박사가 위원회와 "소통망을 구축하도록" 손을 썼다.[51] 테리 공중위생국장은 위원단이 '민주적으로' 구성되도록 하기 위해 연방통상위원회뿐만 아니라 담배 업계에게도 인사 추천을 요청했다(연방통상위원회는 담배 광고에 대한 규제가 시행되면 관련 당사자가 될 터였다.). 또 위원단이 한쪽으로 치우치지 않도록 과거에 공개적으로 의견을 밝힌 사람은 누구든 배제했다. 150명의 이름이 제출되었고, 담배 업계는 자신들이 부적절하다고 생각하는 이들에 대해 거부권을 행사할 수 있었다.[52]

이렇게 양보를 했음에도 불구하고 1964년 보고서는 담배 업계에 호의적이지 않았다.[53] 역사가 앨런 브랜트Allan Brandt의 이야기에 따르면, 위원단의 절반이 흡연자였고, 보고서가 나올 무렵이면 대부분이 위원 자리를 그만둔 상태였다.[54] 과학과 밀접한 이들이 보기에 전혀 놀라운 일이 아니었다. 그전부터 이미 흡연에 불리한 증거가 꾸준히 늘어나고 있었기 때문이다. 이미 1957년에 미국 공중위생국은 흡연이 "폐암 발생률 증가의 주요 원인 요소"라고 결론지었다.[55] 1959년에는 주요 연구자들이 동료 평가를 거친 과학 문헌을 통해 담배와 암의 연관성을 보여주는 증거는 "논박의 여지가 없다."고 선언했다.[56] 같은 해에 미국암학회American Cancer Society는 "흡연이 폐암을 발생시키는 주요 원인"이라고 선언하는 공식 성명을 발표했다.[57] 1962년, 런던

왕립의사협회Royal College of Physicians of London는 "흡연이 암과 기관지염의 원인이며 …… 관상동맥 심장 질환도 유발하는 것으로 보인다."고 발표했다. 『리더스 다이제스트』와 『사이언티픽 아메리칸Scientific American』의 보도를 통해 널리 알려진 연구 결과였다. 무엇보다도 의미심장한 사실은 담배 업계 산하의 과학자들도 동일한 결론에 도달했다는 것이다.

캘리포니아대학교 교수 스탠턴 글랜츠Stanton Glantz와 동료들이 담배 산업 문서를 철저하게 파헤치면서 보여준 것처럼, 1960년대 초에 이르면 담배 업계에 속한 과학자들 역시 흡연이 암을 유발할 뿐 아니라 니코틴이 중독성이 있다는 결론을 내린 상태였다(주류 과학자들은 1980년대에야 니코틴의 중독성에 대한 결론에 이르렀고, 담배 업계는 1990년대까지도 이런 사실을 계속 부인했다.).[58] 1950년대에 담배 제조업체들은 일부 브랜드를 "건강에 더 좋다."고 선전했다.[59] 건강에 관한 염려를 암묵적으로 인정한 셈이었다. 1960년대 초반 브라운앤드윌리엄슨 소속 과학자들은 담배 연기가 암을 유발하는 동물 실험과 니코틴의 중독성을 보여주는 실험을 자체적으로 수행했다. 1963년, 브라운앤드윌리엄슨 부회장은 썩 내키지 않는 태도로 이렇게 결론지었다. "결국 우리는 중독성 약물인 니코틴을 판매하는 일을 하는 셈이다." 2년 뒤 브라운앤드윌리엄슨의 연구 개발 책임자는 업계 과학자들 사이에 "담배 연기가 …… 발암 물질이라는 점에 합의가 모아졌다."고 지적했다.[60] 일부 회사들이 비밀리에 '무해한' 담배를 개발하는 데 착수한 동안에도, 담배 업계 전체는 공개적으로 그런 담배의 필요성을 부정했다.

그렇지만 과학자들이 동료 평가를 거치는 저널에 보고하는 것과 국가 의료 책임자가 공개적으로 분명하게 발표하는 것은 전혀 별개의 문제이다. 공중위생국장의 1964년 보고서 『흡연과 건강』이 바로 후자의 경우였다. 7000명이 넘는 과학자들이 검토하고 150여 자문위원의 증언을 거친 이 기념비적인 보고서는 한 위원회의 작품이었다. 미국 식품의약국FDA, 연방통상위원회, 미국의학회American Medical Association, 담배산업협회 등의 추천을 받아 선정한 위원회였다. 그런데 보고서의 결론은 만장일치였다.[61] 20세기에 폐암은 유행병 수준에 도달했고, 그 주된 원인은 대기 오염이나 방사능, 석면 노출 등이 아니었다. 흡연이 주범이었다. 흡연자는 비흡연자에 비해 폐암 발생률이 10배에서 20배 정도 높았다. 또한 폐기종, 기관지염, 심장병에 걸릴 위험도 높았다. 흡연량이 많을수록 유해 효과도 높아졌다.

보고서를 공개하면 폭발력이 대단할 것이라고 생각한 테리 공중위생국장은 국무부에 기자 200명을 불러 모아 두 시간 동안 브리핑을 진행했다. 보안을 위해 회견장 문은 굳게 걸어 잠갔다.[62] 주식 시장에 미치는 파급력을 최소화하기 위해 토요일에 보고서가 공개되었지만, 그래도 날벼락 같은 일이었다. 당시 미국 성인의 절반 가까이가 담배를 피우고 있었다(많은 남성이 2차 세계 대전과 한국 전쟁 중에 군 복무를 하면서 흡연 습관을 들였다.). 그런데 갑자기 공중위생국장이 이런 만족스러운 습관 —— 최악의 경우라야 별 것 아닌 나쁜 버릇 —— 이 죽음을 불러온다고 말하고 있는 것이었다. 정부는 이런 죽음을 용인했을 뿐만 아니라 장려하고 그것을 통해 돈을 벌기까지 했다. 연방 정부는 담배 농사에 보조금을 지급했으며, 담배 판매는 연방과 주 모두의 거대한 세입 원천이었다. 담배가 사망을 초래한다는 주장은 우리 정부가 치명적인 제품의 판매를 인가하고 그것을 통해 돈을 벌어들인다는 뜻이었다. 지금 와서 돌이켜보면, 이 사건을 1964년의 가장 커다란 뉴스라고 말하는 것으로는 충분치 않다. 현 시대의 가장 큰 뉴스라고 해야 마땅하다.[63] 담배 업계의 한 홍보 책임자는 담배 사업이 이제 '중대한 위기'에 빠졌다고 결론지었다.[64] 가만히 앉아서 당할 때가 아니었다.

곧바로 담배 업계는 과학에 이의를 제기하려는 노력에 더욱 박차를 가했다. 담배산업연구위원회를 담배연구위원회Council for Tobacco Research로 개칭했고('산업'이라는 말 자체를 빼버렸다.) 힐앤드놀턴과 관계를 끊었다. 담배 업계는 이 새로운 위원회는 "업계의 기술이나 상업적 연구"가 아닌 건강 연구에만 전념하도록 하겠다고 결정했다.[65] 또한 연구 지원 승인과 검토 과정을 '다듬는' 한편 업계의 견해를 확인해줄 '전문가들'을 찾는 노력을 배가했다.

담배 업계 자체 실험에서 나온 결과를 감안할 때, 업계에서 '논쟁'은 이미 끝난 것이나 마찬가지라는 결론을 내렸을 수도 있다. 브라운앤드윌리엄슨의 홍보 책임자는 "담배의 무해성을 보장하거나 유해성을 부인하는 등의 주장"을 철회할 때가 온 것인지도 모른다고 토로했다.[66] 다른 이들은 담배 연기의 유해 물질들을 확인해서 제거하거나 자발적인 경고 라벨을 붙이면 어떻겠느냐고 제안했다.[67] 1978년, L&Ms, 라크스, 체스터필즈 등을 생산하는 리게트그룹Liggett Group은 담배의 '발암성'을 줄이는 기술에 대해 특허 출원을 신청했다. (발암성이란 종양을 발생시키는 어떤 물질의 경향이며, 따라서 한 신문이 간파한 것처럼, 특허를 신청한 것은 담배가 종양을 유발한다는 사실을 암묵적으로 인정한 셈이었다.)[68]

그러나 담배 제조업체들은 쉽게 포기하지 않았다. 오히려 더욱 강경하게 싸우기로 결심했다. 어느 보도 자료에서는 이렇게 결론지었다. "흡연과 건강에 관한 우리의 과학 연구 프로그램을 꾸준히 확장한 결과, 우리는 상설적인 조직이 필요하다고 확신하게 되었다." 담배 업계는 이미 미국 각지의 100여 개 의과 대학, 병원, 연구소에 있는 과학자 155명에게 연구 기금으로 700만 달러가 넘는 돈을 지급했다.[69] 1965년에 의회에서 담뱃갑과 광고에 건강 경고 문구를 삽입하도록 하는 법안에 관한 청문회를 열자, 담배 업계는 "반대 의견을 밝히는 일군의 과학자들"과 "논쟁적인 사안에 대해 성급한 행동을 하지 말라고 경고하는 암 전문가"를 내세웠다.[70]

때로는 연구가 더욱 진척되면서 과학의 물이 흐려지기도 한다. 추가적인 복잡한 내용이 밝혀지거나 전에는 인식하지 못했던 요소들을 인정하는 경우도 더러 있다. 그렇지만 담배의 경우에는 사정이 달랐다. 1967년에 관련 증거를 검토한 신임 공중위생국장은 더욱 완강한 결론을 내렸다.[71] 2000쪽이 넘는 과학 연구에서는 보고서의 첫 쪽에 세 가지 결론을 단호하게 지적했다. 첫째, 흡연자는 비흡연자에 비해 병에 걸리기 쉽고 빨리 죽는다. 둘째, 이 사람들이 담배를 피우지 않았더라면 이런 조기 사망의 상당 부분은 일어나지 않았을 것이다. 셋째, 흡연이 아니라면, 폐암으로 인한 조기 사망은 '사실상 전혀' 없었을 것이다. 흡연은 사망을 초래한다. 단순하고도 자명한 사실이었다. 이전 보고서의 결론에 의문을 던진 1964년 이후 아무것도 달라진 게 없었다.[72]

담배 업계는 여기에 어떻게 대응했을까? 더 정색을 하고 잡아뗐다.

브라운앤드윌리엄슨은 "흡연이 폐암을 비롯한 여러 질병을 유발한다는 과학적 증거는 전혀 없다."고 주장을 굽히지 않았다.[73]

1969년에 연방통신위원회Federal Communications Commission가 텔레비전과 라디오에서 담배 광고를 금지하기로 표결을 하자, 클래런스 리틀은 "흡연과 여하한 질병 사이의 인과 관계는 전혀 입증된 바 없다."고 목소리를 높였다.[74] 공개적으로는 담배 업계도 광고 금지를 지지했다. 공정 보도 원칙에 따라 보건 단체들이 텔레비전에서 무상으로 담배에 반대하는 광고를 하고 있었고, 이런 광고가 효과를 발휘했기 때문이다.[75] 그렇지만 담배연구위원회는 비밀리에 주류 업계에 다음 번 목표물은 당신네가 될 것임을 시사하는 자료를 보냈다.[76] 사실 연방통신위원회는 보도 자료를 통해 주류 업계를 표적으로 삼을 생각이 없다고 밝혔다. "우리가 취한 조치는 특정한 상황과 제품에 국한된다. 우리는 …… 다른 제품에 대해 광고 금지를 확대할 의향이 없음을 밝힌다."[77] 그러나 담배 업계는 담배 광고에 대한 통제를 시작으로 모든 민감한 제품에 대해 서서히 통제가 확대될 것이라는 불안감을 조성하려고 노력했다.

업계의 염려에도 불구하고, 하원은 담배 판매를 금지하거나 제한하려는 게 아니라 경고 문구를 요구했을 뿐이다. 미국인들은 이제 흡연이 유해한 것임을 알게 되었다. 유해성은 단지 암만이 아니었다. 기관지염, 폐기종, 관상동맥 심장 질환, 동맥경화, 저체중 신생아 등등 수많은 질병이 흡연과 연관성이 있음이 분명했다. 1960년대가 막을 내릴 무렵, 이미 미국의 흡연자 수는 큰 폭으로 감소했다. 1969년에 이르면, 성인 흡연 인구는 37퍼센트로 떨어졌다. 1979년에는 33퍼센트까지 감소했고(의사 집단에서는 21퍼센트로 떨어졌다.), 『뉴욕 타임스』는 마침내 '균형 보도'를 위해 담배 업계 대변인들의 말을 인용하는 관행을 중단했다.[78]

흡연이 감소하기는 했지만 담배 업계의 이윤은 줄어들지 않았다. 1969년, R. J. 레이놀즈는 22억 5000만 달러의 총수익을 기록했다고 보고했다. 담배 판매를 통제하고 흡연을 억제하려는 정치적 압력이 고조되는 가운데서도 레이놀즈의 관리자들은 기록적인 판매, 수익, 이득을 보고했고, 70년 동안 중단 없이 이어진 주주 배당을 계속했다. 레이놀즈는 "담배는 여전히 좋은 사업"이라는 결론을 내렸다.[79] 규제와 징벌적인 세금, 식품의약국의 통제와 특히 소송에 맞서서 이 사업을 보호해야 한다는 걱정이 점점 커졌다.[80]

1954년에서 1979년 사이에 건강 손상과 관련하여 125건의 소송이 담배 업계를 상대로 제기되었지만, 재판까지 간 것은 9건에 불과했고 원고에게 유리하게 결정된 적은 한 번도 없었다.[81] 사정이 이러함에도, 업계 변호사들은 점점 좌불안석이 되었다. 여전히 논쟁적인 문제라는 그들의 주장이 과학계뿐만 아니라 담배 회사 내부 문서와도 배치되었기 때문이다. 한 가지 예만 들어보자. 1978년, 브리티시아메리칸토바코British American Tobacco Company의 연구 회의 회의록에서는 담배와 암의 연관성이 "과학적 논쟁의 영역을 벗어난 지 이미 오래"라고 결론지었다.[82] (브라운앤드윌리엄슨의 변호사들은 이 점을 언급한 문서를 파기하거나 다른 데로 옮길 것을 권고했다.)[83]

절대 다수의 독립적인 전문가들이 담배의 유해성에 동의하고, 업계 자체 문서에서도 이 점을 인정하는 상황에서 도대체 어떻게 자기방어를 할 수 있었을까? 그 답은 계속해서 의심을 선전하라는 것이었다. 훨씬 더 저명한 과학자들을 발탁하는 게 한 방도였다.

이미 담배 업계에서는 생물의학 연구에 5000만 달러 이상을 공동으로 쏟아붓고 있었다. 개별 담배 회사들은 수백만 달러 이상을 투자했다. 모두 합치면 7000만 달러가 넘는 금액이었다. 1980년대 중반에 이르면 이 수치가 1억 달러를 넘어섰다. 업계의 한 문서에서는 이런 사실을 자랑스럽게 보고했다. "이런 규모의 지출은 연방 정부를 제외하면 다른 어떤 곳의 연구 지원도 능가하는 수준이다."[84] 또 다른 문서에서는 250개 병원, 의과 대학, 연구 기관의 연구자 640명에게 연구 지원금을 나눠주었다고 밝혔다.[85] 1981년에 미국암학회와 미국폐학회American Lung Association가 연구비에 할애한 액수는 불과 30만 달러였다. 같은 해에 담배 업계는 630만 달러를 쏟아부었다.[86] 이제 한층 더 많은 돈을 쓸 때였다.

1950년대에 담배 업계는 자신들의 입장에 신뢰도를 높이기 위해 미국국립과학학술원 회원인 유전학자 리틀을 발탁한 바 있었다. 이번에는 한발 더 나아갔다. 학술원 원장을 지낸 프레더릭 사이츠 박사를 끌어들인 것이다. 1979년에 레이놀즈 중역들이 소개 받은 바로 그 대머리 남자 말이다.[87]

사이츠는 원자 폭탄 개발 계획인 맨해튼프로젝트Manhattan Project를 통해 삶의 방향이 완전히 바뀐 젊은 천재 세대의 일원이었다. 그들은 탁월한 두뇌 덕분에 갑자기 권력과 영향력을 누리게 된 세대였다. 2차 세계 대전 전만 해도 물리학은 상당히 별 볼 일 없는 분야였다. 물리학을 직업으로 택한 사람이라면 부나 명성이나 권력을 꿈꾸기가 힘들었다. 그러나 원자 폭탄이 등장하면서 순식간에 사정이 바뀌었다. 역사상 가장 강력한 무기를 만들기 위해 미국 정부가 물리학자 수백 명을 채용했기 때문이다. 전쟁이 끝난 뒤 그중 많은 이들이 여러 엘리트 대학에서 주요 학과를 설립하기 위해 채용되었다. 대학에 자리를 잡은 이 물리학자들은 무기만이 아니라 온갖 종류의 문제에 대해 미국 정부의 고문으로 일했다.

사이츠는 어느 누구보다도 원자 폭탄과 밀접한 관계였다. 고체물리학자인 사이츠는 프린스턴의 유진 위그너Eugene Wigner에게 사사했다. 위그너는 동료 레오 실라르드Leo Szilard와 함께 알버트 아인슈타인을 설득해 프랭클린 루스벨트 대통령에게 원자 폭탄 개발을 촉구하는 유명한 편지를 보내게 만든 주인공이다. 훗날 위그너는 핵물리학 연구로 노벨상을 받았다. 사이츠는 위그너가 키운 최고의 학생이자 가장 유명한 인물이었다.

1939년부터 1945년까지 사이츠는 탄도학, 장갑 관통, 금속 부식, 레이더, 원자 폭탄 등 전시 제제와 관련된 다양한 연구 프로젝트에 참여했다. 그런 와중에도 1940년에 『현대 고체 이론The Modern Theory of Solids』이라는 교과서(이 책은 당시 고체물리학 교과서의 결정판으로 널리 인정받았다.)를 출간하고, 1943년에는 2권 격인 『금속물리학The Physics of Metals』을 완성했다. 또한 시간을 내서 듀퐁코퍼레이션DuPont Corporation의 자문을 맡기도 했다.

1959년, 사이츠는 나토의 과학 고문이 되었고 이 자리를 발판으로 삼아 미국 과학과 정책 분야에서 최고의 위치로 올라섰다. 1962년부터 1969년까지 국립과학학술원 원장을 역임했고, 당연직으로 대통령 직속 과학자문위원회 위원을 겸임했다. 1973년에는 리처드 닉슨 대통령으로부터 국가 과학 훈장을 받았다. 과학학술원 원장 시절에는 생물학에 관심을 기울였고, 1968년에는 미국에서 생물의학 연구로 이름난 록펠러대학교 총장에 취임했다. 그리고 1979년에 R. J. 레이놀즈로 자리를 옮겼다.

R. J. 레이놀즈가 사이츠 같은 이력을 가진 인물을 자기 팀에 발탁하기를 원한 이유는 분명하지만, 사이츠는 도대체 왜 이 회사를 선택했을까?[88] 1979년에 담배 업계 중역들을 상대로 연설하면서 사이츠는 레이놀즈 사가 자신이 속한 기관에 지원한 연구비에 대해 감사하는 마음의 빚이 있다고 강조했다. 록펠러대학교는 담배 업계에서 오랫동안 지원한 대학 중 하나였다. 사이츠는 그 관계를 이런 식으로 말했다.

> 1년 전쯤에 록펠러대학교의 임기가 끝나갈 무렵, R. J. 레이놀즈 이사회 자문을 맡아줄 의향이 있느냐는 요청을 받았습니다. 당시 이 회사는 퇴행성 질병과 관련된 생물의학 연구를 지원하는 프로그램을 개발 중이었지요. 이 프로그램은 담배 업계의 컨소시엄을 통해 지원 받는 연구로 확대될 예정이었습니다. …… R. J. 레이놀즈는 록펠러대학교의 생물의학 연구에 대단히 후한 지원을 해준 바 있었고, 저는 두말없이 흔쾌히 요청을 수락했습니다.[89]

레이놀즈는 **분명** 록펠러대학교를 후하게 지원했다. 1975년에 회사는 R. J. 레이놀즈 생물의학임상연구기금R. J. Reynolds Fund for the

Biomedical Sciences and Clinical Research을 창설했다. "R. J. 레이놀즈의 지원을 영원히 기리기 위해" 5년 동안 매년 50만 달러를 지원하고, 추가로 첫해에 30만 달러를 R. J. 레이놀즈 산업 박사후과정특별연구비 R. J. Reynolds Industries Post-doctoral Fellowship로 기부하는 게 골자였다.[90]

여기에는 감사하는 마음 이상의 것이 있었다. 사이츠는 또한 한때 자신이 이끌었던 과학 공동체에 대해 엄청난 악의를 품었다. 시간이 흐르면서 사이츠는 과학계가 변덕스럽고 심지어 비이성적이라고 여기기에 이르렀다. 과학학술원 원장 시절 사이츠는 "한 조직의 구성원들의 분위기가 얼마나 빨리, 그리고 비이성적으로 바뀔 수 있는지를 뼈저리게 느끼게" 되었다. "사소해 보이는 몇몇 문제 때문에 나는 거의 하루아침에 평판을 그르칠 뻔했다."[91]

사이츠는 특히 베트남 전쟁을 지지한 탓으로 인기를 잃었고, 대통령 직속 과학자문위원회에서 동료들로부터 점점 고립되었다. 1970년대 초에 이르면 동료 과학자들은 전쟁이 수렁에 빠졌을 뿐만 아니라 여느 미국인들처럼 자신들도 전쟁의 추이에 관한 거짓말에 속았다는 결론에 다다른 상태였다.[92] 1970년대가 막을 내릴 즈음, 사이츠는 또한 핵전쟁 준비 태세 문제를 놓고서 동료 과학자들과 의견을 달리했다. 과학계는 대체로 군축 회담과 조약을 지지했으며, 영구적인 기술 우위를 달성한다는 구상을 불가능한 것으로 일축했다. 그에 반해 사이츠는 첨단 기술 무기로 강화된 힘 있는 군대를 만드는 데 몰두했다. 사이츠는 미국이 무기 우위를 통해 정치적 우위를 달성한다는 구상을 결코 거부하지 않았다. 대부분의 동료 과학자들은 일찍이 이런 구상을 포기했지만, 이 구상은 1980년대에도 계속 부상하여 갈등을 야기하게 된다.

무엇보다도 사이츠는 헝가리 출신 망명자인 스승 유진 위그너와 마찬가지로 열렬한 반공주의자였다. (위그너는 만년에 문선명 목사의 통일교를 지지했다. 공산주의의 적은 친구라고 생각했던 게 분명하다.)[93] 사이츠가 공세적인 무기 개발 프로그램을 지지한 것은 이와 같은 반공주의의 반영이었지만, 이런 정서는 여기서 멈추지 않았다. 과학학술원 원장 시절 사이츠는 타이완의 강력한 지원자로서 '붉은' 중국의 영향력에 맞서는 평형추로 타이완 과학자들과의 교류 프로그램을 개발했다. 대다수 동료들은 이 교류 프로그램을 타당한 구상이라고 생각했지만, 훗날 사이츠의 반공주의는 균형 감각을 잃은 것처럼 보였다. 사기업이 하는 것은 무엇이든 옹호하고 사회주의 냄새가 나는 것은 다짜고짜 공격하고 나섰기 때문이다.[94]

사이츠는 사회적·지적으로 점점 고립되는 상황을 남 탓으로 돌렸다. 미국 과학이 '경직' 되고 동료들이 교조주의와 편협한 사고에 빠졌다는 것이다. 연방 정부의 재정 지원을 놓고 경쟁이 심해지면서 창의력이 질식되고, 분야가 분명하게 정리되지 않는 연구는 퇴보했다. 이런 상황은 아마 담배 산업과 사이츠의 연계를 뒷받침하는 가장 중요한 토대였을 것이다. 레이놀즈의 국제자문단에서 그가 발표하면서 설명한 것처럼 말이다. "연방 정부에서 제공하는 지원이 계속 경직되면서 출중하고 상상력 있는 연구자가 진행하는 중요한 프로그램에 대한 지원이 배제되는 이례적인 사례들이 왕왕 있습니다."[95] 사이츠는 이런 출중하고 상상력 있는 연구자가 누구인지 판단하는 조정자 역할을 기꺼이 맡았고, 그의 판단이 반드시 나쁜 것만은 아니었다. 스탠리 프루지너를 지지한 사례를 보면 알 수 있다.

그렇지만 사이츠가 단순히 창의적인 과학을 지원하려고 한 것은 아니다. 사이츠는 또한 미국인들의 삶에서 반反과학과 반기술이 부상하는 데 대해 격분했다. 그리고 흡연에 대한 비판이 '비이성적'이며 "사실과 허구를 가려내는 독립적인" 과학이 필요하다는 담배 업계의 주장을 받아들였다(그렇지만 무엇으로부터 '독립적'인 것인지는 분명히 밝히지 않았다.).[96] 사이츠가 보기에는 담배에 대한 비판에서부터 "암을 산업화 탓으로 돌리려는 시도"에 이르기까지 도처에 비이성적인 태도가 횡행했다.[97] 사이츠의 말에 따르면, 어쨌든 자연환경은 결코 발암 물질로부터 자유롭지 않으며, "우리가 숨 쉬는 공기 중의 산소조차도 …… 방사선 유발 암에서 일정한 역할을 한다."[98] (여느 원소들처럼 산소도 방사성 동위 원소[oxygen-15]가 존재한다. 물론 자연적으로 생성되지는 않는다.)[99]

사이츠는 과학과 기술을 열렬하게 신봉했다. 과학과 기술이야말로 현대인의 건강과 부의 원천이며 미래 진보의 유일한 수단이라고 본 것이다. 따라서 남들이 자신과 다르게 생각하는 데 대해 분노했다. 회고록에서 사이츠는 기술에 대한 신념을 열정적으로 선언하면서 이렇게 역설했다. "기술은 우리의 건강과 안전, 세계의 자연적인 아름다움과 자원을 보호하는 방식을 끊임없이 고안하고 있다."[100]

사이츠 스스로는 철두철미한 민주주의의 수호자임을 자부했지만, 일반 대중과는 줄곧 불편한 관계를 유지했다. 그가 보기에 환경론자들은 진보를 되돌리려는 러다이트주의자들[Luddite. 러다이트 운동은 19

세기 초 증기 기관 등 기계의 등장으로 일자리를 잃게 된 영국 노동자들의 기계 파괴 운동을 가리킨다. 20세기의 첨단 과학 기술 문명에 반대하며 반기술과 인간성 회복을 추구하는 운동은 흔히 네오러다이트 운동이라고 한다. ─ 옮긴이]이었다. 학계의 동료들은 과학과 기술이 안겨준 은혜를 제대로 깨닫지 못하는 배은망덕한 이들이었다. 사이츠의 말에 따르면, 민주주의 일반은 과학 및 고급문화 전반과 불확실한 관계였다. 대중문화는 헤어날 수 없는 수렁과도 같았다(사이츠는 할리우드를 경멸했다.). 사이츠는 "자유로운 열린사회를 창조하려는 싸움"이 결국은 "보통 사람들의 승리"로 정점에 달하는 것은 아닌가 하고 신랄한 의문을 던졌다. 안심하고 액션 영화를 찍을 수 있는 세계를 만들기 위해 원자 폭탄 개발에 조력한 것은 아니었다.[101]

이런 태도를 보면 왜 사이츠가 담배 업계를 위해 기꺼이 팔을 걷어붙였는지를 짐작할 수 있다. 클래런스 리틀과 마찬가지로, 사이츠 역시 일종의 유전자 결정론자였다(아마도 기술과 관련된 환경적 위험 요소가 건강에 심각한 해를 끼칠 수 있음을 인정하기 싫었거나 아니면 그저 과학을 그런 식으로 보았기 때문일 것이다.). 회고록에서 사이츠는 클라이스트론klystron(레이더의 발전에서 중요한 역할을 했다.)의 공동 발명자인 친구 윌리엄 웹스터 핸슨William Webster Hansen이 이른 나이에 죽은 것을 "폐기종으로 이어진 유전적 결함" 탓으로 돌렸지만, 이런 해석은 억측에 가깝다.[102]

의학 전문가들은 폐기종이 거의 전적으로 환경의 역습에 의한 것이라고 생각한다. 보험 회사 에트나Aetna에서 내린 결론에 따르면, 환자의 90퍼센트 가까이가 흡연에 의한 것이며 나머지 대부분은 대기 중독성 물질에 의한 것이다. 폐기종 환자 중 1퍼센트만이 희귀한 유전적 결함 탓이다.[103] 핸슨의 경우는 생소한 사례이다. 겨우 39세라는 젊은 나이에 사망했기 때문이다. 따라서 유전적 결함이 있었을 수도 있지만 연구 과정에서 사용한 베릴륨을 흡입한 탓이었는지도 모른다.[104] 베릴륨은 독성이 대단히 강한 것으로 유명하다. 훗날 미국 연방 정부는 핵무기 개발 프로그램을 통해 베릴륨에 노출된 노동자들에게 보상을 해주었다.[105] 사이츠로서는 핸슨이 베릴륨에 노출된 것이 그의 이른 죽음의 원인일 가능성을 받아들일 수 없었던 게 분명하다.[106]

이런 다채로운 견해 —— 매파에 우월주의에 기술 찬양론에 공산주의 혐오증 —— 를 감안하면, 사이츠가 자유주의가 지배하는 학계 동료들보다 담배 업계의 보수적인 남자들과 교제하는 것을 더 편안하게 느낀 것도 당연하다. 어쨌든 정치적 견해가 비슷했을 테니 말이다. 여러 해에 걸쳐 사이츠는 미국 경제계에서 꽤 많은 시간을 보낸 적이 있었다. 1930년대에는 제너럴일렉트릭에서 물리학자로 일했고, 그 뒤에는 학계에서 35년의 경력을 쌓는 동안 듀폰의 고문을 지냈다. 또 샌프란시스코의 남성 고급 클럽인 보헤미안 그로브Bohemian Grove의 회원이기도 했다. 당시 이 클럽의 회원 가운데는 캘리포니아의 은행과 석유 회사, 군산 계약업체의 많은 중역들뿐만 아니라 레이건 정부에서 국방부 장관을 연임한 캐스퍼 와인버거Caspar Weinberger도 있었다. (캘리포니아공과대학교의 전 총장 한 명은 대학 이사들이 강권해서 보헤미안 그로브에 들어갔지만, 진보적인 유대인으로서 마음이 편치 않았다고 그 시절을 회상한다.)[107]

물론 사이츠는 담배 업계에서 일하는 동안 제공되는 갖가지 특전을 누렸고(레이놀즈의 자문위원회가 1979년 11월에 버뮤다에서 회의를 열었을 때는 부인과 함께 여행 겸 갔다.), 자신이 고른 연구자들에게 지원금을 나눠주면서 들뜬 기분을 느끼기도 했다.[108] 유전적 취약성이 질환에 걸릴 가능성의 핵심이며 현대 과학이 지나치게 편협해졌다는 사이츠의 견해를 감안할 때, 그가 정말로 담배가 부당하게 비판 받고 있으며 레이놀즈의 돈으로 실질적인 좋은 일을 할 수 있다고 믿었던 것도 당연하다. 그러나 담배 업계 문서를 통해 알 수 있듯이, 사이츠가 연구비 지원 프로젝트를 선정한 기준이 순전히 과학적인 것은 아니었다.

1979년 5월까지 사이츠는 4340만 달러가 넘는 연구 지원금 약정 계약을 체결했다. 이 시기 동안 R. J. 레이놀즈의 법률 고문인 H. C. 로머H. C. Roemer와 자주 연락을 하면서 어떤 프로젝트를 왜 지원할지를 논의했다. 연구 프로그램에 관한 보도 자료는 모두 법률 담당 부서의 검토를 거쳐야 했다.[109] 지원 기관에서 모든 지원금마다 법률 자문을 거치는 것은 흔한 일이 아니며, 따라서 이런 연계만으로도 법적 책임과 관련된 기준이 있음을 짐작할 수 있다. 그러나 우리가 추측할 필요는 없다. 업계 문서에서 스스로 밝히기 때문이다. "오랜 기간 동안 〔과학 연구를〕 지원하면서 많은 권위자들이 생겨났고, 업계에서는 법정 소송과 정부 기관의 청문회에서 이 권위자들의 전문가 증언에 의지할 수 있었다."[110] 담배 업계는 합리적인 의심만을 만들어내는 것이 아니었다. 장래에 의지할 수 있는 우호적인 증인들도 양성하고 있었다.

이런 증인 중 하나가 일전에 사이츠의 관심을 사로잡은 마틴 J. 클라인이다. 클라인은 미국에서 제일 유명한 생물의학 연구자 중 한 명이었다. UCLA 의과 대학의 혈액학-종양학 학과장 시절에 클라인은 세계 최초로 유전자 이식 생물을 만들어냈다. 유전자 변형 쥐를 탄생시킨 것이다. 하지만 1980년에 UCLA와 국립보건원에 의해 견책을 받았다. 유전성 혈액 질환이 있는 환자 두 명에게 DNA를 재조합해 변형한 골수 세포를 주사하는 인간 생체 실험을 승인도 받지 않고 진행했다는 이유에서였다.[111] 병원 당국에 실험의 성격을 제대로 알리지 않았음이 드러났다. 재조합된 DNA는 사용하지 않는다고 말했던 것이다.[112] 클라인은 훗날 이 실험을 수행한 사실은 인정하면서도 성공할 것이라고 믿었기 때문에 감행했다고 주장했다. 클라인은 거의 20만 달러의 연구 지원금을 박탈당했고 학과장직을 사임해야 했다. 다행히도 의과 대학 교수 자리는 지킬 수 있었다.[113]

오랜 세월이 흐른 뒤인 1997년에 클라인은 '노마 R. 브로인 등 대 필립모리스Norma R. Broin et al. v. Philip Morris' 사건에서 증인으로 나섰다.[114] (흡연을 하지 않는 비행기 승무원이었던 브로인은 32세에 폐암에 걸렸고, 남편 및 다른 승무원 25명과 함께 소송을 제기했다. 항공기 객실에서 간접흡연을 한 탓에 폐암에 걸렸고 담배 업계에서 유해성에 관한 정보를 감췄다는 내용이었다.)[115] 증언 과정에서 클라인은 이전에 두 차례의 재판에서 증인을 선 사실을 인정했다. 한 번은 원고가 독성 가스에 노출된 탓에 암에 걸린 것이 아니라고 증언했고, 다른 한 번은 방사선 노출 때문에 원고가 백혈병에 걸린 것이 아니라고 증언했다. 또 예전의 담배 소송에서 유급 자문역을 맡았고, 담배 업계를 대변하는 법률 회사를 상대로 세미나를 진행했으며, R. J. 레이놀즈의 이른바 과학자문단에서 일한 전력도 있었다. (사이츠가 지원한 과학자들은 또한 이따금 자문단으로 불려갔다. 정기적인 회의에 참석해서 '조언과 비판'을 제공한 것이다. 한 편지를 보면 이 과학자들이 옹호 그룹으로도 활동했음을 알 수 있다. 물론 이런 사실은 나중에 삭제되었다.)[116]

노마 브로인 사건에서 단도직입적으로 "흡연이 폐암을 유발합니까?"라는 질문을 받았을 때, 필립모리스 측 변호사들은 "질문 형식"이 적절하지 않다고 이의를 제기했다.[117] "직접 흡연이 폐암을 유발합니까?"라고 질문을 하자 변호사들은 질문이 "부적절하고 중요하지 않다."는 이유를 들어 이의를 제기했다. 마침내 판사가 답변을 하라고 요청을 하자 클라인은 말을 얼버무렸다.

> 클라인: 글쎄요, '유발'이라는 단어로 인구 기반이나 전염병 위험 요인을 말하는 거라면, 흡연은 특정 유형의 폐암과 관계가 있습니다. 특정 개인의 경우에 흡연이 암의 원인인가, 라고 질문하는 겁니까? 그렇다면 …… '그렇다'거나 '아니다'라고 말하기 어렵습니다. 입증할 수 있는 증거가 전혀 없습니다.[118]

20년 동안 담배를 피운 사람의 경우에 하루에 세 갑씩 피우는 습관이 폐암을 유발한 유력한 요소가 될 수 있느냐고 묻자, 클라인은 다시 아니오, 라고 대답했다. "확실하게 말할 수 없습니다. …… 흡연이 아무 관계가 없는 수많은 경우의 수를 생각해볼 수 있습니다." 담배 업계를 위해 수행한 연구에 대해 급여를 받았느냐는 질문에는 10년에 걸쳐 매년 30만 달러씩을 업계에서 지불했다고 인정했다. 그렇지만 이 300만 달러는 '급여'가 아니라 '증여'라고 했다.[119]

클라인이 암에 관해 한 이야기는 기술적으로는 맞는 말이다. 현재의 과학으로는 어느 특정한 폐암 환자가 —— 설사 아무리 담배를 많이 피웠더라도 —— 흡연 때문에 발병한 것이라고 확실히 말할 수 없다. 언제나 다른 가능성이 존재한다. 과학에서 말해주는 바에 따르면, 20년 동안 하루에 담배 세 갑을 피운 폐암 환자는 흡연 때문에 암에 걸렸을 공산이 크다. 폐암의 다른 원인이 매우 드물기 때문이다. 문제의 여성이 석면이나 라돈에 노출된 적이 있거나, 시가나 파이프 담배를 피웠거나, 비소·크롬·니켈 등에 장기간 직업적으로 노출되었다는 증거가 없다면, 지나친 흡연 때문에 폐암에 걸린 게 거의 확실하다고 말할 수 있다. 그렇지만 확실히 장담할 수는 없다. 과학 연구에는 언제나 의심의 여지가 있기 때문이다. 소송에서 우리는 질문을 던진다. 그것은 합리적인 의심인가? 결국 배심원들은 아니라고 대답하기 시작했지만 그러기까지는 오랜 시간이 걸렸다. 담배 업계에서 연구를 지원하면서 양성한 마틴 클라인 같은 증인들이 자기가 맡은 역할을 톡톡히 수행했기 때문이다. 레이놀즈는 과학자들을 지원했고, 필요할 때면 이 과학자들이 언제든 레이놀즈의 편에 섰다.

스탠리 프루지너는 아마 담배 업계에 훨씬 더 반가운 증인이 되었을 것이다. 프리온에 관한 프루지너의 연구는 선구적인 것이었고 그의 명성은 손상된 적이 없었다. 2004년 담배 업계를 상대로 한 연방정부의 기념비적인 소송인 '미국 대 필립모리스 등U.S. vs. Philip Morris et al.' 사건에서 프루지너의 이름이 증인 후보 목록에 올랐다.[120] (프루지너는 확실히 증언을 하지 않았지만, 우리가 찾아본 문서에서는 그 이유를 찾을 수 없었다.) 담배 업계는 결국 조직범죄피해자보상법Racketeer Influenced and Corrupt Organizations(RICO)에 따라 유죄 판결을 받았다.[121] 2006년, 미국 지방 법원 판사 글래디스 케슬러Gladys Kessler는 담배 업계가 담배의 유해성에 관해 "소비자와 잠재적 소비자를 속이려는 계획을 고안하고 실행했다."고 판결했다. 회사 내부 문서들을 살펴보면 담배 회사들은 1950년대부터 이미 유해성을 알고 있었다.[122]

그러나 이 지점에 이르기까지는 반세기라는 오랜 시간이 걸렸다. 그 과정에서 담배 업계는 자신에 대해 제기된 수많은 소송에서 승리를 거두었다. 물론 배심원들은 업계 중역들보다 과학 전문가들(특히 독립적으로 보이는 과학자들)을 훨씬 더 신뢰했고, 클라인이나 프루지너나 '직접적으로' 담배 업계를 위해 일한 적은 없다. 연구비의 대부분은 법률 회사를 통해 전달되었다.[123] 외부의 연구는 또한 대중이 스스로 결정해야 한다는 업계의 입장을 뒷받침하는 데 도움을 줄 수 있었다. "우리는 밝혀진 모든 증거를 대중에게 낱낱이 객관적으로 제시해야 하며, 대중이 증거에 입각해서 스스로 결정을 내릴 수 있어야 한다고 믿는다." 이런 주장은 언뜻 합당해 보인다.[124] 문제는 이런 '증거'가 혼란을 야기하기 위해 담배 업계에서 꾸며낸 캠페인의 일부인지를 대중이 알 방도가 없다는 점이었다. 실제로 그것은 사기를 범하려는 범죄적 음모의 일환이었다.

클라인과 프루지너는 이름을 날리는 과학자들이었고, 따라서 혹자는 그들도 말할 권리가 있는 게 아닌가, 라고 물을지도 모른다. 훗날 사이츠와 그의 동료들은 종종 이런 주장을 펼쳤다. 자기들도 평등한 발언 기회를 누릴 자격이 있으며, 공정 보도 원칙에 따라 주류 언론에서 자신들의 견해를 밝힐 시간과 공간을 요구할 능력이야말로 자신들이 기울인 노력으로 영향력을 발휘하는 데 필수적이라는 것이었다.

그들은 평등한 발언 기회를 누릴 자격이 있었을까?

대답은 아니올시다, 이다. 이견에 대해 평등한 발언 기회를 주는 것은 정치의 양당 제도에서는 말이 되지만, 과학에서는 통하지 않는다. 과학은 의견의 장이 아니기 때문이다. 과학은 증거의 장이다. 과학적 연구(실험, 경험, 관찰)을 통해 검증될 수 있고 실제로 검증된 주장의 장인 것이다. 이런 연구는 또한 **동료 과학자들로 이루어진 배심원단의 비판적 검토**를 거쳐야 한다. 이런 과정을 거치지 않은 주장(또는 이런 과정을 거쳤지만 입증에 실패한 주장)은 과학이 아니며, 따라서 과학 논쟁에서 평등한 발언 기회를 누릴 자격이 없다.

과학적 가설은 검사의 기소나 마찬가지이다. 긴 과정의 출발에 불과한 것이다. 배심원단은 기소장의 우아한 문체가 아니라 기소를 뒷받침하는 증거의 양과 설득력, 일관성에 입각해서 평결을 내려야 한다. 우리는 검사에게 증거(풍부하고 확실하며 견고하고 일관된 증거)를 제시하라고 요구할 수 있으며, 동료 시민들로 이루어진 배심원단은 충분한 시간을 갖고 증거를 검토할 권한이 있다.

과학 역시 마찬가지이다. 어떤 똑똑한 사람이 결론을 제시하거나 한 무리의 사람들이 결론을 논의하기 시작한다고 곧바로 결론이 확립되는 것은 아니다. 동료 배심원단(연구자 공동체)이 증거를 검토하고 주장을 받아들이기에 충분하다고 결론을 내려야 그것이 결론이다. 1960년대에 이르러 과학 공동체는 담배에 관해 바로 이와 같이 결론에 도달했다. 이와 대조적으로 담배 업계는 자신의 주장을 증거로 뒷받침하지 못했으며, 따라서 혼란을 조성하는 전술에 의존해야 했다. 수십 년 동안 수천만 달러를 쏟아부었음에도 불구하고 담배 업계에서 지원한 연구는 흡연이 정말로 무해하다는 증거를 제시하지 못했다. 그렇지만 어쨌든 그건 중요한 문제가 아니었다.

담배 업계는 조직범죄피해자보상법에 따라 유죄를 선고 받았다. 힐앤드놀턴의 문서에서 드러나는 사실이 하나의 이유였다. 즉, 담배 업계는 이미 1953년에 흡연의 유해성에 관해 알았으면서도 서로 공모해서 이 사실을 밝히지 않았다. 업계는 또한 사실에 맞서 싸우고 의심을 부추겼다.

그러나 이런 사실이 드러나고 의심이 일소되는 데는 오랜 시간이 걸리지 않았다. 오랫동안 미국인들은 담배의 유해성에 대해 합리적으로 의심해볼 여지가 있다고 생각했다(일부는 지금도 그렇게 생각한다.). 유해 경고 문구 규정이 강화되기는 했지만, 담배 업계가 소송에서 지기 시작한 것은 1990년대에 이르러서의 일이다. 또한 1990년대 초반에 식품의약국이 담배를 중독성 약물로 규제하려고 했지만, 2009년에 이르러서야 마침내 미국 의회에서 규제 권한을 부여했다.[125]

담배 업계의 캠페인이 성공을 거둔 이유 중 하나는 담배를 피우는 사람이 모두 암에 걸리지는 않는다는 사실이다. 사실 흡연자의 대다수가 폐암에 걸리는 것은 아니다. 흡연자는 만성 기관지염, 폐기종, 심장병, 뇌졸중 등에 취약하고, 구강암, 자궁암, 자궁경부암, 간암, 신장암, 방광암, 위암 등에 걸리기 쉽다. 또 백혈병에 걸리거나 유산을 하거나 시력을 잃기 쉽다. 흡연 여성의 아이는 비흡연 여성의 아이에 비해 저체중으로 태어날 확률이 매우 높으며, 유아돌연사증후군 확률도 높다. 오늘날 세계보건기구WHO에서는 흡연이 각기 다른 25가지

질병의 알려진 원인이나 의심되는 원인이며, 매년 세계적으로 500만 명의 사망 원인이고, 이런 사망자의 절반이 중년임을 밝혀냈다.[126] 1990년대에 이르면 대다수 미국인들은 흡연이 전반적으로 유해하다는 사실을 알게 되었지만, 30퍼센트는 이런 유해성을 구체적인 질병과 연결시키지 못했다. 많은 의사들조차 담배의 유해성을 완전히 알지 못하며, 여론 조사 응답자의 거의 4분의 1은 흡연이 유해하다는 사실에 여전히 의문을 표시한다.[127]

담배 업계의 의심 퍼뜨리기가 성공을 거둔 데에는 무언가가 원인이라고 말할 때 그것이 무슨 의미인지를 사람들 대부분이 제대로 이해하지 못한다는 점이 일부 작용했다. A가 B를 유발한다고 하면, 사람들은 보통 A를 하면 B라는 결과가 나온다고 생각한다. 만약 흡연이 암을 유발한다면, 담배를 피우면 암에 걸린다는 식이다. 그러나 삶은 그렇게 단순 명쾌하지 않다. 과학에서는 어떤 것이 **통계적인** 원인일 수 있다. 즉 담배를 피우면 암에 걸릴 **확률**이 훨씬 높아진다. "싸움의 원인은 질투였다."라는 말처럼, 어떤 것의 이유라는 일상적인 의미로도 원인이라는 말을 쓸 수 있다.[128] 질투가 항상 싸움을 유발하는 것은 아니지만 이런 일은 무척 자주 일어난다. 흡연자가 모두 흡연 때문에 사망하는 것은 아니지만, 절반 정도는 그로 인해 죽는다.

의심 퍼뜨리기가 성공을 거두는 또 다른 이유는 우리가 과학이 사실 ── 냉정하고 확고하며 결정적인 사실 ── 의 문제라고 생각하기 때문이다. 만약 누군가 상황이 불확실하다고 말하면, 우리는 그것을 과학이 갈피를 못 잡는다는 뜻으로 받아들인다. 물론 이렇게 생각하면 잘못이다. 살아 있는 과학에서는 언제나 불확실성이 존재한다. 과학은 발견의 과정이기 때문이다. 과학자들은 하나의 질문이 해결되면 가만히 앉아 있지 않는다. 곧바로 다음 질문을 공식화하기 시작한다. 과학자들에게 지금 무엇을 하고 있느냐고 물으면, 지난주나 지난해에 마무리한 일에 관해 말해주지 않으며, 지난 10년 동안 한 일에 대해서도 물론 말하지 않는다. 과학자들은 현재 연구하고 있는 새롭고 불확실한 일에 관해 말해줄 것이다. 그래요, 우리는 흡연이 암을 유발한다는 사실을 알지만, 어떤 메커니즘을 통해 그렇게 되는지는 아직 완전히 알지 못합니다. 그래요, 우리는 흡연자가 일찍 죽는다는 사실을 알지만, 어떤 특정한 흡연자가 일찍 죽는다 할지라도 흡연이 그의 이른 죽음에 얼마만큼 이바지했는지는 확실히 말할 수 없을지도 모릅니다. 이런 식이다.

의심은 과학에 절대적으로 필요하다. 이른바 호기심이나 건전한 회의론의 형태로 의심은 과학을 채찍질한다. 그러나 의심 때문에 과학이 그릇된 설명에 취약해지기도 한다. 불확실성을 원래의 맥락에서 끄집어내서 아무것도 해결되지 않았다는 인상을 만들어내기가 쉽기 때문이다. 담배 업계의 핵심적인 통찰은 바로 여기에 있었다. 과학의 정상적인 불확실성을 활용해서 실제 과학 지식의 지위를 손상시킬 수 있음을 간파한 것이다. 1969년에 담배 업계의 어느 중역이 끼적거린 악명 높은 메모에는 이런 말이 있었다. "의심이 우리의 상품이다. 일반 대중의 머릿속에 존재하는 '일군의 사실'과 경쟁하는 가장 좋은 수단이기 때문이다."[129] 담배 업계는 다른 상품, 즉 담배의 유해성에 관한 의심을 만들어내는 방법으로 주요 상품인 담배를 지켜냈다. "증거가 없다."는 말은 간접흡연에 관심이 쏠린 1990년대에 업계가 다시 외

위대는 마법의 주문이 되었다. 이 말은 또 지난 4반세기 동안 사실에 맞서 싸우는 거의 모든 캠페인의 주문이 되기도 했다.

담배가 우리 이야기의 끝이 아니기 때문이다. 단지 출발점일 뿐이다. 담배 '논쟁' 이후로 다양한 집단과 개인들이 자신들의 상업적 이익이나 이데올로기적 신념을 위협하는 과학적 증거에 이의를 제기하기 시작했다. 이런 캠페인의 대부분은 담배 업계에서 만들어낸 전략을 고스란히 활용했고, 일부는 사람들까지 똑같았다. 이런 사람 중 하나가 프레더릭 사이츠이다.

담배를 방어하려는 업계 캠페인이 생명력을 다할 무렵, 그리고 담배의 유해성이 입증되지 않았다는 주장을 대놓고 말하기기 힘들어질 무렵, 사이츠는 다른 곳으로 옮겨 갔다. 그중 하나가 조지 C. 마셜 연구소의 창설이었다. '전략 방위' 라는 완전히 새로운 분야에서 과학자들이 내린 결론에 이의를 제기하기 위해 만든 연구소였다. 이 논쟁이 끝났을 때는 다시 환경으로 고개를 돌렸다. 사이츠는 '냉정' 을 지키기는커녕 대중의 관심을 끌기 위해 "단순화한 극적인 발언"을 하는 과학계 동료들에 대해 악담을 퍼부은 적이 있었지만, 말년에는 자신도 오존 홀과 지구 온난화 같은 환경 위협에 대해 똑같은 모습을 보였다.[130]

담배 '논쟁' 은 스타 워스와 핵겨울, 산성비와 오존 홀을 거쳐 지구 온난화로 이어지게 된다. 사이츠와 그의 동료들은 그 과정에서 줄곧 사실에 맞서 싸우고 의심을 부추기는 역할을 한다.

2장
전략 방위 구상의 날조된 진실

B팀의 탄생

스타 워스: 냉전의 부활

전략 방위에서 핵겨울로

마셜연구소의 창설

과학에 대한 전면 공격

담배 업계는 프레더릭 사이츠라는 과학계의 거목을 자기편으로 삼게 되어 기뻤지만, 1980년대 말에 이르면 사이츠는 점점 극단적인 견해를 가진 사람들과 손을 잡게 된다. 이 사람들은 대개 만년에 이르러 경험이나 훈련을 전혀 쌓은 적이 없는 분야로 고개를 돌린 과학자들이었다. 가령 지구물리학자 월터 엘새서Walter Elsasser는 과학으로서의 생물학이 유기체의 '불가해한 복잡성' 때문에 막다른 길에 봉착했다고 주장했다. 그에게 동조적인 전기 작가조차 이런 견해가 "대다수 생물학자들이 무시하는 가운데 일부에게는 비판을 받았다."고 서술할 정도였다.[1] 대다수 동료들은 엘새서가 분별력을 잃었다고 생각했고, 일부는 사이츠에 관해서도 같은 생각을 하기 시작했다. 1989년 8월, 담배 업계의 한 중역은 사이츠에게 계속 자문을 구하는 데 반대하는 의견을 피력했다. "사이츠 박사는 나이를 많이 먹어서 조언을 해줄 만한 분별력이 없다."[2]

그러나 사이츠는 이미 다른 동맹 세력을 구한 상태였고, 1980년대 중반에는 공산주의를 물리친다는 새로운 대의에 몰두하고 있었다. 자기처럼 순수한 반공주의에 투신한 나이 든 '냉전 전사들'인 동료 물리학자 몇 명을 규합해서 로널드 레이건의 전략 방위 구상을 지지하고 옹호한 것이다. 대다수 과학자들은 전략 방위 구상(일명 '스타 워즈')

을 비현실적이고 불안정한 계획이라고 일축했지만, 사이츠와 동료들은 이 구상이 효과를 발휘하기 힘들다는 과학적 증거에 이의를 제기하고 미국이 핵전쟁에서 '승리'할 수 있다는 사고를 부추기면서 스타워스를 옹호하기 시작했다.

사이츠의 강경파적 입장은 뿌리가 깊다. 그 세대의 여느 미국 물리학자들이 대개 그렇듯이, 사이츠도 핵무기 개발 프로그램과 나란히 성장했다. 국가 안보 상태가 자신의 과학을 뒷받침해주는 한편 자신은 과학으로 국가 안보 상태를 뒷받침하는 데 기여한 것이다. 원자 폭탄 개발에 참여한 거의 모든 과학자들은 마땅히 해야 할 일을 했다고 생각했다. 독일이 먼저 원자 폭탄을 개발해서 전쟁에서 승리를 거두면 얼마나 끔찍한 일이 생길지 모르는 일이었기 때문이다. 그렇지만 전쟁이 끝나고 많은 이들이 무기 연구에서 손을 떼면서 상황이 바뀌었다. 1950년대에 이르면 무기 경쟁을 계기로 학계의 많은 물리학자들이 군축 옹호론자로 돌아섰고, 1960년대에는 베트남 때문에 훨씬 더 많은 과학자들이 철저한 반전론자로 변신했다. 그러나 사이츠는 정반대였다. 1960년대에 국립과학학술원 원장을 지낸 사이츠는 동료 과학자들의 반전 활동에 넌더리를 냈고, 닉슨의 데탕트 정책뿐 아니라 존슨, 닉슨, 포드 행정부의 군축 시도에도 반대했다. 평화로운 관계로 나아가기 위한 미국과 소련의 노력 자체에 반기를 든 것이다. 데탕트는 소련과 평화롭게 공존하려는 방법을 찾기 위한 시도였다. 사이츠는 이런 노력에 도덕적 혐오감을 느꼈다. 소련이 군축을 활용해서 군사적 우위를 달성하고 서구를 정복할 것이라고 믿었기 때문이다.

영향력 있는 대외 정책 싱크 탱크들도 사이츠처럼 열렬한 반공주의를 신봉했다. 후버연구소Hoover Institution(원래는 "자유 사회를 규정짓는 사상"을 장려한다는 취지로 창설된 후버전쟁도서관Hoover War Library으로 출발), 허드슨연구소Hudson Institute(군사 전략가 허먼 칸Herman Kahn이 1970년대 중반에 설립), 헤리티지재단Heritage Foundation(보수 사상을 장려하기 위해 1973년 설립) 등이 대표적인 예이다.[3] 이 기관들과 의회의 동맹 세력들은 데탕트에 대한 공세를 부추겼다. 1970년대가 막을 내릴 무렵이면, 평화 공존이라는 사고는 허물어졌고 레이건 시대의 새로운 대규모 군비 증강이 정당화되었다. 이런 공세는 담배를 방어하기 위한 노력과 매우 흡사한 방식으로 시작되었다. 데탕트 반대론자들은 중앙정보국CIA에서 마련한 공식적인 정보 평가에 의문을 제기하고 일련의 다른 '사실들'(물론 사실이 아닌 경우가 왕왕 있었다.)을 내놓았다. 그들은 매스 미디어를 통한 대대적인 선전 캠페인을 활용하여 자신들의 주장을 미국인들의 머릿속에 심어놓았다. 자신들의 견해에도 평등한 발언 기회를 달라는 요구에 바탕을 둔 캠페인이었다.

1970년대 말과 1980년대 초에 이 캠페인이 처음 시작되었을 때, 사이츠는 여전히 담배 문제에 집중하고 있었다. 반면 가까운 두 동료(수소 폭탄의 아버지인 물리학자 에드워드 텔러Edward Teller와 고다드우주연구소 설립자인 천체물리학자 로버트 재스트로)가 전략 방위를 향한 길을 이끌었다. 처음에 그들의 주장은 정치적인 문제에 치중되었다. 데탕트는 순진한 생각으로 2차 세계 대전 직전 대독일 유화책의 현대판이라는 것이었다. 그들은 소련의 역량이 우리가 아는 것보다 훨씬 거대하며 따라서 핵무기 보유고를 계속 유지하거나 심지어 증대하는 게 필수적이라고 주장했다. 또한 미국이 소련에서 날아오는 미사일을 효과적으로 방어하는 시스템을 구축할 과학적 능력이 있다면서 스타 워스 개념을 옹호했으며, 전쟁이 발발해도 미국이 승리할 수 있다고 역설했다.

천문학자 칼 세이건Carl Sagan과 동료들이 방해꾼으로 끼어들었다. 핵무기 교전이 벌어지면, 아무리 소규모로 이루어지더라도, 지구가 순식간에 얼어붙어서 황폐화될 수 있다는 것이었다. 만약 이런 주장이 사실이라면 핵전쟁에서는 승자가 있을 수 없었다. 스타 워스 로비 집단은 이런 메시지를 전파하는 이들을 공격하기로 결정했다. 처음에는 세이건이 타깃이었고, 이내 과학 전반이 공격 대상이 되었다. 이 세력은 담배 업계가 자신들의 주장을 선전하기 위해 연구소를 창설한 선례를 충실히 따랐다. "더 나은 공공 정책을 위한 과학"을 장려하는 조지 C. 마셜 연구소는 프레더릭 사이츠를 초대 소장으로 내세우면서 출범했다.[4]

B팀의 탄생

데탕트에 대한 우파의 공격은 포드 행정부 마지막 해에 시작되었다. 1976년, 데탕트 반대론자들은 신임 중앙정보국장 조지 H. W. 부시를 설득해서 소련의 역량과 의도에 대한 '독립적인' 평가를 추진하게 만들었다. 에드워드 텔러가 속한 대통령 직속 대외정보자문위원회에서 제안한 구상이었다. 미국 정부에서 일한 역대 물리학자 중 가장 강경파에 속하는 텔러는 "MIT와 스탠퍼드의 급진적 대학 당국과 학생 시

위대가 군사 연구·개발을 일소해버린" 나머지 이제 미국은 차세대 핵무기를 개발할 수 있는 과학자가 부족한 처지라고 주장했다.[5] 소련이 미국을 기술적으로 앞지르는 것은 이제 시간문제일 뿐이었다. 아마 몇 년 안에 그렇게 될 터였다. 텔러는 정보 문제 전문가가 아니었지만, 자신이 중앙정보국보다 소련의 위협을 잘 알고 있다고 생각했고, 중앙정보국의 정보 평가가 실제 위협의 규모를 대단히 경시하고 있다고 주장했다. 제대로 된 사람들이 '경쟁적인' 재평가를 하면 실상을 제대로 파악할 수 있을 터였다.[6]

중앙정보국은 대외적인 위협을 평가하기 위해 '국가 정보 평가 National Intelligence Estimates(NIEs)'를 발표하지만 미국의 유일한 정보기관은 아니다. 1970년대에는 십여 개의 정보기관이 존재했다. '국가 정보 평가'는 다양한 기관에서 정보를 제공하고 발표 전에 평가를 검토하는 과정을 거쳐 공동으로 작성한다. 이런 공동 작성 및 검토 과정의 결과물로 승인된 문서를 내놓는다. 전반적인 합의를 이끌어낼 수 있는 최선의 판단을 대표하는 일종의 타협안이다. 기관들 사이에 의견 불일치가 심각하면 주석에 기록되며, 따라서 합의를 만들어내는 데 집중하면서도 불일치의 가능성을 인정한다.

대통령 직속 대외정보자문위원회의 위원인 텔러는 검토 과정에 참여했고, 따라서 소련의 역량을 평가한 중앙정보국의 1975년 극비 문서의 초안을 볼 수 있었다. 이 평가서는 텔러의 마음에 들지 않았다. 세 가지 핵심 영역에서 위협을 대단히 과소평가했다는 것이다. 첫째, 중앙정보국은 소련의 '대륙 간 탄도 미사일ICBMs'이 그다지 정확하지 않기 때문에 소련이 '1차 공격'을 해와도 미국의 반격 역량이 충분히 남아서 소련을 파괴할 수 있다고 결론지었다. 둘째, 중앙정보국은 소련의 방공 시스템은 담당 지역이 워낙 광대하기 때문에 미국의 폭격기들이 저공비행하는 것을 모두 막지 못할 것이라고 판단했다. 셋째, 중앙정보국은 소련이 미국 잠수함의 위치를 추적하지 못한다고 생각했다.[7] "현재 소련에는 미국의 잠수함 역량을 막을 수 있는 효과적인 방어 능력이 없다."고 평가서는 간단하게 말했다. 중앙정보국은 1980년대에 상황이 바뀌리라고는 꿈에도 알지 못했다.[8] 중앙정보국은 이 각각의 영역에서 미국이 우월한 위치에 있다고 결론지었다.

텔러는 그렇게 생각하지 않았다. 게다가 소련의 잠재적 역량을 설명하려고 시도하는 과정 자체가 그릇된 것이라고 생각했다. 필요한 것은 미국이 대비 태세를 갖춰야 하는 최악의 시나리오를 있는 그대로 설명하는 것이었다. 한 관리는 이 점에 대해 이렇게 말했다. "정보 분야 관리들은 미국 정부가 적절한 대응책을 마련할 수 있도록 하기 위해 소련이 야기할 수 있는 최악의 사태를 환기시킴으로써 정책 수립에 이바지해야 한다."[9] 미국의 안전을 확보하기 위해서는 경각심을 가져야 했고, 텔러는 가능한 한 가장 불길한 보고서를 원했다.

소련의 군비 지출을 둘러싸고 중앙정보국과 국방정보국DIA 사이의 갈등이 공개적으로 터져 나오자, 텔러는 독립적인 위협 평가라는 소원을 이루게 되었다. 국방정보국은 소련이 중앙정보국에서 생각하는 것보다 두 배 많은 군사비를 지출한다고 생각했다. 국민 총생산GNP의 약 15퍼센트인 이 수치는 미국이 국민 총생산의 6~8퍼센트만을 지출하는 것과 대조적이었다. 보수 언론들은 이 주장을 냉큼 받아들여 소련이 이미 막대한 군사력 증강에 착수했다고 호들갑을 떨었다. 그러나 이것은 커다란 오해였다. 두 정보기관은 소련의 병사, 탱크, 미사일, 항공기 수에는 의견이 일치했다. 의견이 갈리는 부분은 그 비용이 얼마인가 하는 것이었다. 국방정보국은 소련의 군사력 비용이 중앙정보국이 생각하는 것보다 두 배라고 생각했다. 소련의 군사 경제의 효율성이 미국의 절반 수준이라는 뜻이었다.[10]

국방정보국의 분석이 옳다면, 소련은 더 강한 게 아니라 약한 적이었다. 동일한 수준의 군사 대비 태세를 갖추는 데 두 배나 많은 돈이 필요한 셈이었으니까 말이다. 사실 소련은 더 허약한 셈이었다. 미국의 경제 규모가 훨씬 더 컸기 때문이다. 미국 국내 총생산GDP의 6퍼센트가 소련 국내 총생산의 15퍼센트보다 훨씬 더 많았던 것이다. 미국은 더 훌륭하고 강한 체제였고, 말 그대로 투자한 만큼 그에 걸맞은 성과를 얻고 있었다. 그렇지만 국방정보국의 주장에서 맥락을 쏙 빼고 미국이 뒤처지고 있다고 주장하기란 쉬운 일이었다. 따라서 중앙정보국은 독립적인 분석을 허용하라는 강한 정치적 압력을 받았다.

6월에 부시 중앙정보국장은 세 개의 독립적인 검토 위원단의 구성을 승인했다. 각 위원단은 소련의 위협을 각기 다른 측면에서 검토할 것을 위임 받았다. 한 위원단은 소련 미사일의 정확성을 검토했고, 두 번째 위원단은 소련의 방공防空 역량을 검토했다. 텔러와 그의 동료 비판자들이 원한 대로였다. 한편 세 번째 분야 —— 잠수함 전투 역량 —— 는 해군이 가로막고 나섰다. 자체 보유 잠수함에 관한 정보가 공개되는 것을 원치 않았기 때문이다. 그래서 세 번째 위원단은 그 대신 소련의 '전략 목표'에 대한 검토를 위임 받았다.[11]

이 위원단의 성원들은 나중에 'B팀Team B'이라는 이름을 얻게 된다. 원래는 '국가 정보 평가'를 객관적으로 검토하는 게 임무였지만, 인원 구성부터가 다른 결과를 예감케 했다. 거의 전부가 중앙정보국이 소련의 위협을 경시한다고 믿는 대외 정책 강경파로 구성되었던 것이다. 전략목표검토단Strategic Objectives Panel 단장인 하버드의 역사학자 리처드 파이프스Richard Pipes는 리처드 펄Richard Perle의 조력을 받아 나머지 위원을 선발했다. 로널드 레이건 밑에서 국방부 차관보를 지내고 2차 이라크 전쟁을 기획한 바로 그 리처드 펄 말이다. 다른 위원들의 면면을 보면, 트루먼 행정부에서 미국의 냉전적 대외 정책을 처음 설계한 주역 중 하나인 폴 니츠Paul Nitze, '우주 전선〔High Frontier. 지구 주위에 432개의 킬러 위성을 배치하여 적의 미사일을 파괴하려는 구상. ― 옮긴이〕' 개념의 창시자인 대니얼 O. 그레이엄Daniel O. Graham 중장, 훗날 조지 W. 부시〔아들 부시〕 행정부에서 국방부 부장관을 맡는 '신보수주의(네오콘)' 진영의 떠오르는 스타 폴 울포위츠Paul Wolfowitz 등이 있었다.[12] 텔러와 펄은 최종 검토자를 맡았다.

　모든 문제에 대해 위원단은 소련의 노력이 갖는 불안한 측면을 최대한 부각시켰다. 전략목표검토단은 소련이 데탕트에 관심을 기울이는 것은 그들의 진짜 목표인 '세계 헤게모니'를 달성할 시간을 벌기 위해서일 뿐이라고 주장했다.[13] 소련은 단지 억지력(미국의 전략 목표가 이것이다.)을 유지하는 데 충분한 핵무기가 아니라 질적·양적으로 전략적 우위를 달성하고자 했다. 세계 정복이라는 원대한 목표를 위해 핵전쟁을 비롯한 어떤 종류의 전쟁에서도 승리하고자 한 것이다.[14] 소련은 전략적 우위를 달성하자마자 그것을 행사할 터였고, 우위 달성은 시간문제였다.

"소련은 …… 3차 세계 대전이 불가피하다는 가정 아래 준비 태세를 갖추고 있다."고 검토단은 단호하게 선언했다. "소련의 무장 속도는 …… 아찔한 수준이다. 상호 억지에 필요한 수준을 훌쩍 뛰어넘는 게 분명하다. 바르샤바조약기구의 지속적인 군사력 증강은 그들이 구실로 내세우는 나토의 위협 가능성과 아무런 관계도 없다. 위협이나 정복의 측면에서 해석하는 게 타당하다."[15] 소련 지도자들은 "자신들의 궁극적인 목표가 과거 어느 때보다도 지금 현실화에 다가섰다고 믿는 듯하다. 국가적 평가를 수행한 지 10년 안에 소련이 일정한 수준의 군사적 우위를 달성할 것으로 기대하는 것은 당연하다. 이런 우위에 힘입어 소련은 세계 헤게모니라는 목표를 더욱 공세적으로 추구할 것이다."[16] 이것은 전략적 우위에서 세계 지배로 나아가는 작은 첫걸음이었다. 냉전은 끝나고, 서구가 패배할 터였다.

이런 주장을 펼치는 근거는 무엇이었을까? 그다지 많지는 않았다. 증거를 인용하는 경우는 거의 없었고, 입수 가능한 증거가 자신들의 주장을 뒷받침하지 않을 때는 무리하게 증거를 비틀었다. 한 예를 살펴보자. 냉전 시기 동안 잠수함은 3원 전략 핵전력[nuclear triad. 지상 발사 탄도 미사일, 잠수함 발사 탄도 미사일, 장거리 폭격기로 이루어진 전략적 핵 억지력을 가리키는 말. — 옮긴이]을 구성하는 필수 요소였고, 따라서 잠수함 탐지는 국방의 핵심적인 요소였다. 대부분의 잠수함 감시는 음향 탐지 방식(상대방 잠수함에서 내는 소음을 포착한다.)이었는데, 양쪽 모두 다른 탐지 방식을 연구하고 있었다. 그렇지만 썩 만족스러운 결과를 얻지 못했다. 그런데 검토단에서 소련이 비음향 대잠전 시스템에 많은 돈을 쏟아부은 증거를 발견한 한편 실제로 비음향 시스템을 실전에 배치한 증거는 전혀 찾지 못했을 때, 그들은 이 시스템이 제대로 작동하지 않는다는 논리적인 결론을 도출하지 않았다. 오히려 검토단은 이 시스템이 제대로 작동하며 소련이 실전에 배치를 하고 은폐하고 있다는 결론을 내렸다. "지금까지 실전에 배치된 시스템이 없다는 사실은 이해하기 힘들다."고 검토서는 지적했다. "소련이 실제로 모종의 비음향 시스템을 실전에 배치했으며 향후 몇 년 동안 추가로 배치할 공산이 크다."[17] 검토단은 소련이 특정한 능력을 달성하지 못했다는 증거를 달성했다는 증거로 간주했다. 작가 C. S. 루이스C. S. Lewis는 이런 식의 주장을 다음과 같이 규정한 바 있다. "증거의 결핍 자체가 증거로 다뤄진다. 연기가 나지 않는다는 사실이 불을 매우 조심스럽게 감췄다는 증거로 여겨진다."[18] 이런 주장은 사실상 반박하기가 어렵다고 루이스는 지적한다. "보이지 않는 고양이에 대한 믿음은 논리적으로 반박하기가 힘들다. 그런 믿음을 가진 사람들에 관해 많은 사실을 알려주기"는 하지만 말이다.[19]

B팀 검토단은 또한 이 기회를 활용해서 미국이 탄도 미사일 방어를 위한 새로운 노력을 경주해야 한다고 촉구했다. 미국은 앞서 1950년대와 1960년대에 지상 기반 탄도탄 요격 미사일 시스템을 개발·배치하려고 두 차례 시도했지만, 막대한 비용이 드는 데다가 효율성이 떨어지는 계획임을 깨달은 바 있었다. 이런 실패로 말미암아 양국이 탄도탄 요격 미사일 기지를 한 곳만 설치하도록 제한한 '탄도탄 요격 미사일 조약Anti-Ballistic Missile Treaty'이 채택되었다. 이 시스템은 어쨌든 현실적인 가치가 적을 것으로 판단되었기 때문이다. 소련은 모스크바를 방어하기 위한 기지를 건설했고, 미국은 노스다코타 주 그랜드포

크스Grand Forks 인근에 있는 대륙 간 탄도 미사일 기지를 방어하기 위한 기지를 건설했다. 하지만 1년도 안 되어 폐쇄했다. 텔러와 전략 목표검토단의 적어도 한 명, 즉 그레이엄 중장은 미국의 새로운 탄도탄 요격 미사일 프로그램을 원했고, 따라서 검토단은 —— 이번에도 역시 아무 증거도 없이 —— 소련이 "이 분야에서 한층 더 야심찬 연구를 수행해왔으며" 적의 탄도탄 요격 미사일 구축 노력이 어느 정도 규모인지는 "과대평가하기 힘들다."고 결론지었다.[20]

담배 업계가 과학이 확고한 영역에서 불확실성을 악용하려고 노력한 반면, 이 사람들은 증거가 희박하거나 전무한 영역에서 확실성을 주장했다. 그들은 "소련이 ~지 모른다."거나 "~한 것으로 보인다."가 아니라 언제나 "소련은 ~하다."라고 말했다. 그들은 언어의 힘을 알고 있었다. 상대방의 주장은 불확실한 반면 자신들의 주장은 확실하다고 주장함으로써 상대방의 주장을 깎아내릴 수 있는 것이다.

B팀의 검토서는 제럴드 포드Gerald Ford 대통령과 민주당의 경쟁자 제임스 얼 카터James Earl Carter의 대통령 선거전이 한창이던 1976년 10월에서 12월 사이에 작성되었다. 선거를 불과 몇 주 앞두고 전략목표검토단의 한 명이 기밀 초안을 『보스턴 글로브』에 유출시켰다.[21]

이 유출은 B팀이 내린 결론을 대중화하려는 조직적인 노력의 시발점이었다. 11월 선거에서 카터가 포드에게 승리를 거두고 이틀 뒤, 1950년대 '빨갱이 소동'의 유물이 되살아났다. '현존하는 위험에 대응하기 위한 위원회Committee on the Present Danger'가 그것이다. 이 위원회의 성원 중 네 명은 B팀 출신이었다. 위원회는 이후 4년 동안 보도 자료와 논설 등을 통해 언론의 관심을 끌면서 별로 사실과 관계없는 '사실에 근거한' 주장을 통해 미국의 대외 정책을 오른쪽으로 치우치게 만드는 데 일조했다. 울포위츠와 펄을 비롯한 B팀의 일부 성원들은 로널드 레이건의 1980년 선거 운동에서 보좌관을 맡았다. 레이건이 선거에서 승리하자 그들은 'A팀'이 되었다.[22] 그들의 견해는 레이건 1기 행정부의 대결적인 대외 정책의 바탕을 이루었고, 스타 워스라는 별칭으로 더 유명한 전략 방위 구상의 추진 결정 역시 그런 견해에 따른 것이었다.

스타 워스: 냉전의 부활

1983년, 레이건 대통령은 "우리에게 핵무기를 선사한 미국의 과학 공동체에게 그들의 위대한 재능을 인류의 대의와 세계 평화로 돌리라고, 핵무기를 무력화하고 쓸모없게 만들 수 있는 수단을 우리에게 달라고" 호소했다.[23] 전략 방위 구상SDI의 골자는 날아오는 탄도 미사일을 파괴할 수 있는 무기를 우주 공간에 설치하는 것이다. 이 무기는 미국을 공격으로부터 막아주는 '방패' 역할을 하기 때문에 핵무기가 무용지물이 되어버린다.

이 구상은 세계 평화를 달성하겠다는 레이건의 바람의 결과만이 아니었다. 그것은 또한 레이건 행정부의 호전적인 언어에 반대하면서 구체화된 핵 동결 운동에 대한 직접적인 반응이기도 했다. 운동 지도자들은 미국과 소련 양쪽 모두에게 핵무기와 발사 체계를 제조, 시험,

변경하는 일을 중단하라고 요구하고 있었다. 핵무기의 핵은 시간이 흐르면서 방사성이 감소하여 폭발력을 상실하기 때문에, 새로운 핵무기 제조를 중단하기로 합의를 하면 사실상 군축에 합의하는 것이나 마찬가지였다.

이런 제안은 순식간에 인기를 끌었다. 1981년 말에 이르면, 미국 43개 주에서 핵 동결 활동가 2만 명이 활동하게 되었다. 여러 주요 교파 및 지방 정부와 주 정부에서도 이 제안을 지지했다. 1982년 초에는 미국 의회에서도 공개적으로 논의되었다. 운동의 갑작스러운 성장은 아찔한 수준이었고, 정부의 대외 정책과 군사 정책뿐만 아니라 1984년의 재선 전망까지도 직접적으로 위협 받기에 이르렀다.[24]

레이건은 해답으로 전략 방위 구상을 내놓았지만, 많은 보좌관이 반대 의견을 피력했다. 어떤 이들은 기술적으로 실행 불가능하다는 이유로 반대했고, 어떤 이들은 소련과 국내의 무기 경쟁 비판자들 모두 도발로 여길 것이라며 반대했으며, 또 다른 이들은 핵전쟁의 위험이 높아질 것이라며 반대했다. (한쪽이 효과적인 방어 체계를 갖추려고 하면 선제공격을 가하고 싶은 유혹이 생기게 마련이다.) 레이건은 전략 방위 구상이 기술적으로 가능하고 도덕적으로 정당하다고 믿었다. B팀과 마찬가지로, 레이건 역시 상호 확증 파괴(mutual assured destruction. 적이 핵 공격을 할 경우 적의 공격 미사일 등이 도달하기 전에 또는 도달한 후에 생존해 있는 보복력을 이용해 상대편도 전멸시키는 보복 핵전략. 단지 군사력 싸움이 아니라 상대방 국토를 초토화하고 국민 전체를 절멸시킨다는 위협으로, 핵전쟁이 일어나면 어느 쪽도 승리할 수 없다는 전제 아래 행하는 핵 억지 전략이다. 1960년대 이후 미국과 소련이 이 전략을 통해 공포의 균형을 유지했다. — 옮긴이) 정책이 마음에 들지 않았다. 사실상 자살 협정이라는 것이었다. 물론 레이건은 또한 전략 방위 구상의 정치적 이점에 눈독을 들였다. 핵 동결 운동을 허물어뜨릴 수 있었기 때문이다.

전략 방위 구상은 곧바로 논쟁을 야기했고, 이 구상을 실행에 옮기는 데 필요한 과학자들이 반발하기 시작했다. 대부분의 물리학자들은 오래전부터 군사 연구·개발 기금을 받고 있었지만, 전략 방위 구상에 대해서는 다른 반응을 나타내면서 이 프로그램을 저지하기 위해 공동의 노력을 기울였다. 1986년 5월에 이르면, 학계 과학자 6500명이 미사일 방어 연구 프로그램의 예산을 신청하거나 받아들이지 않겠다는 서약에 서명했고, 이런 사실은 언론에 대대적으로 보도되었다.[25] 역사적으로 전례가 없는 일이었다. 정부가 요청하는 무기 시스템 개발에 과학자들이 반기를 드는 일은 거의 없었으니 말이다.

과학자들은 전략 방위 구상에 대해 왜 그렇게 강경하게 반응했을까? 한 가지 이유는 코넬대학교의 천문학자 칼 세이건이라는 인물이 카리스마적인 대변인 노릇을 했다는 점이다. 언론에 정통한 매력 있는 인물인 세이건은 1960년대와 1970년대에 나사의 행성 탐사 사업을 계기로 유명세를 얻었다. 대부분의 동료 과학자들과 달리 세이건은 과학자가 자신의 연구를 대중에게 설명하는 일에 적극적으로 나서야 한다고 생각했다. 세이건이 직접 만들어서 1979년에 방송된 〈코스모스Cosmos〉라는 이름의 13회짜리 텔레비전 시리즈물은 우주와 태양계, 지구, 인간 문명의 진화 전체를 담은 작품이다. 마지막 회가 가장 커다란 논쟁을 불러일으켰다. 세이건이 방송에서 핵무기가 인류의 생존을 위협한다고 비판했던 것이다. 또한 〈코스모스〉를 활용해서 환경에 대한 관심을 불러일으키기도 했다. 환경 문제는 몇몇 에피소드를 관통하는 일관된 주제였다.

세이건은 무기를 연구하는 과학자는 아니었지만, 레이건의 제안이 별칭을 따온 영화 《스타 워스》만큼이나 공상적이라는 사실은 모를 리 없었다. 이유는 간단했다. 어떤 무기 시스템도, 아니 실은 어떤 기술 시스템도 완벽할 수 없으며, 불완전한 핵무기 방어는 쓸모없는 것보다도 더 나쁜 것이었다. 그건 산수의 문제였다. 전략 방위가 90퍼센트 효과를 발휘한다면, 나머지 10퍼센트의 탄두는 방어망을 뚫는다. 소련은 8000개가 넘는 탄두를 탑재할 수 있는 2000기의 탄도 미사일을 보유하고 있었는데, 그중 10퍼센트면 한 나라를 괴멸시키고도 남았다.[26] 그런데 소련으로서는 우리의 방어망이 얼마나 효과적인지 전혀 확신하지 못할 것이기 때문에, 전략 방위 구상은 오히려 훨씬 더 많은 무기를 구축하는 유인이 될 것이다. 따라서 전략 방위 구상은 무기 경쟁을 저지하기는커녕 부추기는 결과를 낳을 터였다. 다른 한편, 만약 소련이 전략 방위 구상이 실제로 효과를 발휘한다고 믿는다면, 사태는 더욱 악화된다. 전략 방위 시스템이 구축되기 전에 '선제공격'에 나서려고 할 것이기 때문이다. 전략 방위 구상은 원래 의도와는 달리 오히려 인류 최후의 결전을 유발할 공산이 크다.

전략 방위 구상은 또한 시험을 통해 검증할 수 없었다. 과거에 세이건이 참여했던 우주 탐사대는 실제 발사했을 때 제대로 작동할 수 있도록 지상에서 세세하게 테스트를 거쳤다. 일단 우주 공간에 쏘아 올리면 그것이 단 한 차례의 기회일 뿐이기 때문이다. 핵전쟁 역시 마찬가지로 두 번째 기회란 없다. 그런데 전략 방위 구상은 지상에서 시험해볼 수 없다. 전략 방위 구상에 속한 위성들을 궤도에 안착시킨 뒤에는 시험을 해보려면 우리 자신에게 수많은 미사일을 쏴볼 수밖에 없다. 어쨌든 이 위성들은 유럽이나 아시아 쪽에서 북미로 발사된 미사일을 파괴하기 위한 것이지 그 역은 아니기 때문이다. 그리고 한두 개의 미사일로 시험해볼 수도 없다. 미사일 하나를 완벽하게 격추시킬 수 있는 시스템이라 할지라도 수천 개는 고사하고 10개의 미사일에 대해서도 제대로 작동할지는 장담할 수 없기 때문이다. 전략 방위 구상을 제대로 테스트하려면 미국이 보유한 미사일의 상당량을 발사해야 할 것이다.

전략 방위 구상이 발표될 당시 세이건은 병을 앓고 있었지만 병원 침대에서 청원서를 받아쓰게 하고는 서명을 받을 다른 과학자들과 국가수반 명단을 부인에게 주었다.[27] 한편 코넬의 한 학생 단체에서 과학자들에게 전략 방위 구상 예산을 보이콧하라고 촉구하는 캠페인을 시작했다.[28] 2차 세계 대전 당시 로스앨러모스Los Alamos 원자 폭탄 연구진의 이론 분과 과장을 지내고 (많은 염려에도 불구하고) 수소폭탄 개발 과정에서 주인공 역할을 한 한스 베테Hans Bethe를 비롯한 많은 주요 과학자들이 곧바로 반대 캠페인에 참여했다.[29] 그해 말에 이르면 반대의 목소리가 거대한 합창의 물결을 이루어 레이건 행정부를 상당히 당혹스럽게 만들었다.[30]

이런 반대를 접한 로버트 재스트로는 분노를 참지 못했다. 사이츠의 오랜 동료인 재스트로는 뉴욕에 소재한 나사의 이론 연구 기관인 고다드우주연구소의 설립자였다. 천체물리학을 연구한 재스트로는 저명한 달 탐험 주창자였고, '파이오니어Pioneer', '보이저Voyager',

'갈릴레오Galileo' 등 여러 태양계 탐사선 개발 과정에 참여했다. 세이건과 마찬가지로 재스트로 역시 성공적인 대중 과학자로서 천문학, 우주 탐사, 우주의 기원, 과학과 종교의 관계 등에 관해 인기 저서를 발표한 바 있었다. 2008년에 재스트로가 사망했을 때, 『뉴욕 타임스』는 그를 "수많은 미국인들에게 우주의 실제 모습을 생생하게 보여준" 인물이라고 소개했다.[31]

재스트로는 한스 베테 같은 과학자는 아니었지만, 미디어에 단골로 등장하는 과학자로서 세이건과 치열한 경쟁을 벌였다. '아폴로' 우주선 시절에는 백여 차례나 텔레비전에 출연했다. 아폴로-소유즈 공동 비행이 추진될 때에는 로켓공학자 베르너 폰 브라운Werner von Braun과 함께 NBC에 공동 진행자로 출연했고, 인류 최초 달 착륙 10주년 기념일에는 〈투데이〉 쇼에 출연했다. 컬럼비아대학교에서 재스트로에게 배운 일부 학생들은 그의 학문보다도 빼어난 외모와 줄담배에 더 깊은 인상을 받아서 '무비 스타'라는 별명을 붙여주었다.[32]

1981년, 재스트로는 나사에서 퇴직해서 다트머스대학교 지구과학과 부교수로 자리를 옮겼고, 그곳에서 태양계에 관한 여름 강좌로 인기를 끌었다. 2년 뒤, 재스트로는 신보수주의 잡지 『코멘터리Commentary』에 전략적 우위를 옹호하는 장문의 논설을 발표했다. 자신의 설명에 따르면, B팀 지지론자였던 민주당 상원 의원 대니얼 패트릭 모이니핸Daniel Patrick Moynihan이 1979년에 『뉴요커』에 발표한 논설에 자극을 받았다고 한다. 과거에 모이니핸은 소련이 안정이 아니라 우위를 추구한다는 B팀의 주장에 동조하여 제2차 전략 무기 제한 협정SALT II Treaty에 반대했었다. 모이니핸은 미국이 1970년대에 무제한적인 군비 증강을 벌여 소련을 경제적 파멸로 몰고 가는, 반反사실적 역사를 상상했다. 그렇게 되었더라면 좋았겠지만 미국은 실천하지 못했고, 미래의 역사는 이런 실패를 유감스럽게 돌아볼 터였다. 모이니핸은 1980년대가 "세계 평화의 기회를 영영 놓쳐버린" 시대로 기억될 것이라고 염려했다.[33]

모이니핸의 논설을 읽은 재스트로는 무언가 해야 한다는 확신을 갖게 되었다. 소련은 대륙 간 탄도 미사일의 정확도에서 이미 미국과 동등한 수준에 올라섰고, 따라서 미국은 이제 언제라도 소련의 1차 공격을 당할 수 있었다. "몇 달 안에 소련은 우리의 지상 기반 억지력인 미니트맨Minuteman 미사일을 파괴할 능력을 갖게 될 것이다."[34] 미국 역시 소련 미사일을 파괴할 수 있는 역량을 구축하기 위한 긴급 프로그램에 착수할 필요가 있었다.[35] 고도의 정확성을 갖춘 이동식 미사일이 적격이었겠지만, 환경론자들이 저지할 게 거의 확실했다. 원자력 발전을 저지하고 알래스카의 송유관을 거의 막아선 선례가 있었던 것이다.[36] 모이니핸이 거론하는 것은 후에 피스키퍼Peacekeeper라고 불리게 되는 MX미사일이었다. 거대 다탄두 대륙 간 탄도 미사일인 MX미사일은 야간에는 사막이 있는 주들을 중심으로 이동시키고 주간에는 다양한 방공호에 숨겨둘 예정이었다. 이런 '다중 배치 전략'은 결국 좌절되었지만, 환경론자들 때문만은 아니었다. 대다수 미국인들은 핵미사일을 실은 트럭이 자기 마을과 도시를 관통해 지나가는 것을 원하지 않았다. 그러나 공격의 표적은 분명했다. 환경론자들이 소련의 이익에 봉사한다는 것이었다. 재스트로는 이런 공격의 주역이 된다.

모이니핸은 소련이 미사일 방어 프로그램을 구축하고 있다고 주장하지 않았지만, 이제 재스트로는 그런 주장을 펼쳤다. 이것은 B팀에서 주장한 내용이기도 했는데, 『코멘터리』에 기고한 논설에서 재스트로는, 상호 확증 파괴 전략은 양쪽이 핵 공격에 대한 효과적인 방어가 불가능하다는 점을 받아들인다는 가정에 의존한다고 역설했다. 그런데 이런 "가정은 오류임이 드러났다."고 재스트로는 주장했다. 소련이 "핵 공격으로부터 자국 시민을 보호하고, 미국 미사일을 격추시키고, 핵전쟁을 벌여 승리하기 위한 대규모 프로그램을 실행하고 있기" 때문이었다. 상호 확증 파괴는 이제 "몰락한 정책"이 되었고, 미국은 역사상 "가장 커다란 위험"에 처해 있었다.[37]

재스트로에 따르면, 소련은 이제 전략적 우위를 점한 채 미국의 정책을 좌우할 수 있었다. 가령 마음만 먹으면 반격을 당할 걱정 없이 페르시아 만 유전을 침략할 수 있었다. 또 전쟁도 치르지 않고 서유럽을 집어삼킬 수도 있었다. "직접적인 공격은 불필요할 것이다. …… 전반적인 긴장 고조와 함께 위협을 하기만 하면 서유럽 전역을 소련의 지배권 아래로 끌어들일 수 있을 것이다."[38] 이 모든 일이 가능한 것은 미국의 핵전력이 세계를 두 번 파괴할 수 있는 역량인 반면 소련의 전력은 세 번 파괴할 수 있기 때문이었다.

B팀의 주장은 약간 과장된 수준을 훌쩍 뛰어넘는 것이었음이 드러났다. 훗날의 여러 분석을 살펴보면, 소련은 전략적 우위를 달성하지 못했고, 모스크바 기지 한 곳을 제외하고는 미사일 방어 시스템을 갖추지도 못했으며, 미국의 정책을 좌우할 수 있는 능력에도 도달하지 못했다. 일화 하나만 보아도 이런 사실은 충분히 알 수 있다. 소련이 붕

괴하고 몇 년 뒤, 텔러의 부하 한 명이 B팀에서 소련의 빔 무기〔beam-weapon. 레이저 광선이나 입자선을 이용한 파괴 무기. — 옮긴이〕 시험 시설이라고 생각했던 장소를 돌아보았다. 알고 보니 그곳은 로켓 엔진 시험 시설이었다. 빔 무기와는 아무런 관계도 없는 곳이었다.[39]

또한 소련 지도자들은 설사 자신들이 선제공격을 한다 하더라도 핵전쟁에서 '승리할 수 있다.'고 생각하지 않았다. 1995년에 중앙정보국에서 주관한 일련의 인터뷰에서 드러난 것처럼, 1970년대와 1980년대에 소련 지도부는 정반대의 판단을 하고 있었다. 핵전쟁은 거대한 재앙이 될 것이고, 따라서 어떻게 해서든 핵무기 사용을 피해야 한다고 믿었던 것이다.[40]

B팀과 재스트로, 모이니핸은 모두 소련의 역량을 과대평가했으며, 자신들이 주장하는 내용의 확실성을 과장했다. 그러나 경각심을 불러일으키는 그들의 주장은 바라던 효과를 발휘했고, 미국이 신속하게 행동에 나서야 하는 '근거'를 제공했다. 또한 설사 주장을 입증하는 사실이 없다 하더라도 충분한 확신을 가지고 주장을 펼친다면 원하는 결과를 손에 넣을 수 있음을 보여주었다. 전략 방위 구상과 그 계승자인 탄도미사일방어기구Ballistic Missile Defense Organization는 결국 의회에서 승인되었고, 600억 달러가 넘는 비용이 소요되었다.[41]

전략 방위에서 핵겨울로

로널드 레이건이 B팀의 주장을 활용해서 대규모 군사력 증강을 정당화하는 동안, 과학계에서는 핵무기에 관한 새로운 우려가 제기되고 있었다. 나사의 에임스연구센터Ames Research Center에서는 세이건의 몇몇 동료들이 컴퓨터 모델을 이용해서 대기 중 먼지가 지구 표면 온도에 미치는 효과를 연구하고 있었다. 원래 목표는 화성의 대기에 대해 알려는 것이었지만, 이내 연구진은 이 모델을 활용해서 당시 지구과학 학계에서 뜨거운 논란이 되고 있던 새로운 가설을 시험해볼 수 있음을 깨달았다. 백악기 말(6500만 년 전)에 거대한 소행성이 지구에 부딪혀서 공룡이 멸종했다는 가설 말이다.[42] 지질학자들과 생물학자들은 대체로 완두콩 크기의 뇌를 가진 불운한 공룡들이 새롭게 진화하는 똑똑하고 민첩한 포유류들에게 경쟁에서 밀렸다고 추정했지만, 소행성 가설은 다른 원인을 암시했다. 소행성이 지구에 충돌하면서 대기가 거대한 먼지 구름으로 뒤덮였고, 그 결과로 태양이 가려져서 공룡이 멸종했다는 것이다. 이 가련한 생물은 그로 인한 급격한 온도 저하 때문에 먹을거리를 구하지 못해 굶어죽었을 것이다.

에임스연구센터의 과학자들은 대규모 핵전쟁이 기후에 미치는 영향을 평가하는 데에도 자신들의 모델을 활용할 수 있음을 깨달았다. 유성 충돌 이후 공룡들에게 생긴 일(급격한 온도 저하로 인한 절멸)이 핵전쟁 이후 우리 인간에게도 생길 수 있기 때문이다. 사정이 그러하다면 핵전쟁에서는 승자가 있을 수 없는 일이었다. 인간은 공룡 신세가 될 것이고, 곤충들이 지구를 물려받을 것이다.

에임스의 연구진은 핵무기의 영향에 관한 공개적으로 입수 가능한 정보와 핵전쟁의 컴퓨터 모델을 활용하여 100메가톤에서 5000메가톤 규모의 핵 교전이 지구 온도에 어떤 영향을 미칠지를 연구했다. (비교

대상의 한 예로, 세인트헬렌스 산의 화산 분출이 10메가톤급에 해당한다.) 이 모델에서 밝혀진 바에 따르면, 최소한의 핵 교전조차도 지구에 급격한 온도 저하를 가져올 수 있었다. 여름에도 지구 표면 온도가 영하로 떨어질 것으로 예상되었다. 만약 대규모 핵 교전이 벌어지면 여러 달 동안 거의 완전한 암흑천지가 될 터였다.[43] 핵겨울 가설이 탄생했지만, 핵 밤nuclear night이라고 불러도 틀린 말이 아니었다. 크지 않은 핵 교전이 벌어진 뒤에도 우리는 어둠 속에서 추위에 떨 것이었다.

에임스연구센터의 과학자들은 이 모델에 여러 가지 불확실성이 있음을 인정했다. 히로시마·나가사키 폭격과 1950년대의 각종 지상 시험 프로그램에서 가져온 데이터를 가지고 여러 개의 현대 핵무기의 폭발과 화재가 미치는 영향을 제대로 계산할 수 있는지가 분명하지 않았다. 미국과 소련의 도시들이 일본의 파괴된 두 도시와 똑같이 불에 탈지도 의문이었다. 삼림과 초지는 화재의 정도가 덜할 것이고, 도시의 대화재와는 다른 영향을 미칠 것이다. 핵무기 폭발이 타격의 과녁이 된 도시 밖에서 어느 정도의 화재를 야기할 것인지도 분명하지 않았다. 과학자들이 말하는 '2차' 효과의 많은 세부적인 내용이 여전히 설명되지 않았다. 그렇지만 큰 그림은 분명했다. "1차 효과가 대단히 크고 그 함의가 심각하기 때문에, 우리는 여기서 제기된 과학적 쟁점들에 대한 활발하고 비판적인 검토가 이루어지길 기대한다."[44]

'핵겨울' 이론이라는 단어는 빠르게 확산되었고, 신속한 대응을 불러왔다. 에임스의 연구진이 미처 연구 결과를 발표하기도 전인 1982년 6월, 록펠러가족기금Rockefeller Family Fund과 헨리 P. 켄달 재단Henry P. Kendall Foundation, 국립오듀본협회National Audubon Society의 중역들이 핵전쟁이 장기적으로 미치는 영향에 관한 공개회의를 조직해보자고 세이건에게 접촉을 해왔다. 세이건은 선뜻 동의했다. 1960년대의 인기 저서 『인구 폭탄Population Bomb』의 저자인 스탠퍼드대학교의 생물학자 폴 얼리크Paul Ehrlich, 기후연구대학협력체University Corporation for Atmospheric Research(UCAR)의 초대 소장 월터 오어 로버츠Walter Orr Roberts, 매사추세츠 주 우즈홀Woods Hole에 있는 해양생물연구소Marine Biological Laboratory의 저명한 생물학자 조지 우드웰George Woodwell 등도 동조했다. 이 네 사람은 에임스연구센터의 결과를 중심으로 회의를 조직하기로 하고 운영위원회를 구성했다.[45] 우선 비공개 워크숍을 열어서 동료 과학자들에게 핵겨울 논문 초안 검토를 맡기기로 했다. 과학계의 동료 평가에서 핵겨울 개념이 지지를 받는다면, 저명한 생물학자들에게 생물학적 함의 분석을 맡길 계획이었다. 논문이 이런 과정을 통과하는 경우에만 공개회의를 열 생각이었다.[46]

레이건의 스타 워스 연설이 있는 지 한 달 뒤인 1983년 4월, 매사추세츠 주 케임브리지에서 워크숍이 열렸다. 핵겨울 논문은 사소한 수정만을 거친 채 동료 평가를 통과했다. 뒤이어 논문을 검토한 생물학자들은 핵겨울이 생물학적으로 미치는 영향에 대해 자체적인 논문을 작성하는 게 필요하다고 생각했고, 10월 31일에 '핵전쟁이 전 세계에 장기적으로 미치는 생물학적 영향에 관한 회의'를 열기로 했다. 미국과학자연맹Federation of American Scientists, '사회를 걱정하는 과학자 연맹Union of Concerned Scientists', 환경보호기금Environmental Defense Fund, 시에라클럽Sierra Club 등 31개의 과학·환경 단체가 예산을 지원했다.⁴⁷ 모스크바와 위성 연결을 통해 소련 과학자들도 참여할 수 있었다.

이 모든 과정은 통상적인 절차에서 약간 벗어나긴 했지만 ── 특히 과학 논문을 검토하는 데 워크숍을 활용한 점(보통 과학자들은 우편이나 요즘은 전자 우편을 통해 검토할 논문을 받는다.) ── 학계의 절차를 어긴 것은 아니었다. 그렇지만 어긴 점도 있었다. 세이건은 대중의 관심을 극대화하기 위해 의도적으로 꾸민 것처럼 공개회의와 공식적인 논문 출간을 조급하게 처리했다. 회의 전날, 세이건은 핵겨울 가설을 3쪽으로 요약한 내용을 『퍼레이드Parade』에 발표했다. 이 잡지는 1000만 부가 넘는 발행 부수를 자랑하는 일요 주간지였다. 『퍼레이드』 독자들에게 설명하는 글에서 세이건은 5000메가톤 규모의 핵 교전을 가상한 모델에서 "협소한 해안선 지역을 제외하고는 지면 온도가 섭씨 -25도까지 떨어지고 몇 달 동안 영하를 유지했다."고 지적했다.⁴⁸ 이렇게 기온이 떨어지면 곡물과 가축이 얼어 죽고, 핵폭발 당시 죽지 않고 살아남은 사람들은 대규모 기아 사태에 직면하게 된다. 세이건의 설명 옆에는 지구 표면을 가차 없이 덮치는 검은 핵구름의 으스스한 그림이 여러 개 실려 있었다. '당신이 할 수 있는 일'이라는 제목의 박스 기사에서는 핵 군축이나 핵 동결을 지지하고 레이건 대통령과 유리 안드로포프Yuri Andropov 소련 지도자에게 편지를 쓰라고 훈계했다.

세이건은 또한 핵겨울 가설을 『포린 어페어스Foreign Affairs』 저널에 발표하는 장문의 정책 논설의 기초로 활용했다. 이 논설은 공개회의와 거의 같은 무렵에 발표되었다. 세이건은 핵겨울을 전략가 허먼 칸의 '종말 병기Doomsday Machine'가 현실화된 것이라고 설명했다(스탠리 큐브릭Stanley Kubrick의 유명한 희비극 영화《닥터 스트레인지러브: 나는 어떻게 하여 걱정을 접고 폭탄을 사랑하게 되었는가Dr. Strangelove or: How I Learned to Stop Worrying and Love the Bomb》는 '종말 병기'라는 개념을 풍자의 대상으로 삼았다.). 칸의 구상은 핵 공격이 벌어지는 경우에 보유한 핵무기 전체를 발사시켜서 인류를 자동적으로 파멸시키는 저지할 수 없는 장치였다. 제정신인 사람이라면 이런 위험을 무릅쓰지 않을 것이기 때문에 이것은 궁극적인 억지책이었다. 그렇지만 큐브릭의 영화에서는 한 장군이 제정신이 아니어서 공격이 시작되고, "우리 다시 만나리……"라는 영화 음악이 흐르는 가운데 '종말 병기'가 가동되어 세계가 궤멸된다.

핵겨울은 **정말로** '종말 병기'였다. 물론 아무도 그런 식의 계획을 짜지는 않았지만 말이다. 세이건은 기후 재앙을 야기하는 수준 이하로 핵무기 보유고를 감축하는 쪽으로 정책 방향을 돌려야 한다고 주장했다. 모두 합쳐 500개에서 2000개의 핵탄두가 이런 수준이었다. 그러나 현실은 두 초강대국이 각각 4만 개의 핵탄두를 보유하고 있었다.[49]

마침내 실제 과학 논문이 세상에 나왔다. 그 제목은 「핵겨울: 다중 핵폭발이 전 지구적으로 미치는 영향Nuclear Winter: Global Consequences of Multiple Nuclear Explosions」이었지만, 공저자들의 성을 딴 TTAPS라는 약칭(리처드 터코Richard Turco, O. 브라이언 툰O. Brian Toon, 토머스 애커먼Thomas Ackerman, 제임스 폴락James Pollack, 칼 세이건)으로 알려지게 된다. 핵전쟁이 생물학적으로 미치는 영향에 관한 폴 얼리크와 동료들의 논문과 짝을 이룬 이 논문은 미국에서 가장 권위 있는 과학 저널인 『사이언스Science』 12월 23일자에 발표되었다. 『사이언스』 편집인인 윌리엄 D. 케리William D. Carey는 나란히 게재된 편집인의 말을 통해 이 과학자들이 '과학의 양심'을 되살리는 데 기여했다고 축하를 보냈다. 과학자들에게는 "과학 지식의 응용이 낳을 폭력의 결과를 공평하게 살펴야 할" 책임이 있다고 케리는 주장했다.[50]

케리의 주장은 새로울 게 없었다. 실제로 원자 폭탄을 발명한 이들의 대다수가 1950년대에 자신의 발명품에 등을 돌렸다. 그로 인해 핵물리학 분야 내에서 핵무기 옹호론자와 반대론자 사이에 결코 치유되지 않는 틈이 생겼지만, 데탕트 시기에는 과거의 논의가 별로 의미가 없어 보였다.[51] 레이건이 냉전을 부활시키면서 과거의 생채기가 다시 드러났고, 과학 공동체 성원들은 다시 편이 갈라질 수밖에 없었다. 대부분의 과학자들은 처음에 취했던 입장을 되풀이했다. 예컨대 과거에 수소폭탄 제조에 반대했던 한스 베테는 이제 스타 워스에 반대했고, 수소폭탄을 앞장서서 옹호했던 텔러는 몸소 레이건에게 스타 워스를 권했다. 30년 동안 바뀐 것은 많지 않았다. 그러나 핵무기 정책은 멈춰선 반면, 핵겨울을 둘러싼 과학은 진보를 거듭했다. TTAPS 논문은 순식간에 과학계의 도전을 자극했고, 이런 도전은 새로운 통찰과 혁신된 이해로 이어졌다.

콜로라도 주 볼더Boulder에 자리한 미국 국립대기연구소National Center for Atmospheric Research(NCAR)의 과학자 세 명이 재빨리 TTAPS 논문에 대한 도전에 나섰다. 기후 모델 연구자 커트 커비Curt Covey는 국립대기연구소의 3차원 지역 기후 모델Community Climate Model을 활용해서 핵겨울이라는 개념 자체를 재검토했다. 국립대기연구소 모델에는 대기 순환도 포함되었고, 따라서 모델의 '바다'에서 덥혀진 공기가 육지로 옮겨 갔다. 이 모델을 적용하면 핵전쟁 이후 예상되는 육지 기온 저하를 좀 더 현실적으로 예상할 수 있었다. 세 과학자가 도달한 결론은 TTAPS 논문과 질적으로 일치했다. "가능한 여러 시나리오에 대해 핵전쟁에서 생성된 연기는 지표면 온도의 급격한 저하로 이어질 수 있다." 그러나 양적으로는 충격이 훨씬 덜했다. 이 모델에서는 TTAPS 모델처럼 35도의 기온 저하가 일어나지 않았다. 10도에서 20도 정도의 기온 저하가 예상되었다. 이 정도면 생육기 곡물에 큰 지장이 초래될 수 있지만 '겨울'이라고까지 할 만한 수준은 아니었다. 연구진 중 한 명인 스티븐 슈나이더Stephen Schneider는 이 현상의 명칭을 '핵가을'이라고 정정했다.[52]

국립대기연구소 팀의 1984년 논문은 TTAPS 논문의 일부 약점을 다루고 극복했다. 다른 논문들이 뒤를 이었다. 1988년 중반에 이르러, 영국 최고의 과학 저널인 『네이처Nature』의 편집인 존 매덕스John Maddox는 핵겨울 문제가 "학계의 비상한 연구 주제"가 되었다고 결론지었다.[53] 초기 연구를 둘러싼 극적인 상황이 어찌 되었든 간에, 이제 주류 과학 저널들이 이 문제에 상당한 관심을 기울이고 있었다.

그로부터 2년 뒤, TTAPS 팀은 이제 상당히 많아진 핵겨울 관련 문헌을 검토했고, 이 문헌들이 다음과 같은 결론을 뒷받침한다는 사실을 깨달았다. "연기구름에 덮인 지표면의 평균 온도 저하는 섭씨 10~20도에 이를 수 있으며, 내륙 지방에서는 한여름에도 영하 20~40도까지 온도가 떨어질 수 있다."[54]

그러나 이 책의 한 검토자가 언급한 것처럼, 여기에서도 TTAPS 팀은 "에드워드 텔러의 전형적인 수법을 활용했다. 에러바[error bar. 그래프 상의 오차를 나타내는 선. — 옮긴이]의 맨 꼭대기에 의존해서 자신들의 주장을 끌어낸 것이다."[55] (다시 말해, 물리적으로 가능한 결과는 광범위한데, 가장 극단적인 경우를 강조한 것이다.) 물론 섭씨 10도에서 20도의 온도 저하는 원래의 1983년 논문에서 예상한 게 아니라 이듬해 국립대기연구소 연구에서 예상한 수치였다. 1984년 이래, 모델에 가해진 추가적인 변경은 상대적으로 상쇄되었고, 따라서 국립대기연구소의 전체적인 결론은 변하지 않았다. 핵겨울의 물리학은 이제 견고하게 확립되었고, 이 결과가 승리 가능한 핵전쟁의 주창자들에게 좋지는 않았지만 TTAPS 그룹이 원래 생각했던 것만큼 나쁘지도 않았다.

그리하여 한 차원에서는 과학적 과정이 작동했다. 과학자들은 핵겨울 가설을 진지하게 받아들였고, 이 가설의 가정과 데이터, 그것을 뒷받침하는 모델을 검토하고 개선하는 연구를 진행했다. 이 과정에서 과학자들은 가능한 온도 저하의 범위와 그와 관련된 불확실성을 줄이고 전반적인 합의에 이르렀다. 핵전쟁을 실제로 경험하지 않은 상황에서 개념상 "축소할 수 없는 불확실성"이 무척 많은 것은 사실이지만(아무도 이 사실을 부정하지 않았다.), 전반적인 1차적 결과는 해결되었다. 대규모 핵 교전은 대기에 지속적인 효과를 미칠 것이며, 몇 주에서 몇 달, 또는 그 이상까지 일정한 기간 동안 상당한 온도 저하가 발생할 것이다. 어쨌든 반길 일은 전혀 아니다.

그러나 다른 차원에서 보자면, 많은 과학자들이 전반적인 상황 전개 방식에 불만을 품었다. TTAPS 논문이 동료 평가를 거쳐 『사이언스』에 게재되기 전에 『퍼레이드』와 『포린 어페어스』에 발표한 세이건의 행동은 과학계 규범을 위반하는 처사가 분명했다. 게다가 『퍼레이드』의 글은 TTAPS 논문에 담긴 최악의 시나리오를 제시하면서 제한 내용은 대부분 생략했다. 따라서 일부 과학자들이 보기에 이런 모습은 대중 교육을 위한 정직한 노력이 아니었다. 어떤 이들은 세이건의 글을 노골적인 선전 선동으로 간주했고, 또 다른 이들은 불만을 제기해 마땅하다고 생각했다.

허리케인 전문가인 MIT 교수 케리 이매뉴얼Kerry Emanuel은 특히 분개하면서 『네이처』 편집진의 반론 제기 요청을 선뜻 받아들였다. 「과학의 실행을 위하여Towards a Scientific Exercise」라는 제목을 붙인 편지에서 이매뉴얼은 '핵겨울 운동'이 "과학적 정직성을 결여했다."고 공격했다. 이매뉴얼은 "핵전쟁에 의해 개시된 화재와 그 연소 산물의 추정치와 관련된 커다란 불확실성을 정량하는 데 실패한 점, 계산에서 사용한 지구 순환 모델이 엄밀하지 않고 근사치에 가까울 뿐이라는 점, 엄격한 동료 평가를 거치기 전에 대중적인 문헌에 결과를 발표한 점" 등을 들어 그들의 연구를 비판했다.[56]

이매뉴얼이 지적한 내용 가운데 앞의 두 가지는 다소 신뢰하기 힘들다. 모든 모델은 일종의 단순화이며, 핵 교전의 불확실성에 관한 정확한 수량화는 실제로 전쟁을 치르지 않는 한 불가능하다(어느 누구도, 심지어 에드워드 텔러조차도 실제로 전쟁을 벌이는 걸 특별히 좋은 생각이라고 보지 않았다.). 모델을 구성하는 취지는 다른 방법으로 탐구할 수 없는 영역을 조사하기 위함이다. 시간, 공간, 실용성, 비용, 도덕성 등의 이유로 실제 상황에 접근할 수 없을 때 모델을 만들어보는 것이다. 이매뉴얼이 분개한 것은 어쩌면 당시 활용되던 지구 순환 모델이 자기 전공 분야를 무시했기 때문일지도 모른다. 그가 중요하다고 주장하는 중간 규모 현상〔중간 규모mesoscale란 기후 현상에서 태풍처럼 그 범위가 수십에서 수백 킬로미터 단위인 현상을 가리킨다. — 옮긴이〕 말이다. (우리가 보기에 거대한 규모일지라도, 허리케인은 지구 순환 모델에서 명시적으로 모델화하기에는 여전히 너무 작다. 이런 사정은 지금도 마찬가지이다.)

세 번째 불만은 분명히 정당한 것이었지만, 이매뉴얼이 세이건의 행동에 분개한 것만큼이나 커비의 연구팀은 이매뉴얼의 행동에, 특히 그들의 연구가 비과학적이라는 지적에 불쾌해 했다. 무엇보다도 커비 팀은 중간 규모의 효과를 무시하지 않았다. 오히려 국립과학학술원 산하 국가연구위원회National Research Council(NRC)에서 진행한 연구를 선례로 삼았고, 따라서 핵 화재에 의해 생성된 연기의 절반이 거의 즉시 대기 중에서 휩쓸려 나가는 데는 중간 규모 과정이 작용을 할 것이라고 가정했다. 이런 과정을 분명하게 모델화할 수는 없었지만 무시하지는 않았으며, 이 과정이야말로 계산에서 가장 커다란 불확실성으로 작용할 것임을 인정했다. 커비와 동료들은 자신들이 부적절한 행동을 했다는 지적에 당혹감을 나타내면서 정도를 걷지 않은 것은 자신들이 아니라 오히려 이매뉴얼이라고 꼬집었다. "대가라 할 수 있는 과학자들이 동료의 연구에 대해 —— 설사 논쟁적인 연구라 할지라도 —— '이 연구는 과학적 정직성을 결여한 것으로 악명을 얻게 되었다.' 라고 거친 언사로 규정하는 것은 드문 일이다."[57]

도대체 무슨 일이 벌어졌던 걸까?

분명 전체적인 논쟁이 거칠게 시작된 것은 세이건이 공개를 결정했기 때문이다. 다른 한편, 세이건의 주장은 데이터에 근거를 둔 과학적 증거에 입각한 것이었고, 그는 파국적 재앙이 코앞에 닥쳐 있다는 현실적 위협을 설명하는 것이 시민으로서 자신의 의무라고 생각했다. 그렇지만 이매뉴얼은 세이건이 너무 멀리 나갔고, 따라서 위협에 관해 실제로 알려진 내용을 과장함으로써 과학자로서 신뢰를 저버렸다고 생각했다.

커비가 비록 자기 팀의 행동에 대한 이매뉴얼의 의문 제기에 분개하기는 했지만, 세이건에 관해서는 이매뉴얼의 불만을 받아들였다. 1987년, 커비는 이 문제를 다시 거론하면서 대중 언론에서 TTAPS가 '기준선'으로 제시한 섭씨 35도 기온 저하 결과를 '결정적인 진리'로 받아들였다고 지적했다. 섭씨 10~20도로 축소한 나중의 노력은 무시했다는 것이다. 또한 TTAPS 그룹이 수치를 정확히 알리기 위해 더 많은 노력을 했어야 했다고 지적했다. TTAPS 그룹은 "적어도 자신들의 모델에서 나온 결과를 왜곡 보도하는 데 맞서 정력적으로 싸우지 않았을 뿐만 아니라 원래의 연구 결과가 석판에 새겨도 될 만큼 훌륭하다고 생각하는 경향"이 있었다는 점에서 유죄였다.[58] 대중 언론은 핵겨울을 '급속 냉동'과 동일시했지만, 현역 기후학자들은 이 현상을 한결 덜 극적으로 이해했다. 커비는 또한 TTAPS 팀이 (물론) 자신을 비롯한 다른 과학자들의 연구 공적을 인정하려는 노력을 더 기울였어야 했다고 생각했다. 과학자라면 마땅히 다른 과학자들의 연구를 제대로 알려야 하는데, 커비가 보기에는 그런 노력이 영 시원찮았다. 그렇지만 10~20도라는 새로운 추정치가 맞는다 할지라도, 핵겨울 가설의 핵심(핵 교전은 심각한 환경적 결과를 야기하며, 불길이 꺼지고 방사선 수치가 줄어든 뒤에도 그 효과가 오래 지속된다는 가설)은 여전히 타당하다.

그렇다면 과학 공동체 내에서 핵겨울 논쟁은 두 차원에서 벌어졌다. 이 과학의 세부적인 내용을 둘러싼 논쟁과 그것을 공개적으로 수행하는 방식을 둘러싼 논쟁이 그것이다. 후자의 논쟁은 상당한 적의를 낳았지만, 전자의 논쟁은 해결과 종결로 이어졌다. TTAPS 팀의 결론은 다른 과학자들의 재검토를 거치고 그들의 연구에 비추어 조정되었다. 온도 저하 정도가 냉동이든 냉기이든 간에, 과학자들은 핵전쟁이 상당한 2차적 기후 효과로 귀결될 것이라는 점에 대체로 동의했다. 관련 전문가들이 발표하고 평가한 주장과 반대 주장을 통해 합의가 이루어졌다. 개별 과학자들의 지나친 자부심과 질투와 오기에도 불구하고, 과학은 정해진 방식대로 꽤 많은 성과를 거두었다.

그러나 로버트 재스트로는 만족하지 못했다.

마셜연구소의 창설

에드워드 텔러와 로버트 재스트로, 프레드 사이츠는 TTAPS와 얼리크의 연구를 『사이언스』 지면에서 호평하기로 한 윌리엄 케리의 결정에 특히 놀랐다. 그들은 특히 폴 얼리크를 혐오했다. 얼리크의 『인구 폭탄』은 미국 환경 운동의 토대가 된 저서 가운데 하나였기 때문이다. 인구제로성장운동 Zero Population Growth과 자연보호협회 Conservation Society 회장을 지낸 얼리크는 그들 눈에 러다이트주의자와 다름없는 좌파 환경 운동가로 낙인 찍혔다. 또한 세이건은 『포린 어페어스』와

『퍼레이드』에 핵겨울 논문을 공세적으로 선전하면서 세 사람의 분노를 샀다.⁵⁹ 그러나 세 사람은 자기들끼리 불만을 토로하거나 편집자에게 편지를 보내거나 기명 칼럼을 기고하는 데 그치지 않았다. 담배 업계가 그랬던 것처럼, 세 사람도 연구소를 설립하기로 결정했다.⁶⁰

재스트로는 자신의 연구소가 1969년에 매사추세츠공과대학교MIT 교수와 학생들이 만든 '사회를 걱정하는 과학자 연맹'의 대항 세력으로 활약하기를 기대했다. MIT 교수진의 상당수는 정부의 핵무기 관련 제도권 인사들(로스앨러모스와 로렌스 리버모어 같은 국립 연구소에서 일하는 과학자들)이 합리적인 방어 목적을 훨씬 넘어서 나아가고 있다고 생각했다. 에드워드 텔러가 이끄는 소수의 '권력 내부' 물리학자 집단은 이런 발걸음을 부추겼지만, 학계의 많은 과학자들은 여전히 팔짱을 낀 채 우려의 눈길로 지켜보고 있었다. '사회를 걱정하는 과학자 연맹'의 정책 강령의 5개 조항 중 하나는 "탄도탄 요격 미사일 시스템, 핵무기 보유고 확대, 화학 무기 및 생물학 무기 개발 같은 분별없고 위험한 프로젝트에 대해 단호한 반대를 표명"하는 것이다.⁶¹ 레이건의 전략 방위 구상 연설 이후 이 단체는 탄도 미사일 방어 기술에 대한 새로운 연구에 착수했다.

그 결과로 나온 보고서는 저명한 두 물리학자가 작성을 도맡았다. IBM의 토머스 J. 왓슨 연구센터Thomas J. Watson Research Center의 리처드 가윈Richard Garwin과 한스 베테가 그 주인공이다. 둘 다 오래전부터 탄도 미사일 요격 시스템을 반대한 인물이었다. 존슨과 닉슨 행정부 당시 미국은 방어 시스템을 개발하여 배치를 시작했다. 중국의 탄도 미사일에 대한 방어를 구실로 내세웠지만, 방위 산업 관계자 중에는 그런 주장을 믿는 이가 거의 없었다(사실 중국은 1981년까지 대륙 간 탄도 미사일을 손에 넣지도 못했다.). 이 센티넬Sentinel 시스템은 지상에 기반을 둔 이중 층위 요격 장치를 사용했다. 장거리인 스파르탄Spartan 미사일은 지역 방어용이었고, 단거리인 스프린트Sprint 미사일은 스파르탄이 놓친 탄두를 파괴하는 용도였다. 두 미사일 모두 날아오는 탄두를 파괴하기 위해 자체적인 핵탄두를 사용했다. 가원과 베테의 주장에 따르면, 센티넬은 값싼 모조 탄두에 교란되기 쉬웠고, 스파르탄 미사일에 의해 야기되는 고高고도 핵폭발은 단거리 미사일을 유도하는 레이더를 먹통으로 만들기 십상이었다.[62]

센티넬과 그 축소판 후속작인 세이프가드Safeguard를 둘러싼 논쟁을 계기로 미국 물리학계는 양분되었다.[63] 베테는 1969년 3월 4일 MIT에서 공개적으로 센티넬을 비판하면서 반대 운동에 불을 지폈고, 이 운동은 '사회를 걱정하는 과학자 연맹'의 모태가 되었다.[64] 에드워드 텔러와 동료 물리학자 유진 위그너 —— 프레드 사이츠의 스승 —— 같은 다른 과학자들은 센티넬 자체와 공산주의 세력에 맞선 실전 배치를 지지했다. 가원과 베테의 노력은 성공을 거두어 센티넬의 배치를 한 장소로 제한할 수 있었다. 1977년에 이르기까지 미국에는 탄도 미사일 방어망이 전혀 없었다.

그로부터 6년 뒤, 미사일 방어 주창자들이 다시 노력을 기울였지만 가원과 베테의 생각은 바뀌지 않았다. 두 사람은 레이건의 구상이 엄청나게 정교한 데다가 비용이 많이 들 것이라고 주장했다. 우주를 기반으로 '방어층'을 구축하려면 2400개의 레이저 전투 기지가 필요한데, 무게가 50~100톤이고 비용이 10억 달러에 달했다. 기지 하나당 말이다. 이렇게 구축한다고 하더라도 제대로 작동할지 의문이었다. 네트워크를 통제하려면 대단히 강력한 컴퓨터가 필요할 테고, 또 필요한 시스템을 어떻게 테스트해야 하는지도 아무도 몰랐다.

재스트로는 '사회를 걱정하는 과학자 연맹'에서 말하는 수치를 믿지 않았다. 이 과학자들은 탄도 미사일 방어에 반대한 전력이 있기 때문에 연구 자체에 왜곡이 있을 것이라고 생각했다. 재스트로는 또한 국방 관계자로부터 이 수치가 크게 틀리다는 소문을 들은 적이 있다고 주장했다. 확실히 기존의 추정치 자체가 서로 크게 달랐다. 로스앨러모스국립연구소Los Alamos National Laboratory에서 앞서 내놓은 분석에서는 '겨우' 90개의 전투 기지가 필요할 것이라고 주장한 바 있었다. 기술평가국[Office of Technology Assessment. 미국 하원의 한 부서로 1972년부터 1995년까지 존속했다. 복잡한 과학, 기술 문제에 관해 국회 의원과 의회 위원회에 전문적인 정보를 제공했다. — 옮긴이]의 한 보좌관은 불과 몇백 개면 된다고 말한 바 있었다. 재스트로는 그들 모두가 심각한 오류를 범했다고 —— 또는 전략 방위 구상을 "비현실적이고 비용이 많이 들며 비효율적으로" 보이게끔 만들려고 수치를 의도적으로 속였다고 —— 확신했고, 가윈과 베테가 위성의 숫자를 "25배 정도" 과장했다고 공격했다.[65]

재스트로는 지금이야말로 '사회를 걱정하는 과학자 연맹'에 대해 좀 더 조직적인 대응을 할 때라고 마음을 굳혔고, 1984년 9월에 이르러 이런 조직을 결성하기로 했다. 국가 안보에 관해 자신처럼 우려하며 과학에 바탕을 둔 기술로 이 문제를 다룰 수 있다고 믿는 과학자들의 연맹을 만들기로 한 것이다. 에드워드 텔러를 제외하면, 공식적인 전략 방위 구상 자문위원회 위원장을 맡고 있던 프레더릭 사이츠가 재스트로와 같은 견해를 가진 미국에서 가장 유명한 물리학자였다. 재스트로는 사이츠를 초대 위원장으로 영입했다. 또한 최근에 캘리포니아 주 라졸라La Jolla의 스크립스해양연구소 소장 자리에서 물러난 물리학자 윌리엄 니런버그도 끌어들였다. 니런버그는 수십 년 동안 사이츠와 알고 지낸 사이였고, 레이건 정권 인수위원회에서 둘이 같이 일하기도 했었다. 니런버그는 또 재스트로와 브롱크스의 고등학교 동문이었고, 둘 다 1940년대에 컬럼비아대학교 물리학과에서 박사 학위를 받았다. 세 명 모두 여러 고위급 자문위원회를 통해 알고 지내는 사이였다. 요컨대 세 명에게는 공통점이 많았다. 모두 물리학자에, 은퇴하거나 반쯤 현역에서 물러나 있었고, 정치적으로 강경파에 냉전의 자식들이었다.

2차 세계 대전 이후 공산주의의 확산을 물리치기 위해 고안된 미국의 유럽 재건 계획 설계자인 조지 C. 마셜 장군의 이름을 딴 이 연구소는 "국가 안보에 영향을 미치는 과학 분야와 기타 공적인 관심 분야에 대한 미국인들의 과학 인식 수준을 높인다."는 취지로 설립되었다. 재스트로가 보수적인 성향의 기금 지원으로 유명한 세라 스케이프Sarah Scaife 재단과 존 M. 올린John M. Olin 재단을 통해 초기 자금을 끌어모았다(1990년대 중반까지 재스트로는 기업의 돈을 받는 것을 피했다.).[66]

조지 C. 마셜 연구소는 "읽기 쉬운 보고서와 책자, 영화 등"을 배포하는 방식으로 메시지를 전파하게 된다. 연구소는 또한 1984년 12월을 시작으로 전략 방위의 기본 기술에 관해 언론인을 위한 '교육 세미나'를 주관하고 의회 직원들을 위한 세미나도 열 예정이었다. 재스트로는 니런버그에게 보낸 편지에서 자신들의 견해를 예의 주시하게 만들고 논쟁을 유발하기 위해 논설과 기명 칼럼을 쓰느라 분주한 사정을 설명했다. 재스트로는 얼마 전에 『코멘터리』에 쓴 논설이 "효과를 발휘한 것으로 보입니다."라고 자랑했다. "『코멘터리』와 『월스트리트저널』에 세이건과 베테, 카터 등이 전화를 걸고 편지를 보내고 있습니다."[67] 바야흐로 논쟁이 벌어지고 있었다.[68]

1984년 12월의 첫 번째 교육 세미나는 크게 보도되지 않았지만, 마셜연구소의 다음 활동(전략 방위 구상에 관한 기술평가국의 보고서에 대한 비판적 검토)은 언론의 주목을 끌었고, 재스트로는 '사회를 걱정하는 과학자 연맹'과 기술평가국이 전략 방위에 관한 '사실'을 어떤 식으로 왜곡했는지를 보여주는 책을 후속작으로 내놓았다.[69] '담배 전략'을 재연이라도 하듯, 그들은 언론인들에게 전략 방위 구상에 관한 보도의 '균형'을 맞추라고 촉구했다. 마셜연구소의 견해에 동등한 시간을 할애하라는 것이었다. 언론인들이 말을 듣지 않자 재스트로는 공정 보도 원칙을 들먹이며 위협했다. 1986년, 미국 전역의 공영 방송에서 전략 방위 구상에 관한 프로그램을 준비하고 있었는데, 재스트로는 이 프로그램이 '한쪽 편에 치우쳤다.'고 판단했다. 재스트로와 마셜연구소 이사진은 전국 각지에 편지를 보내 방송국 경영진에게 경고했다. "'사회를 걱정하는 과학자 연맹' 프로그램을 방송하면, 상충하는 양쪽 관점에 방송 시간을 할애하도록 한 공정 보도 원칙의 의무를 위반하게 된다."는 것이었다.[70]

공정 보도 원칙은 1940년대 말에 확립된 것으로 당시에는 라디오와 텔레비전 인가가 드물었고 미국 정부가 엄격하게 방송을 통제하고 있었다.[71] 연방통신위원회의 인가는 공익 목적에 봉사하는 의무와 함께 주어지는 것으로 간주되었다. '공정 보도'도 그런 의무 중 하나였다. 그런데 공정 보도란 동등하지 않은 관점에 대해 동등한 시간을 주는 것일까? 어쨌든 6500명의 과학자가 전략 방위 구상에 반대하는 청원서에 서명을 한 데 반해 마셜연구소는 —— 적어도 초기 단계에서는 —— 로버트 재스트로와 두 명의 동료로 이루어져 있었다.[72]

이런 게 공정한 것이든 아니든 간에 재스트로의 접근법은 효과를 발휘했다. 재스트로는 흡족한 듯이 보고했다. "공영 방송 가운데 이 프로그램을 방영한 곳은 손에 꼽을 정도이다."[73]

재스트로는 미국인들이 만약 전략 방위 구상을 제대로 알게 된다면 분명히 지지할 것이라고 믿었다. 그 뒤 2년에 걸쳐 마셜연구소는 재스트로가 바란 방식대로 프로그램 활동을 강화했다. 이 무렵이면 연구소는 목표를 분명히 한 상태였고, 중요하게 여긴 대상에 직접 메시지를 전달하는 방향으로 나아가고 있었다. 국회 의원들과 보좌관들을 직접 겨냥한 언론 브리핑과 보도, 세미나 등에 주력한 것이다. 1987년에 이르러, 재스트로는 연구소를 뉴욕에서 워싱턴으로 옮기고 상임 전무이사를 발탁했다.

재스트로의 접근 방식을 뒷받침한 것은 그의 강경한 반공주의 성향이었다. 재스트로는 전략 방위 구상 반대론자들이 소련의 손에서 놀아나고 있다고 믿었다.[74] 그 증거로 재스트로는 미하일 고르바초프 소련 서기장이 '사회를 걱정하는 과학자 연맹' 창립자인 헨리 켄달Henry Kendall MIT 교수에게 보낸 편지를 거론했다. 편지에서 고르바초프는 이 연맹이 "평화의 대의를 위한 고귀한 활동"을 하는 데 대해 축하 인사를 보냈다.[75] 재스트로는 고르바초프가 켄달의 활동을 인정한 것을 놀라운 일이라고 보았으며, 켄달과 연맹이 소련의 꼭두각시라는 증거라고 꼬집었다. "'사회를 걱정하는 과학자 연맹'과 소련 지도자들이 전략 방위 구상에 대한 미국 국내의 지지를 무너뜨리려는 노력을 강화"하고 있으며, 이것은 "거의 만행이라고 해도 무방하다."는 것이었다.[76]

주요한 논쟁 지점은 전략 방위 구상이 탄도탄 요격 미사일 조약에 위배되는 것인지 하는 점이었다. 마셜연구소는 조약 위반이 아니라고 주장했다. 영국의 보수당 하원 의원 이언 로이드Ian Lloyd도 하원의 논쟁에서 이런 주장을 펼쳤다. 로이드는 마셜연구소의 자료를 직접 인용하면서 전략 방위 구상이 탄도탄 요격 미사일 조약 위반이 아니라고 주장했다. 조약에서 연구를 금지하지 않았으며 ── 아직까지는 ── 연구 제안에 머물러 있기 때문이라는 것이었다. 로이드는 귀에 익은 냉전식 주장으로 마무리했다. 무기 경쟁의 목표는 공포의 균형을 유지하기 위함이 아니라 소련 국민들을 해방시키기 위함이라는 말이었다. 전략 방위 구상은 그런 목표와 연결된 것이었다.

> 서구의 근본적인 이익은 소련 국민 전체가 살아남아서 그들이 자초한 폭정의 굴레를 이해하고, 평가하고, 마침내 거기서 벗어나는 것이다. 바로 이것이 문명 세계의 이익이다. 전략 방위 구상에 대한 이런 결정은 다음 세기까지 확장되고 소련인들이 해방되는 가능성이 마침내 현실화될 것이다. 우리의 궁극적인 목표는 단순한 생존이 아니라 확신을 가진 각국 국민들의 자발적인 행동을 통해 자유세계를 정당하게 확장하는 것이다.[77]

물론 전략 방위 구상이 소련 국민들을 공산주의로부터 해방시킨다는 대의에 궁극적으로 이바지하는지는 아무도 말할 수 없었다. 이런 점에서 전략 방위 구상 및 핵겨울을 둘러싼 논쟁과 담배를 둘러싼 과거의 논쟁 사이에는 결정적인 차이가 있었다. 담배와 암을 비롯한 건강상 문제의 연관성에 관해서는 수많은 증거가 있었지만(사람들은 수십 년 동안 담배를 피웠다.), 전략 방위나 핵겨울에 대해서는 내세울 수 있는 사실이 없었다. 전략 방위와 핵겨울은 하나의 가설, 즉 이론을 바탕으로 논리적으로 구성한 내용이었다. 어느 누구도 실제로 궤도를 움직이는 실물 크기의 전략 방위를 구축한 적이 없었고, 두 초강대국이 핵전쟁을 벌인 적도 없었다. 한쪽의 주장이나 그에 반대하는 주장이나 관념의 투사에 불과했다. 그것이 아무리 유용한 가정일지라도 말이다.

재스트로는 스타 워스를 둘러싼 논쟁을 만들어내는 데 성공했지만, 한 걸음 더 나아가 부정한 과학에 대해 단호한 태도를 취하기를 원했다. 적어도 그런 과학이 핵무기에 반대하는 데 이용된다면 강경하게 대응해야 했다. 1986년에 쿠어스재단Coors Foundation(특히 자유 기업 분야에서 '자급자족'과 교육을 지원하는 데 주력하는 단체[78])에 보낸 기금 모금 편지에서 재스트로는 핵겨울에서 핵가을로 바뀐 것은 TTAPS 저자들이 고의로 기만을 했으며 핵겨울의 기후 효과가 "무시해도 좋을 사소한 수준"임을 보여주는 증거라고 주장했다.[79] 반핵 과학자들은 소련의 수중에서 놀아나고 있었다. "소련 지도자들의 주된 목표" 가운데 하나가 "서구 민주주의 국가 국민들에게 핵무기는 그 수효가 얼마든 간에 인류 절멸의 위험을 무릅쓰지 않는 한 사용할 수 없다고 설득하는 것이기 때문이다. 핵겨울 시나리오가 그런 목적으로 고안된 것이라면 소련 지도자들의 요구에 더할 나위 없이 들어맞는 것이다."[80] TTAPS 저자들은 기껏해야 얼간이들이었고, 최악의 경우에는 공범이었다. 재스트로는 최악의 경우라고 결론지으면서 이 저자들이 대양의 중화 효과와 연기가 비에 쓸려버리는 사실을 의도적으로 무시했다고 비난했다.

TTAPS 저자들은 사실 논문에서 두 가지 중화 환경을 모두 언급했다. 재스트로는 이 저자들이 영향을 완화하는 요소들을 의도적으로 경시하고 최악의 시나리오만 중시한 것처럼 그들의 연구를 호도했다. 재스트로는 잠재적인 예산 지원자들에게 과학적 사기라는 인상을 심어 주기 위해 이 주장을 공개적으로 밀어붙일 대변인을 고용했다.[81]

과학에 대한 전면 공격

프레더릭 사이츠의 사촌동생 러셀 사이츠Russell Seitz는 하버드 국제문제연구소Center for International Affairs에 몸담았다가 나중에는 보수 성향의 올린재단에서 예산을 지원하는 정책연구소인 존 M. 올린 전략연구소John M. Olin Institute for Strategic Studies에서 일했다.[82] (올린재단 총재는 닉슨 행정부에서 재무부 장관을 지낸 윌리엄 사이먼William Simon이었다. 자유방임 자본주의를 굳게 신봉하는 사이먼은 개인의 주권을 믿었으며 오로지 자본주의만이 "이 주권을 반영하는 사회 체제"라고 생각했다.)[83] 1984

년, 러셀 사이츠는 『포린 어페어스』에 핵겨울 개념을 비판하는 편지를 보냈다. 그리고 이제 『내셔널 인터레스트National Interest』 1986년 가을호에 발표한 글에서 전면 공격에 나섰다.[84] 「고립에서 벗어나다: 녹아내린 '핵겨울' In from the Cold: 'Nuclear Winter' Melts Down」이라는 논문의 주제는 과학자들을 믿어서는 안 된다는 것이었다. 러셀 사이츠는 핵겨울 이론이 사망했다고 선언했다. "사인: 악명 높은 과학적 정직성 결여."[85] 그러고는 핵겨울 이론의 역사를 개괄하면서 핵겨울 연구를 발표하거나 광고하는 데 일정한 역할을 한 재단들의 네트워크에 독자들의 관심을 집중시켰다. 오듀본협회, 헨리 P. 켄달 재단, '사회를 걱정하는 과학자 연맹', '사회적 책임을 위한 물리학자 모임Physicians for Social Responsibility', 미국과학자연맹 등은 이를테면 자유주의 환경 단체 패거리였다.

그러고는 모델을 활용하는 것은 나쁜 과학이라고 간단히 일축했다. "TTAPS 모델은 [현실의 지구 대신] 아무 특색 없이 바싹 마른 당구공을 가정했다. …… [그리고] 현실의 연기 방출 대신 16킬로미터 두께의 검댕 구름을 대기 중에 곧바로 풀어놓았다. 이 모델은 동, 서, 바람, 일출, 일몰, 조각구름 같은 복잡한 변수를 놀랍도록 정연한 방식으로 다루었다. 모두 무시해버린 것이다."[86]

"TTAPS 모델을 보는 한 가지 방법은 장황한 일련의 추측으로 간주하는 것이다. …… 만약 이 연기가 올라간다면, 이런 밀도라면, 이런 식으로 움직인다면, 등등등. 이와 같은 일련의 동전 던지기를 일반인들과 과학자들에게 '정교한 1차원 모델'이라고 제시하였다. 트위기 [Twiggy. 1960년대를 풍미한 영국 출신의 패션모델. 깡마른 미소년 같은 중성적인 이미지로 유명하다. — 옮긴이)에게 적용하는 게 아니라면 모순어법일 뿐이다."[87] 물론 모델은 단순화한 것이며 누구도 그걸 부정하지는 않는다. 모든 모델은 어떤 면에서는 하나의 추측이며, 모든 과학 이론도 마찬가지이다. 그러나 이론이 관찰을 통해 검증되는 것처럼, 모델은 기존의 이론과 관찰에 입각하여 구성된다. 러셀 사이츠가 공격 대상으로 삼는 모델은 최첨단의 가장 정교한 접근법이었다. 설사 이 모델이 완벽하지 않더라도 사이츠가 더 나은 대안을 제시하는 것도 아니었다. 다른 누가 대안을 제시하지도 않았다.

TTAPS 모델을 비과학적이라고 일축하고 그 저자들을 진보·환경 단체와 연결시켜 객관성에 의문을 제기한 뒤, 사이츠는 숨은 동기를 폭로하는 식으로 독자들에게 전체적인 그림을 보여주었다. "정치적인 고려가 무의식적으로 작용하면서 모델이 자연사自然史에서 빗나갔다. 지금 와서 돌이켜보면, 문제의 정치는 핵 동결 운동의 정치로 볼 수 있다."[88] 물론 핵 동결 운동이 핵겨울을 둘러싼 사회적·정치적 이야기의 일부였던 건 맞지만, 전략 방위를 구축하려는 로널드 레이건의 욕망 역시 마찬가지였다. 모든 과학은 사회적 맥락 안에 존재하지만, 그렇다고 해서 관련된 과학 연구가 그 맥락에 의해 특정한 방향으로 왜곡되는 게 증명되지는 않는다. 어쨌든 보수적인 과학자라면 핵겨울 문제를 가볍게 보려고 했을 것이며, 마찬가지로 진보적 과학자라면 이 문제를 부각시키려 했을 것이다. 과학자들은 이런 문제를 잘 알고 있으며 바로 이런 점 때문에 객관성을 놓치는 경우를 지적하기 위해 동료 평가 메커니즘을 갖추고 있다. 또한 다양한 정치적 성향의 과학자들은 오래전부터 인류 최후의 결전을 피하고 싶어 했다. 지금도 사정은 마찬가지이다.

하지만 러셀 사이츠는 이런 민감한 문제들에는 관심이 없었다. 핵겨울 이론은 아예 과학이 아니라는 주장을 고집했다. 그것은 컴퓨터 코드를 입힌 좌파/진보/환경 정치라는 것이었다. "컴퓨터 영상의 가변성에 익숙한 사람이라면 이런 결과에 놀랄 리가 없다."[89]

사이츠는 독자들이 핵겨울 문제가 "고작 가을의 험한 날씨" 정도로 축소되었음을 확실히 알도록 했다.[90] 가령 세이건이 문제를 과장한 혐의를 간략하게 소개하면서 캘리포니아공과대학교의 이론물리학자 리처드 파인먼Richard Feynman과 프린스턴대학교의 이론물리학자 프리먼 다이슨Freeman Dyson 같은 유명 물리학자들이 이 과학을 일축한 언급을 나란히 보여주었다. 사이츠가 인용한 다이슨의 말을 들어보자. "이건 아주 형편없는 과학 논문이지만 나로서는 대중적인 오해를 바로잡을 가망이 없다."[91] (다이슨은 나중에 TTAPS 논문의 물리학을 논박하기 위해 2주 동안 시간을 냈지만 그렇게 하지 못해 "기분이 상했다."[92] 과학계의 '이단'을 자처하는 다이슨은 후에 지구 온난화를 증명하는 기후 모델도 일축해버린다. 그 자신이 일찍이 1970년대에 온난화에 대해 우려를 표명한 과학자 중 하나였던 사실은 아이러니이다.)[93]

「물리학, 광고와 만나다Physics Meets Advertising」라는 제목을 붙인 논설의 한 절에서 사이츠는 핵겨울의 도상학 구성("에어브러시에 무광 검정 아크릴 물감을 채워서 북반구를 지워버려라.")과 세이건이 채택한 묵시록적 수사와의 연결에 대해 고찰했다. 그러고는 문장 중간에 대문자를 쓰는 식으로 요한 묵시록Apocalypse을 말하는 것임을 독자들이 알아차리게 만들었다. "활동가들은 의식 향상을 위한 수단을 과학자들에게 요청했고, 어리석은 핵무기 경쟁에서 해방되라고 설교하는 데 사용할 세속적인 요한 묵시록을 건네받았다." 검고 사악한 구름이 전 세계로 퍼져 나가는 『퍼레이드』의 가상도는 "여러 면에서 …… 그림으로 설명하고자 하는 연구보다 훨씬 중요했다."⁹⁴

마침내 사이츠는 모든 과학과 과학계 전체로까지 공격을 확대했다. 사촌형 프레더릭의 자기 배신을 반영이라도 하듯, 러셀은 과학자들이 대중의 신뢰를 저버렸다고 주장했다. 시민들은 "믿을 수 없는 세계에서 과학자라는 직업을 객관성과 신뢰성의 보루"로 여기지만, 무턱대고 과학을 믿어서는 안 된다는 것이었다. 『뉴욕 타임스』 과학 전문 기자 윌리엄 브로드William Broad와 니콜라스 웨이드Nicholas Wade가 쓴 인기 저서로 과학사에서 정직성과 객관성을 잃은 사례를 연대기적으로 소개하는 『진실을 배반한 과학자들Betrayers of the Truth』을 들먹이면서 사이츠는 "과학은 상투적으로 묘사되는 모습과 닮은 점이 별로 없다."고 주장했다.⁹⁵ 오히려 과학자들은 "미사여구나 선전, 개인적인 편견 같은 비합리적인 요소"에 이끌린다. 게다가 지난 두 세대 동안 과학자들은 자신의 연구에 대해 사회적 책임을 지라는 압박을 받았다. 맨해튼프로젝트를 통해 "죄를 알게 된" 결과로 생겨난 유산이었다. 이런 "정치적 동기에 의해 움직이는 과학자들이 과학과 공공 정책 문제에서 손쉽게 지배권을 얻게 되었다."고 사이츠는 결론지었다.⁹⁶

브로드와 웨이드는 과학사가들 사이에서 별로 논쟁거리가 되지 않는 주장을 펼친 바 있었다. 합리적인 개인들의 연구의 총합으로 과학을 묘사하는 것은 옳지 않고, 과학자들은 오류를 범하며, 부정을 저지르는 과학자도 적지 않다는 것이었다. 1960년대와 1970년대의 역사학자와 사회학자들은 과학자들 역시 공동체 안에서 연구를 하며, 그곳에서 모든 인간 공동체를 지배하는 것과 동일한 사회적 힘들(그리고 몇몇 독특한 힘)과 부딪힌다고 역설했다. 이런 독특한 압력 중 하나가 혁신의 압력이었다. 혁신의 압력은 때로 개인 과학자들에게 안이한 행동을 부추겼다. 학계의 연구자들이라면 이런 주장이 별로 새로울 것이 없다고 생각했을 것이다. 실제로 브로드와 웨이드는 주류 학계의 연구에 바탕을 두고 주장을 펼쳤고, 몇몇 과학사 교수들의 도움을 받은 사실을 인정했다. 게다가 브로드와 웨이드는 결론 부분에서 "의심할 나위 없이 대다수 과학자들은 개인적 영광에 대한 갈망 때문에 진실 추구를 왜곡하지 않는다."고 인정했다.[97] 그러나 우파는 이 책을 잘 이용했다. 자신들의 견해와 모순되는 과학을 깎아내리는 데 잘 써먹을 수 있는 수단이었기 때문이다. 실제로 담배 업계 중역들은 웨이드가 자신들 편으로 넘어온 건지 의아해했다.[98]

그렇지만 러셀 사이츠는 과학사의 진보에는 관심이 없었다. 사이츠는 핵겨울 개념에 도전하는 데 관심이 있었고, 따라서 과학 공동체가 좌파 정치에 의해 더러워졌다는 주장을 계속했다. 사이츠의 주장에 따르면, 1960년대의 반전 운동과 1970년대의 환경 운동에 뒤이어 좌파 활동가들이 미국 과학의 주류를 차지했다. 그들은 과연 어떤 인물이었을까? "미국과학자연맹과 '사회를 걱정하는 과학자 연맹'은 교육, 과학, 언론 분야의 조직과 재단들의 폭넓은 연합 속에서 정치 활동과 편집 방향을 좌우하는 응집력 있는 세력으로서 경쟁자가 거의 없는 보이지 않는 역할을 수행한다."[99] 활동가 단체 목록에는 『사이언스』를 발행하는 미국과학진흥협회도 들어 있었다. 미국과학진흥협회

회장과 미국물리학회American Physical Society 회장은 "미국과학자연맹과 '사회를 걱정하는 과학자 연맹', 군축협회Arms Control Association, 퍼그워시운동Pugwash Movement을 연결하는 위원회 노릇을 한다."(퍼그워시운동은 2차 세계 대전 이후 국제 협력과 군축, 군비 철폐를 장려하기 위해 설립된 과학자 조직이다.)[100] 사이츠는 그들이 펴내는 잡지에서 그들의 명백한 정치적 편향이 발견되지 않으면 오히려 놀라운 일일 거라고 암시했다.

이런 편향의 네트워크는 심지어 국립과학학술원에도 마수를 뻗쳤다. 사이츠에 따르면, 과학학술원은 케네디와 존슨, 카터 행정부의 역대 과학 보좌관과 관련된 관료 선출에 의해 "정치적으로 변형되었다."[101] 나아가 이 새로운 과학학술원 관료들은 '사회를 걱정하는 과학자 연맹' 및 미국과학자연맹과 연결된 직원들을 채용했고, 미국 과학의 심장부에서 상설적인 진보 정치 네트워크를 이루었다. 그리하여 미국의 과학 기구 전체가 더럽혀졌다. 사이츠는 이런 결론을 내렸다. "'핵겨울' 사건에서 특징적으로 드러난 것처럼, 일단 실제보다 과장한 뒤 꼬리를 잡히지 않게 발뺌하는 식의 객관성에서 멀어지는 경향이 우려스럽고도 악명 높은 수준에 다다랐다."[102]

사이츠는 과장되게 물었다. "이 모든 게 과연 중요한 일일까?" 정말로 중요했다. 사이츠는 정치적 동기에 따른 배제라는 그림을 그렸다. 보수 세력이 희생양이 되었다는 것이었다. 이 모든 게 사실이라면, 아니 그중 어느 하나라도 사실이라면 과학, 심지어 주류 과학조차 다른 수단을 통한 정치에 불과하다는 결론이 날 수밖에 없다. 결국 어떤 문제에 대해 정치적으로 동의하지 않는다면, 그건 정치적인 거라고 일축해버릴 수 있다.

그러면 사이츠의 설명은 과연 객관적이었나? 그렇게 보기 힘들다. 사이츠의 논의만 봐서는 정치적 보수주의자들이 전략 방위 구상과 핵겨울 논쟁에서 주된 역할을 하고 이른바 편향된 저널들에 글을 발표할 수 있었던 사실을 알기란 결코 쉽지 않다. 예컨대 에드워드 텔러는 『사이언스』 1984년 1월호에 탄도탄 요격 미사일 개발을 장려하는 논문을 발표했고, 세계 최고의 과학 저널인 『네이처』에 핵겨울에 관한 견해를 밝혔다.[103] (『네이처』에 기고한 논문에서는 핵 '겨울'이 광범위한 흉년을 야기할 만큼 심각할 수 있음을 인정했다. 그렇지만 텔러는 올바른 해법은 식량 보유고를 늘리는 것이라고 결론지었다.)[104] S. 프레드 싱어는 『사이언스』에 핵겨울을 비판하는 글을 발표했고, 같은 저널에는 러셀 사이츠의 편지도 실렸다.[105] TTAPS 그룹을 비판한 허리케인 전문가 케리 이매뉴얼은 본인 말에 의하면 당시에 보수주의자였다.[106]

사이츠는 과학계가 진보 의제에 의해 좌지우지되고 있다고 주장했지만, 에드워드 텔러가 이끄는 소수 보수파가 레이건의 백악관에 커다란 영향력을 행사하는 사실은 언급하지 않았다. 에드워드 텔러는 레이건의 백악관에 자유롭게 드나들었고, 윌리엄 니런버그도 마찬가지였다. 니런버그와 재스트로는 한때 레이건 행정부의 과학 보좌관으로 거론되기도 했다.[107] 또 텔러와 니런버그는 공식적인 전략방위구상 자문위원회에서 일했고, 프레드 사이츠는 이 위원회의 위원장을 맡았다.[108] 그리고 케네디와 존슨 대통령 밑에서 보좌관으로 일한 많은 이들이 닉슨 대통령 밑에서도 일했다. 정당의 신임장 때문이 아니라 과학자로서 성실성 때문에 선택 받은 것이었다. 보수 성향 과학자들이 권력에서 배제되었다는 말은 사실과 거리가 멀다.

　국립과학학술원이 프레더릭 사이츠와 러셀 사이츠가 바라는 것만큼 보수적이지 않았을지 몰라도 대다수 과학자들은 대단히 보수적인 기관이라고 생각했다. 대부분의 과학사가들은 행정부에 의존하는 과학학술원에는 본래적인 보수주의가 있다고 말할 것이다. 과학학술원에서 진행하는 대부분의 연구는 행정 기관(나사, 환경보호청, 내무부, 그리고 때로는 백악관)에서 예산을 지원하며, 또 학술원은 좀처럼 후원자의 비위를 상하게 하는 일이 없기 때문에 과학 논쟁에서는 한 발짝 비켜서는 경향이 있다. 게다가 과학학술원의 보고서는 대부분 합의 보고서로서 검토위원회 전원뿐만 아니라 위원회에서 선정한 독립 심사자들의 승인을 받아야 한다. 그 결과는 흔히 관련 당사자가 쉽사리 동의할 수 있는 밋밋한 내용에 '최소 공분모'의 결론으로 마무리된다. 급진적인 주장이 이 과정을 무사히 통과하는 일은 드물다. 설사 나중에 그 주장이 옳다는 게 밝혀지더라도 말이다.

　"TTAPS 논문의 황량한 전망을 깨뜨리는 데 필요한 지적 도구와 계산 능력의 대부분은 이미 1983년 무렵에 존재했다. 그것을 활용하려는 의지와 아마도 용기가 부족했을 것이다." 사이츠는 이렇게 주장했지만 이 발언 역시 명백한 오류이다. 다른 모델 연구 그룹, 특히 국립대기연구소 팀이 곧바로 이 주제를 파고들었다.[109] 그런데 칼 세이건이 저지른 비행에 대해 왜 과학 공동체 전체를 비난하는가? 오랜 시간이 지난 뒤, 우파는 세이건이 세상을 떠나고 한참 뒤에도 계속해서 그를 헐뜯었고, 1990년대에는 우파 방송인 러시 림보Rush Limbaugh가, 2000년대에는 소설가 마이클 크라이튼Michael Crichton이 사이츠의 핵겨울 공격을 그대로 재현했다.¹¹⁰ 무슨 일이 벌어지고 있었던 걸까?

그 답은 우파가 과학에 등을 돌리기 시작했다는 것이다.

1970년대 이래 과학자들은 대체로 군축과 심지어 군비 철폐라는 목표를 지지했다. 텔러와 니런버그, 재스트로와 두 사이츠로서는 말도 안 되는 일이었다. 텔러와 그의 추종자들은 미국이 (충분한 자금을 쏟아부을 수 있는 한) 무기공학을 통해 영원한 군사적 패권을 이룩할 수 있다고 믿은 반면, 대부분의 다른 과학자들, 확실히 베테와 세이건, 가윈은 무기 경쟁은 관리될 수 있을 뿐이며 (따라서 결코 승리할 수 없고) 이런 관리는 주로 외교를 통해서 이루어진다고 생각했다. 텔러를 비롯한 이들로서는 불온하기 짝이 없는 생각이었다. 국가 방위에서 과학과 기술이 어떤 역할을 하는가에 관한 그들의 이해를 뿌리째 뒤흔드는 위협이었기 때문이다. 물론 냉전 시기에 그들이 개인적으로 맡은 역할까지도 흔들릴 게 분명했다. 그러나 바야흐로 과학은 또한 다른 방식, 즉 궁극적으로 더욱 중요한 방식으로도 이 사람들의 견해를 뒤흔들고 있었다.

20세기 후반 미국 우파의 위대한 영웅 가운데 한 명은 신자유주의 경제학자 밀턴 프리드먼Milton Freedman이다.¹¹¹ 가장 유명한 저서인 『자본주의와 자유Capitalism and Freedom』에서 프리드먼은 (제목에서 시사하는 것처럼) 자본주의와 자유가 공존·공생하는 관계라고 주장했다. 자본주의 없이는 자유가 없으며, 자유 없이는 자본주의가 없다는 것이었다. 따라서 하나를 지키면 나머지를 지키는 셈이었다. 이처럼 간단하면서도 근본적인 주장이었다.¹¹² 텔러를 비롯한 사람들은 자유 (그들은 자신들이 이해하는 자유의 수호자를 자처했다.)에 헌신했기 때문에 또한 헌신적인 자본주의 옹호론자들이었다. 그러나 과학계 동료들은 점차 자본주의가 결정적인 면에서 실패하고 있다는 증거를 찾아내고 있었다. 자본주의는 자유로운 생명이든 아니든 간에 모든 생명이 궁극적으로 의존하는 자연환경을 보호하는 데 실패하고 있었던 것이다.

현역 과학자들은 산업 방출물이 인간과 생태계의 건강에 광범위한 손상을 유발한다는 증거를 점점 찾아내고 있었다. 자유 시장은 자신이 해법을 알지 못하는 문제(의도하지 않은 결과)를 야기하고 있었다. 정부는 잠재적인 치료약(규제)을 갖고 있었지만, 자본주의의 이상 앞에서 맥을 쓰지 못했다. 따라서 친기업 성향의 잡지들이 러셀 사이츠의 맹렬한 공격을 부추기거나 재스트로가 초기에 쓴 전략 방위 구상 옹호론이 『코멘터리』(신보수주의의 주요 대변자이다.)와 『월스트리트 저널』에 발표된 것도 놀랄 일은 아니다. 실제로 1986년에 『월스트리트 저널』은 2400단어 분량의 과학에 대한 사이츠의 공격을 게재해주었다. 그것도 1면에.[113] 만약 과학이 규제의 편을 든다면, 또는 지구의 생명을 보호하기 위해 규제가 필요할지도 모른다는 생각을 뒷받침하는 증거를 내놓는다면, 재스트로와 니런버그, 텔러와 프레더릭 사이츠가 연구 경력을 쏟아부어 세우고자 했던 구조물이 순식간에 무너져 내리는 수밖에 없었다.

핵겨울 가설에 관한 공격은 다가올 더 큰 싸움을 위한 예행연습이었다. 배리 골드워터Barry Goldwater는 자유를 지키는 극단주의는 결코 악덕이 아니라고 유명한 주장을 한 적이 있다. 우리의 이야기는 그것이 악덕임을 보여줄 것이다.[114]

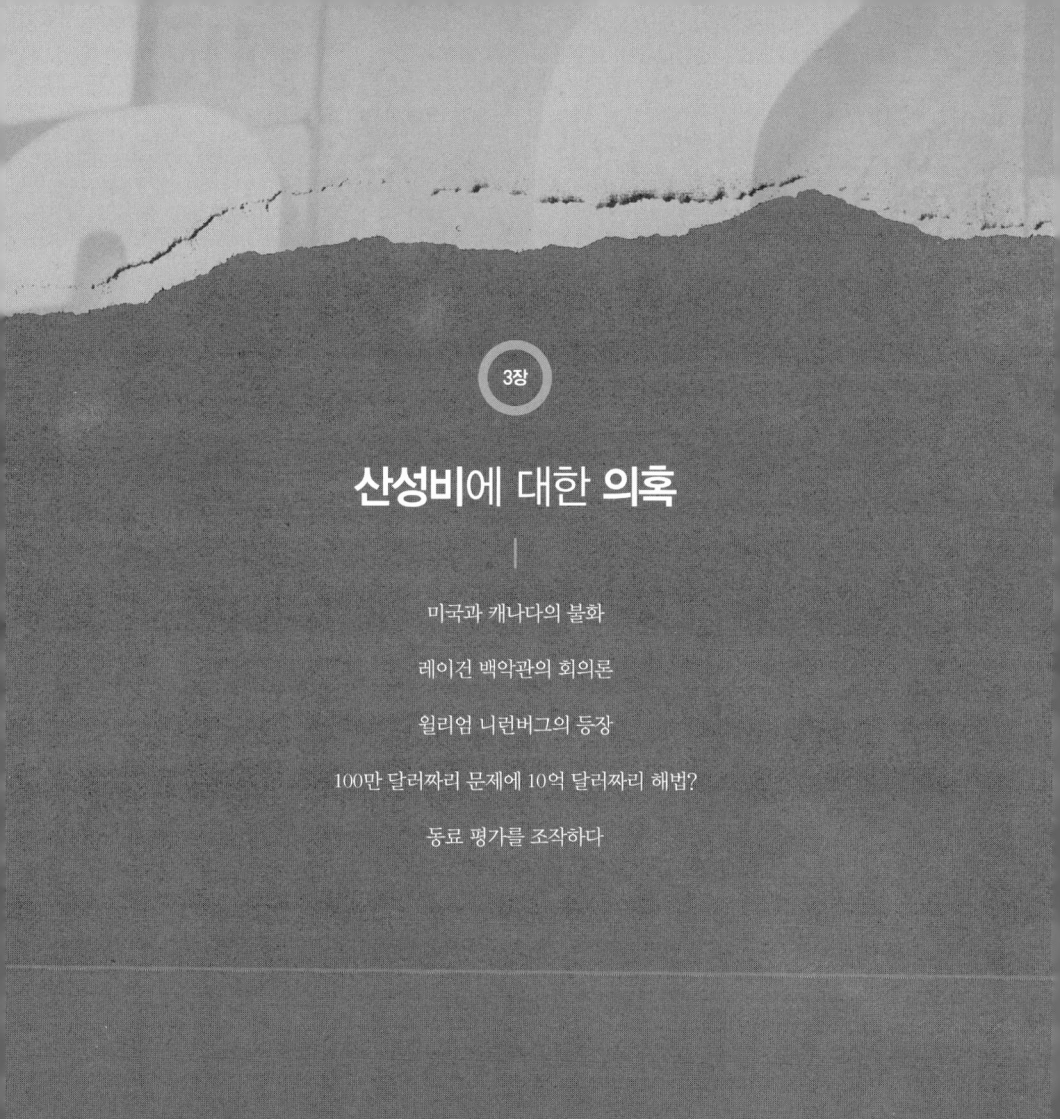

3장

산성비에 대한 의혹

미국과 캐나다의 불화

레이건 백악관의 회의론

윌리엄 니런버그의 등장

100만 달러짜리 문제에 10억 달러짜리 해법?

동료 평가를 조작하다

전략 방위와 핵겨울을 둘러싼 논쟁이 끝나갈 무렵, 다소 다른 쟁점이 전면에 부각되었다. 산성비 문제가 그것이다. 핵겨울의 과학은 산성비의 과학과는 전혀 달랐지만, 몇몇 동일한 인물들이 논쟁 양쪽에 가담하게 된다. 그리고 담배를 둘러싼 논쟁에서 그러했듯이, 산성비를 유발하는 오염을 규제하는 데 반대하는 이들은 아직 규제 행위를 정당화할 만큼 과학이 확실하지는 않다고 주장한다.

이야기는 미국 농무부에서 뉴햄프셔 주 중부에 허버드브룩Hubbard Brook 시험림試驗林을 설치한 1955년에 시작된다. 시험림은 모순 어법(숲은 자연이 만든 것이고, 시험이란 인위적인 것이다.)처럼 보일지도 모르지만, 과학자들이 실험실에서 하는 것과 동일한 구상이었다. 한 대상이나 문제를 골라 잡아서 철저하게 조사하는 것 말이다. 이 경우에 대상은 '수계 생태계'였다. 숲과 거기에 연결된 다양한 동식물, 그리고 숲을 관통해 흐르는 물이 그것이다.

허버드브룩의 수문학 연구를 개척한 이는 로버트 S. 피어스Robert S. Pierce라는 이름의 삼림청 소속 과학자였다. 피어스는 다트머스대학교 생물학 교수 F. 허버트 보먼F. Herbert Bormann과 젊고 총명한 두 조교수인 생물학자 진 E. 라이컨스Gene E. Likens, 지질학자 노이 M. 존슨Noye M. Johnson과 팀을 이뤘다. 1963년, 보먼과 라이컨스, 존슨, 피어스는 허버드브룩생태계연구모임Hubbard Brook Ecosystem Study을 만들었다. 같은 해에 네 사람은 북아메리카에서 산성비를 발견했다.[1]

'발견'이라는 말은 지나친 표현일지 모른다. 화산을 비롯한 자연현상에 의해 생기는 자연적인 산성비는 르네상스 시대부터 알려져 있었고, 19세기 이래로 잉글랜드 중부와 독일 중부의 산업공해 발생지와 가까운 지역에서도 인간이 야기한 산성비가 파악되었기 때문이다.[2] 그러나 허버드브룩은 대도시나 공장과는 거리가 먼 뉴햄프셔의 화이트마운틴스White Mountains에 자리해 뉴욕이나 보스턴 사람들이 번잡하고 지저분한 도심에서 벗어나 쉬고 싶을 때 찾는 곳이었다. 그런데 이곳에 내리는 비의 수소 이온 농도가 pH 4 이하로 측정된 것이다(중성은 pH 7이며, 일반적인 비는 5 내외이다.). 한 샘플은 그 수치가 2.85였다. 레몬주스에 맞먹는 산성도로 상처 부위가 쓰라릴 정도였다. 이런 외딴 지역에 산성비가 내리는 것은 새로운 우려스러운 현상이었다.

허버드브룩 연구는 환경 보호에 관한 미국인들의 사고가 전환점을 지나던 결정적인 시기와 맞아떨어졌다. 20세기 전반기에 시어도어 루스벨트, 존 D. 록펠러, 존 뮤어John Muir, 기퍼드 핀쇼Gifford Pinchot 같은 자연 보호론자들은 미국의 아름다운 야생 지역을 보존하고 보호하려고 노력했다. 요세미티, 옐로스톤, 그랜드티턴스Grand Tetons 같은 특별 지역을 선포해서 인간 활동과 개발에서 보호하는 식이었다. '보호주의' 환경론은 공화·민주 양당을 아우르는 폭넓은 인기를 누렸다. 루스벨트는 진보적인 공화당원이었고, 록펠러는 산업계의 우두머리였다. 자연 보호론은 대개 미학과 도덕적 가치 및 원기 회복을 위한 휴양에 대한 욕망에 의해 추동된 것이었다. 과학에 의존하는 것이 아니었다. 자연 보호론자들은 종종 과학(특히 지질학, 동물학, 식물학 같은 자연사 종류)에 관심이 있었지만, 자신들의 주장을 펴기 위해 과학을 필요로 하지는 않았다.

수십 년 동안 보호주의 환경론은 초당파적 성격을 유지했다. 1964년의 야생보호법Wilderness Act of 1964으로 900만 에이커〔약 364만 헥타르〕가 넘는 땅이 "인간은 방문자일 뿐 머무르지 않는 지역"으로 지정되었을 때, 상원에서는 73 대 12, 하원에서는 373 대 1의 표결로 이 법이 통과되었다.[3] 대체로 선구적인 환경론자로 기억되지 않는 리처드 닉슨 대통령은 환경보호청을 신설하고 여러 환경 법안에 서명했다. 대기청정법 확대안, 수질청정법Clean Water Act, 멸종위기종보호법Endangered Species Act, 국가환경정책법National Environmental Policy Act 등이 그것이다. 그렇지만 상황은 변하고 있었고, 몇 년 뒤에 로널드 레이건은 공화당을 환경 보전과 환경 규제로부터 떼어놓기 시작하게 된다. 공화당은 역사적으로 견지한 환경 보호론에서 떨어져 나와 과학과 충돌하는 궤도를 따르게 된다.

대기청정법 같은 법안은 과학에 근거한 정부 규제를 통해 대지 보전에서 오염 방지로, 지역 차원에서 세계 차원으로 초점이 이동하는 상황을 반영한 결과물이었다. 이것은 심대한 변화였다. 살충제 DDT가 미치는 영향에 대해 경종을 울린 레이첼 카슨Rachel Carson의 『침묵의 봄Silent Spring』[4]이 발간되면서 미국인들은 국지적 오염이 전 지구적으로 영향을 미칠 수 있음을 깨달았다. 농부가 해충을 구제하기 위해 작물에 살충제를 뿌리는 것처럼 합리적인 듯 보이는 개인의 행동이 비합리적인 대중적 영향을 미칠 수 있었다. 오염은 단순히 밤에 독성 슬러지sludge를 몰래 버리는 사악한 산업의 문제가 아니었다. 좋은 의도를 가진 사람이 의도치 않게 해를 가할 수 있었다. 경제 활동은 부수적 피해를 낳는다. 이 점을 인식하면 불가피하게 경제 활동에 영향을 미치는 방식으로 정부의 역할이 바뀔 필요가 있음을 인정하게 된다.

산성비 역시 부수적 피해의 문제이다. 전력 설비, 자동차, 공장 등에서 방출되는 황과 질소가 대기 중의 비와 눈, 구름과 섞여서 장거리를 이동하여 오염원에서 멀리 떨어진 호수와 강, 토양과 야생 생물에 영향을 미칠 수 있다. 적어도 이런 사실이 허버드브룩 연구에서 보여주고자 한 것이다. 1960년대 중반과 후반을 거쳐 1970년대까지 허버드브룩의 과학자들은 이 현상을 치밀하게 연구했고 그 결과로 수많은 과학 논문과 보고서를 썼다. 그리고 1974년에 진 라이컨스는 『사이언스』에 논문을 제출하는 데 앞장섰다. "미국 동북부 지역 대부분에 산성비나 산성눈이 내리고 있다."고 분명하게 선언하는 논문이었다.[5] 연구자들의 설명에 따르면, 이 현상은 약 20년 전에 허버드브룩에 도달한 것으로 보이며, 중서부 지방에 대형 굴뚝이 도입된 사실과 연관이 있었다.[6] 정부는 대기 오염에 대한 법규와 규제를 정할 때 산성비를 고려해야 할 터였다.

화학적 분석에 따르면, 산성의 대부분은 용해 황산염이 원인이었고 나머지는 대부분 용해 질산염 때문이었다. 둘 다 석탄과 석유가 연소되면서 나오는 부산물이었다. 그런데 낮이고 밤이고 화석 연료를 태운 건 19세기 중반부터인데 왜 이 문제가 최근에서야 나타난 것일까? 그 답은 연기에서 입자를 제거해 국지적인 대기 오염을 줄이기 위한 장치를 도입하면서 생겨난 의도치 않은 결과라는 것이다.

영국 산업 지대에서는 분진 오염이 워낙 심해서 사람들이 죽어 나갔고(1952년의 런던 대스모그는 유명하다.), 이를 줄이기 위한 전격적인 조치가 취해졌다. 오염 물질이 더 멀리 퍼지게 대형 굴뚝을 이용하고, 발전소에 '집진기'라는 분진 제거 장치를 설치한 것이다. 그렇지만 이후의 과학 연구에서 밝혀진 것처럼, 공해를 유발하는 분진은 산성을 중화하는 역할도 하며, 따라 분진을 제거하면 나머지 오염 물질의 산도가 높아지는 의도치 않은 결과가 나타난다. 분진은 또한 상당히 빠른 시간 안에 지표면으로 내려앉는 경향이 있다. 따라서 대형 굴뚝은 국지적인 오염을 줄이는 데는 성공했지만 더 넓은 지역의 오염은 증가시켰다. 국지적인 검댕이 광역 차원의 산성비로 바뀐 것이다.[7]

그런데 산성비가 과연 문제였을까? 뒤의 장들에서 보겠지만, 지구 온난화와 오존 홀 연구는 피해가 감지되기 전에 예측하는 결과로 이어졌다. 이런 예측에 자극 받은 사람들은 피해를 막으려고 나섰다. 연구는 예측을 시험하기 위한 것이기도 했고 너무 늦기 전에 행동을 자극하기 위한 것이기도 했다. 산성비의 경우에도 마찬가지였다. 심각한 생태계 피해가 광범위하게 벌어지고 있는지를 판단하기에는 아직 일렀지만, 잠재적인 효과는 걱정스러운 정도였다. 토양과 식물 잎의 양분 용해, 호수와 강의 산성화, 야생 생물의 피해, 건물 및 기타 구조물의 부식 등이 대표적으로 예상되는 피해였다. 그렇지만 피해가 생기기 전에 방지하는 것이 관건이라면, 이런 주장은 필연적으로 추측에 근거한 것일 수밖에 없다. 신중한 과학자라면 다소 곤란한 상황에 처하게 된다. 피해를 방지하고자 하지만, 피해가 다가오는 것을 입증할 수 없는 것이다.

따라서 과학자들은 조기 경보 징후를 찾았고 마침내 발견했다. 스웨덴의 연구는 산성 강우가 삼림의 성장을 줄인다는 점을 시사했다. 미국과 다른 나라의 연구에서는 산성이 식물 성장과 이파리 조직 발달, 화분 발아花粉發芽 등에 피해를 입히는 사실이 증명되었다. 스웨덴, 캐나다, 노르웨이 등에서는 호수와 강의 산성화가 물고기 폐사율 증대와 상관관계가 있음이 밝혀졌다.

자세한 내용은 대부분 매우 전문적인 저널(언론인이나 의회 조사관들이 이런 저널을 일상적으로 읽는 경우는 드물다.)이나 정부 보고서를 통해 발표되었다. 스웨덴의 연구 결과는 대부분 당연히 스웨덴어로 발표되었다.[8] DDT가 야기하는 피해의 경우에도 이런 기술적인 어려움이 있었다. 레이첼 카슨은 『침묵의 봄』에서 각종 정부 보고서에 기록된 피해 사례를 모아놓았다. 경구 피임약 복용의 위험성 역시 사정은 마찬가지였다. 이 문제는 건강한 젊은 여성들의 눈에 원인 불명의 응혈이 생기면서 전문 안과학 저널에 처음으로 보고되었다.[9] 과학에서 특징적으로 보이는 패턴은 이런 식이다. 처음에는 어떤 현상의 증거가 흩어져 있다가 전문 저널이나 보고서를 통해 발표되고, 그 다음에 누군가가 이 점들을 연결하기 시작하는 것이다.

라이컨스와 동료들은 이 점들을 연결하고 있었고, 스웨덴의 기상학자 베르트 볼린도 똑같은 일을 하고 있었다(볼린은 나중에 정부간기후변화위원회를 창설하는 데 조력한다.). 1971년, 볼린은 스웨덴 정부를 대표하여 유엔인간환경회의를 준비하는 위원단을 이끌었다. 산성비가 토양에 미치는 영향을 보고한 최초의 유럽인 중 한 명인 스반테 오덴

Svante Odén이 공동 위원장이었다.[10] 위원단에서 펴낸 보고서인 『국경을 가로지르는 대기 오염: 대기와 강우 중 황이 환경에 미치는 영향, 유엔인간환경회의를 위한 스웨덴 사례 연구Air pollution across national boundaries: The impact on the environment of sulfur in air and precipitation, Sweden's case study for the United Nations conference on the human environment』는 본질적인 내용이 모두 들어 있었다. 보고서는 산성비의 증거와 산성비가 만들어지는 화학 작용, 산성비가 퍼져 나가는 물리 작용, 산성비가 인간 건강, 식생, 토양, 호수와 강(물고기 포함), 건물과 기타 구조물 등에 미쳤거나 앞으로 미칠 영향 등을 설명했다. (무엇보다도 보고서는 산성비로 인해 니켈로 만든 문손잡이가 부식되는 과정을 보여주었다.)[11]

산성비 효과가 정확히 어느 정도인지는 확실하지 않았지만 중대한 효과가 존재함은 분명했고, 스웨덴 연구자들은 단지 즉각적인 효과가 나타나지 않거나 완전히 입증되지 않았다고 해서 가볍게 보아서는 안 된다고 경고했다. 비록 점진적으로 나타나기는 했지만 효과는 심각했고, 돌이킬 수 없는 것 같았다. 그렇지만 가망이 없는 상황은 아니었다. 원인을 알기 때문에 처방도 찾을 수 있었다. "스웨덴과 인접한 나라들 모두에서 배출 총량을 줄일 필요가 있다."[12]

과학에서 이런 식으로 어떤 현상이 분명하게 증명되면 동료 과학자들이 연구에 매진하게 된다. 실제로 그랬다. 그 뒤 10년 동안 전 세계의 과학자들이 산성비를 기록하고, 규모를 파악하고, 그 중요성을 전달하기 위해 연구했다. 1975년, 미국 농무부는 제1차 '산성 강우와 삼림 생태계에 관한 국제 심포지엄'을 주관했다.[13] 1976년에는 국제오

대호연구협회International Association for Great Lakes Research에서 미국 환경보호청 및 캐나다 환경부와 공동 주관으로 산성비가 호수에 미치는 효과에 관한 심포지엄을 열었다.[14] 같은 해에 캐나다 과학자들은 온타리오 주 서드베리Sudbury의 니켈 광산 지역에 있는 산성화된 호수들에서 물고기가 절멸한 사실을 보고했다.[15]

산성 강우가 전 세계적인 문제로 대두됨에 따라 이를 연구하는 과학자들이 점차 유명 저널에 논문을 발표할 수 있게 되었다. 1976년, 노르웨이 과학자 두 명이 pH 충격과 관련된 물고기 떼죽음에 대해 『네이처』에 보고했다. 봄에 산성눈과 얼음이 녹은 물이 갑자기 유입된 것이 원인이었다.[16] 진 라이컨스는 이 결과를 미국화학학회American Chemical Society 공식 기관지인 『화학 공학 뉴스Chemical and Engineering News』에 요약, 소개하면서 산성비와 산성눈이 "광범위한 환경 영향"을 미친다고 설명했다. 호수와 강의 물고기 개체 수의 급격한 감소, 나무를 비롯한 식물 피해, 건물의 부식, 그리고 아마도 인간 건강 피해까지도 포함된다고 설명했다.[17]

몇 년 뒤 회의론자들은 과학이 아직 확고하게 결론이 나지 않았다고 주장하게 되지만, 라이컨스의 요약은 다른 사실을 보여준다. 그렇지만 『화학 공학 뉴스』에서 이 문제를 다룬 방식을 보면 과학적 증거에 대한 저항이 이미 나타나고 있었음을 알 수 있다. 라이컨스의 주장은 분명했지만(산성비는 실제로 벌어지는 현상이었고, 오염에 의해 유발되었으며, 물고기와 나무가 죽고 어쩌면 사람에게까지 피해가 생기고 있었다.), 논문 제목 위에 붙인 소개글에서 편집자들은 다음과 같이 썼다. "미국과 유럽의 일부 지역에 내리는 비와 눈의 산성이 높아지고 있다. 그 이유는 아직 완전히 규명되지 않았으며 결과 또한 정확한 평가를 기다리고 있다."[18]

정말 그 이유가 완전히 규명되지 않았을까? '완전히'라는 말을 어떤 의미로 쓰느냐에 따라 달라진다. 과학은 어려우며(왜 그렇게 많은 아이들이 학교에서 과학을 싫어하겠는가), 어느 것도 완전히 규명될 수는 없다. 언제나 질문의 여지가 남으며, 이 때문에 전문가들의 합의가 그토록 중요한 의미를 갖는다. 이 점에 관해서는 뒤에서 다시 논의할 것이다. 산성비의 경우에 전문가들이 합의한 점은, 인간의 활동으로 대기 중에 떠도는 황이 문제의 원인이지만 정확히 어떻게 황이 대기 중에서 움직이는지, 그리고 정확히 얼마나 많은 피해가 생길 수 있는지는 여전히 규명 중이라는 것이었다. 다른 한편, 물고기와 삼림에 미치는 부정적인 효과는 분명했다. 그런데 왜 『화학 공학 뉴스』는 다른 식의 암시를 풍긴 걸까?

당시 예일에서 교편을 잡고 있던 허버트 보먼은 혼란을 야기하는 각기 다른 유형의 불확실성 때문에 모호함이 생겨난다고 생각했다. 산성비가 실제로 내린다는 사실은 의문의 여지가 없었다. 미국 동북부의 강우는 과거에 비해 산성비가 내리는 빈도가 훨씬 높아졌다. 불확실한 점은 그 원인의 **정확한** 성격이었다. 대형 굴뚝 때문에 황이 더 높은 곳에서 대기 중에 퍼지는 것인지, 아니면 단지 화석 연료 사용이 전체적으로 늘어난 결과인지가 문제였다.[19] 게다가 전체적인 그림은 드러나고 있었지만, 많은 세부적인 내용은 여전히 가려내야 했고 그 중 일부는 매우 중요한 문제였다. 그 가운데 으뜸가는 질문은 이런 것이었다. 우리는 대기 중 황의 증가가 자연적인 게 아니라 인간 활동의 소산임을 확실히 아는가? 이 질문은 오존과 지구 온난화를 둘러싼 논쟁에서 다시 등장하게 되며, 따라서 여기서 어떤 답이 나왔는지를 알아볼 필요가 있다.

스웨덴의 볼린과 동료들은 '물질 균형 논증mass balance arguments'을 내놓았다. 이 과학자들은 알려진 세 개의 주요 원천(오염, 화산, 바다 비말飛沫)에서 얼마나 많은 황이 대기 중에 배출될 수 있는지를 고찰하고, 이것을 얼마나 많은 황이 산성비에 섞여서 내리는지와 비교했다. 북유럽에는 활화산이 전혀 없고, 바다 비말은 먼 거리까지 이동하지 않기 때문에, 그들은 북유럽 산성비의 대부분은 대기 오염에서 나오는 게 분명하다고 추론했다. 그렇지만 이것은 간접적인 논증이었다. 이 점을 실제로 입증하려면 실제 산성비에 함유된 실제 황이 알려진 오염원에서 나온 것임을 보여주어야 한다. 다행히도 방법이 있었다. 동위 원소를 이용하면 되는 것이다.

과학자들은 탄소 12(^{12}C)나 탄소 14(^{14}C) 같이 동일한 원소이면서 원자 질량수가 다른 원자인 동위 원소를 사랑한다. 굉장히 쓸모가 많기 때문이다. 탄소 14처럼 방사성으로서 시간이 경과함에 따라 붕괴하는 동위 원소는 화석이나 고고학 유물 같은 물체의 연대를 측정하는 데 이용할 수 있다. 탄소 13이나 황 34 같은 안정 동위 원소는 이 탄소나 황이 어디에서 유래했는지를 알아내는 데 이용할 수 있다.[20] 황의 출처가 다르면 황 34의 양이 다르고, 따라서 자연적인 것이든 인위적인 것이든 간에 어떤 특정한 출처의 '지문'이나 '서명'으로 황 동위 원소 함유량을 이용할 수 있다. 1978년, 캐나다 과학자들은 서드베리 산성비에 함유된 황 동위 원소의 서명이 그곳에서 채굴 중인 니켈 광석의 황과 동일함을 보여주었다. 후에 일부 회의론자들은 산성비의 산성이 화산에서 유래한 것이라고 주장하나(그들은 플루오르와 오존 감소, 이산화탄소와 지구 온난화에 대해서도 똑같은 말을 한다.), 동위 원소 분석을 통해 그런 주장이 사실일 수 없음이 밝혀졌다.[21] 어쨌든 간에 온타리오 주에는 활화산이 전혀 없다.

한편 초기 허버드브룩 팀의 지질학자인 노이 존슨과 그의 동료들은 결정적인 발견을 했다. 산성비 이야기에는 예외적인 점이 있었다. 즉, 허버드브룩의 비는 산성인데 같은 지역에 있는 시냇물의 pH는 대부분 정상이었던 것이다. 왜 지역의 시냇물은 산성의 영향을 받지 않았을까? 존슨과 동료들은 그 이유를 설명한다. 산성비가 토양을 통과하면서 중화되었다는 것이다. 산성 강우가 삼림층에 떨어지면 토양의 광물과 반응한다. 이런 반응의 결과로 토양은 필수 양분(특히 칼슘)을 빼앗기고, 이와 동시에 물의 산도가 감소한다. 이렇게 중화된 물이 시냇물로 흘러들어간다. 토양이 피해를 입고 시냇물의 전체적인 화학적 성질이 변화하는데도 시냇물의 pH가 큰 영향을 받지 않는 것은 이 때문이다. 이런 결과는 『사이언스』에 처음 보고되었다. 뒤이어 존슨은 좀 더 자세한 논문을 쓰는 데 앞장서는데, 일류 저널인 『지구화학·우주화학 공보Geochimica and Cosmochimica Acta』에 발표된 이 논문은 산성비에 관한 과학 논문 중 세 번째로 많이 인용되게 된다.[22]

산성비의 기초적인 과학은 이제 밝혀졌다. 과학자들은 25년 가까이 이 문제에 관해 꾸준히 연구를 해왔고, 그 결과로 산성비의 존재와 원인, 토양과 하천, 삼림에 미치는 영향을 입증했다. 주요 논문들은 여러 전문가 저널과 정부 보고서뿐만 아니라 세계적으로 저명한 과학 저널에도 발표되었다. 1979년에 라이컨스와 그의 동료들이 『사이언티픽 아메리칸』의 일반 과학 독자들을 위해 이 주장을 요약, 소개했을 때, 잡지 편집자들은 의문을 던지거나 불확실성을 제기하지 않았다. 논문 제목 아래에 붙인 소개 글에서 편집자들은 다음과 같이 말했다. "최근 몇 십 년 동안 넓은 지역에 걸쳐 비와 눈의 산성이 크게 높아졌다. 주된 원인은 화석 연료 연소에 의한 황과 질소의 방출이다."[23] 눈을 씻고 봐도 '어쩌면'이나 '아마도', '필시' 같은 단어는 보이지 않는다.

『사이언티픽 아메리칸』은 흔히 확고하게 굳어진 과학을 일반 대중에게 설명하는 지면으로 여겨진다. 그렇다면 우리는 미국인들이 산성비에 관해 들은 때가 1979년이라고 말할 수 있다. 마치 사건을 종결짓기라도 하듯, 『네이처』 1981년 여름호에서는 산성 강우와 관련된 증거를 모두 통합하기 위한 노르웨이의 8년에 걸친 연구를 검토했다. 그 메시지가 뭐였을까? "스칸디나비아 남부의 강우가 대기 오염 물질의 장거리 이동의 결과로 더욱 산성화되고 있다는 점은 이제 의심의 여지 없이 굳어졌다."[24] 여기가 법정이라면 배심원단은 합리적인 의심의 여지 없이 피고인에게 유죄를 평결한 셈이다. 그러나 과학은 법정이 아니며, 환경 문제는 과학보다 훨씬 많은 것을 포함한다. 산성비는 최초의 전 지구적인 환경 문제가 되었고, 그와 더불어 전 지구적인 이의 제기도 시작되었다.

미국과 캐나다의 불화

1979년, 유엔유럽경제위원회UNECE는 '국경을 가로지르는 장거리 대기 오염에 관한 협약Convention on Long-range Transboundary Pollution'을 통과시켰다. 베르트 볼린이 보고서를 제출한 유엔인간환경회의의 선언에 입각한 이 조약은 모든 나라에게는 "자신이 관할하거나 통제하는 지역 안에서 다른 나라나 국가 관할권의 한계를 넘어선 지역의 환경에 피해를 야기해서는 안 될" 책임이 있다고 단언했다.[25] 이제부터는 트럭으로 하든, 굴뚝으로 하든 간에, 다른 나라에 오염 물질을 버리는 행위는 불법이 될 터였다.

1979년 조약 조인국들은 인간 건강이나 재산, 자연환경에 해를 끼칠 수 있는 어떤 물질도 대기 중에 배출되지 않도록 할 의무가 있었다. 조약 제7조는 특히 황과 그것이 농업, 임업, 물질, 해양 및 기타 자연 생태계, 시계視界 등에 미치는 영향에 초점을 맞추었다. 1985년에 다시 회의를 연 조인국들은 황 배출 한도를 정하고 30퍼센트 감축을 의무화했다.[26]

한편 미국과 캐나다는 일찍부터 양자 간 협상에 착수했고 1979년 7월에는 공식 합의로 나아간다는 공동 의향서를 발표했다. 의향서에는 국경을 넘어서는 대기 오염을 방지, 감축하고 배출 제한 전략을 개발한다는 등의 여덟 가지 일반적인 원칙이 나열되었다. 전반적인 목표는 "대기 오염과 산성비를 감축하는 데 실질적인 기여를 하겠다는 의미 있는 합의"였다.[27]

막후에서 협상이 진척되는 한편, 11월에는 캐나다에서 과학자, 환경 운동가, 정치 지도자 등이 '산성 강우에 관한 행동 세미나'를 위해 소집되었다. 미국 정부의 대표는 카터 대통령의 '환경의 질 위원회' Council on Environmental Quality' 위원장인 거스 스페스Gus Speth였다. 스페스는 앞으로 나아갈 길이 분명하다고 생각했다. 스페스가 지적한 것처럼, 몇 년 전에 산업계 지도자들은 배출 감축에 반대하면서 대형 굴뚝으로 문제를 개선할 수 있다고 주장했다. 오염 물질을 높은 고도에서 퍼뜨리면 "결국 멀리까지 날아가 무해한 흔적을 남기며 떨어질 것"이라는 말이었다. 스페스의 회상에 따르면, 어느 전력 시설에서는 특히 목소리를 높이면서 "무책임한 환경 운동가들"을 비난하는 신문 광고와 잡지 광고를 내보냈다. 일자리와 경제를 희생시키면서 어처구니없이 엄격한 배출 기준을 고집한다는 것이었다.[28]

이런 '무책임한' 환경 운동가들의 주장이 옳았다. 오염 물질 배출은 무해한 흔적을 남기며 떨어진 게 아니라 산성비로 내렸다. 전력 회사들이 대형 굴뚝을 건조하고 환경 운동가들을 공격하는 식으로 대기 청정 기준을 회피하려 하는 대신 일을 제대로 하고 오염원을 통제했다면 이런 결과를 피할 수 있었을 것이다. 그렇지만 스페스는 낙관을 잃지 않았다. "국내뿐만 아니라 국제적으로도 이제 진지한 태도로 산성비 문제를 다루기 시작했기 때문"이다.[29]

카터 행정부는 산성비 문제 해결을 위한 노력을 기울였다. 캐나다 환경부에서 캐나다에 내리는 산성비의 절반 이상이 미국의 오염원에서 날아오는 것이라는 결론을 내리자, 카터 대통령은 1980년 산성강우법Acid Precipitation Act of 1980에 서명했다. 이 법에 따라 실시된 국가 산성강우평가프로그램National Acid Precipitation Assessment Program

(NAPAP)은 황과 질소 산화물이 환경과 인간 건강에 미치는 영향을 평가하는 10년 기간의 종합적인 연구·모니터·평가 프로그램이었다.[30]

카터는 또한 연방 차원의 산성비조정위원회Acid Rain Coordinating Committee를 구성하고 캐나다 연방 정부와 산성비에 관한 과학적·정치적 협력을 위해 교섭을 시작했다. 캐나다와 미국은 국경을 넘어서는 대기 오염에 관한 의향 각서에 서명했다. 이로써 양국은 대기 오염 규제법을 시행하는 한편, 산성비를 막기 위한 더 강력한 새로운 조약의 과학적 토대를 평가하는 일련의 전문 연구 그룹을 설치하기로 약속했다.

그런데 바야흐로 미국의 정치적 풍향이 바뀌고 있었다.

레이건 백악관의 회의론

1980년, 미국에서 레이건이 규제 완화와 연방 정부 권한 축소, 사기업 권한 확대 등을 공약으로 내걸고 집권했다. 신임 대통령은 정부는 해결책이 아니라 문제라고 역설했다. 레이건은 카리스마가 있었고, 그의 태도는 여유 있고 다정했지만, 그의 세계관 때문에 정부는 산성비를 연구하는 과학자들과 충돌을 예고하고 있었다.

신임 행정부는 국가산성강우평가프로그램에 반대하지 않았다.[31] 다양한 집단과 지지자들이 과학적 불확실성을 줄이는 게 타당하다는 점에 동의했다. 산성 완화 비용이 많이 든다면 더더욱 불확실성을 줄일 필요가 있었다. 그러나 사태가 전개됨에 따라 행정부의 입장은 과학 공동체와 갈라지기 시작했고 거리는 더욱 멀어졌다.

1983년, 1980년의 의향 각서에 따라 구성된 전문 연구 그룹은 황 배출에 의해 초래된 산성비가 실제로 존재하며 심각한 피해를 유발한다는 사실을 확인했다. 해결책은 배출량을 줄이는 것이었다. 필요한 기술도 이미 존재했다. 배출량을 감축하지 않으면 피해가 커질 터였다.[32] 하지만 마지막 순간에 미국 대표부가 뒤로 물러섰다. 연구 그룹의 결과를 요약해보니, 미국 쪽의 내용이 캐나다에서 기대한 것보다 훨씬 약했다.

캐나다 정부는 왕립학술원Royal Society of Canada에 연구 그룹이 편찬한 문서를 검토해달라고 요청했다. 토론토대학교의 저명한 기상학자이자 교무처장인 F. 케네스 헤어F. Kenneth Hare가 주재한 검토단에는 미국 과학자 2명과 스웨덴과 덴마크 과학자 1명씩도 포함되었다. 검토단은 또 베르트 볼린을 비롯한 몇몇 다른 전문가와도 협의했다.

검토단은 과학자들 사이에 공통된 문제(확정된 지식보다 불확실성을 강조하는 경향)을 지적하는 것으로 말을 시작했다. 과학자들이 불확실성을 강조하는 것은 탐구를 위해 필요하기 때문이지만(이미 아는 사실에만 초점을 맞추면 미개척 연구 영역을 확인할 수 없다.), 공공 정책을 수립하려고 할 때에는 이런 태도가 별로 도움이 되지 않는다. 검토단은 연구 그룹 과학자들이 "알려진 내용을 분명하게 공표하면서" 시작했으면 좋았을 것이라는 바람을 밝혔다. 검토단이 보기에는 세 가지 결정적으로 중요한 사실이 여기에 해당되었다. 첫째, 지난 수십 년 동안 아메리카 대륙의 넓은 지역에서 유해한 산성화가 진행되어왔다. 둘째, 산성 침전물은 장거리 대기 이동을 통해 인간이 유발한 배출과 양적인 관련성을 갖는다. 셋째, 이런 배출 가스와 오염 물질은 미국과 캐나다의 국경을 양방향으로 넘나들며, 따라서 양국은 이를 방지할 필요가 있다.[33] "이런 결론을 뒷받침하는 증거는 설득력이 있으며, 검토단 성원 대다수의 견해로는, 우리가 가진 지식의 나머지 불확실성을 압도한다. …… 환경 산성화라는 심각한 문제의 존재는 …… 의문의 여지가 없다."[34] 그러나 미국이 요약한 내용은 다른 결론을 시사하는 듯 보였다.

전문 연구 그룹에서 펴낸 각종 보고서는 특히 큰 그림과 관련하여 전반적으로 폭넓은 동의를 드러냈다. "산성 침전물에 관한 사실은 실제로 다른 떠들썩한 환경 문제에 비해 훨씬 더 분명하다."고 헤어 검토단은 결론지었지만, 이런 사실이 모아졌을 때에는 뭔가 유별난 일이 벌어졌다.[35] 보고서가 연이은 초안 작성 과정을 거치면서 "과학적 내용에 〔수많은〕 변경"이 가해졌다. 그 결과, 요약본이 원본 보고서 자체보다 더 애매모호한 내용이 되었다.[36] 게다가 보고서의 대부분이 '합의된 문서'였는데도 미국과 캐나다의 연구 그룹은 상이한 결론을 담은 판본을 제출했다. 미국판은 캐나다판에 비해 불확실성을 훨씬 더 강조했다. 미국판은 원인과 결과가 확증되었다는 점을 받아들이지 않았다. 상이한 원인 요소들의 상대적인 중요성이 양적으로 판별되지 않았고, 잠재적인 상쇄 과정들이 완전히 조사되지 않았다는 이유에서였다.

담배와 석면이 폐암을 유발하는 것을 알기는 하나 어느 것도 입증되었다고 말할 수는 없다는 말과도 같았다. 얼마나 많은 암이 담배에 의한 것이고, 석면에 의한 것인지를 정확히 알지 못하며, 야채를 먹으면 이런 암을 예방할 수 있는지를 알지 못하기 때문이다. 캐나다 쪽 그룹은 미국이 증거에 함부로 손을 댄다고 대놓고 비난하지는 않았지만 분명히 암시를 하기는 했다. 검토단의 말을 직접 들어보자. "미국 판 문서는 **합의된** 문서에서 제시한 증거와 내용이 일치하지 않는다."[37] 이듬해 캐나다 환경부는 이런 식으로 표현했다. "각 나라에서 독립적인 동료 평가 전문가들이 지금 우리가 아는 내용에 입각해 행동할 필요가 있음을 지적한 바 있다."[38] 그러나 미국 정부는 그런 식으로 생각하지 않았고, 1984년 1월에 미국 의회는 공동 오염 방지 프로그램을 거부했다. 무슨 일이 벌어졌던 걸까?

과학은 결코 완성되지 않으며, 따라서 적절한 정책의 문제는 언제나 입수 가능한 증거가 **설득력**이 있느냐의 문제이며, 확증된 사실이 설명되지 않은 불확실성보다 유의미하냐의 문제이다. 판단에 따라 결정을 해야 하는 것이다. 당시 백악관 '환경의 질 위원회'에서 일하고 부처간산성강우태스크포스Interagency Task Force on Acid Precipitation에서 연구 책임자를 지낸 크리스 버나보Chris Bernabo는, 캐나다가 걸린 문제가 훨씬 많았기 때문에(당시 캐나다 경제의 70퍼센트가 삼림과 어업 및 이와 연관된 관광에서 나왔다.) 미국에 비해 증거를 더 극단적으로 해석하는 게 당연하지 않았겠느냐고 지적한다.[39] 오염 물질은 양쪽 방향으로 국경을 넘었지만 미국 쪽에서 훨씬 더 많이 날아갔고, 따라서 오염 정화의 부담은 대부분 미국이 지게 될 터였다. 버나보가 말하는 것처럼, 어떤 문제에 대해서든 과학적 확실성이 요구되는 정도는 그에 따른 행동에 소요되는 비용과 비례하게 마련이다. 따라서 미국은 상대적으

로 증거를 받아들이기를 꺼렸고 높은 수준의 확실성을 요구했다.⁴⁰

이것은 의심할 나위 없는 사실이지만 그렇다고 해서 과학과 요약본 사이의 간극이 완전히 설명되지는 않는다. 과학자들은 과학을 요약하는 일을 하며 결과야 어떻게 되든 상관하지 않는다. 그렇지만 연구를 수행한 과학자들이 요약본을 작성한 게 아니었다. 요약본 가운데 적어도 일부분은 부처간 위원단에서 작성했다. 에너지부와 환경보호청을 비롯한 미국 정부 기관의 과학자들과 관련 전문가들로 이루어진 위원단이었다.⁴¹ 정부 소속 과학자들은 대개 객관적이기 위해 애쓰는 양심적인 개인들이지만 때로 정치적 압력을 받기도 한다. 이런 압력을 받지 않을 때에도 어쩔 수 없이 상관들의 입장을 염두에 두게 마련이다. 그리고 미국이라는 상관의 입장은 분명했다. 진 라이컨스는 에너지부와 환경보호청 모두 "레이건 백악관에서 자신들의 입장을 위험에 빠뜨릴 수 있는 일"은 극도로 꺼렸다고 회상한다.⁴² 전국대기청정연합National Clean Air Coalition 의장으로 대기청정법의 산성비 규제 수정안을 통과시키기 위해 노력한 리처드 에어스Richard Ayres는 최근에 더 분명하게 꼬집었다. "당시는 레이건 집권기였고, 그때만 해도 산성비는 거의 금기시되는 말이었습니다. 조지 W. 부시 시절의 지구 온난화처럼 말입니다."⁴³

윌리엄 니런버그의 등장

1982년, 전문 연구 그룹이 연구를 진행하는 동안 물리학자 조지 키워스가 지휘하는 백악관 과학기술정책실OSTP은 자체 위원단에게 산성비에 관한 증거를 검토해줄 것을 의뢰했다. 국립과학학술원은 이미 그 전해에 수집 가능한 증거를 검토한 상태였다. 따라서 과학기술정책실에서 또 다른 보고서를 낼 필요가 있는지 의문을 제기하는 이들도 있었다.[44] 『뉴욕 타임스』의 보도에 따르면, 대부분의 전문가들은 미국국립과학학술원과 캐나다왕립학술원의 공동 위원단에서 미국과 캐나다의 공동 연구에 대한 검토를 수행할 것으로 생각했으며, 정부가 학술원을 무시하고 백악관에서 선정한 '외부 그룹'을 활용하는 것은 '이례적인' 일이라고 지적했다고 한다.[45] 『워싱턴 포스트』는 대통령에게 "독자적인 전문가 위원단을 임명할 권한이 있는 것은 분명하"지만 그런 식으로 일을 처리한 것은 "국민을 안심시키는 것과는 거리가 멀다."고 꼬집었다.[46]

대통령에게 특권(대통령은 물론 자신이 원하는 누구에게든 정보를 요청할 수 있다.)이 있다는 『워싱턴 포스트』의 말은 틀리지 않으며, 과학자들이 더 많은 정보가 필요하다는 데 뜻을 모으는 경우는 많이 있다.[47] 그러나 이 경우는 달랐다. 1981년에 이미 과학학술원은 "인간 건강과 생물권biosphere을 심각하게 위협한다는 뚜렷한 증거"가 있으며, 이런 추세를 방치한다면 "장기적인 경제적 관점에서뿐 아니라 생물권 보호의 관점에서도 극히 위험할 것"이라고 분명하게 선언했다. 그리고 현 상황은 배출 기준을 50퍼센트 정도까지 대폭 "신속하게 축소할 필요가 있을 만큼 심각하다."고 결론지었다.[48] 이듬해에 환경보호청에서 내놓은 주요 보고서에서도 이 의견에 동의했다. 『월스트리트 저널』은 환경보호청의 연구를 「석탄 연료를 사용하는 중서부 공장들의 공해가 산성비의 주요 원인이라는 연구 발표Acid Rain Is Caused Mostly by Pollution at Coal-fired Midwest Plants, Study Says」라는 헤드라인으로 보도했다. 이 보도에서 인용한 환경보호청 대변인의 설명에 따르면, 1200쪽짜리 보고서는 지난 2년 동안 산업계, 정부, 대학의 46명의 과학자들이 "과학적으로 나무랄 데 없는 평가"를 내놓기 위해 수집한 것이었다.[49]

미국에서 가장 유명하고 자격 있는 전문가들이 내린 결론을 행정부가 딱 잘라 거부하자 과학계와 규제 당국에서는 당혹스러울 수밖에 없었다. 그러나 이 이야기에서 특히 놀라운 점은 그들이 불러 모아 위원단을 주재해달라고 요청한 인물이 우리에게 이미 익숙한 사람이라는 것이다. 산성비에 관해서 연구를 한 적은 없지만 레이건의 백악관에는 잘 알려져 있던 그 주인공은 마셜연구소의 공동 창립자이자 전략 방위 구상 옹호론자인 윌리엄 A. 니런버그이다.

니런버그는 이미 레이건의 백악관과 유대를 맺고 있었다. 1980년 가을에 레이건이 당선되었을 때, 그 전에 이미 대통령 과학 보좌관 후보자로 니런버그와 접촉을 한 적이 있었다. 대통령 과학 보좌관은 과학자라면 누구나 탐내는 자리였고 니런버그 역시 군침을 흘렸다. 니런버그는 수많은 동료들에게 지지 편지를 보내달라고 부탁을 했다.[50] 니런버그는 또한 헨리 키신저Henry Kissinger 국가안보 보좌관과 면담도 했다. 국가안보 보좌관실과 과학 보좌관을 연결하는 특별 직책 후보자였던 것이다.[51]

결국 과학 보좌관 자리는 키워스에게 돌아갔고, 특별 직책은 만들어지지 않았다. 니런버그는 국립과학재단National Science Foundation 회장 자리를 제안 받았지만 거절했다. 하지만 다른 방식으로 정부를 위해 일했다. 레이건 인수위원회의 과학 기술 자문위원을 지냈고(과학자들에게 고위직에서 일하라고 제안했다.), 이동식 MX 탄두 미사일 발사대를 선정하는 타운스위원회Townes Commssion 위원으로 일했다. 1982년 3월, 니런버그는 '론Ron' 〔로널드 레이건 대통령의 애칭. — 옮긴이〕으로부터 이 일에 대해 감사하는 친필 메모를 받았고, 그해 11월에는 국가과학위원회National Science Board에 추천되었다. 니런버그는 공화당 출신 샌디에이고 시장 피트 윌슨Pete Wilson(나중에 캘리포니아 주지사가 된다.)을 비롯한 수많은 친구들과 지인들에게 이 명망 높은 자리에 자신을 천거해달라고 요청한 바 있었다.[52]

미국이 산성비 문제를 놓고 캐나다와 갈등 관계에 접어들었을 때, 니런버그는 이산화탄소가 기후에 미치는 영향을 다룬 과학학술원의 주요 보고서를 마무리하는 중이었다. 이 주제에 관한 최초의 종합적인 과학적 평가였다. 보고서의 결론은 정부의 입장(과학 연구 이외의 행동은 불필요하다는 입장)과 완전히 일치했고, 정부는 이 보고서를 이용하여 당시 환경보호청에서 수행하던 연구를 공개적으로 반박했다. 환경보호청의 연구는 불길한 미래를 경고하는 내용이었기 때문이다.[53] 따라서 정부가 산성비 문제의 해결사를 찾으려고 나섰을 때 빌〔'윌리엄'의 애칭. — 옮긴이〕 니런버그에게 고개를 돌린 것은 하나도 이상한 일이 아니다.

동료 물리학자인 프레더릭 사이츠와 로버트 재스트로의 경우처럼, 니런버그 역시 원자핵 시대가 낳은 인물로서 냉전이라는 전 지구적 불안과 국가적 도전 덕분에 개인적인 기회를 한껏 얻을 수 있었다. 뉴욕 브롱크스에서 이민자 부모 밑에서 자란 니런버그는 명문인 타운센드-해리스 고등학교(로버트 재스트로와 동문이다.)를 졸업하고 뉴욕시립대학교에서 물리학을 전공했다. 그러고는 꿈에 그리던 특별 연구원 자격을 얻어 파리에서 1년을 보냈고, 1939년에 유창한 프랑스어와 파시즘에 대한 공포를 얻은 채 뉴욕으로 돌아왔다.

  1942년 9월에 니런버그는 박사 학위를 따기 위해 컬럼비아대학교에 들어갔다. 그리고 이내 동위 원소 분리 연구에 몰두했다. 원자 폭탄을 만들기 위해 핵분열성 우라늄을 분리하는 방법을 연구한 것이다. 대학원을 졸업한 뒤에는 캘리포니아대학교 버클리캠퍼스에서 핵물리학을 가르쳤고, 1953년에는 컬럼비아대학교의 허드슨연구소 Hudson Laboratory 소장에 취임했다. 잠수함의 수중 음파 탐지 등 2차 세계 대전 중에 미국 해군을 위해 시작한 과학 프로젝트를 계속하기 위해 만들어진 연구소였다. 그 뒤로도 사이츠 후임으로 나토의 과학 담당 사무 부총장을 지내는 등 과학과 정치의 접점에 있는 자리를 계속 맡았다. 1965년에는 캘리포니아 주 라졸라의 스크립스해양연구소 소장에 취임했다. 당시 한창 과학 지식을 국가 안보 문제에 응용하느라 분주한 연구소였다. 특히 소련 잠수함 수중 감시 및 잠수함 발사 탄두 미사일 추적과 관련된 연구가 대표적이다.[54]

  사이츠나 텔러처럼 니런버그도 환경 운동가들을 혐오하며 러다이트주의자라고 치부했으며(특히 핵 발전에 대한 반대가 주된 이유였다.), 또 두 사람과 마찬가지로 당당한 강경파였다. 니런버그는 열렬한 베트남 전쟁 옹호론자였다. 30년이 지난 뒤에도 과거에 군에서 후원하는 연구를 옹호하지 않은 학계의 동료들에 대해 악감정을 버리지 않았고, 1960년대에 캠퍼스를 휩쓴 좌파 학생들이 야기한 혼란과 폭력에 대해서도 여전히 분노했다. 캘리포니아대학교 샌디에이고캠퍼스 학생들이 군의 후원을 받은 연구에 항의하여 스크립스연구소 근처로 행진을 벌이겠다고 위협한 일을 상기할 때면 화난 표정이 역력했다. 게다가 니런버그는 학생들이 잘못 안 것이라고 주장했다. 당시 스크립스에서는 기밀 연구를 전혀 하지 않았다는 것이다. 그러나 이 말은 사실이 아니다. 니런버그를 비롯해서 스크립스의 많은 과학자들은 군사 프로젝트를 연구하기 위해 보안 심사를 받았고, 오랫동안, 심지어 수십 년 동안 그런 연구를 했다.[55]

니런버그는 강한 의지와 훨씬 더 강한 견해를 가진 사람이었다. 대화의 달인이었지만 남의 말에 귀를 기울이는 인물은 아니었다. 몇몇 동료들은 유명한 물리학자들에 관한 오래된 격언이 니런버그에게 딱 맞는다고 말하곤 했다. 때로 실수를 범하기도 하지만 결코 망설이지는 않는다는 것이다. 게다가 경쟁심이 워낙 강해서 종종 상대방이 제 풀에 지쳐 포기할 때까지 논쟁을 벌이곤 했다. 그렇지만 니런버그는 대단히 존경 받는 과학자이자 행정가였고, 때로 자신감이 지나치긴 했지만 그럴 만한 이유가 없는 것도 아니었다. 니런버그를 비난하는 이들조차도 그의 머리만큼은 인정했다. 니런버그는 대화를 지속시킬 줄 알았다. 워낙 아는 게 많았기 때문이다. 또 권위자이긴 했지만 다 가갈 수 있는 인물이었다. 상대방을 혹사시키기는 해도 신경을 긁지는 않았다. 옆에서 지켜보기에 흥미로운 사람이었다. 때로는 재미있기도 했다. 부분적으로는 이런 이유 덕분에 니런버그가 위원회에서 일하지 않겠느냐고 물으면 대부분이 그러마고 대답했다. 니런버그의 제안을 수락한 이들 중 하나가 셔우드 롤런드였다.

1982년 당시에 롤런드는 이미 꽤 유명 인사였다. 1970년대 초반에 롤런드는 흔히 쓰이는 특정 화학 물질(헤어스프레이와 냉각제에 사용되는 염화불화탄소[CFCs])이 지구를 보호하는 오존층을 손상시킬 수 있음을 깨달았다. 1980년대 중반에는 거대한 오존 홀이 발견되었고, 1990년대에 롤런드는 동료 마리오 몰리나Mario Molina와 파울 크뤼천Paul Crutzen과 함께 이 연구로 노벨 화학상을 받게 된다. 그 뒤 많은 사람들이 롤런드의 말에 귀를 기울였고, 대부분 그의 의견에 동의했다.

그러나 1980년대 초에 니런버그가 산성비평가단에서 같이 일하지 않겠느냐고 제안했을 때 롤런드는 자기가 외톨이가 될까 걱정되었다. 자신은 산성비가 현실적인 문제라고 꽤 확신하고 있었지만, 평가단의 나머지 사람들도 똑같이 생각할지는 의문이었다. 첫 회의부터 불길한 출발의 조짐이 보였다. 니런버그가 방사성 낙진 전문가인 레스터 막타Lester Machta 박사의 브리핑을 준비한 것이다. 롤런드가 막타와 처음 마주친 것은 1950년대의 일로, 당시 세인트루이스 어린이들의 젖니에서 방사성 스트론튬이 검출되었다. 과학 연구를 통해 이 물질의 출처가 네바다 주의 무기 시험장으로 밝혀졌지만, 공식 입장은 오랫동안 이를 소련의 낙진 탓으로 돌렸다. 막타는 이런 견해를 대변하는 인물이었다. 과연 공정한 산성비평가단이 될지는 처음부터 의문이었다.

그러나 롤런드는 이내 자신이 혼자가 아님을 깨달았다. 니런버그의 평가단에는 진 라이컨스도 있었고, 막타가 발표를 한 뒤 모인 저녁 만찬 자리에서 롤런드와 라이컨스를 비롯한 몇 명은 산성비에 대해 전반적으로 의견이 일치함을 발견했다. 라이컨스가 회상하는 것처럼, 음식도 굉장히 맛있었다.[56] 롤런드는 일이 제대로 되어가고 있다고 느꼈다. 그렇지만 사태는 좀 더 복잡하게 진행되었다.

100만 달러짜리 문제에 10억 달러짜리 해법?

니런버그평가단은 미국-캐나다 양자 간 협정 아래 선정된 전문 연구 그룹이 내놓은 결과물을 평가하는 일을 맡았다. 평가단은 이 결과물이 "기본적으로 올바르고 철저하다."고 결론지었고, 산성비가 심각한 문제이며 즉각적인 정책적 행동이 필요한 만큼 충분히 입증되었다고 확인했다.

니런버그평가단은 다음과 같이 요약했다.

> 북아메리카 동부의 넓은 지역이 산성 물질의 습식 침전과 산성화 물질의 건식 침전, 기타 대기 오염 물질에 의해 고통 받고 있다. …… 생물권의 산도를 변화시키는 주된 원인은 인위적인 이산화황(SO_2) 배출로 파악된다. …… 평가단은 비록 생태적으로 어떤 유리한 결과가 생겨날지 정확히 산정하지는 못하지만 배출 감축을 위한 비용 효율적인 조치에 지금 당장 착수할 것을 권고한다.[57]

물론 아직 규명해야 할 세부적인 내용이 있었지만, 이런 문제를 모두 해결하는 데 "10년이나 20년, 또는 50년"이 걸릴지도 모르며, 가만히 앉아서 기다리기에는 너무 긴 시간이었다.[58] 모든 과학적 내용을 규명하고 기술적인 세부 사항까지 일일이 챙길 수는 없었다. 지금 당장 행동에 나설 만한 충분한 정보가 있었기 때문이다. 이것은 매우 강력한 결론이었다. 그런데 정치적인 간섭이 없었더라면 훨씬 더 강력했을 것이다.

빌 니런버그는 산성비평가단의 성원 9명 중 6명이 과학학술원이나 국립공학학술원 National Academy of Engineering 소속임을 자랑스럽게 떠벌리고 다녔다. 또한 모든 성원을 자신이 직접 뽑았다고 자랑했다. 한 명만 빼고.[59] 그 한 명인 S. 프레드 싱어는 백악관 과학기술정책실에서 니런버그에게 추천한 인물로서 보고서의 '핵심 요약'에서 제시한 결론과 달리 배출 통제에 착수할 만큼 충분히 알지 못한다고 지적하는 내용의 부록을 작성했다.

싱어가 이 평가단에 왜 끼었을까?

재스트로나 사이츠, 니런버그와 마찬가지로, 프레드 싱어도 냉전 덕분에 성공 가도를 달린 물리학자였다. 2차 세계 대전 당시 프린스턴의 대학원생이던 싱어는 해군을 위해 수중 기뢰를 설계하고 있었다. 전쟁이 끝난 뒤에는 존스홉킨스대학교의 응용물리연구소 Applied Physics Laboratory로 자리를 옮겨 고층 대기 upper atmosphere 로켓 실험 연구를 수행했다. 그리고 재스트로나 사이츠, 니런버그와 마찬가지로 과학과 정부, 군대가 만나는 지점의 행정직으로 재빨리 옮겨 갔다. 1950년대 초반에 싱어는 런던 주재 대사관의 해군 무관을 위한 과학 연락관으로 일했고, 나중에는 미국기상위성센터 U.S. National Weather Satellite Center 초대 소장을 지냈다. 민간 기상 예보의 발전을 위해 군

로켓공학과 전문 기술을 활용하는 기관이었다. 그렇지만 싱어의 성실한 태도에도 불구하고 그와 동료들의 관계는 이따금 삐걱거렸다. 일부 동료들은 1950년대 중반부터 싱어의 태도에서 문제가 불거지기 시작했다고 생각한다. 당시 과학자들은 훗날 국제 지구물리 관측년 International Geophysical Year이라고 이름 붙여진 행사를 기획하고 있었다. 지구 곳곳에서 전체적인 지구물리 데이터를 수집하는 국제적인 협력 사업이었다.

나중에는 지구 주위를 도는 위성의 모습이 국제 지구물리 관측년의 공식 상징이 되지만, 1950년대 중반만 해도 위성이 실행 가능한 것인지도 불투명했다. 또 과학자들이 궤도에 진입하지 않은 채 고층 대기를 통과하는 로켓에 만족해야 할 것인지도 불투명했다. 로켓을 이용해 우주선宇宙線과 지구 자기장을 연구하던 싱어는 강력한 위성 옹호론자가 되었다. 나사 역사학자 호머 누얼Homer Newell이 자세히 설명하는 것처럼, 싱어의 솔직한 성격이 알력을 일으킨 것은 그의 공격적인 행실 때문이기도 하고, 위성을 과학 연구에 활용한다는 구상이 혼자만의 생각인 양 행동했기 때문이기도 하다. 해군이나 공군과 손을 잡고 연구하는 과학자들은 위성의 현실화 가능성을 판단하기 위해 노력하고 있었지만, 안보와 관련된 제한 때문에 공개적으로 논의할 수는 없었다. 이 과학자들이 계산한 바로는 싱어의 제안은 지나치게 낙관적이었다. 실행에 옮길 수는 있었지만 싱어가 말한 것처럼 당장은 힘들었다.[60] 결국 국제 지구물리 관측년에는 지구물리 관측을 위한 위성 사용이 포함되었지만 싱어가 보기에는 자기 공적이 제대로 인정받지 못했다. 그리고 싱어는 위성 개념을 창안한 것이 자신임을 넌지시

비춤으로써 동료들을 계속 적으로 돌렸다.[61]

국제 지구물리 관측년 사건 직후, 싱어는 국가기상위성센터로 자리를 옮겼다. 이 센터는 우주 프로그램의 일부가 아니라 기상청 소속 기관으로 설립되었고, 따라서 모든 위성은 우주 담당 기관에서 감독해야 한다고 생각한 나사의 동료 과학자들과 싱어 사이에 갈등이 불거졌다.[62] 그 뒤로 싱어는 과학에서 멀어져 정부와 정책 쪽으로 옮겨 갔다.[63] 1970년대에는 닉슨 행정부에서 월터 J. 히클Walter J. Hickel 밑에서 내무부 부차관보로 일했으며, 환경보호청에서 부청장보를 지냈다. 따라서 싱어와 니런버그는 공통점이 많았다. 둘 다 물리학자에다가 정치적으로 보수 성향이고, 과학과 정부가 만나는 접점에서 일한 경력이 있다. 사실 공통점은 훨씬 더 많았다. 1924년 오스트리아 빈에서 태어난(이름의 'S'는 시그프리드Siegfried의 약자이다.) 싱어는 엄습하는 파시즘의 위협을 직접 목격했다. 1939년에 파리에 체류하던 니런버그 역시 같은 경험을 했다. 그렇지만 한 가지 흥미로운 차이점도 있다. 1960년대 내내 싱어는 환경론자였다.

미국과학진흥협회에서 주최한 '환경 오염의 전 지구적 효과'에 관한 심포지엄을 바탕으로 1970년에 출간한 책(1975년에 재간)에서 싱어는 후에 로저 리벨의 공적으로 유명해진 견해에 동의한다는 점을 분명히 했다. 인간의 활동이 임계점tipping point에 도달했다는 견해가 그것이다. 이제 인간의 행동은 결코 사소한 것이 아니었다. 지구 차원의 근본적인 과정을 뒤바꿀 수 있게 된 것이다. 산성비, 지구 온난화, DDT의 효과 등 새롭게 대두되는 수많은 문제들을 보면 이런 사실이 분명했다.

대부분의 동료들과 마찬가지로 싱어 역시 더 많은 과학이 필요하다고 믿었지만, 1970년에 싱어는 언제나 한 점의 의혹도 없이 입증될 때까지 행동을 기다릴 수는 없다고 주장했다. 싱어는 유명한 논문인「공유지의 비극The Tragedy of the Commons」을 인용했다. 생물학자 개럿 하딘Garrett Hardin은 이 글에서 합리적인 자기 이익을 위해 행동하는 개인들이 공익을 해칠 수 있다고 주장하면서 기술이 우리를 구해줄 것이라는 믿음에 대해 경고했다. "만약 우리가 당면한 경고 징후를 무시하고 생태적 재앙이 터지기를 기다린다면, 그때는 이미 손쓰기에 늦을 것"이라고 싱어는 지적했다. 싱어는 "'노아여, 홍수로 점점 높아지는 수위를 걱정하지 마시오. 우리의 첨단 기술은 분명히 숨쉬기를 대신할 방법을 찾을 거요.'라고 말하는 자기만족에 빠진 동포들"에게 둘러싸인 노아의 처지가 어땠을지를 상상했다. 그러고는 이렇게 결론 내렸다. "노아가 '아직 일어나지 않은 일'을 믿을 수 있었던 게 그에게 지혜가 있었기 때문이라면, 우리는 지금 그런 지혜를 이용할 수 있다."[64]

싱어는 1971년에 출간한 산아 제한에 관한 책에서도 비슷한 주장을 펼쳤다. 이 책에서 싱어는 인구 논쟁을 자원의 한계에 초점을 맞추는 신맬서스주의자neo-Malthusian와 자원은 인간의 창의력의 소산이며 따라서 무제한이라는 풍요론자Cornucopian 사이의 충돌로 규정했다. 1971년에 싱어는 어느 한쪽 편을 들지는 않았지만, 풍요론자들의 견해는 에너지를 계속 구할 수 있느냐에 달려 있다고 강조했다. 만약 인구가 증가하고 가용 자원을 얻기 위해 더 열심히 일을 해야 한다면, "1인당 에너지 소비는 늘어날 수밖에 없다."[65] 에너지가 열쇠이고, 다른 중요한 쟁점은 삶의 질을 보호하는 것이다. "환경의 질은 사치품이 아니라, 절대적인 생활필수품이다."[66] 따라서 "인구 증가가 환경에 미치는 영향을 줄이는 법을 배우는 것이야말로 …… 우리의 의무이다. 자원을 보호하고, 재사용·재활용하며, 대도시 중심부의 지나친 집중을 줄이는 방향으로 인구 분포를 개선하는 것이 필요하지만, 무엇보다도 지구 생물권의 생태에 최소한의 영향을 미치는 '성장' 유형을 가능케 하는 생활 방식을 선택해야 한다."[67]

그런데 1970년에서 1980년 사이의 어느 시점에 싱어의 견해가 바뀌었다. 환경 보호에 따르는 비용을 더 걱정하고, 이익이 크지 않을 것이라고 생각하기 시작했다. 또한 노아를 비방한 자들에 빗대었던 입장을 받아들였다. 무언가가 인간을 **구해줄** 것이라는 입장 말이다. 그 무언가는 자유 시장을 통해 촉진되는 기술 혁신이었다. 결국 싱어는 풍요론자들의 편에 사뿐히 내려앉게 된다.[68]

1978년에 싱어는 미트리연구소 Mitre Corporation(에너지와 안보 문제에 관해 정부를 상대로 포괄적인 컨설팅을 제공하는 민간 연구소)에 제출한 보고서에서 환경 문제에 관해 생각하는 하나의 방법으로 비용-편익 분석을 도입하자는 주장을 펼쳤다. "1980년대에는 미국이 법에 정해진 대기 및 수질 기준에 도달하고 유지하기 위하여 최소한 4280억 달러를 쓰게 될 것이다. 이런 비용이 과연 정당한 것인지를 알려면 비용-편익 분석을 수행해야 한다. 그런데 이제까지는 이런 분석이 없었다."[69]

그 뒤로 경제학자들은 종 보존과 깨끗한 공기와 물, 아름다운 경치와 옛 풍경을 어떻게 가치로 환산해야 할지를 놓고 씨름을 하게 된다.

그렇다면 문제는 오염 통제 장치의 비용을 계산하는 게 그것으로 보호할 환경의 가치를 계산하는 것보다 과연 더 쉬우냐 하는 것이다. 이런 문제는 지금도 여전하다. 도대체 누가 파란 하늘의 편익을 계산할 수 있겠는가? 한편 싱어는 나름대로 분석을 수행했다. 꽤 많이 알려진 배출 규제의 비용에 초점을 맞추고, 알다시피 수량화하기 어려운 깨끗한 공기와 물의 편익은 그럴싸하게 얼버무리는 식이었다. 이 과정에서 싱어는 생각을 근본적으로 바꾸었다. "우리의 분석에서 나온 공공 정책상의 결론은 선택의 여지가 존재하는 경우에 언제나 국가적 비용을 낮추는 쪽을 선택해야 한다는 것이다. 즉 대기 오염 규제에 대해서는 보수적인 접근을 해야 한다. 저소득층에게 그만큼 큰 경제적 피해가 미치지 않기 때문이다."[70] 싱어는 경제적으로 가장 여유가 없는 이들에게 미치는 잠재적인 비용을 강조했지만(많은 진보론자들이 이 점에 동의할 것이다.), 마지막 문장을 제외한다면 많은 자유 시장 보수주의자들과 더불어 오염 유발 산업이 무척 공감할 만한 내용이다.[71]

니런버그가 레이건 행정부에서 일할 과학자들을 찾고 있을 때 싱어가 이력서를 보낸 적이 있었다.[72] 싱어는 자신이 고참 공화당원이자 공화당 전국위원회 위원일 뿐만 아니라 조지 H. W. 부시〔아버지 부시〕 및 버지니아 주 출신 공화당 상원 의원 존 워너John Warner와도 긴밀한 유대가 있음을 강조했다. 무엇보다도 자신은 "레이건 행정부와 조화를 이룰 수 있는 올바른 정치·경제 철학"을 지닌 사람이었다.[73]

싱어는 또한 석유 시장에 관해 쓴 논문 두 편을 니런버그에게 보냈다. 예전에 견지하던 환경주의를 버리고 시장에 바탕을 둔 접근법을 받아들였음을 보여주기 위함이었다. 싱어가 제기하는 주장의 요지는 공급과 수요였다. 유가가 오르면 (탐사 확대나 정유 효율성 증대 등 직접적인 방식으로든, 아니면 핵 같은 다른 연료의 가격이 경쟁력을 얻는 간접적인 방식으로든) 공급이 증가하며 따라서 정부가 개입할 필요가 없다는 것이었다. "석유 산업은 …… 정부의 일정한 도움이나 조언 없이도 시장의 힘에 대응하여 대대적인 조정을 진행하는 중이다." 공급을 늘리려면 천연가스 산업에 대한 규제를 완화하고, 핵 발전소 인가를 서두르고, 알래스카와 근해의 원유 시추를 확대하면 된다. 요컨대 경제 활동에 대한 정부 규제와 제한을 축소해서 시장의 힘을 자유롭게 풀어주기만 하면 되는 것이다.[74] 1981년 2월 『월스트리트 저널』에 발표한 글에서 싱어는 1990년대에 이르면 세계가 "오늘날보다 석유를 절반 이하로" 사용하게 될 것이고 2000년이면 미국의 "중동 석유 의존도"가 "과거의 유물이 될" 것이라고 예상했다.[75] 그의 예상이 틀리다니 유감스러울 따름이다.

싱어는 나사나 미국 해양대기청National Oceanic and Atmospheric Administration(NOAA)을 이끌겠다는 대단한 야심이 있었다. 또 자신이 2인자 자리를 맡을 수 있다고 생각한 에너지부나 내무부, 환경보호청 등에도 관심이 있었다. 재무부에서 영향력 있는 자리를 맡거나 "백악관 관리예산처OMB를 기반으로 삼아 …… 정부 운영에 더 큰 영향력"을 행사하는 데에도 관심이 있었다.[76] 싱어는 미국 해양대기청의 2인자 자리를 제안 받았지만, "정책을 선도할 수 있는 실질적인" 자리가 아니라는 이유로 거절했다. 그렇지만 향후에 대통령 직속 위원회 같이 정책에 영향을 행사할 수 있는 자리가 정부에 생긴다면 여전히 관심은 있었다.[77] 1982년에 드디어 그런 기회가 찾아왔다.

백악관에서 산성비동료평가단Acid Rain Peer Review Panel을 맡아달라고 요청했을 때, 니런버그는 "필요하다면 외국인 한 명"을 포함한 다양한 선택지를 갖춘 자세한 후보자 명단을 보냈다. (이 외국인은 산성비의 최초 발견자 중 한 명인 스반테 오덴이었지만 백악관에서는 그를 원치 않았다.) 백악관은 니런버그가 제시한 명단에 있는 후보자를 대부분 수용했지만 고든 맥도널드Gordon McDonald는 퇴짜를 놓았다. 리처드 닉슨의 보좌관을 지낸 지구물리학자로 1964년에 지구 온난화에 대해 경고한 바 있는 맥도널드는 니런버그가 '꼭 뽑아야 될 사람!' 이라고 추천한 인물이었다.[78] 백악관은 또한 조지 우드웰도 퇴짜를 놓았다. 이 책 2장에서 핵겨울의 생물학적 영향을 검토하면서 소개한 적이 있는 우드웰에 대해 니런버그는 "환경의 질 저하에 깊은 관심을 갖고 환경 보호 문제에 적극적인" 사람이라고 설명했다.[79] 그리고 많은 사람의 이름이 여전히 남아 있는 가운데 백악관은 자기네 사람 하나를 추가했다. 프레드 싱어가 그 주인공이다.[80]

백악관에서 추천한 유일한 성원이라는 점 말고도 싱어는 학계에 정규적인 지위가 없는 유일한 사람이기도 했다. 싱어는 워싱턴DC에 소재한 보수 성향의 헤리티지재단 소속이었다. 이 재단은 근해 원유 개발 제한을 철폐하고, 연방 토지를 개인에게 양도하고, 대기 질 기준을 완화하고, 핵 발전소 인허가를 신속히 할 것을 주장했다.[81] (헤리티지 재단은 환경 규제에 대한 반대를 계속하고 있다. 2009년에는 재단 웹 사이트에 「환경보호청이 지구 온난화 문제를 다루어서는 안 되는 다섯 가지 이유Five Reasons Why the EPA Should Not Attempt to Deal with Global Warming」라는 논문을 대서특필했다.)[82]

니런버그는 싱어를 추천하지 않았지만 산성비에 관한 그의 견해를 알고 있었다. 1982년 1월, 고든 맥도널드가 국무부를 상대로 산성비에 관한 발표를 했는데, 그로부터 2주 뒤에 싱어는 니런버그에게 세 장짜리 편지를 보내 그 발표에 관해 수많은 의혹을 제기했다. 대부분의 연구가 황에 초점을 맞춘 반면, 맥도널드는 질소 산화물(대부분 자동차에서 나오는 질소 산화물은 대기 산성화의 원인이 될 수도 있다.)에 주의를 환기시키면서 자동차 배기가스 규제를 강화할 필요가 있을지도 모른다고 지적했다. 싱어는 맥도널드가 틀렸다고 딱 잘라 말하지는 않았지만(나중의 연구에서 밝혀진 것처럼 맥도널드의 말이 맞았다.), 이 문제는 매우 복잡한 것이라고 주장했다. 아직 개선책을 내놓기에는 이르며, 어쨌든 기술적 해법을 통해 배기가스 규제의 필요성을 미연에 방지할 수도 있을 것이라는 주장이었다.[83] 산성비평가단에 대해서도 별반 다를 것이 없는 방침을 취했다.

1983년 1월에 소집된 니런버그평가단은 어떤 식의 절차를 따를지에 관해 우선 논의했다.[84] 평가단은 어떤 반대 의견이나 소수 의견도 보고서에 포함시키자는 데 동의했다. 부록에 대해서는 논의하지 않았다.[85] 6월에 백악관 과학기술정책실에서 평가단에 중간 보고서와 연구 권고안 요약본을 요청했다. 과학기술정책실은 곧이어 보도 자료를 준비했다.[86] 보고서가 강경한 내용이 될 것이라는 소문이 공공연히 퍼졌고, 『월스트리트 저널』은 6월 28일에 「레이건이 임명한 평가단, 산성비를 억제하기 위한 황 배출 대폭 감축 촉구 Reagan-Appointed Panel Urges Big Cut in Sulfur Emissions to Control Acid Rain」라는 제목으로 기사를 내보냈다.[87] 이런 예상이 맞았다.

행간 여백 없이 5쪽을 가득 메운 장문의 보도 자료 초안은 인정사정없이 공세를 펼쳤다. 미국과 캐나다가 매년 이산화황 2500만 톤 이상을 배출하고 있다는 지적으로 포문을 연 보고서는 다음과 같이 지적했다. "현재와 같은 불완전한 과학 지식 때문에 종종 과학자들이 선호하는 유형의 확실성에는 못 미치는 경우가 있다. 그렇지만 현존하는 많은 지표를 종합적으로 따져보면, 산성 강우 현상이 실재하고 해결책을 찾아야 하는 문제라는 우리의 연구 결과는 타당하다."[88] 다소 장황한 내용이지만 요점은 분명했다. 호수가 산성화되고, 물고기들이 죽어가며, 삼림이 피해를 입고, 행동에 나서야할 때가 되었다는 것이었다.[89] "지금 당장 조치를 취해서 황 화합물 배출이 유의미한 수준으로 감축되는 결과로 이어지도록 해야 한다."[90]

보도 자료에서 가장 강경한 부분은 아마 장기적인 피해를 다룬 4쪽의 두 문단일 것이다. 첫 번째 문단에서는 현재 논의하는 피해가 절대적인 의미에서 비가역적이지 않을 수도 있지만, 복구하는 데 몇 십 년이 넘게 걸릴 피해를 논의하는 경우에는 이런 용어를 충분히 사용할 수 있다고 지적했다. 두 번째 문단에서는 가장 우려되는 문제를 다루었다. 토양 피해가 먹이 사슬의 토대에서 순차적으로 증가하는 폭포 효과를 일으킬 수 있다는 것이었다. "이런 일이 야기할 결과는 매우 심각하다."[91]

그렇지만 백악관에서 빌 니런버그에게 초안을 돌려보냈을 때, 이 두 문단은 삭제된 상태였고, 과학기술정책실의 누군가(아마 과학기술정책실과 평가단의 공식 연락 담당자였던 수석 정책 분석가 톰 페스토리어스 Tom Pestorius였을 것이다.)가 가장자리에 숫자를 몇 개 적어 두었다. 나머지 문단을 다른 순서로 배열하라는 뜻이었다. 백악관은 연간 이산화황 2500만 톤 배출이라는 사실에서 시작하는 대신 대기청정법에 따라 앞서 취한 행동이 "신중한 첫 단계"라는 말로 시작해서 불완전한 과학 지식에 관한 논의로 나아가기를 원했다. 요컨대, 백악관에서 원하는 구성은 문제(산성비를 야기한 대규모 황 배출)를 강조하는 데서 시작하는 게 아니라 오염을 이미 어느 정도 통제하고 있음을 강조하고 불확실성 문제로 논의를 이어가는 것이었다. 추가적인 통제는 올바른 대응이 아님을 시사하기 위해서였다.

두 번째 문서인 「산성비평가단의 종합적인 권고Overall Recommendation of the Acid Rain Review Panel」 역시 수정 제안 내용과 더불어 니런버그에게 돌아왔다. 싱어의 이니셜이 적힌 문서에는 "동봉한 문서는 프레드 싱어가 쓴 첫 문단 대용 초안임"이라고 쓰여 있었다. 싱어가 작성한 다른 판본 역시 평가단의 원래 문서와 시작부터 달랐다. "산성 강우는 심각한 문제이지만 생명을 위협하는 문제는 아니다. 이것은 과학의 문제이자 기술의 문제일 뿐만 아니라 제도의 문제이기도 하다." 이 요약본은 뒤이어 세 가지 논점을 자세히 설명했다. 각각의 첫 문장은 다음과 같다.

1) 과학적으로 볼 때 우리는 산성 강우의 모든 원인을 확실히 알지 못한다. ……
2) 통제 기술은 여전히 비용이 많이 들고 신뢰할 수 없다. ……
3) 제도적으로 볼 때 우리는 대기청정법과 후속 개정안을 통해 인간 건강과 재산을 보호하기 위해 대기 기준을 정하는 문제와 고투하고

있다〔원문 그대로〕.[92]

싱어는 자신이 합리적인 중도를 제안하는 것이라고 말했다. "우리는 중용을 권고하고자 한다. 최소한의 비용으로 오염 물질 가운데 의미 있는 비율을 제거하고 그 결과를 지켜본 뒤, 비용이 더 드는 프로그램을 진행하자는 것이다."[93] 이 제안이 합리적인 권고였는지도 모른다. 올바른 것이었을 수도 있다. 그러나 동료평가단에서 말한 것과는 다른 내용이었다.

따라서 이제 두 가지 판본의 문제가 존재했다. 평가단이 작성한 하나는 불확실성을 인정하면서도 증거의 무게로 볼 때 중대한 행동이 필요하다고 주장했다. 싱어가 작성한(아마 백악관의 도움을 받았을 것이다.) 다른 한 판본은 문제가 심각하지 않으며 사소한 조정을 한 뒤 결과를 지켜보는 것이 최선책이라고 지적했다. 중대한 조정은 나중에 고려해보아야 한다는 것이었다. 이 둘은 전혀 같은 견해가 아니었다. 과연 어느 쪽이 승리했을까?

평가단이 심의를 하는 내내 싱어는 과학에 존재하는 불확실성을 부각시키고 배출 통제의 비용을 강조했다. 전력 산업에서 조장하거나 유포하는 것과 동일한 견해를 제시한 것도 한두 번이 아니었다. 독일의 숲이 실제로 줄어드는 것이 아니라는 (또는 설사 줄어든다 할지라도 산성비 때문이 아니라는) 주장이 대표적인 예이다. 전력 산업에서 재정을 지원하는 비영리 연구소인 전력연구원Electric Power Research Institute(EPRI)의 핵물리학자 천시 스타Chauncey Starr가 공공연히 내세우는 주장이었다. 8월에 키워스에게 보낸 편지(니런버그에게 사본이 전달되었다.)에서 스타는 동료 평가에 "종합적인 사회적 편익/위험/비용 분석"이 포함되어야 한다고 주장한 바 있었다. "대중의 불안"이 불필요하게 부풀려지고 있기 때문이었다.[94] 정말로 필요한 것은 더 많은 연구였다.[95] 스타는 니런버그에게 추가로 보낸 편지들에서 이 주장을 계속 펼쳤고, 11월에 싱어는 스타의 논점과 대체적으로 흡사한 일련의 주장을 제시했다. 싱어는 또한 산성비가 나무의 성장에 영향을 미친다는 증거가 없다고 주장하는 이른바 공기·수질 개선을 위한 제지산업 전국위원회National Council of the Paper Industry for Air and Stream Improvement에서 작성한 문서를 유포했으며, 공기 정화를 위해 규제가 아니라 시장에 바탕을 둔 접근법이 필요하다고 주장하는 일련의 문서를 퍼뜨렸다(해결책을 검토하고 제안하는 평가단의 임무와는 거리가 먼 일이었다.).[96] 대류권 오존이 농작물에 미치는 피해를 설명하는 문서를 유포한 것도 아마 산성비가 아닌 다른 형태의 오염이 더 심각하다는 지적을 하기 위해서였을 것이다.[97]

니런버그가 1983년 8월에 연구 권고안 초안을 회람시켰을 때, 싱어는 이 문제가 과장된 것이며 바로잡는 비용이 너무 크다는 생각과 일관되는 몇 가지 언급을 덧붙였다. 보고서에서 생태적 결과를 파악하는 일이 시급히 필요하다고 말한 부분을 싱어는 "생태적·경제적 결과"로 바꾸었다. 배출 데이터에 관한 논의에는 "자연적 원인의 성격 규정을 개선할 필요가 있다."고 덧붙였다.[98]

과학은 불확실하므로 더 많은 연구가 필요하며, 산성비 규제에 따른 경제적 파급 효과가 너무 크고, 산성비가 자연적 원인에 의한 것일 수도 있다. 이런 주장들은 모두 전력 산업이 견지하는 입장의 일부였다. 『타임』에서 지적한 것처럼, 전력 산업은 "산성비의 원인에 대한 추가적인 연구 없이는 어떤 배출 제한 프로그램에도 요란스럽게 반대"했고 "집진기 설치를 의무화하면 중서부의 경제 중추가 무너질 수 있다."고 주장했다.[99]

그러나 산성비의 원인은 이미 알려진 상태였고, 자연적인 게 아니었다. 싱어는 동료 과학자들 사이에서 궁지에 몰리는 처지가 되었다. 롤런드와 라이컨스가 기억하는 바로는 아무도 싱어의 견해를 지지하지 않았다. 어쨌든 싱어의 견해는 과학적 내용을 요약한다는 평가단의 의무와 무관한 것으로 보였다. 딱 한 명, 백악관 과학기술정책실의 톰 페스토리어스만이 예외였다. 앞서 1983년 4월에 페스토리어스는 전력 산업 협회인 에디슨전기협회Edison Electric Institute의 대표로부터 건네받은 '부탁 받지도 않은' 자료를 위원회에 전달했다. 진 라이컨스는 이 자료에 대해 "자기 고용주를 만족시키기 위해 …… 명백한 사실을 흐리게 하고 딴소리를 만들어내는 전력"이 있는 사람에게서 나온 "무비판적인 선전"이라고 일축했다.[100]

평가단의 어떤 이들은 또한 과학학술원에서 앞서 진행한 산성비 연구를 비판하는 내용의, 민간 컨설팅 회사에서 작성한 문서를 회람시켰다. 컨설턴트들이 내놓은 이 보고서는 산성비의 역효과에 관한 과학적 주장은 '추측'이고 '지나치게 단순'하며, 결론은 '성급하고' '균형을 잃었다.'고 주장했다. 또한 일부 농작물은 산성비의 혜택을 받을 수도 있다고 덧붙였다.[101] 누가 이 보고서를 평가단에 회람시켰는지는 기록이 남아 있지 않지만, "가능한 여러 선택지의 상대적인 비용과 편익이 고려되지 않는다."는 불만은 분명히 프레드 싱어의 견해를 떠올리게 만든다. 그러나 경제적 분석은 과학학술원 과학자들의 책임이나 전문 분야가 아니었고, 따라서 그들은 요청 받지도 않은 일을 하지 않았다고 비난 받은 셈이다.

몇 주 뒤, 싱어는 평가단의 사무처장으로 일하고 있던 웨스트포인트육군사관학교의 존 로버트슨John Robertson 소령에게 자료 한 묶음을 보냈다. 헤리티지재단의 편지지에 쓴 편지에서 싱어는 로버트슨에게 장문의 문서를 평가단에게 배포해달라고 요청했다. "전 지구적 문제들에 대한 정부의 전반적인 관점과 정책을 설명한" 문서였다.[102] "비록 중대한 '전 지구적' 문제들이 존재하기는 하지만, 최근에 …… 예상되는 결과는 과거 대부분의 연구보다 덜 위험하다."는 주장도 담겨 있었다. 게다가 이런 문제들은 "모두 해결책을 찾은 것으로 보이며 …… 새로운 믿음직한 접근법과 기술이 등장하고 있다." 무엇보다도 정부는 "환경의 질이라는 목표를 달성하는 데 시장이 중요한 역할을 한다는 점"을 강조하고 싶어 했다. 1980년대 미국 정책의 으뜸가는 목표는 "무역 장벽을 제거해 시장의 기능을 개선하고 …… 특히 식품, 광물, 에너지의 원천을 장기적으로 확대하는" 게 될 터였다.[103]

이런 주장이 옳은지, 그리고 이런 정책 목표가 합리적인지는 평가단의 관심사가 아니었다(또는 관심사가 아니어야 했다.). 평가단이 할 일은 미국-캐나다 전문 연구 그룹의 과학을 요약하고 비평하는 것이었다. 과학에서 동료 평가란 바로 이런 것이었다. 백악관의 관점은 이런 과제와 아무 관계가 없었지만, 프레드 싱어의 생각은 달랐다.

진 라이컨스는 다음과 같은 말을 무심코 내뱉었다가 실망감을 느낀 어느 순간을 회상한다. "프레드, 당신은 호수가 소중하지 않다고 말하고 있어요. 호수는 경제적 가치가 있습니다. 하나 예를 들어보죠. 모든 박테리아가 1달러 가치가 있다고 칩시다. 물 1밀리리터당 10^4~10^6[1만~100만]마리의 박테리아가 있습니다. 당신도 수학을 하잖아요." 그러자 싱어가 대꾸했다. "글쎄, 난 박테리아가 1달러 가치가 있다고 생각하지 않는데." 라이컨스가 응수했다. "그럼, 1달러 가치가 없다는 걸 증명해봐요." 그로부터 26년 뒤 라이컨스는 이렇게 회상했다. "그때 딱 한 번 싱어를 침묵시킬 수 있었지요."[104]

싱어는 사실상 만약 과학자들이 어떤 것(이를테면 박테리아)의 가치를 증명하지 못한다면 그것은 가치가 없는 것이라고 주장하고 있었다. 이것은 어리석은 주장이었고, 평가단의 어느 누구도, 심지어 빌 니런버그도 이 주장을 받아들이지 않았다.[105] 니런버그는 언젠가 이렇게 지적했다. "절대적인 과학에 따라 행동한다면, 할 일이 아무것도 없을 것이다."[106] 1984년 여름에 평가단의 보고서가 나왔을 때, 니런버그는 보고서의 요지를 다음과 같이 요약했다. "설령 정확한 과학 지식이 없다 할지라도 미국 동북부 지방에 1년에 황산염 2500만 톤을 쏟아붓고서 아무 …… 결과도 나타나지 않을 것이라고 생각한다면 무리일 것이다."[107]

평가단 동료들을 움직이는 데 실패한 싱어는 다른 방법을 시도했다. 1983년 9월, 평가단 부단장인 토목공학자 윌리엄 애커먼William Ackermann이 평가단에서 잠정적으로 내린 결론 내용을 하원 과학기술위원회에 제출한 적이 있었다.[108] 싱어는 과학기술위원장에게 애커먼의 증언에 이의를 제기하는 내용의 여섯 장짜리 편지를 보냈다. 편지에서 싱어는 애커먼이 한 말은 충분한 데이터로 뒷받침되지 않았다고 주장했다. 그러면서 피해 증거가 부족하거나 제한적이고, 토양 산성화의 상당 부분이 자연적인 결과이며, 일부 종류의 토양만이 산성 피해를 입을 수 있고, 어떤 경우에는 산성화가 도움이 될 수도 있다고 주장했다. 싱어의 주장 가운데 일부(예컨대 일부 토양은 자연적으로 산성이라는 주장)는 맞는 말이었지만 번지수를 잘못 짚은 주장이었다. 다른 주장은 위원회를 호도하는 것이었다. 적어도 평가단 성원 가운데 잠재적인 토양 피해의 증거가 '불충분하다'는 견해를 견지하는 이는 싱어 혼자였기 때문이다.[109] 하원 과학기술위원장이 싱어의 주장을 믿었는지 여부와는 상관없이 그의 편지가 확실히 적어도 한 가지 효과는 발휘했을 것이다. 평가단 내에서 견해가 갈린 상태이고, 과학적인 의견 불일치가 실제로 심각하다는 인상을 풍긴 것이다. 평가단은 물론 견해가 갈렸지만, 비율로 따지자면 8 대 1이었고 소수 의견인 한 사람은 레이건의 백악관에서 임명한 인물이었다.

원래 싱어가 보고서 마지막 장을 쓰기로 되어 있었다. 산성 오염 규제의 경제적 편익 평가 가능성에 관한 내용이었다. 자연을 어떻게 달러 가치로 환산할 수 있는지, 그리고 그렇게 계산하지 않으면 어떤 손실을 입게 될지를 탐구하려는 시도였다.[110] 어찌 된 연유인지 이 과정은 아무것도 하지 않는다면 어떤 비용도 발생하지 않는다는 주장으로 귀결되었다. 싱어는 계속해서 자연의 가치를 0으로 평가했다. 평가단의 다른 성원들로서는 도저히 받아들일 수 없는 생각이었고, 따라서 평가단으로서는 세 가지 중 하나를 선택해야 했다. 합의에 이를 때까지 계속 작업을 진행하든지, 이 장 전체를 삭제하든지, 아니면 본론의 장이 아닌 부록으로 처리하든지 셋 중 하나였다.

평가단이 보고서를 완성할 즈음에도 이 문제는 해결되지 않은 상태였다. 결국 보고서가 발간될 때는 세 번째 안이 채택되었다. 보고서의 나머지 부분은 공동 저술이었지만(국립과학학술원을 비롯한 동료평가단 보고서는 모두 이 규범을 따른다.), 싱어의 부록은 1인 저술이었다. 부록은 이상한 주장으로 시작된다. 아무것도 하지 않는 것의 비용뿐만 아니라 편익도 제로라는 것이다. 이런 주장은 산성 강우의 생태적 비용을 거듭해서 강조하는 보고서의 나머지 내용과 뚜렷하게 배치된다.

만약 평가단 성원들이 옳다면, 비용-편익 문제는 이런 생태적 비용을 방지하거나 최소화하기 위한 오염 감소에 얼마나 많은 돈을 써야 하는가의 문제가 된다. 싱어는 이런 사실을 무시하면서 오염 통제의 비용만을 고려에 넣었다. 생태적 피해의 비용은 무시한 것이다. 게다가 생태적 피해의 비용과 이런 피해 방지의 가치를 계산할 수 있다. 1979년에 백악관 '환경의 질 위원회'가 바로 그런 일을 한 바 있었다. 대기청정법이 통과된 이래 대기 질 개선의 가치를 연간 214억 달러로 평가한 것이다.[111]

싱어는 또한 비용은 대부분 지금 발생하지만 편익은 미래에 생겨난다고 가정했으며, 따라서 현재의 비용과 같게 만들기 위해서 미래의 편익을 줄여 잡아야 했다. (이를테면, 미래의 1달러는 현재의 1달러와 동일한 가치가 아니며, 따라서 계획과 결정에서 그 가치를 '줄여 잡아야' 한다. 얼마나 줄여 잡는지는 인플레이션에 따라 달라지기도 하지만, 미래의 가치를 어떻게 평가하느냐에 따라서도 달라진다.) 이런 '할인'은 후에 지구 온난화 저지의 비용과 편익을 평가하는 데서도 커다란 쟁점으로 대두된다. 충분히 높은 할인율을 적용하면 장기적인 위험이 순식간에 상쇄되기

때문이다.[112]

싱어가 당시 이렇게 했을까? 꼭 그렇지는 않다. 싱어는 할인율 선택이 '중요함'을 인정했지만, 이내 주제를 바꿔서 많은 오염원이 존재하기 때문에 한 오염원을 처리하는 데 상당히 많은 돈을 쓰고도 즉각적인 편익을 얻지 못할 수 있다고 주장했다.[113] 원칙적으로는 이 말이 맞지만, 이제껏 과학자들이 산성비에 말한 것은 이런 게 아니었다. 이미 과학자들은 하나의 압도적인 원인(이산화황)이 있으며, 이 원인을 25퍼센트 줄이면 신속한 편익을 얻게 될 것이라고 결론지은 상태였다. 싱어는 또한 오염 통제가 흔히 새로운 오염원(예컨대 자동차)에만 적용되기 때문에 신속한 결과를 얻기가 무척 힘들다고 주장했다. 이 말 역시 맞지만, 자동차에 대한 비유는 잘못된 것이다. 오래된 차에 새로운 오염 제어 장치를 달기는 매우 어렵지만, 발전소의 경우에는 새로운 곳이든 오래된 곳이든 간에 황 배출을 억제하는 기술을 쉽게 적용할 수 있다. 싱어 본인도 오래된 오염원과 새로운 오염원 모두에 새로운 규제를 적용하는 게 유리하다는 강력한 논거가 있음을 인정했다. 일률적으로 규제를 적용하지 않으면 낡은 기술을 고수하는 역효과가 나타날 것이기 때문이다. 규제가 어떤 효과를 발휘할지는 정책 결정권자들이 어떤 계획을 세우는지에 따라 달라지며, 이것은 자연법칙이 아니라 정치적 권한과 의지의 문제이다.

싱어가 집필한 부록에는 사실 그가 필요하다고 주장한 분석이 들어 있지 않았다. 실제로 분석하는 지점에 다다르자 싱어는 여태까지와는 반대되는 의견을 피력하면서 비용과 편익 모두 수량화하기가 무척 어렵다고 주장하고는 이내 자기 마음에 드는 결론으로 건너뛰었다. 가장 현실적인 접근법은 시장에 근거한 것이라는 결론 말이다. 양도할 수 있는 배출권을 활용하여 정부가 허용 가능한 오염 최대치를 결정하고, 이 오염권right to pollute을 교부하거나 매각한다. 오염권을 보유한 민간 당사자는 이 권리를 사용하거나 매각, 거래할 수 있다.[114]

나중에 실제로 산성 오염을 줄이는 데 배출 거래가 활용된다. 그리고 오늘날 많은 사람들은 지구 온난화를 야기하는 온실 가스를 통제하기 위해 이런 시스템을 기대하고 있다. 그렇지만 경제학자들(과 보통 사람들)은 시장이 언제나 효과를 발휘하는 것은 아님을 안다.[115] 실제로 많은 경제학자들은 오염 문제를 '시장 실패market failure'의 주된 사례로 꼽는다. 오염에 따른 부수적 피해는 주어진 재화나 용역의 가격에 반영되지 않는 감춰진 비용이다. 현대 자유 시장 자본주의의 스승인 밀턴 프리드먼은 이런 비용에 대해 (무해한) 이름을 붙였다. '이웃 효과neighborhood effect'가 그것이다.[116]

프리드먼은 이웃 효과의 중요성을 간단히 처리하는 경향이 있다. 이웃 효과를 방지하기 위한 정부 권한 확대에 따른 악폐가 대체로 기대되는 편익을 능가한다고 지적한다. 고전적인 저서 『자본주의와 자유』에서 프리드먼은 이렇게 썼다. "이웃 효과가 그것을 극복하는 데 드는 구체적인 비용을 정당화할 만큼 커지는 때를 알기란 쉽지 않으며, 그 비용을 적절한 방식으로 배분하기란 훨씬 더 어렵다."[117] 따라서 절대 다수의 경우에 시장이 상황을 가려내도록 내버려두는 게 나을 것이다. 싱어가 산성비에 대해 내린 결론도 바로 이런 것이었다. 싱어는 시장에 근거한 오염 통제 계획의 자세한 내용 분석이나 사례를 제시하지 않은 채, 양도 가능한 배출권 제도를 도입하면 "시장이 제대로 작동하여 최소의 비용으로 오염을 제거하는 방법을 찾아내게 될 것"이라고 주장했다.[118] 과학의 불확실성에 대해 그토록 염려하는 사람이 경제의 불확실성에 대해서는 놀랍도록 태연자약했다.

싱어는 마지막 문장을 질문으로 마무리했다. "배출이 줄어들면 과연 그에 비례하여 침전도 줄어들고 산성비와 관련된 것으로 믿어지는 환경 영향도 줄어들까?"[119] 이런 질문을 제기하면서 싱어는 독자에게 그 답이 아니올시다, 라는 인상을 남겼다. 따라서 원래대로라면 산성비의 현실과 엄중함에 대해 분명한 입장을 밝히는 보고서가 이제는 의문과 함께 끝을 맺게 되었다.

싱어가 쓴 부록은 독자에게 본문에서 서술한 내용과 매우 다른 인상을 남겼다. 그렇지만 부록의 내용은 레이건 정부의 관리들이 전부터 줄곧 이야기한 내용과 매우 흡사했다. 1980년, 강력한 권한을 지닌 관리예산처의 데이비드 A. 스톡먼David A. Stockman 처장은 미국 제조업협회National Association of Manufacturers를 상대로 한 연설에서 이렇게 물었다. "뉴욕 호반 지역의 4퍼센트를 차지하는 이 170개 호수에 있는 물고기의 가치가 얼마나 될까요? 오하이오의 오염원에 대해 배출 규제를 하는 데 수십 억 달러를 쓰는 게 과연 말이 됩니까?" 다른 곳에서 스톡먼은 산성비를 없애는 비용을 그 결과로 살아나는 물고기 한 마리당 6000달러로 산정했다.[120] 산성비평가단 보고서는 원래 과학적인 동료 평가가 되어야 했지만, 싱어는 그 안에 정책적 견해를 집어넣었다. 이 견해는 레이건 정부의 견해와 일치했지만 검토한 과학적 내용과는 배치되는 모습이었다.

전체 보고서는 4월 초에 백악관으로 보내졌다. 하원의 주요 소위원회에서 산성비 규제 입법을 검토하던 때였다. 국무부 장관 조지 슐츠 George Shultz가 자신과 윌리엄 러클스하우스William Ruckelshaus 환경보호청장이 책임지고 산성비 문제를 최우선 순위에 두겠다고 캐나다를 안심시킨 바 있었지만, 캐나다는 마음을 놓지 못했다.[121] 캐나다 정부 대변인 앨런 매케천Allan MacEachen은 자신들은 배출 감축 조치를 정당화할 만큼 충분한 증거가 있다고 믿었지만, 미국의 견해는 "이런 과학적 결론이 분명하지 않다."는 것이었다고 지적했다.[122] 두 가지 모두 캐나다 쪽의 판단이 옳았다. 5월에 미국 하원 소위원회는 산성비 규제 입법을 10 대 9로 부결시켰고, 결국 의회에서는 사실상 이 문제가 물 건너갔다. 평가단 보고서는 결국 8월 마지막 날에 공개되었다.[123]

언론 보도는 광범위하고 비판적이었다. 『뉴스위크』는 레이건 정부의 입장을 "증명해보라"는 말로 요약했다. 그런데 이미 과학자들이 실제로 증명했다는 점은 지적하지 않았다.[124] 『뉴 리퍼블릭New Republic』은 "누가 산성비를 멈출 것인가? 일단 로널드 레이건은 아니"라고 꼬집었다.[125] 『네이처』는 "캐나다 혼자서 행동해야 한다."고 결론지었다.[126]

그렇지만 경제 언론은 싱어의 곡조를 고스란히 읊어대기 시작했다. 『포춘Fortune』은 '냉전 전사' 허먼 칸이 설립한 성장 우선주의 싱크 탱크인 허드슨연구소 연구원의 논설을 게재했다. 「어쩌면 산성비가 원흉이 아닐지도 모른다Maybe Acid Rain Isn't the Villain」는 제목의 글을 기고한 필자는 "미국이 이산화황 배출을 대폭 감축하는 데 …… 결국 1000억 달러가 소요될 수 있다."고 주장했다. "이런 규모의 정책을 수행하기에 앞서 산성비가 실제로 커다란 위협인지를 좀 더 확실히 파악해야 한다."[127] 필자는 단순히 과학의 상태를 잘못 전달했을 뿐만 아니라 과학의 역사까지도 왜곡했다. "산성비를 둘러싸고 커다란 견해차가 존재한다는 것은 놀라운 일이 아니다. 산성비를 연구한 것은 고작 6년에 지나지 않는다." (독자 여러분은 싱크 탱크 연구원들이 산수를 할 줄 안다고 생각할 것이다. 1963년에서 1984년까지 경과한 시간은 6년이 아니다.) 『월스트리트 저널』은 에디슨전기협회의 컨설턴트인 앨런 캐첸스타인Alan Katzenstein이 쓴 글을 사설란에 게재했다. 「산성은 주된 요인이 아니다Acidity Is Not a Major Factor」라는 제목의 글에서 캐첸스타인은 과학적 증거에 의문을 제기하면서 "산성비 이야기의 진짜 원흉"은 알루미늄일지도 모른다고 지적했다.[128] 어느 삼림 생태학자는 편집자에게 보낸 편지에서 다음과 같이 반박했다. "캐첸스타인은 연구 결과에 관해 몇 가지 주장을 폈는데, 이 주장은 모두 틀렸다!"[129] 캐첸스타인은 누구일까? 생태학자? 화학자? 생물학자? 아니다. 그는 담배 업계를 위해 일한 적이 있는 경영 컨설턴트였다.[130]

  이 기사들 대부분은 평가단의 최종 보고서가 실제로 공개되기 전에 보도되었다. 그중 일부는 1년 전 여름에 발표된 중간 연구 결과에 바탕을 둔 것이었다. 따라서 어쩌면 보고서가 연기되었는지 여부는 사실 중요하지 않았을지도 모른다. 보고서는 왜 연기되었을까? 보고서가 4월에 백악관에 보내졌다면, 왜 8월까지 공개되지 않았을까?

동료 평가를 조작하다

8월 18일, 메인 주 출신 연방 상원 의원 조지 미첼George Mitchell과 뉴햄프셔 주 출신 연방 하원 의원 노먼 다무어스Norman D'Amours가 백악관에서 보고서 공개를 막았다는 내용의 성명을 발표했다. 『뉴욕 타임스』와 『로스앤젤레스 타임스』에서 이 이야기를 다루었다. 『로스앤젤레스 타임스』는 다음과 같이 결론지었다. "78쪽에 달하는 이 연구는 …… 추가적인 연구를 수행할 때까지 오염 규제를 지시해서는 안 된다는 레이건 정부의 입장을 정면으로 반박한다." 신문에서 인용한 다무어스의 말에 따르면, 정부가 보고서를 보류한 것은 "의회에서 산성비 규제를 밀어붙이는 데 필요한 무기"를 의원들에게 주지 않으려는 이유에서였다. 그렇지만 『뉴욕 타임스』는 7월 중순까지 최종 보고서를 받지 못했다는 백악관 과학기술정책실 대변인을 말을 인용했다. 또한 "7월 중순까지 수정 작업을 하고 있었다."는 니런버그의 말도 인용했다.[131] 틀린 말은 아니었다. 그러나 평가단이 인정한 수정 작업은 아니었다.

그로부터 몇 주 뒤, 잡지 『사이언스』는 만약 니런버그 보고서가 미리 공개되었다면 의회의 표결이 달라졌을 것이라고 지적했다. 『사이언스』는 어느 평가단 성원의 말을 인용했다. "문단 배열을 다시 하고 자료를 덧붙였다. …… 그 결과로 원래 요약본의 어조가 달라졌다. 최종적인 결과를 따져보면, 새로운 요약본은 연방 정부가 당장 행동에 나서야 한다는 평가단의 메시지를 누그러뜨렸다."[132] 캐나다의 신문에서도 이런 비난을 되풀이했다. "미국 정부는 의회의 중대한 표결이 진행되는 동안 산성 대기 오염을 감축하라고 권고하는 보고서의 발표를 막았다."[133]

역사 기록을 살펴보면, 뭔가 이상한 일이 실제로 벌어졌다. 보고서가 마무리된 뒤에 수정이 가해졌고, 적어도 그중 일부는 평가단 전체의 동의를 얻지 않은 채 이루어졌으며, 이런 수정 때문에 전체적인 메시지의 강도가 약해졌다.

보고서는 3월에 어느 정도 완성되었고, 니런버그가 이 초안을 평가단 성원들에게 보내 최종 논평을 요청했다. 4월에 최종판이 나왔다. 그런데 웬일인지 절차가 지연되었고, 6월 27일에 환경보호청장 윌리엄 러클스하우스에게 보고서를 제출하는 계획이 잡혔다.[134] 『사이언스』의 기사가 나온 뒤, 니런버그는 이 저널에 편지를 보내 기사 내용과는 달리 평가단의 보고서는 6월 이후 달라지지 않았다고 항의했다. 누구 말이 맞는 걸까? 어쨌든 그건 니런버그의 평가단이었다. 확실히 니런버그는 무슨 일이 벌어졌는지 알고 있었다.

역사적 기록은 『사이언스』의 손을 들어순다. 문서들을 살펴보면 평가단 보고서가 4월에 백악관에 발송되고, 6월에 공개할 준비가 되었는데, 8월까지 공개되지 않았음을 알 수 있다(날짜는 7월로 되어 있다.). 또 기록을 보면 문서에 수정이 가해졌음을 알 수 있다. 실제로 두 차례의 변경이 가해졌다. 첫 번째는 봄에, 두 번째는 여름에 이루어졌다. 프레드 싱어가 이런 변경을 주도했다. 빌 니런버그도 자기 역할을 다했다.

5월 21일, 톰 페스토리어스가 니런버그에게 '핵심 요약'을 팩스로 보냈다. 첫 번째 문단은 완전히 달라졌다. 산성비의 실재에 관한 강력한 발언 대신 평가단이 왜 어떻게 만들어지게 되었는지를 소개하는 내용이 들어간 것이다. "북아메리카 동부의 많은 지역이 현재 …… 산성 물질 침전 …… 때문에 압박을 받고 있으며 …… 생물권을 변화시키는 주된 요인은 이산화황에 기인하는 산성이다."라고 시작되는 원래의 첫 문단은 끝에서 두 번째 문단으로 푹 파묻혀버렸다.[135]

여름에 가해진 변경은 훨씬 더 심각했고, 무슨 일이 벌어진 건지 알게 된 평가단은 소리 높여 항의했다. 오염 물질의 확산을 연구한 대기화학자 케네스 랜Kenneth Rahn이 9월에 신호탄을 쏘아 올렸다. 랜은 동북부 지방 산성비의 원천이 확실히 중서부의 오염이라는 주장은 약간 시기상조라고 생각했고(정책적 해법을 실행하기 전에 더 많은 연구를 하는 것이 최선이라고 생각했으며, 이런 취지로 의회에서도 증언한 바 있었다.), 따라서 아무도 그를 기우론자alarmist로 여기지 않았을 것이다.[136] 그런데 이제 랜이 경각심을 불러일으키는 빽빽한 세 장짜리 편지를 평가단 성원들에게 보내 자신이 아는 내용을 자세히 설명해주었다.

보고서 최종본 바로 전 단계의 초안은 2월에 편집되었고, 랜이 회고하는 것처럼, 이것이 "우리 대부분이 직접 본 마지막 보고서였다." "우리는 이 보고서를 마지막으로 검토하고 논평을 제출했으며, 이를 바탕으로 최종본이 만들어졌다. 최종본의 주요한 수정은 프레드 싱어가 맡은 8장이었는데, 이것은 싱어의 서명이 붙은 〈부록 5〉로 바뀌었다."[137] 이 설명은 다른 문서와도 일치한다. 2월에 존 로버트슨이 평가단에 보낸 편지에서는 이 보고서를 "'거의 최종적인' 초안"이라고 언급했다.[138]

존 로버트슨이 다양한 부분을 편집하는 일을 맡았고, 평가단 성원들이 제안하는 편집상의 변경을 책임지고 진행했다. 1984년 2월 24일에 작성한 메모에서 로버트슨은 평가단의 제안에 따라 자신이 가한 주요 변경 내용을 평가단에게 요약 보고했다. 변경된 부분은 총 다섯 곳이었는데, 대부분 단순히 편제와 문체를 바꾼 것이었다. 한 부분만 실질적인 내용 변경이었다. 질소 산화물 배출 규제를 포함해야 한다는 권고를 추가한 것이었다. 그렇지만 로버트슨은 한 가지 "해결되지 않은" 문제가 있다고 평가단에게 상기시켰다. "[싱어가 맡은] 8장의 형식과 배치, 내용"이 그것이었다. 평가단 가운데 두 명은 그것을 하나의 장으로 싣는 것은 원치 않지만, 필자가 서명한 부록으로 처리하면 받아들이겠다고 했다. 네 명은 장으로 실어도 되지만 "결론 부분을 …… 빼야 한다."는 단서를 달았다.[139]

사실 보고서는 거의 1년 전에 완성된 상태였다. 11개월 전인 1983년 3월에 로버트슨은 예정된 최종 보고서 초안에 대해 평가단의 코멘트를 요청하는 편지를 보냈다. "11월에 여러분께 배포된 초안을 동봉한 '최종 보고서'와 비교해보았습니다. …… 모든 변경 사항을 첨부했습니다. 랜과 롤런드, 루더먼[Malvin Ruderman. 당시 컬럼비아대학교 물리학과 교수. ― 옮긴이] 교수가 2주 안에 모든 집필을 완성하는 책임을 맡으셔야 합니다. …… 3월 21일까지 들어갈 내용을 모두 보내주시면 좋겠습니다."[140] 이 판본에는 싱어가 기고한 글이 한 장으로 포함되었다. 그러나 1983년 3월 판본은 최종본이 되지 못했다. 1983년 7월에 보고서 초안이 수정된 내용과 함께 평가단에게 발송되었지만, 어찌 된 일인지 이것 역시 최종본으로 인정받지 못했다. 앞서 언급한 것처럼, 8월에 싱어는 니런버그에게 초안 수정안을 한 묶음 보냈다.

싱어는 또한 평가단 성원들에게 산성비가 그들이 생각하는 것만큼 심각한 문제가 아님을 시사하는 여러 가지 메모와 자료를 보냈다. 평가단이 최종 보고서에 합의하기까지 다시 반년이 흘러갔다. 무엇보다도 싱어가 쓴 장은 어쨌든 부록으로 처리되었다.

로버트슨의 말에 따르면, 최종 보고서는 세 부만을 만들었다고 한다. 자신과 니런버그, 백악관 과학기술정책실이 한 부씩 가진 것이다. 이 보고서는 1984년 3월에 완성되었고, 4월 첫째 주에 과학기술정책실에 보내졌다. 랜은 동료들에게 이렇게 상기시켰다. "우리 모두는 3월 보고서를 최종본으로 간주한 사실을 알고 있습니다."[141]

왜 싱어가 쓴 장은 부록으로 바뀌었을까? 백악관 과학기술정책실은 평가단으로 하여금 싱어가 한 일을 승인하도록 하는 책임을 회피하려고 했던 것으로 보인다. 이미 평가단은 승인을 거부했기 때문이다. 그것은 두 가지 중요한 변경 중 하나였다. 랜은 다른 하나를 설명했다. "5월 언제쯤인가 이미 백악관 과학기술정책실은 '핵심 요약'을 변경할 것을 요청하기로 결정했다. 이 점을 평가단장에게 제안하고 '핵심 요약' 수정본 초안을 내놓았다. 평가단에서 고려했으면 하고 바란 변경이 담긴 초안이었다. 그 뒤 평가단장과 과학기술정책실 사이에 새 판본이 몇 차례 오갔고, 어느 시점에선가 키워스 박사가 직접 관여하게 되었다." 백악관 과학기술정책실은 이미 니런버그에게 원하는 변경 내용을 말한 적이 있었고, 니런버그는 요청대로 변경을 가했다.

따라서 두 부분('핵심 요약'과 싱어가 작성한 부록)은 평가단 전원의 승인을 받지 **못했다**. 성원 대부분은 심지어 요약본이 수정된 사실조차 알지 못했다. 그러나 랜은 이 두 부분을 나란히 읽었고, 나머지 성원들에게 비교해보라고 보내주었다.

랜이 생각하기로는 중요한 내용이 추가되거나 삭제된 게 아니라 순서와 형용사, 어조 등이 바뀌면서 보고서의 취지가 변화되었고, 따라서 독자는 매우 다른 인상을 받을 수밖에 없었다. "새로운 메시지는 예전 것보다 더 부드러운 내용을 담고 있었다. 두 판본을 꼼꼼하게 읽은 당사자들은 모두 이 점에 동의하며, 실제로 과학기술정책실은 자신들의 목표가 어조를 부드럽게 만드는 것이었다고 거리낌 없이 인정한다." 요약본의 구조 역시 바뀐 상태였다. 원래의 요약본이 보고서를 충실하게 따르면서 이산화황 배출 규제에 나서야 한다는 정책 권고로 시작한 반면, 새로운 요약본은 이 권고를 맨 마지막에 배치했다. 그 결과로 "백악관 과학기술정책실이 가장 부당하다고 생각한 정책에 관한 발언의 비중이 줄어들었다."[142]

과학계에서는 과학자들이 복잡한 쟁점에 대해 정책 권고를 해야 하는지에 관한 질문이 종종 제기되곤 한다. 백악관 과학기술정책실은 정책을 다루는 곳이며, 따라서 보고서의 정책 권고에 대해 조정을 제안한 것은 정당한 일이었을지도 모른다. 과연 정당한 일이었을까? 그렇지 않다. 이 보고서를 작성한 주체는 동료 평가단이었기 때문이다. 평가단의 임무는 전문 연구 그룹이 수행한 연구를 검토하고, 요약하고, 비평하는 것이었으며, **자신들의 정책 권고를 요약하는 일도 그중 하나**였다. 동료 평가는 과학에서 무척 중요한 부분이다. 백악관 과학기술정책실이 이 권고 내용을 바꾸는 것은 과학의 절차에 간섭하는 행위였다. 과학기술정책실이 8월 31일에 공개한 보고서는 평가단이 인정한 보고서가 아니었다.

"요컨대 우리 보고서는 우리가 마지막으로 보고 난 뒤에 바뀌었다." 이것이 랜이 내린 결론이다. "'함부로 손을 댔다.'고 말해도 지나친 표현이 아닐 것이다. …… 내가 판단하기에 대폭적인 수정을 가한 점에 비춰볼 때, 우리에게 기회가 주어졌다면 보고서를 승인하지 않았을 것 같다."[143]

평가단의 다른 성원들도 같은 결론에 다다랐다. 진 라이컨스는 니런버그에게 보낸 편지에서 이렇게 썼다. "산성비동료평가단에서 나온 우리 보고서의 '핵심 요약'이 우리 평가단에서 지난봄에 준비하고 승인한 판본을 고쳐 쓰고 수정한 결과물이라는 걸 알고 무척 괴로웠습니다. …… 우리 평가단 성원들에게 통보도 하지 않고 승인도 받지 않은 채 이런 수정이 이루어졌습니다. …… 내가 알기로는 이렇게 승인도 받지 않고 '핵심 요약'을 변경한 일이 백악관 과학기술정책실에서 비롯된 것이라고 합니다. 솔직히 말해, 나는 그런 간섭이 전혀 정직하지 못한 일이고 매우 혐오스럽다고 생각합니다." 라이컨스는 분명 화가 났지만 분노를 억누르고 직설적인 질문으로 편지를 마무리했다. "무슨 일이 생긴 건지 설명해주실 수 있나요?"[144]

평가단 성원 맬빈 루더먼 역시 크게 마음이 상했다. 『사이언스』기사에서 마치 자신이 부당한 변경에 관여한 것 같은 인상을 풍겼기 때문이다. 루더먼은 니런버그에게 보낸 편지에서 이렇게 썼다. "4월에서 6월 사이에 우리 보고서의 '핵심 요약'에 무슨 일이 생겼는지를 다룬 『사이언스』의 설명을 보고 무척 화가 났습니다." 루더먼은 앞서 6월에 수정안을 담은 판본을 보았지만, 니런버그는 이 판본이 5월에 이미 순서를 재조정하고 변경한 것이며 6월의 수정안은 **추가적인** 것임을 설명해주지 않았다. 게다가 루더먼은 자신이 전에 수정안을 거절했음을 니런버그에게 상기시켰다. "수정안 중 일부는 몇몇 문장의 의미를 바꾸는 것이었고, 나는 우리 평가단에서 전에 합의한 대로 되돌리려고 최선을 다했습니다. …… 내가 확신하건대, 이 모든 과정에서 내가 한 역할은 내게 주어진 '핵심 요약'의 내용상 변경에 맞서 이를 지켜내는 것이었으며, 당신이 우리 평가단과 『사이언스』에 이 모든 과정을 제대로 밝히기를 기대합니다. 이건 나에게 아주 중요한 문제입니다."[145]

랜 역시 비슷한 주장을 펼쳤다. 언론 보도를 보면 평가단 전체가 수정에 관여한 것처럼 비쳤다. 랜은 8월에 『뉴욕 타임스』에 실린 기사를 거론했다. "보고서 저자들이 '7월 중순까지 수정을 했다.'는 백악관 과학기술정책실 대변인의 말은 아주 잘못된 이야기"라는 것이었다.[146]

니런버그는 자신 역시 현혹되었든지, 아니면 적어도 혼동한 것이라고 대꾸했다. 루더먼에게 보낸 답장을 살펴보자. "〔케네스〕 랜과 진 〔라이컨스〕로부터 편지를 받고 조금 어리둥절했습니다. …… 당신 편지를 보니 큰 혼란은 좀 정리가 되는군요. …… 나도 (당신과 마찬가지로) 방금 전까지만 해도 사전에 본문 배치를 바꾼 사실은 몰랐습니다. …… 무슨 일을 해야 할지는 확실히 모르겠군요. 『사이언스』에 원래 요약본을 게재해달라고 요청할 수도 있습니다. 분명 게재해줄 겁니다. 또는 둘 다 동시에 싣고 독자들이 판단하게 하는 방법도 있겠지요." 니런버그는 추신을 덧붙였다. "나도 〔방금〕 여러 판본을 비교해보았고 순서가 상당히 바뀌었다는 점에 동의합니다."[147]

처음 평가를 시작할 때 평가단 책임자가 보고서를 위임하는 부서나 기관과 만나서 일을 맡는 것은 흔한 관행이다. 평가단이 정부 관리들과 직접 만나서 완성된 보고서를 제출하는 것도 일반적인 관행이지만, 평가단에게 알리거나 허락을 받지도 않고 정부 관리가 보고서를 **변경**하는 것은 무척 이례적인 일이다. 만약 백악관이 그런 일을 했다면 니런버그가 그렇게 조용히 넘어간 게 믿어지지 않는다. 마땅히 화를 냈어야 했다.

게다가 기록을 살펴보면 백악관이 무슨 일을 할지 니런버그가 몰랐다는 건 말이 안 된다. 루더먼이 잘못을 바로잡을 것을 요구하고 있다는 말이 과학기술정책실에 들어갔을 때, 페스토리어스는 분명히 그것을 니런버그 탓으로 돌렸다. "니런버그가 내게 이렇게 말했습니다. '루더먼이 여기서 나와 함께 핵심 요약을 만드는 일을 하고 있습니다.'"[148]

루더먼은 니런버그의 해명에 만족하지 않았고 11월에 그에게 다시 편지를 썼다. "그래도 과학기술정책실에 처음 우리 보고서를 제출한 때(4월인가요?)와 7월 말에 톰 페스토리어스가 팩스로 보낸 '핵심 요약' 수정본을 당신이 받은 때 사이에 무슨 일이 벌어진 건지 산성비평가단 성원들에게 설명해줄 필요가 있다고 봅니다."[149] 니런버그가 오해를 바로잡겠다고 했지만, 공개된 기록이나 그 자신의 문서를 뒤져보아도 그가 오해를 바로잡았다는 증거는 전혀 없다.

최근에 당시 니런버그가 어떤 역할을 했느냐는 질문을 받은 진 라이컨스는 간단하게 답했다. "니런버그는 권력을 가진 정치인들과 이야기하는 사람이었습니다. 밀어붙이는 역할을 맡은 거죠. …… 보고서를 변경한 책임은 분명히 니런버그에게 있습니다." 평가단의 일부는 과학학술원의 동료들에게 어떻게 해야 하느냐고 조언을 구했지만 아무 소용이 없었다. 다시 라이컨스의 회상을 들어보자. "우리도 나름대로 당국 쪽에 기대어보았지만, 우리가 아는 사람들은 니런버그 쪽만큼 힘이 없었어요."[150]

역사적인 기록을 살펴보면 라이컨스의 주장이 확인된다. 빌 니런버그의 파일에는 5월 21일자 '핵심 요약' 팩스 복사본이 있는데, 손으로 1984년 10월 7일이라고 날짜가 기입되어 있다. 그리고 날짜 옆에는 다음과 같은 메모가 쓰여 있다. "키워스가 원한 대로 변경함." 니런버그가 '핵심 요약'을 수정했으며, 그렇게 하라고 시킨 것은 대통령 과학 보좌관이었다.[151]

공화당은 대체로 니런버그가 한 일에 만족했다. 7월에 니런버그는 미시건 주 랜싱Lansing의 공화당 하원 의원으로부터 편지 한 통을 받았다. "당신이 이 일을 맡게 되어 기쁩니다."[152] 9월에는 레이건 대통령이 자필 서명한 사진을 보내왔다.[153] 1984년, 니런버그는 법무부 장관 에드 미즈Ed Meese에게 자신이 완성한 크로스워드 퍼즐 복사본을 보냈다. 퍼즐의 답 중 하나가 '미즈'(힌트는 '레이건의 참모')였다. 1985년, 니런버그는 다시 한 번 대통령 과학 보좌관 물망에 올랐다. 인선 심사를 맡은 한 사람은 니런버그에 대해 이렇게 평했다. "확고하고 충직하며 소리 높여 정부 정책을 지지하는 인물. …… (진정한) 팀 플레이어임."[154]

레이건의 잔여 임기에는 산성비 문제를 다루는 입법이 전혀 이루어지지 않게 된다. 정부는 이 문제를 바로잡는 비용이 너무 많이 든다고 계속해서 주장했다. 100만 달러짜리 문제에 10억 달러짜리 해법은 말이 안 된다는 것이었다. 그렇지만 수많은 과학 연구가 추가로 이루어졌다. 닉슨 정부 시절 DDT를 금지한 전력이 있어서 많은 사람들이 정직한 중개인으로 여긴 환경보호청장 윌리엄 러클스하우스는 1984년 8월에 ABC 뉴스에 출연해서 정부의 입장을 설명했다. 보수적인 시사해설가 조지 윌George Will이 러클스하우스에게 질문을 던졌다. "현재 산성비에 관한 증거가 없지 않습니까?" 러클스하우스가 대답했다. "글쎄요, 없습니다. …… 우리는 산성비의 원인을 모릅니다."[155]

"우리는 산성비의 원인을 모른다."는 말은 레이건 정부의 공식 입장이 되었다. 21년에 걸친 과학 연구로 원인이 입증된 사실은 아랑곳하지 않았다. "우리는 모른다."는 말은 또한 과학자들이 담배의 유해성을 입증한 지 오랜 뒤에도 담배에 대한 규제를 피하려고 애쓴 담배 업계가 즐겨 왼 주문呪文이었다. 그러나 아무도 이런 유사성에 주목하지 않은 듯했고, 언론들은 의심의 메시지를 집어 들었다. 언론에서는 점점 산성비가 미해결 문제인 것처럼 다뤄졌다. 우리는 이미 『포춘』에서 "산성비의 효과에 관한 과학의 표준적인 견해는 틀린 것일지도 모른다."고 주장하는 논설을 내보낸 사실을 지적한 바 있다. (적어도 그들은 과학의 표준적인 견해가 존재한다는 점은 인정했다.) 논설의 필자인 허드슨연구소의 윌리엄 브라운William Brown은 프레드 싱어의 말을 그대로 되풀이하면서 이렇게 주장했다. "이산화황을 대대적으로 감축하려면 결국 현재 달러 가치로 1000억 달러가 소요될 수도 있다." 이런 막대한 비용을 감안할 때, "산성비가 실제로 미국의 환경에 대한 커다란 위협인지를 좀 더 확실히 밝힐 필요가 있다."[156] 관련된 모든 과학 평가단이 이미 커다란 위협이라고 결론지었다는 사실은 간단히 무시되었다.

라이컨스는 『환경 과학과 기술Environmental Science and Technology』에 기고한 논문인 「산성비 연구의 변죽 울리기Red Herrings in Acid Rain Research」를 통해 오해를 바로잡으려고 했다.[157] 그러나 과학적 사실은 보통 사람들이 거의 보지 않는 저널에만 발표된 반면, 비과학적인 주장(산성비는 큰 문제가 아니며, 만약 산성비를 없애려면 수천 억 달러가 소요될 것이라는 주장)은 많은 발행 부수를 자랑하는 언론에 버젓이 실렸다. 바야흐로 이런 양상이 굳어지고 있었다. 이런 식으론 공정한 게임이 될 리 만무했다.

과학과 실제 상황을 그릇되게 전달한 것은 비단 『포춘』만이 아니었다. 『비즈니스위크』는 환경보호청이 산성비 문제에 대해 행동에 나서려 한다고 '행동주의자'라고 공격했다.[158] 원래 고유한 업무를 한다고 비난하고 나선 것이다. 『컨슈머스 리서치 매거진Consumers' Research Magazine』(이름과는 달리 일관되게 친기업적인 입장을 견지하는 저널이다.)은 답변을 요구했다. 「산성비: 얼마나 대단한 위협인가?Acid Rain: How Great a Threat?」[159] 윌리엄 브라운은 1986년에 새로 쓴 논설 「산성비를 둘러싼 히스테리Hysteria about Acid Rain」에서 예전에 쓴 논설을 그대로 되풀이했다.[160] 몇 달 뒤 『포춘』은 다시 한 번 브라운의 주장을 반복하면서 "산성비에 관해 아직 파악해야 할 게 많기 때문에 대응이 지연되는 게 맞다."고 목소리를 높였다.[161] 『퓨처리스트Futurist』도 합창에 가세하면서 "아직 산성비에 관해서 결론이 나지 않았다."고 주장했다.[162]

흔히 말하는 것처럼 갈등은 좋은 기삿거리가 되며, 외로운 과학자가 분연히 나서서 산성비가 심각한 문제가 아니라는 우파적 주장을 펼치면 언론들은 서둘러 그의 주장을 대서특필한다. 코네티컷농업연구소Connecticut Agricultural Research Station의 토양학자 에드워드 크루그Edward Krug는 동북부 삼림 토양 산성화의 상당 부분은 자연적인 결과이거나 토지 이용 변화와 관련된 것이라고 주장하기 시작했다.[163] 크루그는 자신의 주장을 '새로운 관점'이라고 지칭했지만 전혀 새로운 게 아니었다. 관찰 결과를 설명하기 위해 이미 자연적 산성화를 검토한 적이 있었고 무관하다고 결론이 난 뒤였다.[164] 그렇지만 후버연구소에서 발간하는 『폴리시 리뷰Policy Review』에 크루그의 주장이 등장했고,[165] 잡지 『리즌Reason』에서도 그의 주장을 소개하면서 새로운 증거를 통해 "산성비가 문제가 아님"이 밝혀졌다고 주장했다.[166] 크루그는 심지어 CBS의 〈60분60 Minutes〉에도 출연해서 국가산성강우평가프로그램NAPAP에서 산성비가 심각한 문제가 아님을 보여주었다고 주장했다. 국가산성강우평가프로그램과 관련된 어느 누구도 동의하지 않는 크루그만의 주장이었다.[167]

1990년대에 월드 와이드 웹이 발달함에 따라 많은 사이트들이 크루그의 말을 인용하기 시작했다. 산성비가 환경론자들이 만들어낸 것과 같은 심각한 위기가 아님을 크루그가 입증했다는 것이었다. 이 사이트들의 대다수는 지금도 그대로 운영되고 있다.[168] 어느 사이트에서는 크루그가 1980년에서 1993년 사이에 주류 언론에서 아홉 차례만 인용된 데 반해, 진 라이컨스는 39번 인용되었다고 불만을 표시한다. (과학계에서 두 사람이 차지하는 상대적인 지위와 둘의 산성비 연구의 폭과

깊이를 감안할 때, 이 수치는 주류 언론이 크루그에게 유리하게 편향 보도를 했다는 증거이다.)[169] 인쇄 매체들은 계속해서 요란한 주장을 펼쳤다. 『포춘』은 1990년대에도 산성비 문제는 "비교적 사소한 문제로서 수십억 달러의 세금을 쏟아붓는 것은 말이 안 된다."는 주장을 계속했다.[170] 프레드 싱어는 케이토연구소Cato Institute에서 발간하는 『규제Regulation』라는 저널에 기고한 글에서 1983년 니런버그 보고서에 자신이 쓴 글을 거론하면서 산성비 문제를 해결하기 위해 성급한 조치를 하지 않음으로써 연간 50억에서 100억 달러를 아꼈다고 주장했다.[171]

많은 사람들이 점점 혼란스러워 했으며, 산성비 문제가 미해결이고 과학자들이 합의에 도달하지 못했다고 생각했다. 1990년에 국가산성강우평가프로그램에 속한 과학자들이 사우스캐롤라이나 주 힐튼헤드Hilton Head에서 만났을 때, 전국공영라디오NPR에서는 "산성비가 …… 복잡한 문제라는 게 과학계의 전반적인 합의"라고 보도했다.[172] 그리고 우리로서는 인정하기 당혹스럽지만, 1990년대 초반에 우리 중 한 명(나오미 오레스케스)은 다트머스대학교 지구과학 개론 수업에서 크루그의 주장을 활용하여 산성비 '논쟁'의 '양쪽 면'을 가르쳤다.

한편 빌 니런버그를 통해 원하던 바를 전부 얻지는 못한 레이건 정부는 또 다른 보고서를 주문했다. 이번에는 컬럼비아대학교의 지구화학자 로렌스 컬프Laurence Kulp가 보고서 작성을 주도했다. 컬프는 보수적인 종교관으로 유명한 인물로 컬럼비아대학교의 동료들은 지질학적 증거를 기독교 신앙과 일치시키려고 노력하는 그를 '신神화학자theochemist'라고 불렀다.[173] 컬프의 보고서는 산성비가 많은 이들이 생각하는 만큼 커다란 위협이 아니라고 결론지었다. 『뉴욕 타임스』의 말에 따르면, 대다수 과학자들은 이런 결론이 "부정확하고 사실을 호도하는" 것이라고 설명했다. 1984년 니런버그 보고서를 그대로 재연하기라도 하듯이, 『뉴욕 타임스』의 보도에 의하면 몇몇 과학자들이 "'핵심' 요약이 구미에 맞게 고쳐졌다고 지적했다. …… 정책 결정권자들과 언론인들은 요약본만 읽지 보고서 자체는 거들떠보지 않기 때문이었다."[174]

산성 물질 배출을 규제하는 입법이 통과되기까지는 6년이란 시간과 새로운 정부가 필요했다. 1990년, 조지 H. W. 부시 정부 아래서 대기청정법 수정안이 통과됨에 따라 산성비를 억제하기 위한 배출 거래제(일명 '배출량 할당 거래제')가 생겨났다. 이 제도가 도입된 결과로 1990년에서 2007년 사이에 이산화황 수치가 54퍼센트 감소했고, 반면 같은 기간에 인플레이션율을 감안한 전기 요금은 내려갔다.[175] 2003년, 환경보호청은 지난 10년 동안 대기 오염 규제에 든 전체 비용이 80억~90억 달러인 반면, 그에 따른 이익은 1010억~1190억 달러로 추산된다고 의회에 보고했다. 열 배가 넘는 수준이었다.[176] "100만 달러짜리 문제에 10억 달러짜리 해법"이라는 싱어의 말은 명백한 오류였다.

에너지 업계는 환경론자들이 유언비어로 소란만 일으킨다고 비난하곤 했지만, 경제가 망한다는 자신들의 주장이 바로 이런 꼴이었다. 환경을 보호한다고 해서 경제가 망하는 것은 아니었다. 대대적인 일자리 감소가 일어나거나 수천 억 달러가 들지도 않았다. 심지어는 전기 요금도 오르지 않았다. 그리고 과학은 줄곧 옳았다. 세계자원연구소World Resources Institute의 모하메드 엘-아시리Mohamed El-Ashry는 『뉴스위크』 기자에게 이렇게 말했다. "산성비에 관한 더 많은 연구를 기다렸을 때, 우리는 결국 10년 전에 알았던 모든 게 다 맞았음을 깨달았다."[177]

그러나 과학자들이 과학에서는 옳았다 할지라도, 어쩌면 오염을 통제하기 위해 시장 메커니즘에 초점을 맞춘 공화당 정책이 옳았을 수도 있다. 이산화황 배출을 규제하기 위한 배출량 할당 거래제는 성공작으로 널리 알려졌고, 오늘날 지구 온난화를 야기하는 온실가스를 규제하는 데에도 으뜸가는 모델이다. 어쩌면 산성비에 대해 시장에 바탕을 둔 해법을 밀어붙인 싱어가 옳았을지도 모른다. 어쩌면 말이다. 물론 이 문제와 밀접히 관련된 과학자들이 배출량 할당 거래제가 실제로 효과를 발휘하는지에 대해 평가를 유보하는 것을 제외하고는 말이다.

산성비 문제가 신문의 헤드라인에서 사라진 한참 뒤에, 진 라이컨스와 동료들은 허버드브룩에서 연구를 계속했다. 1999년에 이르러 그들은 이 문제가 해결되지 않았다고 결론지었다. 라이컨스는 『미국철학회보Proceedings of the American Philosophical Society』에 이렇게 썼다. "산성비는 여전히 존재하며, 생태적 효과는 사라지지 않았다." 실제로 상황은 더욱 악화된 상태였다. 지구 온난화 같은 다른 스트레스까지 더해지면서 삼림은 "대기로부터 강한 산성 물질이 투입되는 상황에 훨씬 더 노출되었다."[178] 최종적인 결과로 "숲이 성장을 멈추었다."[179]

그 뒤 10년 동안 라이컨스와 동료들은 삼림의 건강 문제를 추적했다. 2009년에 그들은 솔직하게 결과를 털어놓았다. "1982년 이래 이

숲에서는 생물질biomass이 축적되지 않았다. 실제로 1997년 이후 축적이 …… 극심한 마이너스이다."[180] 기후 변화, 외래종의 침입, 질병, 수은 및 염류 오염, 경관 파편화[landscape fragmentation. 도로 건설이나 도시 개발 등으로 인한 숲의 단절 등을 가리키는 개념이다. — 옮긴이], 계속되는 산성비 등의 공격에 "포위된 가운데" 숲이 줄어들고 있었다. 캐나다 사람들과 뉴잉글랜드 주민들이 사랑하는 사탕단풍이 "죽어가고 있다. …… 과학 연구에 따르면, 미국 건국 300주년인 2076년에 이르면 북부 삼림의 넓은 지역에서 사탕단풍이 절멸할 것이라고 한다."[181] 삼림의 지속 가능성을 위협하는 요인 목록에서 맨 위를 차지하는 것은 산성비이다. 산성비는 "여전히 커다란 문제이다." 대기청정법 수정안도 "이산화황 배출을 완전히 규제하지는 못하기 때문이다."[182] 배출량 할당 거래제는 충분한 효과를 거두지 못했다. 산성비를 완전히 없애지도 못했을 뿐만 아니라 상황을 안정시킬 만큼 줄이지도 못했다. 삼림 감소는 계속되고 있다.

라이컨스와 동료들은 삼림을 구하기 위해 시장에 바탕을 둔 메커니즘을 계속 활용하는 것을 배제하지 않지만, 또한 몇 가지 문제에 대해서는 "국가적이고 심지어 전 지구적인 규제가 필요하다."고 지적한다.[183] 그러나 배출량 할당 거래제나 다른 대안(지휘와 통제를 통한 오염 상한 설정)에서 진짜 쟁점은 배출 할당량을 어느 선에서 정하는지, 그리고 향후에 정보가 바뀔 때 그것을 조정(상향이든 하향이든)할 수 있는 메커니즘이 있는지 여부이다. 현재 진행 중인 과학 연구에서 드러난 바에 따르면, 무엇보다도 대기청정법 수정안은 배출 할당량을 지나치게 높게 잡았다. 이렇게 된 데에는 아마 프레드 싱어와 그의 동맹자들의 주장이 한몫했을 것이다. 우리는 아직 이 문제와 그 심각성에 대해 완전히 확신하지 못하며 따라서 과도한 행동에 나서는 것은 어리석은 일이라는 주장 말이다. 레이건 정부와 대다수 언론이 이 주장에 편승했음은 물론이며, 따라서 우리는 적극적인 행동에 나서지 않았다. 우리는 신중한 단계를 밟았고, 시간이 흐르면서 과학 연구를 통해 이 단계를 강화할 필요성이 확인되었음에도 불구하고 손을 놓고 있었다. 우리는 시장이 '마술'을 부릴 것이라는 믿음을 계속 견지했다.

환경 규제에 반대하는 많은 이들의 입장은 여전히 마술적 사고에 바탕을 둔다. 최근인 2007년에도 조지 마셜 연구소는 산성비와 관련된 피해는 "대부분 가설"이며 "추가적인 과학적 조사를 통해 이런 피해의 대부분이 실제로 일어나지 않았음이 드러났다."고 주장했다.[184] 마셜연구소는 이런 이례적인 주장을 뒷받침하는 어떤 연구도 인용하지 않았다.

게다가 철저한 지휘와 통제 방식이 한 가지 중요한 점에서 배출량 상한 거래제보다 더 나은 결과를 낳는다고 믿을 이유가 있다. 최근 연구에 따르면 규제야말로 기술 혁신을 자극하는 효과적인 수단이다. 요컨대 시장이 마술을 부리기를 원한다면, 즉 기업들이 사람들이 필요로 하는 재화와 서비스를 제공하기를 원한다면, 적어도 오염 방지의 측면에서 최선의 방도는 마술을 부리라고 명령하는 것이다. 역설적으로 보일지 몰라도 엄연한 사실이다.

데이비드 하운셸David Hounshell은 미국 최고의 기술사학자 중 한 명이다. 최근 하운셸과 카네기멜런대학교의 동료들은 규제와 기술 혁신의 문제로 관심을 돌리고 있다. 하운셸이 지도하는 학생인 마거릿 테일러Margaret Taylor의 박사 논문 연구를 토대로 2005년에 발표한 논문 「규제는 혁신의 어머니Regulation as the Mother of Innovation」에서 그들은 환경 규제 기술에서 무엇이 혁신을 추동하는가 하는 문제를 검토했다. 즉각적인 경제적 편익이 없다면 기업들이 연구 개발에 충분한 투자를 하지 않는다는 점은 확인된 사실이며, 오염 통제의 경우에는 이런 일반적인 문제가 특히 심각하다. 오염 방지는 재화와 용역의 시장 가격에 잘 반영되지 않는 공공재이기 때문에 사적 투자의 유인이 약하다. 경쟁 세력의 존재만으로는 필요한 장기 투자의 정당성이 충분하지 못하다. 추동하는 수요가 존재하지 않는다. 그렇지만 정부가 규제를 제정하면 수요가 생겨난다. 경계선이 정해진 확고한 규제를 충족시켜야 한다는 사실을 안다면, 기업들은 거기에 따른다. 바로 여기서 혁신이 이루어진다. 노후 기술 대신 첨단 기술을 활용함에 따라 심지어 기업들이 비용을 절감하는 결과로 이어질 수도 있지만, 외부의 강제력이 없었다면 기업들이 구태여 이런 변화에 나서지는 않았을 것이다.

　물론 규제만이 정부에서 할 수 있는 유일한 행동은 아니다. 정부는 연구 개발에 직접 투자를 하거나, 세액 공제나 보조금을 제공할 수 있으며, 지식 이전을 촉진할 수도 있다. 많은 경제학자들은 노골적인 규제보다 이런 대안을 선호한다. 기업들이 더 큰 유연성을 확보함으로써 자원이 적절한 방식으로 할당되고 바라는 목표가 실제로 이루어질 가능성이 더 커지기 때문이다. 그러나 하운셀과 동료들은 이런 가정이 잘못된 것일 수도 있음을 보여준다. 경험적인 증거에 따르면, 규제가 가장 효과적인 수단일 수 있다. 투명하고 엄격한 규제는 발명을 향한 강력한 자극을 계속해서 제공하기 때문이다.[185] 필요는 분명 발명의 어머니이며, 규제 준수는 필요의 강력한 형식이다.

  미국 정부가 산성 물질 배출에 대해 강력한 규제 체제를 확립했다면, 관련 기업들은 혁신을 위한 노력을 경주했을 것이다. 그리고 만약 기술 향상으로 인해 배출 규제가 더 쉽고 저렴해졌다면, 시간이 지남에 따라 배출량 한도를 줄이는 데 대한 업계의 저항이 약해졌을 것이다. 또한 시간이 흐르면서 규제를 강화하는 게 더 쉬워져서 과학에 의해 필요성이 입증된 대로 삼림이 보호를 받았을 것이다.

  이것은 물론 추측에 지나지 않는다. 상이한 접근을 취했더라면 어떤 일이 벌어졌을지 우리는 결코 알지 못한다. 그렇지만 우리가 확실히 아는 것 한 가지는 담배에 관한 의혹 조장과 마찬가지로 산성비에 관한 의혹 조장 때문에 행동이 늦어졌고, 많은 이들이 이 교훈을 가슴에 새겼다는 점이다. 그 뒤로 동일한 전략이 거듭해서 적용되게 된다. 몇몇 경우에는 사람들도 똑같았다. 다만 다음번에는 문제의 심각성을 부정하는 정도가 아니었다. 아예 문제의 존재 자체를 부정해버렸다. 장래에는 동료 평가 과정에 간섭하는 게 아니라 과학 자체를 거부하게 된다.

4장

오존 홀을 둘러싼 싸움

오존 전쟁

남극 오존층의 구멍

염화불화탄소 규제

북극의 오존 홀?

대항 서사 구성하기

뿌리가 뻘건 초록 나무

산성비 문제가 정치적 쟁점으로 비화하는 것과 동시에 다른, 어쩌면 훨씬 더 심각한 문제가 부각되고 있었다. 오존 홀 문제가 그것이다. 인간의 활동으로 인해 지구를 보호하는 오존층이 손상되고 있을지도 모른다는 생각이 처음 대중에게 소개된 것은 1970년의 일이다. 미국이 음속보다 빠른 속도로 비행할 수 있는 민간 여객기를 개발하려 한 시도가 각성의 계기였다. '초음속 여객기', 일명 SST는 성층권의 오존층 안으로 비행할 예정이었고, 과학자들은 비행기의 배기가스가 피해를 야기할지도 모른다고 우려했다. 초음속 여객기는 심각한 위협이 아닌 것으로 밝혀졌지만, 이 일을 둘러싼 우려는 염화불화탄소, 일명 프레온 가스라는 화학 물질에 관한 각성으로 이어졌다.

1969년, MIT는 인간 환경 영향에 관한 중요한 연구를 의뢰했다. 이듬해에 「지구 환경에 인간이 미치는 영향: 중대한 환경 문제에 관한 연구 보고서Man's Impact on the Global Environment: Report of the Study of Critical Environmental Problems」(이하 「지구 환경 보고서」)가 발표되었다. 이 보고서에는 성층권의 상태와 초음속 여객기의 예상되는 영향에 관한 첫 번째 주요한 언급이 들어 있었다.[1] 콜로라도 주 볼더Boulder에 있는 미국 국립대기연구소의 윌리엄 켈로그William Kellogg가 주재하는 위원단이 이 문제를 맡았다. 수증기가 이산화탄소에 이어 제트 엔진 연소 과정에서 나오는 제2의 산물이었고, 이산화탄소와 마찬가지로 온실가스였다. 따라서 과학자들은 엔진 연소에서 나오는 수증기가 기후 변화를 야기할 수 있다고 걱정했다. 수증기는 또한 구름을 만드는데, 알다시피 구름은 날씨에 영향을 미친다. 과학자들은 초음속 여객기의 대대적인 비행과 더불어 60퍼센트까지 성층권의 수증기 농도가 높아진다 할지라도 지표면 온도에 뚜렷한 변화가 생기지는 않을 것이라고 결론지었다. 그렇지만 만일을 대비해서 성층권 모니터링 프로그램을 개발할 것을 권고했다.[2]

초음속 여객기 제조업체의 연구 기관인 보잉연구소Boeing Laboratories의 한 과학자는 『사이언스』에 기고한 논문에서 우연히 「지구 환경 보고서」의 주장을 허물어뜨렸다. 다른 모델을 사용한 이 과학자는 초음속 여객기 850대가 비행하면서 생기는 수증기로 인해 오존 기둥ozone column이 2~4퍼센트 감소할 것이라고 계산했다. 이런 감소는 대부분 북반구에서 일어날 것이다. 북반구에 항공로가 집중되어 있기 때문이다. 그 결과로 지구 표면 온도가 약 섭씨 0.04도 올라갈 것이다.[3]

이런 작은 온도 상승은 자연적 변화와 구별하기 힘들며 따라서 「지구 환경 보고서」에서 내놓은 결과와 전혀 다르지 않다고 말할 수도 있지만, 이 논문을 계기로 예기치 않게 새로운 논쟁적인 쟁점이 제기되었다. 국립과학학술원의 기상기후변화위원회Panel on Weather and Climate Modification 위원인 애리조나대학교의 제임스 E. 맥도널드James E. McDonald는 보잉연구소의 연구 결과에서 놀라운 점을 발견했다. 맥도널드는 앞서 성층권 오존 감소에 관한 연구의 평가단에 참여한 적이 있지만(이 연구에서는 오존 감소 가능성이 희박하다고 결론을 내렸다.), 새로운 주장을 접하고 생각을 다시 하게 되었다. 게다가 1970년에 이르면 의학자들은 자외선이 특정 종류의 피부암을 유발한다고 믿게 되었다.[4] 오존층은 자외선으로부터 우리를 지켜준다. 오존이 감소하면 피부암 발병률은 높아진다. 실제로 맥도널드는 증폭도가 6배가 될 수 있다고 생각했다. 오존 농도가 1퍼센트 줄어들 때마다 피부암 발생률이 6퍼센트 늘어나는 것이다. 맥도널드는 1970년 3월에 의회에서 이런 취지로 증언했다.[5]

한편 캘리포니아대학교의 대기화학자 해럴드 존스턴Harold Johnston도 이 문제에 관심을 갖게 되어 제트 엔진의 또 다른 부산물인 질소 산화물NO_x에 관해 생각하기 시작했다. 존스턴은 오존 화학에 관한 주요 교과서의 저자였고, 이런 전문성 덕분에 1971년 3월 볼더에서 교통부 주관으로 열린 성층권 비행에 관한 연구에 초빙 받았다. 그런데 회의가 진행되면서 금세 신경이 거슬릴 수밖에 없었다. 회의 참석자들이 질소 산화물이 오존 감소의 중요한 원인이 아니라는 「지구 환경 보고서」의 결론을 받아들이는 것처럼 보였기 때문이다. 오존 화학 전문가였던 존스턴으로서는 인정할 수 없는 결론이었다.

존스턴은 그날 밤 내내 질소 산화물이 성층권 오존을 감소시키는 매우 유력한 원인임을 보여주는 계산 작업을 했고, 다음날 아침에 질소 산화물이 원인이 된 감소가 10~90퍼센트를 차지한다고 추정한 결과를 손으로 쓴 문서를 나눠주었다. 변동 범위가 대단히 컸지만 상당한 이유가 있었다. 오존 감소는 북대서양 상공에서 더욱 심각했는데, 이곳은 항공로가 집중된 곳이었다. 변동 폭이 큰 것은 과학적 불확실성만이 아니라 지리적 다양성에 따른 결과였다.

그렇지만 아무도 설득되지 않았다. 남자 화장실에서 즉석에서 조직되어 다음날 소회의실에서 열린 '워크숍'에서도 논의는 여전히 수증기에 집중되었다. 그 '워크숍'에 참석한 토론토 요크대학교의 화학자 해럴드 시프Harold Schiff의 회상에 따르면, 존스턴은 질소 산화물 반작용을 무시한다고 참석자들을 비난했고, 결국 다른 화학자들이 발끈해서 논쟁을 벌였다. 물론 오직 자위 수단이었을 뿐이다.

어느 누구도 성층권의 '자연적인' 질소 산화물 농도가 얼마인지를 알지 못했다. 아무도 측정해본 적이 없었기 때문이다. 그러나 질소 산화물이 얼마나 많은지를 알지 못한다면 그 효과를 계산할 수 없다. 성층권에 이미 이런 화학 물질이 많이 있다면 초음속 여객기의 비행으로 인해 조금 더 생겨난다고 해도 큰 차이가 없을 것이다. 반대로, 성층권에 이런 화학 물질이 거의 또는 전혀 존재하지 않는다면, 초음속 여객기의 효과는 파괴적일 수 있다. 회의는 더 많은 연구가 필요하다는 권고를 제시하면서 끝을 맺었다.[6]

버클리로 돌아온 존스턴은 자신이 한 계산을 정식 논문에 집어넣어서 4월 초에 몇몇 동료들에게 보냈다. 4월 14일에는 상당히 수정한 판본을 『사이언스』에 보냈다. 『사이언스』의 동료 평가자들은 두 가지 이유로 불만족스럽다고 평가하고 존스턴에게 고쳐 쓸 것을 권고했다. 첫째, 존스턴은 성층권이 질소 산화물에 매우 민감하게 반응함을 시사하는 주요 논문을 인용하지 못했다.[7] 둘째, 존스턴의 논조를 받아들일 수 없다. 과학자들은 적어도 선입견이 없고 객관적으로 보이기 위해 침착한 태도를 견지해야 한다. 그런데 존스턴은 그러지 않았다. 초음속 여객기의 비행으로 인해 대서양 항공로의 오존 농도가 절반으로 떨어지고, 그 결과로 많은 자외선이 지구 표면에 도달해 실명을 확산시킬 수 있다고 퉁명스럽게 주장한 것이다.

따라서 존스턴이 (실명 유발 주장을 삭제하는 것을 포함해) 논문을 수정하는 동안 게재가 미뤄졌고, 8월에야 발표되었다. 그러나 앞서 동료들에게 보낸 논문 초안이 캘리포니아의 소규모 신문인 『뉴홀 시그널Newhall Signal』에 유출되었고, 결국 캘리포니아대학교 홍보실은 공식적으로 논문을 공개했다. 곧바로 반응이 나타났다. 센세이셔널한 내용이 담긴 존스턴 논문 초안 요약본은 통신사를 통해 신속하게 동부로 전파되었고, 5월 17일에 『뉴욕 타임스』에 기사가 실렸다. 2주일 뒤에는 저명한 과학 전문 기자 월터 설리번Walter Sullivan이 장문의 후속 기사를 내보내 대중에게 이 문제를 확실하게 각인시켰다.[8] 존스턴에 따르면 초음속 여객기가 인류에게 파괴적인 영향을 미칠 수 있다고 설리번은 보도했다.

그렇지만 존스턴의 논문은 초음속 여객기 개발 프로그램에 아무런 영향도 미치지 못했다. 이미 철회된 상태였기 때문이다. 하원에서는 이미 3월 17일에 이 프로젝트에 대한 재정 지원을 거부했다. 환경 문제가 아니라 경제적인 이유에서였다.[9]

그러나 존스턴의 논문은 성층권 연구에 영향을 미쳤다. 교통부는 여전히 초음속 여객기 개발을 재개하기를 원했고, 영국과 프랑스에서는 초음속 여객기인 콩코드를 공동 개발하는 중이었다. 따라서 존스턴이 제기한 문제에 대해서 답을 찾아야 했다. 의회는 이를 위해 기후영향평가프로그램Climate Impact Assessment Program(CIAP)에 2100만 달러를 지원했다. 3년 동안 진행된 이 프로그램에는 여러 기관과 대학, 외국 등에서 1000명에 가까운 과학자가 참여했다. 아직 널리 사용되지 않는 기술의 잠재적인 영향을 평가하는 최초의 시도 가운데 하나였다.

기후영향평가프로그램은 논쟁을 불러일으켰다. 전 세계 과학자들이 엄청난 양의 연구를 한 뒤에 교통부가 연구 결과를 백지화하려고 했기 때문이다. 프로그램에 참여한 과학자들은 보잉 사의 초음속 여객기 500대가 비행하면 오존층이 10에서 20퍼센트 감소할 가능성이 있음을 발견했다. 더욱 중요하게는, 비행기가 많이 지나다니는 북대서양 항공로에 대단히 심각한 감소가 나타날 것으로 예상되었다. 해럴드 존스턴의 주장이 맞을 수도 있었다.[10]

그러나 7200쪽에 달하는 연구를 27쪽으로 요약한 보고서의 '핵심 요약'에서는 이런 말이 없었다. 오히려 장래에 개발 예정인 배기가스를 6분의 1로 줄인 초음속 여객기는 오존층을 감소시키지 않을 것이라고 주장했다. 1975년 1월에 '핵심 요약'을 발표하는 기자 회견 자리에서 연구 책임자는 이런 '기술적 해결책'을 강조했다. 그 결과로 신문의 헤드라인은 "초음속 여객기 오존 문제 해명돼" 같은 말들로 장식되었다. 그러나 보고서에 의해 보잉사社의 초음속 여객기나 콩코드가 해명된 것은 아니었다. 존재하지 않는 상상의 기술이 해명되었을 뿐이다.

과학자들은 문제가 있다고 말했었고, 이제 "자신들이 재난을 부추겨 로비를 벌이는 기우론자나 동조자로 …… 낙인찍힐지도 모른다."고 염려했다.[11] 과학자들의 생각이 맞았다. 『샌프란시스코 크로니클

San Francisco Chronicle』과 『크리스천 사이언스 모니터』, 『피츠버그 프레스Pittsburgh Press』 등은 칼럼을 통해 곧바로 과학자들을 공격했다. 『피츠버그 프레스』는 기후영향평가프로그램을 통해 오존 감소를 걱정한 과학자들이 "비과학적인 헛소리"를 내뱉은 사실이 밝혀졌다고 선언했다. "오존을 둘러싼 가짜 주장은 합리적인 과학 담론 안에 끼어들 여지가 없고 초음속 여객기 논쟁에서도 설 자리가 없다."[12]

기후영향평가프로그램에 참여한 과학자들은 자신들의 연구를 그릇되게 소개하는 데 분노했다. '핵심 요약'이 발표된 직후 보스턴에서 험악한 회의가 열린 뒤, 존스턴과 미시건대학교의 토머스 M. 도너휴Thomas M. Donahue가 몇몇 신문사에 사실을 정정하는 내용을 담은 편지를 보냈지만 신문에 게재되지 않았다. 신문들은 별다른 이유도 없이 편지 게재를 거부했다. 도너휴는 기후영향평가프로그램 연구의 정확성을 검토하는 위원회를 주관한 인물이었다. 마침내 도너휴는 『사이언스』에 연구에 대한 정확한 해석을 담은 편지를 발표할 수 있었다. 결국 교통부에서도 한 관리를 통해 『사이언스』에 답변을 할 수밖에 없었고, 요약본이 오해의 소지가 있음을 인정했다.[13] 그러나 『사이언스』를 구독하는 과학자들 말고는 이런 사실을 알 도리가 없었다. 이번에도 역시 과학적 주장은 과학자들만 읽는 과학 저널에 발표된 반면, 대중 매체에서는 비과학적 주장이 횡행했다. 일반 대중은 오존층이 별문제가 없는데 '기우론자들'이 오판했다는 인상만 얻었다.

한편 초음속 여객기가 오존에 미치는 영향은 과학계의 관심에서 이미 멀어지기 시작했다. 영국과 프랑스가 개발한 콩코드는 판매에 실패해

고작 20대가 만들어진 뒤 생산이 중단되었다. 아무런 위협이 되지 못하는 숫자였다. 그러나 오존 문제를 계기로 나사의 몇몇 과학자들이 다른 문제를 검토하기 시작했다. 나사에서 새로 개발한 우주 왕복선의 잠재적인 영향이 그것이다. 이 우주선은 추진 로켓에 염소계 추진제를 사용하고 있었다. 그렇다면 이야기가 달라진다.

1970년의 국가환경정책법1970 National Environmental Policy Act에 따라 우주 왕복선 개발 프로그램을 담당하는 부서에서는 환경 영향 보고서를 마련해야 했다. 대기 부분에 관해서는 미시건대학교와 계약을 체결했는데, 이 대학의 과학자인 랠프 시서론Ralph Cicerone과 리처드 스톨라르스키Richard Stolarski가 몇 가지 골치 아픈 결과를 발견했다. 우주 왕복선의 고체 로켓 추진체에서 성층권으로 직접 배출되는 배기가스에 염소가 포함되어 있다는 것이었다. 염소는 오존을 파괴한다고 알려진, 반응성이 큰 원소였다.[14] 스톨라르스키의 말에 따르면, 처음에는 두 사람이 작성한 보고서가 휴스턴의 프로그램 담당 사무실에 의해 '매장' 되었지만, 나사 본부에서 결정을 번복하고 1974년 1월에 이 문제에 관한 워크숍을 열기로 했다고 한다.[15] 한편 그 사이에 일본 교토에서 열린 한 회의에서 시서론과 스톨라르스키는 화산 작용에 의해 발생한 염소가 오존층을 파괴할 수 있다는 사실에 관한 논문을 발표했다. 진짜로 화산에 대해 걱정해서가 아니라 나사 쪽에서 우주 왕복선에 관해 함구하라고 요청했기 때문이다. 나사에서는 자신들이 연구비를 대고 있다는 사실도 언급하지 말라고 했다. 화산에서 염소가 방출되는 것은 사실이므로 두 사람은 실제로 걱정하는 염소의 배출원이 우주 왕복선이라는 사실을 언급하지 않고서도 자신들의 연구를 발표할 수 있음을 간파했다.

화산이든 아니든 간에, 다른 사람들도 염소에 관해서 생각하고 있었다. 네덜란드의 뛰어난 대기과학자로 나중에 인간의 활동이 환경에 광범위한 영향을 미친다는 이유로 지구 역사의 현 시기를 '인류세 Anthropocene'라고 명명한 파울 크뤼천 역시 교토 회의에서 염소에 관한 논문을 발표했다.[16] 몇 달 뒤에는 영국 저널 『네이처』에 F. 셔우드 롤런드와 마리오 몰리나의 논문이 게재되었다. 이 논문에서 두 사람은 산업에서 흔히 쓰이는 화학 물질 조합(염화불화탄소)이 분해되면서 대량의 일산화염소가 성층권에 방출된다고 주장했다.[17] 일찍이 1970년에 영국 과학자 제임스 러브록James Lovelock은 지구 대류권(대기권의 아랫부분)에 염화불화탄소가 널리 확산되어 있다고 보고했다. 러브록은 기존에 알려진 대기 중의 염화불화탄소 농도를 감안할 때 이제까지 제조된 수십 억 킬로그램 가운데 거의 전부가 여전히 대기 중에 남아 있는 것으로 계산했다. 러브록의 계산이 맞는다면, 즉 대기권 하층에서 염화불화탄소를 제거할 수 있는 화학적 과정이나 '침전'이 전혀 없었다면, 결국 대기 순환을 통해 성층권으로 옮겨갈 것이다. 롤런드와 몰리나의 주장에 따르면, 염화불화탄소는 성층권에서 결국 자외선의 영향 아래 분해되어 플루오르와 염소 화합물로 바뀐다. 그리고 이런 화합물 중 일부는 실험실 연구를 통해 오존층 파괴자로 알려졌다.

스프레이 캔, 에어컨, 냉장고 등의 사용으로 매년 수십억 킬로그램의 염화불화탄소가 만들어졌다. 이와 비교하면 우주 왕복선 네 대의 연소량은 아무것도 아니었다.

헤어스프레이 같은 흔한 물건이 지구 오존을 파괴하고 암 발생률을 높일 수 있다는 폭로는 언론에 대서특필되었다. 미국국립과학학술원은 이 연구가 성층권에 대해 갖는 함의를 파악하기 위해 이례적으로 신속하게 움직였다. 학술원 산하 국가연구위원회의 화학·화학기술분과Division of Chemistry and Chemical Technology는 정식 위원회 차원의 연구가 필요한지를 결정하기 위해 하루 동안 임시 검토단을 소집할 준비를 했다. 키트피크국립천문대Kitt Peak National Observatory의 도널드 헌튼Donald Hunten이 10월에 임시 검토단을 소집했다. 검토단은 학술원장 필립 핸들러Philip Handler에게 기후영향위원회Climatic Impact Committee 부속으로 평가단을 구성할 것을 권고했다.[18] 의회 역시 이례적으로 발 빠르게 움직였다. 기후영향평가프로그램의 불운한 기자 회견이 열리기 한 달 전인 1974년 12월, 하원은 염화불화탄소와 오존 감소에 관한 첫 번째 청문회를 열었다.[19]

오존 전쟁

에어로졸 산업은 롤런드와 몰리나의 연구에 거의 즉각적으로 반응을 보였다. 업계에는 이미 화학공업협회Chemical Specialties Manufacturers Association와 화학제조업협회Manufacturing Chemists' Association라는 업종 협회가 두 개 있었고, 두 협회는 염화불화탄소가 미치는 영향에 관한 연구에 대해 각자 나름대로 대응했다. 화학제조업협회는 소위원회를 신설해 100만 달러에서 500만 달러의 연구 보조금을 지원했다. 주로 대학에 소속된 과학자들이 수혜자가 되었다.[20] 화학 업계는 뒤이어 홍보 목적의 기관 두 개를 추가로 신설했다. 에어로졸교육사무소Aerosol Education Bureau와 대기과학위원회Council on Atmospheric Sciences가 그것이다.[21] 얼마 뒤에 에어로졸 캔 충전 업체들은 서부에어로졸정보사무소Western Aerosol Information Bureau를 설립했다. 공공 영역에서 "제품을 옹호"하는 게 주된 설립 취지였다. 담배 이야기를 읽은 독자라면 거듭해서 데자뷰 현상을 떠올릴 것이다.

한편, 포드 정부는 1975년 1월에 이른바 '의도하지 않은 성층권 변화Inadvertent Modification of the Stratosphere(IMOS)'에 관한 정부 기관 태스크포스를 설치했다. '의도하지 않은 성층권 변화' 평가단은 2월에 논쟁적인 공청회를 연 뒤 몇 달 동안 조용히 보고서 작업에 주력했다. 마침내 평가단은 염화불화탄소가 오존을 감소시키지 않음을 보여주는 새로운 증거가 발견되지 않는 한 "그 사용을 폐쇄 순환 시스템이나 대기 중에 배출되지 않는 용도로 제한할 필요가 있는 것으로 보인다."고 발표했다.[22] 새로운 증거가 부재한 상황에서 염화불화탄소의 대기 중 배출은 완전히 금지되어야 했다. 깜짝 놀랄 만한 결론이었다.

'의도하지 않은 성층권 변화' 평가단은 염화불화탄소 규제가 필요한지 결정하는 부담을 환경보호청 같은 정부 기관이 아니라 과학학술원에 떠넘겼다. 이례적인 일이었다. 학술원은 규제 기관이 아니기 때문이다. 학술원의 통상적인 역할은 특정한 과학 분야의 현 상태에 대한 개요를 제시하고 발전을 이루는 데 필요한 추가적인 연구를 제안하는 것이다. 학술원 상층부는 염화불화탄소 스프레이 산업에 매년 10억 달러의 손실을 입혀야 할지를 결정하는 곤란한 일을 맡게 된 데 불만이었다. 그렇지만 핸들러 원장은 이 일을 받아들였고, 현 상태를 검토하는 대기화학평가단Panel on Atmospheric Chemistry을 임명했다. 그리고 여기서 내놓는 과학과 정책적 함의를 평가하는 제2의 평가단인 성층권변화영향검토위원회Committee on Impacts of Stratospheric Change도 임명했다. 1970년대에는 입장이 알려진 과학자들은 평가단에서 배제하는 게 흔한 관행이었고, 따라서 해럴드 존스턴이나 셔우드 롤런드, 마리오 몰리나, 토머스 도너휴 등 이미 염화불화탄소 규제를 강력하게 옹호하던 인물들은 초빙을 받지 못했다. 평가단은 이 학자들의 전문적인 역량에 의지해 쟁점을 파악하는 데 도움을 받긴 했지만, 보고서 작성에 참여시키지는 않았다.[23]

핸들러는 프린스턴과 벨연구소에 몸담고 있는 저명한 통계학자인 존 튜키John Tukey를 성층권변화영향검토위원회 위원장에 임명했고, 일리노이대학교 화학대학장인 허버트 구토스키Herbert Gutowsky를 대기화학평가단 단장에 임명했다.[24] 보고서 작성 시한은 1976년 4월 1일이었다. 쉽지 않은 과제였다. 과학 연구의 전선은 빠르게 전진하고 있었다. 평가단은 말하자면 움직이는 과녁을 분석해야 했다. 또한 언론이 돋보기를 들이대는 가운데 작업을 하는 한편으로 평가 과정에 관한 논의를 끌어내려는 기자들의 노력과 업계 홍보 기관들의 공격, 즉각적인 규제 찬반론자 모두의 압력을 견뎌내야 했다.[25]

두 평가단이 과학적 실체를 파악하고 평가하는 동안, 업계에서 만든 대기과학위원회도 반대 캠페인에 착수했다. 처음에 롤런드와 몰리나에 맞서 증인으로 나선 스타는 영국 임페리얼칼리지의 이론역학 교수 리처드 스코러Richard Scorer였다. 화학공업협회는 스코러가 오존 감소 연구를 공개적으로 비난할 수 있도록 미국 여행 일정을 마련해주었다. 스코러는 기후영향평가프로그램 연구를 "인기를 끌기 위한 허장성세"라고 낙인찍었고, 당시 진행 중인 염화불화탄소 관련 연구에 대해서도 동일한 견해를 표방했던 것으로 보인다.[26]

스코러가 미국 여행 중에 제기한 주된 논점은 후에 반反환경론자들이 앵무새처럼 되풀이하는 어구가 되었다. 스코러는 인간 활동의 규모는 턱없이 작아서 "환경에서 가장 확고하고 역동적인 요소"인 대기에 영향을 미치기 힘들다고 주장했다.[27] 또한 오존이 파괴된다는 생각은 과학적 증거가 희박한 '괴담'에 불과하다고 일축했다. 여름이면 호흡기 질환이 확산되는 엄청난 스모그 문제 때문에 분투하던 로스앤젤레스를 방문한 자리에서도 스코러는 인간이 환경에 해를 끼칠 능력이 없다고 주장했다.[28]

스코러가 미국을 여행한 목적은 과학적 노력에 기여하는 게 아니라 산업 친화적인 보도를 부추기는 것이었다. 그런데 『로스앤젤레스 타임스』기자가 스코러가 업계 로비와 관련이 있음을 폭로하면서 "과학계의 용병"이라고 꼬집자 순식간에 홍보 효과가 사라져버렸다.[29] 그러나 스코러는 사라졌지만 그의 주장은 사라지지 않았다.

업계에서 구성한 대기과학위원회는 아이디어를 하나 끌어냈다. 스톨라르스키와 시서론이 교토에서 발표한 염소 논문에서 내놓은 제2의 가능성에 기대어 문제를 화산 탓으로 돌리는 것이었다. 마그마에는 용해 염소가 들어 있으며, 화산이 폭발할 때 이 염소가 대기 중에 배출될 수 있다. 화산이 대폭발을 하면 재와 먼지, 기체가 성층권까지 날아간다. 만약 성층권에 화산에서 나온 염소가 많이 존재한다면, 염화불화탄소가 조금 더해진다고 해도 큰 차이는 없다. 대부분의 염소가 화산에서 나온 것이고 오존층이 아직 파괴되지 않았다면, 염소는 큰 문제가 될 수 없다. 업계는 이런 식으로 주장을 펼쳤다.

그러나 화산에서는 수증기도 많이 분출되며, 화산이 폭발하는 중이나 폭발 직후에 수증기가 응축되면서 검댕과 재가 뒤범벅이 된 비(종종 검은 비)가 내린다. 염소는 물에 쉽게 용해되며 따라서 그중 일부는 비에 섞여 내린다. 이런 현상은 1970년대에 질적으로 파악되었지만 양적으로 분석되지는 않았고, 따라서 대기과학위원회는 염소의 대부분이 성층권에 도달함을 증명한다는 커다란 도전에 나서기로 결정했다. 위원회는 1975년 10월에 기자 회견을 열어서 알래스카의 한 화산에 관한 자신들의 '연구' 프로그램이 곧 폭발적인 성과를 보일 것이라고 발표했다. 화산은 1976년 1월 말에 분출했지만 기대하던 결과가 나오지 않은 건 분명하다. 업계 위원회에서 "아직 결론이 나지 않았다."는 말 말고는 결과를 발표하지 않았기 때문이다.[30] 그렇지만 화산이 성층권에 존재하는 대부분의 염소의 원천이라는 주장은 1990년대까지도 되풀이된다.

화산 아이디어는 염화불화탄소 과학을 반박하려는 업계의 노력의 일환에 지나지 않았다. 해럴드 시프의 말을 빌리자면, "염화불화탄소 업계는 매 단계마다 과학 이론에 이의를 제기했다. 그들은 불화탄소가 성층권에 도달한다는 증거가 없고, 분해되어 염소를 생성한다는 증거도 없으며, 설령 염소가 만들어진다 할지라도 염소가 오존을 파괴한다는 증거가 없다고 말했다."[31] 이런 주장은 1975년에서 1976년 사이에 증거에 의해 하나하나 반박되었다. 덴버대학교의 한 과학자는 뉴멕시코 주 상공 성층권의 염화불화탄소 농도가 1968년에서 1975년 사이에 두 배로 높아졌음을 보여주었다. 점점 더 많은 염화불화탄소가 성층권에 도달함을 입증한 것이다. 그로부터 불과 몇 달 뒤에 국립대기연구소의 과학자들은 롤런드와 몰리나가 염화불화탄소가 분해될 것이라고 예상한 기본 고도에서 염화불화탄소의 양을 측정하여 고도가 올라갈수록 농도가 낮아짐을 보여주었다. 예상한 대로였다.[32] 뒤이어 미국 국립표준국 National Bureau of Standards에서 수행한 실험에서는 염화불화탄소가 자외선에 노출될 때 실제로 염소 원자가 방출된다는 사실이 드러났다. 롤런드와 몰리나의 화학 모델에서 예상한 대로였다.[33]

롤런드와 몰리나는 오존 감소가 한데 맞물린 복잡한 일련의 화학 반응을 통해 이루어진다고 지적한 바 있었다. 업계는 이런 복잡성을 근거로 의심을 제기할 수 있었다. 그러나 두 사람의 이론에는 성층권에 존재한다는 사실 자체로 염소가 오존과 반응하여 오존을 파괴함을 입증할 수 있는 핵심 분자가 하나 있었다. 일산화염소 chlorine monoxide (ClO)가 그것이다. 이론에서 예상한 바에 따르면, 자유로운 염소 원자가 오존과 반응하면서 일산화염소가 생겨난다. 자유로운 염소는 오존 분자(O_3)를 이루는 산소 원자 셋 중 하나를 떼어내 정상적인 산소 분자(O_2)와 일산화염소(ClO)를 부산물로 남긴다. 그러나 일산화염소는 측정하기가 매우 어렵다. 대부분의 기구 표면과 빠르게 반응해 사라져버리기 때문이다. 과학자들은 냉각된 플라스크를 올려 보내 뚜껑을 열어 공기를 수집한 뒤 낙하산으로 지상에 떨어뜨리는 방식으로 성층권의 화학 구성을 측정했다. 지상에 있는 기구에서 공기를 테스트하는 것이다. 그런데 일산화염소의 경우에는 이런 방식이 효과가 없었다. 플라스크의 벽면과 반응하기 때문이다.

미시건대학교에서 토머스 도너휴와 함께 연구한 적이 있는 제임스 앤더슨James Anderson이라는 젊은 과학자가 이 문제를 해결했다. 앤더슨은 자체 내부에서 계속 공기 흐름을 만들어내는 기구를 개발해서 레이저를 이용해 일산화염소를 탐지했다. 이 기구가 자체 내부에서 부드러운 공기 흐름을 계속 유지하는 한, 공기 통로의 한가운데에 있는 공기는 벽면에 닿지 않으며, 일산화염소가 거기에 있다면 레이저로 탐지된다.

일산화염소는 공기 안에 있었다. 연구진이 고대하던 명백한 증거였다.[34] 일산화염소는 성층권에서 탐지된 적이 있었고, 염화불화탄소가 오존과 반응하여 생성되었다는 것 말고는 일산화염소의 존재를 설명할 수 있는 방법이 없었다. 사실상 그것은 일종의 지문이었다. 염화불화탄소가 존재했다는 빼도 박도 못하는 증거였다.

앤더슨이 측정에 몰두하는 동안, 셔우드 롤런드는 과학학술원의 두 평가단에서 사용하는 컴퓨터 모델에 또 다른 중요한 화합물인 질산염소chlorine nitrate의 부정확한 데이터가 있음을 깨달았다. 질산염소는 일종의 '흡수원sink', 즉 염소(와 또 다른 오존 파괴자인 질소)가 더 많은 오존을 파괴하지 못하도록 막는 물질이지만, 광화학 물질이기도 하다. 즉 태양 빛을 받으면 분해되어 염소와 질소를 배출한다. 1950년대 독일의 데이터에 따르면 질산염소는 불과 몇 분 만에 분해되지만, 이 데이터는 무척 오래된 것이었다. 롤런드는 연구진에게 질산염소의 분해 속도를 다시 측정하게 했다. 그 결과, 질산염소가 예상한 것보다 훨씬 오래 잔존한다는 사실을 알아냈고, 이 새로운 수치를 적용한 결과 원래 컴퓨터 모델의 오존 감소 추정치가 20~30퍼센트 줄어들었다. 염화불화탄소의 즉각적인 금지에 찬성하는 자신의 입장을 약화시키는 결과였지만, 롤런드는 이 결과를 곧바로 발표했다.

과학학술원의 두 평가단은 이 새로운 데이터를 어떻게 이해해야 할지를 놓고 혼란에 빠져들었다. 학술원이 두 보고서를 모두 연기하기로 결정하자 연구 예산을 지원하는 연방 기관들(나사, 해양대기청, 국립과학재단, 환경보호청)은 속이 탔다. 이 기관들로서는 추가 비용이 들거나 일정이 연기되는 게 좋을 리가 없었다. 그러나 과학학술원장 핸들러는 과학을 바로잡아야 한다는 완강한 태도를 견지했다. 새로운 데이터를 적절하게 소화하지 않은 채 보고서를 발간하느니 아예 보고서를 무효화할 태세였다. 관련 기관들은 한발 물러섰다(그리고 나사는 돈을 더 긁어모았다.). 화학 업계는 보고서 발표 연기를 놓고 학술원이 염화불화탄소가 전혀 위협적이지 않다고 발표할 준비를 하는 징후라고 떠들었다. 그러고는 5월에 기자 회견을 열어서 새로운 데이터를 통해 오존 감소 추정치가 "거의 0에 가깝게" 되었다고 발표했다.[35]

그러나 이것은 전혀 사실이 아니었다.

1976년 9월 15일에 마침내 보고서가 공개되었을 때, 과학자들은 정상 상태의 감소가 1973년 수준으로 염화불화탄소 배출이 지속된 결과일 공산이 크다고 결론을 내린 상태였다. 오존 감소는 배출된 염화불화탄소의 양과 흡사하게 비례했고, 따라서 배출이 두 배 늘어나면 오존 손실도 두 배가 될 터였다.[36] 앞서의 예측보다는 낮았지만 그래도 상당한 수준이었다.

규제를 제안하는 것은 학술원 평가단에서 할 일이 아니었지만, 과학적 결론은 염화불화탄소가 심각한 손상을 야기한다는 사실을 분명하게 보여주었다. 튜키가 주재하는 위원회는 과학적 추론과 정책 처방 사이에서 아슬아슬한 줄타기를 하려고 애쓰면서 예측의 불확실성을 줄이려면 더 많은 연구가 필요하지만 시간을 오래 끌어서는 안 된다고 지적했다. "딱 2년 동안 추가 연구를 한 뒤" 선별적인 염화불화탄소 규제에 착수해야 한다는 게 보고서의 권고였다.[37]

이제 정치적 과정의 속도가 빨라졌다. 대통령 직속 '환경의 질 위원회' 위원장은 "형사 피고인의 무죄 추정 원칙은 불확실성 아래서 규제 결정을 내리는 데 대해서는 적합하지 않다."고 주장하면서 즉시 법규를 제정하도록 연방 규제 기관을 재촉하겠다고 말했다.[38] 연방 차원의 '의도하지 않은 성층권 변화' 평가단 역시 즉각적인 법규 제정을 요구했다. 10월 12일, 환경보호청과 식품의약국은 규제 검토에 착수하겠다고 공동으로 발표했다. 유럽 나라들도 미국의 선례를 따르라는 표시였다.[39]

규제를 향한 발 빠른 움직임에 에어로졸 업계는 화들짝 놀랐다. 업계 홍보 기구는 튜키의 신중한 표현(과 과학자들에게 기껏해야 2년의 추가 연구가 필요하다는 제안)을 적어도 2년 동안은 규제를 시행해서는 안 된다는 주장으로 탈바꿈시키려고 노력했다. 서부에어로졸정보사무소는 평가단의 연구에서 '실제로' 언급한 내용은 "지금 무슨 일이 벌어지고 있는지를 알지 못한다."는 것이라고 주장했다. "우리는 우리가 현재 측정하는 것이 잠재적인 문제와 관련성이 있는지 알지 못하며, 다만 향후 몇 년 동안 어떤 식으로든 무슨 일이 생기지는 않을 것임은

확신한다."⁴⁰

한편 그 사이에 무척 흥미로운 일이 벌어졌다. 미국인들이 이미 자신들의 습관을 바꾸기 시작한 것이다. 식품의약국장 도널드 케네디Donald Kennedy가 규제안을 발표한 1977년에 이르면 염화불화탄소 고압가스 사용은 이미 75퍼센트 줄어들었다. 대중은 염화불화탄소를 쓰지 않는 바르는 땀 억제제나 펌프식 스프레이 주방 세제 같은 대체물이 많이 있고 값도 저렴하다는 사실을 알고 있었다. 1979년에 시행된 고압가스 사용 금지는 최후의 일격에 지나지 않았다.

기후영향평가프로그램이 끝났을 때, 나사가 미국 성층권 연구 프로그램의 지휘권을 갖게 되었다. 나사 지도부는 여전히 규제 때문에 우주 왕복선에 잠재적인 위협이 가해질까 염려했고, 또한 연구 프로그램의 질과 적절성을 개선하기를 원했다. 나사의 지구과학 책임자는 오존 감소와 관련된 다양한 미량 물질을 측정하기 위한 새로운 기구氣球와 우주 기반체 개발을 지원했다. 나사는 또한 의회로부터 4년마다 관련 과학 현황에 관한 보고서를 작성하는 권한을 위임 받았다. 그리하여 나사는 정기적인 평가 과정에 미국 각지의 과학자들을 참여시킬 수밖에 없었다. 그 뒤 몇 년에 걸쳐 이 평가 과정을 중심으로 오존 감소 문제에 적극적으로 몰두하는 과학 공동체가 형성되었다.

남극 오존층의 구멍

1985년, 영국남극조사단British Antarctic Survey은 남극 대륙 상공에 심각한 오존 감소 지역이 존재한다고 발표함으로써 오존 분쟁의 새 장을 열었다. 영국 과학자들은 사실 4년 전에 이 사실을 발견했지만 자신들의 발견 결과를 쉽게 믿지 못했다. 기존의 어떤 오존 감소 가설로도 이렇게 낮은 오존 수치를 설명할 수 없었기 때문에 연구진은 매년 남극을 다시 가서 더 많은 데이터를 수집했다. 아무도 연구진이 성급하게 판단을 내렸다고 비난할 수 없는 형편이었다.

영국남극조사단의 논문이 발표될 당시 성층권 연구의 내로라하는 과학자들은 스위스 레디아블르레Les Diablerets에 모여 1985년 나사 평가 보고서 초안을 검토하고 있었다. 이 평가 보고서는 이전의 것들과 다른 점이 있었다. 책임자인 나사의 로버트 T. 왓슨Robert T. Watson이 세계기상기구와 접촉하여 평가 과정에 국제적인 참여를 끌어내 해석상의 상충 가능성을 줄인 것이다.[41] 왓슨은 제트추진연구소에서 반응속도론을 연구했으며 1980년에 고층대기연구프로그램Upper Atmosphere Research Program 책임자가 되었다. 또한 버클리에 있는 해럴드 존스턴의 연구소에서 박사후 연구원을 지내기도 했다.

1985년 평가 보고서는 염소와 질소의 반응에 대한 이해를 향상시키고 이런 이해를 화학 모델에 통합하려는 실험실 차원의 노력을 새롭게 했다. 또한 성층권 대기 측정의 최근 역사를 1000쪽이 넘는 분량으로 요약, 소개했다. 이 모든 작업 덕분에 연구자 공동체는 상황을 꽤 잘 이해하게 되었다. 특히 1985년에 우주 왕복선 챌린저Challenger호 비행을 통해 미량의 화학 물질이 예상했던 대로 실제로 존재하고 있음이 입증되었다.[42] 과학계가 모든 상황을 잘 파악한 것처럼 보였다. 따라서 남극조사단의 발표는 커다란 충격이었다.

레디아블르레 회의의 일부 참석자들은 이미 그 논문을 알고 있었다. 『네이처』 편집장이 1984년 12월에 이미 심사자들에게 회람시켰기 때문이다.[43] 논문 저자들은 염소와 질소 산화물과의 연관성 문제를 제기하면서 오존 감소 메커니즘에 관한 앞서의 가설에 보조를 맞췄지만, 확실한 화학적 메커니즘은 제시하지 않았다. 알려진 화학 지식으로는 그렇게 대규모의 오존 손실이 가능한 것 같지 않았다. 발표된 논문은 너무 늦게 나와서 1985년 평가 보고서에 통합될 수 없었지만, 복도와 만찬장에서 비공식적으로 이루어지는 대화에서 많은 논의가 이루어졌다.

나사 역시 궤도 위성이 있었기 때문에 오존 홀을 감지했어야 했는데, 회의의 비공식적인 관심은 그러지 못한 사실에 초점이 맞춰졌다. 어떤 데이터도 완벽할 수는 없으며, 지상에 기반을 둔 '돕슨' 네트워크(1930년대에 체계적인 오존 측정을 선구적으로 개척한 영국의 기상학자 G. M. B. 돕슨G. M. B. Dobson의 이름을 딴 것이다.)는 문제가 있는 것으로 알려졌다. 게다가 영국남극조사단의 발표는 하나의 기구器具에서 나온 데이터에 바탕을 둔 것이었기 때문에 대부분의 참석자들은 영국의 자료를 무시하고 위성 데이터를 믿고 싶어 했다. 그러나 얼마 지나지 않아 그들의 기대가 빗나간 게 밝혀졌다.

메릴랜드Maryland의 고다드우주비행센터Goddard Space Flight Center로 자리를 옮긴 리처드 스톨라르스키는 위성 데이터를 다시 살펴보기로 결심했다. 결국 위성에서 오존 감소를 **탐지**한 것으로 드러났다. 당시 벌어진 일은 과학 연구의 한계와 강점을 모두 보여주는 교훈으로서 여기서 설명할 만한 가치가 있다.

오늘날의 위성은 19세기에 지질학자가 돌멩이를 모으거나 생물학자가 나비를 채집하는 방식대로 데이터를 '수집'하는 게 아니다. 위성은 신호를 탐지하고 처리한다. 이 과정에 필요한 전자공학과 컴퓨터 소프트웨어는 매우 복잡하며 이따금 착오가 생기는 일이 있기 때문에 '잘못된' 데이터를 심사해서 무시하는 절차가 들어 있다. 이번이 그런 경우였다. 위성 정보 처리 소프트웨어에는 일정 수준(180돕슨 단위 Dobson unit[대기 중 오존 총량 측정 단위. — 옮긴이]) 이하의 오존 농도를 비현실적으로 낮은 수치로, 즉 잘못된 데이터로 표시하는 컴퓨터 코드가 포함되어 있었다.44 이렇게 낮은 농도는 성층권에서 탐지된 적이 한 번도 없었고 또 기존의 이론 모델에서는 만들어질 수 없는 것이었기 때문에 합리적인 선택인 것처럼 보였다. 남극의 오존 검색 수치의 일부가 180 이하로 떨어졌을 때 그것은 오류로 기록되었다. 이 장치를 담당한 연구진은 이런 오류가 10월에 남극 상공에 집중되고 있음을 표시하는 지도를 보았지만 장치의 결함으로 치부하고 무시했다. 자신들의 기계에 대한 건전한 회의론 때문에 결정적인 데이터를 무시한 것이다.

다시 확인을 해본 스톨라르스키는 오존이 감소된 지역이 남극 전체에 해당한다는 사실을 발견했다. '오존 홀'은 이렇게 탄생했다. 그것은 기계의 오류가 아니었다. 실제로 존재하는 현상이었다. 위성들은 이 현상을 탐지했고, 예상은 어그러졌다.

그해 8월 오스트리아에서 열린 회의에서 이 위성 집단을 조사한 주요 연구자는 오존 수치가 150돕슨 단위로 떨어진 대륙 크기의 지역을 보여주는, 1979~1983년의 데이터를 바탕으로 작성한 그림을 보여주었다.[45] 이 그림은 영국남극조사단의 데이터가 착오가 아님을 생생하게 확인시켜주었다. 오존 홀이 국지적인 현상이 아니라는 사실도 증명되었다. 지상에 기초한 측정이 지점 측정(남극의 몇몇 특정 지점에서 측정하는 방식)인 반면, 위성 데이터는 지구 전체를 포괄했다. 다른 조건이 동일하다면 훨씬 더 포괄적인 위성 데이터가 더 신뢰성이 높다고 생각한 과학자들이 옳았다. 과거에는 다른 조건이 달랐지만 이제는 같아졌다.

우주에서 바라본 지구를 담은 유명한 영상이 그렇듯이, 오존 감소를 보여주는 이 지도 역시 본능을 자극하는 힘이 있었다. 오존 감소 지역 안에 사는 사람은 거의 아무도 없었지만, 만약 그 지역이 점점 커지면 사람이 사는 오스트레일리아와 남아메리카 대륙까지 덮을 것이었다. 오존 홀이 만들어지는 메커니즘을 아무도 모르기 때문에 그 구멍이 커지지 않을 것이라고 누구도 확신할 수 없었다.

나사와 미국 해양대기청은 더 많은 사실을 파악하기 위해 남극에 두 차례의 원정을 주관했다. 대기화학자 수전 솔로몬Susan Solomon이 이끄는 첫 번째 원정대인 국가오존시험단National Ozone Experiment은 1986년 10월에 남극 맥머도 만McMurdo Bay에 있는 미국 연구 기지에서 이른바 동계 관찰 비행기에 올라탔다. 해양대기청, 뉴욕주립대학교 스토니브룩캠퍼스, 제트추진연구소 등의 기구 팀이 대기 화학 구성의 다양한 면모를 조사했다. 원정대는 남극을 떠나기 전에 연구 결과를 설명하는 기자 회견을 열었고, 이 자리에서 불가피한 논쟁을 촉발했다. 아직 젊은 탓에 과거의 오존 논쟁에 참여한 적이 없었던 솔로몬은 솔직한 답변을 내놓았다. 자신들이 발견한 증거는 염화불화탄소 감소 가설을 뒷받침한다는 것이었다.[46] 대다수 대기화학자들도 이런 견해를 지지했다.

그러나 일부 기상학자들은 견해가 달랐다. 그들은 상승 기류 때문에 오존이 적은 대류권의 공기가 성층권으로 올라가서 구멍 모양이 생길 수는 있지만 성층권의 오존이 파괴되는 일은 없다고 생각했다. 이런 기상 가설의 주창자들은 주류 언론에서 널리 인용한 솔로몬의 발언에 격분했다.[47] 실제로 솔로몬의 원정대도 이런 구멍이 생겨나는 데 기상 현상이 일정한 역할을 했을지도 모른다고 생각했지만, 급조한 원정대에는 모든 가능성을 검토할 만한 장비나 전문 역량이 없었다.

한편 솔로몬의 원정대가 아직 남극에 체류하는 동안 나사와 해양대기청은 두 번째 원정대를 계획하고 있었다. 두 번째 원정대의 목표에는 기상학적 영향을 더욱 면밀히 살펴보는 것도 포함되어 있었다.[48] 남극오존비행시험단Airborne Antarctic Ozone Experiment은 1987년 10월과 11월에 칠레 푼타아레나스Punta Arenas에서 두 차례 비행기를 띄웠고, 400명의 과학자들이 현장에서 매일 데이터를 정리했다. 이 원정대에는 성층권을 연구하는 작은 공동체의 거의 모든 연구자가 망라되었다.

1987년 남극 원정대는 남극 상공의 극단적으로 낮은 오존 수치를 어떻게 설명해야 하는가, 라는 질문을 던졌다. 새로운 증거가 답을 제공했다. 염화불화탄소의 붕괴 과정에서 나오는 매우 높은 수준의 염소와 남극의 독특한 기상이 결합한 결과라는 것이었다. 남극의 혹독한 추위는 극성층권 구름polar stratospheric clouds(PSCs)이라는 이름의, 얼음 결정으로 이루어진 독특한 구름을 만들어낸다. 한편 극을 중심으로 부는 강력한 바람인 극 소용돌이polar vortex 때문에 무척 차가운 공기가 극지방을 벗어나지 못한다. 얼음 결정에 의해 대단히 가속화되는 화학 반응으로 인해 염소가 배출되는 한편, 소용돌이 때문에 오존이 감소되지 않은 중위도의 공기가 섞여 들어오지 못한다. 그 결과, 남극의 봄에 태양이 떠오를 때 염소의 농도는 어떤 모델에서 예측한 것보다 훨씬 높았고, 오존 수치는 한층 더 떨어졌다. 복잡하지만 말이 되는 이야기이다. 원정대는 높은 염소 수치와 낮은 오존 수치 사이의 강력한 상관관계를 보여줌으로써 '결정적인 증거'를 제시했다.

염화불화탄소 규제

그러는 동안 염화불화탄소 배출을 둘러싼 국제적인 협의도 진행되고 있었다. 미국에서는 금지한 반면, 유럽과 소련에서는 염화불화탄소 배출이 여전히 증가하고 있었다. 오존 홀이 발견되기 이전에도 오존을 평가한 과학자들이 전반적으로 내린 결론은 현재의 배출 수준은 용인 가능하지만 더 높아지면 안 된다는 것이었다.[49] 규제가 일부 필요하지만 얼마나 엄격해야 할까? 어떻게 규제를 시행해야 할까?

유엔환경계획UNEP에서 주관한 '1985년의 오존층 보호를 위한 빈 협약1985 Vienna Convention for the Protection of the Ozone Layer'은 염화불화탄소에 대해 아무런 제한도 부과하지 않았다.[50] 이 협약은 실제

생산 감축을 포함할 수도 있는 의정서(협약 수정안)에 관한 향후의 교섭을 위한 절차적 틀에 지나지 않았다.

유엔환경계획은 교섭을 2년 더 진행한 뒤에야 염화불화탄소 생산 감축을 위한 국제적인 합의를 끌어낼 수 있었다. 그 결과물인 '오존층 파괴 물질에 관한 몬트리올 의정서Montreal Protocol on Substances that Deplete the Ozone Layer'는 염화불화탄소 생산 국가들 가운데 50퍼센트 생산 감축을 하는 나라를 명시하고 유예 기간을 두었다.[51] 의정서에서 이루어진 중요한 혁신은 가입국들이 몇 년마다 남극오존비행시험단에서 제시하는 것과 같은 새로운 증거에 비추어 조약을 재검토해야 한다는 점이었다. 히스테리와는 거리가 먼 입장이었다. 오히려 과학적 불확실성을 용인하고, 새로운 증거에 대응하기 위한 메커니즘을 포괄하는 방식이었다. 그 증거가 규제 강화의 필요성을 제시하든 규제 완화의 필요성을 제시하든 말이다.

그 뒤 몇 년에 걸쳐 규제 강화가 필요하다는 증거가 축적되었다. 몬트리올 교섭의 결론이 나오기 전에 발표되었지만 그 전에 이미 미국 상원에 비준을 위해 제출된 남극오존비행시험단의 결론 외에도, 다른 과학 연구 계획에서도 관련 데이터를 추가로 내놓기 시작했다. 무엇보다도 놀라운 점은 이 데이터들에 따르면 오존이 감소되는 곳이 남극만이 아니라는 것이었다. 가장 많은 사람들이 사는 북반구 중위도 지역 역시 오존이 감소되고 있는 것처럼 보였다.

가장 중요한 연구 계획은 오존변화추세평가단Ozone Trends Panel이었다. 로버트 왓슨이 창설한 이 평가단은 지상에 기반을 둔 돕슨 네트워크의 데이터와 전 오존 측정 분광계Total Ozone Mapping Spectrometer,

일명 톰스TOMS라고 불리는 위성 기반 기기에서 수집한 데이터 사이에 새롭게 나타나는 불일치 문제를 해결하기 위한 것이었다. 톰스 데이터를 가지고 연구하는 과학자들은 사전 배포 논문을 통해 중위도의 오존 감소가 매우 큰 규모라고 주장한 바 있었다. 그러나 위성 과학자들 사이에서는 그들이 사용한 기기가 우주 공간에서 쉽게 노후해서 예측 불가능한 오류를 유발하곤 한다는 사실이 잘 알려져 있었다. 그렇다면 과연 돕슨 데이터와 톰스 데이터 중에 어느 게 옳은 것일까?

오존변화추세평가단에는 21명의 주요 평가자들이 있었고, 평가단 산하의 여러 소위원회에는 현역 연구자들이 광범위하게 참여했다. 평가단은 그 뒤 1년 6개월에 걸쳐 두 가지 데이터 집단을 재검토했으며, 겨울에 중위도 지역에서 오존 감소가 일어난다고 결론지었다. 평가단은 또한 위성에서 기록되는 오존 감소 수치는 실제보다 부풀려진 것이라고 결론을 내렸다. 그렇지만 이런 기록 오류는 수학적으로 정정할 수 있는 것이었다.[52] 그렇다 하더라도 재분석에서 발견된 저하 추세는 이론 모델에서 예측한 수준의 두 배였다.[53]

평가단의 검토 결과는 미국 상원에서 몬트리올 의정서를 비준 표결하고 난 이튿날인 1988년 5월 15일에 발표되었지만, 전반적인 결론은 이미 알려진 상태였다. 정책 결정권자들과 정치인들은 이미 검토 내용을 브리핑 받았으며, 브리핑의 요지는 유출될 수밖에 없었다. 그렇다 하더라도 평가단의 공식 기자 회견은 관심을 끌었다. 로버트 왓슨과 셔우드 롤런드는 인간의 활동으로 인해 성층권에 염화불화탄소가 급속하게 증가하고 있으며 이런 가스들이 오존 수치를 좌우하고 있다고 분명하게 말했다.

오존변화추세평가단에는 듀폰 소속 화학자도 한 명 있었다. 듀폰은 전에도 남극 원정 조사단을 재정 지원한 적이 있었다. 평가단의 발표 이후 이 화학자는 평가단의 검토 결과를 심각하게 받아들여야 한다고 관리자들을 설득했고, 관리자들은 중역들에게 이런 의견을 전달했다. 듀폰 중역들은 3일 동안 집중적인 논의를 한 끝에 평가단이 적절한 피해 수치를 입증했다는 결론에 다다랐다. 3월 18일, 듀폰 경영진은 10년 안에 염화불화탄소 생산을 중단하기로 결정했다.[54]

북극의 오존 홀?

미국 상원에서 몬트리올 의정서를 비준했다고 해서 과학 연구가 멈춰 서지는 않았다. 규제 행위를 뒷받침할 만큼 증거가 충분하긴 했지만, 과학자들의 관점에서 보자면 여전히 남아 있는 불확실성을 감안할 때 더 많은 연구가 필요했다. 전체적인 그림은 뚜렷했지만, 과학자들은 여전히 남극에서 예상외로 염소 수치가 높은 **정확한** 이유와 오존 '구멍'을 야기한 정확한 기상 조건을 완전히 파악하지 못했다. 몬트리올 의정서가 기체만 다루는 화학에 바탕을 두고 교섭되었기 때문에, 관련 반응에서 얼음 결정이 하는 역할에 관한 새로운 통찰을 반영하도록 의정서를 변경할 필요도 있었다.

그런데 북극의 사정은 어땠을까? 북극에서도 오존 홀이 생겨났을까? 남반구보다 북반구에 훨씬 더 많은 인구(와 연구 비용을 대는 사람들)가 살고 있었기 때문에 인간적 함의와 정치적 함의는 분명했다.

두 가지 지표를 볼 때 이미 북극에서도 문제가 진행되고 있었다. 1988년 2월, 에임스연구센터의 비행기 한 대가 본부인 모핏 공항 Moffett Field에서 북쪽에 있는 캐나다의 그레이트슬레이브 호Great Slave Lake로 남극 관측 장비를 싣고 비행했다. 이 항로는 북극의 극 소용돌이에서 남쪽으로 떨어진 곳이었지만, 비행 데이터에서는 매우 높은 일산화염소 수치가 나타났다. 두 번째 지표는 해양대기청 산하 미국 해양대기연구소Office of Oceanic and Atmospheric Research(OAR)의 초고층대기물리연구실Aeronomy Lab 과학자들에게서 나왔다. 이 과학자들은 1988년 1월 마지막 주에 남극에서 사용하던 분광계를 가지고 북극 소용돌이 안쪽에 있는 그린란드의 툴레Thule로 갔다. 그곳에서 과학자들은 이산화염소 수치가 높아지고 이산화질소 수치가 대단히 낮아진 사실을 발견했다. 북극에서도 적어도 관련된 반응이 벌어지고 있다는 증거였다.

로버트 왓슨은 무엇을 해야 할지 곰곰이 생각했다. 그해 안에 또 다른 북극 원정대를 조직해야 할까, 아니면 다음 겨울까지 기다려야 할까? 1987년 1월 이래 거의 모든 자격 있는 과학자들은 이런저런 원정대나 원정 이후 회의에 참여한 바 있었다. 과학자들을 다시 곧바로 현장에 보내는 것은 무리한 요구였다. 그러나 어쨌든 해치우기로 결정했다. 노르웨이 스타방에르Stanvanger를 기점으로 잡은 북극성층권비행원정대Airborne Arctic Stratospheric Expedition(AASE)는 1989년 1월에 활동을 개시하기로 일정을 잡았다.

북극성층권비행원정대는 1989년 1월과 2월에 북극의 극 소용돌이로 31차례 비행을 했다. 원정대는 북극의 극 소용돌이의 화학 구성이 매우 불안정하다는 사실을 발견했다. 질소 종류의 낮은 수치와 염소의 높은 수치는 남극의 경우와 거의 흡사했고, 마지막 비행에서는 이제껏 남극에서 측정된 것보다 더 높은 일산화염소 수치가 기록되었다. 남극에서 벌어진 것과 똑같은 반응이 북극에서도 일어나고 있는 게 확실했다.[55]

남극과 똑같은 오존 홀을 만드는 데 필요한 화학적 조건이 북극에도 모두 존재하는데, 왜 구멍은 없는 걸까? 과학자들은 이런 질문에 대답할 수 있었다. 북극은 남극만큼 춥지 않으며 극 소용돌이 역시 남극만큼 강하지 않았다. 북극에 오존 구멍이 생기려면 3월까지 매우 낮은 온도가 계속되어야 하고, 보통 북극 성층권에서 소용돌이치는 대기파atmospheric wave가 진정되어야 한다. 이런 조건이 불가능하지는 않지만, 남극에 비해서는 가능성이 훨씬 낮았다. 이제 관찰된 패턴이 이해가 되었다.

오존변화추세평가단과 현지 원정대의 결론이 종합된 결과, 몬트리올 의정서에 관한 재교섭이 이루어졌다. 업계 역시 이 결론을 통해 자신들의 제품이 실제로 유해함을 수긍했고, 그에 따라 저항이 수그러들기 시작했다. 이제 염화불화탄소는 장래에 벌어질지 모르는 일이 아니라 이미 벌어지고 있는 일에 바탕을 두고 규제를 받게 되었다. 이 화학 물질들은 수십 년 단위로 측정되는 수명이 있기 때문에 더 많은 피해가 생길 것은 의심의 여지가 없었다. 1990년 6월 런던 회의에서 정점을 찍기까지 잇따라 열린 회의에서 염화불화탄소뿐만 아니라 성층권에 염소를 배출하는 다른 화학 물질의 제조까지 완전히 금지하는 내용이 수정된 의정서에 포함되었다. 염화불화탄소 제조는 2000년에 중단될 예정이었고, 다른 화학 물질은 2005년에서 2040년까지 기한을 두었다.[56] 과학은 차근차근 단계적으로 풀려나갔고, 그에 따라 규제가 진행되었다.

대항 서사 구성하기

환경 규제가 과학에 토대를 두어야 한다면, 오존 문제는 분명 성공담이다. 복잡한 과학을 해결하는 데 시간이 걸렸지만, 과학자들은 미국 정부와 국제 과학 기관들의 지원을 받아 성공을 거두었다. 과학에 바탕을 둔 규제가 자리를 잡았고, 과학의 진보에 부응하여 조정되었다. 그러나 이와 동시에 과학에 도전하려는 시도가 끈질기게 이어졌다. 업계 대변자들과 회의론자들은 오존 감소가 실제로 벌어진다는 사실을 의심했고, 설사 그것이 실제라 하더라도 중요하지 않거나 화산에 의한 것이라고 주장했다.

오존 감소를 부정한 가장 유명한 인물은 아마 레이건 대통령의 내무부 장관 도널드 호델Donald Hodel일 것이다. 호델은 1987년에 오존 감소에 대해 '개인적인 보호 계획'을 제안했다. 모자를 쓰고 긴팔 셔츠를 입으라는 것이었다.[57] 환경론자들에게 손쉬운 과녁이 된 호델은 결국 행정부에서 오래 버티지 못했다.

유감스럽지만 호델은 혼자가 아니었다. 1980년대 초반, 워싱턴의 보수주의와 자유지상주의 싱크 탱크들의 네트워크에는 반反환경론이 깊게 뿌리를 내리고 있었다. 케이토연구소, 미국기업연구소American

Enterprise Institute(AEI), 헤리티지재단, 경쟁기업연구소Competitive Enterprise Institute(CEI), 마셜연구소 등을 필두로 한 이 싱크 탱크들은 다양한 방식으로 기업의 이익과 '자유 시장' 경제 정책을 장려하고, 환경·보건·안전·노동 보호의 삭감을 옹호했다. 기업가와 대기업, 보수적인 재단들은 기부를 통해 이 싱크 탱크들을 지원했다.[58]

이 그룹 중 하나인 헤리티지재단은 1971년 초음속 여객기 논쟁의 직접적인 산물이었다.[59] 미국 의회에서 초음속 여객기를 퇴장시킨 결정적인 표결을 한 이틀 뒤, 미국기업연구소AEI는 이 프로젝트를 지지하는 브리핑을 한 적이 있었다. 헛수고가 된 이 브리핑에 격분한 공화당 국회 의원 보좌관 두 명은 보수적이고 '친기업적인' 정책 목표를 지지하는 '신속한 대응 역량'을 제공하기 위해 새로운 재단을 만들었다. 두 사람은 조셉 쿠어스Joseph Coors와 리처드 멜런 스케이프Richard Mellon Scaife로부터 초기 자금을 받았다. 1980년대 중반에 이르러 헤리티지재단은 제너럴모터스와 체이스맨해튼, 모빌석유 등을 비롯한 여러 대기업과 은행으로부터 폭넓은 지원을 받았다.[60]

오존 감소에 의문을 제기하려는 노력은 대항 서사counternarrative를 제시하는 것으로도 드러났다. 오존 감소는 원래 자연적인 변화인데, 자기 이익만 좇는 부패한 극단주의 과학 집단이 더 많은 연구비를 얻어내기 위해 이 현상을 냉소적으로 활용하고 있다는 것이었다. 이런 주장을 처음으로 펼친 이들 가운데 한 명은 1980년대 초에 헤리티지재단의 특별 연구원을 지낸 사람이었다. 프레드 싱어가 그 주인공이다.[61]

이제 미국 교통부의 수석 과학자가 된 싱어는 『월스트리트 저널』 1면에 실린 논설에서 이른바 '오존 소동'에 대해 처음 이의를 제기했다.[62] 이 글에서 싱어는 오존 감소가 관찰된 사실을 인정하면서도 '국지적이고 일시적인' 현상일 뿐이라고 일축하고는 염화불화탄소가 그 원인이라는 증거가 전혀 없다고 주장했다. "일부 과학자들은 오존이 사라지는 게 아니라 단지 옮겨 다닐 뿐이라고 생각한다. 대기의 이동에 의해 오존이 감소된 공기가 몇 주 동안 들어오는 것이다." 이 글을 쓴 시점은 1987년 4월이었지만(따라서 염화불화탄소의 역할에 관한 결정적인 증거가 아직 드러나지 않은 것은 사실이었다.), 그래도 터무니없는 주장이었다. 위성 데이터는 지구 전체를 포괄하는 것이었기 때문이다. 오존이 단지 '옮겨 다닐' 뿐이라면, 다른 어딘가의 위성에서는 오존 증가가 포착되어야 했다.

싱어는 또한 엉뚱한 소리로 반박하는 케케묵은 담배 전술을 다시 써먹었다. 피부암의 원인은 "바이러스, 유전적 소인, 환경 발암 물질, 남부 선벨트〔Sun Belt. 미국 남부에서 동서로 뻗은 온난 지대로서 은퇴 생활을 하는 곳으로 유명하다. — 옮긴이〕로 몰리는 인구 이동, 생활 방식의 변화, 흑색종〔黑色腫. 멜라닌 세포의 악성화로 생기는 종양. 피부암 가운데 가장 악성도가 높다. — 옮긴이〕 조기 발견, 심지어 다이어트에 이르기까지" 다양하다는 것이었다.[63] 모두 맞는 말이지만 논점을 벗어난 이야기이다. 핵심 논점은 만약 오존 감소가 계속된다면, 이미 다른 원인에 의해 생겨나는 피부암 말고도 더욱 많은 환자가 발생할 것이라는 점이었다.

마지막으로 싱어는 허수아비를 내세웠는데, 이후 10년 동안 과학자들은 이 허수아비에 맞서 싸워야 했다. 과거에 과학 공동체의 합의 와는 정반대로, 산성비 문제를 해결하는 것은 100만 달러짜리 문제에 10억 달러짜리 해법을 들이대는 것이라고 주장했던 것처럼, 이제는 과학자들이 초음속 여객기에서 나오는 수증기 때문에 오존이 파괴될 것이라고 그릇된 걱정을 한 것이라고 주장했다. "당시 유행하던 과학 지식에 따르면, 초음속 여객기의 배기가스에 포함된 수증기 때문에 오존이 파괴되어 자외〔싱어의 원문에는 'ultraviolet' 대신 'ultraviolent' 라고 되어 있음.〕 복사가 지구 표면에 도달한다는 것이었다."[64] 사실을 말하자면, 당시 조직된 평가에서는 수증기로 인해 중대한 수준의 오존 감소가 일어난다는 관념이 거부되었다. 그것은 "유행하던 과학 지식"이 아니라 금세 의심을 받은 가설에 불과했다. 그러나 싱어는 주장을 굽히지 않았다. 그것은 과학자들이 전에 과도하게 반응했고 지금 과도하게 반응하며 따라서 신뢰하기 힘든 대항 서사의 시작이었다.

1988년, 싱어는 오존 홀에 대한 자기만의 독특한 해석을 펼쳤다. 싱어가 보기에 독특한 점은 1975년에 갑자기 오존 구멍이 나타났다는 사실이었다. 지구 전체 표면의 온난화 추세가 시작된 것과 동시에 나타난 현상이었다. 싱어는 높은 염소 수치(반드시 염화불화탄소에 의한 것은 아닐지라도)가 일정한 역할을 한다는 점을 받아들이면서도 오존 구멍의 실제 원인은 성층권의 온도 저하라고 주장했다. 그리고 이런 온도 저하는 지구의 자연적 기후 변화의 일부에 지나지 않는다고 역설했다.[65]

이것이 사실이라면, 염화불화탄소를 규제할 필요가 전혀 없었다. 오존 홀과 별로 관계가 없기 때문이다. 몬트리올 의정서는 "오존 홀이 성층권 오존의 전반적인 전 지구적 감소를 알리는 전조에 불과할 수 있다는 믿음에 의해 자극된"것이었으므로 명백히 불필요한 조치였다.[66] 이런 주장에 담긴 함의는 자연적인 온난화를 그냥 내버려두면 모든 게 정상으로 돌아간다는 것이었다.

싱어의 견해는 터무니없는 것은 아니었고, 자연법칙에 위배되는 것도 아니었다. 단지 지난 10년 동안 수백 명의 전문가들이 축적한 연구 결과에 배치되었고, 공교롭게도 규제가 전혀 필요 없다는 결론으로 이어졌을 뿐이다.

싱어가 논설에서 말하지 않은 점도 흥미로웠다. 성층권 온도 저하가 지표면 온난화와 연결된다는 주장의 출처는 시카고대학교의 일류 대기화학자인 V. 라마나탄V. Ramanathan이 「기후 변화의 온실 이론: 우연한 전 지구적 실험을 통한 테스트The Greenhouse Theory of Climate Change: A Test by an Inadvertent Global Experiment」라는 제목으로 최근 발표한 논문이었다. 라마나탄이 말하는 실험은 인간의 온실가스 배출을 통한 대기 구성 변화였다. 이 무렵이면 과학 연구자들은 인간이 대기의 온실가스 수치를 높이고 있다는 점을 잘 알고 있었고, 라마나탄은 예상되는 결과를 요약, 소개한 것이었다. 온실가스 수치가 높아지면 지구 대기권의 아랫부분(대류권)에 열이 머물러서 지구의 열이 우주로 이동하는 속도가 느려진다. 대류권의 온도가 올라가는 반면 대기권의 윗부분(성층권)의 온도는 내려간다.[67]

라마나탄은 성층권의 온도 저하가 자연적 순환의 일부라고 주장한 적이 없었다. 오히려 반대의 주장을 했다. 인간이 기후 시스템을 바꾸면서 대류권의 온도 상승과 성층권의 온도 저하를 유발한다는 것이었다. 염화불화탄소, 메탄, 이산화탄소의 양이 늘어난 것이 성층권의 온도 저하를 더욱 부추기는 것 같았고, 따라서 인간이 계속해서 이런 기체를 배출하면 성층권의 오존 감소가 가속화될 것이었다. 싱어의 입장과는 정반대의 이야기였다. 싱어는 라마나탄의 주장을 거꾸로 뒤집은 셈이었다.

싱어는 고다드우주연구소 소장 제임스 E. 핸슨James E. Hansen에게도 똑같은 짓을 저질렀다. 1988년 8월, 핸슨은 의회에서 파격적인 증언을 하면서 "온실 효과에 관한 과학적 증거는 압도적"이라고 주장했다. "온실 효과는 현실이고, 조만간 닥칠 것이며, 모든 나라 사람들에게 커다란 영향을 미칠 것이다."[68] 싱어는 핸슨이 발표한 내용 가운데 공청회 발제문에 실렸다가 『지구물리 연구 저널Journal of Geophysical Research』에 발표된 그래프 하나를 활용했다. 그렇지만 핸슨은 온난화 추세가 자연적 순환의 일부라고 주장하기 위해서가 아니라 그 반대임을 보여주기 위해 이 그래프를 만든 것이었다.

싱어는 라마나탄과 핸슨의 주장을 언급하지 않았고, 이 과정에서 그들의 전체적인 주장을 그릇되게 소개했다. 지표면의 온도 상승과 성층권의 온도 저하 추세는 둘 다 인간 활동의 직접적인 결과라는 게 두 사람의 요지였다. 오존 홀은 서로 다르지만 상관관계가 있는 두 가지 점에서 볼 때 인간이 만들어낸 것이었다. 과도한 염소는 염화불화탄소에서 나온 것이었고, 온도 저하 효과는 인간으로 인한 지구 온난화의 결과였다.

이런 점을 볼 때, 싱어가 자신의 편지를 게재하는 데 어려움을 겪은 것은 전혀 놀랄 일이 아니었다. 1989년에 『내셔널 리뷰National

Review』에 기고한 논문에서 싱어는 『사이언스』에서 게재 거부를 당한 뒤에야 미국지구물리학회 회보인 『EOS』에서 허락을 받았다고 불만을 토로했다. 『내셔널 리뷰』는 보수 성향의 윌리엄 F. 버클리William F. Buckley가 창간한 잡지였고, 싱어는 이 잡지를 연단으로 삼아 과학 공동체에 대한 공격에 착수했다. 「오존층 모험담My Adventures in the Ozone Layer」이라는 글에서 싱어는 과학 공동체가 사리사욕에 휘둘리고 있다고 비판했다. "염화불화탄소를 규제해서 없애버리려는 움직임의 배후에 있는 동기를 이해하기는 어렵지 않다. 과학자들에게는 위신과 더 많은 연구 지원금, 기자 회견, 신문 보도 등이 중요하다. 자신들이 미래 세대를 위해 세계를 구하고 있다는 감정도 무시할 수 없다."[69] (세계를 구하는 게 나쁜 일이라는 말인가!)

싱어는 과학자들이 성급하게 판단을 내렸다고 주장했다. 그런데 이런 주장의 논리는 약간 허술하다. 과학자들이 무엇보다도 자신의 연구 프로그램을 계속 진행하기를 원한다면, 성급하게 판단을 내릴 이유가 없기 때문이다. 이제 규제를 정당화할 만한 충분한 이유가 있다고 말하기보다는 더 연구할 필요가 있다고 계속 주장하는 게 더 낫지 않겠는가?

싱어는 또한 염화불화탄소가 대량으로 만들어지기 전인 1956년에 돕슨이 오존 홀을 발견했다고 주장하고는 염화불화탄소를 다른 물질로 대체하는 것은 어렵고 비용이 많이 들 것이라고 결론지었다. 염화불화탄소의 대체물은 "독성이고 쉽게 타거나 부식될지 모른다. 그리고 분명 제대로 효과를 내지 못할 것이다. 대체 물질을 쓰면 냉장고 같은 가전제품의 에너지 효율이 줄어들 것이며, 대체 물질은 쉽게 감소되어서 자주 보충을 해주어야 할 것이다."[70] 분명 제대로 효과를 내지 못할 것이라고? 대체 물질이 아직 개발되지도 않았는데 도대체 어떻게 알았을까? 싱어의 행동은 산성비 논쟁 당시와 하나도 다르지 않았다. 어떤 해법이든 어렵고 비용이 많이 들 것이라고 주장하면서도 그런 주장을 뒷받침하는 증거는 제대로 내놓지 않은 것이다. 사실 싱어는 여기서 한발 더 나아가 아직 존재하지도 않는 기술의 성격에 관해 대담한 주장을 펼치고 있었다.

싱어의 설명은 1980년대에 연구 공동체가 실제로 생각하고 실행한 내용을 공정하게 요약한 것이었을까? 천만에 말씀이다. 연구 공동체에 속한 모든 사람이 염화불화탄소가 주범임을 '분명히' 알지 못했다. 오존 홀이 처음 탐지되었을 때 과학자들은 태양의 효과와 기상 상태 모두 고려하고 조사했다.[71] 싱어는 또한 나사와 해양대기청이 주관한 현지 원정대와 연구소 실험을 무시했다. 이것은 중대한 결함이었다. 주장을 매듭짓는 화학 데이터가 이 원정과 실험에서 나왔기 때문이다. 돕슨이 실제로 오존 홀을 발견했다는 주장은 터무니없는 거짓이었다. 돕슨이 발견한 것은 계절에 따른 오존의 변화가 남극이 북극보다 더 크다는 사실이었다.[72] 물론 이것은 중요한 관찰이었지만 오존 홀과는 전혀 다른 문제였다.

요컨대 싱어의 이야기에는 세 가지 주요 테마가 있었다. 과학은 불완전하고 불확실하다. 염화불화탄소를 다른 물질로 대체하는 것은 어렵고 위험하며 비용이 많이 든다. 과학 공동체는 부패했으며 사리사욕과 정치 이데올로기에 따라 움직인다. 첫 번째는 맞는 말이지만 몬트리올 의정서의 유연한 구조는 이런 점을 감안한 결과였다. 두 번째 이야기는 아무 근거가 없었다. 세 번째 주장의 경우에, 싱어가 레이건 정부 및 헤리티지재단과 연결되어 있었던 점과 논문을 발표한 잡지의 성격을 감안하면, 똥 묻은 개가 겨 묻은 개 나무라는 격이었다. 이제 우리는 염화불화탄소가 금지되었을 때 어떤 결과가 나타났는지를 안다. 요즘 쓰이는 비염화불화탄소계 냉매는 에너지 효율이 더 높으며 (훌륭한 기술과 엄격해진 효율성 기준 덕분이다.) 독성이 없고 쉽게 타거나 부식되지도 않는다.[73]

1992년에 몬트리올 의정서 수정안이 채택되고, 미국 상원에서 이 안을 비준하고, 듀퐁코퍼레이션까지도 수용함에 따라 오존 감소를 둘러싼 논쟁은 사실상 막을 내렸다. 과학자들은 특히 얼음 결정을 비롯한 미립자가 감소 반응을 가속화하는 데서 어떤 역할을 하는지에 관해 연구를 계속했지만, 이것은 염화불화탄소의 일부 대체 물질을 포함한 다른 합성물이 나름의 문제를 유발한다고 의심되었기 때문이다.

그렇지만 싱어는 포기하지 않았다. 1990년에 싱어는 자신의 연구를 조직하기 위해 독자적인 비영리 기구인 과학환경정책프로젝트 Science and Environmental Policy Project(SEPP)를 설립했다. 이 기구는 원래 문선명 목사의 통일교에서 재정을 지원하는 워싱턴공공정책가치문제연구소Washington Institute for Values in Public Policy에 속해 있었다.[74] (통일교회는 열정적인 반공주의로 유명했고, 아마 이런 점이 싱어에게 매력으로 작용했을 것이다. 통일교 지지자 중 한 명인 유진 위그너는 프레드 사이츠의 박사 논문 지도교수이자 스승이었다.)[75] 통일교는 『워싱턴 타임스Washington Times』라는 신문사도 소유하고 있었고 패러건하우스

Paragon House라는 출판사도 운영했다. 그 뒤 몇 년 동안 싱어는 이 신문과 출판사를 활용해 자신의 견해를 퍼뜨리게 된다.

1991년, 싱어는 『워싱턴 타임스』와 『컨슈머스 리서치 매거진』을 통해 오존 감소의 과학이 너무 불확실하다는 주장을 되풀이했다. 또한 새로운 주장을 펼쳐 보였다. 오존변화추세평가단이 "더 정확한 위성 오존 데이터가 아니라 지상 기반 데이터"를 활용한 게 잘못이라는 것이었다.[76] 그러나 우리는 위성 데이터가 더 큰 폭의 오존 감소를 나타냈음을 보았으며, 또 평가단이 위성에서 탐지한 감소율이 더 높은 것은 우주 공간에서 장비가 노후한 인위적인 결과라는 결론을 내렸음도 알고 있다(싱어가 원래 로켓 연구 전문가였음을 감안하면 아마 이런 현상에 정통했을 것이다.). 만약 평가단이 위성 데이터를 사용했다면 싱어는 틀림없이 장비 노후화 문제를 무시했다고 공격했을 것이다.

그러나 사실에 근거를 두었는지 여부와 상관없이 싱어의 노력은 결실을 맺기 시작했다. 1990년, 원자력위원회 위원장과 워싱턴 주지사 출신의 동물학자 딕시 리 레이는 『지구를 파괴하다: 산성비와 오존 감소, 핵폐기물 등의 문제에 과학은 어떻게 도움을 줄 수 있는가 Trashing the Planet: How Science Can Help Us Deal with Acid Rain, Depletion of Ozone, and Nuclear Waste (Among Other Things)』라는 책을 공동으로 펴냈다. "유사 사실로부터 사실을 가려내고, 모든 진보에 반대하는 말세론자들의 정체를 폭로하며, 환경 및 현대 기술을 대하는 이성과 균형 감각을 재확립하기 위한" 시도라고 떠들썩하게 선전을 한 이 책은 환경 운동(과 그것을 뒷받침하는 과학)에 반대하는 일종의 장광설이었다.[77] 레이는 에너지 보전과 재생 가능 에너지의 중요성을 일축하고, 환경론자들이 부추기는 독성 화학 물질 '소동'을 공격했으며, 과학 전문가들의 연구 결과를 의도적으로 무시한 채 그 대신 직업적인 비평가와 회의론자들의 주장을 소개했다. 레이가 오존에 관해 어떻게 말했는지 한번 들어보자.

> 오존을 파괴하는 데 필요한 염소 이온이 염화불화탄소에서 나온다는 믿음이 널리 퍼져 있지만, 이것은 분명하게 확인되지 않았다. 다른 한편, 1976년 알래스카 주 세인트오거스틴St. Augustine 산의 분출로 염산 2890억 킬로그램이 성층권으로 곧바로 날아갔다. 이 양은 1975년에 전 세계에서 제조된 염소불화탄소 합성물 총량의 570배이다. 맥머도 만에서 바람 방향으로 불과 15킬로미터 거리에 있는 에러버스Erebus 산은 지난 100년 동안 계속 분출하면서 매일 1000톤(90만 7184킬로그램)이 넘는 염소를 쏟아낸다. …… 우리는 성층권의 염화물이 어디서 유래하는지, 그리고 인간이 거기에 어떤 영향을 미치는지를 확실히 알지 못한다.[78]

이 주장은 어디서 끌어온 것일까? 레이는 오존 감소와 지구 온난화 주제에 관해 쌍벽을 이루는 "결정적으로 중요한 기여" 중 하나라고 극찬한 싱어의 『전 지구적 기후 변화Global Climate Change』에 수록된 1989년 논문을 인용했다(다른 하나는 오존이나 지구 온난화 문제와 전혀 관계가 없는 국가산성강우평가프로그램이었다.).[79] 싱어의 논문을 읽어보면, 그가 독창적인 데이터는 하나도 제시하지 않았음을 알게 된다. 싱어는 그저 다른 논문들을 인용했을 뿐이다. 그것도 이 논문들이 실제로 어떤 내용인지를 제대로 설명하지도 않은 채 말이다.

에러버스 산과 오거스틴 산에 관한 자세한 내용은 1989년에 발표된 두 논문에서 실제로 찾아볼 수 있다. 로젤리오 마두로Rogelio Maduro라는 사람이 린든 라루시[Lyndon LaRouche(1922년~). 미국의 극우 반유대주의 정치 운동가. 1976년부터 2004년까지 대통령 선거에 단골로 출마했으며 음모론에 입각해서 정치, 경제 등 다양한 분야에서 저술과 정치 활동을 벌여왔다. 우편 사기와 세금 포탈 등의 유죄 판결을 받고 1988년부터 1994년까지 복역하기도 했다. — 옮긴이]가 이끄는 단체의 지원을 받는 정치 잡지 『21세기 과학과 기술21st Century Science and Technology』에 발표한 논문이었다.[80] 1992년에 마두로는 『오존 구멍 소동: 하늘이 무너지지 않는다는 과학적 증거The Hole in the Ozone Scare: The Scientific Evidence that the Sky Isn't Falling』라는 책을 출간하지만, 기본적인 주장은 이미 1989년의 논문에서 펼쳐 놓았다.[81] 마두로는 지구 온난화 '날조'에 관한 논문을 쓰기 위해 리드 브라이슨Reid Bryson과 인터뷰를 한 뒤 오존 감소 이론이 '사기'라고 결론을 내린 바 있었다. 꽃가루와 나이테를 이용한 고古기후 연구(오존과는 무관하다.) 전문가인 브라이슨은 마두로에게 에러버스 산이 1주일에 대기 중에 내뿜는 염소가 염화불화탄소에서 1년에 배출되는 양보다 많다고 말해주었다.

레이는 대기 중 염소 배출과 성층권의 염소 농도를 혼동한 게 분명했다. 에러버스 산에서 상당량의 염소가 배출된 것은 사실이지만, 폭발적으로 분출하는 게 아니라서 여기서 배출되는 염소가 성층권까지 직접 올라가지는 않았다. 성층권에 도달하려면 대류권의 바람에 의해 위로 올라가야 했다. 그렇지만 나사와 해양대기청에서 두 차례 조직한 현지 원정대에서 수집한 남극 데이터에 따르면, 대류권에는 염소가 매우 적고 성층권에는 상당히 많았다. 게다가 기구氣球의 측정 결과에서 드러난 것처럼, 온도가 매우 낮은 성층권의 공기는 올라가는 게 아니라 가라앉았고, 따라서 에러버스 산에서 나온 물질이 포함된 공기 덩어리가 염소의 원천일 가능성은 전혀 없었다.

마두로의 주장은 잘 알려지지 않은 잡지에 발표되었기 때문에 쉽게 망각의 늪에 빠질 수도 있었다. 딕시 리 레이만 아니었더라면 말이다. 레이가 자기 책에서 마두로의 주장을 그대로 되풀이하자 갑자기 이 주장이 통용되고 믿어지기 시작했다. 어쨌든 레이는 과학자였고, 원자력위원회 위원장을 지낸 인물이었다. 그런데 레이는 확실히 믿을 만한 사람이었을까? 출판사는 그렇게 생각했고, 많은 대중 매체도 『지구를 파괴하다』라는 책의 서평을 게재했다. 책이 순조롭게 팔려 나가자 레이는 1993년에 『환경 과민 반응 Environmental Overkill』이라는 수정·증보판을 출간해서 베스트셀러에 등극시켰다. 이 책에서 레이는 1990년 저서의 주장을 그대로 반복했을 뿐만 아니라 더욱 확장했다. 염화불화탄소는 무겁기 때문에 성층권까지 올라갈 수 없다고 처음 주장한 것이다![82]

이런 잘못된 정보가 빠르게 확산되는 데 분노한 셔우드 롤런드는 1993년 미국과학진흥협회 회장 연설 자리에서 칼을 빼들었다.[83] 롤런드는 실명을 거론하지 않은 채 "고참 과학자들"이 이런 잘못된 주장을 퍼뜨리는 일을 거들고 있다고 비난했다. 그러고는 염화불화탄소가 성층권에 도달하지 않는다는 생각을 시작으로 하여 상세한 내용을 다루었다. 사실 염화불화탄소는 "세계 전역의 수십 개 연구 그룹에서 수집

한 말 그대로 수천 개의 성층권 공기 샘플"에서 측정된 바 있었다.[84]

롤런드는 또한 화산을 원인으로 거론하는 문제에 대해서도 입을 열었다. 우선 1976년 알래스카 주 오거스틴 산의 1회 분출로 1975년 염화불화탄소 생산량 전체와 맞먹는 양의 염소가 성층권에 배출되었다고 주장한 1980년 『사이언스』 논문의 실체를 폭로했다. 이 주장은 실제로 성층권에 도달한 염소가 아니라 화산재에 포함된 염소를 바탕으로 한 것이었다. 비에 섞여 내리기 때문에 성층권에 도달하는 양이 줄어들 테지만, 비의 화학 구성은 측정되지 않았다. "이 『사이언스』 논문에서는 화산 구름에서 염화수소가 실제로 성층권에 도달했음을 보여주는 어떤 증거도 제시하지 않았다."[85] 뒤이어 롤런드는 1982년 4월 멕시코 엘치촌El Chichón 화산의 분출로 성층권의 염화수소가 증가한 비율은 10퍼센트에 미치지 않았으며, 1991년 6월 필리핀의 피나투보 Pinatubo 화산(훨씬 규모가 큰 분출이었다.)에서는 더욱 적은 비율이 늘어났다고 설명했다. 그렇지만 이 두 차례의 분출 사이에는 염화수소 수치가 꾸준히 증가했다. 9년 동안 다른 폭발적 분출이 전혀 없었는데도 말이다. 이런 사실은 염소가 화산에서 나오는 것이 아님을 결정적으로 보여주는 증거였다.

롤런드가 추적한 바에 따르면, 그 뒤로 화산의 효과를 둘러싸고 혼란이 벌어진 연원은 프레드 싱어의 1989년 『내셔널 리뷰』 논문이었다. 그 전에 레이가 매우 높은 염소 배출을 오거스틴 산의 탓으로 돌리면서 혼란은 더욱 증폭되었다.[86] 사람들은 이런 주장을 사실로 받아들였다. 보통 사람들은 "원래의 문헌을 추적하기보다는 화산 문제에 관한 이런 2차, 3차, 4차 문헌에 무비판적으로 의존하기 때문이다."

그리고 수많은 매체를 통해 오류가 널리 퍼져 나갔다.[87]

이런 오류를 바로잡으려는 롤런드의 시도는 무위로 돌아갔다. 1994년 3월, 싱어는 각종 증거를 보면 "성층권의 염소가 대부분 자연적인 원천에서 나온다는 사실이 입증된다."는 이미 반박된 주장을 되풀이했다.[88] 1995년 9월에는 미국 하원 청문회에서 스타 증인으로 활약했다. 공화당 하원 의원 데이나 로러배커Dana Rohrabacher가 주관한 '과학적 정직성'에 관한 청문회였다. 싱어는 과거에 펼친 주장을 일부 다시 써먹었으며, 나사의 고층대기연구프로그램 전前 책임자이자 지금은 과학기술정책실에 몸담고 있는 로버트 왓슨의 증언 때문에 위원회가 "방향을 잘못 잡고 속아 넘어가고 조종당하고 있다."고 결론지었다. 싱어는 이 문제를 '이른바' 오존 감소라고 지칭하면서 우려하는 과학적 근거가 '잘못되었다'고 단언했다.[89] 위원회에 서면으로 제출한 글에서는 "오존 감소나 그 영향에 관한 과학적 합의는 전혀 이루어진 바가 없다."고 덧붙였다.[90] 불과 몇 주 뒤에 셔우드 롤런드는 성층권 오존의 화학에 대한 이해를 높인 공로로 마리오 몰리나·파울 크뤼천과 함께 1995년 노벨 화학상을 받았다(과학자로서 누릴 수 있는 가장 높은 영예이자 연구가 널리 수용되고 인정받았다는 가장 명백한 증거이다.).[91]

따라서 싱어는 노벨상 선정 위원회까지도 공격했다. 이번에도 역시 『워싱턴 타임스』에 기고한 글의 첫머리는 다음과 같았다. "스웨덴 학술원은 1995년 노벨 화학상을 성층권 오존 감소 가설 창시자에게 수여함으로써 정치적 선언을 하는 쪽을 선택했다." 스웨덴의 여론은 염화불화탄소를 "시급하게 제거하는" 것을 지지했으며, "심지어는 아직 탐지되지도 않은 지구 기후 온난화를 되돌리기 위한 징벌적인 탄소세 carbon tax"도 지지했다. "요컨대 이 나라는 집단적인 환경 히스테리에 사로잡혀 있다."⁹²

주류 과학을 불신하게 만들려는 싱어의 모든 노력이 과연 중요했을까? 1995년에 의회 최고의 실력자인 하원 다수당 원내총무 톰 딜레이 Tom DeLay는 오존 감소에 관한 판단을 어디서 구하느냐는 질문을 받자 이렇게 대답했다. "프레드 싱어 같은 이들의 저술을 읽으면서 판단을 합니다."⁹³

뿌리가 뻘건 초록 나무

누구나 의견을 가질 권리가 있다. 그러나 어느 과학자가 일관되게 증거의 중요성을 무시하고, 동료들로부터 철저하게 반박당한 주장을 되풀이한다면, 우리는 질문을 던질 권리가 있다. 정말 무엇이 문제인가?

1988년부터 1995년까지 싱어는 오존 연구 공동체가 오존 감소의 기원은 말할 것도 없고 그 존재에 관해서조차 대중을 오도하고 있다고 주장했다. 1989년 『내셔널 리뷰』 논문에서 싱어는 연구자들이 이런 일을 벌이는 이유는 자신들과 대학원생들의 주머니를 채우기 위한 것이라고 주장했다. 공무원들에게 겁을 주어서 연구 지원금을 받아내려는 수작이라는 것이었다.⁹⁴ 물론 싱어에게도 똑같은 총부리를 들이댈 수 있다. 1990년대에 과학환경정책프로젝트가 소득 신고를 얼마나

했는지는 알 방법이 없지만, 2007년에는 총 22만 6443달러의 수입을 올렸고 169만 달러의 자산을 축적했다.[95] 싱어는 또한 회의론 덕분에 엄청난 관심을 끌어모을 수 있었다. 연구 결과를 조용하게 학계 저널에 발표하는 대부분의 과학자들과는 비교가 안 될 정도였다. 따라서 과학자들이 연구를 위해 돈을 받는다거나 각광을 받으려고 한다는 이유로 불신 받아야 한다면, 싱어에게도 똑같은 화살을 돌릴 수 있다.

싱어는 정말로 무슨 일을 벌이고 있었을까? 확실한 답은 싱어 자신의 펜 끝에서 나온다. 1989년에 싱어는 이렇게 썼다. "그렇다면 어쩌면 자체적인 의제를 감춘 이들이 있을 것이다. 단순히 '환경을 구하자'는 게 아니라 우리의 경제 체제를 바꾸려는 이들 말이다. …… 이런 '강압적인 유토피아론자들' 가운데 일부는 사회주의자이며 일부는 기술을 혐오하는 러다이트주의자이다. 그들 대부분은 가능한 한 대규모로 규제를 하고 싶어서 안달이다."[96] 지구 온난화를 다룬 1991년의 글에서는 "기업, 자유 시장, 자본주의 체제"에 반대하는 "정치 의제를 숨긴" 환경론자들이 환경 위협(이 경우에는 지구 온난화)을 조작하고 있다는 주장을 되풀이했다.[97] 지구 온난화 연구에 참여하는 이들이 진짜로 추구하는 목표는 지구 온난화를 멈추는 게 아니라 "국제적인 행동을 조성하여 수많은 조약과 의정서를 만들어내는" 것이었다.[98] 환경론자들(과 그들이 의존하는 데이터를 제공하는 사회주의자들)의 '진짜' 의제는 자본주의를 무너뜨리고 일종의 세계적인 유토피아 사회주의나 공산주의 체제를 수립하는 것이었다. 이런 주장은 1990년대 초반에 우파들이 흔히 읊어댄, 환경 규제는 사회주의로 통하는 미끄럼틀이라는 상투적인 가락과 똑같다. 1992년에 칼럼니스트 조지 윌은 환경론은

"뿌리가 뻘건 초록 나무"라는 말로 이런 견해를 요약했다.[99]

환경 규제에 맞서 싸우기 위해 싱어와 레이는 과학이 부패했으며 과학자들을 신뢰할 수가 없다는 이야기를 퍼뜨렸다. 이런 대항 서사가 한번 사람들의 뇌리에 박히자 쉽사리 빼낼 수가 없었다. 프레드 사이츠는 1994년 마셜연구소에서 펴낸 오존 감소와 기후 변화에 관한 '보고서'에 이런 주장을 포함시켰다. 예컨대 남극의 오존 홀에 대해 돕슨이 먼저 발견했다는 주장을 되풀이하고 심지어 염화불화탄소가 성층권에 도달하지 못한다고 버젓이 이야기했다. 과학학술원 원장을 지낸 이가 이제는 물리학과 1학년생도 잘못된 것임을 아는 주장을 늘어놓은 것이다.[100] 버지니아대학교의 농업기후학자로 1991년에 싱어와 합세해서 『워싱턴 타임스』를 통해 오존 감소에 대한 주류의 견해를 공격한 패트릭 J. 마이클스Patrick J. Michaels는 2000년까지도 화산설을 반복했다.[101]

사정이 이러하니 마셜연구소가 싱어의 오존 관련 주장을 지지한 것은 놀랄 일이 아니다. 마셜연구소나 싱어나 반공주의를 열렬히 신봉했기 때문이다. 싱어가 논문을 발표할 지면을 손쉽게 구한 것도 전혀 놀랄 일은 아니다. 『워싱턴 타임스』와 『내셔널 리뷰』 편집진의 견해는 노골적인 반공주의였고, 『월스트리트 저널』, 『포브스』, 『포춘』 등은 명백하게 친기업적이고 시장 지향적이었다. 『월스트리트 저널』은 몇 년에 걸쳐 「오존 논쟁의 나쁜 기후Bad Climate in Ozone Debate」, 「오존, 염화불화탄소, 과학 소설Ozone, CFCs, and Science Fiction」, 「무시무시한 오존 홀The Dreaded Ozone Hole」 같은 제목의 기사와 사설로 북소리를 울려댔고, 롤런드와 동료들이 노벨상을 받은 뒤에는 「노벨 화학 정치상Nobel Politicized Award in Chemistry」이라고 제목을 뽑았다.[102] 이런 기사 중 하나인 1993년 2월의 「너무 많은 구멍Too Many Holes」이라는 기사는 켄트 제프리스Kent Jeffreys라는 사람이 쓴 것이었다.[103] 다음 장에서 우리는 제프리스가 어떻게 싱어와 합세하여 간접흡연의 과학을 둘러싸고 환경보호청을 공격하는 데 나섰는지를 살펴볼 것이다.

5장

간접흡연 논쟁

간접흡연과 나쁜 과학

환경보호청에 대한 업계의 공격

담배를 활용하여 자유 기업을 옹호하다

1980년대 중반에 이르면 거의 모든 미국인이 흡연이 암을 유발함을 알게 되었지만, 담배 업계 중역들은 여전히 의심을 조장하고 유지하는 데 성공을 거두었다. 담배와 관련된 소송이 벌어질 때마다 마틴 클라인 박사 같은 사람들이 법정에서 유력한 '전문가' 증언을 한 것처럼, 과학자들은 이런 노력에서 계속해서 결정적인 역할을 했다.[1] 그런데 1986년에 새로운 공포가 업계 전반을 강타했다. 담배의 타르를 등에 바른 쥐가 암에 걸린다는 사실이 밝혀진 1953년이나 업계 대표자들이 공중위생국장의 보고서를 처음 접한 1963년과 비슷한 공포였다. 그 원인은 간접흡연이 건강한 비흡연자에게도 암을 유발할 수 있다는 공중위생국장의 새로운 보고서였다. 환경보호청이 실내 흡연을 제한하는 조치를 취했을 때, 프레드 싱어는 담배산업협회와 힘을 합쳐 간접흡연의 건강상 위험을 뒷받침하는 과학적 근거에 이의를 제기했다. 그러나 그들은 데이터가 충분하지 않다고 주장하는 데 그치지 않고 환경보호청이 '나쁜 과학'을 실천하고 있다고 주장했다. 이런 주장에 신빙성을 더하기 위해 그들은 간접흡연 문제를 놓고서만 환경보호청과 싸우지 않았다. 싱어를 비롯한 이들은 환경보호청의 신뢰성을 떨어뜨리고 업계의 마음에 들지 않는 모든 과학적 결과를 '쓰레기'로 분칠하는 비방 캠페인에 착수했다.

간접흡연과 나쁜 과학

오늘날 우리는 간접흡연이 사망으로 이어질 수 있음을 알고 있다. 미국 보건복지부는 우리에게 다음과 같이 말한다. "간접흡연에 안전한 노출 수준 같은 건 존재하지 않는다. 소량이라도 …… 인간의 건강에 해로울 수 있다."[2] 그러나 담배 업계는 일반인들보다 훨씬 전에 흡연이 암을 유발할 수 있음을 알았던 것처럼, 간접흡연이 암을 유발할 수 있다는 사실도 알고 있었다. 기실 그들은 대다수 독립적 과학자들보다도 훨씬 전부터 이 사실을 알고 있었다.[3] 이미 1970년대에 담배 업계 연구자들은 담배 끝에서 나오는 연기에 직접 들이마시는 연기보다 더 많은 독성 화학 물질이 들어 있음을 발견했다. 담배에서 연기가 나는 부분이 온도가 더 낮은데 이 온도에서 독성 화합물이 더 많이 만들어지기 때문이었다. 따라서 업계 연구자들은 필터를 개선하고, 담배 종이를 바꾸고, 담배가 타는 온도를 높이기 위한 성분을 첨가하는 등 간접흡연의 유해성을 줄이기 위한 노력을 기울였다. 또한 담배 끝에서 나오는 연기의 유해성을 줄이는 게 아니라 단순히 연기가 잘 보이지 않는 담배를 만들기 위해 노력했다.[4]

공중 보건을 보호하는 책임이 있는 이들은 그만큼 낙관적이지 않았다. 각 주는 적극적으로 담배를 규제하기 시작했다. 1979년에 이르면, 켄터키와 네바다를 제외한 모든 주에서 일정한 흡연 규제 입법이 통과되거나 준비 중이었다. 많은 법안은 세금을 인상하거나 광고를 제한하는 등의 방식으로 흡연 행위를 대상으로 했지만, 일부 법안은 이른바 '실내 공기 질' 문제, 즉 간접흡연이 미치는 영향을 과녁으로 삼

았다.⁵

가령 뉴저지 주에서는 1974년 이래 공공장소에서 흡연을 규제하는 문제를 놓고 논란이 계속되고 있었다.⁶ 1974년만 해도 간접흡연의 유해성을 보여주는 과학적 증거가 거의 발표된 적이 없었던 점을 감안하면 좀 이상한 일이다. 아마 단지 상식적인 이유에서였을 것이다. 담배 연기가 일부러 흡입하는 사람에게 유해하다면 자기 의사와 무관하게 연기를 마시는 사람에게도 유해하지 않겠는가?

1980년, 흡연이 허용되는 사무실에서 일하는 비흡연자들이 가벼운 흡연자와 별반 다르지 않은 수준으로 폐 기능이 감퇴되는 것을 보여주는 논문이 비중 있는 『뉴잉글랜드 의학 저널New England Journal of Medicine』에 발표되면서 이런 상식을 뒷받침하는 증거가 나타나기 시작했다.⁷ 이 논문은 2100명을 대상으로 한 광범위한 연구였고 통계적으로도 유의미했지만, 거센 비판을 받았다. 나중에 드러난 것처럼 비판자들은 모두 담배 업계와 연관된 이들이었으나 그래도 그들의 비판에는 일리가 있었다. 사람이 얼마나 많은 수동적 흡연에 노출되는지를 입증하기란 쉽지 않았다. '담배 연기가 자욱한' 환경에 관해 일반적인 주장을 할 수는 있지만, 과학적으로 확고한 인과 관계를 주장하려면 노출 수준을 측정하고 노출이 많을수록 유해성도 커짐을 보여주어야 한다. 이것이 이른바 '용량 반응 곡선[dose-response curve. 투여된 약의 용량과 그 생리학적 효과의 관계를 나타내는 곡선. 통상 S자형 곡선이다. 즉 처음에 일정한 양까지는 효과가 없고 어느 수준에 이르러서야 효과를 발휘하며 일정 수준을 넘으면 부작용이 나타난다. — 옮긴이]'이라는 것이다. 두 번째 연구에서 이런 내용이 보완되었다.⁸

히라야마 다케시平山雄는 일본 도쿄에 있는 국립암연구소National Cancer Center Research Institute의 수석 역학자였다. 1981년, 히라야마는 흡연자 남편을 둔 일본 여성이 비흡연자 남편을 둔 여성에 비해 폐암 사망률이 훨씬 높다는 사실을 보여주었다. 장기간에 걸쳐 대규모로 이루어진 이 연구 — 29개 지역의 540명을 대상으로 14년에 걸쳐 진행되었다. — 는 뚜렷한 용량 반응 곡선을 보여주었다. 남편이 담배를 많이 피울수록 부인이 폐암으로 죽을 확률이 더 컸다. 배우자의 음주는 아무 영향이 없었고, 남편의 흡연은 자궁경부암 같이 흡연과 관련성이 없다고 생각되는 질병에는 전혀 영향을 미치지 않았다. 이 연구는 훌륭한 역학에 기대되는 바를 그대로 실천한 것이었다. 하나의 영향을 입증하고 다른 원인을 배제한 것이다. 일본의 연구는 또한 왜 많은 여성들이 담배를 피우지 않으면서도 폐암에 걸리는가, 라는 오랜 난제를 해명했다.[9] 히라야마의 연구는 일류 과학 논문이었으며 오늘날에도 기념비적인 연구로 평가된다.

담배 업계는 이 연구 결과에 혹평을 가했다. 업계는 대항 연구에 착수하고 히라야마의 명성에 흠집을 내기 위해 컨설턴트들을 고용했다.[10] 이런 컨설턴트 가운데 한 명으로 저명한 생물통계학자인 네이선 맨틀Nathan Mantel은 히라야마가 심각한 통계 오류를 범했다고 주장했다. 담배산업협회는 맨틀의 연구를 홍보하면서 언론 매체들에게 이야기의 '양쪽 편'을 보여주라고 설득했다. 주요 신문들이 협회의 손아귀에서 놀아나면서「비흡연자의 암 위험성 연구에 대한 과학자의 논박 Scientist Disputes Findings of Cancer Risk to Nonsmokers」이나「새로운 연구, 비흡연자의 위험성에 대해 반박 New Study Contradicts Non-smokers'

Risk」같은 헤드라인의 기사를 실었다. 그러자 담배 업계는 주요 신문에 이런 헤드라인들을 강조하는 전면 광고를 게재했다.[11]

이 '새로운 연구'는 물론 업계에서 연구비를 대준 것이었다. 그러나 비공식적으로는 전혀 다른 이야기가 펼쳐지고 있었다. 업계 고문들도 히라야마의 연구가 옳았다고 인정한 것이다. 한 내부 메모에서는 "히라야마〔와 그를 옹호하는 이들〕가 옳고 맨틀과 담배산업협회가 틀렸다."고 인정했다. 다른 메모에서는 업계의 과학 고문들은 "히라야마가 훌륭한 과학자이고 비흡연 부인들에 관한 그의 논문이 정확하다고 믿는다."고 결론지었다. 또 다른 메모의 작성자는 훨씬 더 강경한 어조로 말했다. "히라야마가 옳았고, 담배산업협회도 그 사실을 알았으며, 협회는 그의 연구가 옳음을 알면서도 그를 공격했다."[12]

과학 공동체 역시 이 사실을 알고 있었으며, 히라야마의 연구는 과학계에 활기를 불어넣는 효과를 발휘했다. 의사, 공중 보건 종사자, 담배 반대 활동가 등은 공공장소에서 흡연을 규제하라고 촉구하기 시작했다. 1984년에 이르면 37개 주와 워싱턴DC에서 공공장소 흡연 규제가 통과되었다. 2년 뒤에는 그 수가 40개에 이르렀다.[13] 연방 의회는 담배 광고 규제와 미성년자 판매 제한에 관한 청문회를 열었고, 민간항공위원회는 비행 중 기내에서 금연하도록 하는 계획을 검토했다.[14] 이런 조치는 물론 간접흡연이 비흡연자에게 영향을 미칠 때만 정당화될 수 있다. 1986년에 공중위생국장은 간접흡연이 영향을 미친다고 단언했다.

보건복지부 장관은 1986년 보고서에 동봉한 편지에서 조지 H. W. 부시 대통령에게 이렇게 썼다. "담배 연기가 암을 유발하는가 하는 문제는 …… 20년 전에 비해 결정적으로 해결되었습니다." 간접흡연의 경우에도 이제 해답이 나와 있었다. "비자발적 흡연은 건강한 비흡연자에게 폐암을 비롯한 질병의 원인이 됩니다."[15] 공기 중의 담배 연기는 또한 유아와 소아에게 호흡기 질환과 폐 기능 감퇴를 야기하며 천식의 위험성도 높였다. 보건복지부 장관은 이렇게 결론지었다. "의사로서 저는 부모가 흡연을 삼가야 한다고 믿습니다."

이 보고서의 「핵심 요약」은 로버트 윈덤Robert Windom이 집필했다. 로널드 레이건 대통령이 지명한 의사인 윈덤은 연구 결과를 논리적인 정책적 결론으로 이끌었다. "비흡연자를 '환경적 담배 연기environmental tobacco smoke(ETS)'로부터 보호하기 위한 조치는 정당할 뿐만 아니라 공중 보건을 위해서도 필수적이다."[16] 같은 해에 국가연구위원회NRC에서 독자적으로 내놓은 보고서도 똑같은 결론에 도달했다.[17] 흡연은 단순히 개인적인 기호의 문제가 아니었다. 마치 술을 마시고 운전을 하거나 사람 많은 극장에서 불이야, 라고 외치는 것처럼 주변인에게 심각한 위협을 가하는 행동이었다.

담배 업계는 몹시 속을 끓였다. 흡연자들이 확실한 쾌락을 위해 불확실한 위험을 받아들인다고 말할 수는 있었지만, 자기 친구나 이웃, 심지어 자기 아이들까지 생명을 위협한다는 건 전혀 다른 문제였다. 필립모리스의 부회장 엘런 메를로Ellen Merlo는 이런 식으로 표현했다. "직접적으로든 간접적으로든 담배 판매로 생계를 유지하는 우리 모두는 단합된 세력으로 뭉쳐야 한다. …… '올해 장사가 …… 괜찮을까 나쁠까' 하는 문제가 아니다. '다가오는 시기에 우리가 살아남아서 계속 이 업계에서 벌어먹고 살 수 있을까' 하는 문제인 것이다." 메를로는 최종적인 결론을 다음과 같이 설명했다. "흡연자들이 출근길이나 직장, 상점이나 은행, 식당이나 쇼핑몰 같은 공공장소에서 담배를 피우지 못한다면, 담배를 덜 피우게 될 것이다." 결국 담배 업계는 위축될 것이었다.[18]

업계의 역정보 캠페인은 이제 창의적이고 새로운 형태를 띠었다. 브라운앤드윌리엄슨은 최소한 대작 영화 다섯 편에서 자사 제품을 피우는 대가로 실베스터 스탤론에게 50만 달러를 지불했다. 흡연을 질병과 죽음이 아니라 힘과 건강과 연결 짓기 위해서였다.[19] 담배연구센터Center for Tobacco Research는 간접흡연 유해 논리에 대항하는 과학적 증거와 전문가 증언을 개발하고 점차 확대되는 과학적 합의에 이의를 제기하기 위해 업계에서 후원하는 회의를 여는 등 간접흡연 문제를 다루기 위해 '특별 프로젝트' 사무실을 개설했다.

이런 특별 프로젝트 가운데 몇 개는 법률 회사를 통해 진행되었다. 변호사-의뢰인 비밀 유지 특권을 활용해 보안을 유지하기 위해서였다.[20] (우리는 UCLA의 과학자 마틴 클라인이 전문가 증인으로 증언을 하면서 담배 업계가 아니라 법률 회사를 위해 일했다고 주장을 하는 식으로 변호사-의뢰인 특권을 활용한 예를 이미 본 바 있다.) 다른 프로젝트들에서는 직장 내에서 흡연을 규제하는 것은 일종의 고용 차별이라고 지적하는 법적 전략을 개발했다.[21] 업계는 연기가 자욱한 환경에서 일하는 노동자들이 겪는 두통을 비롯한 문제는 흡연이 아니라 건물에 의한 것이라고 주장하기 위해 '새 건물 증후군'이라는 관념을 부추겼다.[22] 담배 소비세에 저항하기 위해 조세 반대 단체들과 세력을 규합하려고 노력하기도 했다.[23] 그리고 업계는 과학자들을 끌어들이는 노력을 배가했다. '백색막프로젝트Project Whitecoat'는 이름이 시사하는 것처럼 유럽 과학자들을 끌어들여 "환경적 담배 연기가 유해하다는 과학과 대중의 그릇된 관념을 뒤집기 위해" 노력했다.[24] 이번에도 역시 업계는 과학(또는 적어도 과학자들)을 내세워 과학과 싸우고 있었다.

1991년, 필립모리스의 중역들은 특별히 간접흡연과 관련된 네 가지 목표를 제시했다. 첫 번째는 직장과 식당에서의 흡연 금지에 맞서 싸우는 것이었다. 두 번째는 공항 같은 교통 시설에서 흡연 구역을 계속 유지하는 것이었다. 세 번째는 흡연자들이 (장애인처럼?) 편의를 제공 받을 권리가 있다는 '편의 제공' 관념을 장려하는 것이었다. 손님을 환대하는 남부의 전통을 이유로 조지아 주 애틀랜타가 '편의 제공 모범 도시' 후보로 물망에 올랐지만, 이런 주장에는 (말 그대로 치명적인) 결함이 있었다.[25] 환대의 가치는 누구나 인정했지만, 이런 환대에 손님을 죽일 권리까지 포함된다고 주장하는 이는 거의 없었다. 따라서 다른 모든 목표의 조건이 되는 "제1 목표는 대중과 과학의 논의의 장에서 담배 연기에 관한 …… 논쟁을 그대로 유지하는 것이었다."[26] 논쟁을 유지하기 위한 예산은 1600만 달러였다.

이듬해는 논쟁을 유지하는 데 결정적인 시기였다. 환경보호청이 싸움에 뛰어든 상태였기 때문이다.[27] 담배 업계는 수동적 흡연이나 간접흡연보다 덜 위협적으로 보이는 '환경적 담배 연기'라는 표현을 사용하도록 장려했었지만, 이런 노력은 전술적인 오류였다. 환경보호청의 조사를 자초하는 결과를 낳았기 때문이다. 간접흡연이 '환경 문제'라면, 환경보호청의 감독을 받아야 한다는 데 의문의 여지가 없었다. 나아가 업계에서 가장 무서워하는 연방의 규제가 눈앞에 다가왔다.

1992년 12월, 환경보호청은 『수동적 흡연이 호흡기 건강에 미치는 영향Respiratory Health Effects of Passive Smoking』이라는 보고서를 발간했다. 이 보고서는 간접흡연 때문에 폐암에 걸려 사망하는 숫자가 연간 3000명이라고 추정했을 뿐만 아니라 유아와 소아의 기관지염과 폐렴 환자 15만~30만 건도 간접흡연 탓으로 돌렸다. 또한 20만~100만 명의 아동이 천식이 악화되고, 원래 천식이 없는 아동들이 '환경적 담배 연기' 때문에 천식에 걸릴 위험이 높아졌다고 주장했다. 이런 데이터는 통계적으로 유의미했고 다른 원인들이나 위험 요인, 우연 등으로는 설명되지 않았다. '환경적 담배 연기'는 A급 발암 물질(확인된 인체 발암 물질)이었다.[28]

보고서는 이런 강경한 핵심적 결론에도 불구하고 여러 면에서 신중을 기했다. 커다란 충격을 야기할 수 있는 내용 하나가 '핵심 요약'과 보도 자료에 실리지 않았다. '환경적 담배 연기'와 영아 돌연사 증후군 사이에 통계적으로 유의미한 상관관계가 있다는 사실이 그것이었다. 증거를 보면 '환경적 담배 연기' 때문에 영아 돌연사 증후군의 위험이 높아지는 것이 분명했지만, 평가단은 이 위험이 출생 전 담배 연기 흡입에 의한 것인지 출생 후 흡입에 의한 것인지, 아니면 둘 다에 의한 것인지 판단을 내리지 못했다. 몇 가지 다른 가능한 연관성과 상관관계(성인의 심혈관 질환, 청소년의 호흡기 감염 등의 증가)도 역시 미해결인 채로 남아서 추가적인 연구가 필요했다. 그러나 유해성의 측면에서 적어도 일부는 해결될 것처럼 보였기 때문에 과학자들은 다음과 같이 결론지었다. "'환경적 담배 연기'가 공중 보건에 전체적으로 미치는 영향은 여기서 논의한 것보다 더 클 것이다."[29]

보고서의 저자들은 또한 한 가지 중요한 방법론적 난관에 부딪혔다. 위험을 평가하기 위해서는 노출된 사람들과 노출되지 않은 사람들을 비교해야 하지만, '환경적 담배 연기'는 도처에 만연해 있었기 때문에 정말로 '노출되지 않은' 집단을 찾기란 어렵고 사실상 불가능했다. 따라서 저자들은 영향이 분명하게 드러날 공산이 큰 배우자 노출 사례 연구에 초점을 맞추기로 결정했다. 30건의 연구 중에서 17건이 이 조건에 들어맞지만, 모든 연구가 위험성이 높아짐을 보여주었다. 95퍼센트 신뢰 수준이 9건이었고, 나머지는 90퍼센트 신뢰 수준이었다.[30] 게다가 흡연을 하는 여성 가운데 남편 역시 담배를 피우는 경우에 폐암 발병률은 훨씬 높았다. 이런 사실은 '환경적 담배 연기'가 흡연 자체에 따른 위험에 또 다른 위험을 추가한다는 점을 보여주었다.

높은 수준의 배우자 노출에 초점을 맞추고 90퍼센트 신뢰 수준의 결과를 받아들인 것은 저자들의 판단에 따른 결정이었지만 합당한 결정이었고, 또한 환경보호청의 위험 평가 가이드라인에서 주장하는 '증거 가중 접근법'에 의해서도 뒷받침되었다. 1983년에 연방 의회는 과학학술원에 연방 정부 내의 위험 평가를 검토하도록 의뢰한 바 있었다. 표지 색깔을 따서 『적서Redbook』라는 이름을 얻은 최종 보고서는 각 연방 기관별로 명확하고 일관된 위험 평가 가이드라인을 확립할 것을 요청했다.[31] 환경보호청은 이 일을 수행하는 과정에서 위험 평가라는 복잡한 문제를 단번에 푸는 해결책은 없다는 결론에 다다랐다. 상이한 연구가 상이한 방식으로 유용했다. 따라서 최선의 접근법은 입수 가능한 모든 증거를 조사하고 증거의 무게가 어디에 쏠리는

지를 평가하는 것이었다.[32]

과학의 비장의 수 같은 것도 없었다. 동물 연구는 동물이 사람이 아니라는 명백한 난관에 맞닥뜨린다. 인간 연구는 사람을 알려진 위험이나 의심되는 위험에 의도적으로 노출시키는 것이 비윤리적이라는 난관에 봉착한다. 통계에 입각한 역학은 상관관계가 곧바로 인과 관계는 아니라는 널리 알려진 문제와 씨름한다. 어떤 관련성은 우연히 생겨나는 것이다. 요즘에는 인간이 독성에 노출되는 경우가 매우 드물다. 보통 이성적인 사람들(과 이성적인 고용주들)은 대부분 유해하다고 알려진 (또는 심각하게 의심되는) 물질에 노출되는 일을 최소화하려고 노력하기 때문이다. 그리고 노출 양이 낮은 경우에는 반응이 대체로 작고 따라서 감지하기 어렵다.

그렇지만 이 모든 한계는 '증거 가중 접근법'을 통해 다룰 수 있다. 개별적으로 완벽한 연구는 없지만, 각각은 유용한 정보를 제공할 수 있다. 예를 들어, 인간의 경우에 상관관계가 인과적인지 우연적인지를 시험해보려면, 통제된 환경 아래 동물을 노출시키면 된다. 동물들이 동일한 결과를 나타내고 이 결과가 '용량 반응 곡선'을 그대로 따른다면, 이 결과는 아마 우연이 아닐 것이다. 환경보호청이 간접흡연에 대해 주장한 것이 바로 이런 식이었다. '환경적 담배 연기'에는 직접 흡연에서 발견되는 것과 동일한 화학 물질들이 포함되어 있고 이 화학 물질들은 실험용 쥐에게 암을 유발하는 것으로 알려져 있었다. 따라서 흡연자 부인들의 암 발병률이 증가한 것이 역학적으로 드러나고 뚜렷한 '용량 반응 곡선'이 나타나면, 인과적 연관성을 추론하는 것이 타당하다.

정보의 일관성과 양 역시 중요한 고려 사항이었다. 간접흡연의 경우에 희소식이라고 할 만한 점은 인간 노출에 관한 증거가 풍부하고 그 결과가 일관적이라는 사실이었다. 담배 연기가 많으면 암도 많이 생겨났다.³³ 담배 연기가 적을수록 암도 적었다. 생활 방식과 식습관 등 다른 점에서는 차이가 있어도 미국, 독일, 일본에서 이런 결과가 발견되었다. 증거의 무게는 정말로 압도적이었다.³⁴ 환경보호청은 '결정적'이라는 말로 증거의 무게를 표현했다.³⁵

이 모든 것을 누가 부정할 수 있었을까? 프레드 사이츠와 프레드 싱어 두 사람이 그 주인공이다.

1장에서 본 것처럼, 프레드 사이츠는 1979년에 담배 업계를 위해 일하기 시작했다. 1989년에 사이츠는 간접흡연을 옹호하는 임무를 맡았다. 사이츠가 준비 작업을 맡은 보고서 「수동적 흡연과 질병의 연관 관계Links between Passive Smoking and Disease」의 저자들은 '환경적 담배 연기'와 성인의 폐암 및 소아의 호흡기 질환, 천식, 중이염, 그리고 심지어 분만 전후의 사망과도 연결 짓는 과학적 증거가 풍부하다는 점을 솔직하게 인정했다.³⁶

그렇지만 사이츠는 담배 업계가 이 싸움을 포기해야 한다고 권고하지 않았다. 오히려 이런 묵직한 증거에 맞서 싸우는 최선의 길은 '증거 가중 접근법'에 도전하는 것이라고 지적했다. 모든 증거를 검토하는 '철저한 포함'을 거부하고 그 대신 '최선의 증거'에 초점을 맞추자는 것이었다.³⁷

사이츠의 말에도 일리는 있었다. 모든 과학 연구가 균등하게 이루어지는 것은 아니며, 좋은 것과 나쁜 것을 합치면 혼란과 오류가 생겨날 수 있다. 1000명을 대상으로 한 역학 연구는 분명 10명을 대상으로 한 것보다 낫다. 그러나 '최선의 증거'를 따르는 접근법이 얼마나 쉽게 편향될 수 있는지, 즉 마음에 들지 않는 연구는 배제하고 마음에 드는 연구만 포함시킬 수 있는지는 쉽게 상상해볼 수 있다. 사이츠의 보고서에서는 포함 기준을 언제나 처음부터 솔직하게 밝혀야 한다는 점을 강조했다. '이상적인 연구 설계'에 따른 연구에 대한 선호 같은 기준 말이다. 그러나 의학 연구는 결코 이상적인 조건 아래서 수행되지 않는다. 사람들을 우리에 가둬놓고 먹고 마시고 숨 쉬는 것을 24시간 내내 통제할 수는 없는 법이다. 동물들은 정의상 연구자가 실제로 관심이 있는 대상, 즉 인간의 모델이다. 동물 연구는 최선의 경우에 믿을 만한 재현이나 훌륭한 1차적 근사치이지만 그렇다고 해도 이상적인 것으로 간주할 수는 없다. 사이츠의 주장은 이기적인 게 빤히 보였다. 담배 업계는 이런 주장에 매혹되지 않았고 그 대신 다른 깃발을 치켜들었다. '건전한 과학'이라는 깃발이 그것이었다. 이를 위해 담배 업계는 프레드 싱어에게 고개를 돌렸다.

 1990년, 싱어는 "환경 정책 분야에서 '건전한 과학'을 장려한다."는 취지 아래 과학환경정책프로젝트를 설립한 바 있었다.[38] '건전한 과학'을 장려한다는 게 과연 무슨 의미였을까? 그 답은 적어도 일부분은 담배 업계를 방어한다는 것이다. 1993년 무렵 싱어는 업계를 도와 자신들의 마음에 드는 과학은 지원하고 마음에 들지 않는 과학은 '쓰레기'라고 낙인찍기 위해 건전한 과학이라는 개념을 장려하고 있었다. 이 과정에서 싱어는 APCO사APCO Associates와 협력했다. 필립 모리스가 간접흡연 캠페인에 도움을 받기 위해 손을 잡은 홍보 회사였다.

톰 호커데이Tom Hockaday는 APCO의 직원이었는데, 1993년 3월에 필립모리스의 부회장 엘런 메를로와 긴밀하게 협력하고 있었다. 간접흡연을 옹호하고 환경보호청의 연구가 '쓰레기 과학'이라는 사고를 부추기는 과학 논문을 만들어내기 위해서였다. 호커데이는 메릴로에게 전달한 메모에서 다음과 같이 설명했다. "우리는 프레드 싱어 박사와 드와이트 리Dwight Lee 박사〔조지아대학교 사기업 연구 램지 석좌교수 Ramsey Chair of Private Enterprise로 재직 중인 경제학자〕와 함께 일하고 있습니다. 두 사람은 쓰레기 과학과 실내 공기 질에 관한 논문을 여러 편 썼습니다. …… 동봉한 문서들은 싱어 박사와 리 박사가 승인한 논문들의 …… 복사본입니다." 메를로는 전반적인 접근 방식을 승인하면서도 싱어의 쓰레기 과학 논문에 "좀 더 개인적인 서론"이 들어갔으면 좋겠다는 뜻을 밝혔다. 톰 호커데이는 싱어가 "이런 건 자기 스타일이 아니라는 뜻을 굽히지 않았다."고 보고했다.[39]

싱어의 스타일은 어떤 것이었을까? 환경보호청에서 내놓은 과학은 '쓰레기'라고 주장하는 전면공격이었다. APCO를 위해 준비한 논문의 제목은 「환경보호청의 쓰레기 과학Junk Science at the EPA」이었다. 환경보호청은 "과학으로 뒷받침되지 않는 극단적인 입장"을 취하고 있다고 싱어는 주장했다. 싱어는 "식습관이나 실외 대기 오염, 유전적 특질, 폐질환 전력 등의 …… 다른 요인을 배제할 수 없다."고 주장하면서 환경보호청이 95퍼센트 신뢰 수준이 아니라 90퍼센트 신뢰 수준을 받아들임으로써 "수치를 조작했다."고 비난했다.[40]

환경보호청이 왜 수치를 '조작'할까? 싱어의 답변은 이런 식이다.

흡연을 규제하면 규제 일반을 확대할 수 있기 때문이라는 것이다. "환경보호청에서 흘러나오는 의심스러운 위기에 관한 장광설은 결코 이런 문제들에만 국한되지 않는다. 납, 라돈, 석면, 비, 지구 온난화 등등 수많은 것들도 쉽게 포함될 수 있다." 1990년대 초반에 이르러 이 모든 사안(납, 라돈, 석면, 지구 온난화)이 상당한 과학적 증거에 따라 진지한 조사의 대상이 되었고, 추가적인 과학 연구가 진행되면서 모든 경우에 우려가 정당화되었다. 환경보호청은 이런 문제에 대해 우려를 해야 하는 법적 의무가 있었다. 그러나 환경보호청은 '환경적 담배 연기'를 '위기'라고 지칭하지 않았다. 그것은 싱어의 말이었다. 환경보호청은 그것이 발암 물질이며 따라서 유해 환경이라고 이름 붙인 바 있었다.

싱어가 제기한 불만에 과연 실질적인 내용이 있었을까? 간단하게 답하자면 아니올시다, 이다. 환경보호청의 과학자들은 이미 다른 요인들을 고려하고 배제했다. 역학 연구라 함은 원래 이런 것이다. 유전적 특질과 생활 방식이 건강과 질병에 영향을 미친다는 점은 누구도 부인하지 않았지만, '환경적 담배 연기'가 위험을 높인다는 통계적 증거는 압도적으로 많았다. 싱어가 이런 사실을 이해하지 못했다고 생각하기란 쉽지 않지만(그는 고등교육을 받은 지식인이었다.), 현실은 그의 열의에 유리하지 않았다. 싱어는 과학을 실천하는 게 아니라 공격하고 있었다. 역사적 증거를 따져보면, 싱어의 더 큰 목적이 간접흡연과 관련된 규제를 저지하거나 유예하기 위해 환경보호청을 음해하는 것이었음을 알 수 있다.

같은 해에 담배 업계에서 싱어의 연구를 토대로 제작해서 배포한 소책자를 한번 보자.⁴¹ 『나쁜 과학: 자료책』이라는 이 소책자는 사실과 싸우는 투사들을 위한 입문서이다. 200쪽이 넘는 이 책자에는 간단한 인용문과 사설, 기사, 기명 칼럼이 재수록되어 있다. 과학의 권위와 정직성에 이의를 제기하는 글들은 점점 환경보호청의 간접흡연 연구를 비판하는 방향으로 모아진다. 책자에는 또한 과학적 명성이 있는 전문가 명단도 들어 있다. 싱크 탱크나 기업에서 부정적인 논평을 필요로 하는 경우에 어떤 주제에 관해서든 언급을 할 수 있는 전문가들의 명단이다.⁴²

『나쁜 과학』은 규제 받는 산업을 위한 실질적인 안내서로서, 단호하면서도 짧고 명쾌하게 논평하는 다음과 같은 '메시지'로 시작한다.

1. 정치적 의제를 달성하기 위해 과학을 조작하는 경우는 무척 흔하다.
2. 정부 기관들은 …… 정치적 목표를 달성하려는 욕망에 따라 좋은 과학의 원칙을 위반함으로써 대중의 신뢰를 저버린다.
3. 미리 구상한 공공 정책 처방에 과학을 끼워 맞추는 죄를 저지르는 데는 환경보호청이 으뜸가는 기관이다.
4. 나쁜 과학에 입각해 공공 정책을 결정하는 것은 사회의 모든 분야에 막대한 경제적 비용을 떠안긴다.
5. 과거의 많은 연구들과 마찬가지로, '환경적 담배 연기'에 관한 환경보호청의 최근 보고서는 과학 연구가 정치적 목적에 휘둘리게 만든다.
6. 담배 연기를 콕 집어서 실내 공기의 질을 개선하려는 제안들은 나쁜 과학을 서툰 구실로 내세워 새로운 법률을 제정하고 개인의 자유를 위협할 뿐이다.

온통 나쁜 과학, 나쁜 과학 타령이다. 손가락질하는 모습이 보일 정도이다. 과거에 과학자들은 나쁜 아이들이었다. 그때만 해도 과학자들이 스스로 그런 행동을 했다. 담배 업계는 과학자들이 확실히 그런 행동을 하게 만드는 아빠였다. 단지 돈이 걸린 문제가 아니었다. 개인적인 자유의 문제였다. 오늘 담배를 피우면 내일 …… 어떻게 될지 누가 알겠는가? 흡연을 보호하는 것은 자유를 보호하는 일이었다.

앞서 3장에서 살펴본 것처럼, 산성비 문제의 경우에 정말로 과학이 정치적 목적을 위해 조작되었지만, 연구를 수행한 과학자들이 조작한 것은 아니었다. 산성비동료평가단의 '핵심 요약'을 수정한 것은 빌 니런버그이지 산성비동료평가단에서 아무 역할도 하지 않은 환경보호청이 아니었다. 그렇지만 공격이 최선의 방어라면, 담배 업계는 바야흐로 공세를 취하고 있었다. 과학을 이해하는 사람이 보기에 그들의 행동은 참으로 터무니없는 공세였다.

『나쁜 과학』은 총 6장으로 되어 있는데, 각 장은 '다른 사람들이 하는 말'이라는 제목이 붙은 짧은 어구의 목록으로 시작한다. 1쪽에는 어느 경제학 교수의 말이 인용되어 있다. "조직적인 집단들이 위기를 활용해 정부의 행동을 정당화할 수 있다. …… 진짜 위기가 벌어지지 않으면, 인위적인 위기를 …… 활용할 수도 있다." 이 교수의 정체는 드와이트 리였다. 프레드 싱어와 함께 APCO를 통해 필립모리스를 위해 일하던 유급 컨설턴트 드와이트 리 말이다. 또 다른 인용문은 부당한 규제로 인해 4인 가족이 연간 1800달러의 비용을 떠안는다고 주장했다. 이 주장의 근거는 무엇이었을까? 어느 누구도 알지 못했다. 『나쁜 과학』에는 원 출처나 주석이 전혀 없었기 때문이다. 거의 모든 인용이 주장을 사실로 제시한 것이었다. 몇 가지만 살펴보자. "과학적으로 정당화되기도 전에 …… 값비싼 해법이 …… 법률로 제정된다." "공공의 예산 지원을 받는 과학자들은 정치적인 이유 때문에 사실을 농락할 수 있다." "정부 안팎의 많은 열성 환경론자들은 …… 자신의 정치적 …… 목적을 위해 기꺼이 과학을 왜곡할 수도 있음이 드러났다."

인용할 만한 인용문이 증거 없는 주장들이었다면, 재수록된 기사들도 대부분 그런 수준이었다. 『월스트리트 저널』이나 『인베스터스 비즈니스 데일리』가 주요 출처인 기사들은 오랫동안 위험한 산업 제품을 옹호한 전력이 있는 개인들이 쓴 것이었다. 한 예로 스크립스하워드신문그룹의 신디케이트 칼럼니스트로서 오래전부터 살충제를 옹호하는 주장을 펴온 마이클 퍼멘토Michael Fumento는 『인베스터스 비즈니스 데일리』에 기고한 글에서 「살충제가 정말 그렇게 나쁜가?Are Pesticides Really So Bad?」라고 질문을 던졌다. (퍼멘토는 나중에 자신이 칼럼에서 다루는 분야의 화학 회사인 몬산토Monsanto로부터 6만 달러를 받은 사실을 밝히지 않은 이유로 스크립스하워드에서 해고되었다.)[43] 「〈프론트라인〉, 살충제 신화를 영속화하다Frontline Perpetuates Pesticide Myth」나 「지구 정상 회담은 지구를 구하기는커녕 족쇄를 채울 것Earth Summit Will Shackle the Planet, Not Save It」 등을 비롯한 『월스트리트 저널』의 기사들은 살충제를 규제하고, 지구 온난화를 저지하고, 석면의 위험을 제한하려는 노력들을 다양하게 공격했다. 『세인트루이스 포스트 디스패치St. Louis Post-Dispatch』는 싱어의 부인인 캔디스 크랜들Candace Crandall의 말을 인용한 기사 위에 「과학자들의 정체를 벗겨보니 생태

위기 경고를 하는 기우론자들Scientists Ripped as Alarmists in Ecology Warning」이라는 헤드라인을 붙였다.

『나쁜 과학』은 규제 대상 산업에서 급여를 받는 컨설턴트들을 흔히 '전문가'라고 인용했으며 때로는 좀 더 복잡한 전략을 따르기도 했다. 독자들에게 과학의 오류 가능성을 상기시킨 것이다. 높은 평가를 받는 매체들에서 재수록한 글들은 과학의 오류와 부정행위와 관련된 상세한 사례들을 제공했다. 『뉴 리퍼블릭』에 실렸던 「과학 패거리The Science Mob」라는 기사는 데이비드 볼티모어David Baltimore 사건을 자세히 다룬 글이었다. 볼티모어 박사의 공동 연구자가 실험 결과를 왜곡했다는 비난을 받았는데, 과학계에서 이 사실을 폭로한 내부 고발자를 지지하기는커녕 한데 똘똘 뭉쳐 자기 분야의 거장인 볼티모어를 옹호한 사건이었다. 다른 기사들에서는 산업계의 재정 지원 때문에 의학 연구가 편향되고 왜곡되는 사실을 다루었다(이런 사실의 아이러니는 언급되지 않았다.). 『뉴욕 타임스』에 실렸던 몇몇 기사는 동물 연구의 한계에 초점을 맞춘 것이었고, 『타임』 특별호인 「포위당한 과학Science under Siege」은 성급한 상온 핵융합 성공 발표나 허블 망원경의 서투른 관리 같은 실수를 계기로 과학에 대한 대중의 불신이 커진다고 설명했다.[44] 이 기사들을 한데 모아놓으니 과학이 마치 과장과 서투른 관리, 편견과 사기로 가득한 것 같은 인상을 풍겼다.

대단히 현명한 전략이었다. 이 기사들은 과학계 내부에서 실제로 벌어진 사건과 현실적인 우려에 바탕을 둔 것이었기 때문이다. 데이비드 볼티모어는 자기 연구실에서 벌어진 부정행위의 증거를 간단히 처리했고, 동물 연구에는 정말로 심각한 한계가 있었으며, 과학은 산업계의 자금 지원에 의해 부패되고 있었다. 그러나 어느 기사도 이런 문제들이 널리 퍼져 있음(또는 정치와 기업이 교차하는 다른 어느 곳보다 더 널리 퍼져 있음)을 입증하는 실제 연구를 보도하지는 않았다. 더 중요한 점으로, 이 연구들 가운데 어느 것도 환경 유해성에 관한 주장들이 나중에 오류로 밝혀졌음을 보여주지 않았다. 사실 이런 기사들에 의해 과학적 결과가 정정된 경우는 전혀 없었다. 특정한 과학적 착오를 정정하는 게 초점이 아니었기 때문이다. 『나쁜 과학』의 취지는 어떤 주제에 관해서든 과학에 이의를 제기하기 위한 하나의 수단으로서 독자에게 과학 일반에 이의를 제기하는 자료를 제공하는 것이었다. 그리고 쟁점이 되는 주제는 간접흡연이었다.

『나쁜 과학』의 세 번째 메시지는 다음과 같이 선언했다. "미리 구상한 공공 정책 처방에 과학을 끼워 맞추는 죄를 저지르는 데는 환경보호청이 으뜸가는 기관이다." 이 자료 책자는 '환경적 담배 연기'를 둘러싸고 담배 업계에서 환경보호청에 대해 갖는 불만을 구구절절이 나열했다. 환경보호청에서 내린 결론은 정치적 동기에 따른 것이고, 부적절한 과학에 바탕을 둔 것이며, 환경보호청은 90퍼센트 신뢰 수준을 받아들일 권리가 전혀 없다, 등등. "환경보호청의 보고서는 과학 공동체 내에서 폭넓게 비판 받았다."고 책자는 선언했지만, 담배 업계와 연결된 이들을 제외하면 실제로 이 보고서를 비판한 과학자는 극소수에 불과했다. 『나쁜 과학』의 전략을 간략히 요약하자면 이런 식이었다. 우선 당신이 과거에 '사실'을 제공한 주류 언론의 기명 칼럼과 편집자에게 보내는 편지, 기사 등에 불만을 주입하라. 그러고는 이런 글들이 마치 사실인 것처럼 인용하라. 사실상 당신이 말한 내용을 인용하라. 완벽한 수사학적 순환이며, 당신 자신이 만들어낸 매스 미디어의 에코 효과이다.

책자 곳곳에 '과도한 규제', '과잉 규제', '불필요한 규제' 같은 표현들이 흩뿌려져 있었다. 인용할 만한 인용문은 대부분 경쟁기업연구소CEI에서 따온 것이었다. 이 싱크 탱크는 "자유 기업과 제한된 정부"를 장려했으며 "최선의 해법은 정부 개입이 아니라 자유 시장에서 스스로 선택을 하는 개인들로부터 나온다."는 신념을 신봉했다.[45] 경쟁기업연구소의 「과학 정책 관련 핵심 소개Science Policy Clips and Highlights」에는 연구소 성원들이 『워싱턴 타임스』, 『세인트루이스 포스트 디스패치』, 『리즌』, 『애드버타이징 에이지Advertising Age』, 『인사이트Insight』 같은 대중 매체에 기고한 글을 모아놓았다. 1993년 1월부터 1994년 4월까지 연구소에서 수집한 기사 제목을 훑어보면 다음과 같다. 「환경보호청의 나쁜 과학, '환경적 담배 연기' 보고서를 망치다EPA's Bad Science Mars ETS Report」, 「환경보호청과 살충제 문제EPA and the Pesticide Problem」, 「화학 혐오론자가 나라를 지배했을 때When Chemophobia Ruled the Land」, 「자동차의 경우에 안전은 상대적인 문제: 담배라고 다른가?Safety Is a Relative Thing for Cars: Why Not Cigarettes?」[46]

요컨대, 『나쁜 과학』은 경쟁기업연구소 성원들이 『워싱턴 타임스』 같은 곳에 발표한, 과학에 대한 공격을 모아놓은 책자였다. 여기 실린 글들은 과학자가 쓴 것이 아니었고, 동료 평가를 거치는 과학 저널에 실리지 않았다. 경쟁기업연구소의 자유방임 이데올로기에 공감하는 독자들이 많은 대중 매체가 주요 무대였다.

그리고 바로 이것이 그들이 의도한 바였다. 과학적 오류를 정정하고 좀 더 튼튼한 기반 위에서 규제를 실시하는 게 목적이 아니었다. 규제의 발판이 되는 과학적 토대에 이의를 제기함으로써 규제를 허물어뜨리는 게 목적이었다. 과학 같은 건 필요로 하지 않으면서도, 또는 적어도 자신들한테 거치적거리는 과학은 필요로 하지 않으면서도 마치 건전한 과학을 원하는 것처럼 행세하는 게 목적이었다.

『나쁜 과학』은 환경보호청이 '환경적 담배 연기' 문제에 관해 "미국의 주요 과학자들을 찾아서 동료 평가를 거치는 연구를 수행하도록 하지" 않았다고 맹렬하게 비난했지만, 사실 환경보호청은 그 전에 이미 주요 과학자들을 찾았고 그들의 연구는 동료 평가를 거쳤다. 환경보호청이 새로운 연구를 주문했더라면, 담배 업계는 틀림없이 납세자의 돈을 쓸데없는 연구에 허비한다고 비난했을 것이다. 그러나 환경보호청을 공격하는 것이야말로 담배 업계가 노리는 목표였다. 환경보호청에 대한 공격 말고는 달리 간접흡연을 옹호할 방법이 없었기 때문이다. 적어도 필립모리스가 내린 결론은 이런 것이었다.

환경보호청에 대한 업계의 공격

크레이그 풀러Craig Fuller는 조지 H. W. 부시 부통령의 수석 보좌관을 지낸 인물이었다. 또한 1993년에는 엘런 메를로와 함께 일하면서 환경보호청을 공격해서 '환경적 담배 연기'를 옹호했다. 필사적인 시대에는 필사적인 수단이 필요했고, 바야흐로 담배 업계는 정말로 필사적인 것처럼 보였다. 그해 7월, 풀러는 제임스 토지James Tozzi가 이끄는 페더럴포커스Federal Focus, Inc.라는 그룹에 20만 달러를 지불했다.⁴⁷ 토지는 레이건 정부의 관리예산처에서 행정관을 역임했으며, 아스피린이 소아에게 라이증후군Reye's syndrome을 유발한다는 과학적 증거를 거부한 것으로 공중 보건 관리들 사이에서 유명했다.⁴⁸ (비판자들은 토지가 '분석에 의한 마비paralysis by analysis' 전략을 완성했다고 비판했다. 계속해서 더 많은 데이터를 요구하면서 어떤 조치도 취하지 않은 것이다.)⁴⁹ '환경적 담배 연기'에 관한 사이츠의 보고서를 읽은 뒤, 토지는 페더럴포커스가 '환경적 담배 연기'에 관한 추가 연구를 위해 마셜연구소에 돈을 전달할 수 있지 않느냐고 제안했다. 필립모리스와 분명한 연관성이 없는 마셜연구소가 이 일에 적임이라는 것이었다. "아마 필립모리스가 페더럴포커스를 통해 조지 C. 마셜 연구소에 자금을 제공할 수 있을 겁니다. …… 연구소는 '환경적 담배 연기' 문제의 결론을 다룰 수 있습니다. …… 마셜연구소는 사기업이나 정부로부터 예산 지원을 받지 않기 때문에 상당히 신뢰성이 있을 겁니다. 오로지 페더럴포커스 같은 재단을 통해서만 지원을 받거든요.……"⁵⁰

『인베스터스 비즈니스 데일리』에서 담배 업계에 유리한 전면 기사를 내보냈을 때, 풀러는 자기 팀에게 메모를 전달했다. "가급적 신속하게 우리 편과 여론 지도자들 모두에게 이 기사를 발송할 것. 내가 본 것 중에서 가장 훌륭한 종합적인 검토를 제공하는 기사임." 그러나 풀러 스스로도 인정한 것처럼, 이 기사는 우연의 일치가 아니었다. 필시 풀러는 다음과 같이 쓰면서 미소를 머금었을 것이다. "(그리고 나는 그게 우연의 일치가 아님을 압니다. …… 아주 훌륭한 성과예요!)" 메모 아랫부분에 풀러는 연필로 한 마디 덧붙였다. "이건 톰 보렐리Tom

Borelli의 작품임."[51] (보렐리는 필립모리스의 기업과학문제담당과Corporate Scientific Affairs의 책임자였다.)[52]

1장에서 살펴본 것처럼, 담배 업계는 오랫동안 기자와 편집자, 라디오와 텔레비전 프로듀서들에게 '균형'에 대한 주장을 펼쳐왔었다. 이제 업계는 '수정주의 부류'의 특정한 언론인들을 주요 목표로 삼았다. 환경론이 지나치게 설친다는 지적을 민감하게 받아들일 만한 언론인들이 공략 대상이었다. 『뉴욕 타임스』의 과학 담당 편집자 니콜라스 웨이드, 『롤링스톤Rolling Stone』의 P. J. 오루크P. J. O'Rourke, 『뉴 리퍼블릭』의 단골 필자인 그레그 이스터브룩Gregg Easterbrook 등이 대표적인 인물이었다. (웨이드는 1983년에 출간된 『진실을 배반한 과학자들』의 공저자였다. 이 책에서 웨이드와 브로드는 과학계에 사기와 기만이 만연해 있다고 주장했다. 담배 업계는 웨이드를 잠재적인 동맹자로 보면서 그의 연구를 면밀하게 주시하고 그의 말이 인용되는 지면을 추적했다. 이스터브룩은 6장에서 다시 만날 것이다.) 영향력을 얻기 위한 다른 공략 대상은 "존경 받는 언론인 집단으로서 각종 쟁점에 대한 기자들의 태도를 완전히 뒤바꿀 수 있는 능력이 있는" 수정헌법제1조센터First Amendment Center였다. 또한 예산 지원 없이 규제를 위임하는 문제를 통해 접근할 수 있는 전국 및 지역 시장 회의도 공략 대상이었다. 마지막으로 규제정책연구소Institute for Regulatory Policy나 '분별 있는 환경을 위한 시민모임Citizens for a Sensible Environment' 같은 친산업 단체들도 있었다.[53] 후에 담배 업계는 러시 림보 역시 목록에 올리게 된다.[54]

환경보호청이 의존한 과학은 대부분 독립적으로 이루어진 것이었다. 학계 연구자들이나 국립보건원, 식품의약국, 내무부 같은 연방 기관에서 내놓은 것이었다. 따라서 환경보호청이 부패한 관료 집단이라는 공격만으로는 효과가 없었다. 과학 자체에 대한 공격과 짝을 이루어야 했다. 필립모리스의 홍보부장 빅터 한Victor Han이 엘런 메를로 부회장에게 전달한 메모에는 다음과 같이 씌어 있었다. "환경보호청 사건에서 과학적 약점을 드러내려는 대대적이고 집중적인 노력을 기울이지 않는다면, 상당히 합리적인 의심을 만들어내려는 노력을 쏟지 않는다면, 사실상 다른 모든 노력의 …… 효과가 크게 줄어들 것입니다."

한의 주장에 따르면, 환경보호청은 "최소한 오도되고 공격적이며 최악의 경우에는 환경 테러리스트들이 좌지우지하는 부패한 집단"이었다.[55] 간접흡연에 호의적인 태도를 가진 사람은 거의 없기 때문에, 환경보호청에 대한 공격은 오히려 "침입로를 열어주는" 셈이었다. 그리하여 담배 업계는 흡연자의 흡연권을 방어하는 수세적인 자세를 버리고 그 대신 '과잉 규제'가 "국민 세금의 무분별한 지출"로 이어진다고 주장하게 된다.[56] 이런 노력은 대부분 『환경보호청 감시EPA Watch』라는 회보를 통해 이루어졌다. 이 회보는 필립모리스가 홍보 회사 APCO를 통해 만든 '자산'이었다.[57]

한은 "지금도 시간이 가고 있다."고 결론지었다.[58] 한과 메를로, 풀러, 그리고 그들의 동료들이 "『환경보호청 감시』를 발간한다는 계획"을 세우고 보너 코언Bonner Cohen이라는 인물을 "환경보호청 문제의 전문가"로 활용하기로 한 게 문제의 시발점이었다. 코언은 '건설적인 내일을 위한 위원회Committee for a Constructive Tomorrow'에 속해 있었다. 이 위원회는 "전 세계의 시급한 문제들을 [해결하기 위해] …… 안전한 기술을 응용, 결합한 시장의 힘"을 활용하는 데 주력하는 풍요론자 집단이었다. 코언은 『월스트리트 저널』, 『포브스』, 『인베스터스 비즈니스 데일리』, 『내셔널 리뷰』, 『워싱턴 타임스』 등 여러 매체에 글을 쓰고 있었다.[59] 메를로와 풀러 그룹은 "환경보호청 문제와 관련해서 그를 더욱 돋보이고 신뢰감 있는 인물로 만들기 위해 무슨 일이든 하기로" 마음먹었다.[60]

1993년에는 어느 누구도 환경보호청이 완벽한 기관이라거나 어떤 규제도 개선할 필요가 없다고 주장하지 않았을 것이다. 환경보호청을 지지하는 이들조차 그렇게 말하지 않았다. 그러나 담배 업계는 환경보호청이 더 현명하게 잘 운영되기를 바란 것이 아니다. 그저 환경보호청을 끌어내리고자 했다. 빅터 한은 이렇게 결론지었다. "환경보호청의 신뢰도를 무너뜨릴 수 있지만, '환경적 담배 연기' 만을 기반으로 해서는 안 됩니다. 환경보호청에 반대하는 모든 세력을 동시에 결집시키는 원대한 모자이크의 일부가 되어야 합니다."[61] 이 모자이크는 조만간 만들어지게 된다.

'쓰레기 과학' 이라는 말은 순식간에 스티븐 J. 밀로이Steven J. Milloy와 건전과학진흥연맹The Advancement of Sound Science Coalition(TASSC)이라는 그룹의 표어가 되었다. 건전과학진흥연맹은 이름과 달리 과학의 진흥이 아니라 과학에 대한 불신을 조장하는 것을 전략으로 삼았다. 밀로이(후에 폭스뉴스의 해설자가 된다.)는 케이토연구소 소속으로서 전에는 다국적기업서비스Multinational Business Services(MBS)에서 로비스트로 일했었다. 1990년대 초에 필립모리스와 계약을 맺고 간접흡연을 옹호하는 데 조력한 회사였다.[62] (MBS 시절 밀로이의 상관이 제임스 토지였다.)

건전과학진흥연맹은 1993년 11월에 APCO에서 필립모리스와의 연관성을 감추기 위해 조치를 취하는 것과 더불어 출범시킨 단체였다.[63] APCO의 도움을 받은 이유는 필립모리스의 주요 홍보 대행사인 버슨-마스텔러Burson-Marsteller가 이 거대 담배 회사와 너무나도 뚜렷하게 연결되었기 때문이다.[64] 필립모리스의 홍보부장 존 볼츠John Boltz는 APCO에 담배 업계에 동조하는 기자 명단을 제공했지만, "필립모리스와 연관성을 지우기 위해" 볼츠가 아니라 APCO가 전화를 걸었다.[65] 연맹 출범은 뉴욕이나 워싱턴 같은 전통적인 중점 홍보 도시보다는 '반응이 좋은' 2차 시장들에 초점을 맞출 예정이었다. "주요 언론사의 냉소적인 기자들이 몰려들어" 심층 취재를 하는 사태를 피하기 위해서였다.[66]

필립모리스의 중역 존 C. 렌지John C. Lenzi는 선별된 언론과 동조적인 과학자들의 도움 아래 건전과학진흥연맹이 '출범'한 사정을 엘런 메를로 부회장에게 요약, 보고했다. "아시다시피 건전과학진흥연맹이 …… 전국 다섯 개 도시에서 미디어 투어를 벌이면서 …… 공개적으로 출범했습니다. …… 연맹은 각 도시별로 기자 회견을 하는 대신 …… 관심 있는 언론과 일대일 인터뷰를 진행하는 쪽을 택했습니다. …… 특히 연맹에서 지역 차원의 중요한 '나쁜 과학' 문제를 부각시키고, 연맹의 회원으로서 지역 과학 공동체에서 유명하고 존경 받는 인물을 대동하는 노력을 하면서 지금까지는 성과가 좋아 보입니다. …… 전체적으로 따져보면, 건전과학진흥연맹은 보도를 통해 대략 300만 명의 사람들에게 이름을 알렸습니다."[67]

연맹의 출범은 특히 앨버커키Albuquerque에서 성공을 거두었다. 뉴멕시코 주지사를 지낸 건전과학진흥연맹 명예 의장 개리 커러더스Garrey Carruthers는 미국 최대의 농민 단체인 미국농민연맹American Farm Bureau Federation 뉴멕시코 주 총회의 기조 연사로 선정되었다. 커러더스는 이 기회를 활용해 "건전과학진흥연맹이라는 단체와 이 단체가 추구하는 목표와 목적"을 소개했다. 덴버에서는 『포스트Post』와 『덴버 비즈니스 저널Denver Business Journal』, 라디오 프로그램 세 곳에서 연맹 출범을 대서특필했다. 샌디에이고에서는 『유니언 트리뷴Union Tribune』과 『데일리 트랜스크립트Daily Transcript』에서, 댈러스에서는 여러 신문과 라디오 방송, 그리고 적어도 한 곳의 텔레비전 방송에서 출범 소식을 대대적으로 다루었다. 렌지는 메를로에게 "텔레비전 방송으로 35만, 라디오로 85만, 인쇄 매체로 170만 명 이상에게" 출범 소식을 알렸다고 자랑스레 보고했다. 연맹 출범이 성공을 거둔 것으로 평가되자 1994년에는 50만 달러 이상이 연맹 예산으로 지원되었다.[68]

건전과학진흥연맹의 과학 고문 가운데는 프레드 싱어와 프레드 사이츠, 마이클 퍼멘토 등도 이름을 올렸다. 『나쁜 과학』과 그 전에 담배와 산성비, 오존 문제를 둘러싼 논쟁에서 익숙한 이름들이다. MIT의 저명한 기상학자로서 손꼽히는 지구 온난화 회의론자이자 산업계의 전문가 증인인 리처드 린전Richard Lindzen도 참가를 권유 받았다.[69] 크레이그 풀러가 말한 것처럼, 가능한 한 많은 '제3자 동맹자'를 결집하는 게 목표였다.[70]

한편, 밀로이는 『월스트리트 저널』, 『워싱턴 타임스』, 『인베스터스 비즈니스 데일리』 등에 글을 기고하고 웹 사이트 '정크사이언스닷컴 JunkScience.com'을 개설했다. 보건, 환경 문제와 관련된 과학을 마음대로 공격하는 사이트였다. 연구 주체가 누구인지는 문제가 되지 않았다. 환경보호청이나 세계보건기구, 미국과학학술원, 민간 대학의 저명한 과학자 등 모두가 공격 대상이었다. 연구 결과가 상업 제품을 위협하기만 하면 밀로이는 가차 없이 공격했다.

건전과학진흥연맹은 또한 전국 곳곳의 일반 신문과 대학 신문에 광고를 게재하고 "공중 보건 우선 과제"에 관한 의회 증언을 준비했다.[71] 또 "건전 과학 보도상 Sound Science in Journalism Award"을 신설했다. 첫 번째 수상자로는 유방 삽입물 실리콘에 대한 소송을 "부추기기 위해 과학이 어떻게 왜곡되고 조작되었는지를 …… 책임감 있게 심층 보도한"『뉴욕 타임스』의 지나 콜라타 Gina Kolata가 선정되었다.[72] (그 뒤로 콜라타는 과학자와 환경론자, 언론계 동료들로부터 친기업·친기술적 편견으로 일관하고 환경적인 암 유발 원인에 회의적인 시각을 보인 데 대해 심각한 비판을 받고 있다.)[73] 그러나 이렇게 많은 언론 매체에 자신들의 견해를 내보이는 데 성공했음에도 불구하고(심지어 콜라타를 통해 『뉴욕 타임스』에서 목소리를 냈음에도 불구하고), 건전과학진흥연맹은 힘든 싸움에 맞닥뜨렸다. 미국인들이 점차 흡연에 반감을 품고, 신뢰 한계〔신뢰도 추정에서 신뢰 구간의 상한과 하한. — 옮긴이〕 같은 난해한 과학적 쟁점을 둘러싼 업계의 공격이 관심을 끌지 못했기 때문이다. 따라서 담배업계는 이제 또 다른 싱크 탱크인 알렉시스 드 토크빌 연구소를 통한 측면 공격에 착수했다.

1990년대 중반, 담배산업협회는 담배세 인상에 반대하는 노력을 지지할 많은 단체 가운데 하나로 토크빌연구소를 점찍었다. 토크빌연구소의 자문위원회 성원들은 드와이트 리와 프레드 싱어를 비롯하여 담배 업계와 연결되어 있었다.[74] 업계의 어느 문서에서는 이런 연계를 다음과 같이 설명했다. "담배산업협회의 수석 경제학자는 알렉시스 드 토크빌 연구소의 핵심 인물들과 긴밀하게 협력한다. 일부 회원사들 [역시] 이 연구소를 지원한다. 토크빌연구소에서 제시하고 장려하는 견해는 흔히 경제 문제와 기타 문제에 관한 업계의 주장을 뒷받침한다."[75]

알렉시스 드 토크빌 연구소에서 공식적으로 내세우는 취지는 민주주의를 장려하는 것이다. 1993년에 연구소는 간접흡연을 옹호함으로써 민주주의를 장려하기로 결정했다. 「환경보호청과 '환경적 담배 연기'의 과학EPA and the Science of Environmental Tobacco Smoke」은 프레드 싱어와 켄트 제프리스가 쓴 글이었다.[76] 앞서 토크빌연구소는 제프리스에게 '외래 연구원'이라는 칭호를 부여했지만, 그는 사실 케이토연구소와 경쟁기업연구소, 공화당 등에 소속된 변호사였다. 제프리스는 독성 폐기물 매립지를 정화하는 비용을 대기 위해 만들어진 연방 정부 자금인 슈퍼펀드〔Superfund. 1980년 카터 정부 시절 제정된 연방 법률인 포괄적환경대응책임보상법Comprehensive Environmental Response, Compensation, and Liability을 가리키는 보통 명사. 법 제정 이후 슈퍼펀드 프로그램을 실제 창설하는 일은 환경보호청이 맡았다. — 옮긴이〕를 비판하고 '자유시장 환경론'을 주창한 것으로 이름을 날렸다. 그가 내세운 슬로건 중 하나는 "나무 한 그루 한 그루마다 그 뒤에 개인 …… 소유주가 있어야 한다."는 것이었다. 물고기 남획을 막기 위해 제프리스는 해양을

사유화하기를 원했다.[77]

간접흡연에 대한 옹호는 라돈과 살충제, 슈퍼펀드 등의 문제에 관해 환경보호청을 비판하는 광범위한 보고서의 일부였지만, 보고서의 중심(그리고 보고서와 나란히 배포된 보도 자료의 초점)에는 싱어와 제프리스가 "사례 연구 1: '환경적 담배 연기'"라고 이름 붙인 절이 자리를 차지했다. 보고서는 연방 정부가 흡연을 금지하려 하며 환경보호청이 흡연 금지의 총대를 맬 것이라는 비난으로 포문을 열었다. 그런데 환경보호청은 흡연을 금지하자는 요구를 한 적이 없었는데, 싱어와 제프리스는 어떻게 이런 주장을 펼 수 있었을까? "공공장소에서 흡연을 금지하는 보고서를 만들기 위해 과학적 기준을 심각하게 위반했다."고 주장한 것이다.[78] 도대체 무엇을 위반했다는 걸까? 환경보호청의 조사단은 직선적인 '용량 반응 곡선'을 가정한 바 있었다. 담배 연기 노출과 위험성이 직접적으로 비례하다고 가정했던 것이다.

싱어와 제프리스는 환경보호청이 일정 수준 이하의 용량은 아무 효과도 미치지 않는 '문지방 효과 threshold effect'를 가정했어야 했다고 주장했다. 두 사람은 "용량이 독성을 결정한다 dose makes the poison"는 오랜 격언을 들먹이면서 일정한 수준까지는 아무런 유해성도 생기지 않는다고 주장했다. 환경보호청에서 반대되는 증거를 제시하지 못했기 때문에 직선적인 '용량 반응' 가정은 '무효였다.'[79]

1994년 8월에 담배산업협회에서 집행위원회 위원들에게 전달한 메모에서는 연방 하원 의원 두 명(텍사스 주 출신 민주당 의원 피터 기런 Peter Geren과 플로리다 주 출신 공화당 의원 존 마이카 John Mica)이 기자 회견을 열어 보고서를 공개한 과정을 설명했다. 토크빌연구소의 전무이

사와 "공저자인 S. 프레드 싱어 박사와 켄트 제프리스"도 참석했다. 싱어는 '허깨비 같은' 환경 문제에 어떻게 돈을 허비하고 있는지를 역설했다. 제프리스는 클린턴 행정부가 의회에 "거짓말을 하거나 정보를 제공하지 않는다."는 데 초점을 맞추면서 환경보호청도 비슷한 행태를 보인다고 암시했다. 그러고는 확실한 증거라는 도깨비를 불러내는 것으로 결론을 마무리했다. "나는 '환경적 담배 연기'가 폐암을 유발하는 위험이 없음을 증명할 수 없지만, 환경보호청도 그런 위험이 있음을 증명할 수 없다."[80]

이런 주장 가운데 과연 맞는 말이 있었을까? 환경보호청은 95퍼센트 신뢰 한계를 주장했어야 하나? '문지방 효과'를 가정했어야 했을까? 과학적 기준을 위반한 게 있었나? 이것은 정말로 나쁜 과학이었나? 그리고 보통 사람이라면 어떻게 판단을 내려야 할까?

과학자들은 나쁜 과학을 바로 알아볼 수 있다고 확신한다. 나쁜 과학이란 명백하게 부정한 과학이다. 데이터를 날조하거나 속이거나 조작하는 경우이다. 데이터를 선별하거나(일부 데이터를 의도적으로 누락하는 경우) 읽는 이가 데이터를 만들어내거나 분석하는 데 이용된 단계를 이해하지 못한다면 그것은 나쁜 과학이다. 나쁜 과학은 입증할 수 없는 주장들의 집합이다. 지나치게 적은 수의 표본에 바탕을 둔 주장이나 제시된 증거에 입각하지 않은 주장 역시 나쁜 과학이다. 또한 어떤 입장을 주창하는 사람이 불충분하거나 일관되지 않은 데이터를 가지고 성급한 결론을 내리는 경우 역시 나쁜 과학이거나 적어도 부실한 과학이다. (4장에서 살펴본 것처럼, 셔우드 롤런드는 미국과학진흥협회 회장 연설을 하는 자리에서 딕시 리 레이와 프레드 사이츠, 프레드 싱어가 오존 감소에 이의를 제기하기 위해 어떻게 나쁜 과학에 의존했는지를 보여준 바 있다. 그들은 명백하게 잘못된 주장을 펼쳤으며 쉽게 구할 수 있는 이미 발표된 증거를 무시했다.) 그러나 이런 과학적 기준이 원칙적으로는 뚜렷할지 몰라도 실제로 언제 적용되는지를 아는 것은 판단에 따른 결정이다. 이런 결정을 위해 과학자들은 동료 평가에 의존한다. 동료 평가는 이목을 끌기는 어려운 주제이지만 대단히 중요하다. 과학이 단순한 하나의 견해가 아니라 과학이게끔 만드는 것이 바로 동료 평가이기 때문이다.

요점은 간단하다. 어떤 과학적 주장도 다른 전문가들의 꼼꼼한 조사를 거치기 전까지는 정당한 것으로 간주되지 않는다. 기본적으로 동료 평가자들은 데이터 수집, 분석, 해석에서 명백한 오류가 있지는 않은지 살펴본다. 대개는 더 나아가 데이터의 질과 양, 증거를 해석과 연결하는 추론 과정, 데이터를 분석하고 해석하는 데 사용된 수학 공식이나 컴퓨터 시뮬레이션, 심지어는 저자의 과거 평판까지도 검토한다. (해당 저자가 엉성한 연구를 했다고 간주되거나 과거에 기짓된 주장에 관여했다면, 당연히 더욱 혹독한 검토를 거친다.)

과학 저널은 모든 논문에 대해 동료 평가를 거친다. 보통 세 명의 전문가에게 논평을 맡긴다. 검토자들끼리 의견이 갈리면, 편집자가 다른 사람의 의견을 구할 수도 있고 자기 의견을 개입시킬 수도 있다. 많은 논문이 2회 이상의 검토를 거친다. 저자가 검토자들이 제기하는 오류를 정정하거나 우려하는 점을 다루려고 하기 때문이다. 검토를 통과하지 못하면 게재를 거부당하고 저자는 처음부터 다시 시작해야 한다. 또는 명성이 떨어지는 다른 저널에 게재 신청을 한다. 학술회의는 보통 이보다 덜 엄격하다. 따라서 학술회의에서 발표한 논문은 대개 동료 평가를 거치는 저널에 발표될 때까지 진지하게 여겨지지 않는다. 그리고 대체로 대학의 승진과 정년 보장 심사에서 업적으로 인정받지 못한다. (산업계가 자체 학술회의를 후원하고 그 회의록을 출간하는 식으로 명백한 구멍을 활용할 수 있는 것도 이 때문이다.) 검토자들은 또한 진짜 전문가여야 하며(논문에서 사용하는 방법과 제기하는 주장을 평가할 만한 충분한 지식이 있어야 한다.), 자신이 평가하는 저자와 개인적으로든 직업적으로든 가까운 관계여서는 안 된다. 편집자들은 이런 기준을 충족하는 사람들을 찾느라 상당한 시간을 소비한다. 그리고 이 모든 일은 무상으로 행해진다. 과학자들은 공동 체제의 일부로서 논문을 검토한다. 이 체제 안에서는 누구나 다른 사람의 논문을 검토해야 하며, 자기 논문 역시 다른 이들의 검토를 받을 것이라고 생각한다.

수동적 흡연에 관한 환경보호청 보고서는 세 명의 전문가만이 아니라 환경보호청의 과학자문위원회에서 위임한 평가단 전체의 검토를 거쳤다. 자문위원회 성원들이 돕는 가운데 9명의 전문가와 9명의 자문역이 검토를 수행했다.[81] 물리학자인 싱어와 변호사인 제프리스, 로비스트인 밀로이와 달리, 이 사람들은 진짜 전문가였다. 예일대학교 의학 교수, 로렌스버클리연구소 Lawrence Berkeley Laboratory 선임 연구원, 캘리포니아 주 보건부 대기·산업위생국장, 그 밖에 여섯 명까지 모두 의학 박사나 박사 학위를 보유한 과학자였다. 그리고 한 번이 아니라 두 번 검토를 거쳤다. 이 전문가들이 환경보호청의 보고서에 대해 뭐라고 말했을까? "위원회는 '환경적 담배 연기'를 A급 발암 물질로 분류해야 한다는 환경보호청의 판단에 동의한다."[82]

일반적으로 평가자들은 회의론자이다. 평가자들은 과학자들이 제기하는 주장에 대해 이의를 제기하면서 종종 더 많은 증거와 설명, 더 설득력 있는 주장을 요구한다. 환경보호청 보고서 초안을 평가한 사람들은 실제로 몇 가지 문제에 대해서 더 많은 논의를 요구했다. 불확실성과 교란 효과, 비흡연 배우자의 노출을 '환경적 담배 연기' 노출 전체의 대용으로 활용한 연구의 한계, '환경적 담배 연기'와 소아 호흡기 질환에 관한 최근 연구 등이 대표적인 사례였다. 그러나 보고서가 문제를 과장했다고 판단해서 이런 요구를 한 것이 아니었다. 오히려 평가자들의 주된 우려는 보고서가 위험을 **과소평가**했다는 것이었다. 보고서의 결론은 너무 강한 게 아니라 너무 약했다.

주된 쟁점은 역학 데이터를 둘러싼 것이었다. 환경 속에 존재하는 화학 물질이 야기하는 부작용은 역학을 통해 발견된다. 역학이란 어떤 물질이나 요인의 영향을 받는 인구에 대한 통계 연구이다. 어떤 화학 물질이 독성이 매우 크거나 노출 정도가 매우 높으면, 부작용이 쉽게 발견된다. 해당 인구 집단의 평균적인 예상치보다 더 많은 사람들이 병에 걸리는 것이다. 그러나 화학 물질의 유해성이 크지 않거나 노출 정도가 낮으면, 문제가 훨씬 어려워진다. 극소수의 사람만이 병에 걸리고, 또 관찰된 결과가 임의적인 변이가 아니라고 확실히 말하기가 어렵다.

부작용이 크지 않을 때 역학적 증거를 어떻게 판단해야 할까? 이 문제에 관해 알고 있는 다른 지식에 비추어서 판단한다. 확고한 역학이 붉은 깃발이라면, 불충분한 역학은 분홍 깃발이다. 두 깃발을 벽에 걸어놓는다고 생각해보자. 다른 내용을 전혀 알지 못한다면 흰색 벽에, 문제가 있다고 생각할 만한 충분한 이유가 있다면 검은색 벽에 건다. 벽이 흰색이라면 분홍 깃발은 거의 눈에 띄지 않지만, 검은 벽이라면 그 깃발을 보는 데 아무 문제가 없다. '환경적 담배 연기'는 검은색 벽에 분홍 깃발을 걸어놓은 것과 같았다.

그 이유는 이렇다. 간접흡연은 공기 중에 빠르게 희석되기 때문에 대다수 사람들은 노출 정도가 낮으며, 역학은 간접흡연의 부작용을 탐지하기에는 불충분한 도구이다. 그러나 과학자들은 이미 적극적 흡연이 암을 유발하며 수동적 흡연 역시 동일한 독성을 폐로 빨아들이는 것임을 알고 있다. 이것이 검은색 벽이다.[83] 평가자들은 이런 식으로 표현했다. "직접적인 담배 연기 흡입과 폐암 과잉 위험 사이의 인과 관계는 의심의 여지가 없으며 …… '환경적 담배 연기'는 발암 물질, 보조 발암 물질, 종양 생성 물질의 입자 크기 분포와 구성이라는 면에서 직접적 담배 연기와 유사하다."[84] 따라서 설령 통계적인 효과가 크지 않더라도, 부작용이 실제로 존재한다고 믿을 만한 상당한 이유가 있었다. 평가자들은 환경보호청 평가단이 이 점을 분명히 하고 "논의 단계마다 …… 면밀히 다루기를" 원했다.[85]

평가자들은 특히 보고서에서 '환경적 담배 연기'가 어린이에게 미치는 영향에 관한 논의가 너무 약하다고 보았다. 평가자들은 "어린이의 호흡기 건강에 미치는 효과를 보여주는 증거"가 언급한 것보다 "더 강력하고 설득력이 있음을 발견했다." 그리고 "'환경적 담배 연기'가 어린이의 호흡기에 미치는 영향이 비흡연자들의 폐암에 미치는 영향보다 훨씬 더 중대한 공중 보건 문제가 될" 가능성을 평가단이 고려해야 한다고 지적했다.[86] 다시 말해, 연간 성인 폐암 사망자가 3000명 증가하는 것이 심각한 공중 보건 문제라면, 유아와 소아 기관지염·폐렴 환자가 15만 명에서 30만 명이 늘어나는 것은 훨씬 심각한 문제였다.

평가단은 이런 동료 평가를 반영하여 보고서를 수정했고, 5개월 뒤에 두 번째 동료 평가를 받았다. 평가단은 어린이들에게 미치는 유해성에 대한 전반적인 평가가 여전히 "보수적인 편"임을 깨달았다.[87] '환경적 담배 연기'를 A급 발암 물질로 분류하는 핵심적인 문제에 관해서 "위원회는 이 분류에 만장일치로 찬성했다."[88]

평가자들이 비판하지 않은 문제는 이런 것이다. 평가자들은 배우자의 흡연이나 다른 나라의 연구를 노출의 대용물로 활용하는 것을 거부하지 않았다. 이런 것들도 "완전한 증거"의 일부로 포함된다고 보았던 것이다. 또한 90퍼센트 신뢰 한계나 직선적인 '용량 반응 곡선'을 비판하지 않았다. 또 환경보호청이 '문지방 효과'를 가정했어야 한다고 지적하지 않았다. 오히려 평가자들은 "[직접] 흡연 노출과 폐암 위험성 사이에는 뚜렷한 용량 관련 연관성이 있다."고 지적하면서 간접흡연에도 이와 유사한 관계가 적용될 공산이 크다고 인정했다.[89]

동료 평가자들은 왜 신뢰 한계 문제를 언급하지 않았을까? 싱어와 제프리스가 제기한 주된 논점은 이 부분이며 따라서 우리는 동료 평가자들이 최소한 언급은 했을 것이라고 생각하기 쉽다. 그 답은 간단하다. 95퍼센트라는 수치에 무슨 대단한 마술이 있는 게 아니다. 80퍼센트가 될 수도 있고 51퍼센트가 될 수도 있다. 라스베이거스에서 51퍼센트 승률로 게임을 하면 계속 할수록 결국은 이익을 본다.

95퍼센트 신뢰 수준은 하나의 사회적 약속이자 가치 판단이다. 여기에 반영된 가치란 과학자가 최악의 실수를 하더라도 자기만 바보가 된다는 것이다. 어떤 결과가 실제로 나타났다고 혼자서 착각하는 것 말이다. 통계학자들은 이것을 1종 오류type I error라고 한다. 속기 쉽거나 순진하거나 잘못된 믿음을 갖고 있을 때 이런 오류를 범한다고 보면 된다.[90] 이 오류를 피하기 위해 과학자들은 인과 관계를 주장하는 사람에게 증명의 책임을 지운다. 그러나 실제로 존재하는 결과를 보지 못하는 다른 종류의 오류(2종 오류)도 존재한다. 지나치게 회의적이거나 과도하게 신중한 경우를 생각하면 된다. 전통적인 통계학은 1종 오류를 피하기 위해 회의적으로 설계되어 있다. 95퍼센트 신뢰 기준이란 참이 아닌데도 믿는 경우는 20번 중에 딱 1번임을 의미한다. 이것은 매우 높은 기준이다. 이런 태도는 쉽게 믿는 게 아니라 회의주의가 미덕인 과학적 세계관을 반영한다.[91] 어느 웹 사이트에서는 이렇게 말한다. "흔히 2종 오류에 비해 1종 오류가 더 심각한 것이며 따라서 더 피해야 하는 것으로 간주된다."[92] 사실 일부 통계학자들은 2종 오류는 실상 오류라고 할 수 없고 단지 기회를 놓친 것에 불과하다고 주장한다.[93]

    1종 오류가 2종 오류보다 더 심각한 것일까? 그럴 수도 있고 아닐 수도 있다. 사실 관점에 따라 달라진다. 1종 오류를 두려워하면 모르는 척할 수밖에 없다. 과학적 연구의 초기 단계에서 그렇듯이, 세계에서 무슨 일이 벌어지는지 정말 알지 **못할** 때는 이런 태도가 합당하다. 법정에서도 이런 태도가 맞다. 억압적인 정부나 지나치게 열심인 검사들로부터 시민을 보호하기 위해 무죄로 추정하는 것도 이런 이유 때문이다. 그렇지만 환경 유해성을 평가하는 문제에서는 속을 수도 있다는 두려움 때문에 지나치게 회의적이거나 불충분하게 신중해질 수 있다. 이렇게 되면 유해 제품의 생산자가 아니라 피해자에게 입증의 책임이 주어지며, 실제로 고통을 받는 일부 사람들을 보호하지 못할지도 모른다.[94]

그런데 우리가 알고 있다면 어떨까? 인과 관계를 뒷받침하는 강력하면서도 독자적인 증거가 이미 있다면? 예를 들어 어떤 특정한 화학물질이 어떻게 유해한지, 즉 실험용 쥐의 세포 기능을 방해한다는 사실이 드러났음을 안다고 해보자. 그러면 우리는 인간에게 미치는 효과를 검토할 때 더 낮은 통계적 문지방을 수용하는 게 합당하다고 주장할 것이다. 관찰된 효과가 단순한 우연이 아니라고 믿을 충분한 이유가 이미 있기 때문이다. '환경적 담배 연기' 평가자들이 주장한 게 바로 이런 것이다. 90퍼센트가 95퍼센트보다 덜 엄격하다 할지라도, 관찰된 결과가 우연히 일어나지 않았을 가능성이 10분의 9라는 뜻이다. 이런 식으로 생각해보자. 만약 당신이 크로스워드 퍼즐의 답에 대해 10분의 9의 확신을 가진다면, 그 답을 써넣지 않겠는가?[95]

환경보호청은 최종 보고서를 발표하면서 이렇게 역설했다. "일관성의 범위는 우연의 가능성을 허용하지 않는다."[96] 임의적인 유의미성 수준이 아닌 일관성이야말로 과학적 증거에서 진정으로 절대적인 기준이며, 싱어와 제프리스가 어지럽게 만든 것이 바로 이런 핵심 지점이었다. 포함된 연구 가운데 일부가 소규모였던 것은 맞고, 또 어느 하나만으로는 인과적 연관성을 입증할 수 없었지만, 모든 연구를 살펴보면 30개 중 24개가 노출이 늘어나면 그에 따라 유해성도 커짐을 보여주었음을 알 수 있다. 그리고 이런 일이 우연히 일어날 가능성은 1000분의 1도 되지 않았다.

'문지방 효과'는 어떨까? 동료 평가에서는 왜 이 이야기도 나오지 않았을까? 그 답 역시 간단하다. 평가단에서 환경보호청 가이드라인을 따랐기 때문에 평가자들이 굳이 언급할 필요가 없었던 것이다.[97] 수십 년 동안 환경보호청과 긴밀하게 협력하고 있는 한 화학자는 이런 식으로 말했다. "직선적인 '용량 반응'이 환경보호청의 '공식적인' 입장이다. 직선적이지 않은 행동 방식이 필요하다는 충분한 증거가 있으면 그런 방식을 활용한다. 그렇지 않으면 직선적인 모델을 활용한다."[98]

맞는 이야기이지만 이것은 환경보호청만의 가이드라인은 아니다. 통상적인 과학계의 관행 역시 마찬가지이다. 그 배경이 되는 논리는 이중적이다. 하나의 이유는 여러 세기 동안 이어 온 과학의 관행과 이른바 '오컴의 면도날' 원리에서 나온다. 증거를 설명하는 가장 단순한 이론을 사용하라. 잘 설계된 기계에 불필요한 부품이 없는 것처럼, 잘 설계된 이론에는 증거에 의해 뒷받침되지 않는 추가적인 가정이 필요하지 않다. 적은 용량을 복용했을 때 문지방 효과 (또는 많은 용량을 복용했을 때 증폭 효과) 같은 합병증의 증거가 있다면 물론 관심을 기울일 테지만, 그런 증거가 없다면 합병증을 만들어낼 필요가 없다.

두 번째 이유는 단순한 상식이다. 만약 어떤 것이 해롭다면, 더 많이 노출될수록 위험이 커지게 마련이다. 적어도 사람들은 흔히 이렇게 생각한다. 그렇지만 모든 유독 물질이 이렇게 작용하는 것은 아니다. 어떤 것들은 실제로 문지방 효과를 보여준다. 일정한 지점까지는 신체가 견딜 수 있는 것이다. 몇몇 비타민이나 미네랄을 비롯한 일부 물질은 많은 용량을 복용하면 유해하지만, 적은 용량은 유용하거나 심지어 필수적이다. 이런 효과를 과학적인 명칭으로 호르메시스 hormesis라고 한다.[99] 그러나 경험적으로 볼 때, 어떤 물질의 소량이 해롭다고 하면 양이 많으면 더 해로우며, 또 어떤 물질의 다량이 해롭다고 하면 양이 적다고 좋은 것은 아니다. 그리고 로널드 레이건이 케첩이 채소라고 주장한 것으로 악명이 높지만, 어느 누구도, 심지어 프레드 싱어도 담배 연기가 비타민이라고 주장하지는 않을 것이다.

환경보호청은 이런 공격에 맞서 어떻게 자기 방어를 했을까? 과학계의 통상적인 관행에서는 반기를 드는 동료 평가가 있다는 사실 자체가 방어의 제1선이지만, 싱어와 제프리스는 이미 동료 평가 과정을 왜곡한 바 있었다. 환경보호청 보고서가 독립적인 전문가들에게서 만장일치로 지지를 받았을 뿐만 아니라 이 전문가들이 환경보호청에 보고서를 더욱 **강화할** 것을 독려한 사실을 무시한 채 과학계에서 널리 비판 받았다고 주장한 것이다. 따라서 환경보호청은 '기록의 정확한 전달: 간접흡연은 예방 가능한 건강상의 위험이다 Setting the Record Straight: Secondhand Smoke is a Preventable Health Risk'라는 이름의 웹 사이트를 하나 개설했다. 이 사이트에서 필요한 말을 다 했기 때문에 그대로 인용할 만하다.

최근에 세간의 이목을 끄는 담배 업계의 광고·홍보 캠페인 때문에 미국인들이 간접흡연의 유해성에 관해 혼동할 수도 있습니다. 환경보호청은 지금이야말로 명백한 사실에 관한 기록을 정확하게 전달할 때라고 믿습니다. 간접흡연은 예방 가능한 실제적인 건강상의 위험입니다. 환경보호청은 확실한 증거 자료에 바탕을 두고 작성한 과학적인 보고서를 전적으로 지지합니다. 이 보고서는 독립적인 전문 과학자들로 구성된 평가단인 환경보호청 과학자문위원회의 …… 폭넓고 공개적인 검토를 거쳤습니다. 과학자문위원회에서는 담배 업계와 업계 고문들이 폐암에 관해 제기한 주장을 하나하나 검토했습니다. 평가단은 최종 보고서에서 사용한 방법론에 동의하고 보고서에서 내놓은 결론을 만장일치로 확인했습니다. 또한 미국 보건복지부와 국립암연구소, 공중위생국을 비롯한 수많은 주요 보건 기관에서도 이 보고서를 확인했습니다.

비판은 과학 공동체가 아니라 담배 업계 및 이 업계의 지원을 받는 단체와 개인들에게서 나온 것이었다. 동료평가단은 환경보호청의 결론을 확인했으며 다른 주요 관련 기관과 단체들도 보고서에 동의했다. 90퍼센트 신뢰 한계 문제에 관해서라면, 이것은 앞선 증거를 감안할 때 "표준적이고 적절한 통계적 절차"였으며, 유사하게 강력한 사전 증거가 있는 경우에 환경보호청의 다른 많은 암 위험 평가에서도 활용된 바 있었다. 환경보호청이 간접흡연 문제를 다룬 방식에는 특별하거나 이례적인 일이라곤 전혀 없었다. 게다가 호흡기에 미치는 다른 영향을 다루는 보고서의 부분에서는 폐암의 경우와 같은 사전 증거가 없었기 때문에 95퍼센트 신뢰 구간이 **사용되었다**.

싱어와 제프리스는 암 발생 위험에 관심을 집중시켰지만, 보고서의 폭발적 성격은 어린이들에게 미치는 위험성이었다. 환경보호청은 다음과 같이 언급했다. "담배 업계는 어린이의 호흡기에 미치는 영향에 관한 환경보호청의 '결론을 인정하지도, 반박하지도 않는다.' 그 대신 폐암에 관한 환경보호청의 연구 결과에 초점을 맞춘다." 이런 침묵은 이목을 끌었다. 동료평가단과 보건복지부 장관 모두 가장 중요한 연구 결과로 어린이에게 미치는 영향을 강조했기 때문이다. 의심의 여지 없이 대다수 국민들도 그러했을 것이다. 성인이 스스로 선택해서 위험을 감수하는 것과 어린이(나 다른 사람)에게 이런 위험을 강요하는 것은 전혀 다른 문제였다. 환경보호청은 이런 결정적인 차이에 다시 관심을 집중시켰다. "흡연자가 스스로 위험을 감수하는 쪽을 선택할 수 있다고 해서 다른 사람에게 위험을 강요해서는 안 된다."[100] 이것이야말로 가장 중요한 쟁점이었다. 그러나 우리는 대중 매체가 환경보호청의 웹 사이트에 조금이라도 관심을 기울인 증거를 전혀 찾지 못했다. 그런데 수백만 달러를 쏟아붓는 역정보 캠페인에 맞서서 웹 사이트 하나가 얼마나 영향을 미칠 수 있었을까?

환경보호청은 신뢰 한계를 둘러싼 논란이 관심 전환용 카드임을 분명히 했다. 그렇다면 '문지방 효과'의 경우는 어땠을까? 간접흡연에 '문지방 효과'가 있을 수도 있다는 싱이의 주장에 과연 어떤 실체가 있었을까? 환경보호청의 답변은 간단했다. "이런 문지방이 존재한다는 증거는 전혀 없다."[101] 그렇다면 싱어는 어디서 이런 생각을 가져온 것이었을까? 그냥 혼자서 만들어낸 거였을까? 환경보호청은 흡연을 분석하는 과정에서 이런 '문지방 효과'를 고려해야 했을까?

제프리스와 작성한 보고서에서 싱어는 "용량이 독성을 결정한다."는 오래된 격언을 선포했다. 그런데 이 말은 도대체 어디서 나온 걸까? 1541년에 죽은 르네상스 시대의 의사 필리푸스 파라셀수스Philippus Aureolus Paracelsus가 그 장본인이다. 싱어와 제프리스는 500년 전의 경구를 가지고 환경보호청에 이의를 제기하는 셈이었다.[102] 당시 싱어가 라틴어 의학 문서를 읽고 있었을 수도 있지만, 방사능에 관한 당대의 논쟁에서 이 주장을 따왔을 공산이 더 크다.

원자 폭탄의 참화에 노출되었던 많은 일본인들이 나중에 암에 걸렸다. 많은 수였지만 전부는 아니었다. 무엇이 암에 걸리지 않은 생존자들을 보호해주었을까? 일부 과학자들은 '문지방 효과'를 주장했다. 일정한 수준에 이르기까지는 방사능이 암을 유발하지 않는다는 것이었다. 핵폭발에서 멀리 떨어져 있거나 두꺼운 벽이나 금속판에 의해 보호된 사람들은 암을 유발하는 수준 이하로 노출이 되었을 수 있었다.

일리가 있는 주장이다. 방사능은 인간이면 누구나 매일 노출되는 자연 현상이기 때문이다. 탄소나 칼륨, 우라늄을 비롯한 많은 평범한 원소들이 자연적으로 여러 가지 방사능을 띠며, 암석이나 광물, 토양, 심지어 공기 중에서도 발견된다. 대기권 바깥에서 들어오는 우주선宇宙線이 이런 '자연' 방사선에 더해진다. 자연 방사선은 장소에 따라 천차만별이지만 언제나 존재하며, 따라서 생명체가 이런 방사선에 적응이 되어 있다고 보는 게 타당하다. 자연 방사선이 항상 존재한 지구에서 진화를 한 우리는 자연적인 방어력도 키워왔을 것이다. 따라서 허용 가능하거나 안전한 용량, 즉 '문지방' 용량이라는 개념이 통용되었으며, 우라늄 광산이나 핵 발전소 같이 노동자들이 방사선에 노출되는 산업에서 노출 허용 기준을 정하는 데 이 개념이 사용되었다.

어떤 이들은 더 나아가 방사선 호르메시스radiation hormesis를 주장하기까지 했다. 소량의 방사선은 사실 인체에 좋다는 것이었다. 이런 주장을 펼친 인물 중 한 명이 전력연구원EPRI의 물리학자인 천시 스타였다. 이 책 3장에서 조지 키워스와 빌 니런버그에게 편지를 보내 산성비에 관한 "대중의 불안"이 불필요하게 부풀려지고 있다고 설득한 그 천시 스타 말이다.103 (스타는 6장에서 다시 등장한다.)

1970년대 무렵에는 온갖 종류의 사람들이 온갖 종류의 유해 물질을 옹호하기 위해 '문지방' 개념을 써먹고 있었다. 이런 주장은 논리에 맞지 않았다. 왜냐하면 '문지방' 개념은 **자연적인 유해 물질**(자연 방사선이나 토양에 존재하는 미량 금속trace metal 등)에 관한 것이기 때문이다. 그러나 그렇다고 해서 이 사람들이 비자연적인 유해 물질을 옹호하는 데 이 개념을 들먹이는 일을 꺼리지는 않았다.

1973년, 캘리포니아대학교 데이비스캠퍼스 전 총장인 에밀 머랙Emil Mrak은 필립모리스 연구소로부터 식품 안전성에 관해 강연을 해달라는 요청을 받았다. 머랙은 DDT를 비롯한 인공 살충제의 위험성에 관해 반신반의하고 있었고, '문지방' 개념을 동원해서 이 제품들을 옹호했다. "어떤 수준 이하면 합성물이 효과가 전혀 없는 경우가 있을까요?" 암을 유발한다고 의심되는 환경 속 화학 물질을 거론하면서 머랙이 과장되게 던진 질문이다. 대부분의 암 전문가들은 그런 수준은 없다고 말했다. 한 화학 물질이 어떤 용량이 유해하면 아무 해도 끼치지 않는 용량은 0이기 때문이다. 그러나 머랙은 이런 사실을 부정하면서 한껏 과장해서 말했다. "만약 사정이 이러하다면 당장 거의 모든 것을 금지해야 합니다."104 머랙은 '문지방' 개념을 받아들이지 않는다면 결국 "모든 것이 해롭다."는 결론에 다다르고 만다는 귀류법으로 강연을 마무리했다.105

머랙은 수사학적 반전을 끌어내고 있었다. 모든 것이 해롭다고 주장한 건 환경론자들이 아니라 담배 업계였기 때문이다. 담배 업계는 길을 건너는 것에서부터 자전거를 타는 것까지 모든 게 해롭기 때문에 담배는 사람들이 살아가면서 받아들이는 일상적인 위험 가운데 하나에 불과한 것으로 보아야 한다고 주장했다. 업계의 몇몇 변호론자들이 말하는 것처럼, 이런 건 일상생활의 위협이었다.[106] 산다는 건 위험하다. 담배도 마찬가지이다. 그러니 익숙해져라.

담배 업계는 이런 식으로 주장했다. 그러나 우리가 어떤 보상을 받는 대가로 위험을 받아들이는 것(자동차 운전이나 음주, 콘돔 없는 성관계 등)과 우리의 뜻을 거슬러 이런 위험이 강요되는 것 사이에는 큰 차이가 있다. 진화를 통해 인간이 자연적 유해 물질에 대해 면역성을 갖게 되었다는 생각과 200만 년의 진화 시기 동안 전혀 노출된 적이 없는 어떤 물질에 대해 인간이 어쨌든 면역성이 있다는 생각 사이에도 엄청난 차이가 있다. 간접흡연 논쟁이 중요했던 것은 그 유해성이 선택한 게 아니고 자연적인 것도 아니기 때문이었다. 간접흡연 문제의 쟁점은 인위적인 유해성이 동의 없이 강요되었다는 것이었다.

싱어가 —— 과거에 산성비와 염화불화탄소를 옹호하기 위해 자신이 했던 활동과 더불어 —— 핵 발전과 살충제를 둘러싸고 전에 벌어진 논쟁에서 나온 주장을 다시 우려먹었다는 사실 자체가 이런 주장 가운데 어느 것도 간접흡연의 과학에 관한 게 아니었음을 보여준다. 싱어는 이 문제들 가운데 어느 하나에 관해서도 전문가가 아니었다. 현대 과학은 싱어 같은 사람이 감당하기에는 너무 복잡하고 전문화되어 있다.

물론 담배 업계가 추구한 목표는 이윤을 보호하는 것이었다. 실제로 1995년에 필립모리스는 기록적인 이윤을 보고했다. 『USA 투데이』는 "말보로 맨은 계속 승승장구 중"이라고 보도했다.[107] 필립모리스는 그해에 다우존스 산업 평균 지수에서 최고의 수익을 낸 주식이었고, 잡지 『머니』는 "비록 흡연 책임 소송에 따른 …… 불확실성 때문에" 계속해서 주가가 억제되고는 있지만 "담배 제조사들은 절대 불리한 판결을 받지 않을 것"이라고 언급했다.[108] 필립모리스는 이런 연승 분위기를 이어나가기로 결심했다.[109]

그런데 담배 업계의 노력을 지원한 과학자들은 어땠을까? 프레드 싱어와 프레드 사이츠를 비롯하여 담배 업계와 제휴를 한 과학자들에게 이런 결과는 어떤 의미였을까?

산성비와 오존 감소에 관한 논의에서 이미 한 가지 답이 나온 바 있다. 이 과학자들과 그들의 견해를 선전하는 데 조력한 싱크 탱크들은 뼛속깊이 규제에 적대적이었다. 규제는 냉전까지 벌여가며 타도하기 위해 애쓴 사회주의로 이어지는 길이었다. 규제에 대한 이런 적대감은 더 커다란 정치 이데올로기의 일부였다. 포리스트FOREST, 즉 '흡연을 누릴 권리를 위한 자유조직Freedom Organisation for the Right to Enjoy Smoking Tobacco'이라는 이름의 영국 단체는 자체적으로 작성한 문서에서 이런 이데올로기를 공공연하게 천명했다. 그것은 자유 시장의 이데올로기였다. 아니 더 정확히 말하자면 자유 시장 근본주의였다.

담배를 활용하여 자유 기업을 옹호하다

포리스트는 흡연자들의 권리 옹호를 위한 풀뿌리 조직을 표방하는 영국 단체였다. 그러나 사실 미국의 담배산업협회와 다름없는 기능을 하는 업계 협회인 영국담배자문위원회British Tobacco Advisory Council에서 만들어낸 작품이었다.[110] 포리스트의 의장인 크리스토퍼 폭슬리-노리스Christopher Foxley-Norris는 2차 세계 대전 당시 영국 본토 항공전에서 싸운 퇴역 공군 사령관(이자 골초)이었다. 1970년대 말에 영국 담배 업계에서 작성한 한 메모에 따르면, 폭슬리-노리스는 "정부를 비롯한 사회 개혁 기관들이 점점 사람들의 사생활을 사방에서 간섭하는 상황"에 맞서서 "더욱 확고한 공개적 입장을 채택해야 한다." 면서 업계 중역들에게 접근했다.[111]

레거시담배문서도서관을 검색해보면, 포리스트의 활동을 설명한 문서가 3000개가 넘는다.[112] 포리스트는 특히 직장 내에서 흡연을 옹호하고 간접흡연이 유해하다는 과학적 증거에 이의를 제기하기 위한 캠페인을 여러 차례 조직했다. 런던과학박물관에서 수동적 흡연에 관한 전시회를 열자 '쓰레기 과학'이라고 딱지를 붙이는 등 공격에 나섰고, 「착한 흡연자의 비행 안내서Good Smoker's Airline Guide」를 발간해서 독자들에게 자유롭게 흡연할 수 있는 항공사를 안내하고 흡연을 금지한 브리티시항공을 이용하지 말라고 부추겼다. 1997년, 포리스트는 "금연 정책이 직원들의 사기와 상업적 생명력, 홍보 등에 심각한 문제를 야기할 수 있다."고 기업 중역들을 설득하기 위한 두 차례의 연구 회의를 계획했다.[113] 그리고 호텔과 술집의 금연 정책에 맞서 싸우고, 각급 학교에서 진행하는 금연 교육에 문제를 제기하고, 흡연자의 입양권을 방어하기 위한 캠페인을 수행했다. 포리스트는 또한 흡연 규제와 담배세 인상이 사회·경제에 부과하는 비용을 부각시키는 연구를 지원했다.[114]

1994년에 「과학의 연막 사이로: 정치적으로 부패한 과학이 민주적인 공공 정책에 미치는 위험Through the Smokescreen of Science: The Dangers of Politically Corrupted Science for Democratic Public Policy」이라는 제목으로 펴낸 보고서에서는 프레드 싱어와 마찬가지 주장을 펼쳤다. 정치적 의제를 추구하기 위해 과학이 조작되고 있다는 것이었다. 이런 주장이 사실이든 아니든 간에, 보고서는 그 역은 확실히 사실임을 분명히 보여주었다. 자유 시장 자본주의를 옹호한다는 자신들의 의제를 추구하기 위해 과학을 공격하고 있었던 것이다.

보고서 서론을 쓴 해리스 경Lord Harris of High Cross은 영국경제문제연구소British Institute of Economic Affairs를 이끄는 경제학자로서 대처주의Thatcherism를 고안해낸 인물로 널리 평가 받고 있었다. 공공연한 자유 시장 이데올로그인 해리스는 애덤 스미스를 우상시했으며, 존 메이너드 케인스를 숙적으로 여겼다. 마거릿 대처는 총리에 오른 뒤 처음 인선을 하면서 해리스를 귀족 상원 의원으로 선출했다. 그러나 전하는 바에 따르면, 해리스는 보이지 않는 손에 문장紋章을 그릴 수 없다는 이유를 들면서 귀족 문장을 거절했다고 한다.[115]

해리스 경은 1쪽부터 자신의 견해를 펼쳐보였다. 공중 보건 관리들은 "다른 사람들의 삶을 자기들 활동의 적절한 최종 산물로 보는……근엄한 온정주의자들"이었다. 또 흡연에 반대하는 과학자들은 "흡연 금지라는 목적을 위해서라면 증거를 체계적으로 선별하거나 말살하는 등 어떠한 수단이든 정당화된다는 오랜 구실을 내세워" 과학을 곡해하고 있었다. 그러나 이런 전술은 목적이 수단을 정당화한다는 점에서 공산주의적일 뿐만 아니라 "고 괴벨스 씨나 저지를 법한 과학적 사기"를 서슴없이 저지른다는 점에서 나치의 수법이기도 했다.[116]

핵심적인 쟁점은 자유의 문제였다. "만약 자유로운 인간들에게서 부적절하다고 판단되는 자유를 박탈하는 것을 …… 정당화하기 위해 …… 과학을 악용하는 행위를 묵인한다면 비흡연자들 역시 흡연자만큼이나 많은 것을 잃게 된다."고 해리스 경은 경고했다. "흡연은 첫 번째 목표물일 뿐이다. 조심할 일이다!" 진짜 목표는 인간의 삶을 통제하는 것이었다. "우리가 결과적으로 더 건강해질 가능성은 거의 없다. 단지 자유를 잃을 뿐이다."[117] 보고서 본문에서도 이와 동일한 주장이 되풀이되었다. 보고서는 흡연을 지키는 것이 개인의 자유를 지키는 것이라고 되풀이해서 역설했다. 흡연을 비판하는 사람들은 건강 온정주의자health paternalist들로서 "조작하고 강제하는 국가의 시도는 정당하다."는 견해로 나아가고 있었다.[118]

이런 것이 이데올로기적 핵심이었다. 기실 프레드 싱어도 환경보호청을 공격하면서 사실상 똑같은 말을 한 적이 있었다. "[유해성을] 규제하는 정부의 역할을 신중하게 규정하지 않는다면 …… 결국 정부가 무제한적으로 우리의 삶을 통제하게 될 것이다."[119]

어쩌면 영국 본토 항공전의 영웅인 폭슬리-노리스 같은 사람이 전체주의의 유령에 대해 걱정한 것은 정당한 일일지도 모른다. 어쨌든 나치야말로 흡연을 적극적으로 억제한 첫 번째 정부였다. 그러나 이미

2차 세계 대전이 끝나고 49년이 지난 때였고, 또한 해리스와 싱어, 그리고 2차 세계 대전이 아니라 1차 냉전에서 싸운 레이건 정부와 대처 정부에 속한 둘의 친구들이 보기에 적은 나치즘이 아니라 공산주의였다. 반공주의 덕분에 시작된 무기 개발과 로켓 실험 프로그램을 통해 싱어와 사이츠, 니런버그는 출세 가도를 달릴 수 있었고, 또 스푸트니크 시절 이래 그들이 추구한 정치의 밑바탕에는 반공주의가 자리 잡고 있었다. 그들이 내세운 자유 방어는 소련 공산주의에 맞선 방어였다. 그러나 어느샌가 소련의 위협에 맞서 미국을 방어하는 일이 환경 보호청에 맞서 담배 업계를 방어하는 것으로 변형되어버렸다.

앞서 2장에서 우리는 프레더릭 사이츠의 사촌동생인 러셀 사이츠가 마셜연구소와 손을 잡고 이른바 핵겨울 문제를 놓고서 칼 세이건뿐만 아니라 과학 공동체 전체를 공격한 사정을 살펴본 바 있다. 러셀 사이츠는 또한 미국이 소련과 핵전쟁에서 승리하고 결국에는 냉전에서 승리할 수 있다고 주장했다. 그런데 1990년대 중반에 러셀 사이츠는 간접흡연 옹호 문제에 뛰어들었고, 이번에도 냉전 전사의 방식으로 이 일을 해냈다.

당시 러셀 사이츠는 하버드대학교의 존 M. 올린 전략연구소에 속해 있었다. 그런데 전략연구소의 연구원이 왜 간접흡연을 옹호했을까? 올린연구소의 성향을 면밀히 살펴보면 그 답을 찾을 수 있다. 올린연구소의 예산을 지원하는 존 M. 올린 재단은 케이토연구소나 경쟁기업연구소처럼 자유 시장 사상을 장려했다. (재단 총재인 윌리엄 사이먼은 닉슨 정부에서 재무부 장관을 지낸 인물이었다.)[120] 재단은 미국기업연구소, 헤리티지재단, 후버연구소 등 보수주의와 자유지상주의 성향

의 수많은 싱크 탱크를 지원했고, 올린연구소를 통해 러셀 사이츠를 지원했다.[121]

잡지 『포브스』에 기고한 글에서 사이츠는 정부는 흡연을 억제하려 하기보다는 무해한 담배를 만드는 연구를 지원하는 게 낫다고 주장했다. 어쨌든 정부는 온갖 종류의 안전한 장치를 지원하고 있고 그중에는 가치가 의심스러운 것도 많은데, 무해한 담배를 만드는 데 돈을 좀 쓰면 어떤가? "이제까지 자동차 배기가스를 줄이고 에이즈를 치료하고 예방하는 데 막대한 액수를 써서 좋은 효과를 보았다."[122] 담배에 대해서도 똑같이 하면 되는 것 아닌가?

사이츠는 흡연에서 진짜 죄인은 담배 연기라고 주장했다. "카푸치노 애호가나 적포도주를 즐기는 사람들이 커피 찌꺼기나 숙취를 원하지 않는 것처럼 흡연자들도 담배 연기를 좋아하지 않는다." 따라서 사이츠는 미국 정부에서 나서서 담배에서 연기를 없애는 방법을 알아내야 한다고 제안했다. "담배 한 개비에서 0.1퍼센트만 니코틴이며, 무게가 1천 배에 달하는 담뱃잎을 태우지 않고도 소량의 실효 성분을 휘발시키는 방법을 고안하는 데 로켓 과학자가 필요한 것은 아니다."[123] 정부가 납세자들의 돈으로 안전하게 중독성·독성 물질인 니코틴을 흡수할 수 있는 방법을 알아내야 한다고 제안하는 셈이었다.

헤로인을 끊는 데 도움이 되는 메타돈methadone의 경우에는 이런 식의 지나친 요구가 타당할 수 있다. 헤로인이 개인과 사회에 미치는 유해성은 심각하면서도 직접적이기 때문이다. 그렇지만 정부가 사람들로 하여금 계속 흡연을 하게 해준다고 해서 어떤 공익이 충족되는가?

그 답은 흡연자의 흡연권을 지켜주는 것이었으며, 사이츠는 흡연자들이 흡연권을 고집하는 자유를 행사할 것을 제안했다. "미국의 5000만 흡연자에게는 공연히 떠들어대는 의원들을 의회에서 몰아내기 위해 집단적으로 표를 행사할 자유가 있다. 여론 조사는 흡연자들을 받아들일 준비가 되어 있는가?"

여기서 말하는 자유는 물론 냉전의 핵심적인 표어였다. 우리는 자유로운 반면 소련 사람들은 자유롭지 못했다. 우리는 자유를 소중히 여기지만 소련인들은 달랐다. 우리는 만인을 위한 자유와 정의를 신봉했으며, 자유를 지키기 위해 싸웠다. 대니얼 O. 그레이엄 중장(전략 방위 구상 논쟁 당시 'B팀'에서 일했다.)은 1984년에 빌 니런버그에게 보낸 편지에서 로버트 재스트로를 도와 전략 방위 구상을 옹호해달라고 요청했다. 대문자 '자유Liberty'는 그레이엄의 표어이기도 했다. 지금이야말로 미국 건국의 아버지들이 남긴 작품을 다시 치켜들고 "우리의 '자유'와 번영이라는 축복을 지켜야 할" 기회였다.[124]

러셀 사이츠와 담배 옹호론자들 역시 자유에 호소했다. 그러나 철학자 이사야 벌린Isaiah Berlin이 슬기롭게 지적한 것처럼, 늑대들의 자유란 양들에게는 죽음을 의미했다.[125] 우리 사회는 언제나 자유가 절대적인 것이 아님을 이해했다. 법의 지배란 바로 이런 뜻이다. 누구든 간에 자기가 하고 싶은 일을 아무 때나 할 수 있는 것은 아니다. 나는 관객이 가득한 극장에서 '불이야'라고 외칠 권리가 없으며, 주먹을 날릴 수 있는 당신의 권리는 내 얼굴 앞에서 멈춰야 한다. 모든 자유에는 나름의 한계가 있으며, 총이나 칼로 직접 죽이든, 위험한 물건으로 간접적으로 죽이든 간에 타인을 죽일 수 있는 자유란 절대로 존재하지 않는다. 간접흡연은 사람을 죽이는 간접적인 위험이다.

환경보호청은 딱 이런 정도의 말을 한 셈이었다. 양을 보호하려면 정부가 늑대들을 통제해야 했다. 그런데 정부의 통제야말로 냉전 전사들이 가장 두려워하는 것이었다. 그들이 평생을 바쳐 맞서 싸워온 게 바로 정부 통제였다.

마르크스주의자들은 종종 목적이 수단을 정당화한다고 믿는다고 비판을 받았지만, 이 나이든 '냉전 전사들' 이야말로 목적으로 수단을 정당화하고 있었다. 자유의 이름으로 과학을 공격한 것이다. 그들은 증거를 감추었으며, 동료들이 연구하고 발표한 내용을 왜곡했다. 또 전체 맥락과 무관하게 말을 인용했고, 증거로 뒷받침되지 않는 주장을 내세웠다. 간접흡연에 관한 포리스트의 보고서에서는 특히 한 가지 주장이 몇 번이고 되풀이되었다. 어느 저명한 역학자가 환경보호청의 연구에 대해 이렇게 말했다는 것이었다. "그렇다. 그건 썩은 과학이다. 하지만 그 명분은 충분히 가치가 있다."[126] 정말 누군가 이런 말을 한 적이 있을까? 그럴 수도 있고 아닐 수도 있다. 확인할 방법은 없다. 누가 그런 말을 했는지 밝히지 않았기 때문이다. 과학자들은 보통 이런 식으로 말을 하지 않지만, 설령 그 말이 사실일지라도 그래서 어떻단 말인가? 그저 한 사람의 의견일 뿐이다. 자유 시장을 훼손하려는 음모의 증거라고 보기는 힘들다.

건전과학진흥연맹이 그랬듯이, 포리스트 역시 과학이 이데올로기적 프로그램을 가리기 위한 은폐물로 활용되고 있다고 주장하는 전략에 몰두했다. 그들은 과학이 제공하는 위엄의 장막을 치우면, "전체주의의 냄새를 풍기는" 흡연에 반대하는 주장은 모두 노골적인 강압임이 드러날 것이라고 주장했다. 해리스 경은 이렇게 단언했다. "과학이 점점 더 진리와 가치의 원천이 되는 세상에서는 건강 온정주의의 과학적 성격이 결정적으로 중요하다."¹²⁷ 사실 너무나도 중요하기 때문에 비판을 해야만 했다. 포리스트 보고서에서 말한 것처럼, "따라서 모든 게 과학에 의해 좌우된다. 이렇게 많은 문제가 걸려 있기 때문에 조정하고, 깎고, 만들어내고, 무시하고, 재평가하고, 심지어 조작하려는 압력이 엄청나다."¹²⁸ 정말로 그렇다.

포리스트의 목적이 "진리와 가치의 원천"인 과학을 훼손하려는 것이었다는 데 대해 아직 의심을 품은 독자라면, 크리스티 데이비스Christie Davies 교수가 쓴 보고서의 부록을 읽어보면 된다. 『데일리 텔레그래프』와 『월스트리트 저널』에 폭넓은 주제에 대해 기고를 하는 사회학자인 데이비스는 흡연을 차 마시기나 초콜릿 먹기와 비교했다.¹²⁹ 브리티시아메리칸토바코는 그를 "영국에서 가장 고참이자 존경받는 우파 사회학자 중 한 명"이라고 설명했다. "급진적 자유 시장론자인 데이비스는 위험과 개인적 자유의 문제에 관해서 건전한 이데올로기적 신념을 견지하고 있다."¹³⁰

데이비스가 쓴 부록은 "국가의 과학 통제"에 대한 진정한 장광설이었다. 나이 든 사람들이라면 이 글을 1930년대 마르크스주의 과학자들에 대항한 주장의 재현으로 인정했을지도 모른다. 그때만 해도 영국에는 마르크스주의자들이 꽤나 많았지만 1990년대의 영국 과학자들 중에 아직도 마르크스주의자인 이가 얼마나 됐을까? 별로 없었지만 그래도 데이비스는 멈추지 않고 "과거 어느 때보다도 더욱 억압적일 가능성이 있는 체제"에 저항하기 위한 선언을 제시했다. "이 체제야말로 그 어떤 흡연보다도 훨씬 더 위험하다."¹³¹

포리스트는 사실을 둘러싼 다툼을 유명한 사건으로 만들었다. 자본주의 대 사회주의의 대결, 그리고 사회주의를 추구하기 위해 어떻게 과학을 활용하는지를 둘러싼 소동으로 비화시킨 것이다. "자본주의 사회에서 담배 업계 같은 개별적인 경제 압력 집단은 (국가 관료나 과학계 아첨꾼들과 같은) 권력을 갖지 못한다. 권력은 국가 공무원이라는 '새로운 계급'에게 있다." 이것은 계급 전쟁이었다. 다만 담배 업계가 하층 계급이었을 뿐이다.

포리스트 보고서의 대미를 장식한 부분은 과학에 대한 공격을 소개한 문헌 목록이다. 간접흡연에 관한 참고 문헌 네 쪽과 "사기, 부패, 정치화politicization"에 관한 세 쪽은 『나쁜 과학: 자료책』을 떠올리게 한다. 인간 건강이나 환경에 대한 거의 모든 잠재적인 위협이 이 목록에 포함된다. 산성비, 오존 감소, 지구 온난화(모두 가짜 공포이다.). 그리고 살충제, 석면, 염소, 핵 발전, 유전공학, 생명공학, 송전선에서 나오는 전자파 방사선 등(모두 무해하다.). 몇 가지 놀라운 주제도 들어 있다. 에이즈와 이성애 감염의 '신화', "이른바 멸종 위기종", 산림 관리(환경 관리에 대한 공격), 식품·음료·생활 방식(술과 기름진 음식의 안전성을 옹호하고, 나아가 영국 음식 옹호론으로 신뢰성을 깨뜨리는 지경에까지 이른다.). '과학 일반'과 '환경론 일반'의 문헌 목록도 있다. 어떤 과학적 주장이나 환경에 관한 주장이든 비판의 대상이 된다. 그럴 듯한 논문(『아메리칸 스펙테이터American Spectator』에 실린 맬컴 글래드웰Malcolm Gladwell의 「위험, 규제, 생명공학Risk, Regulation and Biotechnology」)에서부터 우스꽝스러운 글("영국 음식은 과연 건강에 나쁜가?")까지 다양하다. 참으로 일관된 문헌 목록이다. 자본주의를 신봉한다면 과학을 공격해야 한다. 과학은 자본주의가 초래한 위험을 폭로했기 때문이다.

바로 그 무렵에 그 어느 것보다도 가장 큰 위험, 즉 말 그대로 지구 전체에 영향을 미칠 수 있는 지구 온난화라는 위험이 대중의 관심을 끌고 있었다. 지구 온난화는 모든 환경 논쟁의 근원이 된다. 에너지 사용이라는 경제 활동의 원천 자체를 건드리기 때문이다. 따라서 산성비에 의문을 던지고, 오존 홀을 의심하고, 담배를 옹호한 바로 그 사람들이 이제 지구 온난화의 과학적 증거를 공격하는 데 나선 것도 놀랄 일은 아니다.

6장
지구 온난화 부정하기

1979년: 기후 문제의 원년

엄청난 불확실성: 아무것도 할 필요가 없다?

'백악관 효과'로 '온실 효과'에 대처하다

태양 탓하기

로저 리벨에 대한 공격

지구 온난화 부정에 박차를 가하다

많은 미국인들은 지구 온난화가 과학자들이 최근에야 그 중요성을 깨달은 현상이라는 생각을 갖고 있다. 2004년, 잡지 『디스커버Discover』는 그해 최고의 과학 사건들에 관한 기사를 내보냈는데, 그중 하나가 지구 온난화의 현실성에 관한 과학계의 합의가 등장했다는 것이었다. 『내셔널 지오그래픽』역시 2004년을 지구 온난화가 "존중을 받게 된" 해라고 선언했다.[1]

많은 과학자들은 진즉에 이런 존중을 했어야 했다고 생각했다. 일찍이 1995년에 기후 문제에 관한 주요 국제기구인 정부간기후변화위원회IPCC에서 인간 활동이 지구 기후에 영향을 미친다고 결론을 내린 바 있었다. 2001년에 정부간기후변화위원회는 3차 평가 보고서를 통해 이를 뒷받침하는 증거가 이미 유력하고 점점 더 유력해지고 있다고 지적했으며, 2007년에 발표된 4차 평가 보고서에서는 지구 온난화가 '명백하다'고 규정했다.[2] 세계 곳곳의 과학계 주요 단체들과 저명한 과학자들이 정부간기후변화위원회의 결론을 거듭해서 확인하고 있다.[3] 오늘날에는 극소수의 기후학자들을 제외한 모든 이들이 지구 기후가 뜨거워지고 있으며 인간 활동이 주요 원인이라는 점을 확신하고 있다.

그러나 많은 미국인들은 여전히 회의적이다. 잡지 『타임』에서 2006

년에 보도한 여론 조사에서 드러난 것처럼, 미국인의 절반 이상만(56퍼센트)이 지구 평균 온도가 상승했다고 생각했다. 사실상 거의 모든 기후 과학자들이 그렇게 생각한 것과는 천양지차였다.[4] 그해 ABC 뉴스의 여론 조사에서는 미국인의 85퍼센트가 지구 온난화가 진행되고 있다고 믿지만 절반 이상은 이에 관한 과학적 합의가 이루어지지 않았다고 생각한다고 보도했다. 미국인 가운데 64퍼센트는 "과학자들 사이에 많은 의견 불일치"가 존재한다고 생각했다. '대중과 언론을 위한 퓨리서치센터Pew Research Center for the People and the Press'는 2008년에 "지구 온도가 올라가고 있다는 확실한 증거"가 있다고 믿는 사람의 수가 71퍼센트라고 밝혔다. 그런데 2009년에는 같은 질문에 대해 똑같은 대답을 한 비율이 57퍼센트에 불과했다.[5]

역사적인 관점에서 보자면, 미국인들이 이렇게 의심을 품고 혼란스러워 하는 것은 특히 기묘하다. 이산화탄소와 기후에 관한 과학 연구는 150년 동안 이어지고 있기 때문이다. 19세기 중반, 아일랜드의 실험가 존 틴들John Tyndall이 처음으로 이산화탄소가 온실가스(열을 가두어서 우주 공간으로 빠져나가지 못하게 한다는 의미이다.)임을 확인했다. 틴들은 이 현상을 지구라는 행성에 관한 하나의 사실로 이해했고, 여기에 특별히 아무런 사회·정치적 함의도 두지 않았다. 그런데 20세기 초반에 스웨덴의 지구화학자 스반테 아레니우스Svante Arrhenius가 화석 연료 연소에 의해 대기 중에 방출되는 이산화탄소가 지구 기후를 바꿀 수 있음을 발견하고, 영국 기관사汽罐士 가이 캘린더Guy Callendar가 '온실 효과'가 이미 감지될 수도 있다는 경험적 증거를 수집하면서 상황이 바뀌었다. 1960년대에 미국 과학자들은 온실가스가 현실적인 문제가 될 수 있음을 정치 지도자들에게 경고하기 시작했고, 린든 존슨 대통령을 비롯하여 적어도 몇몇 지도자들은 경고의 메시지에 귀를 기울였다. 하지만 실천에 나서지는 않았다.[6]

미국이 지구 온난화에 대해 실천에 나서지 못한 이유는 여러 가지가 있지만, 적어도 그중 하나는 빌 니런버그와 프레드 사이츠, 프레드 싱어가 혼란을 야기했다는 사실이다.

1979년: 기후 문제의 원년

1965년, 대통령 직속 과학자문위원회는 당시 스크립스해양연구소 소장 로저 리벨에게 이산화탄소에 의한 온난화의 잠재적 영향력에 관해 개요를 작성해달라고 요청했다. 그 전부터 리벨은 한동안 지구 기후에 관심이 있었고, 1950년대 말에는 동료 화학자 찰스 데이비드 킬링 Charles David Keeling이 이산화탄소를 체계적으로 측정할 수 있도록 지원금을 얻어준 적도 있었다. (이 연구의 결과로 나온 것이 이산화탄소가 시간에 따라 꾸준히 증가함을 보여주는 킬링 곡선Keeling curve이다. 킬링은 킬링 곡선을 만든 공로로 국가 과학 훈장을 받았고 앨 고어Al Gore의 『불편한 진실An Inconvenient Truth』[7]을 통해 유명해졌다.) 리벨은 이 문제에 관해 아직 제대로 이해되지 않은 사실이 많음을 알고 있었고, 따라서 가장 확실하다고 생각한 영향, 즉 해수면 상승 문제에 초점을 맞춰 글을 쓰기로 했다.[8] 또 예측도 하나 내놓았다. "2000년이면 대기 중 이산화탄소가 지금보다 약 25퍼센트 증가할 것이며, 그에 따라 대기의 온도 균형이 바뀌어서 기후의 뚜렷한 변화가 …… 나타날 것이다."[9]

보고서는 대통령실에 전달되었고, 린든 존슨 대통령은 그해 의회 특별 교서에서 그 내용을 언급했다. "우리 세대는 화석 연료 연소 과정에서 나오는 이산화탄소를 꾸준히 증가시킴으로써 …… 지구적 차원의 대기 구성을 바꾸고 있습니다."[10] 그러나 베트남 전쟁이 악화되고, 민권 활동가들이 미시시피 주에서 살해되고, 공중위생국장이 흡연이 건강에 유해하다고 발표하는 상황에서 존슨 대통령에게는 시급하게 걱정할 문제들이 산더미같이 많았다. 몇 년 뒤 리처드 닉슨 역시 기후 변화 문제에 쉽게 관심을 집중하지 못했다. 닉슨은 환경보호청을 신설하는 등 많은 중요한 환경 지향적 개혁을 이루었지만, 그의 재임 기간 동안 기후 문제에 대한 관심의 초점은 이산화탄소가 아니라 초음속 여객기 개발 프로젝트와 그에 따른 수증기 방출이 기후에 미치는 잠재적 영향에 맞춰졌다.

그러나 비록 이산화탄소가 1970년대에 큰 관심을 끌지는 못했지만 기후 문제는 달랐다. 아프리카와 아시아에서 가뭄으로 인한 기근이 발생하면서 세계 식량 공급의 취약성에 관심이 쏠렸기 때문이다. 소련은 잇따라 흉작을 겪으면서 어쩔 수 없이 굴욕적으로 세계 시장에서 곡물을 살 수밖에 없었고, 사하라 사막 남쪽 반+건조 지역인 사헬 이남의 아프리카 여섯 나라는 1970년대 내내 계속된 극심한 가뭄에 시달렸다.[11] 이런 기근은 아프리카와 아시아의 빈민들에게만 피해를 준 게 아니라 전 세계적으로 곡물 가격이 급등하는 결과도 낳았다.

1960년대 초반에 국가 안보 문제에 관해 미국 정부에 자문을 하기 위해 처음 모인 물리학자 중심의 그룹인 제이슨위원회Jasons 역시 기근 사태에 주목했다.[12] 제이슨위원회는 오랫동안 독립적이고 은밀한 집단이었으며, 특히 초창기에 위원들은 정부가 알아야 한다고 생각하는 내용을 종종 말해주었다. 그러나 제이슨위원회는 또한 요청에 부응하기도 하며, 1977년에는 에너지부에서 이산화탄소와 관련된 연구 프로그램을 검토해달라고 위원회에 요청했다. 위원회는 이산화탄소와 기후 문제를 살펴보기로 결정했다.

제이슨위원회가 내놓은 보고서는 소규모 기후 변화에도 농업이 민감하게 반응하며 따라서 사회 전체가 큰 영향을 받는다는 사실을 인정하는 것으로 시작했다. "사헬 지역의 가뭄과 소련의 흉작은 …… 세계의 곡물 생산 능력의 취약성을 생생하게 보여준다. 특히 기온과 강우의 작은 변화가 총 생산량에 커다란 차이를 가져올 수 있는 주변 지역은 더욱 취약하다."[13]

2년의 여름에 걸쳐 위원회는 기후 모델을 개발했다. 이 모델은 대기 중 이산화탄소 농도를 산업화 이전 수준(약 270ppm)에서 두 배로 높이면 "평균 지표면 온도가 섭씨 2.4도 올라간다."는 결과를 보여주었다. 평균 온도 상승보다 더 걱정스러운 점은 "극지 증폭 현상polar amplification"의 가능성이었다. 즉 남극과 북극에서는 온도 상승이 더욱, 어쩌면 훨씬 더 클 수 있었다. 위원회의 모델에서 남극과 북극은 섭씨 10도에서 12도까지 온도가 올라갔다. 어마어마한 수준이었다.[14]

이 가운데 어느 것도 새로운 내용은 아니었다. 기후 모델 전문가들은 이미 거의 흡사한 내용을 말하는 논문을 발표한 바 있었고, 1977년에는 미국 해양대기청장(나중에는 미국 공학학술원 원장도 지냈다.) 로버트 M. 화이트Robert M. White가 기후 변화를 방치하면 심각한 결과가 생길 것이라고 경고하는 국가연구위원회를 이끌기도 했다. "이제 우리는 화석 연료 연소 과정에서 방출되는 이산화탄소 같은 산업 폐기물이 기후에 영향을 미쳐 미래 사회에 상당한 위협이 제기된다는 사실을 알고 있다. …… 과학적인 문제는 만만치 않고, 기술적인 문제는 전례가 없으며, 경제와 사회에 잠재적으로 미칠 영향은 대단히 불길하다."[15]

그러나 과학에서 중요한 것은 정치에서 중요한 문제와 같지 않으며, 제이슨위원회의 연구가 새롭게 밝혀낸 것은 없을지라도 사실 "백악관 진영에서 어느 정도 흥분을 불러일으킨" 것은 다름 아닌 이 연구였다.[16] 그렇지만 제이슨위원회는 대부분 물리학자이지 기후학자가 아니었다. 지구물리학자도 두어 명 있었는데, 그중 한 명은 기후 문제에 오랫동안 관심을 갖고 있었지만 어느 누구도 기후를 자신의 중심 연구 영역으로 삼지 않았다. 따라서 카터 대통령의 과학 보좌관인 프랭크 프레스는 국립과학학술원의 필립 핸들러 원장에게 제이슨위원회 연구를 검토할 평가단을 구성해달라고 요청했다. 핸들러는 MIT의 줄 차니Jule Charney 교수에게 도움을 청했다.

현대 수치 대기 모델의 선구자 중 한 명이자 미국에서 가장 존경 받는 기상학자로 손꼽히는 차니는 여덟 명의 과학자로 평가단을 구성해서 매사추세츠 주 우즈홀에 있는 학술원의 하계 연구 시설에 불러 모았다. 차니는 또 제이슨위원회의 연구 내용을 검토하는 데서 좀 더 나가기로 결정하고 일류 기후 모델 전문가 두 명을 초청했다. 지구물리유체역학연구소Geophysical Fluid Dynamics Laboratory(GFDL)의 마나베 슈쿠로眞鍋淑郎와 고다드우주연구소의 제임스 E. 핸슨에게 새롭게 만든 3차원 기후 모델의 결과를 소개해달라고 한 것이다. 이 모델은 제이슨위원회의 모델보다 훨씬 자세하고 복잡한 최첨단의 성과였지만 결과는 대동소이했다. 기후 모델 구성에서 핵심적인 문제는 '민감성'이다. 기후가 이산화탄소 수준의 변화에 얼마나 민감한가 하는 것이다. 이산화탄소를 두 배, 세 배, 심지어 네 배로 늘리면, 지구 평균 온도 변화가 어떻게 될까? 이산화탄소가 두 배로 늘어나는 경우에, 최신 연구의 답변은 "거의 섭씨 3도에 확률 오차 1.5도"라는 것이었다.[17] 이 말의 의미는 전체 온도 상승이 최소 섭씨 1.5도에서 최대 4도이지만, 어느 쪽이든 간에 온도 상승이 나타나고 가장 가능성이 높은 수치는 약 3도라는 것이었다. 이산화탄소가 두 배 이상 늘어나면 온도 상승도 3도 이상이 된다.

하지만 온난화에 제동을 걸 수 있는 자연적인 과정이 존재한다. 평가단은 이런 '음성 피드백negative feedback'에 관하여 검토하면서 얼마간 시간을 소요했지만 실질적인 온난화를 막지는 못한다는 결론을 내렸다. "우리는 하층운〔고도 2킬로미터 이하의 구름. — 옮긴이〕이나 중층운〔고도 2~7킬로미터 상공에서 생기는 구름. — 옮긴이〕의 증가 같은 알려진 모든 음성 피드백 메커니즘을 신중하게 검토했으며, 모델에 지나친 단순화나 부정확성이 있긴 하지만 상당한 정도의 온난화가 진행될 것이라는 주된 결론이 무효가 되는 것은 아니라는 결론에 다다랐다."[18] 중요한 점은 세부적인 내용에 있는 게 아니었다. 전체적인 이야기가 핵심이었다. 이산화탄소는 온실가스로서 열을 가둬두었다. 그렇게 간단한 문제는 아니었지만(구름, 바람, 해양 순환 등이 문제를 복잡하게 만들었다.) 이런 복잡성은 '2차적인 효과'였다. 소수점 첫째 자리가 아니라 둘째 자리에 차이를 가져오는 요인인 것이다. 보고서는 다음과 같이 결론 내렸다. "이산화탄소가 계속 늘어난다면, 기후 변화가 일어날 것임을 의심하거나 이런 변화가 사소할 것이라고 믿을 이유가 전혀 없다."[19]

이런 변화는 얼마나 빨리 일어날까? 차니의 평가단은 답을 하지 못했다. 어느 정도는 해양이 열을 얼마나 흡수하는지에 달려 있었기 때문이다. 이런저런 기후 모델은 '늪 바다swamp ocean'를 가정했다. 그러나 대기에 수분을 공급하기는 하지만 열을 보존하거나 전달하지 못하는 바다는 비현실적인 가정이다. 그렇다면 현실에서는 어떤 일이 일어날까? 바다가 엄청난 '열 관성thermal inertia'을 가진다는 점은 누구나 안다. 바다의 온도를 높이는 데는 무척 긴 시간이 걸린다. 정확히 얼마나 걸리는지는 바닷물이 얼마나 잘 섞여 있는지에 따라 어느 정도 달라진다. 바닷물이 잘 섞여 있을수록 더 많은 열이 심층수까지 퍼지기 때문이다. 또 바닷물이 잘 섞여 있을수록 대기의 온도 상승도 느려진다. 과학자들은 자연 시스템의 구성 요소를 이동시키는 과정을 설명하기 위해 '흡수원sink'이라는 단어를 사용한다. 바다는 거의 말 그대로 '열 흡수원heat sink'이다. 열이 실제로 바다 밑바닥으로 가라앉기 때문이다.

입수 가능한 증거에 따르면, '해양수 혼합ocean mixing'이 충분한 상태여서 지구 대기 온도 상승이 몇 십 년 동안 지연될 수 있었다.[20] 온실가스는 곧바로 대기에 변화를 야기하기 시작하지만(이미 시작한 상태였다.), 사람들이 실제로 눈으로 보고 느낄 정도로 그 효과가 나타나려면 수십 년이 걸릴 것이었다. 이런 사실은 매우 심각한 결과를 낳았다. 지금 당장 온난화가 실제로 진행된다 할지라도 입증할 수 없으며, 입증이 가능해지는 때가 되면 저지하기에 이미 늦게 된다는 뜻이었으니 말이다.

제이슨위원회의 한 위원은 동료들에게 질문을 받은 일을 떠올린다. "워싱턴에 가서 지도자들에게 50년 안에 이산화탄소가 두 배로 늘어나 지구에 커다란 영향을 미칠 것이라고 말하면, 그들은 뭐라고 말할까요?" 그는 뭐라고 대답했을까? "49년 뒤에 다시 오라고 하겠지요."[21] 그러나 49년 뒤에는 너무 늦을 것이다. 과학자들이 나중에 말하는 것처럼, 우리는 온난화에 '몰두할' 것이다. 온난화를 '선고 받았다'는 게 더 적절한 표현일 테지만 말이다.

과학학술원의 기후연구위원회 Climate Research Board 위원장 버너 E. 수오미 Verner E. Suomi는 차니 보고서에 쓴 서문에서 이런 결정적으로 중요한 사실을 설명하려고 노력했다. "지구 기후 시스템의 속도를 조절하는 거대하고 육중한 관성바퀴 flywheel 인 바다가 뚜렷한 기후 변화 과정을 완화힐 것이리고 기대할 수도 있다. 지켜보자는 정책은 기다리다가 때를 놓치는 결과로 이어질 수 있다."[22] 수오미는 이런 결론이 "정책 결정권자들의 심기를 건드릴지도" 모른다고 생각했다.[23] 이런 예상은 틀리지 않았다.

엄청난 불확실성: 아무것도 할 필요가 없다?

차니의 연구가 발표되기 전에, 백악관 과학기술정책실은 과학학술원에 더 많은 정보를 달라고 요청하기 시작했다.[24] 인간으로 인한 기후 온난화에 관해 차니가 해답은 고사하고 질문도 던지지 않은 문제들이 산더미같이 많았다. 그중 두드러진 것이 시간의 수량화 문제였다. 측정 가능한 변화는 언제쯤 일어나게 될까? '수십 년'이라는 말은 꽤나 부정확한 추정치였다. 또 어떤 구체적인 영향이 생겨날까? 정책 결정권자들은 답을 원했다.

인간으로 인한 온난화 문제를 다룬 학술원의 다음 연구는 완전한 과학적 평가 보고서가 아니라 편지 한 장만을 성과로 남겼지만, 그럼에도 커다란 영향을 미쳤다. 게임 이론 연구(와 훗날 노벨 경제학상 수상)로 유명한 경제학자 토머스 셸링Thomas Schelling이 주재한 위원회에는 로저 리벨과 빌 니런버그, 그리고 케네디와 존슨의 국가안보 보좌관을 지낸 맥조지 번디McGeorge Bundy도 속해 있었다. 위원회의 보고서 편지는 1980년 4월에 제출되었다.

셸링은 온난화가 사회·정치적으로 어떤 의미를 가질 것인가에 초점을 맞췄다. 그 전까지만 해도 이해는커녕 연구조차 거의 되지 않은 부분이었다. 따라서 학술원에 보낸 셸링의 편지는 불확실성에 초점을 맞추었다. 셸링은 사회과학적 불확실성만이 아니라 물리학적 불확실성도 강조했다. 기후 변화와 그 잠재적인 대가를 둘러싸고 커다란 불확실성이 존재하기 때문에 정책 결정권자들은 추가적인 연구를 지원할 뿐 아직 다른 행동에 나서서는 안 된다고 셸링은 주장했다. 게다가 셸링은 온난화가 야기할 영향이 모두 나쁜 쪽일 것이라고 확신하지 못했다. "확인되는 영향의 범위는 무척 광범위하다. …… 마지막 빙하기의 정점과 현재의 기후가 다른 것처럼, 다음 세기 중반쯤이면 기후가 오늘날과 크게 달라질 수도 있다. 정반대되는 예상으로는, 세기 중반이나 그 뒤에도 지각 가능하지만 반드시 나쁘지만은 않은 결과만을 겪을지도 모른다."[25] 정말 아무도 알지 못했다.

셸링은 기후 변화가 **새로운** 종류의 기후를 만들어내는 게 아니라 지구 기후대의 분포에 변화를 가져올 뿐이라고 주장했다. 그 뒤 30년 동안 기후 회의론자들이 그대로 되풀이하는 생각을 연상하게 한다. 아무 제한 없이 계속 화석 연료를 쓰면서 이동과 적응을 통해 기후 변화의 결과에 대처할 수 있다는 생각 말이다. 셸링은 과거에도 인간이 "새로운 세계로 이동하면서 많은 수의 사람들이 가축과 곡물, 문화와 함께 완전히 변화된 기후에 적응했다."고 지적했다.[26]

셸링은 이런 역사적인 이동이 이루어진 시대는 국가 간 경계가 거의 또는 전혀 없던 때라 오늘날과는 사정이 매우 **다르다**는 점을 인정하면서도 이런 적응이 최선의 대응일 것이라고 고집했다. 우리에게는 아직 시간이 있고(차니의 평가단이 그런 결론을 내렸다.) 그 시간 동안 화석 연료의 가격이 올라갈 것이므로 사용이 줄어들 것이었다. 화석 연료 사용이 서서히 줄어들면서 "기후 변화에 대한 적응이 용이해질 것이고, 대기 이외의 흡수원에서 탄소를 빨아들일 것이다. 또한 이산화탄소 누적 농도가 낮은 대안 에너지원으로 자연스럽게 전환될 것이며, 화석 연료에서 벗어나는 시점이 빠를수록 전환도 쉽게 될 공산이 크다." 시장 세력이 개입함에 따라 이 모든 과정이 자연스럽게 이루어질 것이기 때문에 당장은 규제가 전혀 필요하지 않다고 셸링은 지적했다.

셸링이 강조한 다른 모든 불확실성을 고려할 때 자유 시장에 대한 그의 신념은 놀랍게 보일 수 있었고, 그의 예측은 완전히 잘못된 것임이 드러났다. 즉, 지난 30년 동안 지구 온난화가 가속화되는 상황에서도 화석 연료 사용이 극적으로 늘어난 것이다. 그러나 그의 예측이 맞는다면 정부가 행동에 나설 필요는 없었다. 따라서 과학계 명사들로 구성된 위원회는 시간이 흐르면서 단계적으로 진행될 배출 제한 프로그램을 권고하지 않았다. 에너지원 전환을 빨리 시작할수록 쉽게 이루어진다고 인정했으면서도 말이다. 그 대신 연구를 권고했다.

> 이산화탄소 문제를 둘러싼 불확실성과 논쟁, 복잡한 연관 관계 등에 비춰볼 때, 그리고 10년 안에 가장 커다란 불확실성 중 일부가 줄어들 가능성을 고려할 때, 머지않은 장래에는 정치적인 관심은 가능한 한 줄인 채 연구에만 집중해야 할 것으로 보인다. …… 지금 당장은 이런 문제들 대부분을 다룰 만한 지식이 충분하지 못하다. 문제가 커지는 것보다 우리가 더 빨리 알게 되리라고 믿는다.[27]

이 연구를 가까이서 본 과학자 가운데 적어도 한 명은 이런 처방이 옳다고 확신하지 않았다. 과학학술원 기후연구위원회의 최고 관리자(이자 기상학자)인 존 페리John Perry는 이런 논의를 면밀하게 검토하고 있었고, 『기후 변화Climatic Change』라는 저널에 직접 글을 기고했다. 「에너지와 기후: 내일이 아닌 오늘의 문제Energy and Climate: Today's Problem, No Tomorrow's」라는 논문 제목에 주장이 고스란히 담겨 있었다.[28]

모든 연구자가 자신의 모델과 분석에서 이산화탄소를 두 배 증가시키는 데 초점을 맞추고 있었지만, 페리는 이것은 편의적인 비교점에 지나지 않는다고 날카롭게 꼬집었다. "물리적으로 이산화탄소의 두 배 증가는 결코 마술적인 문지방이 아니"라고 페리는 지적했다. "이산화탄소가 100퍼센트 증가하면 기후에 상당한 영향이 미칠 것이라고 믿을 만한 타당한 이유가 있다면, 마찬가지로 이제까지 진행된 소량의 증가로도 기후가 미세하게 바뀌고 있다고 생각할 만한 타당한 이유가 있다." 페리는 이렇게 결론 내렸다. "기후 변화는 다음 세기의 문제가 아니다. 어쩌면 우리는 지금 당장 기후를 변화시키고 있는지도 모른다."[29] 셸링의 위원회는 "문제가 커지는 것보다 우리가 더 빨리 알게 되리라"는 희망을 피력한 바 있었다. 페리는 이렇게 맞받아쳤다. "문제는 이미 우리에게 닥쳐 있다. 우리는 정말 굉장히 빠르게 문제를 파악해야 한다."[30] 결국 페리의 예상이 맞았지만 정치적으로는 셸링의 견해가 우세했다. 셸링의 견해는 실제로 당시 막 등장하던 회의론자들의 주장의 핵심을 이루었고, 레이건 정부가 이 문제를 정치 의제에서 완전히 배제해버리는 궁극적인 근거로 작용했다.

연방 의회 역시 기후 변화를 조사하고 있었다. 1978년 국가기후법 1978 National Climate Act에 따라 국가적인 기후 연구 프로그램이 진행 중이었고, 코네티컷 주 출신 상원 의원 에이브러햄 리비코프Abraham Ribicoff는 이산화탄소를 면밀하게 관찰하는 예산을 확보하기 위해 법률 수정안을 준비하고 있었다. 과학자들이 언제나 더 많은 연구가 필요하다고 말하는 것은 상투적인 이야기겠지만, 리비코프는 정말로 더 많은 연구가 필요하다고 결론을 내렸다.[31] 지미 카터 대통령은 석탄, 오일 셰일[oil shale. 석유가 10% 정도 함유된 수성암. — 옮긴이], 타르 샌드[tar sands. 원유가 천연 아스팔트화된 역청질의 사암. — 옮긴이] 등으로 만드는 액체 연료인 '합성 연료synfuel'를 개발해서 미국의 에너지 자립도를 높이는 대대적인 시도에 나설 것을 제안하고 있었다. 그러나 과학계의 전문가들은 이런 시도는 오히려 이산화탄소 축적을 가속화할 수 있다고 경고했다. 리비코프의 수정안은 과학학술원에 이산화탄소와 기후에 관한 종합적인 연구를 수행하는 권한을 부여했다.[32] 이듬해 6월까지도 새로운 위원회의 공식적인 임무가 정식화되지는 않았지만, 이미 1980년 10월에 위원회가 구성되어 있었다. 그리고 그 위원장은 빌 니런버그였다.

니런버그는 위원장 자리를 맡기 위해 실제로 로비를 벌이지는 않았더라도 이미 일정한 기초 공사를 해두었던 것처럼 보인다. 1979년 8월, 차니의 평가단이 결론을 취합하고 있을 때, 존 페리는 이미 후속 연구를 구상하고 있었다. 페리는 학술원의 통상적인 방식을 따라 기후연구위원회 위원들에게 새로운 위원회에서는 새로운 연구를 수행하는 게 아니라 단지 기존 연구의 적절성과 결론을 검토하자고 제안했다.[33] 니런버그는 이 제안에 반대하면서 훨씬 광범위한 견해를 밝혔다. 니런버그는 과학학술원에서 이 문제의 모든 측면을 종합적이고 통합적으로 평가해야 하며, 위원회 성원들은 통상적인 절차보다 더 세심하게 뽑아야 한다고 생각했다.[34] 그렇게 해서 구성된 위원회에는 톰 셸링과 그의 견해를 지지하는 또 다른 인물인 예일대학교의 경제학자 윌리엄 노드하우스William Nordhaus가 포함되었다.

과학학술원에서 내놓은 보고서는 대부분 공동으로 집필하고 위원회 전원의 검토를 받으며 다시 외부 평가자들의 검토까지 받는다. 각기 다른 부분을 맡은 저자들과 위원장이 내용 수정을 하고, 저자 전원이 보고서를 수용하고 서명한다. 경우에 따라 위원장이나 학술원 임원이 작성하는 '핵심 요약' 또는 종합 역시 연구 보고서의 내용을 정확히 반영하도록 하기 위해 검토를 거친다. 그런데 이번에는 이런 과정이 제대로 진행되지 않았다. 빌 니런버그가 이끄는 이산화탄소평가위원회Carbon Dioxide Assessment Committee는 종합적인 평가에 합의할 수 없었고, 따라서 각 장을 개별적으로 집필하고 서명하는 데 만족했다. 그 결과물인 『변화하는 기후: 이산화탄소평가위원회 보고서Changing Climate: Report of the Carbon Dioxide Assessment Committee』는 사실상 두 개의 보고서였다. 자연과학자들이 집필한 5개 장은 인간으로 인한 기후 변화의 가능성을 자세히 검토하는 내용이었고, 경제학자들이 집필한 2개 장은 이산화탄소 배출과 기후에 미치는 영향을 다루는 내용이었다. 각 부분은 기후 변화 문제를 매우 다르게 제시했다. 그리고 종합 부분은 자연과학자들이 아니라 경제학자들의 손을 들어주는 내용으로 서술되었다.

　자연과학자들이 집필한 부분은 다른 자연과학자들이 이미 말한 내용과 대동소이했다. 온난화가 진행되고 물리적·생물학적으로 심각한 결과가 야기될 것이라는 기본적인 주장에 아무도 이의를 제기하지 않았다. 리벨은 자신이 집필한 해수면 상승에 관한 장에서 서남극 빙상 [West Antarctic Ice Sheet. 빙하는 오랫동안 쌓인 눈이 다져져 육지의 일부를 덮고 있는 얼음층으로 크게 세 종류가 있다. 계곡을 채우면서 천천히 흐르는 '곡빙하', 극지방의 넓은 지역(넓이가 5만 제곱킬로미터 이상)을 덮는 '빙상ice sheet', 산꼭대기를 덮은 좁은 빙하를 '빙모ice cap'라고 한다. — 옮긴이]이 녹아 없어질 수도 있다고 경고했다. "그렇게 되면 200만 세제곱킬로미터의 얼음이 녹아내리고 뒤이어 빙상의 나머지 절반이 떠내려가기 시작할 것이다. 그 결과로 전 세계적으로 해수면이 5미터에서 6미터 상승할 것이다."[35] 예상되는 결과는 다음과 같았다. "기존의 모든 항구 시설과 저지대 연안 구조물, 경작 밀도와 인구 밀도가 높은 전 세계 삼각주의 광범위한 부분, 플로리다 주와 루이지애나 주의 주요 지역, 세계 여러 주요 도시의 상당 부분에 바닷물이 범람할 것이다."[36]

이런 재앙이 얼마나 빨리 일어날 수 있을까? 서남극 빙상이 전부 녹아버리는 데는 아마 200년에서 500년 정도의 오랜 시간이 걸리겠지만, 그보다 규모가 작은 결과는 훨씬 빨리 시작될 것이다. 21세기 중반에 온도가 섭씨 2~3도 높아지면 열팽창만으로도 해수면이 70센티미터 상승할 것이고, 빙상이 녹아내리기 시작하면 2050년 무렵이면 2미터가 더 높아질 것이다. 빠르든 늦든 간에 "서남극 빙상이 붕괴하면 …… 광범위한 영향이 미칠 것이다."[37]

다른 장들에서는 기후와 물 공급, 해양 생태계 등에 미치는 영향을 다루었다. 자연과학자들은 세부적인 내용은 아직 뚜렷하지 않다고 (더 많은 연구가 필요하다고) 인정했지만, 문제가 매우 심각하다는 데는 대체로 동의했다. 각 장의 주요 내용을 요약해보면 전반적인 결론은 전과 비슷했다. 인간의 활동 때문에 이산화탄소가 증가했고, 변화가 생기지 않는다면 앞으로도 계속 증가할 것이며, 날씨, 농업, 생태계 등에 영향이 미칠 것이라는 이야기였다. 이산화탄소의 축적은 문제가 아니라거나 그저 두고 보자고 말하는 자연과학자는 한 명도 없었.

그러나 경제학자들이 맡은 장과 종합 부분은 바로 이런 내용이었다. 노드하우스와 국가연구위원회 임원 제시 오서벨Jesse Ausubel, 게리 요Gary Yohe(웨슬리언대학교 경제학과 교수)라는 이름의 자문위원이 집필한 보고서의 첫 장은 미래 에너지 사용과 이산화탄소 배출에 초점을 맞추었다. 자세한 논의를 담은 긴 분량의 장은 "인간 활동에 따른 이산화탄소 배출이 꾸준히 늘어나고 있으며, 이것은 주로 화석 연료의 연소에 의한 것이라는 데 광범위한 합의"가 존재함을 인정하는 것으로 시작했다. 그렇지만 저자들은 알려진 내용이 아니라 아직 알려지지 않은 사실에 초점을 맞추었다. 2000년 이후에 대해서는 "엄청난 불확실성"이 존재하며 "이산화탄소가 미래에 어떤 궤적을 그릴지에 따라 생겨날 사회·경제적 영향"에 대해서는 "훨씬 더 큰 불확실성"이 존재한다는 것이었다.[38]

저자들은 확률적 시나리오 분석을 활용해서 2100년까지 대기 중 이산화탄소 수준을 예상했다. 에너지 사용, 비용, 경제적 효율성 증대 등과 관련된 다양한 가정을 활용한 예상치였다. 가능한 결과의 범위는 넓었지만, 저자들은 2065년까지 이산화탄소가 두 배로 증가하는 게 가장 그럴 듯한 시나리오라고 판단했다.[39] 이 경제학자들은 "두 배 증가가 훨씬 더 빨리 일어날 확률도 상당하다."(2050년까지 두 배로 증가할 확률은 27퍼센트였다.)고 인정했다. 또한 "21세기 전반기에 이산화탄소가 두 배로 증가할 가능성을 무시하는 것은 현명치 못한 일"임을 시인했다.

기후 변화를 저지하기 위해 무엇을 할 수 있을까? 노드하우스에 따르면, 할 일이 많지 않았다. 가장 효과적인 방안은 적지 않은 탄소세를 상시적으로 부과하는 것이겠지만, 이런 조치는 시행하기가 쉽지 않을 터였다.

이산화탄소 농도를 상당히 낮추려면, 화석 연료에 대한 중과세 같은 대단히 엄격한 정책이 필요할 것이다. …… 셸링이 뒤에서 제시하는 전략들(기후를 조절하거나 단순히 이산화탄소 농도와 온도가 높아진 세계에 적응하는 것)이 더 경제적인 조정 방식이 될 공산이 크다. …… 엄격한 온실가스 경감 정책보다 결국 더 값비싼 부작용이 사회(와 해안선과 농업, 고위도의 생명체, 인간 건강, 또는 아직 알지 못하는 대상)에 미칠 것인지 하는 문제는 지금으로서는 알 수 없다.[40]

경제학자들은 모델에서 예상하는 것보다 훨씬 빨리 변화가 일어날 수도 있다(따라서 미리 예방하는 것보다 훨씬 더 비용이 커질 수 있다.)는 자신들의 경고를 무시한 채, 중대한 변화는 먼 미래의 일이기 때문에 고려할 필요가 없다고 생각했다.

셸링은 보고서 마지막 장에서 이런 주장의 실마리를 부여잡고서 기후 문제에 대한 경제학자들의 재구성을 명백하게 내세웠다. 자연과학자들은 기후 변화 자체를 걱정하는 게 아니라(과학자들은 기후가 자연적으로 변하기 쉬움을 알고 있었다.) 이산화탄소에 의해 촉발되는 급속하고 단방향적인 변화를 걱정했다. 이런 변화는 인간 인프라뿐만 아니라 불과 수십 년 사이에 적응할 수 없는 생태계에도 심각한 위협이 된다. 그러나 셸링은 이런 견해를 거부하면서 진짜 쟁점은 **기후 변화**이며, 이산화탄소가 미치는 영향은 먼지나 토지 사용의 변화, 자연적 변화 등과 같은 "기타 기후 변화 활동"과 함께 평가해야 한다고 주장했다.

이산화탄소만을 특별히 고려 대상으로 삼는 것은 잘못이라는 것이었다.

상식적으로 생각해보면, 이산화탄소가 기후 변화의 원인이라면 이산화탄소 발생을 억제하는 게 분명한 해결책이지만, 셸링은 이런 견해도 거부했다. 셸링은 "징후보다 원인을 다루는 것을 …… 우선시하는 태도"는 잘못이라고 주장했다. "화석 연료와 이산화탄소가 문제가 발생하는 지점이라면 해결책도 바로 그 지점이어야 한다는 원칙을 고수하는 것은 그릇된 일이다."[41] 의도적인 기후 조절을 통해서 징후에 대처하거나 변화된 기후에 적응하는 게 최선의 방안이 될 것이다.

지구 온난화의 원인을 무시하려 한 셸링의 시도는 대단히 독특했다. 의학 연구자들이 암을 치료하려고 해서는 안 된다고 주장하는 것이나 마찬가지였다. 치료 비용이 너무 비싸고, 또 어쨌든 미래에는 사람들이 암으로 죽는 게 그다지 나쁘지 않다고 생각할 수도 있기 때문이었다. 그러나 이것은 평범한 경제적 원리에 입각한 것이었다. 프레드 싱어가 산성비에 관해 논의하면서 의지한 '할인'의 원리 말이다. 오늘 1달러는 내일 1달러보다 더 가치가 높고, 100년 뒤 1달러보다는 훨씬 더 높다. 따라서 우리는 먼 미래의 비용을 '할인' 할 수 있다. 검토 중인 기후 변화가 "현 정책 결정권자들의 수명을 넘어선" 일이라고 가정하면서 셸링이 한 것이 바로 이런 할인이었다.[42] 우리는 미래의 사람들이 에너지를 얼마나 많이 사용할지, 따라서 얼마나 많은 이산화탄소가 배출될지 알지 못할 뿐만 아니라, 그들이 어떻게 살지, 얼마나 이동을 할지, 어떤 기술을 활용할지, 또 심지어 어떤 기후를 좋아할지도 알지 못한다.

셸링의 말에도 일리는 있었다. 만약 기후 변화가 100년 뒤의 일이라면, 그것이 얼마나 큰 문제가 될지 예상하기는 불가능할 것이다. 어쩌면 100년 뒤에는 모든 사람이 실내에서 살고 농사는 수경 재배 환경에서 이루어질지도 모른다. 그런데 문제는 위원회의 자연과학자들은 대부분 이것이 100년 뒤의 일이라고 생각하지 않았다는 점이다. 대다수 자연과학자들은 중대한 변화가 훨씬 더 가까운 미래에 일어날 것이며, 이산화탄소가 문제의 **주범**이라고 생각했다.

따라서 니런버그의 위원회는 서로 무척 다른 두 견해가 담긴 보고서를 내놓은 셈이었다. 자연과학자들은 이산화탄소 축적을 심각한 문제로 본 반면, 경제학자들은 별 문제가 아니라고 주장했다. 그리고 처음과 마지막의 장을 차지한 경제학자들의 견해가 보고서의 큰 틀을 규정했다. 공정한 '종합'이라면 상충하는 두 견해를 소개하고 서로 조정하거나 적어도 차이를 설명하려고 노력해야 마땅하다. 그런데 이 보고서의 '종합'은 그러지 않았다. 종합 부분은 노드하우스와 셸링이 옹호하는 입장을 그대로 따랐다. 차니와 제이슨위원회, 그리고 이 문제를 검토한 다른 모든 자연과학자들이 설명한 과학적 사실에 동의하지 않은 건 아니지만, 이런 사실이 문제라고 보는 해석은 거부했다. '종합' 부분의 설명을 들어보자. "에너지와 전 지구적 오염, 세계적인 환경 피해라는 측면에서 보면 '이산화탄소 문제'가 다루기 힘든 것처럼 보이지만, 강우, 하천 유량, 해수면 같은 국지적인 환경 요인의 변화라는 문제로 보면 수많은 개별적인 증가의 문제는 다른 여러 압박 가운데 하나이며 각 나라와 개인이 적응해야 하는 문제이다."[43]

심각한 해수면 상승 같은 기후 변화로 인한 몇몇 결과들 때문에 세계 일부 지역은 사람이 살지 못하게 될 수 있지만, 이런 문제는 이주를 통해 대처할 수 있었다. 니런버그는 과거에도 사람들이 종종 이주를 했으며, 이주를 할 때면 새로운 기후에 적응해야 했다고 역설했다. 니런버그의 말을 들어보자. "사람들은 이주를 했을 뿐만 아니라 말과 개와 아이들, 기술과 취미, 작물과 가축까지 함께 데리고 갔다. 사람들이 얼마나 적응력이 강할 수 있는지 놀라울 뿐이다."[44] 따라서 니런버그의 주장은 1980년에 셸링이 했던 주장과 똑같았다. 정책적 행동이 아니라 연구가 필요하며, 이 연구는 가능한 한 정치적으로 두드러지지 않아야 한다는 것이었다. 버너 수오미는 '지켜보자'는 태도는 용납될 수 없다고 경고한 바 있는데, 니런버그의 위원회는 바로 이런 주문을 하고 있었다.

사실을 따져보자면, 역사 속의 대규모 이주는 엄청난 고통을 수반했으며, 보통 사람들은 강제나 폭력의 위협 속에서 삶의 터전을 옮겼다. 따라서 니런버그의 오만한 어조와 이런 이주가 본래 순조롭게 이루어졌다는 암시는 역사적인 증거를 정면으로 반박하는 것이었다. 적어도 한 검토자는 이런 사실을 알아챘다. 20년 가까이 오크리지국립연구소Oak Ridge National Laboratory를 이끌어온 물리학자인 앨빈 와인버그Alvin Weinberg는 8쪽에 걸친 통렬한 비평을 작성했다. 와인버그는 지구 온난화가 야기할 수 있는 가혹한 결과를 인식한 최초의 물리학자들 가운데 한 명이었다. 일찍이 1974년에 기후에 미치는 영향 때문에 화석 연료가 고갈되기 전부터 이미 사용이 제한될 수 있다고 주장한 것이다.[45] 이런 전망은 핵 발전에 대한 옹호와 딱 맞물렸다. 인류 전체의 생활 상태를 향상시킬 수 있는 유일한 에너지원은 원자력뿐이라고 믿었기 때문이다. 니런버그 역시 같은 생각이었다. 그러나 와인버그는 니런버그의 보고서를 읽고서 분노를 참지 못했다.

이 보고서는 "토대를 이루는 분석과 결론에 심각한 결함이 있어서" 어디에서부터 시작해야 할지 도무지 모르겠다고 와인버그는 꼬집었다. 보고서는 이 문제를 다룬 거의 모든 과학적 분석에 정면으로 도전하면서도 아무 대응도 하지 말라는 극단적인 권고를 뒷받침하는 증거는 전혀 내놓지 않았다. 물론 관개 농업에서 기술 발전이 이루어지겠지만, 그런 발전이 충분히 빨리 적절한 규모로 자리를 잡을 수 있을까? 더군다나 가난한 나라들에서? 보고서는 아무 증거도 제시하지 않았다. 이주에 관해서 와인버그는 다음과 같이 물었다. "위원회는 정말로 미국이나 서유럽, 캐나다가 강우 양상이 급격하게 변하는 가난한 나라들에서 쏟아져 들어오는 거대한 난민을 받아들일 것이라고 믿는가? …… 아무리 머리를 굴려봐도 대부분 오늘날보다 정치적 경계선이 훨씬 느슨했던 과거에 이루어진 역사 속의 이주가 75년에서 100년 뒤의 인구 이동에 관해 어떤 말을 해줄 수 있는지 도무지 모르겠다. 그때가 되면 많은 지역이 사람들을 부양할 능력이 사라질 텐데 말이다. 확실히 장래에는 몇 배나 많은 문제가 생길 것이다."[46]

보고서의 '종합' 부분이 본문에서 제시한 분석과는 동떨어진 주장을 하고 있다는 사실을 간파한 것은 와인버그만이 아니었다. 다른 두 명의 검토자도 그만큼 열정적이지는 않았지만 동일한 논점을 제기했다.[47] 그러나 이 검토자들의 주장도 무시되었다. 어떻게 검토자들의 논평을 간단히 무시할 수 있었을까? 또 '종합' 부분이 본문의 내용과 일치하지 않고 주요한 주장들이 증거로 뒷받침되지 않는 보고서가 어떻게 발간될 수 있었을까? 오랜 시간이 흐른 뒤 어느 고참 과학자는 이런 식으로 대답했다. "그 시절에는 학술원의 검토가 훨씬 더 느슨했습니다." 그런데 보고서가 발표된 뒤 왜 아무도 이의를 제기하지 않았을까? 다시 그 과학자의 대답을 들어보자. "다들 쓰레기 보고서라는 걸 알았기 때문에 무시해버렸지요."[48]

그러나 니런버그 보고서는 새벽에 청소차가 치워가듯이 사라져버리지 않았다. 백악관은 이 보고서를 등에 업고 환경보호청에서 수행한 과학 연구를 반박했다. 환경보호청은 자체적으로 두 개의 보고서를 준비했는데, 둘 다 지구 온난화가 심각한 문제가 될 것이며 국가에서 석탄 사용을 줄이기 위해 즉시 행동에 나서야 한다고 결론 내렸다.[49] 환경보호청의 두 보고서가 나왔을 때, 백악관 과학 보좌관 조지 키워스는 니런버그의 보고서를 거론하면서 환경보호청의 보고서를 반박했다. 대통령의 핵심 고문인 에드 미스에게 제출한 10월 월례 보고에서 키워스는 다음과 같이 썼다. "과학 보좌관은 환경보호청의 두 보고서를 믿지 않으며 …… 현재 이산화탄소 문제에 관한 가장 훌륭한 평가는 과학학술원의 보고서라고 보고 있음. 언론은 환경보호청의 기우론을 믿지 않는 것으로 보이며, 과학학술원의 신중한 입장이 가장 현명하다는 쪽임."[50]

키워스의 말이 옳았다. 언론은 정말로 '신중한' 입장을 취하게 된다. 『뉴욕 타임스』의 한 기자는 이런 식으로 말했다. "과학학술원은 정치·경제적으로 현실적인 온실 효과 방지책은 없기 때문에 '기온이 올라간 세계'에 적응하는 데 전략의 초점을 맞춰야 함을 깨달았다."[51] 그러나 학술원이 이런 사실을 깨달은 게 아니라 위원회가 그렇게 주장한 것이었다. 또한 학술원이 아니라 빌 니런버그와 소수의 경제학자들이 주인공이었다.

니런버그가 백악관에서 필요로 하는 바로 그 보고서를 내놓은 게 우연의 일치였을까? 정말로 그냥 마음이 맞았던 걸까? 역사적인 기록을 살펴보면 그렇지 않은 것 같다. 기후연구위원회와 회동한 자리에서 에너지부 관리들은 자신들은 "억측이나 기우론, '늑대가 나타났다.'는 식의 시나리오를 …… 인정하지 않는다."고 과학학술원 사람들에게 말했다.52 그들은 그저 "현재 진행 중인 연구 프로그램에 관한 안내"를 원할 뿐이었다.53 백악관 과학기술정책실의 수석 정책 분석가로 백악관과 산성비평가단의 연락을 맡았던 톰 페스토리어스가 이번에도 관여했다. 페스토리어스는 존 페리에게 호들갑을 떨 필요가 없다고 말했고, 페리는 다시 이를 니런버그 위원회에 보고했다. "에너지를 공급하고 환경을 보호하는 문제에 대한 해답은 결국 기술이 해결해줄 것"이기 때문이라는 것이었다.54

이산화탄소와 기후에 관한 니런버그의 보고서는 한 가지를 제외하고는 온실가스 규제를 저지하려는 훗날의 시도들 이면에 흐르는 주요 테마를 선구적으로 보여주었다. 니런버그는 기후학의 정당성을 부정하지 않았다. 단지 경제학자들의 주장에 찬성하면서 기후학을 무시했을 뿐이다. 원인이 아니라 징후에 대처하는 게 비용이 덜 들고, 정부가 개입하지만 않는다면 신기술이 문제를 해결해줄 것이며, 기술로 모든 문제를 해결하지 못하면 다른 곳으로 이주하면 된다는 주장 말이다. 그 뒤 20년 동안 이런 주장이 여기저기서 고스란히 되풀이된다.

그러나 앨빈 와인버그가 이런 주장을 받아들이지 않은 것처럼, 모든 경제학자들이 여기에 동의한 것은 아니다. 1960년대 말, 이미 소수의 경제학자들은 소비 증가에 초점을 맞추는 자유 시장 경제학은 그 자체가 우리 모두가 의존하는 자연환경과 생태계에 파괴적인 영향을 미친다는 사실을 깨닫고 있었다. 지구의 자원은 무한하지 않았고, 산성비 문제를 다룬 3장에서 살펴본 것처럼, 지구가 오염을 견딜 수 있는 무한한 능력이 있는 것도 아니었다. 니런버그는 이런 경제학자들은 위원회에 전혀 참여시키지 않았다. 따라서 니런버그는 '핵심 요약'을 기후 변화에 관한 일방적인 견해를 중심으로 구성한 것처럼, 경제학에 대한 견해도 일방적인 내용만을 집어넣었다.

니런버그는 정부가 원하는 모든 답을 제공했다. 보고서는 사회과학자들과 자연과학자들 사이의 실질적인 견해 차이를 묵살한 채 그들이 통일 전선을 이룬 것처럼 보여주었고, 지금 당장은 아무 행동도 필요 없다고 주장했으며, 미래에 나타날 어떤 문제든 간에 기술로 해결할 수 있다고 결론지었다. 정부는 아무것도 할 필요가 없었다. 연구에 예산만 지원해주면 끝이었다.

'백악관 효과'로 '온실 효과'에 대처하다

1988년 대통령 선거 운동 중에 벌어진 두 가지 결정적인 사태가 기후학을 영원히 바꿔놓았다. 첫 번째는 정부간기후변화위원회가 창설된 일이었다. 두 번째는 기후 모델 전문가인 고다드우주연구소 소장 제임스 E. 핸슨이 인간으로 인한 지구 온난화가 이미 시작되었다고 발표한 사건이었다. 이듬해에 지구 온난화를 부정하는 조직적인 캠페인이 시작되었고, 이내 기후학계 전체가 그 함정에 빠져들었다.

1987년 11월에 콜로라도 주 출신 상원 의원 팀 워스Tim Wirth가 핸슨이 증언한 기후에 관한 청문회를 주관했지만 미국의 기성 언론들은 대부분 눈길조차 주지 않았다.[55] 하지만 미국 전역에 가뭄이 덮치고 있었고, 이듬해 여름에는 전국이 위기 상태에 빠졌다. 1988년은 미국 역사상 가장 덥고 건조한 해로 손꼽히게 되었다. 국토의 40퍼센트가 영향을 받으면서 농사가 흉작이 되고 가축이 죽고 식료품 가격이 올라감에 따라, 사람들은 어쨌든 지구 온난화가 그리 먼 미래의 일이 아닐지도 모른다고 의심하기 시작했다. 기후에 대한 대중과 언론의 관심이 고조되었다. 6월에 워스는 다시 청문회를 열었다. 루이지애나 주 출신 상원 의원 J. 베넷 존스턴J. Bennett Johnston이 청문회 개회사를 했다.

> 오늘날 워싱턴DC에서 섭씨 38도를 경험하고, 중서부 전역의 토양 수분이 메말라 콩 농사, 옥수수 농사, 면 농사를 망치는 상황에서 이런 비상사태에 어떻게 대처할 것인지를 알아내기 위해 연방 의원들이 긴급 회동한 지금, 마나베 슈쿠로 박사를 비롯한 증인들이 온실 효과에 관해 했던 말은 단순한 우려가 아니라 경고가 되고 있습니다.[56]

핸슨이 청문회의 스타였다. 핸슨은 고다드우주연구소에서 새롭게 진행하는 일부 연구에 관해 증언했다. 1950~1980년의 평균 기온에 비해 섭씨 0.5도 정도의 온도 상승이 이미 진행되었음을 보여주는 연구였다. 이런 온난화를 자연적인 결과로 설명할 수 있는 확률은 1퍼센트에 불과했다. 핸슨은 청문회 위원들에게 이렇게 말했다. "현재 지구 온난화가 대규모로 이루어지고 있기 때문에 우리는 대단한 확신을 가지고 온실 효과와의 인과 관계를 말할 수 있습니다."[57]

핸슨의 연구팀은 또한 이산화탄소를 비롯한 미량 기체[trace gas. 1ppm 이하의 농도로 대기권에 존재하는 기체. — 옮긴이]의 증가를 세 가지 '배출 시나리오'에 따라 모델화한 바 있었다. 이 시나리오들은 원래 인간의 탄소 배출의 실제 과정을 예상하기 위한 것이 아니었다. 미래에 예상되는 배출 속도와 그 결과를 함께 가정하는 시나리오였다. 한 시나리오에서는 2000년 이후 화석 연료 사용이 급격하게 감소할 것으로 예상했는데, 그에 따라 미래의 온난화도 줄어들었다. 좀 더 현실적인 다른 두 시나리오에서는 지구 전체 평균 온도가 빠르게 올라갔다. 20년 안에 이제까지 알려진 가장 따뜻했던, 약 12만 년 전에 끝난 간빙기 이래로 어느 때보다도 지구 온도가 높아질 것으로 예상되었다.[58]

이번에는 전국 각지의 주요 신문들이 청문회를 기사로 다루었다. 『뉴욕 타임스』는 핸슨의 증언을 1면에 게재했다. 갑자기 핸슨은 지구 온난화에 대한 대응을 촉구하는 주요 논자로 부상했다.[59] 이 모든 언론의 관심에 불편해진, 그리고 아마도 약간 질투도 느꼈을 몇몇 동료 과학자들은 핸슨이 지나친 주장을 하고 있다고 공격했다. 여전히 남아 있는 중대한 불확실성을 무시했다고 생각한 것이다. 다른 한편, 핸슨은 어느 누구도 누려본 적이 없는 관심을 끌고 있었다. 게다가 과학계의 대다수 사람들은 대기 중 온실가스 농도가 높아지면 결국 기후에서 반응이 나타날 수밖에 없다고 믿고 있었다. 이런 정도는 기본적인 물리학이었다. 그렇지만 온도 상승을 탐지했다는 핸슨의 주장은 예상치 못한 일이었고, 어쩌면 때 이른 주장처럼 보였다.[60]

니런버그 보고서와 핸슨의 유력한 증언 사이의 5년의 휴지기 동안, 대기과학자들은 다른 문제 때문에 분주했다. 그 사이에 남극에 오존 홀이 발견되어 그것을 조사하고 원인을 해명했던 것이다. 대기과학자들은 또한 오존변화추세평가단OTP의 연구를 통해 전 지구적으로 오존 감소 현상이 벌어지고 있음을 입증했다. 나사의 로버트 왓슨을 비롯한 일부 과학자들은 지구 온난화 문제에 대해서도 오존변화추세평가단 같은 연구 기구가 필요하다고 생각하기 시작했다. 그 결과물이 정부간기후변화위원회였다.

유럽에서 처음 산성비를 경고한 인물이었던 베르트 볼린은 핸슨이 제시한 온도 데이터가 "충분한 조사를 거친" 자료라고 생각하고 이 일을 받아들였다.[61] 볼린은 위원회를 세 실무 그룹으로 나누었다. 첫 번째 그룹은 기후학의 상태를 반영하는 보고서를 작성하는 일을 맡았다. 두 번째 그룹은 환경과 사회·경제에 미치는 영향을 평가하기로 했다. 마지막으로 세 번째 그룹은 여러 가지 가능한 대응책을 정식화하기로 했다. 과학자들은 1990년까지 첫 번째 평가를 내놓기로 기한을 정했다. 25개 국가의 300여 과학자들을 아우른다는 계획 치고는 무척 촉박한 시간이었다.[62]

6월 청문회를 계기로 정치적 압력이 고조되자 대통령 후보이자 현직 부통령인 조지 H. W. 부시[아버지 부시] 역시 "백악관 효과로 온실 효과"를 맞받아치겠다고 약속했다.⁶³ 대통령의 권한을 이용해 문제 해결에 나서겠다는 것이었다. 1989년 1월에 미국 제41대 대통령에 취임한 뒤, 부시는 제임스 베이커James Baker 국무부 장관을 1차 정부간기후변화위원회에 참석시켰고, 연방과학·공학·기술조정협의회Federal Coordinating Council for Science, Engineering, and Technology 산하 지구과학위원회Committee on Earth Sciences에 1990회계연도 예산 작성을 위해 세계 기후 변화 연구U.S. Global Climate Change Research 계획안을 수립하도록 했다.⁶⁴ 상원에서는 이 계획을 환영했다. 이미 상원의 상업·과학·교통위원회에서는 1989년 국가세계변화연구법National Global Change Research Act of 1989이라는 이름으로 동일한 내용의 법안을 마련해놓은 상태였다.⁶⁵ 미국은 인간이 유발한 기후 변화에 대처할 준비를 하고 있는 것처럼 보였다. 거스 스페스는 훗날 "우리는 실질적인 변화를 이루는 궤도에 올라섰다고 생각했다."고 회상했다.⁶⁶ 앞에 놓인 과제를 과소평가한 셈이었다.

태양 탓하기

1984년, 빌 니런버그는 스크립스해양연구소 소장직에서 은퇴하고 조지 C. 마셜 연구소 이사진에 합류했다. 앞서 본 것처럼, 로버트 재스트로는 다른 과학자들의 비판에 맞서 레이건 대통령의 전략 방위 구상을 방어하기 위해 이 연구소를 설립한 바 있었다. 그러나 1989년에 이르면, 전략 방위 구상의 근거가 된 적 자체가 빠른 속도로 사라지고 있었다. 바르샤바조약기구는 산산이 흩어졌고, 소련 자체가 해체되고 있었으며, 냉전 종식이 눈앞에 다가와 있었다. 존재 이유가 사라져버린 마셜연구소는 해체될 수도 있었지만, '냉전 전사들'은 해체하기는커녕 싸움을 계속하기로 결정했다. 새로운 적은 누구였을까? 환경 '기우론자들'이 표적이었다. 베를린 장벽이 무너진 해인 1989년, 마셜연구소는 기후학을 비판하는 첫 번째 보고서를 발간했다. 그리고 몇 년 안에 연구소는 기후학자들까지 공격하게 된다.

연구소에서 초기에 내세운 전략은 지구 온난화라는 사실을 부정하는 게 아니라 그 원인을 태양 탓으로 돌리는 것이었다. 연구소는 재스트로와 사이츠, 니런버그가 만든 미간행 '백서'를 회람하고 이듬해에 이 내용을 『지구 온난화: 과학은 우리에게 무엇을 말해주는가?Global Warming: What Does the Science Tell Us?』라는 제목의 소책자로 발간했다.[67] 담배 업계의 전략을 그대로 되풀이하듯이, 세 사람은 이 보고서를 통해 지구 온난화에 관한 오해가 바로잡힐 것이라고 주장했다. 마셜연구소의 워싱턴 사무소는 보고서를 발표할 기회를 얻으려고 백악관에 접촉했다. 니런버그가 각료담당실, 정책개발실, 대통령 경제자문위원회, 백악관 관리예산처 등을 상대로 직접 브리핑을 했다.[68]

브리핑이 커다란 영향을 미친 결과, 부시 행정부 내에서 생겨나고 있던 적극적인 움직임이 중단되었다. 각료담당실의 한 성원은 "보고서에 깊은 인상을 받았다."고 말했다. 또 다른 성원은 이렇게 말했다. "모든 사람이 보고서를 읽었다. 모두가 심각하게 받아들인다. …… 귀 기울여 들을 만한 보고서이다. 저자들은 저명한 과학자들이다. 나도 깊은 인상을 받았다."[69] 핵공학을 전공한 백악관 비서실장 존 수누누

John Sununu는 특히 보고서에 매료되었다. 스탠퍼드대학교의 스티븐 슈나이더는 개탄을 금치 못했다. "수누누는 마치 뱀파이어에게 십자가를 들이대듯이 온실 온난화 주장에 맞서 이 보고서를 치켜들고 있다."[70] 한편, 어느 누구도 베르트 볼린을 백악관으로 초청하지 않았다. 초청해달라고 요청할 줄을 몰랐을지도 모른다.

마셜연구소의 보고서에서 핵심적으로 내세운 주장은 핸슨을 비롯한 과학자들이 발견한 온난화 현상이 역사적인 이산화탄소의 증가 추세와 일치하지 않는다는 것이었다. 온난화는 대부분 1940년 이전에 벌어진 일이었다. 즉 대대적인 이산화탄소 배출이 이루어지기 전의 일이었다. 뒤이어 1975년까지 온도 저하 추세가 있었고, 다시 온도 상승으로 돌아섰다. 온난화 추세가 이산화탄소의 증가 추세와 일치하지 않기 때문에 태양에 그 원인이 있음이 분명하다고 그들은 주장했다.[71]

보고서 저자들은 태양의 흑점과 나무 나이테의 탄소 14(^{14}C) 데이터를 이용하여 태양이 19세기 동안 더 많은 에너지를 방출하는 시기에 접어들었으며, 이런 태양 방출 에너지 증가(약 0.3퍼센트 증가) 때문에 지금까지 기후 온난화가 진행되는 것이라고 주장했다. 저자들은 또한 이 데이터는 200년 주기를 보여주며 따라서 온난화 추세는 이미 끝났고 얼마 안 있어 온도가 떨어지기 시작할 것이라고 목소리를 높였다. "태양 활동과 지구 온도 사이의 상관관계가 계속된다면, 기후 변화의 자연적 요인의 결과로 21세기에는 지구가 더 선선해지는 추세를 예상할 수 있다."[72]

과연 1940년에서 1975년 사이에 온도 저하가 일어났을까? 사실이기는 하지만 마셜연구소의 보고서는 이를 잘못 설명했다. 연구소에서 제시한 도표의 자료로 삼은 것은 핸슨 연구팀의 논문이었고, 따라서 대단히 확실한 것처럼 보였다.[73] 마치 보고서 저자들이 동료 평가를 받은 과학을 근거로 삼는 듯했다. 그러나 재스트로와 니런버그, 사이츠는 자기들 주장에 유리한 데이터만 선별했다. 관련된 여섯 개 도표 가운데 하나만 사용한 것이다. 그들은 독자들에게 〈그림 5〉의 윗부분만을 보여주었다(다음 쪽을 보라.). 핸슨의 연구팀이 한 일은 기후 변화를 야기하는 다양한 '요인들'이 어떤 역할을 하는지를 탐구하는 것이었다. 첫 번째는 온실가스이고 두 번째는 화산이며 세 번째는 태양이었다. 핸슨의 연구팀은 원래 과학자들이 하는 일을 했다. 알려진 가능한 모든 원인을 객관적으로 검토한 것이다.

그러고는 질문을 던졌다. 어떤 원인 또는 원인들의 결합이 관찰된 결과를 가장 잘 설명해주는가? 그 답은 위의 모든 것이었다. "이산화탄소+화산+태양"이 관측 기록에 가장 잘 들어맞았다. 20세기에 관측된 기후는 이 세 요인 모두의 산물이었지만, 재스트로와 사이츠와 니런버그는 핸슨의 그림 중에서 윗부분만을 독자들에게 보여주었기 때문에 오로지 태양만이 중요한 것처럼 만든 셈이었다. 1940년 이전의 온도 상승은 19세기에 태양 에너지 방출이 늘어난 결과일 수도 있지만, 1970년대 중반에 시작된 온도 상승의 경우는 사정이 다르다. 20세기 중반에는 태양 에너지 방출이 전혀 증가하지 않았으며, 따라서 최근의 온도 상승은 이산화탄소 때문으로만 설명이 가능하다.

마셜연구소의 분석에는 기후 모델 전문가 스티븐 슈나이더가 지적한 훨씬 더 큰 문제가 있었다. 기후가 태양 에너지 방출의 작은 변화에도 극도로 민감하다는 재스트로를 비롯한 이들의 주장이 맞다면,

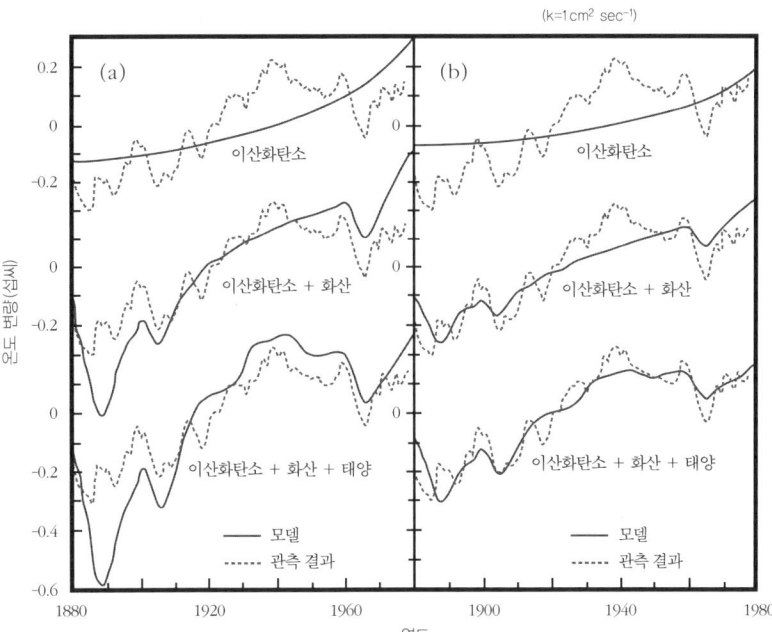

〈그림 5〉 이산화탄소가 두 배 증가했을 때 섭씨 2.8도 상승한다는 기후 모델을 가지고 예상한 지구 온도 추세. (a)의 결과는 수심 100미터 혼합층 해양의 열용량에 근거한 것이며, (b)의 결과는 수심 1000미터의 수온 약층까지 열이 분산된 결과를 포함한다. 이산화탄소, 화산, 태양 등의 요인은 W. S. Broecker, *Science* 189, 460쪽(1975), H. H. Lamb, *Philosophical Transactions of the Royal Society of London, Series A.* 255, 425쪽(1970), D. V. Hoyt, *Climate Change* 2, 79쪽(1979) 등을 근거로 삼았다. 관측 자료와 모델의 평균 온도 변량은 0이다.
출처: J. Hansen et al., "Climate Impact of Increasing Atmospheric Carbon Dioxide," *Science* (28 August 1981): 963쪽. 미국과학진흥협회의 허락 하에 재수록.
*혼합층 _ 해수면 부근의 수온 변화가 거의 없는 수층. 해양은 수온에 따라 크게 세 개의 층으로 나뉜다. 위에서부터 혼합층, 수온 약층, 심해층 순이다. — 옮긴이
**수온 약층 _ 깊이에 따라 수온이 급격하게 감소하는 층. — 옮긴이

이 도표는 고다드우주연구소의 제임스 E. 핸슨이 쓴 논문의 일부로서 왼쪽과 오른쪽은 각각 아주 얕은 바다만이 대기와 열을 교환하는 '지구' 모델과, 훨씬 더 깊은 수심까지 열이 섞이는 '지구' 모델의 결과를 보여준다. 핸슨의 연구팀은 오른쪽 맨 아래 그림이 수심 1000미터까지 진행되는 바닷물 혼합, 태양광, 화산재와 연무, 이산화탄소가 모두 나름의 역할을 하는 실제 지구의 작용을 가장 잘 반영한다고 주장했다. 미셜연구소의 보고서에 실린 도표에는 왼쪽 윗부분만이 들어 있어서 이산화탄소가 중요하지 않다는 인상을 남겼다.

결국 기후는 온실가스의 작은 변화에도 역시 대단히 민감해야 한다. 슈나이더는 다음과 같이 주장했다.

> 태양 에너지가 불과 영점 몇 퍼센트 변화한 결과로 지난 세기에 섭씨 0.5도의 장기 추세가 관측되었다면, 이런 사실은 지구가 작은 에너지 투입에도 상대적으로 민감하게 반응한다는 의미이다. 마셜연구소는 두 가지 주장을 동시에 펼 수 없다. 한편으로 태양 에너지 방출의 작은 변화가 커다란 온도 변화를 야기한다고 하면서, 이와 비교할 만한 온실가스의 에너지 투입의 변화가 비슷한 규모의 신호를 만들어내지 않는다고 주장할 수는 없는 것이다. 기후 시스템이 대규모 복사 에너지에 민감한지 아닌지 둘 중 한쪽을 선택해야 한다.[74]

민감성은 두 가지 상반된 결과를 낳는다. 그리고 물리학자인 재스트로와 사이츠, 니런버그는 물론 이런 사실을 알고 있었을 것이다.

정부간기후변화위원회는 1990년 5월에 기후학의 현 상태에 관한 첫 번째 평가 보고서를 발간했다. 이 보고서는 오늘날 기후 문제에 관심 있는 사람이라면 누구나 귀에 익은 결과를 되풀이했다. 화석 연료를 무제한적으로 사용하면 "다음 세기에 지구 평균 온도가 매 10년간 약 섭씨 0.3도씩 올라간다."는 것이었다. "이런 온도 상승은 지난 1만 년 동안 나타난 변화보다 더 크다."[75] 온실가스로 인한 지구 온난화는 인류가 일찍이 경험한 적이 없는 변화를 가져올 것이었다.

정부간기후변화위원회는 원인을 태양 탓으로 돌리는 마셜연구소의 주장을 분명하게 다루었다. 그리고 이런 주장을 거부했다. 위원회의 설명에 따르면, 태양 변화의 최대 한계는 "온실 요인과 비교하면 작은 수준이며, 향후 몇 십 년 동안 이런 변화가 일어난다 할지라도 높아진 온실 효과에 의해 압도될 것이다."[76]

그러나 마셜연구소는 정부간기후변화위원회의 반박을 큰 문제로 받아들이지 않았다. 1991년, 마셜연구소는 기존의 주장을 더 장황하게 되풀이한 보고서를 발간했고, 1992년 10월에 빌 니런버그는 부에노스아이레스에서 열리는 세계석유회의World Petroleum Congress에 이 보고서를 가지고 갔다. 정부간기후변화위원회에 대한 전면 공격에 나선 것이다. 니런버그는 21세기 말까지 지구 온도가 기껏해야 섭씨 1도 오를 것이라고 주장했다. 20세기의 온난화 추세가 일직선으로 계속 이어진다는 예상에 따른 결과였다. 그러자 베르트 볼린은 온실가스 배출이 직선적이 아니라 기하급수적으로 늘어난다고 지적하면서 니런버그의 말을 정면으로 반박했다. 여기에 줄 차니가 약 10년 전에 경고했던 해양에 의한 시간 지체 요인을 더하면, 온난화는 시간이 흐를수록 가속화된다.

볼린은 기후 변화의 과학과 정치의 역사를 술회한 책에서 니런버그의 결론이 "완전히 틀렸다."고 꼬집었다.[77] 정중하지 않은 사람이라면 아마 훨씬 더 심한 말을 했을 것이다. 만약 니런버그가 저널리스트였다면 그가 단순히 혼동한 것으로 생각할 수도 있다. 그러나 니런버그는 저널리스트가 아니었다. 스크립스해양연구소에서 오랫동안 함께 일한 한 동료는 니런버그만큼 연구 주제와 방식을 선택하는 데서 신중한 사람은 본 적이 없다고 말한 바 있다.[78] 한편, 케이토연구소는 마셜연구소 백서 원본에 인쇄된 그래프(즉 핸슨의 그래프 중 윗부분만을 보여주는 그래프)를 수정하지 않은 채 그대로 유포했다.[79] 기후학자들이 잘못을 바로잡으려고 온갖 노력을 기울인 점을 감안하면, 이런 일이 단순한 실수였다고 보기는 쉽지 않다.

게다가 그들은 이 결과를 자랑스럽게 여겼다. 1991년 2월에 미국석유협회American Petroleum Institute 부회장에게 보낸 편지에서 로버트 재스트로는 다음과 같이 의기양양하게 말했다. "마셜연구소의 보고서 덕분에 미국 정부가 탄소세와 화석 연료 소비 규제에 반대한다는 게 과학계의 중론입니다." 재스트로는 잡지 『뉴 사이언티스트New Scientist』를 인용하면서 마셜연구소가 "여전히 백악관에 영향력을 행사하고 있습니다."라고 전했다.[80]

프레드 싱어는 이런 노력을 한 걸음 더 진척시키게 된다.

로저 리벨에 대한 공격

재스트로와 사이츠, 니런버그가 '태양 탓으로 돌리는' 주장을 퍼뜨리는 동안, 프레드 싱어는 다른 방식으로 기후학을 공격할 준비를 하고 있었다. 로저 리벨이 지구 온난화에 대한 생각을 바꾸었다고 주장한 것이다. 리벨은 킬링 곡선이 탄생하는 데 도움을 준 것 외에도 앨 고어의 조언자로서 기후학의 역사에서 또 다른 결정적인 기여를 한 바 있다. 고어는 1960년대에 하버드에서 리벨과 함께 공부했으며, 기후 변화에 대한 그의 관심이 리벨의 영향 아래서 생겨난 것은 주지의 사실이다. 만약 리벨이 이제 더는 지구 온난화를 걱정거리로 여기지 않는다면 커다란 뉴스가 될 게 분명했다. 또한 1992년 대통령 선거에서 환경 문제를 들고 나온 고어로서도 당혹스러운 일일 수 있었다.

1990년 2월 19일, 81세의 리벨은 뉴올리언스에서 열린 미국과학진흥협회 회의에서「우리는 기후 변화에 대해 무엇을 할 수 있는가? What Can We Do About Climate Change?」라는 제목의 논문을 발표한 적이 있었다. 리벨은 향후 10~20년 동안 연구와 관찰을 하면 "21세기에 예상되는 대기와 해양의 온난화 규모를 좀 더 잘 파악할 수 있다."고 말했다.[81] 한편 미래에 온난화를 줄일 수 있는 여섯 가지 방법이 있었다. 석탄과 석유보다 천연가스의 중점적 사용, 에너지 보호, 화석 연료 대체 에너지원 사용, 식물성 플랑크톤의 생산 자극을 통한 탄소 격리〔carbon sequestration. 토양, 삼림, 심해 대수층, 석유나 가스 채굴 공간, 석탄층 등 대기 중 탄소를 저장할 수 있는 지구의 다른 공간에 탄소를 격리하는 것을 말한다. ― 옮긴이〕, 인위적인 개입을 통한 대기 반사〔태양 에너지 반사〕증대, 조림 사업 등이 그것이다. 얼마 전에 리벨은 지구 온도가 상승함에 따라 고위도(한대) 삼림이 확대되면서 대기 중 이산화탄소가 감소하고 온난화가 다소 방지될 가능성에 관심을 기울인 적이 있었다. 리벨은 이런 삼림 확대로 매년 27억 톤의 탄소가 감소할 것이라고 생각했다. 연간 화석 연료 연소에서 생겨나는 총 탄소량의 절반가량이었다.[82] 이 정도면 무시할 만한 수준이 아니었고(차니의 평가단에서 노력을 기울였지만 결코 발견하지 못했던 '음성 피드백'을 찾은 개가일 수도 있었다.), 리벨은 더 많은 연구가 필요하다고 생각했다.

리벨이 만약 완화할 온난화 효과가 없다고 생각했다면, 자연 보호, 핵 발전, 한대림 등 완화 전략에 관한 그의 논의 자체가 앞뒤가 맞지 않는 일이었을 것이다. 리벨의 논의를 자세히 읽어보면, 그가 핵 발전과 천연가스로 전환하고 에너지 보호를 개선하는 일에 착수하는 한편 연구를 계속하는 것이 분별 있는 방법이라고 믿었음을 분명히 알 수 있다. 훌륭한 과학자가 으레 그렇듯이, 리벨은 자신의 주장을 과장하는 일을 삼갔다. 리벨은 여전히 중대한 불확실성이 존재함을 어느 누구보다도 잘 알고 있었고, 한대림 때문에 온난화가 상당히 지연될 가능성을 당혹스럽게 받아들였기 때문에 다소 모호한 말로 이야기를 시작하곤 했다. "다음 세기 동안에는 세계 평균 기후가 상당히 따뜻해질 가능성이 매우 크지만 결코 확실하지는 않습니다."[83]

이런 말은 프레드 싱어가 호시탐탐 노리던 틈을 허용했다. 싱어는 『워싱턴 포스트』에 공동으로 글을 기고하는 문제를 이야기한 뒤 리벨에게 접근했다. 어떤 주제에 대해 글을 쓸 예정이었는지 기록이 정확히 남아 있지 않지만, 만약 리벨이 건강을 잃지 않았다면 온전한 기록을 남겨두었을 것이다. 그러나 라졸라로 돌아오는 중에 리벨은 심각한 심장마비를 겪었다. 결국 공항에서 병원으로 직행하여 3중 혈관 우회 수술을 받았다.

리벨은 곧바로 회복하지 못했다. 마침내 3월에 집에 돌아온 뒤에도 응급 탈장 수술을 받기 위해 다시 병원에 가야 했다. 그러고는 심각한 감염증에 걸려 병원에서 다시 6주를 보냈다. 마침내 5월에 집으로 돌아왔을 때는 몸이 너무 약해져서 개인 비서인 크리스타 버런Christa Beran과 리벨이 가르치고 있던 대학원생인 저스틴 랭커스터가 나서서 약속 시간을 30분 이내로 제한했다.[84] 항상 활기 넘치는 모습으로 유명했던 리벨은 이제 편지를 불러주다가 잠에 떨어질 정도였다. 몸이

영 좋지 않았다.

싱어가 나중에 리벨과 공동 저술로 발표하는 글의 제목은 「온실 온난화에 대해 무엇을 할 것인가: 유비무환의 교훈What To Do about Greenhouse Warming: Look Before You Leap」이었지만, 리벨의 건강 상태를 감안할 때 그가 싱어가 보낸 여러 초안을 얼마나 면밀하게 살펴보았는지, 또 자신이 요청한 수정 내용을 싱어가 제대로 처리하는지 여부를 자세히 검토했는지는 의문이다. 리벨은 사람들에게 딱 잘라서 거절하는 일에 익숙한 인물이 아니었다. 가장 가까운 동료 중 하나인 해양학자 월터 멍크Walter Munk는 "리벨은 종종 앞뒤 재지 않고 행동에 나섰다."고 털어놓았다.[85]

스크립스해양연구소에 남아 있는 리벨의 글을 통해 알 수 있는 사실은 싱어가 3월 중에 공동 논문 초안을 세 개 보냈다는 점이다. 당시 리벨은 아직 병원에 입원 중이었다. 우리는 또한 이 논문을 둘러싼 어떤 일 때문에 리벨이 골치를 썩였음을 알 수 있다. 크리스타 버런은 훗날 싱어가 초안을 보낼 때마다 리벨이 그걸 책상 위의 서류 뭉치 밑에 찔러 넣었다고 회상했다. 싱어가 전화를 걸면 그제야 초고를 꺼집어내서 위에 올려두었다가 다시 밑에 찔러 넣곤 했다. 훗날 버런이 법정에 제출한 진술서에서 술회한 바에 따르면, 왜 그러는지 궁금해 하자 리벨은 이렇게 말했다고 한다. "어떤 사람들은 프레드 싱어가 아주 훌륭한 과학자라고 생각하지 않거든요."[86]

싱어는 이미 산성비와 오존 문제를 둘러싸고 동료 과학자들을 공격한 일로 주류 과학계에서 인기 없는 인물이 되어 있었고, 따라서 뉴올리언스에서 열린 미국과학진흥협회 회의에서 싱어의 제안을 수락한 뒤에 아마 리벨은 후회했을 것이다. 그리고 자신이 논문을 무시하면 없던 일이 될 것이라고 생각했다. 그러나 싱어는 공동 논문을 없던 일로 만들 사람이 아니었다.

싱어는 리벨이 초안을 검토하도록 애를 쓰는 한편 『환경 과학과 기술』이라는 저널에 자기 이름으로 논문을 하나 발표했다. 「온실 온난화에 대해 무엇을 할 것인가What To Do about Greenhouse Warming」라는, 사실상 똑같은 제목이었다. 이 글에서 싱어는 마셜연구소의 기존 주장을 그대로 되풀이하면서 과학자들이 단지 20세기의 온난화를 야기한 이유를 몰랐을 뿐이라는 주장을 내비쳤다. 싱어는 이렇게 역설했다. "[이산화탄소의] 이런 증가가 지난 100년 동안 기후에 변화를 야기했는지에 대해서는 커다란 불확실성과 의견 불일치가 존재한다. 관찰 결과는 이론과 맞지 않는다." 물론 의견 불일치가 존재하긴 했지만, 그건 마셜연구소에서 조장한 것이었을 뿐 기후학자들 사이에서는 의견이 일치했다. 이미 정부간기후변화위원회는 무제한적으로 화석 연료를 사용하면 "다음 세기에 지구 평균 온도가 매 10년간 약 섭씨 0.3도씩" 올라가며, "이런 온도 상승은 지난 1만 년 동안 나타난 변화보다 더 크다."고 분명히 말한 바 있었다.[87] 싱어는 이런 결론을 거부하면서 그 대신 "[온실 온난화의] 과학적 근거 가운데는 일부 사실도 있지만 불확실성도 많고 단순한 무지도 있다."고 주장했다. 싱어는 다음과 같이 강조하며 결론지었다. "온실 온난화의 과학적 근거는 너무 불확실해서 지금 당장 과감한 행동에 나설 이유가 되지 못한다."[88] 물론 이런 주장은 과거에 그가 산성비에 관해 한 말과 정확히 똑같은 것이었다. 오존 감소의 경우에도 마찬가지였다. 연구에 전념하는 많은 과학자들이 프레드 싱어를 좋아하지 않는 이유는 간단했다. 걸핏하면 과학자들의 결론을 거부하면서 자신이 더 많이 안다고 주장했기 때문이다.

1991년 2월, 싱어는 스크립스해양연구소를 직접 찾았다. 여러 시간 동안 회의를 하면서 싱어와 리벨은 이미 조판이 된 원고를 검토했다. 두 사람 사이에는 적어도 한 가지 쟁점이 있었고, 결코 작지 않은 문제였다. 기후는 과연 이산화탄소에 대해 얼마나 민감한가, 하는 것이었다. 싱어가 리벨에게 검토를 부탁한 교정본에는 다음과 같이 주장하는 내용이 있었다. "우리가 가장 가능성이 높다고 보는 결과를 생각해보라. 다음 세기에 예상되는 섭씨 1도 이하의 평균 온도 상승은 통상적인 연간 변동 폭에 훨씬 못 미치는 수준이다."[89]

이런 주장은 제이슨위원회나 차니의 평가단, 정부간기후변화위원회에서 한 말과 전혀 맞지 않았다. 기후학계의 어느 누구도 온실가스 증가에 따른 기후 변화가 통상적인 연간 변동 폭과 전혀 다르지 않다고 주장하지 않았다. 사실을 말하자면, 정부간기후변화위원회는 정반대의 말을 했다. 리벨은 "1도 이하" 부분에 엑스 표를 하고는 바로 옆 여백에 "1~3도"라고 썼다.[90]

얼핏 보면 큰 차이가 아닌 것 같지만 절대 그렇지 않다. 섭씨 1~3도는 주류의 견해에 해당했으며, 분명 지난 200년 동안의 자연적 기후 변동 폭에서는 벗어나는 것이었다. 핵심적인 쟁점은 이런 것이었다. 과연 온난화는 이제껏 인류가 경험하지 못한 새로운 인위적인 기후 체계로 이어질 것인가? 리벨(을 비롯한 수천 명의 기후학자들)은 그렇다고 말했고, 싱어는 아니라고 했다.

싱어는 수치를 아예 언급하지 않는 식으로 견해 차이를 교묘하게 은폐했다. 최종적으로 발표된 글의 문장은 다음과 같았다. "우리가 가장 가능성이 높다고 보는 결과를 생각해보라. 다음 세기에 예상되는 평균 온도 상승은 통상적인 연간 변동 폭에 훨씬 못 미치는 수준이다."[91] 이 글은 리벨이 여백에 쓴 내용과 상충되었고, 큰 폭의 온난화가 진행될 가능성은 전혀 없다고 주장했다. 작은 변화가 생길 수도 있지만 자연적인 변동과 크게 다르지 않을 것이었다. 결국 승자는 싱어였고, 마치 리벨이 동의한 것처럼 보였다.

이 논문은 그해에 워싱턴의 엘리트 모임인 코스모스클럽Cosmos Club에서 발간하는 『코스모스Cosmos』에 발표되었다(1878년에 창립된 이 클럽은 1988년에야 여성에게 문호를 개방했다. 그것도 차별금지법 소송을 걸겠다고 여기저기서 위협한 뒤의 일이다.). 리벨은 제2 저자로 이름이 올랐다.[92] 제3 저자도 있었다. 이 책 3장에서 산성비의 존재에 대해 의문을 던지고, 5장에서 방사선이 인체에 유익하다는 방사선 호르메시스 주장을 펴면서 등장한 물리학자 천시 스타가 그 주인공이다.[93]

로저 리벨이 과연 이 최종본에 동의했을까? 그 답을 확실히 알 방법은 없다. 7월에 리벨이 치명적인 심장발작을 일으켰기 때문이다. 그러나 리벨이 동의했으리라고 믿기는 힘들며(적어도 그가 몸이 건강하고 정신이 또렷했다면 동의하지 않을 것이다.), 그와 가까운 사람들은 아무도 그가 동의했다고 믿지 않았다.

과학자들은 이미 고古기후 데이터를 통해 이산화탄소가 두 배 늘어났을 때 기후가 변동하는 폭이 최소한 섭씨 1.5도라는 사실을 알고 있었다. 우리는 지질학 기록을 통해 과거에도 이산화탄소 수준에 변동이 있었으며, 이산화탄소가 2배 증가하면 온도가 섭씨 1.5도 이상 변동하는 방식으로 기온이 변했음을 알고 있다. 지질학을 전공한 리벨은 이런 사실을 잘 알고 있었다. 리벨은 스크립스해양연구소에서 저스틴 랭커스터와 함께 강좌를 맡았고, 여기에는 이런 자연적 기후 변화에 관한 논의도 들어 있었다.

훗날 랭커스터는 『코스모스』 논문이 발표되었을 때 리벨이 당혹스러워했다고 술회했다.[94] 그러나 『코스모스』는 과학 저널이 아니었고 (동료 평가를 거치는 저널도 아니었다.), 많은 부수가 발행되는 것도 아니었다. 이 글을 본 과학자는 거의 없었고, 설사 보았다 하더라도 큰 관심을 기울이는 이는 더더욱 없었다. 따라서 설사 리벨이 몸이 건강했다 할지라도 그냥 수수방관했을 것이다. 어쩌면 이 글이 '쓰레기'라고 생각하고 무시해버렸을지도 모른다.

그러나 1992년 대통령 선거가 진행됨에 따라 갑자기 『코스모스』 논문이 사람들의 이목을 끌었다. 이 글은 앨 고어 상원 의원을 공격하는 데 활용되었다. 첫 번째 일제사격은 그레그 이스터브룩이 『뉴 리퍼블릭』 7월호에서 게시하고 『인디펜던트Independent』 8월호에서 반복한 것으로 보인다. 이스터브룩은 고어의 신간 『균형 잡힌 지구Earth in the Balance』[95]를 비판하면서 고어가 중요한 사실을 언급하지 않았다고 준엄하게 꾸짖었다. "지난해 사망하기 전에 리벨이 발표한 논문에서 '온실 온난화의 과학적 근거는 너무 불확실해서 지금 당장 과감한 행동에 나설 이유가 되지 못한다.'고 결론지었다."는 것이었다.[96]

그런데 이 말은 리벨이 아니라 싱어가 한 것이었다. 싱어는 1990년의 단독 논문에서 이 말을 이미 했고, 1991년에도 지구 온난화의 실재에 의문을 던지고 정부간기후변화위원회를 공격하는 책의 한 장에서 다시 거론했다.⁹⁷ 리벨은 미국과학진흥협회 연설에서 이런 말을 한 적이 없었다. 게다가 학계와 언론계에서는 논문의 책임을 주 저자에게 돌리는 게 관행이다. 주 저자는 물론 프레드 싱어였다. 또 이스터브룩은 천시 스타의 말을 인용한 것이라고 말할 수도 있었다. 어쨌거나 이스터브룩은 성실하지 못하거나 정치적인 목적을 위해 리벨 커넥션을 악용한 셈이었다. 아무튼 고어의 조언자는 싱어나 스타가 아니라 리벨이었으니 말이다.

보수 성향의 칼럼니스트 조지 윌은 이스터브룩의 바통을 이어받아 1992년 9월의 어느 칼럼에서 토씨 하나 빼먹지 않고 거의 그대로 되풀이했다. "고어는 하버드 시절의 조언자인 로저 리벨(지난 해 사망)이 다음과 같이 결론지은 사실을 알고 있다. '온실 온난화의 과학적 근거는 너무 불확실해서 지금 당장 과감한 행동에 나설 이유가 되지 못한다. 정책적 대응을 늦춘다고 해도 큰 위험은 없다.'"⁹⁸ 이때부터 이 문제는 대통령 선거전에서 부통령 후보 간 논쟁의 한 축이 되었다. 로스 페로Ross Perot의 러닝메이트인 퇴역 제독 제임스 B. 스톡데일James B. Stockdale은 이 문제를 놓고 고어를 공격했다. 이번에도 역시 싱어의 1990년 논문에서 비롯된 발언이 공격의 근거로 이용되었다.⁹⁹

리벨의 이름을 이용해서 앨 고어를 공격하자 리벨의 가족뿐만 아니라 스크립스해양연구소의 동료들까지 발끈했다. 리벨의 딸인 캐롤린 허프바우어Carolyn Hufbauer는 9월 13일의 부통령 TV 토론 직전에 발표한 기명 칼럼에서 조지 윌의 공격에 대해 항의의 목소리를 높였다.¹⁰⁰ 스크립스연구소에서 리벨과 가장 가까운 동료였던 해양학자 월터 멍크와 물리학자 에드워드 프리먼Edward Frieman은 리벨의 견해가 잘못 소개되고 있다는 허프바우어의 말에 동의했다. 두 사람은 『코스모스』에 편지를 보냈지만 게재를 거절당했고, 따라서 리벨의 미국과학진흥협회 논문과 함께 『해양학Oceanography』 저널에 편지를 공개했다.[101] (이번에도 역시 비과학적인 주장이 널리 퍼지고 있었지만, 과학자들의 반박은 동료 과학자들만 보는 지면에 발표되었다.)

멍크와 프리먼은 『코스모스』 논문은 절대 리벨이 쓴 것이 아니라고 설명했다. "그 글은 프레드 싱어가 썼다."는 해명이었다. 싱어는 "리벨이 기꺼이 초고를 검토하고 해수면 상승과 관련된 문제에 조언을 해준 데 대해 관례에 따라 그를 공저자로 덧붙인 것"이었다.[102]

그로부터 10여 년 뒤에도 멍크는 "싱어가 리벨을 배신한 사건"에 대해 여전히 노여움을 참지 못했다.[103] 그러나 리벨의 유산을 지키기 위해 가장 오랫동안 열심히 싸운(그리고 가장 큰 대가를 치른) 사람은 저스틴 랭커스터였다. 리벨이 세상을 떠나던 해에 랭커스터는 거의 매일 가까이서 그를 지켜보았다. 두 사람은 강의 하나를 공동으로 하고 있었고, 정책적 문제를 다루는 데 몰두한다는 공통점도 있었다. (스크립스연구소의 과학자들은 대부분 이런 문제에 큰 관심이 없었다. 모두들 순수과학을 하고 싶어 했다.) 랭커스터는 자신이 어느 누구보다도 리벨의 견해를 잘 알고 있다고 생각했다.

랭커스터와 그의 논문 지도교수인 데이브 킬링Dave Keeling은 이스터브룩의 논문에 이의를 제기하는 편지를 『뉴 리퍼블릭』에 보냈지만 게재되지 않았다. 이번에도 역시 리벨과 가까웠던 과학자들은 이런 왜곡에 대해 반박하려고 노력했지만, 애초에 왜곡된 사실을 발표했던 잡지들은 사실을 바로잡으려는 그들의 시도를 거부했다. 결국 랭커스터는 멍크와 프리먼의 선례를 따랐다. 진실에 관심이 있다고 판단한 과학계에 호소한 것이다. 당시 랭커스터는 『지구 온난화 포럼A Global Warming Forum』이라는 제목의 책을 준비하는 편집위원회에서 일하고 있었고, 싱어는 『코스모스』 논문을 이 책에 재수록하려고 했다. 랭커스터는 싱어에게 리벨의 이름을 공저자에서 빼는 게 어떻겠냐고 말했지만 싱어는 거부했다. 랭커스터가 리벨의 이름을 논문에서 빼려고 하면서 싱어와 랭커스터, 편집진 사이에 잇따라 싸움이 벌어졌다. 마침내 1993년에 책이 출간되었는데, 『해양학』에 재수록된 리벨의 미국 과학진흥협회 논문을 독자들에게 상기시키는 내용의 각주가 첫 쪽에 달려 있었다.[104]

그해 10월에 하버드대학교는 리벨을 기념하는 심포지엄을 열었다. 부통령 후보 TV 토론을 계기로 『코스모스』의 논쟁이 전국적으로 부각된 바로 그달의 일이었다. 원래 심포지엄 주최 측은 싱어를 초청해 악명을 얻게 된 논문을 소개하게 할 생각이었지만 월터 멍크와 리벨의 가족도 초청했다. 논문에 대한 이의제기를 감안한 주최 측은 양쪽이 대면하는 상황을 피하기 위해 싱어를 명단에서 제외했다. 그러나 효과가 없었다. 싱어가 참석을 강행했기 때문이다.

멍크와 저스틴 랭커스터는 『코스모스』 논문에 대해 불만을 털어놓았다. 멍크는 인사말에서 분명하게 말했고, 랭커스터는 발표 중에 다음과 같이 말했다. "리벨은 『코스모스』 논문을 쓰지 않았고, 공동 저자로 이름을 넣는 걸 꺼렸습니다. 심장 수술을 받고 회복 중이던, 약해질 대로 약해진 순간에 부당하게 압박을 받은 나머지 결국 주 저자에게 양보한 겁니다." 심포지엄 의장은 싱어에게 답변의 기회를 줬다.

싱어는 리벨에게 압력을 가한 사실을 부인하면서 『코스모스』 논문은 리벨의 미국과학진흥협회 논문을 토대로 한 것이라고 주장했다. 그리고 멍크와 랭커스터가 "정치적 의도로 사실을 왜곡하고 있다."고 공격했다.[105]

싱어는 『코스모스』 논문의 핵심 문장(언론에서 떠들썩하게 인용한 그 문장)이 자신의 1990년 논문에서 따온 것이란 사실을 언급하지 않았다. 그러나 싱어는 리벨의 생애와 업적을 기리는 심포지엄에서 소동을 일으킨 데 만족하지 않았다. 랭커스터가 계속해서 리벨의 논문 공저자 여부를 공개적으로 반박하자 싱어는 명예 훼손 소송을 제기했다. 랭커스터는 돈도 없고 동원할 수 있는 자원도 적었지만, 싱어에 대항해 싸우려고 노력했다. 사실이 자기편이라고 생각했기 때문이다. 랭커스터의 설명을 확인할 수 있는 유일한 사람인 리벨의 비서 크리스타 버런도 그렇게 주장했다. 그러나 두 사람의 주장으로는 충분하지 않았다. 싱어는 랭커스터보다 재력이 풍부했고, 1994년에 결국 랭커스터는 합의를 받아들였다. 리벨이 공저자가 아니라는 자신의 주장을 철회하고, 10년 동안 이 문제에 대해 함구하며, 일체의 법정 문서를 봉인한다는 내용이었다.[106] (2007년에 랭커스터는 우리에게 입을 열었다. 지금은 웹 사이트도 운영하고 있다.)[107]

로저 리벨은 1991년에 지구 온난화에 대해 정말로 어떻게 생각했을까? 우리는 스크립스연구소에 있는 리벨의 문서 기록을 면밀하게 검토했는데 당시 그의 생각을 피력한 발언은 하나밖에 찾지 못했다. 기후 변동에 관한 1990년 11월 회의에 제출한 짧은 서론이 그것으로 발표된 적이 없는 글이다. 리벨은 다음과 같이 썼다.

대기 중 온실가스가 증가함에 따라 기후 온난화가 생겨날 것이라고 예상할 충분한 이유가 있다. 이런 온난화가 어느 정도 규모가 될지는 …… 속단하기 어렵다. 아마 미국의 위도에서는 섭씨 2~5도 정도 올라갈 것이고, 위도가 더 높거나 낮은 곳에서는 평균 온도 변화가 더 크거나 작을 것이다. …… 어떤 식의 기후 변화가 일어나든 간에 수자원 같은 몇몇 측면에는 커다란 영향이 미칠 것이다.[108]

문서 기록을 살펴보면, 로저 리벨이 생각을 바꾸지 않았음이 분명히 드러난다. 리벨은 지구 온난화가 닥쳐오고 있으며 수자원에 심각한 영향을 미칠 것이라고 생각했다. 물론 이런 생각은 그때나 지금이나 리벨의 동료들이 한결같이 하는 말이다. 리벨은 또한 지구 온난화에 대처하는 최선의 방법은 에너지원을 바꾸는 것이라고 믿었다. 어느 글에서도 리벨은 이런 노력을 '과감한' 행동이라고 규정하지 않았다. 사실을 말하자면 리벨은 이런 노력을 아주 분명한 것으로 보았던 것 같다.

각국 정상과 비정부 기구가 유엔 지구 정상 회담을 위해 리우데자네이루에 모였을 때, 세계의 다른 사람들도 그렇게 생각했다. 1992년 6월, 국가수반 108명, 비정부 기구 대표 2400명, 언론인 1만 명이 리우에 모여들었고, 그밖에도 1만 7000명의 개인이 나란히 열린 비정부 기구 포럼에 참여하기 위해 운집했다. 모두 인간이 야기한 기후 변화 문제를 논의하기 위해서였다. 그러나 부시 대통령의 참석 여부는 불투명했다. 조지 H. W. 부시는 막판에 가서야 기후 변화에 관한 유엔 기본 협약U.N. Framework Convention on Climate Change에 서명하기 위해 리우데자네이루로 날아갔다. 협약 조인국들은 "기후 시스템에 대한 위험한 인위적 개입"을 막기 위해 노력하기로 약속했다.[109] 뒤이어 부시 대통령은 이 문서를 "지구를 보호하기 위한 구체적인 행동"으로 만들겠다고 약속했다.[110] 1994년 3월까지 192개 나라가 기본 협약을 조인하여 협약이 발효되었다.

오존층 보호를 위한 빈 협약과 마찬가지로, 기후 변화에 관한 유엔 기본 협약도 실질적인 강제력은 전혀 없었다. 이산화탄소 배출에 대한 구속력 있는 제한도 정해지지 않았다. 원칙적인 틀에서 합의한 데 지나지 않았다. 실질적인 제한은 나중에 의정서를 통해 결정하기로 했다. 결국 일본 교토에서 이 의정서가 조인되었다. 그리고 실질적인 제한이 곧 부과될 것이라는 위협이 제기됨에 따라 의심을 부추기는 이들은 노력에 더욱 박차를 가했다.

지구 온난화 부정에 박차를 가하다

재스트로와 사이츠, 니런버그와 싱어가 의심을 만들어내기 위해 최대한 노력을 기울였음에도 불구하고 지구 온난화 탐지를 둘러싼 과학적 논쟁은 막바지로 향하고 있었다. 1992년에 이르면, 온난화가 탐지 가능하다고 1988년에 핸슨이 내놓은 주장이 이제 더는 대담한 게 아니었다. 오히려 선견지명처럼 보였다. 이제 남은 쟁점은 온난화가 인간 활동 때문에 야기된 것임을 과연 증명할 수 있는가 하는 문제뿐이었다. 과학자들이 여러 차례 인정한 것처럼 기후 변화에는 많은 원인이 있으며, 따라서 핵심적인 문제는 이런 다양한 원인을 어떻게 가려낼 것인가 하는 점이었다. 온난화가 탐지되기는 했는데, 이것을 결정적으로 인간 탓으로 돌릴 수 있을까?

'탐지와 원인 규명 연구'는 온실가스에 의해 야기된 온난화와 태양(이나 다른 자연적 힘)에 의해 야기된 온난화가 어떻게 다른지를 검토함으로써 이루어진다. 연구자들은 기후 모델의 결과를 실제 데이터와 비교하기 위해 실험을 한다. 이 연구는 이른바 회의론자들에게 가장 큰 위협이었다. 인과 관계 문제라든가, 인간이 기후 변화에 책임이 있는가 하는 사회적인 문제, 온실가스를 규제해야 하는가 하는 규제의 문제 등을 직접적으로 다루었기 때문이다. 동료 평가를 거치는 문헌에 이 연구가 등장하기 시작함에 따라 싱어와 그 동료들이 연구를 깎아내리기 위해 애쓴 것도 놀랄 일은 아니다. 기후 변화 연구의 원로 행세를 해온 그들은 떠오르는 젊은 별 하나의 뒤를 밟았다. 로렌스 리버모어 국립연구소의 기후모델분석비교연구프로그램에서 일하는 벤저민 샌터〔벤 샌터〕가 그 주인공이었다.

샌터는 1980년대에 영국 이스트앵글리아대학교에서 박사 학위를 받았다. 정밀한 통계 분석을 위한 이른바 몬테카를로 방법Monte Carlo methods을 활용해 기후 모델 결과를 관측 데이터와 비교한 연구였다.[111] 당시까지만 해도 모델 비교는 대부분 질적인 방법으로 이루어졌다. 과학자들은 모델에서 산출된 결과의 지도를 보고 이것을 실제 관측 지도와 비교해서 유사성과 차이를 확인했다. 샌터와 박사 논문 지도교수인 톰 위글리Tom Wigley(영국 이스트앵글리아대학교에 있는 기후연구소Climatic Research Unit 소장)는 이런 질적 비교보다는 통계 분석을 통해 기후학이 더 많은 성과를 얻을 수 있다고 생각했다. 게다가 다른 변수들(지상 기압, 강우, 습도 등의 세세한 패턴)을 통해 실제로 지구 평균 온도보다 모델을 더 잘 시험해볼 수 있었다. 온실 효과나 화산재, 태양 같은 주요 요인에 따라 이런 변수들에서 각기 다른 변화를 기대할 수 있기 때문이다.[112]

위글리와 함께 논문을 마무리한 뒤, 샌터는 함부르크에 있는 막스 플랑크 기상연구소Max Planck Institute for Meteorology의 초빙을 받았다. 연구소의 이사 중 한 명인 물리학자 클라우스 하셀만Klaus Hasselmann은 남는 시간 대부분을 쏟아부어 통일 이론unification theory을 연구하고 있었다. 우주가 처음 생성된 순간에 이론적으로 존재했던 것 같은 극도로 높은 에너지에서 우주의 네 가지 기본적 힘〔중력, 전자기력, 강한 핵력, 약한 핵력. — 옮긴이〕을 하나의 장에 통합하려는 시도였다. 이 이론은 기후학과는 거리가 멀었지만, 하셀만은 기후 문제에 관해서 많은 중요한 과학적 기여를 한 바 있었다. 그중 하나가 '최적 지문 검색optimal fingerprinting'이라는 이름의 새로운 탐지·원인 규명 기법을 제안한 1979년의 논문이었다.[113] 이 구상은 신호 처리 이론에서 유래한 것이었다. 그런데 논문이 워낙 기술적이고 정밀한 데다가 좀처럼 이해하기 힘든 텐서장tensor field 수학〔기하학적 공간의 각 점마다 다중 선형 함수가 붙은 텐서장을 연구하는 수학. — 옮긴이〕으로 가득 차 있어서 샌터도 처음에는 이해하지 못했다. 샌터는 이 논문이 "하나의 예술 작품"이라고 회상한다. "시대를 몇 년이나 앞선 논문이었다. 그걸 이해하기에는 내가 너무 멍청했다."[114]

하셀만의 핵심적인 통찰은 기후학자들이 통신공학자들과 동일한 기본적인 문제에 직면한다는 것이었다. 관심이 없는 잡음이 많이 섞인 상황에서 어떻게 관심의 대상인 약한 신호를 탐지할 수 있는가, 하는 문제 말이다. 기후학에서 잡음은 엘니뇨 현상 같이 기후 시스템 자체에 고유한 현상에 의해 생겨난다. 한편 '신호'는 지구의 자연적인 기후 시스템에 외래적인 것들, 즉 태양이나 화산재, 인간이 만들어낸 온실가스 등에 의해 생겨난다. 지난 100년 동안 공학자들은 잡음으로부터 신호를 가려내는 수학적 기법을 개발하기 위해 연구를 했지만, 기후학자들은 이런 연구를 거의 알지 못했다. 또한 단순하지가 않아서 제대로 이해하기 쉽지 않았다.

샌터는 연구에 착수했지만 좀처럼 앞으로 나가지 못했다. 박사 학위 논문의 성과 역시 그다지 고무적이지 않았다. 앞서 샌터와 위글리는 정부간기후변화위원회의 1차 평가 보고서 작성을 위해 사용한 일부 모델에서 지상 기압에 커다란 오류가 있었음을 보여준 바 있었다. 과학자들이 말하는 이른바 '음성 결과negative result'였다. 그렇지만 이런 오류를 지적하는 것은 중요한 일이었으며, 이 연구 및 하셀만과 진행한 예비 연구 덕분에 샌터는 캘리포니아에 있는 로렌스 리버모어 국립연구소의 기후모델비교연구프로젝트에서 자리를 제안 받았다. 이 프로그램의 창설자인 로렌스 게이츠Lawrence Gates는 정책적 목표를 위해 모델을 활용해야 한다면(그런데 모델 예측에 입각해서 기후 정책을 수립해야 한다면 모델의 필요성은 분명했다.) 그 모델이 믿을 만한 것인지 알기 위해 정확하게 평가를 하는 게 중요하다고 생각했다. 게이츠는 세계 곳곳에 있는 기후 모델 센터에서 각각의 모델을 가지고 동일한 계산을 수행하도록 한다는 '벤치마크 실험' 구상을 창시했다. 과학자들이 모델 실행상의 차이에 대한 설명으로 모델 설계의 차이를 배제하게끔 하기 위해서였다. (모델 벤치마킹은 당시만 해도 급진적인 생각이었다. 물론 지금은 표준적인 절차가 되었지만.) 게이츠는 또한 이 실험 결과를 널리 공표할 것을 주장했다. 완전히 객관적일 수 없는 모델 연구자들만이 아니라 기후학계 전체가 모델 진단을 자신들의 활동으로 삼을 수 있게 하기 위해서였다. 다시 말해, 연구소는 모델 작업을 더욱 정밀하고 객관적이고 투명하게 만들기 위해 노력했다.

샌터는 운이 참 좋았다. 샌터가 연구소에 들어갈 당시 최초의 대규모 모델 상호 비교 프로젝트 중 하나가 한창 진행 중이었을 뿐만 아니라 리버모어의 동료들인 칼 테일러Karl Taylor와 조이스 페너Joyce Penner가 혁신적인 기후 모델 실험을 수행하고 있었다. 이 실험은 온난화를 야기하는 온실가스뿐만 아니라 일반적으로 온도 저하를 야기하는 황산염 에어로졸까지도 검토하고 있었다. 테일러와 페너의 실험은 인간이 기후에 미치는 영향이 복잡하다는 점을 분명히 보여주었다. 이산화탄소와 황산염 에어로졸의 변화는 기후에 뚜렷하게 다른 지문을 남겼다.

지문 검색은 인과 관계를 탐구하는 강력한 도구임이 입증되었다. 당시까지만 해도 기후 변화의 원인을 둘러싼 과학적 주장들은 대부분 이런 식이었다. 온실가스가 증가하면 온도 역시 올라가리라고 예상할 수 있다. 실제로 그러했다. 따라서 예상이 현실화되었다. 이런 게 교과서적인 과학적 방법이었다. 그런데 이런 교과서적 방법의 문제점은 이게 논리적 오류라는 것이다. 어떤 예상이 실현된다고 해서 그 예상을 만들어낸 가설이 올바르다는 결론이 나오는 것은 아니다. 다른 원인들이 동일한 결과를 만들어낼 수도 있기 때문이다. 온실가스가 기후 변화를 야기했음을 증명하려면, 태양이나 화산이 원인일 경우와는 다른 양상을 찾아내야 한다. 독특한 패턴이 필요한 것이다.

앞서 4장에서 우리는 저명한 대기과학자인 V. 라마나탄이 수직적인 온도 구조를 제안한 것을 보았다.[115] 온난화가 태양에 의해 야기된다면, 대기 전체의 온도가 올라가야 한다. 하지만 만약 온난화가 온실가스에 의한 것이라면, 대기에 미치는 효과는 서로 상이하고 구별될 것이다. 온실가스는 하층 대기[lower atmosphere. 지상 2000~3000미터의 지표면 대기. — 옮긴이]에 열을 가두며(따라서 하층 대기의 온도가 올라간다.), 따라서 고층 대기로 올라가는 열이 감소되면서 온도가 떨어진다. 샌터는 막스 플랑크 연구소의 동료들 및 세계 각지의 여섯 개 연구소와 협력하면서 수직적인 온도 변화를 살펴보기 시작했다.[116] 연구를 완료하기도 전에 샌터는 정부간기후변화위원회의 2차 평가 보고서 8장인 「기후 변화 탐지와 원인 규명Detection of Climate Change and Attribution of Causes」의 '책임 주 저자convening lead author'를 맡아 달라는 요청을 받았다.

2007년에 노벨 평화상을 공동 수상한 뒤로 정부간기후변화위원회의 명성이 높아졌지만, 1994년만 해도 대다수 과학자들은 이 기구를 '진짜' 연구(기본적인 연구 활동)와 동떨어진 일종의 외도로 생각했고, 베르트 볼린은 탐지와 원인 규명을 다루는 장을 책임질 사람을 찾느라 애를 먹고 있었다. 다른 장들이 이미 집필을 시작한 1994년 봄, 스크립스해양연구소의 팀 바넷Tim Barnett이 샌터에게 전화를 걸어 일을 맡을 생각이 있는지 물었다. 바넷은 1차 평가 보고서의 해당 장을 맡은 두 주 저자 가운데 한 명이었고, 이 일을 하면 큰 명예가 따라올 것이라고 샌터를 설득했다. 샌터는 일을 맡기로 했다.

책임 주 저자가 하는 일은 "입수 가능한 최선의 과학·기술 정보"에 입각하여 기후학의 일부 측면에 대한 평가를 내놓는 것이다.[117] 여기에는 향후 집필할 장의 체계와 범위에 관해 뜻을 모으기 위해 다른 '주 저자'들 및 '기고 저자contributing author'들과 협력하는 일도 포함된다. 뒤이어 각 과학자들은 해당 절의 초안을 집필하는 일을 맡는다. 모든 절의 초안이 마무리되면 책임 주 저자와 주 저자들은 전체 그룹이 동의할 수 있는 초안 완성본을 만들기 위해 노력한다. 샌터가 맡은 장의 집필에는 결국 이스트앵글리아대학교의 옛 조언자인 톰 위글리와 팀 바넷을 비롯한 주 저자 네 명과 추가로 32명의 기고 저자가 참여했다. 세계 최고의 기후학자 36명이 힘을 모은 것이다.[118]

8장의 저자 그룹은 1994년 8월에 캘리포니아 주 리버모어에서 만나 다뤄야 할 핵심적 과학 분야를 확인했다. 미국, 캐나다, 영국, 독일, 케냐 등에서 총 20명이 참석했다. 첫 번째 회의 이후 저자 그룹의 토론은 대부분 이메일을 통해 이루어졌다. 그리고 10월부터 11월까지 샌터는 세 차례의 이른바 초안 작성 회의 중 1차 회의에 참석했다. 정부간기후변화위원회 제1 실무 그룹 보고서IPCC Working Group I Report의 각 장을 맡은 주 저자와 책임 주 저자들이 모이는 회의였다.

1차 초안 작성 회의는 스웨덴 시그투나Sigtuna에서 진행되었고, 샌터는 이 자리에서 첫 번째 도전에 맞닥뜨렸다. 8장에 모델과 관측의 불확실성에 관한 논의를 포함시켜야 하는지를 놓고 의견이 갈린 것이다. 이 주제는 다른 장에서도 다루었기 때문에 일부 저자들은 여기서 다시 이 문제를 다루는 건 불필요하다고 생각했지만, 샌터는 독자들이 다른 장을 찾아볼 것이라고 생각하지 않았다. 또 어쨌든 샌터의 집필진은 다른 장에서 말한 내용에 대해 어떻게 할 수 없었다. 결국 샌터가 이겼고, 모델과 관측의 불확실성에 관해 논의한 여섯 쪽 분량을 포함한 판본이 발간되었다.

시그투나 회의 직후, 8장은 첫 번째 동료 평가를 거쳤다. 탐지와 원인 규명 연구에 종사하는 약 20명의 과학 전문가와 이 장에 기고한 과학자 전원, 그리고 보고서 모든 장의 주 저자들에게 '0번째' 초안이 발송되었다. 정부간기후변화위원회의 주 저자들은 동료 평가 코멘트를 반영하여 각 장을 새롭게 고친 뒤 1995년 3월에 영국 브라이턴Brighton의 해변 리조트에서 2차 초안 작성 회의를 가졌다. 5월에는 정부간기후변화위원회 제1 실무 그룹 보고서 전체 초안 완성본과 '정책결정권자들을 위한 요약본Summary for Policymakers'이 나와서 위원회에 참여하는 각국 정부의 '국가별 평가'를 위해 제출되었다. 각국 정부는 과학자와 일반인이 섞인 검토단을 선정했다. 7월에 노스캐롤라이나 주 애슈빌Asheville에서 열리는 3차 초안 작성 회의에 앞서 주 저자들에게 코멘트를 해주기 위해서였다. 그러나 샌터가 책임 주 저자로 선정된 게 워낙 늦었기 때문에 그의 집필진에게는 이 일정이 맞지 않았다. 샌터는 애슈빌에 도착하고서도 각국 정부 검토단의 코멘트를 받지 못했다.

애슈빌 회의에서 샌터는 대기 온도의 수직 체계상의 변화에 관한 지문 검색 연구 결과를 발표했다. 그 전에 이미 『네이처』에 제출한 연구였다.[119] 이 회의에 참석한 한 과학자는 샌터의 발표를 들은 사람들이 크게 놀랐다고 전했다. "그 자리에 있던 많은 과학자들은 그 내용을 쉽게 믿을 수 없었다."[120] 샌터와 그의 동료들이 이제 막 인간이 기후에 미치는 영향을 입증한 것처럼 보였다.

애슈빌 회의 이후 보고서의 모든 장이 국가별 평가를 반영해 수정되었다. 그런데 8장은 예외였다. 샌터가 아직도 코멘트를 기다리고 있었기 때문이다. 이 과정의 마지막 단계는 11월 27일 마드리드에서 시작하기로 예정된 정부간기후변화위원회 총회였다. 10월에 제1 실무 그룹 보고서와 '정책 결정권자들을 위한 요약본' 초안이 마드리드 총회에 참석하는 각국 정부 대표단에 전달되었다. 샌터는 마드리드 총회에 참석해서 미국 정부의 것을 포함한 한 묶음의 코멘트를 건네받았다. 모두 처음 받아보는 것이었다.

한편 9월 중에 제1 실무 그룹의 보고서 초안 전체가 유출되었다. 8장의 핵심적인 내용, 즉 인간이 기후에 남긴 지문이 발견되었다는 메시지는 폭넓은 관심을 모았다.[121] 『뉴욕 타임스』는 1면에서 다음과 같이 선언했다. "과학적 판단에서 중대한 전환이 이루어졌다. 기후 변화에 관해 세계 각국 정부에 조언하는 전문가들이 처음으로 인간의 활동이 지구 대기 온난화의 원인인 것 같다고 말하고 있다." 물론 이 말이 다 맞는 건 아니었다. 과학자들은 오래전부터 인간 활동이 온난화의 원인일 가능성이 있다고 말해왔었다. 그런데 이제 그것이 입증되었다고 말하고 있었다. 『뉴욕 타임스』는 이 점을 이해하지 못했다. 그러나 회의론자들은 제대로 이해하고 공격에 나섰다.

마드리드 총회를 2주일 앞두고, 미국 하원의 다수당인 공화당에서 선제공격에 나섰다. 11월에 잇따라 열린 청문회에서 공화당은 이러한 우려를 뒷받침하는 과학적 근거를 물었다. 또 다른 저명한 반대론자 〔contrarian. 주류의 견해에 반대 의견을 표명하는 과학자를 통칭하는 말로 회의론자, 소수론자, 부정론자 등과 같은 뜻이다. — 옮긴이〕인 패트릭 J. 마이클스가 인기 증인이었다. 마이클스는 기후 변화와 수확량의 관계를 밝히는 모델을 만들어서 1979년에 위스콘신대학교 매디슨캠퍼스에서 박사 학위를 받았다. 1980년, 마이클스는 버지니아 주지사인 공화당의 존 돌턴John Dalton에 의해 버지니아 주 기후관state climatologist으로 임명되었다(그러나 몇 년 뒤 돌턴이 법적 권한 없이 임명했다는 사실이 드러나면서 기후관을 그만둘 수밖에 없었다.).¹²² 1980년대에 마이클스는 다양한 작물과 생태계의 기후 민감성에 관한 과학 연구를 발표했지만, 1990년대 초에 이르면 주류 과학이 아니라 소수론적 견해로 주로 알려져 있었다.¹²³ 마이클스는 프레드 싱어와 손을 잡고서 『워싱턴 타임스』에 기고한 일련의 칼럼을 통해 오존 감소에 대한 주류의 견해를 공개적으로 비판했다.¹²⁴ 또 적어도 화석 연료 업계로부터 일부 지원을 받는 『세계 기후 평론World Climate Review』이라는 계간 회보를 발간했으며, 이 회보를 연단으로 활용하여 주류 기후학을 공격했다. 『세계 기후 평론』은 환경저널리즘협회Society for Environmental Journalism 회원들에게 무상으로 배포되었다. 자신의 주장을 널리 알리기 위한 조치였다.¹²⁵ 1990년대 초, 마이클스는 탄광업 협회인 서부연료협회Western Fuels Association의 컨설턴트로 일하면서 화석 연료 연소가 유익하다고 선전했다. 대기 중 이산화탄소가 늘어나면 광합성이 증대되고 결과적으로 농업 생산성이 높아져서 작물 수확이 늘어나기 때문이라는 것이었다.¹²⁶

공화당 청문회에서 마이클스는 어쨌든 정부간기후변화위원회의 후원 아래서 연구하는 과학자들보다 더 많이 아는 전문가로 소개되었다. 마이클스의 주장에 따르면, 온실가스에 의한 온난화 모델에 따른 예측과 미국 해양대기청의 기상 위성에서 수집한 대기 온도 사이의 차이를 자신이 분석한 결과, 정부간기후변화위원회의 기후 모델은 지구 온난화를 지나치게 부풀려 예측했기 때문에 신뢰할 수 없었다. 청문회에서 마이클스는 자신이 정부간기후변화위원회 보고서의 여러 장에 대해 수차례 비판적인 언급을 했지만 번번이 무시당했고 결국 "보고서 초안에 단 하나의 수정도 가해지지 않았다."고 불만을 토로했다.[127]

캘리포니아 주 출신 하원 의원 조지 E. 브라운 2세George E. Brown Jr.는 해양대기청의 지구물리유체역학연구소GFDL 소장 제리 말먼Jerry Mahlman에게 마이클스의 주장에 대해 대답해보라고 요구했다. 마이클스가 비판한 특정한 모델 연구는 세계에서 가장 존경 받는 기후 모델학자로 손꼽히는 지구물리유체역학연구소의 과학자 마나베 슈쿠로가 한 것이었다. 마나베는 앞서 1979년에 제임스 핸슨과 나란히 차니 위원회를 상대로 연구를 발표한 바 있었다. 말먼은 마이클스의 분석에 초보적인 결함이 있다고 설명했다. 마나베의 연구는 이산화탄소가 기후에 미치는 영향을 조사하기 위해 고안된 것이었고, 따라서 화산재를 비롯한 다른 요인들은 의도적으로 배제했다. 하지만 1992년 피나투보 화산을 비롯하여 1990년대 초에 일련의 대규모 화산 분출이 있었다. 위성 측정 결과에는 당연히 이런 실제 세계의 다른 현상들이 반영되었고, 따라서 모델의 결과와 다른 게 오히려 지당한 일이었다.

말먼은 이렇게 결론지었다. "중요한 점은 지구물리유체역학연구소의 모델 실험을 〔위성〕데이터나 다른 어떤 데이터와 직접 비교할 수 있는 논리적인 토대가 전혀 없다는 사실입니다."[128] 모델과 관측 결과를 제대로 비교하려면 동일한 대상을 놓고서 해야만 한다. 정부간기후변화위원회가 마이클스의 불평을 무시한 것은 당연한 결과였다.

청문회는 언론의 관심을 얻는 데는 큰 성공을 거두지 못했다. 『뉴욕 타임스』나 『워싱턴 포스트』, 심지어 『워싱턴 타임스』조차도 청문회를 주목하지 않았다. 주요 신문 가운데는 『보스턴 글로브』만이 보도를 해주었다. 1995년 말 당시 공화당 원내 지도부가 환경 보호에 반대한다는 것은 뉴스거리가 아니었다. 그해에 미국 환경 개선의 주춧돌 중 하나였던 수질청정법을 폐지하기 위한 논의가 있었다. 그러나 언론이 무관심한 것은 중요하지 않았다. 청문회는 환경 문제에 소극적인 공화당의 태도를 강화하는 바람직한 결과를 낳았다. 청문회가 끝난 뒤 프레드 사이츠에게 보낸 편지에서 니런버그는 이렇게 말했다. "의회가 어리석은 행동에 나서지는 않을 겁니다. 또 적어도 기업의 고위급 고문 한 명이 이 문제는 정치적으로 끝장이 났다고 조언하고 있다는군요. 즐거운 휴일 보내세요."[129]

샌터는 총회 첫날인 1995년 11월 27일에 8장을 통해 연구 결과를 제시했다(그날은 니런버그가 사이츠에게 보낸 편지에서 이 문제는 정치적으로 끝장이 났다고 선언한 날이기도 했다.). 사우디아라비아와 쿠웨이트 대표단은 8장에 대해 곧바로 반대 의견을 표시했다. 『뉴욕 타임스』기자의 말을 빌자면, 이 석유 부국들은 "8장에서 논리적으로 도출되는 결론을 약화시키기 위해 노력한다는 공동의 대의 아래 미국 산업계 로비스트들과 손을 잡았다."[130] 샌터의 회고에 따르면, 단 한 명이 참석한 케냐 대표단은 "탐지와 원인 규명에 관한 장을 아예 없애야 한다고 생각했다."[131] 뒤이어 화석 연료 업계의 단체인 지구기후연맹Global Climate Coalition(GCC)의 의장과 자동차 업계의 대표자들이 오후 나머지 시간을 장악했다.[132] 마침내 정부간기후변화위원회 위원장인 영국의 존 호턴 경Sir John Houghton이 토론을 마무리한 뒤, 견해 차이를 정리하고 최근에 각국 정부가 한 언급을 다루기 위해 임시 초안 정리 그룹을 선임했다. 이 실무 그룹에는 주 저자들과 미국, 영국, 오스트레일리아, 캐나다, 뉴질랜드, 네덜란드, 사우디아라비아, 쿠웨이트 등의 대표단, 그리고 케냐 대표 한 명이 포함되었다.

임시 그룹의 일부 성원들은 수용 가능한 표현을 만들어냈다. 스티븐 슈나이더는 인간으로 인한 기후 변화가 탐지되었다는 8장의 핵심 결론을 뒷받침하는 과학적인 근거가 실제로 존재한다는 사실을 케냐 대표에게 납득시켰다.[133] 그러나 사우디아라비아는 임시 그룹 회의에 대표자를 참석시키지 않았고, 샌터가 초안 수정본을 발표하자 사우디아라비아 대표단장은 다시 애초의 항의를 되풀이했다. 고성이 약간 오가면서 호턴이 개입해야 했다. 결국 실무 그룹이 '정책 결정권자들을 위한 요약본' 내용 교섭을 마무리하는 동안 쟁점이 정리되었다. 쟁점은 샌터가 맡은 8장의 단 하나의 문장, 아니 사실상 단 하나의 **형용사**로 요약되었다. "증거를 대조해보면 인간이 지구 기후에 ○○○ 영향을 미친다고 생각된다."[134]

이 빈 칸에 어떤 형용사를 넣어야 할까? 샌터와 위글리는 '뚜렷한 appreciable'이라는 말을 넣으려고 했다. 사우디아라비아 대표단은 이 표현을 받아들일 수 없었고, 베르트 볼린이 보기에도 너무 강한 표현이었다. 한 참석자는 당시 사람들이 단어를 28개까지 끄집어내고 나서야 볼린이 '식별 가능한discernable'이라는 말을 제안했다고 회상한다. 그걸로 논란은 마무리되었고, 마드리드 회의의 결과물은 다음과 같은 문장이었다. "증거를 대조해보면 인간이 지구 기후에 식별 가능한 영향을 미친다고 생각된다."[135] 이 한 문장은 이후에 거듭해서 인용된다.

'정책 결정권자들을 위한 요약본' 문제가 해결되자 각각의 장을 최신의 검토 논평에 비춰서 수정해야 했다. 호턴은 주 저자들에게 회의가 끝난 뒤 필요한 변경을 가해달라고 요청했다.[136] 샌터는 마드리드에서 영국 브랙넬Bracknell의 해들리기후예측연구센터Hadley Centre for Climate Prediction and Research로 가서 위글리와 바넷과 원격 공동 작업을 하면서 수정 작업을 했다. 이런 수정 작업 가운데 가장 중요한 것은 체제를 통째로 바꾸는 일이었다. 8장 초안에는 장 첫머리와 마지막 부분에 개요가 들어 있었는데, 다른 장에는 앞부분에만 개요가 있었다. 그래서 샌터는 다른 장과 동일한 체제로 맞추기 위해 장 말미의 개요를 빼달라는 요청을 받았다. 몇 년 뒤 샌터가 회상한 것처럼, 이 일은 중대한 결정이었다. 후에 비판자들이 샌터가 "자료를 삭제했다."고 비판하고 나섰기 때문이다.[137]

곧이어 프레드 싱어가 공격에 나섰다. 제1 실무 그룹 보고서가 공식 발간되기 4개월 전인 1996년 2월 2일에 『사이언스』에 보낸 편지에서 싱어는 장황한 불만을 제기했다. '정책 결정권자들을 위한 요약본'에서 "온난화는커녕 오히려 약간의 온도 저하"를 나타낸 위성 데이터를 무시했다는 게 싱어가 주장한 요지였다. 이런 근거에서 싱어는 온난화를 보여주는 기후 모델들은 잘못되었다고 주장했다. 정부간기후변화위원회는 지문 검색 연구를 포함시킴으로써 '주요 규정' 가운데 하나를 위반한 셈이었다. "내가 아는 한, 이 연구는 동료 평가를 거치는 문헌에 아직 등장한 적이 없기" 때문이었다. 위원회는 또한 21세기의 온난화가 섭씨 0.5도에 불과해 지구 온난화가 큰 문제가 아니라고 밝힌 "미국 정부의 권위 있는 보고서"도 무시했다. (싱어는 이 보고서를 인용하지 않았다.) 마지막으로 싱어는 다음과 같이 결론지었다. "왜 일각에서 한사코 '인류가 직면한 최대의 전 지구적인 도전' 운운하면서 온난화를 대단한 문제나 위기, 또는 재앙으로 부각시키려고 하는지는 수수께끼이다."[138]

톰 위글리는 3월에 싱어의 비판에 대해 답변했다. "온난화가 없다."는 주장을 일축하면서 위글리는 간단하게 맞받아쳤다. "이 주장은 데이터로 뒷받침되지 않는다. 1946년부터 1995년까지의 변화 추세는 섭씨 0.3도 상승이다. 보고서의 8장(〈그림 8.4〉)에서 보여준 것처럼, 관측된 온도 기록과 모델 시뮬레이션 사이에는 불일치가 전혀 없다." 위성 측정 내용과 라디오존데radiosonde(기상 관측 결과를 전송하기 위해 라디오를 부착한 기구氣球 장치) 관측 내용 사이에는 약간의 차이가 있었지만, 기후학자들은 애초부터 위성과 라디오존데가 완벽하게 들어맞으리라고 생각하지 않았다. 그 이유는 3장과 8장에서 설명한 바 있었다. 위글리는 "이 두 기후 지표에서 차이가 생겨날 물리적인 이유는 충분하다."고 지적했다. 서로 다른 장소에서 다소 상이한 대상을 측정하기 때문이다.

패턴 인식 연구가 정부간기후변화위원회의 규정을 어겼다는 주장은 두 가지 점에서 그릇된 것이었다. 위글리의 설명에 따르면, 우선 정부간기후변화위원회는 동료 평가를 거치는 저널에 실리지 않은 다른 자료도 평가자들이 볼 수 있는 저널인 경우에 사용을 허락했다. 보고서가 '최신의' 내용으로 발간되도록 하기 위한 조치였다. 게다가 싱어가 "온실-에어로졸 패턴과 관측된 온도 변화 사이의 점증하는 상관관계"에 대해 거론한 바로 그 연구는 "동료 평가를 거치는 문헌에 실린" 것이었다.[139]

또한 싱어는 이번에도 허깨비를 내세워 비판을 가했다. 위글리와 공동 저자들은 이렇게 말했다. "싱어는 '정책 결정권자들을 위한 요약본'에서 지구 온난화가 '인류가 직면한 최대의 전 지구적인 도전'이라고 말했다고 언급한다. …… 그런데 우리는 이 말이 어디서 나온 것인지 알지 못한다. 정부간기후변화위원회에서 나온 어느 문서에서도 이런 표현은 등장하지 않는다. 게다가 이런 말은 정부간기후변화위원회에 관여하는 대다수 사람들이 동의하지 않는 극단적인 표현이다."[140]

위글리의 말이 맞았다. 정부간기후변화위원회는 지구 온난화가 "인류가 직면한 최대의 전 지구적인 도전"이라고 말한 적이 없다. 싱어가 정부간기후변화위원회의 말이라고 한 이 표현은 제1 실무 그룹 보고서나 그 일부인 '정책 결정권자들을 위한 요약본'에 나오지 않는다. 싱어는 다른 사람들이 하지도 않은 말을 그들이 했다고 우겼다. 그러고는 이 말을 들먹이면서 그 사람들의 이름에 먹칠을 했다.

사실을 말하자면 정부간기후변화위원회는 오히려 기우론적인 표현을 삼가려고 조심했다. 베르트 볼린은 언어 표현에서 극단적으로 신중을 기해야 한다는 정책을 일부러 세워 놓고 있었다. '뚜렷한' 이라는 말 대신 '식별 가능한' 이라는 말을 사용한 것을 보라. 사우디아라비아와 쿠웨이트 대표단의 반대 때문에 모두가 동의할 수 있는 표현만을 썼던 것이다. 관련된 모든 사람들은 보고서 작성 과정이 위협에 대한 최소한의 평가로 귀결된 사정을 직접 보았다. 그런데 이런 반박에 대해 싱어는 어떻게 대답했을까? 싱어는 21세기에 섭씨 0.5도의 온도 상승만 있을 것이라는 자신의 주장의 인용 출처를 제시하지 않았다.[141]

정부간기후변화위원회는 케임브리지대학교 출판부와 제1 실무 그룹 보고서를 출간하기로 계약을 한 상태였고, 1996년 6월에 미국에서 처음 발간할 예정이었다. 그해 5월, 샌터와 위글리는 미국 의회의 레이번 빌딩Rayburn House Office Building에서 열린 브리핑에서 자신들이 집필한 8장을 소개했다. 미국기상학회와 미국지구변화연구프로그램에서 마련한 자리였다. 그런데 미국석유협회의 윌리엄 오키프William O'Keefe와 석유업계의 로비스트이자 몇몇 산유국의 정식 해외 대리인인 도널드 펄먼Donald Pearlman이 두 과학자에게 이의를 제기했다.[142] 오키프와 펄먼은 두 과학자가 "정부간기후변화위원회의 보고서를 비밀리에 수정하고, 다른 과학자들의 반대 의견을 억압했으며, 과학적 불확실성에 대한 언급을 삭제했다."고 비난했다.[143]

펄먼은 이렇게 물었다. "8장을 이렇게 바꾼 것은 누구입니까? 누가 이런 수정을 승인했습니까? 왜 이렇게 바꾸었지요?" 샌터의 회상에 따르면, "펄먼은 벌떡 일어나서 홍당무가 된 얼굴로 나를 쏘아보며 소리를 질러댔다." 미국기상학회의 임원인 앤서니 소치Anthony Socci가 "마침내 우리 두 사람을 갈라놓았지만 펄먼은 계속해서 나를 쫓아다녔다."¹⁴⁴ 샌터는 마드리드 총회에서 각국 정부가 내놓은 논평과 토론에 따라 정부간기후변화위원회의 절차에 의거해 수정을 가한 것이며 8장은 처음부터 끝까지 자신이 책임진 것이라고 설명했지만, 아무리 사실을 이야기해도 반대쪽 사람들을 만족시킬 수는 없었다.¹⁴⁵

한편 석유 업계 단체인 지구기후연맹GCC은 「정부간기후변화위원회: 제도화된 과학 청소The IPCC: Institutionalized Scientific Cleansing」라는 제목의 보고서를 기자들과 국회 의원들, 일부 과학자들에게 배포했다. 제1 실무 그룹 보고서가 발표되기 2주 전에 우연히 인류학자 미애나 라슨Myanna Lahsen이 지구 온난화 '회의론'에 대해 니런버그와 인터뷰를 했고, 그 과정에서 그가 지구기후연맹의 보고서를 갖고 있음을 알게 되었다. 니런버그는 이 보고서의 진실성을 인정한 게 분명하다. 정부간기후변화위원회 보고서의 8장과 이 보고서의 주장을 대조해볼 방법이 전혀 없었는데도 말이다(앞의 보고서는 아직 공개되지 않은 상태였다.). 니런버그는 지구기후연맹의 주장을 라슨 앞에서 그대로 인용하면서 수정으로 인해 "[정부간기후변화위원회의] 문서의 전체적인 의미가 바뀌었다."고 말했다. "저자들의 허락도 받지 않고서" 말이다. 게다가 "현재의 지식 상태가 빈약해서 뭔가를 하기 힘들다는 의미를 담은 말은 모조리 삭제되었다."고 니런버그는 주장했다.¹⁴⁶ 그러나 이 말은 사실이 아니었다. 샌터의 집필진은 최종 문서에서 장장 6쪽에 걸쳐 불확실성에 관해 논의했다. 그러나 빌 니런버그는 정치적 이유 때문에 과학 보고서를 바꾸는 데는 일가견이 있었고, 따라서 공격이 최선의 방어라는 격언을 따른 것 같다. 아니면 단순히 상대방에게 자신의 모습을 투사한 것일 수도 있다. 1976년에 B팀이 중앙정보국을 비난한 것처럼, 상대방이 자기처럼 생각하고 행동한다고 단정한 것이다.

뒤이어 프레드 사이츠가 전국 언론을 상대로 공격에 나섰다. 1996년 6월 12일자 『월스트리트 저널』에 기고한 편지에서 사이츠는 벤 샌터가 부정행위를 했다고 비난했다. "미국 과학계에서 60년 넘게 활동하면서 과학학술원과 미국물리학회 회장까지 하면서도 나는 이번 정부간기후변화위원회 보고서 사건만큼 동료 평가 과정이 떠들썩한 부패로 물든 경우는 보지 못했다." 사이츠는 보고서 8장이 마드리드 총회에서 수용된 뒤 무단으로 변경되었다는 지구기후연맹의 비난을 되풀이했다. 사이츠는 다음과 같이 주장했다. "이런 변경 가운데 표면적인 수정은 거의 없었다. 거의 모든 수정이 회의론의 그림자를 지우기 위한 것이었다. 많은 과학자들이 인간 활동이 기후 일반과 특히 지구 온난화에 커다란 영향을 미치고 있다는 주장에 대해 품는 회의론 말이다." 정부간기후변화위원회가 자체 절차를 따를 수 없다면, 각국 정부는 이 기구를 포기하고 "이런 중요한 문제에 관해 좀 더 믿음직한 조언을 해줄 만한 다른 기관"을 찾아야 한다고 사이츠는 결론지었다.[147] 아마 자신이 이사장으로 재직하고 있는 조지 C. 마셜 연구소를 염두에 둔 것 같다.

샌터는 곧바로 『월스트리트 저널』에 보낼 편지 문안을 작성했고, 정부간기후변화위원회의 다른 주 저자 40명이 이 문안에 연대 서명을 했다. 샌터는 보고서와 관련하여 무슨 일이 있었는지, 즉 호턴으로부터 수정하라는 지시를 받은 사정과 수정이 늦어진 이유를 설명했다. 처음에 『월스트리트 저널』은 샌터의 편지를 게재해주지 않았다. 세 번의 시도 끝에 샌터는 마침내 『월스트리트 저널』의 편지 담당 편집자에게서 전화를 받았고 결국 6월 25일에 편지가 게재되었다. 그런데 샌터의 답변 내용은 심각하게 편집되어 있었고, 40명의 다른 연대 서명자의 이름은 사라지고 없었다.

『월스트리트 저널』이 실어준 샌터의 말은 "1995년 10월과 11월에 마드리드 총회 중에 각국 정부와 개별 과학자, 비정부 기구로부터 받은 서면 평가에 부응하여" 보고서를 변경하도록 요청을 받았다는 것이었다. 이것은 동료 평가였다. 연구 과학자인 사이츠가 평생 동안 해왔던 바로 그 과정 말이다. 다만 그 대상이 확대되어 과학 전문가뿐만 아니라 각국 정부와 비정부 기구들에게도 코멘트와 질문을 받았을 뿐이다. 그러나 수정 내용은 최종 결론에 아무 영향도 미치지 않았다.

샌터는 또한 사이츠는 기후학자가 아니고, 정부간기후변화위원회 보고서를 작성하는 데 참여하지 않았으며, 마드리드 총회에 참석하지 않았고, 샌터가 반영해야 하는 수백 건의 평가 코멘트도 본 적이 없다고 지적했다. 요컨대 사이츠의 주장은 풍문에 지나지 않았다.[148]

베르트 볼린과 존 호턴 경도 장문의 편지를 보내 샌터와 정부간기후변화위원회의 절차를 옹호했다. 두 사람은 분명하게 대답했다. "프레더릭 사이츠의 글은 전혀 근거가 없다. …… 그의 글은 정부간기후변화위원회와 이 위원회의 연구에 참여한 과학자들에 관해 아무 사실 근거도 없이 심각한 주장을 하고 있다. 사이츠 씨는 자신이 사용한 자료의 출처를 언급하지 않으며, 우리는 사실 기록을 위해 그가 정부간기후변화위원회의 임원이나 관련된 과학자 어느 누구와도 사실 확인을 하지 않았음을 지적해둔다."[149]

두 사람은 이런 말을 하고자 했지만, 이번에도 『월스트리트 저널』은 이 언급을 통째로 들어냈고, 초안 작성 과정을 자세하게 설명한 세 문단도 편집했다. 『월스트리트 저널』에서 실어준 내용은 다음과 같은 정도였다.

…… 정부간기후변화위원회의 절차에 따라 8장 초안에 대해 이루어진 수정은 해당 장의 책임 주 저자인 벤저민 샌터가 과학적인 내용을 전체적으로 관리하는 가운데 진행된 것이다. 샌터는 이 임무를 수행하는 데 어느 누구보다도 철저하고 정직했다. 정부간기후변화위원회를 책임지는 임원으로서 우리는 수정본에 포함된 변경 내용이 과학에 대한 가장 명확한 설명과 최선의 평가를 내놓는다는 단 하나의 목적에 따른 것이며 다른 정치적 고려는 전혀 개입되지 않았다는 사실에 충분히 만족한다.[150]

우리는 『월스트리트 저널』이 어떻게 이 편지들을 자의적으로 편집했는지를 안다. 사이츠의 비판과 『월스트리트 저널』의 물타기에 분개한 미국기상학회와 기후연구대학협력체UCAR 이사회에서 『미국기상학회보Bulletin of the American Meteorological Society』에 「벤 샌터에게 보내는 공개서한Open Letter to Ben Santer」을 발표하기로 뜻을 모았기 때문이다. 그들은 『회보』에 편지 전문을 재수록하여 『월스트리트 저널』이 어떻게 편지를 가위질했는지를 보여주었다. 그리고 샌터와 모든 저자들이 보고서를 만드는 데 기울인 노력을 지지한다고 목소리를 높였으며, 사이츠의 비판은 "전 지구적 변화와 관련된 과학적 논쟁에 낄 자리가 전혀 없다."고 명확하게 거부했다.¹⁵¹ 그들은 마침내 자신들이 맞닥뜨리는 적의 실체를 깨닫기 시작했다.

기후를 연구하는 많은 과학자들이 인간이 지구 전체 차원에서 기후에 변화를 가져오고 있을 실질적인 가능성이 존재한다고 결론을 내리게 된 과학적 과정에 대해, 몇몇 개인들이 신빙성을 훼손하고 불신하게 만들려고 체계적이고 일치된 노력을 기울이고 있는 것으로 보인다. 이 사람들은 동료 평가를 거치는 문헌을 통해 정당한 과학적 논쟁을 수행하는 대신, 자신들이 동의하지 않는 과학적 결과에 대해 대중 매체에서 반대의 목소리를 높이는 캠페인을 벌이고 있다.¹⁵²

그러나 공격은 여기서 끝나지 않았다. 7월 11일, 『월스트리트 저널』은 이런 비난을 되풀이하는 편지를 세 통 더 게재했다. 각각 프레드 사이츠와 프레드 싱어, 휴 엘새서Hugh Ellsaesser가 쓴 것이었다. (엘새서는 로렌스 리버모어 국립연구소에서 은퇴한 지구물리학자로 과거에 오존홀의 증거에 의문을 제기한 적이 있었다. 1990년대 중반에 엘새서는 마셜연구소의 과학자문위원회에서 일했고, 1995년에는 하트랜드연구소를 위해 『환경관리에서 나타나는 과학의 오용The Misuse of Science in Environmental Management』이라는 보고서를 썼다.) 싱어와 사이츠는 단순히 앞서 한 주장을 되풀이했지만, 싱어는 또한 이 기회를 활용해 정부간기후변화위원회의 경고를 고스란히 되돌려주려고 했다. 과거에 정부간기후변화위원회는 신중하려고 애쓰면서 '식별 가능한'이라는 정확하면서도 합당한 형용사를 선택한 이유를 장황하게 논한 바 있었다. 싱어는 위원회가 내린 결론이 '유약하다'고 치부하는 한편 이와 동시에 금세라도 기후 재앙이 일어날 것처럼 정치인들을 겁주기 위해 이런 단어를 사용한다고 주장했다. 앞뒤가 영 맞지 않는 주장이었다.[153]

샌터와 볼린은 7월 23일에 『월스트리트 저널』에 기고한 편지를 통해 두 번째로 이런 공격에 대응했고, 다시 싱어가 반격에 나섰다.[154] 이번에는 『월스트리트 저널』이 게재해주지 않아서 싱어가 직접 여기저기 전자 우편을 보냈다. 샌터도 전자 우편으로 답변을 보냈다. 싱어의 주장에 따르면, "현재 진행 중인 온난화 추세를 입증하는 증거"는 전혀 없었다. 또한 정부간기후변화위원회 보고서의 8장은 원래 샌터의 '미간행 저서'에 주로 바탕을 둔 것이었고, 위원회는 기후 지문 검색이라는 "주제에 관해 당시에 유일하게 심사 받은 논문을 발표한 패트릭 J. 마이클스 교수"를 주 저자로 포함시켰어야 했다. 싱어는 '과학 정소'라는 비난을 되풀이했다. 샌터는 싱어의 모든 비난을 부정했다. 8장은 샌터의 논문 두 편만이 아니라 130개가 넘는 참고 문헌에 바탕을 둔 것이었다. 마이클스가 1995년 중반 이전에 기후 패턴에 바탕을 둔 인지라는 "주제에 관해 유일하게 심사 받은 논문"을 발표했다는 주장 역시 정확한 게 아니었다. 이 주제에 관한 하셀만의 이론 논문은 1979년에 발표되었고, 팀 바넷과 마이크 슐레진저Mike Schlesinger는 이미 1987년에 '실제 세계의' 지문 검색 연구 논문을 발표한 바 있었다. 또한 마이클스에게 보고서 8장의 기고 저자가 되어달라고 요청했었지만 그가 거절했다. 샌터의 지적에 따르면, 보고서 8장에는 마이클스의 논문에 관해 논하는 문단이 몇 개 있었지만 위글리가 마이클스에게 연락을 해서 코멘트를 해달라고 하자 "마이클스 교수가 답변하지 않았다."[155]

싱어의 주장은 거짓이었을 뿐만 아니라 이미 거짓임이 드러난 것이었다. 그럼에도 싱어는 이런 주장을 계속 되풀이했다. 그리고 이제 프레드 사이츠가 사건 전체의 진짜 희생자라는 주장을 펴게 된다.

그해 11월, 싱어는 『워싱턴 타임스』에 「지구 온난화에 관한 허위 정보?Global Warming Disinformation?」라는 제목의 글을 기고했다. 이 무렵이면 정부간기후변화위원회 보고서가 이미 몇 달 전에 발간되어 누구나 볼 수 있었기 때문에 싱어는 8장에 모델과 관측의 불확실성에 관한 논의가 6쪽에 걸쳐 실려 있는 것을 직접 보았을 것이다. 샌터가 줄곧 주장하던 내용 그대로였다. 그럼에도 싱어는 불확실성에 관한 내용을 빼도록 8장이 편집되었다는 주장을 되풀이하면서 다음과 같이 주장했다. "미국에서 존경 받는 과학자로 손꼽히는 사이츠가 정부간기후변화위원회 지도부에서 가한 수정을 사실 그대로 보고했다는 이유로 공격을 받았다. 이런 수정으로 보고서의 의미가 바뀐 게 분명한데도 말이다!"[156]

빌 니런버그와 패트릭 마이클스, 그리고 새로운 동맹자(MIT의 기상학자 리처드 린전)와 손을 잡은 싱어는 계속해서 미국기상학회/기후연구대학협력체의 「공개서한」을 공격했다. 불확실성에 관한 부분을 "상당하면서도 실질적으로" 삭제했다는, 이미 반박당한 비난을 되풀이한 뒤, 싱어는 이런 삭제 조치가 샌터가 지금 은폐하려고 기를 쓰는 음모의 일환이라고 규정했다. "샌터는 …… 누가 그렇게 보고서를 수정하라고 지시했으며 수정 결과를 승인했는지를 밝히는 데 협조하지 않고 있다. 그렇지만 다른 이들에게 사적으로 말한 바에 따르면, 정부간기후변화위원회 공동 위원장 존 호턴이 그렇게 하라고 요청했다(설득했다?)고 한다." 싱어 및 그와 함께 편지를 쓴 이들이 보건대, 이것이야말로 보고서 8장에 정치적 간섭이 있었음을 보여주는 증거였다. "여러분은 (1995년) 11월 15일자로 국무부에서 보낸 편지를 보지 못했을지도 모른다. '마드리드 총회의 논의를 따르는 적절한 방식으로 원고를 수정하라고' 각 장의 저자들을 '설득하도록' 호턴 박사에게 지시하는 내용의 편지였다."[157] 이 편지가 마치 비밀 음모라도 되는 것 같은 싱어의 말은 어처구니가 없다. 볼린과 호턴은 이미 몇 달 전에 자신들이 샌터에게 지시를 했음을 확인했으니 말이다.

당시 사태를 분석한 1999년 글에서 미애나 라슨은 "정부간기후변화위원회에 비밀주의와 무책임성이라는 외피를 입히려 한" 싱어의 노력을 두고 툭하면 정치적 억압 운운하는 전형적인 미국 보수파의 말장난으로 규정했다.[158] 앞의 장들에서 살펴본 것처럼, 과학적 평가와 동료 평가 과정에 간섭하는 사람이 있다면 그것은 좌파가 아니라 우파였다. 1983년에 이산화탄소평가위원회를 둘러싸고 과학학술원에 압력을 넣으려고 한 것은 시에라클럽이 아니라 로널드 레이건 정부의 에너지부 관리들이었다. 1983년 산성비동료평가단의 '핵심 요약'을 수정하기 위해 빌 니런버그와 협력한 것은 환경보호기금이 아니라 백악관 과학기술정책실이었다. 그리고 샌터와 정부간기후변화위원회에 대한 공격을 퍼뜨린 것은 『마더 존스Mother Jones』가 아니라 『월스트리트 저널』이었다.

센터에 대한 지나친 공격은 니런버그에게 영향을 미치기 시작했다. 그해 4월, 니런버그는 11월에 스크립스해양연구소에서 지구 온난화의 대가와 이득에 관해 열기로 한 학술회의에 톰 위글리를 초청했지만, 위글리가 수상쩍은 낌새를 알아차렸다. 위글리는 다음과 같은 답장을 보냈다. "11월 회의에 참석하지 않기로 했습니다. 『미국기상학회보』에 실린, 당신이 공동 성명한 편지 때문입니다. 순전한 왜곡과 허위 정보로 가득한 그런 편지에 서명하는 사람과는 어떤 일도 같이 할 생각이 없습니다."[159]

니런버그는 위글리를 합류시키려고 갖은 아첨을 다했다. "제가 개인적으로 괴로운 부분은 당신의 연구와 클라우스 하셀만, 윌리엄 노드하우스의 연구가 제 사고에 가장 큰 영향을 미쳤다는 점입니다. 지금도 이런 영향은 여전합니다." 니런버그는 현재 공개적으로 진행 중인 공격을 둘러싸고 기후학계에서 불화가 커지는 사태를 유감스러워했지만, 이내 싱어의 전례를 따라 모든 원인을 음모 탓으로 돌렸다. 이번에는 과학 저널들이 문제였다. "이번의 경우에 당신이 개인적으로 분노한 일에 대해 저는 가십 칼럼에서 얼핏 보고 연구소 복도에서 잠깐 들은 얘기밖에는 거의 알지 못합니다. 당신이 『네이처』에 논문을 발표하는 데 큰 반대에 맞닥뜨렸다고 들었습니다. 그만큼 커다란 압력이 있었던 거지요."[160]

위글리는 니런버그가 어떤 『네이처』 논문에 관해 이야기하는지 전혀 알지 못했다. "당신은 저의 방대한 과학 연구에 영향을 받지 않았을 뿐만 아니라 실제로는 제 연구에 동의하지 않는 것 같습니다(아니면 알지 못하거나요.). 특히 당신이 공동 서명한 『미국기상학회보』 서한을 통해 부당하고 불합리하며 비과학적이고 부정확하게 비난한, 탐지에 관한 제 연구에 대해서는 말입니다." 위글리는 또한 『네이처』가 자신에게 압력을 가했다는 덮어씌우기에 대해서도 부정했다. "어떤 논문을 말씀하시는 겁니까? 저는 그 저널에 22건의 논문을 발표했습니다. 어떤 것이든 간에 '가십 칼럼에서 얼핏 보고 연구소 복도에서 잠깐 들은' 이야기에 관심을 기울이지 마십시오." 위글리는 다음과 같은 말로 편지를 끝맺었다. "그러니 니런버그 씨, 전에 보낸 전자 우편에서 제가 한 말은 유효합니다. 4월 17일에 당신이 보낸 '답변'을 보았지만 제 생각을 바꿀 이유가 전혀 없더군요. 오히려 정반대입니다. 『미국기상학회보』 서한 덕분에 한 가지 사실이 분명해졌습니다. 당신은 제가 벤 샌터와 함께한 정부간기후변화위원회의 탐지 연구가 정치적 동기 때문에 왜곡되었다고 생각하는 거지요. 그런데 저 같은 사람을 당신네 회의에 초청하려고 하니 놀랄 수밖에요. 저는 지금도 당신이 한 입으로 두말한다고 생각합니다. 여전히 당신의 동기가 의심스럽습니다."[161]

니런버그의 진짜 의도를 깨닫기 시작한 것은 위글리만이 아니었다. 클라우스 하셀만 역시 니런버그에게 편지를 보냈다. "작년 동안 벤 샌터를 상대로 한 공세를 쭉 지켜보면서 참으로 부당하고 정치적 동기가 분명하다는 걸 알았습니다. 『월스트리트 저널』에 보낸 편지(다른 많은 비슷한 편지들처럼 게재되지 않았습니다.)에서 제가 지적한 것처럼, 마드리드 대표자들의 의지를 무시한 채 보고서 8장의 결론을 의도적이든 아니든 수정했다는 주장은 어처구니없는 거짓입니다."[162] 하셀만은 그래도 깊은 관심이 있는 주제인 지구 온난화의 대가와 이득에 관한 회의에 참석하고 싶었지만, 정치적 의제가 있는 회의에는 갈 생각이 없었다. "『미국기상학회보』 서한에서 표명된 정치적 색채를 감안할 때, 이 시점에서 톰 위글리의 우려가 부당한 것이라는 확신이 들지 않습니다."[163]

어쩌면 최면술사 스벵갈리처럼 오랜 세월이 지난 뒤에도 빌 니런버그는 이번에는 자신이 너무 지나쳤다는 사실을 깨닫지 못했던 것 같다. 니런버그는 비록 뛰어난 지적 능력이 있었지만 자신이 벤 샌터에 대한 공세에 참여함으로써 기후 모델학자 공동체 전체를 공격하고 있음을 깨닫지 못했던 듯하다. 싱어의 편지에 서명을 한 행동 자체로 기후학자들의 눈에는 과학자가 아니라 정치인으로 찍힐 수밖에 없었다. 기후학계가 양극화되는 사태가 염려되었다는 니런버그의 언급은 통찰력이 있으면서도 편협한 그의 시각을 보여준다. 기후학계는 결정적으로 양극화되고 있었지만, 그건 그 자신을 비롯하여 의혹을 퍼뜨리는 소수의 네트워크가 자행한 행동 탓이었다.

어떤 이들은 이 책의 이야기 전체를 과학계 내부의 다툼이라고 일축해버릴지도 모른다. 마셜연구소의 주장이 부시의 백악관에서 진지하게 받아들여지고 『월스트리트 저널』에 발표되어 수백만 식자층이 접한다는 사실을 외면하면 말이다. 국회 의원들 역시 그런 주장을 진지하게 받아들였다. 하원 의원인 데이나 로러배커는 1995년에 기후 연구 예산을 3분의 1 이상 축소하는 법안을 발의하면서 "기후 연구는 유익한 과학이라기보다는 진보/좌파 정치에서 지지하는 일시적 유행 과학"에 불과하다고 일축했다.[164] 2003년 7월에 제임스 인호프James

Inhofe 상원 의원은 지구 온난화를 일컬어 "미국인들에게 침투한 사상 최대의 날조극"이라고 규정했다.[165] 최근인 2007년에도 리처드 체니 부통령은 텔레비전 인터뷰에서 다음과 같이 말했다. "합의가 이루어지지 않는 지점, 즉 합의가 무너지기 시작하는 지점은 어느 정도까지가 정상적인 순환의 일부이고 어느 정도까지가 인간과 온실가스 등에 의한 것이냐 하는 부분입니다."[166] 샌터가 이미 10년 전에 답을 내놓은 질문이었다. 도대체 어떻게 이런 소수 집단이 그렇게 힘찬 목소리를 내게 되었을까?

우리는 간디나 케네디, 마틴 루터 킹 같은 위대한 개인들이 세계에 커다란 긍정적인 영향을 미칠 수 있음을 당연하게 여긴다. 그러나 히틀러나 스탈린 같이 명백한 괴물인 경우를 제외하면, 부정적인 영향에 대해서는 좀처럼 그렇게 생각하지 않는다. 하지만 소수의 사람들이 커다란 부정적인 영향을 미칠 수 있다. 그들이 조직적이고 결의가 굳으며 권력에 접근하는 통로가 있을 때는 더더욱 그러하다.

사이츠와 재스트로, 니런버그와 싱어는 권력, 그것도 백악관에 직접 접근하는 통로가 있었다. 모두 냉전에서 승리한 물리학자로서 군건한 지위가 있었던 덕분이다. 그들은 이런 권력을 이용해서 자신들의 정치적 의제를 추구했다. 그 과정에서 과학 자체와 동료 과학자들을 공격하는 행위도 서슴지 않았다. 원대한 목표가 수단을 정당화한다고 믿었기 때문이다. 아마 이런 태도 역시 직업적인 유산의 일부였을 것이다. 맨해튼프로젝트 시기 동안, 그리고 냉전 기간 내내 많은 과학자들은 안보상의 이유로 자신들의 연구가 어떤 성격인지 진실을 숨겨야 했다. 모든 무기 개발 프로젝트는 기밀이었으며, 로켓공학, 미사일 발사와 목표 선정, 항해술, 수중음향학, 해양지질학, 수심 측량술, 지진학, 기상 조절 등을 다루는 다른 프로젝트도 대부분 기밀이었다. 기밀 연구 목록은 끝없이 이어진다.[167] 이 기밀 프로젝트들에는 흔히 '표면적인 이야기'가 있었다. 과학자들은 이런 이야기를 동료와 친구, 가족들에게 말할 수 있었고, 때로는 이 이야기가 어느 정도 진실이기도 했다. 그러나 결코 전체적인 진실은 아니었으며, 때로는 전혀 사실이 아니기도 했다. 냉전이 끝난 뒤, 대다수 과학자들은 국가 기밀과 허위 정보라는 부담에서 벗어나게 되어 안도감을 느꼈지만, 사이츠와 싱어, 니런버그 등은 계속해서 냉전이 끝나지 않은 것처럼 행동했다.

이 책에 등장하는 주인공들의 동기와 이유가 무엇이든 간에, 우리의 이야기에는 다른 결정적인 요소도 존재한다. 대중 매체가 어떻게 이 이야기에 공모하게 되었는가 하는 점이 그것이다. 『워싱턴 타임스』 같이 노골적인 우파 신문뿐만 아니라 주류 신문들까지 온갖 스펙트럼의 언론이 이 문제들을 과학 논쟁으로 다뤄야 한다고 생각했다. 언론인들은 직업적인 부정론자들에게도 동등한 대접을 해줘야 한다는 압박을 계속 받았다. 그리고 실제로 방송과 신문에서 동등한 시간과 지면을 할애해주었다. 『타임』 환경 전문 기자를 지낸 유진 린든Eugene Linden은 『변화의 바람Winds of Change』이라는 저서에서 이렇게 말했다. "언론 구성원들은 어느새 이른바 전문가들에게 둘러싸이게 되었다. 이 자칭 전문가들은 과학적 소심성을 과학적 불확실성으로 치장했고, 기사에서 자신들의 소수 의견을 실어주지 않으면 편집자에게 분노의 편지를 보냈다." 신문 편집자들은 확실히 이런 압력에 굴복했

고, 결국 미국에서 기후 관련 보도는 회의론자들과 부정론자들에게 유리하게 편향되었다.[168]

앞서 우리는 공정 보도 원칙에서 균형이라는 통념을 얼마나 소중하게 여기는지를 보았으며, 다당제에서는 아닐지 몰라도 양당제 아래서는 정치 뉴스를 다룰 때 이 원칙이 합당할 수도 있다. 그러나 과학이 작동하는 방식에서는 공정 보도 원칙, 즉 형평의 원칙이 통하지 않는다. 현재 진행 중인 과학 논쟁에는 여러 편이 있을 수 있다. 그러나 일단 어떤 과학 쟁점이 종결되면, 하나의 '편'만이 있을 뿐이다. 지구가 태양 주위를 도는지, 대륙이 움직이는지, DNA에 유전 정보가 담겨 있는지 등의 쟁점에서 '균형'을 맞춘다고 생각해보라. 이 문제들은 이미 오래전에 과학자들의 머리에서 해결된 것이다. 어느 누구도 태양이 지구 주위를 돈다는 주장을 과학 저널에 발표할 수 없으며, 같은 이유로 지구 온난화가 존재하지 않는다고 주장하는 논문을 동료 평가를 거치는 저널에 발표할 수 없다. 아마 박식한 과학 전문 언론인이라면 이런 주장을 게재해주지 않을 것이다. 그러나 대부분의 범상한 언론인들은 이런 보도를 되풀이했다.

2004년, 이 책의 지은이 중 한 명이 지구 온난화가 실제로 진행 중이며 인간이 그 원인이라는 점에 과학자들이 합의했음을 보여주었다. 1990년대 중반 이래로 합의된 내용이었다. 그러나 이 시기 내내 대중매체는 지구 온난화와 그 원인이 커다란 논쟁의 대상인 것처럼 보도했다. 공교롭게도 역시 2004년에 발표된 다른 연구에서는 1988년부터 2002년까지 지구 온난화를 다룬 언론 기사를 분석했다. 맥스웰 보이코프Maxwell Boykoff와 줄스 보이코프Jules Boykoff는 '균형을 맞춘'

기사, 즉 대다수 기후학자들의 견해와 지구 온난화 부정론자들의 견해에 동등한 지면을 할애한 기사가 전체 기사의 53퍼센트에 가깝다는 사실을 발견했다. 나머지 중 35퍼센트는 대다수 기후학자들의 올바른 입장을 소개하는 한편 부정론자들에게도 지면을 제공했다.[169] 두 필자는 이런 '균형' 보도가 일종의 '정보 편향'이며, 균형 보도라는 이상 때문에 언론인들이 소수의 견해에 대해 걸맞지 않은 신뢰를 부여한다고 결론지었다.

과학의 현 상태와 주요 매체의 과학 보도가 이렇게 차이가 나는 덕분에 미국 정부는 지구 온난화 문제에 대해 편리하게 손을 놓고 있다. 일찍이 1988년에 거스 스페스는 이제 행동에 나설 수 있는 힘이 생겼다고 생각했다. 그러나 1990년대 중반에 이르면 이런 정책적 추동력은 어이없이 사라져버렸다. 말 그대로 증발해버린 것이다. 교토 의정서가 최종 채택되기 석 달 전인 1997년 7월, 미국 상원 의원인 로버트 버드Robert Byrd와 찰스 해글Charles Hagel이 의정서 채택을 봉쇄하는 결의안을 제출했다.[170] 버드-해글 결의안은 97 대 0의 표결로 상원에서 통과되었다. 과학적으로 보면 지구 온난화는 확고한 사실이었지만, 정치적으로는 없던 일이 되어버렸다.

7장
레이첼 카슨 죽이기

『침묵의 봄』과 DDT 규제

정치 전략으로서의 부정

자유를 지키기 위해 과학을 죽이다

레이첼 카슨은 미국의 영웅이다. 1960년대 초에 무차별적인 살충제 사용의 폐해에 대해 주의를 환기시킨 용감한 여성이다. 끔찍한 주제를 아름답게 서술한 책인 『침묵의 봄』에서 카슨은 어떻게 살충제가 먹이 사슬을 통해 축적되고, 자연환경에 피해를 끼치며, 미국의 자유의 상징인 대머리독수리까지도 위협하는지를 설명했다. 살충제 업계에서는 카슨을 히스테리에 걸린 여자로 몰아가려고 했지만, 대통령 직속 과학자문위원회에서도 카슨의 연구를 인정했으며, 1972년에 환경보호청은 미국에서 살충제 DDT 사용을 금지할 만한 과학적 증거가 충분하다고 결론지었다.

우리를 포함한 많은 역사가들은 이 이야기를 성공담으로 생각한다. 논리 정연한 대변인이 심각한 문제에 대해 대중적 관심을 환기시켰고, 정평 있는 전문가들의 조언에 따라 정부가 적절한 행동에 나선 것이다. 게다가 공화당 정부 아래서 이루어진 DDT 사용 금지 조치는 대중과 양당 모두로부터 광범위한 정치적 지지를 받았다.[1] 이 금지 정책에는 예외 조항도 있었다. 말라리아가 창궐하는 나라들에서 사용하도록 세계보건기구에 판매하거나 미국 국내에서 공중 보건상의 긴급 사태 시에 사용하는 것은 허용한 것이다. 확실한 과학에 입각한 현명한 정책이었다.

시간이 흘러 2007년으로 와보자. 인터넷에는 카슨이 히틀러보다도 더 악랄한 대량 학살자였다는 주장이 넘쳐난다. 카슨은 나치보다 더 많은 사람을 죽였다. 카슨은 사후에 두 손에 피를 묻히고 있다. 도대체 무슨 일일까? 『침묵의 봄』때문에 DDT 사용이 금지되었고, 그 결과로 수백만 명의 아프리카인이 말라리아에 걸려 죽었다는 것이다. 앞서 여러 장에서 담배를 옹호하고 지구 온난화의 존재에 의문을 표하면서 등장한 경쟁기업연구소는 이제 우리에게 "카슨이 틀렸다."고 말한다. 경쟁기업연구소는 웹 사이트에서 다음과 같이 주장한다. "한 사람이 허위 경보를 울린 탓에 전 세계에서 수백만 명이 고통스럽고 종종 치명적인 말라리아로 고생하고 있다. 그 사람은 바로 레이첼 카슨이다."[2]

보수 성향이나 자유지상주의 성향의 다른 싱크 탱크들도 비슷하게 목소리를 높인다. 미국기업연구소는 DDT가 "질병을 예방하기 위해 합성된, 역사상 가장 소중한 화학 물질"인데 카슨의 영향력 때문에 히스테리가 확산되면서 불필요하게 금지되었다고 주장한다.[3] 케이토연구소는 DDT가 화려하게 복귀하고 있다는 소식을 전한다.[4] 또 하트랜드연구소는 일찍이 1990년대 중반에 『환경보호청 감시』를 창간한 보너 코언이 쓴 DDT를 옹호하는 글을 게재하고 있다.[5] (하트랜드연구소는 기후학에 도전하는 광범위한 프로그램도 계속 이어나가고 있다.)[6]

이제까지 우리가 이 책에서 접한 이야기들 가운데는 담배, 염화불화탄소, 화력 발전소, 온실가스 등에 대한 규제를 막기 위해 개인과 단체가 의혹을 부추기고 허위 정보를 퍼뜨린 예들이 있다. 규제를 피하기 위해 이런 제품과 오염 물질들이 유해하다는 사실을 부정하는 예도 있다. 언뜻 보면, 카슨 사건은 이런 전례들과 약간 다른 것 같다. 2007년까지 미국에서 30년 넘게 DDT가 금지되었기 때문이다. 카슨 사건은 이미 오래전에 관심 밖의 일이었는데, 이제 와서 30년 전의 논쟁을 재연할 까닭이 있을까?

때로는 오래전 논쟁을 재개함으로써 현재의 목적에 이바지할 수 있다. 1950년대에 담배 업계는 과학에 의혹을 던지고 흡연의 유해성이 입증되지 않았다고 주장함으로써 자신들의 제품을 보호할 수 있음을 깨달았다. 1990년대에는 만약 과학 일반이 신뢰할 만한 게 아니라고 사람들을 설득할 수 있다면, 특정한 사례의 가치를 논할 필요가 없음을 깨달았다. 특히 간접흡연 옹호 같이 과학적인 가치가 전혀 없는 경우에는 더더욱 그러했다. 자유 시장론자들은 레이첼 카슨을 악마시하는 과정에서 다음과 같은 사실을 깨달았다. 만약 성공적인 정부 규제가 실제로는 성공을 거두지 못했다고, 즉 사실은 실패작이라고 사람들을 설득할 수 있다면, 규제 일반에 대한 반대론이 더욱 힘을 얻는 것이다.

『침묵의 봄』과 DDT 규제

DDT는 1873년에 발명되었지만, 1940년에 스위스의 어느 화학 회사에서 일하던 파울 뮐러Paul Müller가 재합성하기 전까지만 해도 별 관심을 끌지 못했다. 실지 실험을 통해 모기와 이를 비롯한 수많은 해충을 박멸하는 효력이 입증되었고, 결국 말라리아나 티푸스 같은 치명적인 곤충 매개 전염병의 확산을 저지하기 위해 DDT를 사용할 수 있게 되었다.[7] 시기가 절묘하게 맞아떨어졌다. 전통적으로 이를 대상으로 사용하던 살충제(국화에서 추출한 피레스룸pyrethrum)의 공급이 부족한 가운데 전시 수요가 급증했기 때문이다. 2차 세계 대전 후반부에 이탈리아와 아프리카의 전장뿐만 아니라 태평양 일부 지역에서도 DDT가 널리 사용되었다. 군사 전략가들은 DDT가 많은 인명을 구했다고 극찬했다.[8]

DDT는 기적의 화학 물질인 것 같았다. 일거에 곤충을 박멸하면서도 군인들에게는 아무런 부작용이 보이지 않았다. 사용하기도 쉬웠다. 병사들이 피부나 의복에 바르거나 석유와 섞어서 비행기로 살포할 수도 있었다. 게다가 값도 쌌다. 1948년에 뮐러는 질병을 통제하는 DDT의 가치를 인정받아 노벨 생리의학상을 받았다.[9]

전쟁이 끝난 뒤 특히 농업을 중심으로 DDT 사용이 확대되었다. DDT는 확실히 그 전에 널리 사용되던 비소 살충제보다 직접적인 독성이 덜했고, 비행기 살포 방식은 습지의 물을 빼거나 건물 근처의 수원지를 없애거나 잡목림을 제거하는 것 같은 기존의 질병 근절 방식보다 비용이 훨씬 덜 들었다.[10] 미국 전역에서 해충 방제 담당 부서가 비행기 살포 방식을 채택했다. 주 정부와 지방 정부, 그리고 심지어 일반 집주인들도 이 방식을 사용하기 시작했다. 미국 정부가 싸게 판매하는 남아도는 군용 비행기를 농민들이 사들여 농약 살포기로 개조함에 따라 농민들도 DDT를 사용하기 시작했다.[11]

모두들 DDT가 안전하다고 믿었다. 당시의 어느 다큐멘터리에서는 주변에서 DDT를 살포하는 가운데 어린 학생들이 피크닉 벤치에서 즐

겹게 점심을 먹는 모습을 볼 수 있다.[12] 그러나 바야흐로 부작용이 감지되기 시작했다. 미국어류·야생동물관리국의 생물학자들은 처음으로 피해를 인식한 이들이었다. 생물학자인 카슨도 여기서 일한 적이 있었다. 카슨은 조사를 시작하면서 DDT 사용 이후 새와 물고기가 피해를 입은 사례 보고서가 무척 많다는 사실을 발견했다. DDT를 비롯해 널리 사용되는 살충제가 인간에게도 해로울 수 있다는 정황 증거도 있었다. 그러나 과거 산성비에 관한 증거의 경우처럼, 이런 설명은 대부분 사람들이 잘 보지 않는 곳에 발표되었다. 어류·야생동물관리국의 보고서나 야생동물 생물학 전문 저널 같은 곳 말이다. 카슨이 이 사실에 관해 글을 쓰기 시작하기 전까지는 거의 아무도 이런 사실을 알지 못했다.

카슨은 이미 『우리를 둘러싼 바다 The Sea Around Us』[13]라는 책으로 성공을 거두고 과학계에서 존경을 받는 뛰어난 작가였다. 『침묵의 봄』을 완성할 즈음에 카슨은 원고를 주간지 『뉴요커』에 연재했고, 따라서 1962년에 책이 출간될 무렵이면 이른바 기적의 화학 물질로 알려진 DDT가 전혀 기적이 아니라는 책의 기본적인 내용이 이미 알려진 상태였다.

　카슨은 DDT를 비롯한 살충제가 커다란 피해를 야기하고 있다는 과학적 증거를 일화와 체계적인 설명을 동원해 자세히 서술했다.[14] 해충 구제를 위해 살충제를 살포한 지역의 물고기의 죽음에 대해, 대학 캠퍼스와 교외 주택가에서 죽어가는 새들에 대해, 그리고 공교롭게도 살충제 살포 중이나 직후에 바깥에 돌아다닌 애완동물과 다람쥐를 몰살시킨 미시건과 일리노이의 대대적인 살포에 대해 카슨은 보고했다. 살충제는 유익한 종들도 씨를 말렸다. 뉴브런즈윅New Brunswick에서 나방 유충 떼로부터 상록수를 보호하기 위해 DDT를 살포하자 날벌레가 몰살을 당했다. 그러자 날벌레를 먹고 사는 연어가 굶어 죽었다. DDT는 또한 익충益蟲도 몰살시켜 꽃이 가루받이를 못하고 농작물 생산이 급감했다.

『침묵의 봄』은 DDT만을 다룬 책은 아니었지만(살충제 일반의 무차별적인 사용에 관한 책이었다.) 카슨은 DDT에 특히 초점을 맞췄다. 생물학을 연구하는 이들에게 DDT는 생물 축적bioaccumulation의 증거였기 때문이다. 다른 살충제는 자연환경에서 빠르게 분해되었지만 DDT는 계속 남아서 먹이 사슬을 따라 축적되었다. DDT는 오랫동안 분해되지 않아서 (공중 살포가 끝나고 한참 뒤에도) 살아남은 곤충과 동물의 조직에 축적되었고, 따라서 이 동물들이 잡아먹히면 생태계 전체에 그 효과가 퍼져 나갔다. 가장 우려스러운 부작용(독수리와 매의 생식기 계통 교란)은 직접적인 노출 때문이 아니라 이 포식자들이 작은 설치류를 잡아먹은 결과였다. DDT가 묻거나 몸속에 들어간 벌레를 잡아먹은 설치류를 먹은 것이었다.

DDT는 무척 효과적이기 때문에 그만큼 생태계의 균형을 깨뜨렸다. 딱정벌레가 네덜란드느릅나무병을 확산시키는 것을 막기 위해 DDT를 살포하자 딱정벌레의 확산이 오히려 가속화되었다. 딱정벌레 개체 수를 일정하게 유지시키는 데 일조하던 자연의 포식자들까지 사라졌기 때문이다.[15] 나방 유충으로부터 나무를 보호하기 위해 헬레나 국유림Helena National Forest에 DDT를 살포하자 잎응애가 창궐해서 나무에 더 큰 피해를 입혔다. (DDT 살포는 숲속 곤충을 먹고 사는 새들에게도 피해를 입힌다.)[16] 카슨은 이 지역의 한 부분에서 개체 수가 복원되었다고 말했다. 1년에 한 번만 살포되었기 때문이다. 이 지역의 다른 부분들은 지속적인 살포가 이루어졌고 개체 수가 복원되지 않았다.

사람의 경우는 어떨까? 가장 흔하게 살포되는 다른 두 살충제인 알드린과 디엘드린은 이미 많은 양을 복용하면 인간을 비롯한 포유류에게 유독한 것으로 알려져 있었다. 따라서 DDT도 비슷한 결과를 보일 것이라고 생각하는 게 타당했다. DDT를 먹인 실험용 쥐는 제어 대상에 비해 작은 새끼를 낳았고 조기 사망률도 높았다. 설사 DDT가 단기적으로는 인간에게 완벽하게 안전하다 할지라도 장기적으로는 유해할 수 있었다.

역사가들은 『침묵의 봄』이 환경론에 미친 영향을 『톰 아저씨의 오두막』이 노예제 폐지론에 미친 영향과 비교해왔다. 둘 다 대중의 의식에 새로운 불꽃을 일으킨 것이다.[17] 하지만 『침묵의 봄』이 처음 세상에 나오자마자 살충제 업계는 공격에 나섰다. 그들은 카슨이 히스테리 환자이고 감정적이라고 규정했다. 또한 카슨의 연구를 뒷받침하는 과학은 일화적이고 증거로 입증된 게 아니며 부적절하고 틀렸다고 주장했다. 카슨의 책을 펴낸 출판사에게는 소송을 벌이겠다고 을러댔다.[18]

물론 모든 과학자들이 카슨에게 동의한 것은 아니었다. 특히 살충제를 적절히 사용하면 안전하다고 믿는 경향이 있는 화학자들과 농업 생산성을 향상시킨 DDT의 가치를 인정한 식품과학자들은 카슨의 주장에 동의하지 않았다. 캘리포니아대학교 데이비스캠퍼스 총장인 에밀 머랙도 이런 회의론자 가운데 한 명이었다. 머랙은 의회에 출석해 증언하면서 살충제가 "자연 생태계에 영향을 미치고 결국 인간의 건강에도 영향을 미칠지 모른다."는 카슨의 결론은 "오늘날 축적된 과학적 지식에 위배된다."고 주장했다.[19] 하지만 대다수 생물학자들은 머랙의 견해에 동의하지 않았고, 카슨에 대한 인신공격은 역효과를 낳았다. 대중적인 인기와 열광 덕분에 『침묵의 봄』이 날개 돋친 듯 팔려 나갔고, 다른 한편 고도로 훈련된 생물학자이자 세계 일류의 작가를 '히스테리 환자'로 부르는 명백한 성차별주의에 분노한 많은 이들이 카슨을 옹호하는 대열에 합류했다(당시는 페미니즘 의식이 고조되는 시기였다.). 존 케네디 대통령조차 존경하는 어조로 '카슨 양의 연구'에 대해 언급했다.[20]

그런데 과학의 경우에는 어땠을까? 『침묵의 봄』이 잘 쓴 책인 건 분명하지만, 카슨이 과연 과학을 제대로 규명한 것일까? 케네디 대통령은 이 질문에 답하기 위해 당시 미국 최고의 과학 전문가 집단인 대통령 직속 과학자문위원회에 도움을 구했다. 1950년대에 설치된 물리학자 중심의 과학자문위원회는 핵무기 및 전쟁과 관련된 문제를 주로 검토했지만, 1962년에 대통령은 이 위원회에 DDT에 관한 조언을 구했다.

1960년대 초만 해도 DDT가 환경에 축적되면 어떤 영향이 미치는지에 관한 체계적인 연구는 드물었다. DDT가 주로 긴급 상황에서 군사 기술로 사용된 때문이기도 했다.[21] 정부에서 일하는 몇몇 과학자들이 DDT의 유해성에 대해 경고한 적이 있었지만, 그들의 연구는 대부분 기밀로 분류되거나 정부의 문서함에 파묻혀버렸다. 이런 연구 결과를 아는 이는 거의 없었다. 전쟁이 끝난 뒤 DDT가 한껏 추앙받고 밀러가 노벨상을 받으면서 안전성에 대한 검토는 대부분 무시되었다.[22] 어쨌든 미국에서 살충제 규제는 환경에 미치는 영향이 아니라 효과를 확인하고 식품 잔류량을 관리하는 데 중점을 두고 있었다. 2차 세계 대전 후 미국의 식품 생산은 대단한 성공담이었고(미국 농민들은 점점 더 낮은 가격으로 더 많은 식품을 생산하고 있었다.), 따라서 DDT가 이 과정에서도 중요한 역할을 한다면 이 화학 물질이 얼마나 성공적으로 쓰일 수 있는지를 보여주는 셈이었다.

그리하여 대통령 직속 과학자문위원회는 어려운 과제에 직면했다. 병해 방제와 식품 생산에 살충제를 사용함으로써 얻는 분명하면서도 즉각적인 이익을, 인간과 자연에 미치는 미묘하면서도 장기적인, 그리고 제대로 파악되지 않은 위험과 대조해보아야 했던 것이다. 위원회는 또한 일반적으로 인정된 수많은 과학적 확실성을 제대로 가려내야 했다. 이런 회색 지대 가운데는 급성 노출(이것의 유해성은 논란의 여지가 없었다.)에 관한 데이터와 만성적 영향 사이의 간극, 시너지 효과에 관한 정보 부족, 기존의 데이터에 역효과가 제대로 보고되지 않았다는 우려(의사들은 낮은 수준의 살충제 중독을 인지하도록 훈련받지 않았으며 따라서 실제로 인지하지도 못했다.), 실험용 쥐를 이용한 실험으로 인간에게 미치는 영향을 추론하는 데 따른 문제 등이 있었다.[23] 위원회는 또한 얼마 되지 않는 기존의 임상 연구를 바탕으로 장기적인 영향을 예측하는 어려운 문제도 풀어야 했다.[24]

이런 난관에도 불구하고 과학자문위원회는 명쾌한 결론에 다다랐다. 살충제 사용을 제한하기 위해 즉시 행동에 나서야 한다는 것이었다. 야생 생물에 미치는 피해를 보여주는 증거는 심지어 "계획대로 정확히 실행된 살포 프로그램"의 경우에도 뚜렷하고 강력했고, 이런 피해가 조만간 인간에게도 확산될 것이었다.[25] "화학 살충제는 대상으로 하는 일부 생물체를 죽이거나 신진대사를 교란시키기 위해 만들어졌기 때문에 다른 생물체에게도 잠재적으로 위험하다."고 위원회는 논리적으로 합당한 결론을 내렸다. "살충제 사용에 따른 위험을 감안할 때, 환경 오염을 통제하기 위한 종합적인 프로그램을 시행할 때까지 과도적인 조치를 신속하게 취해야 한다."[26]

그 뒤 몇 년 동안 미국 정부는 바로 이런 프로그램을 속속 만들어냈다. 민주당과 공화당이 초당적으로 협력해 대기청정법과 수질청정법을 통과시키고 환경 문제를 다루기 위해 국립환경보건연구원National Institute for Environmental Health Sciences 같은 기관을 여럿 신설한 것이다. 이런 노력은 1970년에 미국 환경보호청 신설로 정점에 달했다. 『침묵의 봄』이 출간되고 뒤이어 적어도 세 차례의 전국 차원의 과학적 평가가 이루어지고 10년 뒤인 1972년, 리처드 닉슨 정부의 환경보호청은 미국에서 DDT 사용을 금지했다.[27] 성급하게 DDT에 불리한 판단을 내린 것은 아니었다. 세 명의 대통령을 거치고 나서야 DDT 금지가 실행에 옮겨졌다. 과학이 이런 정책의 원인은 아니었지만(정치적 의지가 원인이었다.) 과학적 사실은 그 정책을 뒷받침했다.

케네디 정부의 대통령 직속 과학자문위원회에서 펴낸 보고서인 『살충제 사용: 대통령 직속 과학자문위원회 보고서Use of Pesticides: A Report of the President's Scientific Advisory Committee』는 실제로 한 일뿐만 아니라 하지 않은 일 때문에도 유명하다. 과학자들은 분해가 잘 되지 않는 살충제의 유해성이 '증명'이나 '입증' 되었거나 '확실하다'고 또는 잘 파악되었다고 주장하지 않았다. 단지 증거의 비중을 따져볼 때 DDT를 제한하기 위한 정책적 행동의 필요성이 충분하다고 결론지었을 뿐이다. 물론 위원회에서도 인정한 것처럼, 살충제 말고도 더욱 심각한 환경 문제가 있을 수 있었지만, 그렇다고 해서 위원회에서 맡고 있는 문제에 관심을 끊거나 다른 데로 돌릴 이유는 없었다. 위원회는 생물학적 해충 구제 같은, 살충제 사용에 대한 대안을 무시하지 않았고, 카슨이 숨은 의제를 품고 있다고 비난하지 않았다. 또한 살충제가 피해를 야기하는 과정을 과학적으로 완전히 규명하지 못했다고 해서 경험적인 증거를 쉽게 무시해버리지 않았다. 가장 중요하게는, 더 많은 연구가 필요하다고 호소하면서도 시간만 허비하거나 문제를 회피하지 않았다. 과학자들은 행동에 나설 것을 호소했다.

위원회는 입증의 책임(또는 적어도 책임의 상당 부분)을 분해가 잘 되지 않는 살충제가 안전하다고 주장하는 이들에게 지웠고, 합리적인 의심의 기준에 분명하게 호소했다. '합리적인 의심'이란 법적 문구는 위원회기 1938년의 연방식품의약품화장품법Food, Drug, and Cosmetic Act(제품의 안전성을 입증하는 책임을 제조업자에게 지웠다.)이나 1954년의 밀러수정안Miller Amendment(식품의약품화장품법의 적용 범위를 살충제까지 확대했다.) 같은 기존 법적 틀을 기준으로 삼았음을 시사한다.[28] 제조업체들은 DDT의 안전성을 보여주지 못했고, 이제 합리적인 사람이라면 안전성을 의심할 이유가 있었다.[29]

과학과 민주주의가 제대로 작동했다. 독립적인 과학 전문가들은 증거를 요약해 보여주었다. 여론 조사에서는 일반 대중이 환경을 보호하는 강력한 입법을 지지한다는 사실이 드러났다.[30] 닉슨 대통령의

'환경의 질 위원회' 위원이었던 고든 맥도널드는 닉슨이 환경보호청 신설에 찬성한 것은 그가 선견지명이 있는 환경론자여서가 아니라 1972년 대통령 선거에서 환경이 중요한 쟁점이 될 것임을 알았기 때문이라고 회상했다.[31]

이야기가 이런 정도로 끝나는 걸까? 천만의 말씀이다. 앞에서 운을 뗀 것처럼, 카슨은 이제 막 수정주의의 떠들썩한 공격의 희생양이 되고 있기 때문이다. 경쟁기업연구소의 웹 사이트에서는 "레이첼 카슨이 틀렸다."고 주장한다.[32] 또 다른 이는 카슨 때문에 "500만 명이 죽었다."고 주장한다.[33] 어떤 이들은 "아마 더 많이 죽었을 것"이라고 목소리를 높인다.[34] 왜 그럴까? 말라리아가 근절되지 않았기 때문이다. 그런데 이 비판자들의 주장에 따르면, 만약 미국이 환경 히스테리에 굴복하지 않았다면 말라리아가 사라졌을 것이다. 비판자들은 말하기를, DDT 사용 금지를 뒷받침하는 제대로 된 과학적 증거는 전무했으며, DDT는 말라리아 원충을 옮기는 모기를 죽이는 유일한 효과적 수단이었다.[35] DDT 사용을 금지한 것은 "금세기 최악의 범죄"였다.[36]

덴마크의 경제학자 비외른 롬보르Bjørn Lomborg(2004년에 『타임』에 의해 세계에서 가장 영향력 있는 100인에 뽑혔다.)는 『회의적 환경주의자』라는 베스트셀러 저서에서 카슨의 주장이 이성보다는 감정에 호소한다는 비난을 고스란히 되풀이하면서 DDT로 목숨을 잃은 것보다 병해 방제와 식량 공급 개선으로 더 많은 생명을 구했다고 주장했다. 후버 연구소에서 일하는 보수 성향 저술가인 토머스 소웰Thomas Sowell은 다음과 같이 주장한다. "지난 반세기를 돌아보면 성인시된 레이첼 카슨만큼 많은 인명을 죽이고 처형된 대량 학살자는 한 명도 없다."[37] 다

른 이들은 카슨을 스탈린과 히틀러에 비교했다.[38]

　주류 신문에서 이런 유해한 주장이 되풀이되지 않았다면 그냥 무시해버릴 수도 있다. 2007년, 『샌프란시스코 이그재미너San Francisco Examiner』는 "카슨이 틀렸고, 수백만 명이 지금도 그 대가를 치르고 있다."고 주장하는 기명 칼럼을 게재했다.[39] 『월스트리트 저널』은 카슨의 저작 때문에 "환경 관리가 인명보다 더 중요하다."는 통념이 생겨났다고 주장했다.[40] 『뉴욕 타임스』는 미국이 DDT를 금지한 조치가 과연 현명한 것이었는지 의문을 던지는 기사와 기명 칼럼을 몇 차례 내보냈다.[41] 2004년 『뉴욕 타임스』 일요 매거진의 어느 기사 제목은 「지금 세계에 필요한 건 DDTWhat the World Needs Now Is DDT」였다. "DDT가 환경에 미치는 피해를 우려하는 어떤 사람도 작정하고 아프리카 어린이들을 죽이려고 하지는 않는다."는 말로 기사는 시작한다. 그렇지만 아프리카에서는 바야흐로 대규모 사망이 벌어지고 있다. "『침묵의 봄』이 지금 아프리카 어린이들을 죽이고 있는 것은 대중의 의식 속에 이 책의 메시시가 남아 있기 때문이다."[42]

　『뉴욕 타임스』에서 카슨에 반대하는 대변자 역할을 한 대표적인 인물은 '과학' 칼럼니스트인 존 티어니John Tierney였다. 2007년, 티어니는 『침묵의 봄』은 "잡탕 과학에다 쓰레기 과학"이며 1960년대에 과학을 실제로 바로잡은 사람은 위스콘신대학교의 농업세균학 교수인 I. L. 볼드윈I. L. Baldwin이라고 주장했다. 티어니의 주장에 따르면, 아무도 볼드윈의 말에 귀를 기울이지 않은 것은 그가 사람들을 겁주지 않았기 때문이다. "지금도 진짜 과학을 압도하는" 카슨의 "화려한 미사여구"에 비하면 볼드윈의 조용한 목소리는 상대가 되지 않았다.[43]

티어니의 말이 맞을까? 정말로 카슨이 틀렸던 걸까? 진짜 과학과 진짜 역사는 우리에게 무엇을 말해주는가? 진짜 과학과 역사를 검토해보면, DDT에 관한 카슨(과 대통령 직속 과학자문위원회와 환경보호청과 리처드 닉슨 대통령)의 말이 옳았음을 알 수 있다.

2차 세계 대전에서 DDT가 성공을 보여준 뒤, 미국과 세계보건기구의 세계 보건 총회World Health Assembly는 세계 말라리아 근절 캠페인(1955~1969년)을 시작했다. 카슨이 집중적으로 고발한 대규모 옥외 살포가 아니라 주택 벽과 바닥에 DDT(와 디엘드린)를 실내 도포하는 게 중점 사업이었다. 미국 질병통제센터는 그 결과를 다음과 같이 요약한다. "이 캠페인은 공언한 목적을 이루지 못했다." 유럽과 오스트레일리아를 비롯한 선진국에서는 말라리아 전염병이 근절되고 인도와 라틴아메리카 일부 지역에서는 급감했지만, 많은 저발전 지역, 특히 사하라 사막 이남 아프리카에서는 이 캠페인이 실패로 돌아갔다. 미국이 DDT 사용을 금지하기 4년 전인 1969년에 캠페인은 중단되었다. 따라서 어떤 일이 생겼든 간에 미국이 사용을 금지한 결과는 아니었다. 그런데 어떤 일이 생겼던 걸까?[44]

저발전 국가들에서 말라리아를 근절하는 데 실패한 것은 살충제 살포만으로는 효과가 없었기 때문이다. 살충제를 살포하는 것과 나란히 영양 개선, 곤충 번식지 축소, 교육, 보건 등에 노력을 기울일 때 효과가 나타났다. 이탈리아나 오스트레일리아 같은 선진국에서는 말라리아가 근절된 데 반해 사하라 이남 아프리카에서는 근절되지 않은 것은 이런 사정 때문이다. 여느 공중 보건 계획이 그렇듯이, 이 프로그램도 국민들의 협조와 이해가 필요했다.

이 캠페인에서 중점적으로 사용한 방식인 실내 잔류 도포 방식 Indoor Residual Spraying은 주택의 벽과 천장에 살충제를 잔류시키는 방법이었다. 즉 벽을 닦거나 칠하거나 회반죽을 다시 바를 필요가 없었는데, 많은 사람들이 이 점을 이해하지 못했다. 대부분의 다른 공중보건 지침과 정반대였기 때문이다. 어떤 사람들은 이런 방식 자체를 내켜하지 않았다. 쓸데없이 집을 더럽히는 지침처럼 보였기 때문이다. 그러나 말라리아 근절이 부분적인 성공만을 거둔 가장 중요한 이유는 모기에게 내성이 생겼기 때문이다. 미국에서 DDT 사용이 최고조에 달한 것은 사용이 금지되기 13년 전인 1959년이었다. 이미 DDT가 효과가 줄어들기 시작해서 더 많은 양을 사용한 것이다.

벌레와 박테리아는 자연 선택에 관해 가장 확실한 증거를 제공한다. 살충제를 써서 일부 개체수를 박멸하면 살아남은 개체들은 후손에게 유전자를 전달하며, 개체군 전체가 살충제로 가득한 환경에 적응하는 것은 시간문제일 뿐이다. 곤충 세대는 며칠에서 몇 달 동안 존속하며, 따라서 엄청난 속도로 진화한다. 인간이나 대부분의 동물처럼 번식에 오랜 시간이 걸리는 종보다 훨씬 빠르다. 따라서 우리가 직접 관찰할 수 있는 시간 틀 안에서 자연 선택의 결과를 보여준다. 때로는 불과 몇 년밖에 걸리지 않는다.

DDT에 대한 곤충의 내성은 1947년에 처음 인정되었다. DDT가 전시에 개가를 올린 지 불과 몇 년 뒤의 일이다. 포트로더데일 Fort Lauderdale에서 모기 방제 작업을 한 사람들은 다음과 같이 보고했다. "통상적으로 쓰던 DDT 5퍼센트 용액을 사용하면 바닷가 습지의 모기들에게 식별 가능한 효과가 나타나지 않았다. …… 이른바 기적의 '마법 구름'은 이제 플로리다 동부 연안에 있는 바닷가 습지의 모기떼를 없애는 데 효력을 잃어버렸다."[45] 내성은 1950년대 동안 급속하게 커졌고, 얼마 지나지 않아 많은 해충 방제 지역은 DDT를 포기하고 다른 대안을 찾았다.

유감스러운 일이지만, 곤충들이 DDT에 대해 갖게 된 내성의 대부분은 병해 방제가 아니라 농업용에서 기인한 결과였다. 이 이야기에는 비극이 존재하지만, 경쟁기업연구소에서 생각하는 그런 비극은 아니다. 특히 미국의 경우에 먹을거리를 값싸게 재배하려는 노력 때문에 곤충의 내성이 커졌다는 데 비극이 있다. DDT가 병해 방제에 실패한 것은 어느 정도는 농업에서 DDT를 과도하게 사용한 결과이다. 여기 그 이유를 설명해보겠다.

병해를 막기 위해 살충제를 사용하는 가장 효과적인 방법은 건물 내부에 도포하는 것이다. 세계보건기구가 주로 이용한 실내 잔류 도포 방식이 바로 이런 방법이다. DDT는 특히 이런 방식이 효과적이다. 1년까지도 약효가 지속되기 때문이다. 무엇보다도 중요한 사실은 이렇게 하면 내성이 빨리 생기지 않는다는 점이다. 대부분의 곤충은 건물 안에 들어오지 않으며 따라서 독성에 노출되지 않기 때문이다. 실내 잔류 도포 방식은 실내에 들어오는 데 성공한 소수의 개체들에게만 영향을 미친다(사실 실내에 들어온 벌레가 사람을 물고 질병을 옮기기 쉽다.). 따라서 곤충 전체에 대한 자연 선택 압력은 그다지 높지 않다. 이런 점에서 보면 매우 현명한 전략이다.

하지만 넓은 농경 지역에 살충제를 살포하는 경우에 전체 곤충 가운데 많은 수가 죽고, 그 결과로 내성이 강한 살아남은 곤충들끼리 번식을 하게 된다. 바로 다음 세대가 내성을 가질 수 있다. 농업용 살충제 사용이 더욱 확대될수록 곤충이 더 빠르게 내성을 갖게 될 공산이 크며, 병해 방제를 위해 살충제가 필요할 때 그 효과가 더욱 줄어들기 쉽다.

이제 우리는 농사용으로 살충제를 살포하면 불과 7년에서 10년 만에 곤충이 내성을 갖게 된다는 사실을 알고 있다. 사후적으로 알게 된 지식이 아니다. 레이첼 카슨 본인이 『침묵의 봄』에서 곤충의 내성을 논한 바 있다.[46] DDT 역시 여러 나라에서 병해 방제용으로뿐만 아니라 농업용으로도 널리 사용했고, 결국 병해 방제 효과가 떨어지게 되었다. 1950년대에 이미 우리는 곤충들이 매우 빠르게 진화한다는 사실을 알았지만, 정치 기관들은 곤충보다 훨씬 더 느리게 진화했다.

상황 전개를 통해 DDT만으로는 말라리아를 근절할 수 없음이 드러났는데도 DDT가 필요했을까? 말라리아를 통제하게 된 지역에서 DDT가 꼭 필요했을까? 여기서도 대답은 아니올시다, 이다. 대다수 사람들은 19세기 미국에서 말라리아가 유행했다는 사실을 까맣게 잊어버렸다. 아칸소나 앨라배마, 미시시피 같은 곳으로 이주한 정착민들에게 말라리아는 커다란 골칫거리였다.[47] 캘리포니아 사람들도 말라리아를 근절하기 위해 분투했다.

1930년대에 이르면 전국 각지의 모기 방제 지역에서 습지의 물을 빼고, 번식지를 제거하고, DDT 이외의 살충제를 사용해서 말라리아를 방제하게 되었다.[48] 가령 플로리다의 말라리아 감염 사례는 1935년 이후 매년 감소했다. DDT가 도입되기 전의 일이다.[49] 도시화 역시 일정한 역할을 했다. 점점 더 많은 미국인들이 모기 번식지에서 멀리 떨어진 곳에 살게 된 것이다. 2차 세계 대전 이후, DDT는 또 다른 무기 노릇을 하면서 이 무렵이면 한결 줄어든 말라리아를 근절하는 데 이바지했다.

또 다른 사례도 언급할 만하다. 파나마 운하의 경우가 그것이다. 수에즈 운하 건설도 주도한 페르디낭 드 레셉스Ferdinand de Lesseps가 이끈 운하 건설 계획은 1882년에 프랑스 회사가 시작했지만 중간에 중단되었다. 황열병과 말라리아의 확산도 그 이유 중 하나였다. 1889년까지 2만 2000여 노동자가 이 두 병에 걸려 쓰러졌고, 그 때문에 운하 건설 시도는 좌절되었다.

1904년, 미국 정부가 사업을 이어받았고, 새로운 미국 지도부는 윌리엄 크로퍼드 고거스William Crawford Gorgas라는 이름의 군의관을 위생 담당관에 임명했다. 고거스는 당시만 해도 과격한 생각이라고 평가되던 가설을 믿었다. 곤충이 이 질병들을 옮긴다는 가설이 그것이다. 고거스는 늪과 습지의 물을 빼고, 건물 주변의 고인 물웅덩이를 메웠으며, 병사들을 파견해 석유로 모기 유충을 죽이고 연기로 건물을 소독했다. 또한 노동자 숙소를 중심으로 건물에 방충망을 쳤다. 1906년부터 운하가 완공되는 1914년까지 황열병 환자는 단 한 명만 생겼고, 전체 사망률은 1906년의 1000명당 16.21명에서 1909년 12월 2.58명으로 줄어들었다.[50] 황열병은 완전히 사라졌다. 뮐러가 DDT의 살충 효과를 발견하기 31년 전의 일이다. 말라리아는 완전히 근절하기가 좀 더 어려웠지만, 역시 비슷한 방법으로 많은 지역에서 억제할 수 있었다. 역사가 보여주는 교훈은 분명하다. DDT만으로는 곤충 매개병을 근절하지 못하며, 이런 질병을 억제한 곳에서는 DDT를 거의 또는 전혀 사용하지 않았다는 것이다.[51]

미국이 1971년에 DDT를 금지하는 행동에 나섰을 때, 환경보호청장 윌리엄 러클스하우스는 새로운 금지 조치가 미국 이외의 나라에는 적용되지 않을 것임을 분명히 했다. (그럴 수도 없는 것이 환경보호청은 다른 나라에 대해 아무런 권한이 없었다.) 러클스하우스는 미국 제조업체들이 DDT 제품을 해외의 병해 방제를 위해 계속해서 자유롭게 제조, 판매할 수 있으며, 환경보호청은 "다른 나라의 절실한 요구를 규제할 생각이 없다."고 강조했다.[52] 그 뒤에 아프리카에서 어떤 일이 벌어졌든 간에 레이첼 카슨의 잘못이라고 보기 힘들다. 물론 윌리엄 러클스하우스의 잘못도 아니다.

존 티어니가 과학을 바로잡은 장본인이라고 극찬한 볼드윈의 경우를 보자면, 티어니가 인용하는 글은 과학 연구 논문이 아니었다. 그 글은 『침묵의 봄』을 다룬 서평이었다. 볼드윈은 『침묵의 봄』이 "뛰어난 글 솜씨와 유려한 설명"을 보여주며 "문제에 다가가는 종합적인 사실 연구"로 이루어졌음을 인정했다.[53] 또한 카슨의 접근 방법 덕분에 "〔살충제가〕 유독 물질이라는 사실이 널리 인식되고, 살충제가 사용되는 경로의 모든 단계에 대해 더욱 세심하고 엄격한 통제가 이루어질 게 틀림없다."고 인정했다. "살충제 사용에는 심각한 위험이 뒤따른다."[54]

그렇다면 볼드윈이 불만을 토로한 점은 무엇이었을까? 이 책이 균형 잡힌 논의보다는 걱정에 사로잡혀 있으며, 검사가 쓴 기소장 같다는 점이 불만의 원인이었다. 사실이 그랬다. 카슨은 과학적인 소송을 제기하려고 노력하고 있었다. 그러나 무엇보다도 볼드윈으로서는 카슨이 그릇된 내용의 책을 쓴 점이 불만이었다. 볼드윈은 살충제를 포함한 화학 물질의 발달을 통해 이루어진 "화학 혁명이 …… 일상생활의 모든 측면에 밀접한 영향을 미치게 된" 과정을 다룬 진보와 성공의 이야기를 읽고 싶었다. "인간의 수명이 대폭 길어지고, 20년 전에 알지도 못했던 섬유로 옷을 만들며, 새롭고 생소한 물질로 기계와 가정용품이 만들어지는" 등 기술 덕분에 우리의 삶이 얼마나 좋아졌는지를 자세하게 서술한 책을 원했던 것이다.[55] 또한 과학과 기술이 예상치 않게 가져다준 무시무시한 결과가 아니라 우리에게 안겨준 혜택에 관한 이야기를 원했다. 아마 존 티어니도 비슷한 생각이었을 것이다.

그 뒤에 등장한 온갖 카슨 비판자들과 마찬가지로, 볼드윈 역시 살충제야말로 현대 농업의 생산성을 높이는 열쇠이며, 세계의 기아를 일소하려면 살충제 사용을 확대하는 게 관건이라고 목소리를 높였다(그러나 대다수 사회과학자들은 기아 해결에 관한 주장에 동의하지 않는다. 이미 세계에는 식량이 충분히 있으며, 우리가 직면한 문제는 분배가 불공평하다는 점이기 때문이다.). 볼드윈은 카슨의 주장에 대답하고 그가 내놓은 증거를 반박하는 대신 주제를 바꾸었다. 현대 기술의 장점만 부각시키면서 생태계에 미치는 피해에 관한 카슨의 핵심적인 주장은 아예 외면한 것이다. 티어니의 주장과 정반대로, 볼드윈은 과학을 포기했다. 티어니를 비롯하여 카슨을 비판하는 여느 사람들처럼, 기술과 인간중심주의에 대한 신념 때문에 볼드윈은 카슨이 제기한 가장 중요한 논점을 놓치고 말았다.

1962년 당시만 해도 DDT 때문에 사람이 사망했다는 증거가 거의 없었다. 카슨은 이런 사실을 인정했다. DDT가 암을 유발할 수 있음을 암시하면서도 카슨은 결코 많은 사람들이 그 때문에 죽었다고 주장한 적이 없다. 카슨이 강조한 것은 **생태계**에 미치는 피해를 보여주는 압도적인 증거였다. 이런 피해는 조만간 인간에게도 미칠 것이었다. 카슨의 주장은 자연을 상대로 전쟁을 벌이면 인간이 결국 패할 수밖에 없다는 것이었다. 물고기와 새가 죽어 나갔고, 빠르게 진화하는 곤충들이 어느 때보다도 더 강해져서 돌아왔다. 마지막으로, 그리고 무엇보다도, 물리적인 피해만이 중요하다고 생각하는 것은 착각이었다. 설사 DDT 때문에 죽은 사람이 한 명도 없더라도, 인간은 영향을 받게 되어 있었다. 봄이 찾아와도 새가 울지 않는다면 우리가 사는 세상은 황량해질 것이었다.

DDT 옹호론자들이 그것의 장점을 과장했다면, 비판자들은 그 피해를 과장한 걸까? DDT가 사람에게 거의 피해를 입히지 않고 때로 도움이 된다면, 다시 사용하지 않을 까닭이 있을까? 적어도 DDT 때문에 희생된 것보다 살아난 인명이 더 많다면, 비외른 롬보르의 말이 맞는 게 아닐까?

이런 주장은 딴소리를 하는 것이나 마찬가지이다. DDT는 인간에게 해를 끼치기 때문에 금지된 게 아니라 환경에 피해를 주기 때문에 금지된 것이다. 과학자문위원회와 환경보호청에서 이런 유해성을 입증하는 과학적 증거를 확인했을 뿐만 아니라 DDT와 그 대사 물질인 DDE가 잔류하는 지역에서 이루어진 수많은 연구에서도 이 증거를 재확인했다.[56] DDT는 새와 물고기와 익충을 죽이며, 살포가 중단되고 오랜 뒤에도 계속해서 이런 생명체를 죽인다. 심지어 오늘날에도 캘리포니아 앞바다의 카탈리나Catalina 섬에 사는 새들은 DDT 중독 증세를 보인다. 아마 수십 년 전에 캘리포니아에서 제조된 살충제의 잔류 DDT로 덮인 해저에서 나온 물질을 섭취한 물고기를 잡아먹은 탓으로 보인다.[57]

인간의 경우는 어떨까? 티어니는 DDT 사용이 금지될 당시 "DDT가 발암 물질이라는 증거가 없었다."고 주장한다. 맞는 말이다. 그러나 그 뒤로 우리는 살충제의 유해성에 관해 많은 사실을 알게 되었고, 이제는 많은 살충제가 인간에게 심각한 위험을 야기한다는 확실한 과학적 증거가 있다. (『침묵의 봄』이 DDT에 관한 책만은 아님을 상기하라. 이 책은 살충제 전반에 관한 책이다.) 1971년 이래, 동료 평가를 거친 많은 과학 연구에서 여러 살충제의 발암 특성을 입증한 바 있다. 동물 모델뿐만 아니라 살충제에 노출된 인간의 경우도 마찬가지이다.[58] 우리는 또한 DDT가 실제로 인간에게 어떤 식으로 유해한지에 관해 훨씬 더 많은 사실을 알아가고 있다.

최근에 세계 최고의 의학 저널인 『랜싯Lancet』에 실린 한 리뷰에서는 모기 방제에 필요한 수량으로 DDT를 사용할 때 인간에게 중대한 영향을 미친다고 결론지었다. 특히 생식기 계통이 문제였다. (DDT의 유해성에 관한 최초의 과학적 증거 중 하나가 조류와 쥐의 생식을 방해한다는 점이었다는 사실을 감안하면 놀랄 일도 아니다.) 수많은 과학적 증거를 통해 드러난 바에 따르면, DDT는 조산, 저체중아 출산, 선천적 이상 등 어린이의 성장에 영향을 미친다. 모유에 포함된 높은 DDT 농도는 유즙 분비 기간 단축 및 조기 이유離乳와 상관관계가 있으며, 이 자체가 유아 및 소아 사망과 밀접한 상관관계가 있다. 『랜싯』의 저자들은 설사 DDT 덕분에 말라리아로부터 인명을 구했다 하더라도 그로 인한 유아 및 소아 사망을 따져보면 무의미하다고 결론짓는다.[59] DDT를 계속 사용했다면 일부 인명을 구할 수도 있었겠지만, 다른 목숨 또한 희생되었을 것이다.

그렇다면 암의 경우는 어떨까? 몇 년 전, 의학 연구자들은 DDT 노출과 유방암 사이의 관계를 조사한 기존 연구에 충격적인 결함이 있음을 깨달았다. 이 연구들은 대부분 DDT 사용이 이미 감소 추세로 접어들거나 심지어 사용이 금지된 뒤에 이루어졌고, 따라서 연구 대상인 여성들은 기껏해야 낮은 수준에 노출되었을 것이다. 또 노출되었다 하더라도 신체의 취약성이 줄어든 나이의 일이었다. DDT가 영향을 미치는지를 정말로 알려면, 환경 노출이 심했던 시기에 젊은 나이에 DDT에 노출된 여성을 연구했어야 한다.

바바라 A. 콘Barbara A. Cohn 박사와 동료들은 놀라운 의학적 탐지 연구를 통해 1960년대에 임신 여성에 관한 의학 연구의 대상이었던 여성들을 확인했다. 이 여성들은 1940년대와 1950년대에 DDT 사용이 확산될 때 어린이나 10대로서 DDT에 노출되었을 가능성이 컸다. 이 여성들은 당시 혈액 샘플을 제공했는데, 이제 이 샘플을 가지고 DDT와 그 대사 물질을 재분석할 수 있었다. 2000~2001년 동안 콘 박사와 동료들은 DDT 관련 합성물을 측정하고 이 수치를 유방암 발병률과 비교했다. 원래 연구 당시의 평균 연령은 26세였다. 이 여성들은 이제 50대와 60대에 접어들어 있었다. 유방암이 나타날 것으로 예상되는 연령대였다. 연구 결과는 혈청 내 DDT나 그 대사 물질 수치가 높은 여성들 사이에 유방암 발병률이 5배 증가함을 보여주었다.[60] DDT는 암을 유발하고, 인간 건강에 영향을 미치며, 인간 생명을 앗아간다. 레이첼 카슨은 틀리지 않았다.

분명히 일부 공중 보건 전문가들은 오늘날 세계 일부 지역에서 DDT가 말라리아를 방제하는 데 유용한 역할을 할 수 있다고 생각하지만, 롬보르나 소웰, 코언, 티어니 등이 말한 것처럼 기적의 치료제는 절대 아니었다. DDT 사용을 금지한 것 때문에 수백만 명의 생명이 불필요하게 희생되었다는 주장을 뒷받침하는 과학적 증거는 전혀 없으며, 인간과 다른 생명체들이 상당한 피해를 피할 수 있었다는 과학적 증거는 충분하다.

그렇다면 지금 무슨 일이 벌어지는 걸까? 이 사람들은 단순히 혼란에 빠진 걸까? 그릇된 정보 때문에 오해한 걸까? 단순히 무지하거나 히스테리에 사로잡힌 걸까? 그렇다면 다행일 텐데.

이제까지 우리는 어떻게 몇몇 사람들이 담배, 산성비, 오존 감소, 간접흡연, 지구 온난화 등의 위험에 관한 사실에 맞서 싸우는지를 보았다. 그들의 부정은 적어도 어떤 이들에게는 그럴 듯해 보였다. 아직 과학적 조사가 진행 중인 문제들이 대부분이었고, 또 설사 큰 그림은 뚜렷해지고 있다 하더라도 많은 세부적인 내용이 불확실했기 때문이다. 그러나 DDT를 둘러싸고 수정주의 역사를 구성하는 사람들은 자기도 모르게 비밀을 발설한 셈이다. 이미 과학적 문제가 해결된 지 오래이며, 따라서 과학자들이 합의에 다다르지 못했다거나 여전히 진지한 과학적 논쟁이 진행되고 있다고 주장하기에는 너무 늦었기 때문이다. 앞서와 마찬가지로 이번에도 궁극적인 목적은 극단적인 자유 시장 이데올로기를 옹호하는 것이었다. 그러나 이번의 경우에 그들은 과학적 사실만을 부정한 게 아니다. 그들은 역사적 사실까지도 부정했다.

정치 전략으로서의 부정

이제까지 우리가 들은 이야기마다 하나같이 특정 제품에 대한 규제를 막으려는 소수의 주인공들이 등장했다. 그러나 21세기에 등장한 카슨에 대한 공격은 규제를 막으려는 시도와 아무 관련이 없었다. 규제는 이미 오래전에 확립되어 있었기 때문이다. 또한 이 규제를 뒤집으려는 시도도 아니었다. 미국에서 이제 DDT가 아무 효과도 없다는 사실은 미국의 과학계와 정부, 농업에서 다들 잘 알고 있었다. 그렇다면 왜 DDT가 문제가 되었을까? 도대체 왜 거의 반세기 전에 죽은 한 여성을 공격한 걸까?

앞서 우리는 3장에서 1960년대에 산성비 이야기가 등장할 무렵 미국의 환경 운동이 미학적 환경론에서 벗어나 법적 규제로 방향을 바꾸는 모습을 보았다. 카슨의 목소리는 이런 방향 전환에서 근본적인 역할을 했다. 어쨌든 노래하는 새들이 없다면 국립공원이 도대체 무슨 가치가 있겠는가? 카슨의 생각이 틀렸다면 이런 방향 전환 역시 틀렸을 것이다. 현대의 환경 운동이 잘못된 가정에 바탕을 둔 것임을 보여줄 수 있다면, 정부의 시장 개입 필요성을 반박할 수 있었다.

앞에서 이미 만난 어떤 사람이 처음 이런 이야기를 만들어냈다. 딕시 리 레이가 그 주인공이다. 『지구를 파괴하다』라는 책에서 레이는 DDT를 찬미했으며 그 이후 널리 유포되는 일련의 '사실'을 만들어냈다. 레이는 스리랑카에서 DDT를 포기하는 잘못된 결정을 내린 과정에 얽힌 이야기를 들려주었다. 이 나라의 "공중 보건 통계를 살펴보면 …… 살포 프로그램의 효율성이 드러난다." 레이의 이야기는 다음과 같이 시작한다.

> DDT가 사용되기 전인 1948년에 〔스리랑카에서는〕 말라리아 환자가 280만 명이었다. 그런데 1963년에 이르면 17명에 불과했다. 미국에서 DDT에 대한 비판이 일면서 공무원들이 살포를 중단하게 된 1960년대 말까지 이렇게 낮은 감염 수치가 계속 이어졌다. 그런데 1969년에 다시 DDT 살포 이전 수준인 250만 명에 육박했다. 게다가 1972년에 이르면, 미국에서 제기된 DDT에 관한 근거 없는 비난이 전 세계에 영향을 미쳤다.[61]

이 설명이 과연 사실일까? 일부분은, 즉 1963년까지는 맞는 말이다. 1948년에서 1963년 사이에 DDT는 효과를 발휘했고, 말라리아 환자는 극적으로 줄어들었다. 일찍이 1958년부터 내성이 목격되었지만, 전체적으로 말라리아가 근절되는 것처럼 보였다. 1963년에는 소수의 새로운 환자들이 나타나긴 했지만 통제 가능한 것 같았다. 실제로 스리랑카에서 말라리아는 근절되는 방향으로 나아가야 했다. 그런데 여기서부터 레이는 핵심적인 사실을 빼먹기 시작했다.

1968년, 말라리아가 다시 창궐했고 DDT로 통제할 수 없었다. 그렇지만 스리랑카는 DDT를 고집하면서 더 넓은 지역에 더 빈번하게 훨씬 많은 DDT를 살포했다. 그래도 효과가 없었다. 세계보건기구의 전문가위원회는 1976년의 살충제 내성 연구에서 다음과 같이 보고했다.

> 스리랑카에서는 제한된 재정 자원을 가지고 할 수 있는 수정된 프로그램이 1975년 3월에 시작되었다. …… 살포 범위를 늘리기 위해 DDT를 4개월 간격으로 제곱미터당 1그램씩 사용했지만, 정상적인 양을 사용한 지역과 비교해서 말라리아 유행에 실질적인 차이가 나타나지 않았다. 또 4개월 간격으로 제곱미터당 2그램의 비율로 DDT를 살포한 경우에도 아무런 효과가 나타나지 않았다.[62]

마침내 스리랑카 당국은 더 비싸지만 지역의 곤충들에게 아직 내성이 없는 약품인 말라티온으로 바꿔보았다. 그 결과, 다시 말라리아 비율이 떨어졌지만 1963년과 같이 극히 낮은 수준까지 내려가지는 않았다.[63]

따라서 스리랑카는 미국의 중단 조치나 다른 어떤 이유 때문에 DDT 사용을 중단한 게 아니다. DDT가 효력이 다했음에도 스리랑카는 어쨌든 사용을 계속했다. 우리는 그 이유를 이렇게 추측할 수 있다. DDT가 처음에 효과가 나타났기 때문에 공무원들은 말라리아가 다시 살아났는데도 쉽게 포기할 수 없었다. 사람들이 실패를 받아들이는 데는 오랜 시간이 걸렸다. 작은 모기들이 어떤 점에서는 우리보다 더 강하다는 점을 받아들이기는 쉽지 않았다. 세계보건기구의 한 위원회에서는 1976년에 다음과 같이 결론지었다. "내성이야말로 매개체 질병에 대항하는 싸움에서 가장 큰 장애물이며 많은 나라에서 말라리아 근절에 성공하지 못하는 주된 이유라는 점이 마침내 인정되고 있다."[64]

레이의 설명에서는 내성에 관해 전혀 언급하지 않는다. 레이가 동물학자인 점을 생각하면 특히 눈에 띄는 점이다. 레이는 똥 묻은 개가 겨 묻은 개 나무라는 터무니없는 태도의 본보기라도 보여주듯이 환경론자들과 윌리엄 러클스하우스가 사이비 과학을 믿는다며 비난했다. 그들이 "감정과 히스테리와 정치적 압력으로 과학적 증거를 밀쳐낼 수 있다는 분위기"를 조성했다는 것이다.[65] 그러나 히스테리를 확산시킨 주인공은 레이지 러클스하우스가 아니다.

레이는 레이첼 카슨이 대량 학살을 저질렀다고 비난하지 않았지만, 얼마 지나지 않아 다른 이들은 그런 식의 비난을 퍼부었다. 앞서 5장에서 우리는 스티븐 J. 밀로이에 관해 이야기한 바 있다. 밀로이는 1993년에 필립모리스를 대신해 건전과학진흥연맹을 창설하면서 실제로 수백만 명의 죽음을 야기한 제품을 옹호했다. 그 직후, 밀로이는 DDT 사용을 금지해 "수백만 명의 죽음을 야기했다."는 주장을 퍼뜨리기 시작했다. 1997년 연례 보고서에 따르면, 밀로이는 새너제이주립대학교의 곤충학자인 J. 고든 에드워즈J. Gordon Edwards와 협력 작업을 시작했다. DDT 논쟁을 서술하는 글을 발표하게 도운 것이다.[66] 에드워즈의 글은 마침내 2004년에 『미국내과의·외과의협회 저널 Journal of American Physicians and Surgeons』에 발표되었다. 미국내과의·외과의협회Association of American Physicians and Surgeons는 자유지상주의 성향의 정치 단체로서 오리건과학의학연구소Oregon Institute of

Science and Medicine와 이사진이 동일하다. 오리건과학의학연구소 역시 지구 온난화 회의론을 조장한 바 있다. 이 글에서 에드워즈는 "미국의 DDT 사용 금지 조치는 전 세계에 영향을 미쳐서 충분히 예방할 수 있는 수백만 명의 죽음을 초래했다."고 주장했다.[67] "보통의 경우라면 이런 엄청난 사상자 수를 가리킬 때 대량 학살이라는 용어를 사용한다."고 언급하면서도 에드워즈는 살충제 내성에 관한 사실은 전혀 거론하지 않았다. 그가 곤충학자라는 점을 감안하면 정말로 납득하기 힘든 점이다.

밀로이는 건전과학진흥연맹 이후의 활동에서도 과학에 반대하는 십자군 운동을 계속했고, 오늘날까지도 이런 운동을 계속하고 있다. 최근에 밀로이는 다음과 같이 주장했다. "어떤 사람들은 지난 43년 동안 생태주의자들이 DDT를 둘러싸고 벌인 히스테리를 '신경 끄자'면서 간단히 잊어버릴지도 모르겠지만, 세계자연보호기금WWF, 그린피스, 레이첼 카슨, 환경보호기금, 기타 쓰레기 과학이 부추긴 DDT 반대톤사들의 손에 의해 수백만 명이 흘린 피는 잊을 수 없다."[68] 밀로이는 지구 온난화(그는 지구 온난화를 '사기극'이라고 부른다.)나 산성비(지구 온난화의 속도를 늦추는 데 도움이 된다고 한다. 그런데 지구 온난화를 믿지 않는 사람이 이런 말을 해도 되나?), 오존 홀(실질적으로 전혀 중요하지 않다고 본다.) 등 갖가지 환경 쟁점과 관련된 과학을 앞장서 공격하는 것으로 유명하다.[69] 밀로이가 현재 진행 중인 프로젝트는 정크사이언스닷컴이지만, 앞서 5장에서 살펴본 것처럼, '쓰레기 과학'이란 말은 담배 업계에서 자기들 마음에 들지 않는 과학의 신뢰성을 깎아내리기 위해 만들어낸 표현이다. 정크사이언스닷컴은 원래 케이토연구소와 협력 관계로 설립되었지만, 밀로이가 담배 업계에서 계속 지원을 받는다는 사실이 드러나자 케이토연구소는 관계를 끊었다.[70]

허위 정보를 퍼뜨리는 캠페인은 인터넷에서 계속되고 있으며, 이 캠페인을 지원하는 단체와 연구소는 이제 유명세를 얻었다. 러시 림보가 "카슨이 틀렸다."는 공격을 앵무새처럼 되풀이한 뒤, 경쟁기업연구소는 그를 노벨 평화상 후보로 밀었다.[71] 경쟁기업연구소는 미국기업연구소와 동일한 철학적 기반 위에 서 있는데, 미국기업연구소는 과학 소설가 마이클 크라이튼의 작품을 선전한 바 있다. 2004년 작 『공포 상태State of Fear』에서 크라이튼은 지구 온난화가 서구 자본주의를 무너뜨리기 위해 자유주의자들이 날조한 허구라고 묘사했다.[72] 크라이튼은 또한 DDT 문제도 다뤘는데, 소설의 한 등장인물은 이렇게 주장한다. "DDT 사용 금지 조치는 히틀러보다도 더 많은 사람을 죽였다. …… DDT는 사람이 먹어도 되는 안전한 물질이었다."[73]

"카슨이 틀렸다."라는 합창의 목소리는 특히 "사회·경제 문제에 대한 자유 시장 중심의 해법"을 연구하는 데 전념하는 하트랜드연구소에서 우렁차게 들린다.[74] 이 연구소의 웹 사이트에서는 미국 환경보호청이 DDT를 금지하지 않았더라면 "아프리카와 아시아, 라틴아메리카에서 오늘날 매년 100만 명가량의 목숨을 구할 수 있었을 것"이라고 주장한다.[75]

기후학자들 사이에서 하트랜드연구소는 기후학에 대해 집요하게 의문을 제기하는 곳으로 알려져 있다. 또한 동료 평가를 받는 기후 연구를 한 적이 거의 없는 '전문가'들을 자랑스럽게 내세우고, 2008년에는 뉴욕 시에서 학술회의를 주최해 지구 온난화에 관한 과학계의 연구는 다 사기극이라고 주장한 것으로도 유명하다.[76] 그러나 하트랜드의 활동은 훨씬 더 광범위하며, 그 기원을 더듬어보면 역시 필립모리스와 함께 일하던 1990년대까지 거슬러 올라간다.

1993년, 하트랜드연구소의 프로젝트 책임자인 리처드 C. 루Richard C. Rue는 필립모리스 경영본부의 산업 담당 부장 로이 E. 마든Roy E. Marden에게 계속적인 지원을 바란다는 내용의 편지를 보냈다. 루는 기명 칼럼 복사본을 동봉했는데, 연구소의 소장이자 최고 경영자인 조셉 배스트Joseph Bast가 조만간 출간할 책을 요약한 내용이었다.[77] 루는 최근에 연구소에서 한 다른 활동을 자세히 설명하면서 화학기업협회Chemical Manufacturer' Association의 특별 간행물을 9000부 가까이 배포한 일을 자랑했다. 그중 8000부는 "주 의원과 헌법상 공무원〔constitutional officer. 미국에서 법률이 아닌 헌법에 의해 정해진 공무원직을 일컫는다. 주마다 약간씩 다르나 검찰 총장, 법원 서기, 보안관 등이 대표적이다. — 옮긴이〕을 비롯한 여론 주도자들에게" 발송되었다.[78]

필립모리스는 또한 하트랜드연구소를 활용해서 자신들이 의뢰해서 만든 보고서를 배포했다. 1997년 4월, 로이 마든은 토머스 보렐리(5장에서 만난 인물이다.)에게 편지를 보내 사기업교육협회Association for Private Enterprise Education와 협력해서 준비한 태스크포스 보고서에 관해 논의했다. 마든은 다음과 같이 썼다.

…… 우리와 함께 일하는 일리노이의 정책 집단인 하트랜드연구소에서 정책 연구의 일환으로 24쪽짜리 보고서 요약본을 발간할 예정입니다. 다음 주 말쯤에 나오는데 최소한 3000부(절반은 언론인, 나머지는 주

헌법상 공무원과 각 업계)가 배포됩니다. 7000부를 더 찍을 예산만 지원받을 수 있다면, 하트랜드에서는 기꺼이 1만 부(전체 주 의원과 연방 의원까지 포함)까지 배포할 생각입니다. 이 비용에 대해서는 나중에 팩스를 받기로 했는데 …… 이 점을 고려해보는 게 좋겠습니다.[79]

하트랜드연구소의 임원들도 담배 업계를 대표해서 연방 의원들을 만나고, '오프 더 레코드'로 브리핑을 했으며, 기명 칼럼을 기고하고, 라디오 인터뷰와 편지 보내기 등에 주력했다.[80]

1997년, 필립모리스는 하트랜드연구소의 활동을 지원하기 위해 5만 달러를 지불했지만, 이것은 독립적이고 비당파적이어야 하는 싱크탱크들을 지원하는 거대한 네트워크의 빙산의 일각에 지나지 않는다. 1997년부터 여러 조직에 정책 연구 지원금을 제공한 10쪽짜리 목록을 보면 필립모리스가 얼마나 폭넓게 손을 뻗었는지를 잘 알 수 있다. 하트랜드에 5만 달러를 지원한 것 외에도, 건전과학진흥연맹에 20만 달러, 경쟁기업연구소에 12만 5000달러, 미국기업연구소에 10만 달러, 그밖에도 무수히 많다.[81] 1000달러에서부터 30만 달러까지 액수도 다양하며, 루트비히 폰 미제스 연구소Ludwig von Mises Institute나 '적정 전기 요금을 요구하는 미국인 모임Americans for Affordable Electricity' 같이 담배 문제와 뚜렷한 관련이 없는 단체에게도 많은 지원금이 갔다. 또 수많은 다른 자료들을 보면 클린턴 대통령의 보건 의료 개혁안을 방해하기 위해 많은 활동을 벌였음이 드러난다.[82] 회사 문서에서는 재정 지원을 종종 '자선 활동'이라고 언급했으며, 이 단체들이 모두 비영리·비당파 조직이었기 때문에 기부금은 모두 세금 공제를 받았

1997년 정책 지원

주요 활동	투자 활동	다각적 활동	단체	1997년 지원 액수	세금 환급 액수	정책/민간 액수	미국 세금 환급 액수	관리 비용 액수
상업 언론	개인 자유		리베르타드 Libertad, Inc.	100,000.00	–	–	–	100,000.00
상업 언론	개인 자유		표현의 자유 재단 Freedom of Expression Foundation	20,000.00	20,000.00	–	20,000.00	–
개인 자유	규제 문제	×	미국기업연구소	100,000.00	–	–	–	100,000.00
개인 자유	규제 문제	×	케이토연구소	175,000.00	150,000.00	100,000.00	50,000.00	25,000.00
개인 자유	규제 문제	×	경쟁기업연구소	125,000.00	125,000.00	100,000.00	25,000.00	–
개인 자유	규제 문제	×	사우스캐롤라이나교육방송	300,000.00	150,000.00	150,000.00	–	150,000.00
개인 자유	규제 문제	×	자유의회재단 Free Congress Foundation	300,000.00	300,000.00	300,000.00	–	–
프라이버시			미국시민자유연맹재단	75,000.00	75,000.00	37,500.00	37,500.00	–
프라이버시	개인 자유		소유권수호자들 Defenders of Property Rights	45,000.00	45,000.00	–	45,000.00	–
여론 조사			로퍼여론조사센터 Roper Center for Public Opinion Research	5,000.00	5,000.00	–	5,000.00	–
규제 문제	세금	×	맨해튼연구소 Manhattan Institute	20,000.00	20,000.00	10,000.00	10,000.00	–
규제 문제		×	허드슨연구소	25,000.00	25,000.00	25,000.00	–	–
건전 과학	규제 문제		건전과학진흥연맹	200,000.00	–	–	–	200,000.00
건전 과학	규제 문제		이성재단 Reason Foundation	20,000.00	20,000.00	10,000.00	10,000.00	–
세금	투자 철수		미국·캐나다지자체재무부장관협회 Municipal Treasurers Association of the US and Canada	2,500.00	2,500.00	–	2,500.00	–
세금	규제 문제	×	하트랜드연구소	50,000.00	50,000.00	25,000.00	25,000.00	–

출처: BN: 2078848138, Legacy Tobacco Documents Library

다.[83]

앞의 표는 필립모리스에서 자금 지원을 한 '정책' 단체들을 나열한 10쪽짜리 문서의 첫 쪽이다. 하나같이 '개인 자유'나 '규제 문제', 또는 둘 다에 중점을 두는 것으로 설명된다는 점, 그리고 케이토연구소나 미국기업연구소, 경쟁기업연구소 등 지구 온난화의 과학적 증거에 의문을 제기했던 단체들이 10만 달러 단위의 지원금을 받은 점을 주목하라. 또한 미국시민자유연맹American Civil Liberties Union에도 지원을 한 사실을 주목하라. 다음 쪽에는 자유전선연구소Frontiers of Freedom Institute, 종교와 자유를 위한 액튼연구소Acton Institute for the Study of Religion and Liberty, 알렉시스 드 토크빌 연구소, 독립연구소 Independent Institute 등에 대한 지원 내역이 담겨 있다. 언뜻 보면 풀뿌리 단체 같은 '정부의 낭비에 반대하는 시민모임Citizens Against Government Waste', 독립여성포럼Independent Women's Forum, 청년발전연구소Institute for Youth Development 등도 있고, 조지메이슨대학교 법학·경제학센터George Mason Law and Economics Center나 캔자스대학교 법학·조직경제학센터University of Kansas Law and Organizational Economics Center 같은 대학 소속 단체도 있다.

자유를 지키기 위해 과학을 죽이다

우파 재단들과 그들에게 자금을 대준 대기업들, 그리고 그들의 주장을 앵무새처럼 되풀이한 언론인들의 네트워크는 미국 과학에 엄청난 문제를 안겨 주고 있다. 최근의 한 연구에서 드러난 바에 따르면, 1990년대에 출간된 '환경 회의론' 서적 56종 가운데 92퍼센트가 이런 우파 재단들과 연결되어 있었다(1980년대에는 13종만이 출간되었는데, 100퍼센트가 이 재단들과 관련되었다.).[84] 과학자들은 과학적 증거와 역사적 사실이 계속 그릇되게 설명되는 상황에 맞닥뜨렸다. 엉터리 사실에 바탕을 두고 자신들을 공공의 적, 심지어 대량 학살자로 낙인찍는 세력 앞에 과학자들은 속수무책이었다.

여기에 심각한 역설이 있다. 조지 오웰은 공산주의에 반대하는 우파 정치의 위대한 영웅이자 억압적인 정부 일반이 야기하는 위험에 맞서 가장 명쾌하면서도 이성에 의거한 목소리를 낸 대변인이다. 오웰은 『1984』에서 정치 강령을 뒷받침하기 위해 역사를 날조하는 정부를 묘사했다.[85] 오웰은 불편한 사실을 없애버리는 체제를 나타내기 위해 '기억 통memory hole'이라는 용어를 만들어냈다. 또 정치적으로 수용 가능한 범위 안에 사고를 제한하려는 목적으로 고안된 언어를 가리키기 위해 '신어Newspeak'를 만들어냈다.

냉전 시절에 유년기를 보낸 우리 모두는 소련이 일상적으로 '역사 청소'를 벌이면서 실제 사건과 인물들을 공식 역사에서 지워버리고, 심지어 공식 사진에서도 지워버리는 과정을 학교에서 배웠다. 미국의 자유를 수호한다는 우파 인사들도 지금 똑같은 일을 벌이고 있다. 과학자들이 심혈을 기울인 연구와 대통령 직속 과학자문위원회의 사려 깊은 숙고, DDT 사용을 금지하기로 한 초당파적인 합의가 모두 '기억 통'으로 휩쓸려 들어가고 있다. DDT가 말라리아를 근절하는 데 실패한 이유가 곤충들이 진화했기 때문이라는, 분명하게 입증되고 쉽게 찾아볼 수 있는 (그렇지만 매우 불편한) 사실도 함께 휩쓸려 사라진다. 바로 이것이 진실이다. 다만 자유 시장과 기술을 맹목적으로 신봉하는 이들이 보려고 하지 않을 뿐이다.

'건전 과학'이라는 미사여구 역시 오웰을 연상시킨다. 과학자들이 연구해서 과학 저널에 발표하는 진짜 과학은 '쓰레기'로 치부되고, 그릇된 설명과 날조가 과학의 자리를 대신 차지한다. 오웰의 '신어'에는 과학이라는 말이 아예 없다. 과학이라는 개념 자체가 오웰의 디스토피아에서 지워졌기 때문이다. 놀랄 일도 아니다. 과학이 우리가 바라는 대로가 아니라 있는 그대로 세계를 연구하는 것이라면, 그것은 언제나 현재 상태를 뒤흔들 수 있는 잠재력이 있기 때문이다. 독립적인 권위와 지식의 원천인 과학은 언제나 대중의 신념을 통제함으로써 대중을 지배하는 권력의 능력에 이의를 제기할 수 있는 힘이 있었다. 실제로 과학은 현재 상태를 유지하고 보호하고 옹호하고자 하는 이들에게 도전하는 힘이 있다.

최근에 우리는 과학을 통해 현대 산업 문명이 지속 가능하지 않음을 목도하고 있다. 앞으로도 우리의 생활 수준을 유지하려면 에너지를 생산하는 새로운 방법과 생태계에 피해를 덜 주면서 먹을거리를 생산하는 방법을 찾아야 할 것이다. 과학은 레이첼 카슨이 틀리지 않았음을 보여주고 있다.

바로 이것이 핵심적인 쟁점이며 우리가 한 이야기의 요체이다. 미국의 환경 운동이 미학적 환경론에서 규제 중심 환경론으로 옮겨간 것은 단지 정치 전략상의 변화만이 아니었다. 이런 전환은 중대한 깨달음의 표현이었다. 무제한적인 상업 활동은 실제적이고 오래 지속되며 널리 퍼지는 피해를 야기한다는 깨달음 말이다. 오염은 지역 차원이 아닌 세계적인 문제였고, 오염의 농도만을 약간 희석시키는 것은 해법이 아니었다. DDT가 효과를 발휘한 뒤에도 오랫동안 환경에 잔류한다는 점을 알면서부터 이런 인식 전환이 시작되었다. 그리고 산성비와 오존 홀 문제를 계기로 오염 물질이 수백, 아니 수천 킬로미터 떨어진 곳까지 퍼지면서 오염을 낳은 경제 활동과 무관한 사람들에게도 피해를 준다는 사실이 드러나면서 인식 전환은 더욱 확대되었다. 또 지구 온난화를 통해 외견상 무해한 산업 문명의 부산물(식물에게 필수적인 물질인 이산화탄소)이 지구의 모습을 완전히 바꿀 수 있음이 드러나면서 경각심이 점점 고조되었다.

 이런 사실을 인정하면 자유 시장 자본주의의 치명적인 허점을 인정하는 셈이다. 자유 기업은 자유 시장이 반영하지 못하는 실제적인 비용을 야기할 수 있다. 엄청난 비용이다. 경제학자들에게는 이런 비용을 가리키는 용어가 있다. 밀턴 프리드먼의 '이웃 효과'보다 께름칙한 뉘앙스를 풍기는 '부정적 외부 효과negative externalities'라는 말이다. 유익하지 않기 때문에 '부정적'이며, 시장 제도 바깥에 있기 때문에 '외부 효과'이다. 이런 사실을 쉽게 받아들이지 못하는 이들은 그 이야기를 전해주는 과학을 공격의 대상으로 삼는다.

 우리 모두는 사는 물건에 대해 값을 치른다고, 즉 상품과 용역에 대해 공정한 값을 치르고 그 혜택을 누린다고 생각하지만, 외부 비용은 혜택과 분리되며, 흔히 이런 상품이나 용역을 선택하지도 않았고 그것을 사용해서 혜택을 누리지도 않는 사람들에게 부과된다. 상품이나 용역을 생산하는 경제 활동의 혜택을 누리지 못하는 사람들에게 외부 비용이 부과되는 것이다. DDT는 생태계를 파괴하면서 엄청난 외부 비용을 부과했다. 산성비, 간접흡연, 오존 홀, 지구 온난화 등도 마찬가지이다. 이런 다양한 쟁점들을 하나로 묶는 공통된 끈이 바로 외부 비용이다. 모두 '시장의 실패'인 것이다. 이 문제들은 하나같이 심각한 피해가 발생하고, 자유 시장이 예방은커녕 사후 책임도 지지 못한 사례이다. 따라서 정부 개입이 필요했다. 자유 시장 이데올로그들과 나이 든 '냉전 전사들'이 이 문제에 대항해 싸우기 위해 힘을 합한 것도 이 때문이다. 산업 문명의 부산물이 지구 환경에 돌이킬 수 없는 피해를 가하고 있음을 인정한다면, '시장의 실패'라는 현실도 받아들여야 했다. 그렇게 되면 자유 시장 자본주의의 한계를 인정해야 했던 것이다.

오웰은 권력자들이 언제나 역사를 통제하려 할 것임을 알았다. 과거를 통제하는 자가 현재를 통제하기 때문이다. 따라서 프레드 사이츠와 프레드 싱어, 로버트 재스트로와 빌 니런버그, 그리고 최근에 등장한 딕시 리 레이 등 소련 공산주의에 맞서 싸우느라 일생을 바친 우리의 '냉전 전사들'은 자칭 자유 시장 수호자들과 힘을 합쳤다. 진실을 전하는 메신저를 비난하고, 과학을 음해하고, 진실을 부정하고, 의심을 퍼뜨리기 위해서였다. 사실을 추구하는 연구자로 경력을 시작한 사람들이 결국은 사실과 맞서 싸우는 투사로 변신했다. 목적이 수단을 정당화한다는 신조로 무장한 이 투사들은 적의 전술을 고스란히 받아들였다. 거짓과 기만, 자신이 만들어낸 현실 자체에 대한 부정 등 소련 공산주의를 증오한 이유를 자신들이 그대로 따라한 것이다.

왜 과학자가 이런 사기극에 참여하는 걸까? 우리는 스티븐 밀로이와 존 티어니, 경쟁기업연구소와 하트랜드연구소가 최근에 이 경쟁에 뛰어들면서 과학자들이 처음 만들어낸 주장을 앵무새처럼 되풀이하는 모습을 보았다. 우리의 이야기는 담배 업계에서 자신들의 캠페인을 도울 과학자들을 처음 끌어모은 1950년대에 시작되어, 프레더릭 사이츠가 담배 업계와 세력을 규합하고 뒤이어 로버트 재스트로 및 빌 니런버그와 손을 잡고 전략 방위 구상을 옹호한 1970년대에 풍부하게 전개되었다. 그리고 프레드 싱어가 산성비는 걱정할 문제가 전혀 아니라는 사고를 설파하고, 니런버그가 레이건 정부와 손을 잡고 산성비동료평가단의 '핵심 요약'에 손을 댄 1980년대 초반에도 계속 이어졌다. 또 마셜연구소가 싱어 및 레이의 도움을 받아 오존 감소와 지구 온난화의 증거에 이의를 제기하고, 셔우드 롤런드나 벤 샌터 같은 저명한 과학자들을 개인적으로 공격한 1990년대에도 이야기는 계속 이어지면서 인신공격의 성격이 강해졌다.

이 '냉전 전사들' 그룹은 왜 자신들이 평생을 바쳐 연구한 과학에 등을 돌렸을까? 대니얼 O. 그레이엄 중장(B팀의 창립 성원이자 우주 공간 무기 배치를 주창한 선구자)이 미국 헌법 전문前文을 들먹이면서 말했던 것처럼, 자신들이 "자유라는 축복을 지키기" 위해 일하고 있다고 생각했기 때문이다.[86] 과학이 이런 축복을 거스르는 데 이용되고 있다면, 즉 자유 기업의 자유에 도전하는 방식으로 과학이 활용된다면, 여느 적에 맞서 싸우는 것처럼 과학에 대항해 싸워야 했다. 실제로 과학은 이제 어떤 종류의 자유는 지속 가능하지 않다는 사실을 보여주고 있었다. 오염시킬 자유 같은 경우가 대표적이다. 늑대의 자유는 양들에게는 죽음을 뜻한다는 이사야 벌린의 말이 맞았음을 과학은 바야흐로 보여주고 있었다.

결론

표현의 자유와 자유 시장에 관하여

과학인 것처럼 행동하기

표현의 자유와 자유 시장

시장 근본주의와 냉전의 유산

기술은 우리를 구원할 수 없는가?

정부가 만든 기술의 역사

과학자들은 왜 일어서지 않았을까?

미국 건국의 아버지들은 수정헌법 제1조에 표현의 자유를 집어넣었다. 민주주의를 위해서는 표현의 자유가 필요하기 때문이다. 시민들이 결정을 내리려면 정보가 필요하며, 표현의 자유는 정보의 흐름에 결정적으로 중요하다. 그로부터 200년 뒤, 공정 보도 원칙이 법률로 확립되었고, 레이건 시대에 이 법적 원칙이 무너지긴 했지만, '동등한 시간'을 부여한다는 관념은 정의와 공정 경쟁에 관한 미국인들의 의식에 여전히 소중히 자리 잡고 있다.

그러나 모든 '편'이 옳거나 맞는 것은 아니다. 여론은 때로 믿을 만한 지식이 아니라 그릇된 신념을 표현한다. 이 책을 통해 살펴본 것처럼, 어떤 '편'은 충분한 조직과 자금을 갖춘 기득권 세력이 퍼뜨리는 의도적인 허위 정보나 이데올로기에 따른 사실 부정을 옹호한다. 선의를 가진 정직한 사람들조차 어떤 쟁점에 관해서는 혼동하거나 잘못 생각할 수 있다. 모든 발언에 동등한 시간(과 동등한 비중)을 할애한다고 그 결과가 반드시 우리에게 좋은 것은 아니다. 알렉시스 드 토크빌은 오래전에 『미국의 민주주의Democracy in America』를 쓰면서 젊은 공화국에서 진지한 논쟁으로 통용되는 불협화음을 개탄했다. "사방에서 혼란스러운 아우성이 높아지고, 수천의 목소리가 한꺼번에 들려온다."[1]

200년 전의 이야기이다. 오늘날 문제는 더욱 심각하다. 라디오와 텔레비전, 인터넷이 등장하면서 이제 어느 누구든 자기의 견해를 말하고 전달하고 반복할 수 있다. 그것이 진실이든 거짓이든, 현명한 것이든 우스꽝스러운 것이든, 공평한 것이든 악의적인 것이든 간에 말이다. 인터넷 덕분에 생겨난 거울의 방에서는 아무리 터무니없는 주장이라도 무한정 증식될 수 있다. 그리고 인터넷에서는 허위 정보의 생명력이 다하는 법이 없다. 어느 평자는 항해만 하고 정박하지 못하는 이런 환경을 '전자 야만 상태Electronic barbarism'라고 부른 바 있다.[2] 바야흐로 다원주의가 미친 듯이 날뛰는 시대이다.

그 결과는 분명하다. 미국인 가운데 3분의 1이 사담 후세인이 9·11 테러의 배후에 있었다고 생각한다.[3] 거의 4분의 1은 여전히 흡연이 사망을 유발한다는 확실한 증거가 없다고 생각한다.[4] 그리고 2007년에 이르러서도 미국인의 40퍼센트는 과학 전문가들이 아직도 지구 온난화의 실제성에 관해 논의하고 있다고 믿었다.[5] 누가 우리를 탓할 수 있을까? 어디를 둘러봐도 누군가가 무언가에 관해 의문을 제기하고 있으며, 우리 시대의 많은 중요한 쟁점들은 "아무개가 말했다."거나 "누가 알겠는가?"라는 식으로 단순화된다. 누구든 간에 혼란에 빠지지 않을 도리가 없다.

상충하는 주장들의 이런 불협화음은 과학과 관련된 문제들을 가려내는 경우에 특히 도움이 되지 않는다. 과학은 증거에 의존하며, 모든 입장이 동등하게 증거에 입각하는 것은 아니기 때문이다. 실제로 우리는 이 책을 통해 과학적 선의와 깊숙한 정치적 연계로 무장한 소수의 집단이 어떻게 의도적으로 대중적 논의를 왜곡하는지를 보았다.

그들은 지난 40년 동안 대중을 오도하고 확고한 과학적 지식을 부정하는 효과적인 캠페인을 벌여왔다. 또한 우리는 얼마나 많은 회의론적 주장들이 증거를 무시하는 데 바탕을 두는지를 보았다. 이런 사실은 쉽게 해결할 수 없는 실질적인 곤란을 보여준다. 도대체 아무개가 어떤 것을 무시한다는 사실을 어떻게 증명하겠는가? 어떤 것이 무엇인지는 흔히 보여줄 수 있다. 그러나 무엇이 아닌지는 증명하기가 훨씬 어렵다. 물론 사람들은 말할 권리가 있다. 그런데 문제는 우리가 누구의 말에 귀를 기울여야 하는가, 하는 점이다.

반세기 동안 담배 업계와 전략 방위 구상 옹호론자들, 그리고 산성비와 오존 홀, 지구 온난화 회의론자들은 과학적 증거와 전문가의 판단이라는 주류의 흐름과 모순되는 주장을 부추김으로써 "논란을 유지"하고 "논쟁의 생명력을 지키려고" 애를 썼다. 그들은 이미 과학 문헌을 통해 논박된 주장들을 선전했으며, 언론은 이런 주장이 마치 현재 진행 중인 과학 논쟁의 일부인 양 보도하면서 은근슬쩍 공모했다. 이 과정에서 언론들은 보도에서 인용하는 '전문가들'이 담배 업계와 연관된 인물이거나, 담배 업계(또는 나중에는 화석 연료 산업)에서 돈을 받는 이데올로기적으로 편향된 싱크 탱크 소속이거나, 단순히 국외자의 견해를 선전하면서 관심을 끄는 일을 즐기는 습관적인 반대론자라는 사실을 독자나 시청자나 청취자에게 알리지 않았다. 아마 통신원들은 이런 정보를 덧붙이면 보도에 개인적 견해를 삽입하는 셈이 된다고 생각했을 것이다. 어쩌면 단순히 몰랐을 수도 있다.

우리와 대화를 나눈 많은 언론인들은 우리가 밝혀낸 사실에 놀라움을 금치 못했고, 어떤 경우에는 문서 자료를 보여줄 때까지 믿으려고 하지 않았다. 이 책을 쓰기 위해 우리가 한 연구는 며칠이나 몇 주의 기한 안에 할 수 있는 양이 아니었기 때문에, 대다수 언론인들이 우리가 5년의 연구를 통해 발견한 사실을 알지 못한 것도 당연한 일이다. 그러나 현대 저널리즘에 가해지는 압박만이 이야기의 전부는 아니다. 앞서 우리는 적어도 이 이야기의 초기 국면에서 담배 업계가 어떻게 언론 지도자들에게 공개적으로 구애를 했는지를 보았기 때문이다. 아서 헤이스 설즈버거, 에드워드 R. 머로, 윌리엄 랜돌프 허스트 2세 등은 결코 순진한 이들이 아니었지만, 담배가 유발하는 유해성에 관한 담배 업계의 견해도 과학계의 견해와 동등하게 고려되어야 한다는 주장을 의심 없이 받아들였다. 언론인들도 보통 사람들처럼 사실이 아니었으면 하고 바라는 정보는 쉽게 받아들이지 않는다고 짐작하는 것 말고는 달리 이 사실을 설명하기 어렵다. 에드워드 R. 머로는 의심할 나위 없이 흡연 때문에 죽고 싶지는 않았다. 산성비가 큰 문제가 아니고, 오존 홀은 존재하지 않으며, 지구 온난화가 대수롭지 않은 세계가 마음에 들지 않는 사람이 누가 있겠는가? 이런 세계는 우리가 실제로 살고 있는 세계보다 훨씬 편안할 테니 말이다. 도전적인 상황에 직면하면, 누구든지 모든 게 다 잘 될 거라는 위안을 쉽게 받아들인다. 아마 대부분의 사람들은 정신이 번쩍 드는 사실보다 격려가 되는 거짓말을 더 좋아할지도 모른다. 그리고 이 책의 주인공들이 부정한 사실은 정신이 번쩍 들게 하는 정도가 아니다. 끔찍한 공포 그 자체이다.

어떻게 설명하든 간에, 담배를 둘러싼 과학 논쟁에 대해 과학자들이 이미 결론을 내리고 난 오랜 뒤에도 언론이 이 논쟁을 미해결 문제로 소개한 것은 분명하다. 1999년, 캘리포니아대학교 샌프란시스코캠퍼스의 연구자인 게일 케네디Gail Kennedy와 리사 베로Lisa Bero는 간접흡연 연구에 관한 신문과 잡지의 보도를 검토한 결과, 1992년에서 1994년 사이에 나온 전체 기사 가운데 62퍼센트에서 이 연구가 '논쟁 중'이라고 결론지은 사실을 발견했다.[6] 하지만 앞서 5장에서 본 것처럼, 이 무렵이면 과학계는 이미 합의에 도달해 있었고, 담배 업계는 그 전부터 위험이 어느 정도인지를 알고 있었다.

1990년대에는 산성비 문제를 둘러싸고 비슷한 현상이 나타났다. 당시 언론들은 산성비의 원인이 아직 확인되지 않았다는 견해(이미 10여 년 전에 사실이 아님이 드러났다.)나 산성비 문제를 해결하는 비용이 너무 크다는 주장(이런 주장을 뒷받침하는 증거는 없었다.)에 관심을 기울였다.[7] 언론들은 1990년대까지도 오존 홀이 화산 때문에 생겨났을 거라는 보도를 계속했다.[8] 최근까지도 대중 매체는 지구 온난화 문제를 격렬한 논쟁으로 다루었다. 이미 12년 전에 조지 H. W. 부시 대통령이 기후 변화에 관한 유엔 기본 협약에 서명하고, 25년 전에 미국과학학술원에서 지구 온난화가 인간의 화석 연료 사용 때문임을 의심할 이유가 전혀 없다고 발표했는데도 말이다. '균형'은 어느새 편견의 일종이 되어버렸다. 언론 보도가 '균형'을 빌미로 소수의(어떤 경우에는 극단적인 소수의) 견해에 유리하게 치우치기 때문이다.[9]

원칙적으로 언론은 문지기 노릇을 하면서 돌팔이 의사나 가짜 약장수를 무시할 수 있지만, 이 책의 이야기에서 본 것처럼, 그런 노력을 기울였다 하더라도 적어도 과학의 경우에는 실패한 것 같다. 앞서 살펴본 것처럼, 담배를 비롯한 여러 주제에 관해 거짓 주장을 보도한 것은 명백한 우파 언론만은 아니었다. '일류 언론', 즉 이른바 진보적 언론들도 마찬가지였다.

어쩌면 이제 조류가 바뀌기 시작하는지도 모른다. 2008년 4월, 『뉴욕 타임스』는 공중파와 케이블 뉴스 방송에 비중 있게 출연해서 이라크 전쟁의 현 상황에 대한 독립적 전문가로 발언하는 많은 퇴역 장성들이 실상은 전혀 독립적이지 않다고 보도했다. 많은 이들이 이라크 전쟁에서 사용되는 무기와 기타 시스템에 이해관계가 있는 민간 군사기업에 고용된 직원이었고, 다른 이들은 백악관을 위해 일하고 있었다. 이 장성들 중 몇 명은 실상과 달리 전쟁이 순조롭게 진행되고 있다는 말을 퍼뜨리라고 국방부에서 특별히 교육을 받았다. 일부는 도널드 럼스펠드Donald Rumsfeld 국방부 장관과 직접 만나기도 했다. 국방부는 이 장성들이 마치 일종의 무기인 것처럼 '메시지 증폭기'라고 지칭했다. 실상이 그랬다. 그들은 미국 국민들을 오도하는 선전전에서 유용한 무기였다. 언론은 막후에서 벌어지는 이런 책동을 알지 못했거나 굳이 알려고 하지 않았다.[10]

언론이 깜빡 속은 것은 아마 이 사람들이 **진짜** 장성이었기 때문일 것이다. 어쨌든 그들은 관련 분야의 자격증이 있었고, 이라크 전쟁의 구체적인 상황까지는 아니더라도 전쟁 수행 일반에 관해 보통 사람들보다는 많이 알았을 것이다. 문제는 그들이 독립적인 인사가 아니며 (그들은 기득권을 가진 한쪽을 대표했다.) 퇴역 장성이라는 점이었다. 그들이 전쟁 일반에 관해 얼마나 많이 알든 간에 이라크 전쟁의 수행에 관해 정통할 리는 없었다.

이라크 전쟁이 순조롭게 진행되고 있다고 믿게 하려 한 장성들의 캠페인은 하나의 사례일 뿐이다. 다른 많은 사례가 있다. 언론(과 우리 모두)은 거듭해서 허위 정보 캠페인의 희생양이 되고 있다. '전문가들'이 등장해서 가짜 '사실'을 선전하거나 진짜 사실을 상대로 싸우는 캠페인 말이다. 그런데 장성들이 벌인 캠페인은 특히 유용한 사례이다. 재스트로와 사이츠, 니런버그와 싱어 모두 은퇴한 물리학자(냉전 시기 미국 과학계의 사성장군들이었다.)였고, 장성들과 마찬가지로 그들 역시 자신들의 주장의 신빙성을 높이는 방법을 알고 있었기 때문이다. 이 경우에 신빙성을 높이는 방법은 과학처럼 보이게 만드는 것이었다.

과학인 것처럼 행동하기

의심을 부추기는 캠페인의 핵심 전략은 자신들의 주장에 과학이라는 겉모습을 씌우는 것이었다.[11] 담배 업계는 연구를 장려하기 위해 담배산업협회를 설립했지만, 협회의 주된 목적은 필요할 때 의지할 수 있는 전문가 집단을 키우는 것이었다. 업계는 또한 각종 학술회의와 워크숍을 후원했다. 여기서 발표되는 논문을 업계에서 인용하기 위해서였다. 나아가 겉으로 보기에는 독자적인 주제들을 다루는 여러 연구소를 설립했다. 담배에 쏠리는 관심을 다른 폐질환 원인들로 돌리기 위해 실내공기연구센터Center for Indoor Air Research를 만든 게 대표적인 사례이다.[12] 역사학자 로버트 프록터Robert Proctor는 최근에 업계에서 후원하는 연구 결과를 보고하고 출간하여 마치 독립적인 연구처럼 인용할 수 있는 각종 뉴스레터와 잡지, 저널(표면상 동료 평가를 거치는 저널도 포함된다.)이 창간된 역사를 추적한 바 있다. 『담배와 건강 Tobacco and Health』, 『격주 과학 Science Fortnightly』, 『실내 공기 저널 Indoor Air Journal』 등이 대표적인 사례이다.[13] 이런 건 과학의 모조품일 지는 몰라도 절대 과학은 아니었다.

조지 C. 마셜 연구소에서 오존 홀과 지구 온난화에 관한 과학계의 주장에 이의를 제기하기 시작했을 때, 그들은 자체적인 저널을 만드는 대신, 그래프와 도표, 참고 문헌 등 과학 논증 같은 장식을 두루 갖춘 보고서를 만들어냈다. 적어도 이 보고서들 중 하나는 백악관에서 읽고 진지하게 받아들였다. 그렇지만 이 보고서들은 독립적인 동료 평가를 거치지 않았다. 진정한 과학 연구라면 가장 기본적으로 갖춰야 하는 요건을 빼먹은 것이다. 이 보고서들이 만약 제대로 된 동료 평가를 거쳤다면 아마 통과하지 못했을 것이다. 적어도 그중 하나는 과학을 심각하게 거짓 설명하면서 핵심적인 그래프의 한 부분만을 보여주었기 때문이다. 자신들의 주장에 위배되는 그래프의 다른 부분은 일부러 삭제한 것이다.

이 책의 이야기에 등장하는 과학자들은 또한 정상적인 과학적 행동의 영역을 벗어나는 기법에 의지했다. 과학자들은 대학과 실험실, 정부 기관과 학술회의, 워크숍 등 이런저런 과학의 전당에서 서로의 연구 결과를 놓고 토론을 한다. 보통 과학자들은 청원을 조직하는 법이 없다. 서명자들이 연구 중인 주제에 관해 제대로 알지 못할 수도 있는 경우에는 더군다나 공개적인 청원을 조직하지 않는다. 그러나 1997년에 프레드 사이츠는 지구 온난화를 '반박하는' 청원에 서명을 해달라고 요청하는 자료를 유포했다.[14] 사이츠와 협력해서 청원 활동을 벌인

이는 화학자인 아서 로빈슨Arthur Robinson이었는데, 그는 주류 기후학에 도전하는 장문의 글을 작성했다. 흡사『과학학술원 회보Proceedings of the National Academy of Sciences』에 수록되었던 글인 것처럼 편집한 문서였다. 과학 저널에는 발표된 적이 없고『월스트리트 저널』에 요약 소개되었을 뿐인 이 '논문'은 이미 거짓임이 밝혀진 갖가지 주장을 되풀이했다. 온난화가 전혀 진행되지 않는다는 류의 주장 말이다.[15] 이 글은 미국의 과학자 수천 명에게 발송되었는데, 교토 의정서에 반대하는 청원서에 서명을 해달라고 요청하는 사이츠의 편지가 동봉되었다.[16]

사이츠는 편지에서 과학학술원과 자신의 관계를 부각시키면서 편지와 '논문', 청원 등 이번 일 전체가 마치 학술원의 승인이라도 받은 것 같은 인상을 풍겼다. 우편을 발송하고 웹 사이트를 만드는 사이에 사이츠는 약 1만 5000명의 서명을 받았다. 그러나 본인 인증 절차가 전혀 없었기 때문에 이 서명들이 진짜인지를 판단할 방법이 전무했고, 설사 진짜라 하더라도 실제로 과학자가 서명한 것인지도 확인할 수 없었다.[17] 과학학술원은 대단히 이례적으로 이 우편 발송과의 관련성을 부인하는 한편 전임 원장과 거리를 두기 위해 기자 회견을 자청했다.[18] 그럼에도 많은 언론들은 마치 과학계 내부에 진짜로 의견 불일치가 존재하는 증거인 양 청원 사건에 관해 보도했다. 학술원에서 청원을 거부한 바로 그날,『워싱턴 타임스』에서는 청원을 찬양하는 프레드 싱어의 글을 실어주었다.[19]

이 '청원 프로젝트'는 지금도 계속되고 있다. 프레드 사이츠는 세상을 떠났지만, 그의 편지는 여전히 살아서 인터넷에 남아 있으며, 프

로젝트 웹 사이트에서는 서명자가 3만 명에 이르렀다고 주장한다.[20]

지구 온난화 회의론이 많이 발표된 곳은 『미국내과의·외과의협회 저널』인데, 이 저널과 관련이 있는 오리건과학의학연구소는 지구 온난화 반대 청원을 후원했다.[21] 원래 『메디컬 센티널 Medical Sentinel』이라는 이름으로 알려졌던 이 저널은 미국내과의·외과의협회에서 펴내는 간행물이다. 이 협회는 무엇보다도 보수 방송인 러시 림보가 마약 관련 혐의로 기소되어 의료 기록을 압수당했을 때, 그를 대신해 소송을 제기한 것으로 유명하다.[22] 『메디컬 센티널』에는 HIV와 에이즈의 관련성에 의문을 던지는 글이 여러 편 발표되었는데, 그중에는 마이클 퍼멘토가 쓴 논평도 있었다. 살충제 사용을 옹호하면서 몬산토로부터 돈을 받은 일화로 이 책 5장에 등장하는 언론인 말이다.[23] 이 책 7장에서 스티븐 밀로이와 협력하면서 DDT 사용 금지 때문에 수백만 명이 희생되었다는 허위 주장을 퍼뜨린 J. 고든 에드워즈도 이 저널에 글을 발표했다. ('웹오브사이언스 Web of Science'나 메드라인/퍼브메드 MEDLINE/PubMed에는 동료 평가를 거치는 과학 문헌 목록에 이 저널이 올라 있지 않다.)

다른 사례도 계속 들 수 있지만 요점은 분명하다. 의심을 부추기는 장사꾼들은 과학의 외양을 씌우기 위해 과학 논쟁에 관한 그럴듯한 이야기를 선전했다. 그들이 만들어낸 허구의 공동체에는 실제 과학자들이 거의 없었다. 일반 시민은 말할 것도 없고, 분별 있는 언론인이라도 이런 겉치레에 충분히 속을 수 있었다.

그런데 이것이 과학 논쟁이 아니라면 그 실체는 무엇이었을까?

표현의 자유와 자유 시장

1973년 1월, 캘리포니아대학교 데이비스캠퍼스의 전 총장 에밀 머랙은 「식품 안정성에 관한 몇 가지 경험Some Experiences Related to Food Safety」이라는 제목의 발표를 했다.[24] 장황하고 신중하면서도 미묘한 내용의 연설에서 머랙은 워싱턴DC에서 정부의 어느 주요 위원회에서 일하던 때의 경험을 하나하나 이야기했다. 한편으로는 신임 환경보호청장 윌리엄 러클스하우스뿐만 아니라 규제 절차 전반에 대해 신뢰를 표현했지만, 다른 한편으로는 독물학과 종양학에는 불확실성이 아주 많고, 분석 기법이 부적절하며, 또 워싱턴에는 유해 가능성에 관한 불완전한 증거에 대해 과잉 반응하는 경향이 있다고 우려했다. 요컨대 머랙은 규제 절차에서 무엇이 옳고 그른지를 놓고 심각하게 고민하고 있었다. 양쪽 모두를 정직하면서도 진실하게 보여주었다. 그런데 그 대상은 국민 전체가 아니라 필립모리스 담배 회사였다.

머랙이 필립모리스를 상대로 강연을 한 바로 그해에 리처드 닉슨은 대통령 직속 과학자문위원회를 없애버렸다. 부끄러운 일이었다. 국가 전체가 산성비와 오존 홀, 간접흡연과 지구 온난화 같은 갖가지 심각한 문제에 맞닥뜨려야 할 때, DDT 문제의 경우처럼 과학을 정확하게 바로잡아주는 과학자문위원회가 사라져버린 것이다. 그러나 어쩌면 이건 중요한 문제가 아닐 수도 있었다. 이 문제들과 관련된 과학을 훼손하기 위해 수행된 캠페인이 워낙 광범위하고 정교하고 자금도 풍부했던 탓에 설사 과학자문위원회가 건재했더라도 제대로 대적하기 힘들었을 것이기 때문이다.

이 책을 통해 우리는 이데올로기에 바탕을 둔 싱크 탱크들이 의심을 부추기는 선전을 어떻게 지원하고 선동하면서 의심을 전파하는 데 조력했는지를 살펴보았다. 몇몇 싱크 탱크가 담배 업계와 연관되었다는 사실도 자료로 입증했다. 크리스 무니Chris Mooney와 로스 겔브스펀Ross Gelbspan, 빌 매키번Bill McKibben 같은 언론인들은 거꾸로 이 싱크 탱크들이 어떻게 스케이프나 올린, 아돌프 쿠어스 같은 보수 성향 재단들과 엑손모빌Exxon Mobil 같은 대기업으로부터 자금을 지원받는지를 입증한 바 있다.[25] 한 예로 2005년에 크리스 무니는 불과 몇 년 만에 엑손모빌이 지구 온난화의 과학적 증거에 이의를 제기하는 40개 단체에 800만 달러가 넘는 돈을 지원한 사실을 밝혀냈다. 이 단체들 가운데는 친기업·보수 성향의 싱크 탱크들만이 아니라 "테크센트럴스테이션닷컴TechCentralStation.com(2003년에 엑손모빌로부터 9만 5000달러를 받은, '뉴스, 분석, 연구 조사와 논평'을 제공하는 웹 사이트) 같은 유사 언론, 폭스뉴스닷컴의 한 칼럼니스트, 심지어 종교 단체와 민권 단체도 있었다.[26] 무니는 또한 엑손모빌의 전 회장이자 최고 경영자인 리 레이먼드Lee Raymond가 어떻게 해서 미국기업연구소 부소장 겸 이사로 재직하게 되었는지를 언급했다. 미국기업연구소는 엑손모빌로부터 96만 달러를 지원 받았다. 또한 2002년에 엑손모빌은 경쟁기업연구소의 '법률 활동'을 위해 6만 달러를 명시적으로 책정했다.

무니는 과학자들이 종합적인 『북극 기후 영향 평가 보고서Arctic Climate Impact Assessment』를 발표했을 때 무슨 일이 벌어졌는지를 설명한 바 있다. 보고서의 결론에 따르면, 북극은 세계 다른 지역에 비해 두 배 빠르게 온난화가 진행되고 있었다. 일찍이 1979년에 제이슨위원회 과학자들이 예상한 그대로였다. 스티븐 밀로이는 칼럼에서 이 보고서에 맹공을 퍼부었다. 당시 밀로이는 폭스뉴스닷컴에서 칼럼니스트로 일하면서 케이토연구소의 비상근 연구원으로 재직 중이었다. 엑손모빌로부터 7만 5000달러를 받은 케이토연구소 말이다. 『워싱턴 타임스』는 밀로이의 칼럼을 다시 게재했고, 폭스뉴스나 『워싱턴 타임스』나 밀로이가 엑손모빌로부터 돈을 받은 적이 있다는 사실을 밝히지 않았다. 건전과학진흥연맹에서 4만 달러, 자유기업활동연구소Free Enterprise Action Institute에서 5만 달러를 받았다. 두 곳 다 밀로이의 자택 주소로 등록되어 있다.[27]

엑손모빌이 의혹과 허위 정보를 퍼뜨리는 일을 지원한 사실은 불쾌하기는 하지만 놀라운 일은 아니다. 놀라운 점은 이런 노력이 대단히 광범위하고 조직적이며 상호 연결되어 진행되었으며 오랫동안 계속되었다는 사실이다.

앞서 7장에서 우리는 하트랜드연구소가 레이첼 카슨을 비방하고 DDT 사용 금지 조치가 실수였다는 거짓 신화를 퍼뜨리는 모습을 보았다. 또한 하트랜드연구소가 지구 온난화의 증거에 이의를 제기하는 데 적극적으로 나서는 모습도 목격했다. 2000년 9월, 빌 니런버그는 기상학자 리처드 린전과 함께 정부간기후변화위원회의 3차 평가 보고서에 대한 '경쟁 평가'를 조직하기 시작했다(물론 이 보고서 자체가 하나의 평가였다.). 그런데 그달에 니런버그가 세상을 떠나면서 유야무야 되었다.[28] 그러나 일시적인 중단이었을 뿐이다. 프레드 싱어가 2007년에 이 구상을 이어받아서 하트랜드연구소의 후원 아래 '비정부 국제 기후 변화위원회Nongovernmental International Panel on Climate Change'

평가를 수행했다.²⁹ 하트랜드연구소는 또한 2008년에 학술회의를 주최하여 지구 온난화가 예나 지금이나 전혀 심각한 문제가 아니라고 주장했다.³⁰ 하트랜드연구소의 활동은 훨씬 더 광범위하며, 일찍이 1990년대부터 필립모리스와 긴밀한 협력 활동을 한 바 있다.

앞서 7장에서 우리는 하트랜드연구소가 어떤 식으로 필립모리스를 위해 보고서를 배포하고, 팩스를 보내고, 국회 의원들을 만났는지를 살펴보았다. 하트랜드연구소는 또한 "신진 언론인들에게 자유 시장의 정치·경제적 원칙을 교육하기 위하여 설립된" 전국저널리즘센터 National Journalism Center를 후원했다.³¹ 물론 필립모리스의 주된 관점은 사람들에게 금연을 장려해서는 안 된다는 것이었지만, "자유 시장의 정치·경제적 원칙"에 헌신하는 여러 단체 및 개인과 제휴하는 데도 적극적으로 나섰다.

필립모리스가 지원한 수많은 싱크 탱크와 단체들 가운데 언뜻 보기에는 두드러지지 않는 루트비히 폰 미제스 연구소가 있는 것도 이 때문일 것이다. 오스트리아의 귀족인 미제스는 현대 자유방임 경제학의 주요 창건자였다.³² 바로 여기에 이 책에 담긴 이야기의 핵심이 존재한다. 다양한 등장인물들이 하나로 연결되는 고리가 바로 이 부분인 것이다. 담배 업계와 보수 성향 싱크 탱크, 수많은 과학자들을 하나로 잇는 고리는 다름 아닌 자유 시장에 대한 옹호이다.

이 책의 이야기 전체에 걸쳐 등장하는 인물들은 하나같이 발언권을 요구하면서 우리, 즉 일반 대중은 양쪽 모두의 말을 들을 권리가 있으며 언론은 양쪽 견해를 다룰 의무가 있다고 주장했다. 그들은 이런 것이야말로 공정할 뿐만 아니라 민주적이라고 주장했다. 그런데 그들은 과연 민주주의를 지키려고 노력했던 걸까? 천만의 말씀이다. 쟁점은 표현의 자유가 아니라 자유 시장이었다. 시장을 감독하는 정부의 적절한 역할이 무엇인가 하는 게 진짜 쟁점이었다. 또한 규제야말로 진짜 쟁점이었다. 따라서 우리는 또다시 속지 않기 위해 어떻게 해야 하는가, 라는 문제에 마지막으로 관심을 기울이기에 앞서 의심을 부추기는 장사꾼들을 움직이는 이데올로기, 즉 자유방임 경제학의 이데올로기를 검토해보아야 한다.

시장 근본주의와 냉전의 유산

20세기 후반기 동안 미국의 대외 정책과 국내 정책은 각각 냉전과 반공에 의해 지배되었다. 이 책의 주인공들(프레드 사이츠, 프레드 싱어, 빌 니런버그, 로버트 재스트로)은 열렬한 반공주의자였고, 공산주의의 확산을 봉쇄하는 데 과학이 결정적인 기여를 할 수 있다고 보았다.

이 사람들은 경력 초기 단계에서 미국의 핵 방위에서 핵심적인 역할을 한 무기와 로켓 개발 프로그램을 구축하는 데 힘을 보탰다. 그리고 나중에는 전문성과 권위를 갖춘 지위를 활용하여 핵전력을 유지하고 확장하는 것을 옹호하면서 데탕트에 반대하고 계속된 재무장을 옹호하는 주장에 '과학적' 신뢰성을 제공했다. 앞서 2장에서 살펴본 것처럼, 재스트로와 니런버그, 사이츠는 '과학계의' 스타 워스 찬성 로비단을 구성하여 보수 강경파 정치 진영에서 대단한 신뢰를 얻었다.

냉전이 끝나자 이 사람들은 새로운 커다란 위협을 찾으려고 노력했다. 그리고 환경론에서 그런 위협을 발견했다. 그들은 환경론자들은 '수박'이라고 주장했다. 겉은 초록이지만 속은 빨갛다는 것이었다. 이 책에서 논의한 환경적 위험은 모두 시장의 실패였다. 즉 자유 시장 때문에 심각한 '이웃' 효과가 생겨난 영역이었다. 그러나 이 표현이 아무리 무해하게 들리더라도 그 효과는 치명적인 잠재력이 있으며 지구 전체에 영향을 미친다. 이 문제에 대처하려면 각국 정부가 시장의 실패를 치료하기 위해 규제를 통해 개입해야 하며, 때로는 중대한 규제를 실시해야 한다. 이 사람들이 가장 두려워하고 혐오한 것은 바로 이 점이었다. 그들은 규제야말로 사회주의로 미끄러져 들어가는 터널이자 공산주의로 이어지는 지름길이라고 보았기 때문이다.

프레드 싱어는 오존 홀의 존재를 부정하면서 자기도 모르게 비밀을 누설했다. 이 문제와 관련된 사람들 가운데는 "어쩌면 자체적인 의제를 감춘 이들이 있을 것"이라고 싱어는 말했다. "단순히 '환경을 구하자'는 게 아니라 우리의 경제 체제를 바꾸려는 이들 말이다. …… 이런 '강압적 유토피아주의자들' 가운데 일부는 사회주의자이며 일부는 기술을 혐오하는 러다이트주의자이다. 그들 대부분은 가능한 한 대규모로 규제를 하고 싶어서 안달이다."[33] 싱어는 간접흡연을 옹호하면서도 비슷한 불안감을 드러냈다. "〔유해성을〕 규제하는 정부의 역할을 신중하게 규정하지 않는다면 …… 결국 정부가 무제한적으로 우리의 삶을 통제하게 될 것이다."[34] 오늘 담배를 잃는다면 내일은 권리 장전을 빼앗기게 될 것이었다. 밀턴 프리드먼은 『자본주의와 자유』에서 이와 똑같은 말을 했다. 경제적 자유는 시민의 자유만큼이나 중요하다. 왜냐하면 하나를 잃으면 나머지 하나를 빼앗기는 것은 시간문제일 뿐이기 때문이다.[35] 따라서 우리는 표현의 자유나 종교의 자유, 집회의 자유를 지킬 때처럼 똑같은 열의와 경계심을 가지고 자유 시장을 지켜야 한다.

억만장자 조지 소로스George Soros는 이런 관점을 가리키기 위해 '자유 시장 근본주의'라는 신조어를 만들어낸 바 있다. 이것은 자유 시장이 경제 제도를 운영하는 최선의 방안일 뿐만 아니라 우리가 누리는 다른 자유를 궁극적으로 파괴하지 않을 유일한 방도라는 신념이다. 소로스의 말을 들어보자. "자유방임 자본주의의 교의는 아무 제한 없이 이기심을 추구할 때 공동선이 가장 잘 구현된다고 주장한다."[36] 자유방임 경제학은 자신이 혐오해 마지않는 마르크스주의와 마찬가지로 불변의 자연법칙에 바탕을 둔 과학적 성격을 자부했다. 또한 마르크스주의와 마찬가지로 경험이라는 시험을 견디지 못하고 있다. 자유방임 경제학이 과학 이론이라면 이미 오래전에 거부되었을 것이다.[37] 자유 시장 근본주의는 종교 신조이다.

'과학적 사회주의'가 과학적이지 않은 것은 핵심 주장 가운데 일부가 그릇되었다는 증거가 나타났을 때 그 옹호자들이 증거를 받아들이지 않았기 때문이다. 같은 이유로 시장 근본주의도 과학적이지 않다. "자유롭게 경쟁하는 시장을 통해 수요와 공급의 균형이 맞춰지며 그에 따라 자원의 적절한 분배가 이루어진다."는 자유방임의 기본 교의는 사실과 다른 것으로 밝혀졌다.[38] 오늘날 계속되는 주택 시장 붕괴에 의해 타격을 입은 미국인이라면 누구나 몸소 증명할 수 있듯이, 가격은 오랜 시간 동안 '이상적 균형'에서 벗어날 수 있다.

심지어 밀턴 프리드먼조차도 시장으로 설명되지 않는 외부 비용이 있을 수 있음을 인정했다. 오염은 가장 분명한 사례이다. 외부 비용이 발생하는 것을 방지하든, 그 비용을 부담하는 이들에게 보상하든 간에 이 문제를 다루기 위해서는 규제가 필요하다.

프리드먼은 진정한 시장 신봉자였다. 그는 외부 비용이 높아서 정부의 개입이 필요한 경우는 거의 없다고 생각했다. 그러나 우리 대부분은 정부가 여러 다양한 방식으로 우리를 위험으로부터 보호해주기를 바란다. 우리는 경찰과 소방대가 우리의 집을 지켜 주기를 바라며, 식품 공급이 오염되지 않고 수도꼭지에서 나오는 물이 깨끗하기를 원한다. 또한 약국에서 구입하는 약을 먹고 죽는 일이 없기를 바란다. 그리고 최근 몇 달 동안 우리는 금융 시장에 대한 불충분한 규제가 어떤 결과를 초래하는지를 두 눈으로 직접 보았다.

게다가 자유 시장이 최적의 자원 분배로 이어질 것이라는 생각은 경제 참가자들이 완벽한 정보를 가질 때만 현실성이 있다. 그러나 이 책에 담긴 이야기의 몇 가지 역설 중 하나는 미국의 보통 사람들이 중대한 문제에 관해 (완벽한 정보는 말할 것도 없고) 유익한 정보를 얻지 못하도록 우리의 주인공들이 갖은 노력을 다했다는 사실이다. 이 책의 주인공들은 겉으로는 자유 시장을 옹호하면서도 정치적 목적과 상업적 이익을 위해 사상의 시장을 왜곡했다. 산업 자본주의가 미친 영향에 관한 진실을 인정하려 하지 않았던 사람들은 공정성과 '양쪽 모두'의 말에 귀 기울이는 것의 중요성에 대한 미국인들의 신념을 활용하고 악용했다.

자유 시장 근본주의자들은 아마 자신들의 견해를 고수할 수 있을 것이다. 상업이나 산업에서 직접적인 경험을 하는 경우가 거의 없기 때문이다. 이 책에 등장하는 사람들은 하나같이 연방 정부가 직접 설립하거나 많은 예산을 지원한 각종 프로그램과 기관에서 경력을 쌓았다. 로버트 재스트로는 경력의 황금기를 나사에 소속된 고다드우주연구소에서 보냈다. 프레더릭 사이츠와 빌 니런버그는 핵무기 개발 프로그램을 통해 경력을 시작했고, 대학에서 연구 범위를 넓혔다. 물론 대학의 연구 활동은 거의 전적으로 연방 정부가 납세자의 돈을 모아서 지원하는 것이다. 프레드 싱어는 직접 정부에서 일했다. 처음에는 미국 기상위성청에서 일하다가 나중에 교통부로 옮겨갔다. 만약 정부가 악이고 시장이 선이라면, 왜 이 사람들은 자신들의 연구와 전문 지위에 대한 정부의 지원을 거부하고 민간 부문에서 일하지 않았을까?

사업을 운영하는 많은 정직한 사람들은 부당한 사업 관행이나 환경오염 같은 나쁜 행동을 막는 규정을 갖춘 합당한 정부 규제를 환영한다. 물론 규정은 투명하고 공정하며, 안정되고 동등한 경쟁의 장을 마련해주어야 한다. 어쨌든 오염 억제에 투자하는 기업은 올바른 일을 한다는 이유로 시장에서 벌을 받는 일은 없을 거라는 걸 알고 싶어 한다.[39] 그러나 자유 시장 근본주의의 핵심 교의에 대한 가장 진지한 비판은 이것이 사실에 위배되며 틀렸다는 점이다.

역사를 살펴보면, 시장은 실패하게 마련이며, 이런 실패는 때로 일대 장관을 연출하기도 한다. 대공황 시기에 자본주의는 위기에 빠졌고, 서로 다른 정치적·도덕적 신념을 가진 시민들은 자본주의를 구하기 위해 뉴딜New Deal을 받아들였다. 어느 누가 보아도 뉴딜을 수용하지 않는다면 경제가 완전히 붕괴하여 결국 공산주의나 다른 어떤 형태의 전체주의로 넘어갈 수밖에 없었기 때문이다.[40] 이와 동시에 기업계에서는 '자유 기업'이라는 문구와 더불어 '미국의 길'이라는 개념을 발명해서 선전했다. 뉴딜이 너무 멀리 나아가면 중요한 어떤 것을 잃어버릴 수도 있다는 불안감을 표현하기 위해서였다.⁴¹ 하지만 대공황과 2차 세계 대전이라는 긴급한 상황 속에서 '보이지 않는 손' 운운하는 주장은 기묘해 보였고, 뉴딜을 계기로 미국 건국의 아버지들이 꿈도 꾸지 못한 방식으로 연방 정부의 권력과 권한이 집중되었다.

냉전이 도래하면서 이런 주장이 되살아났고(소련의 권력 남용은 좌파 출신들이 보기에도 점차 분명해졌다.), 미국의 보수 이데올로기는 어느 때보다도 기세를 올렸다. 로널드 레이건은 뉴딜, 즉 큰 정부의 필요성과 은혜에 대한 가정에 도전한 주인공으로 인정받지만, 그가 설명한 이상은 이미 1962년에 프리드먼이 분명하게 보여준 바 있었다. 쿠바 미사일 위기의 해인 1962년은 냉전이 가장 차가웠던 순간이다. 실제로 프리드먼은 후에 레이건의 입장이 배리 골드워터의 입장과 대동소이하다고 주장했다. 그들의 지혜가 인정받기까지 20년이 걸린 셈이었다.⁴² 빌 니런버그도 여기에 동의했다. 캘리포니아대학교 샌디에이고 캠퍼스 개교 25주년을 기념한 인터뷰에서 로저 리벨은 빌 니런버그의 정치적 입장에 관한 질문을 받고 그들은 단순한 보수주의자 이상이라고 대답했다. "빌 니런버그는 …… 뉴딜 전체가 실수였다고 생각합니다. 농담이 아닙니다."⁴³

미국에서 자유 시장 이데올로기가 부활하고 이 책에 등장하는 과학자들이 특별히 직업적 성공을 거둔 것은 모두 냉전 덕분이기 때문에, 이 사람들이 훗날 논쟁 상대자들을 자유의 적으로 악마시하는 것도 크게 놀랄 일은 아니다. 이미 살펴본 것처럼, 로버트 재스트로와 프레드 싱어, 딕시 리 레이는 조지 윌이나 러시 림보 같은 정치 선동가들과 더불어 흔히 환경론자들(과 환경 보호라는 목표에 이바지하는 연구를 하는 과학자들)을 공산주의자나 사회주의자, 또는 동조자로 몰아세웠다. 앞서 우리는 조지 윌이 환경론을 "뿌리가 뻘건 초록 나무"라고 낙인찍는 모습을 보았다.[44] 그러나 조지 윌이 유별난 게 아니었다.

1992년에 진보재단경제회의Progress Foundation Economic Conference에서「지구 온난화와 환경 신화들Global Warming and Other Environmental Myths」이라는 주제로 강연을 한 딕시 리 레이는 다음과 같은 선언으로 말을 시작했다. "저는 선택의 자유를 믿습니다. 저는 권리로서의 자유를 신봉합니다." (기후학자들은 자유를 믿지 않는다는 말인가?) 레이의 설명에 따르면, 20세기는 진보의 시대였다. 다만 환경론자들만이 이제 진보를 중단해야 한다고 주장하고 있었다. 바야흐로 세기의 중심 기조가 진보에서 지속 가능성으로 바뀌고 있었는데, 자유는 진보에 의존하기 때문에 문제가 아닐 수 없었다.[45] 경제 진보가 없다면 경제 성장이 이루어지지 않을 것이며, 성장이 없다면 정부는 자원을 통제할 수밖에 없을 것이다. 그리고 자원을 통제하기 위해서는 국민을 통제해야 할 것이다.

정부 통제 확대라는 유령은 흔히 전 지구적 협치global governance라는 위협과 연결되었다. 리우데자네이루 지구 정상 회담이 가까워짐에 따라 이런 목소리는 더욱 높아졌다. 레이를 비롯한 이들은 기후 변화에 관한 전 지구적 조약이 체결되면 국가 주권이 축소될 것이라고 걱정했다. 또한 이런 변화가 필요에 의해서가 아니라 의도에 의해서 진행될 것이라고 우려했다. 레이는 진보재단 연설을 마무리하면서 지구 정상 회담의 의제는 사회주의라고 솔직하게 주장했다. 그 목적은 "독립 국가들로 이루어진 현 체제에 변화를 야기해 유엔의 중앙 집중적 계획으로 운영되는 세계 정부를 세우는 것입니다. 환경 위기가 실제적인 것이든 고안된 것이든 간에, 그 위기에 대한 두려움에 편승해 전일적인 순응으로 이끌려는 게 그들의 목적입니다."⁴⁶

레이는 종교와 자유를 위한 액튼연구소와 나눈 인터뷰에서도 이런 주장을 되풀이했다. 액튼연구소는 첫 번째로 이런 질문을 던졌다. "전 세계적으로 사회주의가 쇠퇴함에 따라 많은 사람들은 이제 환경 운동이 자유에 대한 가장 큰 위협이 될 것이라고 생각합니다. 당신도 여기에 동의하십니까?" 레이가 대답했다. "물론이지요. …… 각국에서 사회주의 변혁을 계속 이어나가는 데 몰두하는 국제사회주의당International Socialist Party은 이제 유엔 내부 인사들이 이끌고 있습니다. 유엔 환경 프로그램에서 일하는 이들도 그들이고, 이른바 지구 정상 회담을 개최하는 것도 그들입니다." "급진 환경론자들이 거기서 커다란 영향을 미친다고 보십니까?"라고 묻자 이렇게 대답했다. "물론이지요. 확실해요. 급진파들이 다 장악하고 있어요."⁴⁷ 그런데 누가 레이와 함께 리우에 갔을까? 경쟁기업연구소의 창립자이자 소장인 프레드 스미스Fred Smith이다.⁴⁸

지구 정상 회담이 사회주의 전선 조직이라는 주장을 제기한 것은 레이만이 아니었다. 프레드 싱어도 『월스트리트 저널』에서 지구 정상 회담이 "지구에 족쇄를 채울 것"이라면서 비슷한 주장을 펼쳤다.⁴⁹ 오랫동안 기후학을 비판해온 케이토연구소의 정책학자 패트릭 마이클스는 "지금 우리는 지구 온난화의 위협을 근거로 세계 에너지 경제에 대해 중앙 계획을 실시하려 하고 있다."고 주장했다.[50] 스티브 밀로이는 "사회주의와 선정주의, 소비자에 대한 겁주기" 등을 추구한다는 어느 평론가의 말을 빌미로 『컨슈머 리포트Consumer Reports』를 거듭해서 비판했다.[51] 최근에 패트릭 마이클스는 온실가스를 통제하기 위한 배출량 할당 거래제 구상을 '오바뮤니즘[Obamunism. 보수 평론가들이 '오바마Obama'와 '공산주의communism'를 합쳐서 만들어낸 신조어. 오바마의 경제 정책이 결국은 공산주의와 다름없다는 경멸적인 의미로 쓰인다. — 옮긴이]'이라고 비판했다.[52]

이 책에서 서술한 이야기의 이면에 담긴 사고를 가장 잘 보여주는 사례는 아마 조지 H. W. 부시 정부에서 백악관 관리예산처장을 지낸 리처드 다먼Richard Darman의 경우일 것이다. 1990년에 한 연설에서 다먼은 환경론자들이 미국에 대한 믿음을 잃어버리면서 미국의 쇠퇴가 불가피하다는 점을 인정하고 있다고 비판했다. 『뉴욕 타임스』의 보도에 따르면, 다먼이 혐오하는 색깔은 녹색(아마 'green'이라는 단어가 아니라 'vert'[프랑스어로 '녹색'을 뜻하는 'vert'는 영어에서는 '배교자'를 가리킨다. — 옮긴이]로 썼어야 했을 것이다.)이었다. 다먼은 환경론자들이 실은 비밀 사회주의자들이라고 비난했기 때문이다. "미국 국민들이 20세기에 온갖 전쟁을 치러 승리한 것은 전 세계 사람들이 녹색 채소를 안전하게 먹게 하려고 한 게 아니다."[53]

이 모든 노력은 실제로 효과를 발휘했다. 조지 H. W. 부시가 리우에서 정식화된 기후 변화에 관한 유엔 기본 협약에 서명한 뒤, 공화당은 이 협약에 반기를 들고 후속 조치인 교토 의정서를 비난하는 데 앞장섰다. 교토 의정서야말로 리우에서 확인된 기본 원칙을 시행하는 수단이었기 때문이다. 지구를 보호하기 위한 구체적인 행동에 나서겠다고 한 부시 대통령의 맹세는 세금을 신설하지 않겠다는 약속과 더불어 이미 사라져버렸다. 녹색 채소를 위해 세계를 안전하게 만들지는 않겠다는 것이었다. 북극곰에게도 세계는 안전하지 못할 것이었다. 태평양 제도諸島에 사는 사람들에게도.

정치학자 피터 자크Peter Jacques는 사회학자인 동료 라일리 던랩 Riley Dunlap, 마크 프리먼Mark Freeman과 함께 1980년대에 비해 1990년대에 환경 문제의 현실성을 회의하는 저서가 다섯 배로 증가했음을 보여준 바 있다(과학계의 합의와는 정반대의 방향이었다.). 또한 환경론에 대한 미국인들의 지지가 고조되는 것과는 달리 공화당은 환경론에 등을 돌렸다.[54] 이런 현상을 보다 보면 이 책의 초반부와 전략 방위 구상과 핵겨울을 둘러싼 논쟁이 떠오른다.

소련이 붕괴함에 따라 냉전 전사들은 또 다른 커다란 위협을 찾아 나섰다. 바로 그때 전 지구적 대응을 필요로 하는 중대한 지구적 문제들을 확인한 환경론이 안성맞춤의 위협으로 대두되었다. 1990년대 초반에 이르러 지구 온난화는 미래에 관한 예측에서 현실에 관한 사실로 바뀌었다. 지구 온난화는 가장 열띤 환경 논쟁의 주제로 대두했다. 지구 전체 차원의 문제인 동시에 모든 사람과 모든 것이 **관련되기** 때문이다. 현대 보수주의자들에게 경제 활동의 법칙이 중심 문제라면, 지구 온난화 문제 역시 중심이 되어야 한다. 이 문제는 우리가 에너지를 어떻게 생산하고 사용하는지, 그리고 에너지가 모든 경제 활동에서 어떤 지위를 차지하는지 하는 문제와 관련되기 때문이다. 2000년부터 2003년까지 세계은행의 수석 경제학자 겸 부총재를 지낸 인물이자 『기후 변화의 경제학에 관한 스턴 보고서Stern Review of the Economics of Climate Change』(영국 총리 고든 브라운Gordon Brown이 위임한 보고서이다.)의 주요 저자인 니콜라스 스턴Nicholas Stern은 기후 변화를 "이제껏 인류가 경험한 가장 거대하고 광범위한 시장의 실패"라고 규정했다.[55] 자유 시장 자본주의 옹호론자들이 걱정을 하는 것도 놀랄 일은 아니다.

"녹색 옷을 입은 빨갱이들"이라는 후렴구는 지금도 계속 울려 퍼진다. 2009년 12월에 세계 지도자들이 온실가스를 통제하는 협정을 만들기 위해 다시 노력하고 있을 때(기후 변화에 관한 유엔 기본 협약에 따라 이미 온실가스를 통제할 의무가 정해진 지 17년 뒤의 일이다.), 보수 성향의 시사평론가 찰스 크라우트해머Charles Krauthammer는 『워싱턴 포스트』를 통해 환경론이 사회주의의 다른 이름이라고 일장 연설을 늘어놓았다. 부자에게서 빈자에게로 부를 이전하려는 뻔뻔스러운 시도라는 것이었다. "사회주의가 사멸함에 따라 이제 이 거대한 강도가 환경론이라는 최신 종교의 신성한 예배로 변신하고 있다. …… 갈 곳 없이 표류하던 좌파가 드디어 묘수를 찾아냈다. 적색에서 녹색으로 탈바꿈하는 것이다." 코펜하겐에서 협정에 도달하든 못 하든 간에, 미국인들은 환경보호청이라는 내부의 적을 경계할 필요가 있었다. "우리는 탄소가 압도적으로 지배하는 경제를 운영하고 있기 때문에 환경보호청이 〔얼마 지나지 않아〕 사실상 모든 것을 규제하게 될 것이다. …… 국세청이 창설된 이래 어떤 연방 기관도 경제생활의 모든 측면에 대해 그만큼 개입할 수 있는 권력을 부여받은 적이 없다. …… 빅브라더는 중앙정보국의 외투 속에 숨어 있는 게 아니다. 환경보호청의 모자를 쓰고 미소 지으며 여러분 집의 문을 두드리고 있다."[56]

일부 환경론자들은 분명 사회주의자이지만, 우리의 경험으로 보건대 기후학자 중에는 사회주의자를 거의 찾아보기 힘들다. 게다가 설령 모든 환경론자가 사회주의자라 하더라도 그렇다고 해서 지구 온난화가 거짓 신화라는 결론이 나오는 것은 아니다. 우리는 자본주의 체제의 우월성을 신봉하고 오염에 대한 시장 기반 해법을 옹호할 수는 있지만(많은 사람들이 그렇게 한다.), 그렇다고 해서 이런 해법이 필요함을 보여주는 과학을 의심해야 하는 것은 아니다. 산성비, 간접흡연, 성층권 오존 파괴, 지구 온난화 등은 모두 현실적인 문제이다. 진짜로 던져야 할 질문은 이런 문제들을 어떻게 다뤄야 할 것인가 하는 점이다. 이런 문제들이 실제로 존재한다는 사실을 부정한다고 해서 이 문제들이 사라지는 것은 아니다. 오히려 우리가 행동을 미룰수록 문제는 더욱 심각해지며, 보수주의자들이 가장 두려워하는 대로 정부가 엄중한 행동에 나서야 할 필요성은 더욱 커질 것이다.

바로 여기서 이 책의 이야기에서 두 번째로 엄청난 역설이 나온다. 빌 니런버그 같은 사람들은 냉전 시기 동안 자유를 수호한 자신들의 역할을 자랑스러워했으며, 최근의 활동을 그런 역할의 연장으로 생각했다. 그들은 환경 문제에 과도하게 대응하면 시장에 대한 고압적인 정부 개입과 개인적 삶에 대한 간섭이 정당화될 것이라고 우려했다. 터무니없는 걱정은 아니었지만, 이 사람들은 과학적 증거를 부정(하고 시간 끌기 전략에 기여)함으로써 자신들이 가장 두려워하는 바로 그런 상황을 조성하는 데 일조했다.

거스 스페스의 경우를 살펴보자.

앞서 3장에서 우리는 지미 카터 대통령의 '환경의 질 위원회'의 일원이자 산성비에 대처하는 행동을 옹호한 거스 스페스의 모습을 보았다. 스페스는 결코 돌멩이를 던지는 급진파가 아니다. 사우스캐롤라이나 출신의 스페스는 완벽한 남부 신사이다. 고상한 말투에 훌륭한 교육을 받았고 자제력도 대단하다. 예일대학교 학부생 시절에 로즈 장학생으로 옥스퍼드로 유학을 갔고, 돌아와서는 예일 로스쿨에 들어갔다. 예일과 조지타운에서 교편을 잡았고, 카터 대통령 보좌관으로 일했으며, 유엔에서도 일을 하다가 1999년에 다시 예일로 돌아가서 삼림환경대학 학장을 지내는 등 오랜 경력을 자랑한다.『타임』에서는 스페스를 가리켜 '철두철미한 내부자'라고 부른 적이 있다.[57]

그러나 '내부' 환경론자로 40년을 활동하고 난 지금에 와서 스페스는 오랫동안 우리가 알아온 문제들에 대해 세계가 제대로 대처하지 못하는 모습을 보고 급진파로 변신하고 있다. 이제 스페스는 급진적 변화가 필요하다는 결론에 다다랐다.『세계의 끝에 있는 다리The Bridge at the Edge of the World』라는 최근 저서에서 그는 "세계 경제가 지구에 충격을 가하고 있다."고 경고한다. 경제 활동은 환경 악화를 초래하며, 따라서 이제 우리는 우리의 경제 체제에 근본적인 결함이 있는 것은 아닌지 생각해보아야 한다. "많은 탐구와 상당한 주저 끝에" 스페스가 내린 결론은 "대부분의 환경 악화가 오늘날 우리가 운영하는 자본주의 체제 자체가 실패한 결과이며, 장기적인 해법은 이런 현대 자본주의의 핵심 특징을 바꾸어야 한다는 것이다."[58]

의심을 부추기는 장사꾼들은 자신들이 가장 두려워하는 바로 그 결과를 만들어내고 있다. 바야흐로 남부 신사들이 자본주의를 해체할 준비를 하고 있다.

기술은 우리를 구원할 수 없는가?

일찍이 1980년대에 레이건 정부는 "에너지를 공급하고 환경을 보호하는 문제들에 대해 궁극적으로 기술이 해답이 될 것"이라는 견해를 과학학술원에 분명히 밝혔다.[59] 많은 진보주의자들과 학자들은 에너지 기술을 바꾸지 않고서는 지구 온난화를 절대 해결할 수 없다는 데 동의한다. 문제는 기술에 도움을 구하는지 여부가 아니다. 문제는 자유 시장이 이런 기술을 공짜로 저절로 만들어낼 것이라고 **가정**할 수 있는지 여부이다. 또한 문제는 **늦지 않게** 이런 기술이 만들어질 것인지(이런 경우라면 우리는 편안하게 기다릴 수 있다.), 아니면 우리가 자리를 박차고 일어나 **행동**에 나서야 할 것인지 여부이다.

기술로 사회 문제를 해결할 수 있다는 믿음이야말로 경제학자 줄리언 사이먼Julian L. Simon이 선전하는 이른바 풍요론 학파의 핵심이다. 풍요론자들은 자신들이 토머스 맬서스의 철학, 즉 빈민은 아이를 너무 많이 낳아서 가난할 수밖에 없으며 인구 성장을 억제하지 않으면 결국 자원에 한계가 올 것이기 때문에 인류가 계속 진보한다는 계몽주의의 신념은 오류라는 유명한 주장에 응답하고 있다고 생각한다. 맬서스가 보기에, 인구가 계속 늘어나면 진보가 중단되고 결국 인류가 커다란 고통을 겪게 될 것이었다. 따라서 인류는 인구 성장을 저지하거나 아니면 그 결과를 감수해야 했다. (맬서스는 절대 자유주의자가 아니었다. 그는 인구를 줄이는 최선의 방도는 빈민에 대한 구호를 삭감하는 것이라고 생각했다.)

풍요론자들(과 과학과 기술을 연구하는 역사가들)은 맬서스의 암울한 예측이 실현되지 않은 것은 그가 기술 혁신 덕분에 같은 자원(어떤 경우에는 훨씬 적은 자원)을 가지고도 더 많은 것을 만들어낼 수 있다는 점을 이해하지 못한 탓이라고 지적한다. 오늘날 세계 인구는 맬서스가 활약할 때보다 훨씬 더 많지만, 녹색 혁명이라는 기술 혁신 덕분에 우리는 (전부는 아니더라도) 많은 사람들을 먹여 살릴 수 있다.[60] 그렇지만 풍요론자들은 역사가들보다 한발 더 나아가 인간의 창의성과 혁신이 제한 받지 않는 한 앞으로도 언제나 많은 사람을 먹여 살릴 수 있다고 주장한다. 이를 위한 최선의 방도는 시장을 자유롭게 유지하는 것이다. 혁신가들이 혁신을 해서 발명의 혜택을 누릴 수 있도록 여건만 마련해주면 되는 것이다. (맬서스와 반대로, 풍요론자들은 또한 인구 억제에도 반대한다. 인간의 독창성이야말로 재생 가능한 궁극적인 자원이라고 생각하기 때문이다.) 풍요론자들은 낙관주의가 올바른 시대정신이라고 주장한다. 적어도 사람들과 시장이 자유로운 시대와 장소에서라면 역사는 언제나 꾸준히 진보하기 때문이다.[61]

사이먼을 존경하는 이들은 그를 '운명 살해자'라고 즐겨 부른다. 암울한 운명의 시나리오는 그릇된 것이며 미래는 여전히 밝다는 그의 주장 때문이다.[62] 1984년 저서 『자원이 풍부한 지구』(허먼 칸과 공편)에서 사이먼은, 대통령 직속 '환경의 질 위원회'의 위원들이 『2000년 지구 보고서Global 2000 Report to the President』(1980년)에서 표명한 견해와 정반대로, 미래 세계는 오늘날의 세계에 비해 "인구도 더 적을 것이고 …… 오염이 줄어들고, 경제가 안정되고, 자원 공급의 붕괴에 대한 취약성도 줄어들 것"이라고 주장했다.[63] 1995년에 후속작으로 내놓은 『인류의 상태State of Humanity』(이 책은 환경과 자원 문제에 관한 '균형 잡힌' 시각을 대표한다고 자부했다.)에서 사이먼은 처음부터 극단적 낙관주의를 펼쳐 보였다. 그에 따르면, 미래의 전망은 "과거 어느 때보다도 더욱 행복"했다. 자신들이 연구한 거의 모든 지역에서 생활 조건이 개선되었고, 점점 더 많은 지역이 이런 연구의 대상이 되고 있었기 때문이다.[64]

우리는 사이먼의 철학이 이 책에 실린 이야기 곳곳에 가지를 뻗어 나간 모습을 볼 수 있다. 딕시 리 레이는 "모든 진보에 반기를 드는 숙명론자들의 가면을 벗기는" 역할을 자임했다.[65] 빌 니런버그는 "늑대가 나타났다."는 식의 시나리오로 사람들을 겁주지 말라는 레이건 정부의 훈계에 부응하여 지구 온난화를 미래 기술로 해결할 수 있다는 풍요론의 아름다운 미래를 제시했다. 그리고 프레드 싱어는 1970년 이래 '최후 심판의 날' 운운하는 예측 때문에 골머리를 앓았다. 1970년에 『사이언스』에 기고한 객원 논설에서 싱어는 과학자들이 지구 온난화 같은 문제에 과민 반응을 보이고 있다고 꼬집었다.

1970년에는 지구 온난화에 관심을 기울이는 과학자가 거의 없었기 때문에 싱어는 분명 시대를 앞서가고 있었다. 지금 와서 돌이켜보면, 지구 온난화 문제가 이미 해결되었다는 싱어의 생각은 오히려 지나친 기대 때문에 오판한 결과라고 말해도 될 것이다. "오랜 시간 동안 고찰하고 논의한 결과, 화석 연료 연소가 기후에 미치는 영향은 상당히 뚜렷한 것으로 보인다."고 싱어는 1970년에 말했다. "이산화탄소의 양이 실제로 증가하기는 했지만, 기후 온난화라는 '온실 효과'는 미미하거나 심지어 음성이다. 대기를 차갑게 하는 대기 중 먼지의 효과가 압도적이기 때문이다."⁶⁶ 당시에 온난화가 전혀 나타나지 않은 이유에 대한 싱어의 분석이 옳았을 수도 있다. 오늘날 많은 과학자들은 온난화의 신호가 조기에 나타나지 않은 것은 석탄을 태울 때 생겨나는 황산염(산성비를 만드는 바로 그 오염 물질이다.)이 대부분을 차지하는 대기 에어로졸의 상쇄 효과 때문이라고 본다. 그렇지만 싱어는 이산화탄소가 계속 늘어남에 따라 결국 (실제로 드러난 것처럼) 온난화 효과가 나타날 가능성을 간과했다. 오히려 싱어는 대기 에어로졸의 냉각 효과가 이산화탄소의 온난화 효과를 계속 상쇄해서 세계에 별 문제가 없을 것이라고 가정했다. 따라서 싱어는 과학자들에게 "쓸데없이, 또는 너무 자주 '늑대가 나타났다.'고 외치지 말라."고 훈계하는 것으로 논설을 마무리 지었다.⁶⁷

1980년대에 싱어는 풍요론의 주장이 값싼 에너지가 계속 적절하게 공급될 것이라는 가정에 의존한다는 사실을 인식했지만, 나중에는 이런 우려를 떨쳐버리고 풍요론 진영으로 확실하게 넘어갔다.⁶⁸ 1999년 저서인 『뜨거운 대화, 차가운 과학: 지구 온난화의 끝나지 않은 논쟁 Hot Talk, Cold Science: Global Warming's Unfinished Debate』(프레더릭 사이츠가 서문을 썼다.)은 독립연구소에서 출간되었다. 줄리언 사이먼이 고문 노릇을 하면서 정신적 지표로 영향력을 행사하는 곳이었다.⁶⁹ 싱어는 또한 패트릭 마이클스, 로렌스 컬프와 함께 사이먼의 『인류의 상태』의 한 장을 별도의 책자로 출판했다. 마이클스와 컬프는 각각 이 책 6장과 3장에서 지구 온난화를 부정하고 산성비에 대한 레이건 정부의 입장을 옹호하면서 등장한 바 있다.

풍요론은 최근에 덴마크의 정치학자 비외른 롬보르에 의해 새로운 생명을 얻었다. 롬보르의 저작은 『월스트리트 저널』, 『뉴욕 타임스』, 『이코노미스트』, 『로스앤젤레스 타임스』, 『보스턴 글로브』 등을 비롯해서 세계 곳곳의 주요 신문을 장식하고 있다. 최근 롬보르는 〈60분〉, 〈래리 킹 라이브Larry King Live〉, 〈20/20〉, BBC 등을 비롯해서 미국과 유럽의 텔레비전에 단골로 등장한다.[70] 그의 가장 유명한 저서인 『회의적 환경주의자: 세계의 실제 상태를 평가한다』는 세계가 꾸준히 좋아지고 있으며, 환경론의 주장은 노골적인 왜곡과 허위가 아니라 하더라도 기껏해야 과장일 뿐이라는 풍요론의 사고방식을 그대로 따른다. 실제로 롬보르는 『회의적 환경주의자』의 처음부터 줄리언 사이먼의 말을 인용하면서 시작한다.

> 나의 장기적인 예측을 요약하면 다음과 같다. 대부분 나라의 대다수 사람들에게 언제까지나 물질적인 생활 조건은 계속 개선될 것이다. 한두 세기 안에 모든 나라와 모든 인류가 오늘날 서구 생활 수준에 도달하거나 그것을 넘어설 것이다. 하지만 또한 많은 이들은 계속해서 생활 조건이 점점 악화된다고 생각하고 말할 것으로 예상된다.[71]

『회의적 환경주의자』에서 롬보르는 이제 익숙해진 주장을 되풀이한다. 레이첼 카슨의 DDT에 관한 주장은 틀렸고, 지구 온난화는 심각한 문제가 아니며, 지구의 숲은 제 역할을 하고 있다고 말이다. 또 거의 모든 사람의 전반적인 생활 수준이 훨씬 좋아졌으며, "미래에 관해서는 아무 걱정할 필요가 없다."[72] 그런데 환경론자들은 왜 괜한 소동을 벌이는가?[73]

롬보르의 책은 통계를 잘못 사용한 교과서적인 사례로 비판을 받고 있다.[74] 2002년, 저명한 과학자 네 명이 『사이언티픽 아메리칸』에 기고한 글에서 롬보르가 사용한 수학이 어떻게 현실을 '오도했는지'를 자세히 설명했다. 덴마크에서는 이 책을 둘러싸고 열띤 논쟁이 벌어졌으며, 롬보르는 과학적으로 정직하지 못하다고 비난을 받았다.[75] 결국 덴마크 과학기술혁신부는 롬보르에게 과학적으로 부정직한 행동을 했다고 유죄를 물을 수 없다고 결정했다. 『회의적 환경주의자』가 과학 저서임이 입증되지 않았기 때문이다![76]

『회의적 환경주의자』의 성격을 어떻게 규정하든 간에, 이 책의 주장에는 두 가지 치명적인 결함이 있다. 롬보르는 지구 온난화에 대한 적극적인 행동에 반대하면서 세계적인 빈곤 같은 다른 문제들이 더 시급하다고 주장한다. 이런 주장은 고전적인 '잘못된 이분법'이다. 인류가 두 가지 문제를 다 다루지 못할 어떤 본질적인 이유는 전혀 없기 때문이다. 또한 기후 변화를 방치하면 기아가 더욱 늘어날 게 거의 확실하다. 가난한 나라들은 점점 열악해지는 환경에 대응하기 위해 분투하기 때문이다.[77] 게다가 다른 곳에서 지적한 것처럼, 세계의 기아가 지속되는 것은 여러 이유 때문이지만, 서구 세계가 지구 온난화에 대처하느라 바빠서 그런 것은 아니다.[78] 롬보르의 논리에서 두 번째 결함은 그가 이용하는 통계가 거의 전적으로 인간에 미치는 영향(기대 수명, 칼로리 섭취 등)에만 바탕을 둔다는 점이다. 롬보르는 자신은 인간의 요구와 욕구라는 관점에서 글을 쓴다고 거리낌 없이 인정한다.

그가 이용하는 통계는 대부분 인간의 생존 햇수와 다양한 개선과 혁신 덕분에 목숨을 구한 개인의 숫자를 다룬다.[79] (롬보르는 또한 이른바 DDT 사용 금지 때문에 목숨을 잃은 사람의 숫자도 계산한다.) 이런 측정 수치는 인간 활동이 비인간 종에 어떤 영향을 미치는지, 또는 우리 아이들이 물려받을 세계의 상태가 어떠할 것인지에 관해서는 아무 내용도 알려주지 않는다. 우리는 우리만 잘 살자고 후손들에게는 황량한 세계를 물려주는 식으로 살 수도 있다. 롬보르의 주장은 또한 삶의 질에 관해서는 아무 말도 하지 않는다. 그렇지만 삶의 질이야말로 전통적인 자연 보호론에서 중요한 문제였으며, 오늘날 많은 환경론에서 핵심을 차지하는 요소이기도 하다.

레이첼 카슨은 인간에게 무관심하지 않았지만(『침묵의 봄』의 상당 부분은 생물 축적과 그것이 인간에게 장기적으로 미칠 수 있는 영향에 관한 내용이다.), 설령 DDT가 사람에게 무해함이 입증되었다 할지라도, 그것이 자연에 심각한 피해를 끼친다는 카슨의 주장은 유효했을 것이다. 많은 동시대의 환경론자들과 마찬가지로 카슨이 관심을 기울인 부분은 생물종 전체(인간에게 쓸모가 있든 없든 간에)를 멸종시키고 후손들에게 생태적으로나 미학적으로나 황량한 세계를 물려주는 인간의 생활 방식에 담긴 윤리학이었다. 희귀한 꽃은 대기 중 산소에 기여하는 바가 거의 없더라도 아름다울 수 있다. 파리지옥풀은 말라리아를 옮기는 모기로부터 우리를 거의 보호해주지 못할지라도 오싹한 느낌을 선사할 수 있다. 다른 곳에서 지적한 것처럼, 롬보르와 그의 추종자들은 숫자로 셀 수 없는 것은 중요하지 않다고 치부하는 철학적 오류를 범하고 있다.[80]

『파이낸셜 타임스』나 『월스트리트 저널』, 『이코노미스트』 등의 신문과 자유기업옹호센터Center for the Defense of Free Enterprise 같은 여러 자유방임 경제학 옹호자들이 앞장서서 롬보르를 변호하고 있다.[81] 롬보르는 또한 경쟁기업연구소나 후버연구소, 하트랜드연구소 등 앞에서 살펴본 이데올로기적 성향의 여러 싱크 탱크들과도 연계되어 있다.[82] 그리 놀랄 일도 아니다. 풍요론의 철학은 국가가 해법이 아니라 문제라고 확신한다는 점에서 자유 시장 근본주의와 연결되기 때문이다. 싱어의 책 『뜨거운 대화, 차가운 과학』을 출간한 독립연구소의 다양한 활동 가운데는 대학생과 전임강사를 대상으로 한 존 M. 템플턴 경Sir John M. Templeton 기념 논문상 개최도 있다.

> 누구나 국가를 희생시키면서 살기를 바란다. 그런데 사람들은 국가도 국민을 희생시키면서 살기를 바란다는 사실을 알지 못한다.
> 프레데릭 바스티아Frederic Bastiat(1801~1850년)

바스티아의 말이 맞다고 한다면, 정부가 국민을 희생시키면서 살기를 바란다는 사실을 국민이 더 잘 알게 하는 어떤 사상이나 개혁을 발전시킬 수 있을까?[83]

물론 풍요론자들이 전적으로 틀린 것은 아니다. 어떤 정부는 실제로 국민들을 희생시키면서 성장하며, 현대 생활의 여러 측면은 (적어도 많은 사람들에게는) 과거 여러 세기에 비해 나아졌다. 풍요론자들의 관점이 갖는 문제점은 이중적이다.

첫 번째 문제점은 이런 진보가 **필연적으로** 계속될 것이라는 그들의 가정이다. 많은 일류 과학자들이 염려하는 것처럼 우리가 실제로 어떤 결정적인 전환점에 다다랐다면, 과거는 미래의 길잡이가 될 수 없다. 과거의 환경 변화는 대부분 국지적이고 되돌릴 수 있었다. 오늘날 인간 활동은 지구 전체에 영향을 미친다. 우리는 지구 전체에 근본적인 변화를 일으키고 있으며, 미래의 과제에 대응할 수단이 없어질지도 모른다. 적어도 상당한 불편과 혼란을 감내해야 할 것이다. 게다가 해수면 상승이나 북극 얼음 융해 같은 변화는 이제 되돌릴 수 없음이 거의 확실해지고 있다.

풍요론의 두 번째 문제점은 과거에 이룩한 진보가 자유 시장 체제의 결과이며 **오로지** 이 체제 덕분에 가능했다는 주장이다. 이 주장은 명백한 오류이다.

정부가 만든 기술의 역사

기술의 역사는 기술 혁신과 자유 시장의 관계에 관한 풍요론의 관점을 뒷받침하지 않는다. 문명의 진보에서 결정적인 역할을 한 많은 기술은 자본주의가 도래하기 전에 발명되었다. 게다가 소련은 비록 여러 면에서 실패하긴 했지만 기술 혁신적인 사회였다. 무엇보다도 소련은 미국보다 먼저 인공위성 스푸트니크호를 우주로 쏘아 올렸다. 소련의 문제는 기술 혁신이 없었다는 사실이 아니다. 문제는 그 혜택이 국민들에게 돌아가지 않았다는 점이다. 풍요론자들은 역사적 증거로 뒷받침되지 않는 기술에 대한 맹목적인 믿음을 견지한다. 우리는 이런 태도를 '기술 맹신주의'라고 한다.

이런 믿음이 사실이 아님을 역사가 보여주는데도 왜 풍요론자들은 믿음을 버리지 않을까? 다시 밀턴 프리드먼의 『자본주의와 자유』로 고개를 돌려보자. 이 책에서 프리드먼은 "산업의 경우든 농업의 경우든 간에 문명의 가장 커다란 진보는 중앙 집중화된 정부에서 나온 적이 없다."고 주장했다.[84] 기술사가들이 보기에, 이 말이 (스푸트니크호가 발사되고 5년 뒤에) 20세기 후반의 가장 영향력 있는 경제학자의 입에서 나온 주장이 아니라면 웃고 지나갔을 것이다. 산업 시대의 가장 중요한 기술은 완전히 똑같아서 호환 가능한 부품을 생산하는 능력이었다. 대장장이와 목수는 이런 부품을 만들 수 없었다. 사실 어떤 직업의 사람이든 이런 일을 할 수 없다. 기계만이 가능한 일이다. 이런 능력을 발달시켜 기계로 다른 기계의 부품을 만든 것은 미국 육군 병기국이었다. 이 과정에 거의 50년이 걸렸다. 19세기의 민간 기업으로서는 상상조차 할 수 없는 연구 기간이다.[85] 육군 병기국은 전투 현장이나 가까운 곳에서 부품을 교체해서 쉽게 수리할 수 있는 총을 만들기를 원했다. 일단 이런 작업을 위한 기본 기술(오늘날의 말로 하면 공작기계)이 발명되자 미국 경제 전체에 빠르게 퍼져 나갔다. 외국으로 빠져나가는 것을 막으려고 노력하긴 했지만 얼마 지나지 않아 유럽과 일본에도 확산되었다. 시장은 세계 곳곳에 공작 기계 기술을 확산시켰지만, 이 기술을 시장이 창조한 것은 아니다. 미국 육군으로 대표되는 중앙 집중화된 정부가 현대 기술 시대의 창안자였다.

공작 기계는 일반적인 법칙의 존재를 입증하는 예외가 아니다. 정부가 자금을 대서 기술을 개발한 뒤 나중에 상품화되어 사회에 이익이 된 사례는 수도 없이 많다. 프리드먼이 유명세를 떨치게 될 저서를 집필하던 중에도 디지털 컴퓨터가 원래 개발된 목적인 미국 정부의 무기 시스템이 아닌 다른 용도로 활용되기 시작하고 있었다. 민간 기업이 이 기술을 일반 대중이 구매해서 사용할 수 있는 상품으로 변신시켰지만, 처음에 그것을 가능케 한 것은 미국 정부였다. 미국 정부는 또한 실리콘밸리의 발전에서도 주된 역할을 했다.[86] 오늘날 우리 모두가 사용하는 인터넷(원래 이름은 알파넷ARPANET)도 원래는 미국 국방부 고등연구계획국Advanced Research Projects Agency에서 대부분의 예산을 지원해서 대학과 정부 기관, 산업체 등의 복잡한 협력 관계를 통해 개발한 것이다. 알파넷은 당시 상원 의원이던 앨 고어의 노력으로 통과된 1991년 고성능정보처리통신법High Performance Computing and Communication Act of 1991에 따른 정부 지원을 받아 인터넷으로 확대, 발전되었다.[87]

다른 경우에는 개인이나 법인 사업가가 신기술을 발명했지만 이 기술을 상업적으로 실용적인 기술로 변신시킨 것은 정부의 행동이나 지원이었다. 비행기와 트랜지스터가 생각난다.[88] (트랜지스터 개발은 미국 정부가 공공연하게 장려한 것이다. 미니트맨Minuteman 미사일에 원격 제어보다 내장 제어 장치가 필요한데 진공관으로는 충분하지 않았기 때문이다.)[89] 개인이 발명한 것이지만 정부 정책을 통해 확산된 기술도 많다. 전기가 주요 대도시 밖으로 확대된 것은 대공황 시절 연방 정부의 대부 보증 프로그램에 의해서이다.[90] 우리가 아는 전후戰後 미국을 창조하는 데 톡톡히 기여한 미국의 주간州間 고속도로망은 드와이트 아이젠하워Dwight Eisenhower 대통령이 고안한 것이다. 미국 경제와 국방에서 고속도로망이 큰 기여를 할 수 있음을 인식한 결과였다. 미국의 고속도로망은 세계 곳곳의 유사한 고속도로망의 본보기가 되었다. 그리고 지구 온난화라는 어려운 문제에서 벗어나는 데 도움이 될 수도 있는 원자력은 냉전을 일으킨 기술, 즉 원자 폭탄의 부산물이다. 기술과 혁신, 경제·정치 제도 사이의 관계는 다양하고 복잡하다. 자유 시장의 미덕에 대한 단순한 신조로 축소할 수 없는 것이다.

이 모든 이야기의 결론은 우리가 이 책에서 추적한 각종 의심 부추기기 캠페인이 과학과 무관하다는 것이다. 이 캠페인들은 특히 시장의 실패를 시정하는 데서 정부의 적절한 역할은 무엇인가라는 문제와 관련된 것이었다. 과학적으로 조사한 결과, 오염과 공중 보건을 효과적으로 다루려면 정부가 정말로 시장에 개입할 필요가 있다는 결론이 나오자 자유 시장 옹호론자들은 이런 결론을 받아들이기를 거부했다. 정부의 시장 규제에 반대하는 세력은 이내 과학의 적으로 변신했다.

과학자들은 왜 일어서지 않았을까?

만약 이 책의 주인공들이 추구한 회의론이 과학이 아니었다면, 즉 회의론은 과학의 탈을 쓴 정치였다면, 과학자들은 왜 이 점을 인식하고 대응하지 않았을까? 왜 과학계는 이런 일이 벌어지는 동안 수수방관했을까?

대기과학계가 벤 샌터를 옹호한 주목할 만한 예외가 있긴 하지만,

맞서 싸운 과학자들은 눈에 띄게 적었다. 우리가 이 책에서 과학자들이 어떻게 오해를 바로잡았는지에 관한 영웅적인 이야기를 할 수 있었더라면 좋았을 것이다. 때로는 이런 이야기를 하기도 했다. 진 라이컨스와 동료들은 백악관이 산성비 동료 평가 보고서에 간섭하자 과학 학술원의 도움을 구했다. F. 셔우드 롤런드는 프레드 싱어가 오존 논쟁을 왜곡하자 이를 바로잡으려고 노력했다. 이 책 3장에서 핵겨울 논쟁에 등장하는 기후 모델학자 스티븐 슈나이더는 오랫동안 언론의 그릇된 균형 보도 문제를 비롯하여 기후학이 왜곡되는 사태에 대해 목소리를 높였다.[91] 그러나 유감스럽게도 이런 목소리는 충분하지 못하다. 분명 과학자들은 많은 소수론이 거짓임을 알고 있었다. 그런데 왜 적극적으로 나서서 반박하지 않았을까? 과학의 탈을 쓴 허위에 대해 목소리를 높이는 진정한 과학은 어디에 있었을까?

과학자들이 침묵한 한 가지 이유는 과학에서 개인과 집단 사이에 벌어지는 복잡한 춤과 관련이 있다. 과학자들에게 커다란 동기 부여가 되는 것은 중요한 발견을 통해 쌓이는 명예와 위신이다. 하지만 동시에 과학자들은 흔히 자신이 각광을 받는 것을 꺼린다. 그 이유는 이중적이다. 첫째, 현대 과학은 거의 전부가 협력 작업의 결과이며(협력 작업의 정도에 대해서는 바로 뒤에서 이야기할 것이다.), 둘째 설령 한 사람의 천재성이나 창의성에서 나온 것이라 할지라도 전문가들의 합의를 반영할 때만 지식이 과학으로 인정받기 때문이다. 현대 세계에서는 과학의 어떤 획기적인 발견도 수십 명, 아니 수백 명의 연구자들이 집단적 노력을 기울인 결과물일 공산이 크다. 오늘날 정부간기후변화위원회는 수천 명의 연구를 요약하는 노력을 경주하고 있다. 동료들을 대표해서 발언을 하는 과학자는 비난을 받을 위험이 있다. 자기 혼자서 공적을 독차지하려 한다고 동료들이 생각할 수도 있기 때문이다.

과학계는 구성원들의 집단적인 지혜를 반영하여 기후 변화에 관한 공식적인 성명을 만들어내는 식으로 이 문제에 대처하려고 노력하고 있지만, 이런 성명은 기껏해야 무미건조할 뿐이며 보통 사람이 그 의미를 해독하기란 거의 불가능하다. 과연 정부간기후변화위원회의 '정책 결정권자들을 위한 요약본'을 읽어본 사람이 얼마나 될까? 수천 쪽에 달하는 실제 보고서는 말할 것도 없고 말이다. 사실 지구상 어느 누가 이 모든 자료를 읽어보았을까? 일반 시민 가운데 미국기상학회란 게 있다는 사실 자체를 아는 이가 얼마나 되겠는가? 하물며 학회 홈페이지를 방문해 기후 변화에 관한 성명을 찾아볼 사람이 몇이나 되겠는가?[92]

어떤 사람이 이런 수고를 할 거라고 생각하는 건 우스운 일이며, 따라서 누군가 그것을 요약해서 알려야 한다. 그런데 또 다른 곤란한 문제가 발생한다. 과학자들은 새로운 지식을 만들어내는 훈련을 받은 고도의 전문가이지만, 폭넓은 청중과 소통하는 법은 거의 훈련을 받지 못했다. 더군다나 풍부한 자금에 단호한 결의로 무장한 반대론자들에 맞서 과학 연구를 옹호하는 훈련은 받아 본 적이 없다. 과학자들은 그런 일에 재능이 없거나 내켜하지 않는다. 최근까지 대다수 과학자들은 좀처럼 폭넓은 소통을 위해 시간을 내려고 하지 않았다. 과학자들은 자신들의 '진짜' 일은 지식을 보급하는 게 아니라 생산하는 것이라고 생각하며, 흔히 이 두 활동이 상호 배타적이라고 본다. 어떤 이들은 폭넓은 청중과 소통하는 동료들을 비웃으면서 '통속 과학자'

라는 딱지를 붙인다.

과학자들은 또한 전문성과 객관성에 몰두하기 때문에 거짓 주장을 반박하는 문제에 관해서는 미묘한 위치에 서게 된다. 정치적으로 다투는 문제에 과학자가 끼어들면, 과학을 정치에 이용하고 객관성을 손상시켰다고 비난 받을 수 있다. 칼 세이건이 핵겨울의 위험성에 관해 대중의 관심을 불러일으키려고 했을 때처럼 말이다. 따라서 과학자들은 이중적으로 구속된다. 객관성에 대한 요구 때문에 과학자들은 다툼이 치열한 쟁점에 대해 초연한 자세를 취해야 하지만, 만약 과학자가 관여하지 않는다면 어느 누구도 문제의 객관적인 모습을 파악할 수 없다.[93]

또 과학자들은 정치적인 문제에 관여하기를 꺼린다. 그런 문제에 관여할 때 어떻게 되는지를 보아왔기 때문이다. 유감스럽지만 벤 샌터의 경험은 독특한 게 아니다. 2005년, 펜실베이니아주립대학교의 연구원 마이클 만Michael Mann은 텍사스 주 출신 하원 의원 조 바턴Joe Barton으로부터 혹독한 공격을 받았다. 바턴 의원은 만 박사에게 연구 지원금 출처와 보유한 데이터의 소재, 그밖에도 많은 자세한 정보를 넘기라고 요구했다. 조사 대상인 과학적 결과가 이미 동료 평가를 거치는 저널에 발표되었고, 만이 잘못을 범했다는 어떤 증거도 없었다. 다만 지구가 급속하게 뜨거워지고 있다는 강력한 증거를 제시했을 뿐이다.[94] 이 책을 집필하는 과정에서 우리 역시 오클라호마 주 출신 상원 의원 제임스 인호프 등의 공격을 받았다.[95] 벤 샌터는 프레드 사이츠와 프레드 싱어, 빌 니런버그로부터 처음 공격을 당한 때로부터 거의 15년이 지난 지금까지도 계속해서 괴롭힘에 시달리고 있다. 최근에 스티브 매킨타이어Steve McIntyre(광산 업계와 연결된 캐나다의 지질학자로 마이클 만을 공격하는 데 관여한 경력이 있다.)가 운영하는 기후감사Climate Audit라는 블로그는 정보공개법Freedom of Information Act(FOIA)을 이용해 샌터의 연구에 관한 세부 자료를 요구했다. 물론 정보공개법은 시민들이 정부 업무에 대해 알 수 있도록 만들어진 법이지 외국인이 미국 과학자들을 괴롭히는 일을 돕기 위한 법이 아니다.[96] 어쨌든 로렌스 리버모어 연구소에서 샌터가 지휘하는 모델분석비교프로젝트MDIP의 전체적인 취지는 적절한 데이터와 모델을 만들어서 원하는 과학자는 누구나 이용할 수 있도록 한다는 것이다. 샌터의 연구를 복사하고 싶은 사람은 누구나 자유롭게 복사할 수 있다. 정보공개법에 호소할 필요는 전혀 없다.

이런 공세는 냉각 효과를 발휘하고 있다. 최근 열린 어느 학술회의에서 한 동료 과학자가 우리 중 한 명에게 말한 바에 따르면, 정부간기후변화위원회의 토론에서 일부 과학자들이 과학적 증거에 대해 강력한 주장을 펴기를 꺼렸다고 한다. 반대론자들이 "우리를 공격하지" 못하게 하기 위해서였다.[97] 또 다른 과학자는 차라리 보수주의 편에 유리하게 평가해서 오류를 범하고 싶다고 말했다. 그 편이 더 '안전하기' 때문이다.[98] 생물학자 코레 포그Kåre Fog는 덴마크의 많은 과학자들이 비외른 롬보르가 퍼뜨린 무수한 거짓 주장을 바로잡으려는 노력을 포기한 사정을 설명한 바 있다. 자신들의 연구가 왜곡되어 소개되고 악랄한 인신공격의 희생양이 되고 싶지 않았기 때문이다.[99] 바야흐로 위협이 효과를 발휘하고 있다.

과학자들이 적극적으로 관여하지 않은 이유 중 가장 이해할 만한 것은 그들이 과학을 사랑하고 결국에는 진실이 승리를 거둘 것이라 믿기 때문일 것이다. 진실이 무엇인지를 알아내는 것이야말로 과학자들의 일이며, 유일한 일이다. 그 진실을 대중에게 알리는 것은 다른 사람이 더 잘 할 수 있다. 대중과 소통하는 일도 마찬가지이다. 그리고 어딘가에서 누군가 쓰레기를 선전하고 있다면, 다른 누군가가 대처할 수 있다. 사실 과학자들이 연구하는 시간을 빼서 일상적인 문제에 신경을 쓴다면 잘못된 일일 것이다. 앞서 지적한 것처럼, 어느 일류 과학자는 1983년 보고서 『변화하는 기후』에 대해 이렇게 말했다. "다들 쓰레기 보고서라는 걸 알았기 때문에 무시해버렸지요."[100] 그런데 유감스럽게도 쓰레기는 그냥 없어지지 않는다. 누군가 치워야 하며 그 누군가는 우리 모두이다. 과학 연구에 관해 보도하는 언론인들과 과학 분야를 대표하는 전문가 조직, 그리고 일반 시민 모두 말이다.

최근에 언론인 로버트 새뮤얼슨Robert Samuelson은 빌 니런버그가 25년 전에 했던 주장을 『워싱턴 포스트』와 『뉴스위크』에서 잇따라 몇 쪽에 걸쳐 되풀이했다. 지구 온난화는 해결할 수 없으며, 따라서 그저 적응해야 한다는 것이었다.[101] 그러나 해결책은 분명히 존재한다. 지구 온난화는 커다란 문제이며, 이 문제를 해결하기 위해서는 거짓 정보에 귀 기울이는 것부터 그만두어야 한다. 우리는 과학에 관심을 기울이고 우리가 가진 기술의 힘을 이용해야 한다. 로마는 불타지 않을지 모르나 그린란드는 녹아내리고 있으며, 우리는 여전히 시간을 허비하고 있다. 우리 모두는 과학이 정말 어떤 것인지, 그리고 진정한 과학을 알아보는 법과 쓰레기와 과학을 구별하는 법을 잘 알 필요가 있다.

에필로그 : 과학에 대한 새로운 관점

거대한 만찬장을 한번 상상해보자. 수억 명의 사람들이 식사를 하러 온다. 사람들은 마음껏 먹고 마신다. 고대 아테네나 로마, 또는 심지어 중세 유럽의 궁정에 차려진 최고의 식탁보다도 더 훌륭한 음식이 차고 넘친다. 그런데 어느 날 한 남자가 흰 턱시도 차림으로 나타난다. 남자가 계산서를 들고 왔다고 말하자 당연하게도 손님들은 충격에 빠진다. 어떤 이들은 그건 자기 계산서가 아니라고 부정하기 시작한다. 다른 이들은 계산서가 존재한다는 사실 자체를 부정한다. 또 다른 이들은 음식을 먹지 않았다고 잡아뗀다. 어느 손님은 그 남자가 실은 웨이터가 아니라 사람들의 이목을 끌거나 자기 계획을 위해 돈을 모금하려고 할 뿐이라고 말한다. 마지막으로 손님들은 웨이터를 그냥 무시해버리면 알아서 사라질 것이라고 결론을 내린다.

오늘날 지구 온난화 문제에 대해 우리는 바로 이런 모습을 보이고 있다. 지난 150년 동안 산업 문명은 화석 연료에 저장된 에너지로 만찬을 즐겼고 이제 계산을 해야 할 때가 되었다. 하지만 우리는 만찬 테이블에 앉아서 그건 우리 계산서가 아니라고 잡아떼며 계산서를 가져온 사람의 신뢰성에 의혹을 제기한다. 경제학자들은 종종 "공짜 점심은 없다."는 말을 한다. 이 말이 맞다. 우리는 인류 역사에서 유례를 찾기 힘든 번영을 경험하고 있다. 우리는 마음껏 잔치를 즐겼다. 그러나 그 점심은 공짜가 아니었다.

많은 사람들이 부정하는 것도 놀랄 일은 아니다. 어쨌든 우리는 그게 만찬이라는 걸 알지 못했고, 계산서가 나올 것이라고 생각하지도 못했다. 이제 우리는 안다. 계산서에는 산성비와 오존 홀, DDT로 인한 피해도 들어 있다. 이것은 모두 산업 혁명 이래 부유한 선진국 시민들이 영위해온 생활 방식이 낳은 환경 비용이다. 이제 우리는 값을 치르든가 경제 운영 방식을 바꾸든가, 둘 다를 해야 한다. 의심을 부추기는 상인들이 성공을 거둔 것도 놀랄 일은 아니다. 계산서를 놓고 옥신각신하면서 웨이터를 무시해도 된다고 생각하게 만들었기 때문이다.

미국이 지구 온난화에 대처하는 행동에 나서지 못하고, 담배와 산성비, 오존 홀 등의 문제에 대해 과학적 결론이 난 뒤에도 한참 뒤에야 행동을 한 사실은 의심을 부추기는 활동이 효과를 발휘한 명백한 경험적 증거로 일단 볼 수 있다. 그러나 결정 이론decision theory을 보면 그 이유를 알 수 있다. 로널드 기어Ronald Giere와 존 비클John Bickle, 로버트 몰딘Robert Mauldin은 교과서적인 저서 『과학적 추론의 이해Understanding Scientific Reasoning』에서 합리적 결정 이론을 분석한 결과를 보여준다. 그들에 따르면, 만약 당신의 지식이 불확실하다면 최선의 선택은 대개 아무 일도 하지 않는 것이다. 어떤 일을 하면 경제·시간 비용과 기회비용 등의 비용이 발생하며, 미래의 수익으로 이런 비용을 거둬들일 수 있다는 확신이 없으면 그냥 아무 일도 하지 않는 게 최선이다. 게다가 미래의 위험을 방지하기 위해 행동하는 경우에 대개 현재의 이익을 포기할 수밖에 없다. 불확실한 성과를 얻기 위해서 확실한 이익을 포기해야 하는 것이다. 흡연이 유해하다는 사실을 알지 못하고 단지 즐거움을 준다는 것만 안다면, 대부분의 사람은 분명 담배를 피우는 쪽을 선택할 것이다. 1960년대에 수백만 미국인들이 그랬다. 불확실성은 현상 유지 쪽의 손을 들어준다. 기어와 그 동료들은 이렇게 말한다. "아무것도 하지 않음으로써 가장 큰 이득을 누리는 이들이 과학자들 사이의 논쟁과 계속적인 연구의 필요성을 강조하는 게 뭐가 이상한가?"[1]

기어와 동료들의 결론에 따르면, 지구 온난화 문제가 제시되는 방식을 바꾸려면 "아무것도 하지 않으면 결국 온난화로 이어지고 뭔가를 하면 온난화를 막을 수 있음을 보여주는 부정할 수 없는 증거"가 필요하다.[2] 그러나 앞서 살펴본 것처럼, 이미 확고한 결심을 한 이들은 어떤 증거도 부정할 수 있으며, 또 미래에 관해서는 어떤 것도 증명할 수 없다. 그저 두고보는 수밖에 없다. 따라서 이런 질문이 생겨난다. 왜 우리는 처음부터 '부정할 수 없는' 증거를 기대하는 걸까?

우리 이야기의 주인공들이 의심을 부추긴 것은 결정 이론의 도움을 받든 받지 않든 간에 그런 노력이 효과를 발휘한다는 사실을 깨달았기 때문이다. 그리고 이런 노력이 통하는 이유 중 하나는 우리가 과학에 대해 그릇된 견해를 갖고 있기 때문이다.

우리는 과학이 확실성을 제공한다고 생각하며, 따라서 확실성이 없다면 과학이 잘못되거나 불완전한 게 분명하다고 생각한다. 과학이 확실성을 제공한다는 이런 견해는 오래된 것이지만, 19세기 말의 실증주의자들이 가장 분명하게 말한 바 있다. 이 실증주의자들은 '실증적인' 지식, 즉 절대적이고 실증적인 참에 대한 꿈을 약속했다. 그러나 그 뒤로 우리가 배운 것이 있다면 실증주의의 꿈은 말 그대로 꿈이었다는 사실이다. 역사를 살펴보면 과학이 확실성을 제공하지 않는다는 점이 분명히 드러난다. 과학은 증명을 제공하지 않는다. 단지 증거를 조직적으로 축적하고 조사하는 과정을 바탕으로 한 전문가들의 합의를 제공할 뿐이다.

어떤 쟁점에 대해 "양쪽 모두"의 말을 듣는 것은 양당제에서 정치 토론을 할 때는 말이 되지만, 이 방식을 과학에 적용하면 문제가 생겨난다. 어떤 과학적 질문에 대한 답이 없는 경우에 서너 가지 또는 십여 가지의 경쟁하는 가설이 있을 수 있다. 이런 가설들은 연구를 통해 조사된다. 또는 일반적으로 받아들여지는 하나의 작업가설이 존재하면서 몇 가지 중요한 변형이나 강조점의 차이가 존재할 수 있다. 1940년대에 지질학자들이 대륙 이동에 관해 토론할 때, 하버드대학교의 말린 빌링스[Marlin Billings. '말런드 P. 빌링스Marland P. Billings'의 오기이다. http://www.springerlink.com/content/xv70777886053l08/ 참조. — 옮긴이] 교수는 학생들에게 대륙 이동설(나중에는 판구조론)에서 설명하려는 현상에 대해서 무려 19가지의 각기 다른 설명이 가능하다고 가르쳤다.

증거는 연구를 통해 만들어지며, 때가 되면 문제가 해결된다(대륙 이동설이 판구조론으로 발전하여 1970년대 초에 지질학 이론으로 확립된 것처럼 말이다.). 이 시점 이후로는 '편'이란 존재하지 않는다. 수용된 과학 지식만이 존재할 뿐이다. 여전히 답해지지 않은 질문들이 존재할 수 있지만(과학자들은 이런 문제들로 관심을 돌린다.), 답을 찾은 문제에 관해서는 그 특정 문제에 대한 전문가 견해의 합의가 있을 뿐이다. 과학 지식이란 바로 이런 것이다.

대부분의 사람들은 이 점을 이해하지 못한다. 신문에서 서로 반대되는 두 견해를 보여주는 기사를 읽으면, 우리는 둘 다 타당성이 있다고 가정하면서 한쪽의 말을 막는 것은 잘못이라고 생각한다. 그러나 보통 한쪽은 단 한 명의 '전문가'만이 입장을 대변한다. 또는 이 책에서 본 것처럼 한두 명이 등장한다. 지구 온난화 문제의 경우에 우리는 사이츠와 싱어, 니런버그를 비롯한 소수의 사람들이 정부간기후변화위원회 전체의 집단적 지성에 맞서 나란히 배치되는 모습을 보았다. 다양한 국적과 기질, 정치 성향을 가진 세계 곳곳의 수천 명의 기후학자들의 견해와 연구를 아우르는 정부간기후변화위원회가 불과 몇 명과 동등하게 대접받은 것이다. 이런 점은 또 다른 중요한 문제로 이어진다. 현대 과학은 집단적인 기획이라는 사실 말이다.

많은 사람들은 '과학'이라는 단어에서 실제 과학의 모습을 떠올리지 않는다. 오히려 과학자들의 모습을 떠올린다. 우리는 갈릴레오, 뉴턴, 다윈, 아인슈타인 같은 위대한 과학자들을 생각하면서 그들을 당대에 오해 받은 영웅적 개인으로 상상한다. 이 영웅들은 급진적인 새로운 사고를 인정받기 위해 인습적인 지식이나 제도에 맞서 싸워야 했다. 물론 뛰어난 두뇌를 가진 개인들은 과학사에서 중요한 한 부분이다. 뉴턴이나 다윈 같은 사람들은 역사에서 지금과 같은 자리를 차지할 충분한 자격이 있다. 그런데 과학사가에게 근대 과학이 언제 시작되었느냐고 물어보면, 필시 갈릴레오나 코페르니쿠스의 탄생을 이야기하지는 않을 것이다. 아마 과학 기관의 기원에 관해 논의할 것이다.

초창기부터 과학은 기관과 결부되었다. 1609년에 설립된 이탈리아의 린체이아카데미Accademia dei Lincei나 1660년에 설립된 영국 왕립학회Royal Society, 1666년에 설립된 프랑스 과학아카데미Académie des Sciences 등이 대표적인 예이다. 학자들(19세기에 '과학자' 라는 단어가 만들어지기 전에는 현자나 자연철학자 등 여러 이름으로 불렸다.)은 새로운 지식을 만들어내려면 서로의 주장을 시험할 수 있는 수단이 필요하다는 점을 알고 있었다. 중세 학문은 고대의 문헌을 연구하는 데, 즉 고대의 지혜를 보존하고 계시가 담긴 문헌을 감정하는 데 주로 초점을 맞추었지만, 나중에 학자들은 세계에 다른 학문이 필요하다고 생각하기 시작했다. 새로운 지식을 위한 장소를 만들 필요가 있었다.

그러나 일단 새로운 지식이라는 사고의 문이 열리자 아무 제한 없이 온갖 주장이 제기되었고, 따라서 이런 주장들을 조사하기 위한 장치가 필요했다. 자신의 주장을 분명하게 발표하고 엄격한 심사를 받는 저널과 학술회의, 동료 평가 등 오늘날 현대 과학에서 당연시하는 제도적 구조의 기원이 여기에 있다.

1600년대 이래 과학은 급격하다는 말이 모자랄 정도로 발전했지만, 기본적인 생각은 여전히 다르지 않다. 과학적 사고는 증거에 의해 뒷받침되어야 하며 수용되거나 거부될 수 있다. 증거는 실험이 될 수도 있고 관찰이 될 수도 있다. 또 논리적 논증이나 이론적 증명이 될 수도 있다. 그러나 어떤 형태의 증거이든 간에, 하나의 사고와 이것을 뒷받침하는 데 사용되는 증거는 동료 과학자들로 이루어진 배심원단의 평가를 받아야 한다. 어떤 주장이 이런 평가, 즉 **동료 평가**를 통과하기 전까지는 그것은 단순한 하나의 주장에 지나지 않는다. 동료 전문가들이 어떤 사고를 받아들일 때 그것은 비로소 지식으로 간주된다(이런 학회의 회원을 가리키는 영어 단어가 '동료'라는 뜻의 'fellow'인 것도 이 때문이다.). 반대로, 자신의 주장이 거부되면, 정직한 과학자라면 이런 평가를 겸허하게 받아들이고 다른 문제를 연구할 것으로 기대된다. 과학에서는 반대자들이 지쳐서 포기할 때까지 한 주제를 계속 물고 늘어지는 것이 허용되지 않는다.

현대 저널리즘이 흔히 사용하는 '인용 보도' 방식은 이런 현실을 무시한다. 우리는 누군가 다른 의견을 보이면 그 사람의 의견도 마땅히 고려해보아야 한다고 생각한다. 그렇게 해야 공정하다고 생각한다. 그런데 우리가 알지 못하는 점은 과학의 장에서는 많은 경우에 그 사람의 의견에 대해 이미 마땅히 고려해보았다는 사실이다. 로버트 재스트로와 그의 동료들이 처음 과학의 장이 아니라 여론의 장에 자신들의 주장을 내놓았을 때, 그들은 400년 동안 과학적 주장의 진실성을 시험해온 제도적인 규약을 내팽개친 셈이다.

반대론자들이 제기한 주장 가운데 대다수는 이미 과학의 장에서 심사를 받고 동료 평가라는 시험을 통과하지 못했다. 바로 그 순간부터 그들의 주장은 사실 과학으로 간주될 수 없었으며, 이 책의 주인공들은 다른 문제를 연구해야 했다. 어떤 면에서 그들은 불쌍한 패배자들이다. 심판진이 이미 아웃 판정을 내렸는데도 우리의 반대론자들은 승복하지 않았다.

게다가 많은 경우에 이 반대론자들은 자신들의 주장을 심사 받으려는 시도조차 하지 않았다. 실제로 대다수 반대론자들은 오래전에 과학 연구를 그만두었다. 이 책의 이야기가 시작된 1970년대에 프레드 사이츠는 이미 록펠러대학교에서 은퇴해서 담배를 옹호하기 시작했다. 생물학자나 종양학자, 내과 의사가 아닌 고체물리학자가 말이다. 1980년대에 계속되는 이야기에서 사이츠는 로버트 재스트로, 윌리엄 니런버그와 세력을 규합했다. 이 사람들 가운데 어느 누가 전략 방위 구상이나 산성비, 오존 홀이나 간접흡연, 지구 온난화 등에 관해 얼마나 많은 독창적인 연구를 했을까? 사실을 말하자면 거의 전혀 하지 않았다. 과학정보기구Institute of Scientific Information에서 운영하는 동료 평가 과학 간행물 색인인 '웹오브사이언스'를 검색해보면, 프레더릭 사이츠가 1970년 무렵에 독창적인 과학 연구를 그만둔 것을 알 수 있다. 그 뒤 사이츠는 이곳저곳에 글을 발표했지만 대부분 서평이나 논설, 편집자에게 보내는 편지였고 과학사의 위인에 관한 글이 몇 편이었다. 빌 니런버그와 로버트 재스트로 역시 이 시기 동안 동료 평가를 거치는 저널에 거의 논문을 발표하지 않았다.

아마 이 책의 이야기가 펼쳐지는 시기 동안 현직에서 활동한 과학자로 인정받을 자격이 되는 사람은 프레드 싱어뿐일 것이다. 1950년대와 1960년대에 싱어는 물리학과 지구물리학에 관해 상당히 많은 수의 논문을 발표했다. 대부분 『네이처』나 『물리학 평론Physical Review』, 『지구물리 연구 저널』 같은 일류 저널이었다. 그러나 1970년 무렵에는 싱어 역시 방향을 전환했고 그 뒤로 줄곧 주로 편지와 논설만 쏟아내고 있다.[3] '웹오브사이언스'에는 이 글들 중 일부가 논문으로 분류되어 올라 있지만, 이 글들 대부분이 과연 독창적인 과학 연구인지는 적어도 논쟁거리이다. 이를테면 1992년에 『원자과학자 회보Bulletin of Atomic Scientists』에 발표된 「온난화 이론에 경고 표시를 달아야 한다

Warming Theories Need Warning Labels」라는 글을 보라(공교롭게도 이 글에는 도미노 효과를 보여주는 그림이 실려 있다. 싱어의 반공주의의 그림자가 어른거린다고나 할까.).[4] 1980년대에 싱어는 『월스트리트 저널』에 석유 자원에 관한 연재물을 게재했지만, 그는 지질학자나 석유공학자, 자원경제학자가 아니었고, 이 주제에 관해 동료 평가를 거치는 연구를 거의 또는 전혀 한 적이 없었다.[5]

사실을 말하자면, 이 사람들은 자신들이 황금기에 관심을 돌린 다양한 문제에 관해 절대 전문가가 아니었다. 그들은 물리학자이지 역학자나 생태학자, 대기화학자, 기후 모델학자가 아니었다. 그런데 그들이 논평하는 온갖 상이한 주제에 관해 진짜로 전문가가 되려면 이 모든 과학에 정통해야 했다. 즉 역학자이자 생태학자이며 대기화학자이자 기후 모델학자가 되어야 했다. 현대 세계에서 어느 누구도 그렇게 될 수 없다. 현대 과학은 그러기에는 너무나도 전문화되어 있다. 현대 과학을 하려면 일정하게 한 분야에 집중하고 몰두해야 하며, 따라서 어느 한 분야에서 전문가가 되는 것도 쉽게 엄두가 나지 않는 일이다. 하물며 여러 분야에서 동시에 전문가가 되기란 하늘의 별따기이다. 최소한 이런 점을 알았더라면 이 사람들이 진짜 전문가일 리가 없음을 눈치챘을 것이다. 만능 전문가는 모순 어법일 뿐이다.

언론인들은 이 사람들의 높은 지위에 속았고, 우리 모두는 똑똑한 사람은 모든 문제에 똑똑하다는 순진한 가정에 속아 넘어갔다. 그러고는 벌집 군집 붕괴 현상에서부터 철자 개혁과 세계 평화 전망에 이르기까지 온갖 문제에 대해 물리학자에게 의견을 물었다.[6] 그리고 물론 흡연과 암에 대해서도 물어보았다. 그러나 물리학자에게 흡연과 암에 관한 코멘트를 요청하는 것은 흡사 공군 대위에게 잠수함 설계에 관해 말해달라고 하는 것과 같다. 뭔가 알 수도 있지만, 전혀 모를 수도 있다. 어쨌든 전문가는 아닌 것이다.

그렇다면 우리는 어떻게 해야 할까?

우리는 누구나 매일 결정을 내리며, 대개 불확실성을 앞에 놓고 결정을 한다. 차나 집을 사거나 건강보험을 선택하거나 퇴직 후를 대비해 저축을 할 때 우리는 결정을 내리며, 불확실성 때문에 아무 일도 못하는 상황에 빠지지는 않는다. 그러나 우리에게 도움을 줄 수 있다고 생각하는 사람들에게 의존할 수 있다.

보통 우리는 그 문제에 관해 구할 수 있는 최선의 정보에 입각해서 결정을 내리려고 노력한다. 차를 한 대 사야 한다고 생각해보자. 분명 당신은 몇몇 차종을 시운전해볼 테지만, 또한 차에 관해 좀 아는 친구와도 말해볼 것이고, 어쩌면 『컨슈머 리포트』나 『카 앤드 드라이버Car and Driver』 같이 자동차를 평가하는 잡지도 볼지 모른다. 잡지에서 실수를 하기도 하고 가격대와 옵션이 다양하다는 것도 알지만, 당신이 찾은 정보가 꽤 정확하고 현실적이라고 가정한다. 이런 태도를 『카 앤드 드라이버』 현실주의라고 불러보자.

그렇지만 이 비유가 우리 논의에 딱 맞지는 않다. 결국 차를 사는 일은 무척 주관적인 것이며 대부분 취향의 문제에 크게 좌우되기 때문이다. 나는 나에게 딱 맞는 차가 무엇인지 결정할 수 있지만, 실험을 하거나 관찰을 해서 다른 사람의 차량 구입 문제를 해결해줄 방법은 없다. 결국 이 문제에는 절대 진리가 있을 수 없다.

그렇다면 다른 예를 생각해보자.

우리 대부분이 인생에게 하는 가장 큰 경제적인 결정은 집을 사는 일이다. 집을 살 때 우리는 수많은 요소들을 고려한다. 규모와 위치, 직장·장보기·레저 등의 거리와 편의성, 안전과 보안, 인근 학교의 질, 그리고 물론 가격까지. 매입 제안을 결정하는 과정은 차를 살 때처럼 온갖 주관적인 요소들이 개입하면서도 돈의 규모가 훨씬 크기 때문에 골치가 아플 수 있다. 하지만 일단 매입 제안을 결정하더라도 한 가지를 더 해야 한다. 큰 이해관계가 걸려 있다는 점을 감안하면 대부분의 사람들은 이 문제에 사실 거의 관심을 기울이지 않는다.

우선 소유권이나 대출 관계 등 권리 분석〔미국에는 우리나라처럼 등기 제도가 없기 때문에 부동산을 거래할 때 여기서 설명하는 다소 복잡한 권리 분석을 거친다. — 옮긴이〕을 한다. 아니면 보통 다른 사람에게 돈을 주고 권리 분석을 맡긴다. 판매하는 사람이 실제로 해당 부동산의 소유권을 가지고 있는지, 미해결된 청구권이나 담보권이 있어서 소유권 확보에 지장은 없는지 등을 파악해야 한다. 권리 분석을 의뢰한 사람이 무능하거나 정직하지 않으면 우리가 경제적으로 파탄이 나는 상황이 생길 수도 있다. 하지만 우리는 권리 분석을 신뢰한다. 왜 그럴까? 간단히 답하자면 그다지 많은 선택의 여지가 없기 때문이다. 누군가는 권리 분석을 해야 하고, 우리가 직접 할 만한 전문적인 능력은 없다. 우리는 우리를 대신해서 그 일을 하도록 훈련 받고 인가 받고 경험이 있는 사람을 신뢰한다.

사회학자 마이클 스미슨Michael Smithson은 모든 사회관계는 신뢰관계라고 지적한 바 있다. 우리는 직접 할 수 없거나 하고 싶지 않은 일을 다른 사람들이 대신 해줄 것이라고 믿는다.[7] 심지어 법적 계약에서도 일정한 수준의 신뢰가 포함된다. 당사자가 언제든 베네수엘라 같은 데로 도망갈 수 있기 때문이다. 다른 사람을 신뢰하지 못하거나 통제권을 넘겨주기 싫으면, 우리가 직접 할 수 있다. 직접 요리를 하고, 집을 청소하고, 세금을 처리하고, 세차를 하고, 심지어 아이들 교육도 직접 할 수 있다. 그러나 과학은 직접 하지 못한다.

따라서 이런 결론이 나온다. 과학의 문제에 관해서는 과학 전문가들을 신뢰해야 한다. 현실성 있는 다른 대안이 없기 때문이다.[8] 그리고 과학자들은 (대부분의 경우에) 면허증이 없기 때문에, 누가 진짜 전문가인지 관심을 기울일 필요가 있다. 자격 증명서나 과거와 현재의 연구 내용은 어떠한지, 어느 곳에서 자신의 주장을 제기해서 심사를 받는지, 어디에서 재정적 지원을 받는지 등을 질문하는 식으로 말이다.

과학계에 어떤 문제에 관한 판단을 묻거나(과학학술원은 일상적으로 이런 질의를 처리한다.) 과학계에서 직접 나서서 평가를 조직하는 경우에(오존변화추세평가단이나 정부간기후변화위원회가 대표적인 예이다.) 그 조사 결과를 진지하게 받아들이는 것이 합당하다. 이런 과정이 현대 과학과 경제 정책의 권리 분석이다. 어떤 사람이나 어느 곳에서 동의하지 않는다고 해서 조사 결과를 기각하는 것은 말이 되지 않는다. 특히 의견을 달리하는 사람이 고령으로 은퇴한 데다가 불만에 가득 찬 습관적인 반대론자이거나 명백하게 이데올로기적 의제를 추구하는 집단이나 정치·경제적 기득권 집단에 소속된 경우에는 전문가들의 합의를 기각하는 게 더더욱 말이 되지 않는다.

합리적인 의사 결정을 위해서는 우리가 가진 정보에 바탕을 두고 행동해야 한다. 물론 그런 정보가 불완전할 수도 있고, 새로운 정보가 나타나면 그에 비추어서 기존의 결정을 재검토하고 수정할 수도 있다. 설령 현대 과학이 우리에게 확실성을 제공하지 않는다 할지라도 이제까지 쌓아온 확고한 업적은 분명하다. 우리는 달에 사람을 보내고 각종 질병을 치료했으며, 지구의 내부 구성을 파악하고 신물질을 개발했으며, 인간의 노동을 상당 부분 대신하는 수많은 기계를 만들었다. 이런 성과는 모두 현대 과학 지식 덕분에 가능했다. 이런 현실적인 업적 때문에 우리의 과학 지식이 진리임이 증명되는 것은 아니지만, 현대 과학이 **행동**을 위한 일정 수준의 근거를 제공한다는 점은 분명하다.

1960년대 초반, 세계적으로 손꼽히는 한 역학자는 원래 담배가 치명적이라는 점을 의심했는데 유해성을 입증하는 증거가 확고하다는 사실을 받아들이게 되었다. 더 많은 데이터가 필요하다고 주장하는 이들에게 그는 다음과 같이 대답했다.

> 관찰을 통한 것이든 실험을 통한 것이든 간에, 모든 과학 연구는 불완전하다. 모든 과학 연구는 지식이 진보함에 따라 뒤집어지거나 수정될 수 있다. 그렇다고 해서 우리가 이미 가진 지식을 마음대로 무시하거나 주어진 시점에서 요구되는 행동을 미룰 이유가 생기는 것은 아니다. 시인 로버트 브라우닝Robert Browning이 묻는 것처럼, 오늘 밤 세상이 멸망하지 않는다는 걸 누가 알겠는가? 물론 그럴 수도 있지만, 우리 대부분은 입수 가능한 증거에 따라 다음날 여덟 시 반에 출근할 준비를 한다.[9]

오해하지 말자. 과학자들은 도덕적이거나 윤리적인 결정에 관해 어떤 특별한 능력도 없다. 기후학자가 보건 개혁에 대해 논평할 자격이 없는 것은 물리학자가 벌집 군집이 붕괴한 원인을 판단하지 못하는 것과 같다. 어떤 특화된 영역에서 전문성을 만들어내는 바로 그 특성 때문에 다른 많은 영역에 대해서는 무지할 수밖에 없다. 어떤 경우에는 농부, 어부, 환자, 원주민 같은 일반인에게 그 문제와 관련된 경험이 있어서 과학자들이 그들로부터 배울 수도 있다. 실제로 최근에 과학자들은 이런 사실을 인정하기 시작했다. 『북극기후영향평가 보고서』에는 현지 원주민 집단이 모은 관찰 자료도 포함되어 있다.[10] 따라서 과학자의 신뢰성을 제한하고 범위를 좁힐 필요가 있다. 아주 특정한 문제에 대해서만 신뢰를 해야 하는 것이다. 맹목적인 신뢰를 하면 적어도 전혀 신뢰를 하지 않는 것만큼 커다란 곤란에 빠질 수 있다. 그러나 전문가로 정해진 사람들, 즉 우리가 사는 자연 세계에 관한 어려운 문제들을 가려내는 데 일생을 바친 사람들을 어느 정도 신뢰하지 않는다면, 아침에 출근 준비를 해야 하는지 같은 문제들을 전혀 알지 못해서 아무 일도 하지 못할 것이다. 토크빌이 200년 전에 깨달은 것처럼, 사방에 혼란스런 아우성만이 남게 될 것이다. 또는 셰익스피어가 수백 년 전에 말한 것처럼, 삶이 "아무 의미도 없는 소음과 분노로만 가득한 바보의 이야기"로 전락할 것이다.[11]

    C. P. 스노C. P. Snow는 권위에 대한 어리석은 믿음이야말로 진리의 적이라고 말한 바 있다. 그러나 어리석은 냉소주의 역시 진리의 적이다.

    이 책을 쓰면서 우리는 수십만 쪽의 문서를 읽었다. 이제까지 역사학자 노릇을 하는 동안에는 수백만 쪽을 뒤적거렸다. 종종 우리는 결국 사태를 직접 목격한 증인들이 스스로 말하게 내버려두는 것이 최선의 방책이라는 결론에 도달한다. 따라서 브리티시아메리칸토바코의 연구부장 S. J. 그린S. J. Green의 말로 이 책을 마무리하고자 한다. 그린은 마침내 담배 업계에서 한 일이 도덕적으로뿐만 아니라 지적으로도 잘못이었다는 결론에 다다랐다. "과학적 증거를 내놓으라고 요구하는 것은 언제나 아무 일도 하지 않고 시간만 끌기 위한 빤한 공식이며, 대개 떳떳하지 못한 자들이 첫 번째 보이는 반응이다. 이런 결정을 내리기 위한 적절한 근거는 물론 구체적인 상황에서 어느 것이 합리적인가 하는 아주 간단한 질문이다."[12]

또 빌 니런버그는 어느 순간 솔직한 말을 털어놓은 적이 있다. "미국 동북부 지방에 1년에 황산염 2500만 톤을 쏟아붓고서 아무 …… 결과도 나타나지 않을 것이라고 생각한다면 무리일 것이다."[13]

우리 역시 이 말에 동의한다.

감사의 말

이루 헤아릴 수 없이 많은 사람들이 시간과 전문적 능력을 할애해 우리가 이 책을 위해 연구하고 집필하고 사실을 확인하는 일을 도와주었다. 이 책에 담긴 역사의 일부나 전부를 몸소 살고, 그에 관해 우리에게 말을 해주고, 초고의 일부를 검토해준 다양한 사람들에게 깊은 감사의 말을 전하고 싶다. 헨리 어바버넬Henry Abarbanel, 리처드 에이어스Richard Ayres, 크리스 버나보, 에드워드 프리먼, 스탠턴 글랜츠, 저스틴 랭커스터, 제임스 핸슨, 도널드 케네디, 진 라이컨스, 존 페리, 셔우드 롤런드, 벤 샌터, 앤서니 소치, 리처드 서머빌Richard Somerville. 또 이 책에 실린 이야기와 과학 전반을 이해하는 데 도움을 준 학계의 동료들에게도 감사의 뜻을 표하고 싶다. 키스 벤슨Keith Benson, 리처드 크레스Richard Creath, 맥스웰 보이코프, 낸시 카트라이트Nancy Carwright, 라일리 던랩Riley Dunlap, 제임스 플레밍James Fleming, 데일 제이미슨Dale Jamieson, 미애나 라슨, 메리 모건Mary Morgan, 제인 마인샤인Jane Maienschein, 미낙시 메넌Minakshi Menon, 로버트 프록터, 나렌드라 수브라마니안Narendra Subramanian, 폴 새커Paul Thacker, 스펜서 워트Spencer Weart, 피터 웨스트윅, 주오위에 왕.

레거시담배문서도서관의 자료와 샌프란시스코 소재 캘리포니아대학교의 스탠턴 글랜츠 교수와 그 동료들의 연구가 없었다면 이 프로젝트는 꿈도 꾸지 못했을 것이다. 우리는 또한 기후 변화에 관한 제이슨위원회의 초기 보고서를 입수하는 일을 도와준 월터 멍크와, 이 프로젝트를 열성적으로 지지했을 뿐만 아니라 인터넷에서 우리의 명예를 지켜주고, 결정적으로 중요한 순간에 초고 전체를 읽어준 존 매시, 그리고 '권리 분석 현실주의' 개념을 만들어내는 일을 도와준 모트 그린Mott Greene 등에게 고마움을 전하고 싶다.

문서 보관소가 존재하지 않거나 문서 보관 담당자의 도움을 받지 못한다면 어떤 역사가도 일을 하지 못한다. 스크립스해양연구소의 문서보관소에서 헌신적으로 일하는 직원들, 특히 데보라 데이Deborah Day와 캐롤린 레이니Carolyn Rainey, 국립과학학술원의 재니스 골드블럼Janice Goldblum, MIT 대학문서보관소, 린든 B. 존슨 대통령 도서관, 조지 H. W. 부시 대통령 도서관 등에 감사한다.

우리는 다행히도 여러 뛰어난 연구조교들의 지원을 받았다. 벤저민 왕Benjamin Wang, 아프순 푸로하Afsoon Foorohar, 케린 매트쳇Karin Matchett, 매튜 크로포드Matthew Crawford, 매튜 신들Matthew Shindell, 크리스탈 트리벳Krystal Tribbett, 그리고 무엇보다도 지칠 줄을 모르는 샬럿 고어Charlotte Goor가 그들이다. 빈말이 아니라 고어가 없었다면 이 책을 절대 마무리하지 못했을 것이다. 우리 둘이 오래전에 풀이 죽어서 포기했을 게 뻔하다.

우리는 또한 이 책이 대중용 서적이 될 수 있음을 처음 간파한 웨스트뷰 출판사 출신의 홀리 호더Holly Hodder와, 처음부터 이 프로젝트 전체를 떠맡은 우리의 저작 대리인 에이샤 팬데이Ayesha Pande, 그리고 처음부터 끝까지 줄곧 분명하고 영민하고 친절하게 조언을 해준 블룸스버리출판사의 탁월한 두 편집자 피터 지나Peter Ginna와 피트 비티Pete Beatty에게 감사의 말을 하고 싶다.

에릭 콘웨이는 캘리포니아 패서디나Pasadena에 있는 제트추진연구소의 블레인 배깃Blaine Baggett과 스티븐 쿨치키Stephen Kulczycki에게 감사한다. 두 사람은 이 책의 집필을 마무리할 수 있도록 휴가를 승인해주었다. 연구진이 개인 시간에 관심사를 연구할 수 있도록 정책적으로 배려해준 제트추진연구소 경영진과 캘리포니아공과대학교에도 감사한다. 또한 점심시간마다 기상학에 관해 많은 이야기를 나눈 에릭 페처Eric Fetzer, 프레더릭 W. 아이리언Frederick W. Irion, 존 T. 쇼필드John T. Schofield, 데이비드 캐스David Kass 등에게도 감사의 말을 하고 싶다.

나오미 오레스케스는 법적 조언을 해준 크리스토퍼 패티Christopher Patti와 무한한 정신적 지원을 해준 린 러셀Lynn Russell, 리처드 서머빌, 래리 아미Larry Armi, 그리고 지적 고결성을 몸소 보여준 토니 헤이멧Tony Haymet, 학문의 자유를 확고하게 뒷받침해준 캘리포니아대학교 샌디에이고캠퍼스, 학자의 일상생활이 초래하는 위협에 맞서 주의 깊게 지켜준 섀넌 슬론Shannon Sloan 등에게 감사하고 싶다. 마지막이지만 그 누구보다도 중요한 사람으로 사랑하는 남편 케네스 벨리츠Kenneth Belitz에게도 감사의 말을 전한다. 그이가 늘 하는 말처럼 그이는 이 책을 읽을 필요가 없었다. 책 자체를 몸소 살았기 때문이다. 그리고 몇 달이나 엄마 노릇을 해주지 못해도 씩씩하게 참아준

두 아이 한나와 클라라 벨리츠Hannah and Clara Belitz에게도 고마운 마음을 전한다.

글의 출처

4장의 일부는 원래 Erik M. Conway, *Atmospheric Science at NASA: A History* (Baltimore, Md.: The Johns Hopkins University Press, 2008)에 수록되었다.

6장의 일부는 Naomi Oreskes, Erik M. Conway, and Matthew Shindell, "From Chicken Little to Dr. Pangloss: William Nierenberg, Global Warming, and the Social Deconstruction of Scientific Knowledge," *Historical Studies in the Natural Sciences* 38, no. 1: 109~152쪽에서 가져온 것이다. 허락 하에 이 책에 수록했다.

7장의 일부는 Naomi Oreskes, "Science and Public polity: What's proof got to do with it?" *Environmental Science and Policy* 7, no. 5: 369~383쪽에서 가져온 것이다.

결론의 일부는 Naomi Oreskes, "The Scientific consensus on climate change: How do we know we're not wrong?" *Climate Change: What It Means for Us, Our Children, and Our Grandchildren*, edited by Joseph F. C. DiMento and Pamela Doughman (Cambridge, Mass.: MIT Press, 2007), 65~99쪽에서 가져온 것이다. MIT출판부의 허락 하에 재수록했다.

주

주석의 자료 출처에 관한 소개

이 책은 1990년대 담배 소송을 통해 밝혀진 문서들에 크게 의존한다. 이 문서들은 캘리포니아대학교 샌프란시스코캠퍼스에서 소장하고 있으며, 온라인에서는 레거시 담배문서도서관Legacy Tobacco Documents Library(http://legacy.library.ucsf.edu)에서 볼 수 있다.

5000만 쪽이 넘는 이 온라인 데이터베이스는 문서 전체를 검색할 수 있으며, 문서마다 베이츠 번호Bates Number(BN)라는 고유의 식별 번호가 붙어 있다. 이 인터넷 도서관에는 무척 비슷한 이름의 문서가 아주 많기 때문에 우리는 주석에서 개별 문서를 가리키는 가장 간편한 방법으로 베이츠 번호를 강조하기로 했다. 또한 개별 문서의 URL 주소는 생략했다. 지면을 많이 차지하는 데다가 향후에 주소가 바뀔 수도 있기 때문이다.

서론: 한 줌의 과학자들이 진실을 가리다

1 *Massachusetts et al. vs. Environmental Protection Agency et al.*, no. 05-1120 (Washington, D.C., November 29, 2006), <http://www.supremecourtus.gov/oral_arguments/argument_transcripts/05-1120.pdf>; David Rosner and Gerald Markowitz, "You say Troposphere, Isay Stratosphere," The Pump Handle Crowd Blog(2007년 1월 8일 게시), <http://thepumphandle.wordpress.com/2007/01/08/you-say-troposphere-i-say-stratosphere/>.

2 "The IPCC Controversy," Science and Environment Policy Project, <http://www.sepp.org/Archive/controv/ipcccont/ipcccont.html>.

3 Frederick Seitz, "A Major Deception on 'Global Warming,'" *Wall Street Journal*, June 12, 1996, Op-Ed, Eastern edition, A16쪽.
4 Benjamin Santer et al., letter to the editor, *Wall Street Journal*, June 25, 1996, Eastern edition, A15쪽.
5 Susan K. Avery et al., "Special insert: An open letter to Ben Santer," UCAR—University Corporation for Atmospheric Research, *Communications Quarterly* (Summer 1996), <http://www.ucar.edu/communications/quarterly/summer96/insert.html>.
6 앞의 글.
7 Paul N. Edwards and Stephen H. Schneider, "The 1995 IPCC Report: Broad Consensus or Scientific Cleansing," *Ecofable/Ecoscience* 1, no. 1 (1997): 3~9쪽.
8 S. Fred Singer, letter to the editor, Wall Street Journal, July 11, 1996, Eastern edition, A15쪽. 이 사건 전반에 관한 자세한 설명으로는 Edwards and Schneider, "The 1995 IPCC Report," 3~9쪽을 보라.
9 Jonathan DuHamel, "The Assumed Authority—The IPCC Examined," Climate Realists Blog (예전 이산화탄소 회의론자들), 2008년 5월 29일에 게시, <http://climaterealists.com/index.php?id=1368>; "The IPCC Controversy," Science and Environment Policy Project.
10 "IPCC Global Warming Report," American Liberty Publishers, <http://www.amlibpub.com/essays/ipcc-global-warming-report.html>.
11 John Schwartz, "Philip Morris Sought Experts to Cloud Issue, Memo Details," *Washington Post*, May 9, 1997, A02쪽, <http://www.washingtonpost.com/wp-srv/national/longterm/tobacco/stories/second.htm>.
12 Richard Leroy Chapman, "A Case Study of the U.S. Weather Satellite Program: The Interaction of Science and Politics" (Ph.D. thesis, Syracuse University, 1967).
13 S. Fred Singer and Kent Jeffreys, *The EPA and the Science of Environmental Tobacco Smoke*, Alexis de Tocqueville Institution, University of Virginia, 1994, BN: TICT0002555 and BN: TI31749030, Legacy Tobacco Documents Library.
14 *Bad Science: A Resource Book*, 26 March 1993, BN: 2074143969, Legacy Tobacco Documents Library.
15 Frederick Seitz, Robert Jastrow, and William A. Nierenberg, eds., *Global*

Warming: What Does the Science Tell Us? (Washington, D.C.: The George C. Marshall Institute, 1989). 마셜연구소는 이 책을 1989, 1990, 1991년에 『온실 문제에 관한 과학적 관점Scientific Perspectives on the Greenhouse Problem』이라는 제목으로 재출간했다. Robert Jastrow, William Nierenberg, and Frederick Seitz, *Scientific Perspectives on the Greenhouse Problem* (Washington, D.C.: George C. Marshall Institute, 1989)를 보라.

16 Leslie Roberts, "Global Warming: Blaming the Sun," *Science* 246, no. 4933 (November 24, 1989): 992~993쪽.

17 *S. Fred Singer v. Justin Lancaster*, Mass. Civil Action 93-2219 (August 2, 1993); Gary Taubes, "The Ozone Backlash," *Science* 260 (June 11, 1993): 1580~1583쪽; F. Sherwood Rowland, "President's Lecture: The Need for Scientific Communication with the Public," *Science* 260 (June 11, 1993): 1573~1576쪽; S. Fred Singer letter to the editor and Rowland response, *Science* 261 (August 27, 1993), 1101~1103쪽.

18 Myanna Lahsen, "Experiences of Modernity in the Green house: A Cultural Analysis of a Physicist 'Trio' Supporting the Backlash against Global Warming," *Global Environmental Change* 18 (2008): 204~219쪽.

19 정부간기후변화위원회의 4차 평가 보고서에서 온난화가 '명백한' 현실이라고 선언한 2007년까지도 『뉴욕 타임스』는 프레드 싱어의 '이견'을 인용해주었다. Cornelia Dean, "Even Before Its Release, World Climate Report Is Criticized as Too Optimistic," *New York Times*, February 2, 2007, <http://www.nytimes.com/2007/02/02/science/02oceans.html?scp=1&sq=Fred+Singer&st=nyt>를 보라.

1장 의심이 우리의 상품이다

1 *Executive Summary*, 1987, Bates Number (BN): 507720494, Legacy Tobacco Documents Library; *A Discussion of Tobacco Industry and R. J. Reynolds Industries' Support of Biomedical Research*, BN: 504480429, Legacy Tobacco Documents Library.

2 Frederick Seitz to H. C. Roemer, 1 May 1978, BN: 504480670, Legacy Tobacco Documents Library.

3 *Executive Summary*, 1987, BN: 507720494. William D. Hobbs to J. Paul Sticht,

RE: Corporate Support of Biomedical Research, 29 May 1980, BN: 504480340, Legacy Tobacco Documents Library; *A Discussion of Tobacco Industry and R. J. Reynolds Industries' Support of Biomedical Research*, BN: 504480429, Legacy Tobacco Documents Library 등도 보라.

4 "Atabrine and New Pharmacology," The AMINCO-Bowman SPF: Special Spotlights, <http://history.nih.gov/exhibits/bowman/SSatabrine.htm>.

5 *Executive Summary*, BN: 507720494, Legacy Tobacco Documents Library.

6 앞의 글.

7 클라인은 나중에 이 실험들 때문에 곤경에 빠졌다. Nicholas Wade, "Gene Therapy Caught in More Entanglements," *Science* 212, no. 4490 (April 23, 1981): 24~25쪽과 본 장 뒤편의 논의를 보라.

8 Frederick Seitz, *On the Frontier: My Life in Science* (New York: American Institute of Physics Press, 1994).

9 예를 들어 Colin Stokes, *Chairman of R. J. Reynolds Industries to G. Barry Pierce, MD*, 2 November 1978, BN: 503036338, Legacy Tobacco Documents Library를 보라.

10 앞의 두 인용의 출처는 William D. Hobbs to J. Paul Sticht, BN: 504480340, Legacy Tobacco Documents Library; 마지막 인용의 출처는 Colin Stokes, *RJR's Support of Biomedical Research, International Advisory Board, Draft II: Presentation Prepared by RJR Managerial Employee for Review and Approval by RJR In-house Legal Counsel*, May 1979, BN: 50480518, Legacy Tobacco Documents Library. 거의 똑같은 문서인 Colin Stokes, *RJR's Support of Biomedical Research, International Advisory Board*, May 1979, BN: 504697359, Legacy Tobacco Documents Library도 보라.

11 William D. Hobbs to J. Paul Sticht, BN: 504480340, Legacy Tobacco Documents Library.

12 앞의 글.

13 Colin Stokes, *RJR's Support of Biomedical Research*, BN: 504480518, Legacy Tobacco Documents Library.

14 앞의 글.

15 앞의 글.

16 앞의 글.

17 Robert N. Proctor, *The Nazi War on Cancer* (Princeton, N.J.: Princeton University Press, 1999).

18 Frederick Seitz to John L. Bacon, Director-Corporate Contributions, 24 October 1984, BN: 508455343, Legacy Tobacco Documents Library. 프루지 너는 적어도 한 차례 이상 담배 회사 중역들과 저녁 식사를 했다. *Memorandum to J. Tylee Wilson*, BN: 505628702G, Legacy Tobacco Documents Library를 보라.

19 Ernest L. Wynder et al., "Experimental Production of Carcinoma with Cigarette Tar," *Cancer Research* 13 (December 1953): 855~864쪽.

20 Stanton A. Glantz et al., *The Cigarette Papers* (Berkeley: University of California Press, 1996), 25쪽.

21 Proctor, *Nazi War*; Robert N. Proctor, *Cancer Wars: How Politics Shapes What We Know and Don't Know about Cancer* (New York: Oxford University Press, 2001); Devra Lee Davis, *The Secret History of the War on Cancer* (New York: Basic Books, 2007).

22 이 장의 서술은 레거시 담배 문서Legacy Tobacco Documents를 바탕으로 한 우리의 독창적인 연구뿐만 아니라 과학적 증거에 이의를 제기하려 한 담배 업계의 노력에 관한 수많은 연구에도 의존한다. 우리가 이용한 대표적인 자료는 다음과 같다. Glantz et al., *The Cigarette Papers*; Proctor, *Nazi War*와 *Cancer Wars*; Allan M. Brandt, *The Cigarette Century: The Rise, Fall, and Deadly Persistence of the Product that Defined America* (New York: Basic Books, 2007); Davis, *War on Cancer*; David Michaels, *Doubt Is Their Product: How Industry's Assault on Science Threatens Your Health* (New York: Oxford University Press, 2008)([국역] 데이비드 마이클스 지음, 이홍상 옮김, 『청부과학』, 이마고, 2009년); Sheldon Rampton and John Stauber, *Trust Us, We're Experts! How Industry Manipulates Science and Gambles with Your Future* (New York: Tarcher, 2000)([국역] 셀던 램튼·존 스토버 지음, 정병선 옮김, 『거짓 나침반』, 시울, 2006년).

23 *Background Material on the Cigarette Industry Client*, 15 December 1953, BN: 280706554, Legacy Tobacco Documents Library.

24 U.S. Department of Justice, Civil Division, "Litigation Against Tobacco Companies," <http://www.usdoj.gov/civil/cases/tobacco2/index.htm>; U.S. complaint against the tobacco industry, filed September 22, 1999—*United States of America v. Philip Morris, R. J. Reynolds, et al.*, <http://www.usdoj.gov/civil/cases/tobacco2/complain.pdf>; *United States of America v. Philip Morris USA Inc. et al.*, Closing Arguments, vol. 115, CA99-02496, (Washing-

ton, D.C., June 9, 2005), BN: DOJDCS060905, Legacy Tobacco Documents Library.

25 라크스Larks와 체스터필즈Chesterfields 담배를 생산하는 리게트앤드마이어스 Liggett and Myers만이 참여를 거부했다. 논란 자체를 무시하는 게 상책이라고 생각했기 때문이다. 논란이란 무엇이었을까? 알다시피 흡연이 사망을 유발한다는 과학적 증거가 속속 늘어남에 따라 야기된 '보건상의 위기'가 그것이다. 이 논의에 관해서는 "Background Material on the Cigarette Industry Client," December 15, 1953, Exhibit 2, <http://www.tobacco.neu.edu/box/BOEKENBox/hkwaxman.html>; "A Frank Statement to Cigarette Smokers," January 1, 1964, Legacy Tobacco Documents Library, BN: TINY0001786 등을 보라.

'보켄박스Boeken Box' 웹 사이트에서는 2001년의 '보켄 대 필립모리스Boeken v. Philip Morris' 사건에 관여한 변호사들이 수집해놓은 주요 문서를 볼 수 있다. 이 소송은 피고에게 30억 달러의 징벌적 손해 배상을 부과하는 것으로 귀결되었다(2009년 12월 3일에 레이 골드스타인Ray Goldstein이 샬럿 고어 Charlotte Goor에게 보낸 전자 우편). 관심 있는 독자들은 레거시담배문서도서관의 다음 베이츠 넘버에 해당하는 '보켄박스' 사이트의 '증거 서류'를 보라. Exhibit 1, BN: TINY0001772; Exhibit 3, BN: TINY0001776; Exhibit 4, BN: TINY0001786; Exhibit 5, BN: TINY0001788; Exhibit 6, BN: TINY0001792; Exhibit 7, BN: TINY0001800; Exhibit 8, BN: TINY0001805; Exhibit 9, BN: TINY0001828; Exhibit 10, BN: TINY0001836; Exhibit 11, BN: TINY0001841; Exhibit 12, BN: TINY0001848; Exhibit 13, BN: TINY0001852; Exhibit 14, BN: TINY0001859. ('Exhibit 2' 문서는 레거시 담배 문서가 아니라 'MN A.G. Trial Exhibit 18905'이다.).

1994년에 헨리 왁스먼Henry Waxman 연방 하원 의원이 주도한 하원 청문회에서도 보켄 문서를 참조했다. 이 청문회는 다음의 보고서로 귀결되었다. *The Hill and Knowlton Documents, Waxman Report: How the Tobacco Industry Launched its Disinformation Campaign, A Staff Report*, Majority Staff, Subcommitte on Health and the Environment, May 26, 1994, U.S. House of Representatives, Committee on Energy and Commerce, 13 pp., <http://www.tobacco.neu.edu/box/BOEKENBox/Waxman%201994%20Hill-Knowlton/HK%20Conspiracy%20Waxman%20Report.pdf>; BN: TINY 0001756-1770, Legacy Tobacco Documents Library.

26 "Background Material on the Cigarette Industry Client."

27 *United States of America v. Philip Morris, R.J. Reynolds, et al.*, 1999, 3쪽.
28 "Background Material on the Cigarette Industry Client". *United States of America v. Philip Morris USA Inc., et al.*, Final Opinion, CA-02496 (August 17, 2006), <http://www.usdoj.gov/civil/cases/tobacco2/ORDER_FINAL.pdf>와 Amended Final Opinion, CA99-02496, filed September 8, 2006, <http://www.usdoj.gov/civil/cases/tobacco2/amended%20opinion.pdf> 등을 보라.
29 앞의 글.
30 *United States of America v. Philip Morris, R. J. Reynolds, et al.*, 1999와 여기에 인용된 문서들.
31 House Committee on Energy and Commerce, Subcommittee on Health and Environment, *The Hill and Knowlton Documents, Waxman Report: How the Tobacco Industry Launched Its Disinformation Campaign*, Majority Staff Report, May 26, 1994, <http://www.tobacco.neu.edu/box/BOEKENBox/Waxman%201994%20Hill-Knowlton/HK%20Conspiracy%20Waxman%20Report.pdf>.
32 Waxman Report, *How the Tobacco Industry Launched Its Disinformation Campaign*, 8쪽과 12쪽. "Conferences with LIFE and Reader's Digest, July 17-18, 1956," Exhibit 14, <http://www.tobacco.neu.edu/box/BOEKENBox/Waxman%201994%20Hill-Knowlton/Waxman14.pdf>, BN: TINY001859, Legacy Tobacco Documents Library도 보라.
33 Glantz et al., *The Cigarette Papers*, 4장; Brandt, *The Cigarette Century*, 247~248쪽, 275~276쪽, 364쪽, 379쪽.
34 George D. Snell, "Clarence Cook Little," *Biographical Memoirs* v. 46 (Washington, D.C.: National Academies Press, 1974), 240~263쪽, <http://www.nap.edu/openbook.php?record_id=569&page=241>. 리틀은 1954년부터 1969년까지 담배산업연구위원회를 이끌었다.
35 Waxman Report, *How the Tobacco Industry Launched Its Disinformation Campaign*, 7쪽.
36 Mark Parascandola, "Public Health Then and Now: Cigarettes and the US Public Health Service in the 1950s," *American Journal of Public Health* 91, no. 2 (February 2001): 196~205쪽, 인용은 198쪽.
37 Tobacco Institute Research Council, *A Scientific Perspective on the Cigarette Controversy*, 1954, BN: 946078469, Legacy Tobacco Documents Library.
38 Hill and Knowlton, "Public Relations Report to the Tobacco Industry

Research Committee," 14 February 1956, exhibit 13, BN: TINY0001852, Legacy Tobacco Documents Library.

39 Hill and Knowlton, "Preliminary Recommendations for Cigarette Manufacturers," December 24, 1953, Exhibit 3, 5~6쪽, <http://www.tobacco. neu.edu/box/BOEKENBox/Waxman%201994%20Hill-Knowlton/Waxman03. pdf>, BN: TINY0001775, Legacy Tobacco Documents Library.

40 Hill and Knowlton, "Preliminary Recommendations," 5~6쪽.

41 Stanton A. Glantz et al., "Tobacco Industry Sociological Programs to Influence Public Beliefs About Smoking," *Social Sciences and Medicine* 66, no. 4 (February 2008): 970~981쪽.

42 David A. Kessler, *A Question of Intent: A Great American Battle with a Deadly Industry* (New York: Public Affairs, 2002); Brandt, *The Cigarette Century*; Rampton and Stauber, *Trust Us, We're Experts!*; Thomas O. McGarity and Wendy Wagner, *Bending Science: How Special Interests Corrupt Public Health Research* (Cambridge, Mass.: Harvard University Press, 2008).

43 Museum of Broadcast Communications, "Fairness Doctrine: U.S. Broadcasting Policy," <http://www.museum.tv/archives/etv/F/htmlF/fairnessdoct/fairnessdoct.htm>.

44 Leonard M. Schuman, "The Origins of the Report of the Advisory Committee on Smoking and Health to the Surgeon General," *Journal of Public Health Policy* 2, no. 1 (March 1981): 19~27쪽; Brandt, *The Cigarette Century*; Glantz et al., *The Cigarette Papers*.

45 Waxman Report, *How the Tobacco Industry Launched Its Disinformation Campaign*, 7, 1994, 79쪽.

46 David Halberstam, *The Powers That Be* (Urbana-Champaign: University of Illinois Press, 2000)([국역] 데이비드 핼버스탬 지음, 경상철 옮김, 『언론파워』, 토담, 1984년), 38쪽.

47 Hill and Knowlton, "Report on TIRC Booklet 'A Scientific Perspective on the Cigarette Controversy,'" May 3, 1954, Exhibit 6, 1쪽, <http://www.tobacco. neu.edu/box/BOEKENBox/Waxman%201994%20Hill-Knowlton/Waxman06.pdf>, BN: TINY0001792, Legacy Tobacco Documents Library.

48 *Tobacco Industry Research Committee: Council for Tobacco Research*, BN: 2015002362, Legacy Tobacco Documents Library.

49 앞의 글.
50 *Tobacco Industry Research Committee*, BN: 2015002362, Legacy Tobacco Documents Library.
51 앞의 글; 1964년 위원회의 기원에 관해서는 Schuman, "Origins of the Report"를 보라.
52 Schuman, "Origins of the Report," 19~27쪽.
53 스탠턴 글랜츠의 말에 따르면, 담배 업계는 보건 단체들이 이 보고서를 가지고 어떤 일을 벌일지 몰라 겁을 집어먹었지만, 예상과 달리 보건 단체들은 강경한 대응을 보이지 않았다. Glantz et al., *The Cigarette Papers*, 50~52쪽을 보라.
54 Brandt, *The Cigarette Century*, 220쪽과 228~230쪽.
55 Parascandola, "Public Health Then and Now," 196~205쪽.
56 Mark Parascandola, "Two Approaches to Etiology: The Debate over Smoking and Lung Cancer in the 1950s," *Endeavour* 28, no. 2 (June 2008): 81~86쪽, 인용은 85쪽.
57 Dean F. Davies, "A Statement on Lung Cancer," *CA: A Cancer Journal for Clinicians* 9, no. 6 (1959): 207~208쪽.
58 Glantz et al., *The Cigarette Papers*, 15쪽, 32쪽. 1990년대에 니코틴을 약물로 규제하려 한 글랜츠의 노력과 담배 업계의 반대에 관한 논의로는 Kessler, *A Question of Intent*도 보라.
59 Glantz et al., *The Cigarette Papers*, 29쪽.
60 앞의 글. 첫 번째 인용문은 15쪽, 두 번째 인용문은 18쪽.
61 Schuman, "Origins of the Report," 19~27쪽.
62 Parascandola, "Public Health Then and Now," 196~205쪽; Alan Blum et al., "The Surgeon General's Report on Smoking and Health 40 Years Later: Still Wandering in the Desert," *Lancet* 363, no. 9403 (January 10, 2004): 97~98쪽; National Library of Medicine, "The Reports of the Surgeon General: The 1964 Report on Smoking and Health," Profiles in Science, <http://profiles.nlm.nih.gov/NN/Views/Exhibit/narrative/smoking.html>. Centers for Disease Control and Prevention, "History of the Surgeon General's Report on Smoking and Health," <http://www.cdc.gov/Tobacco/data_statistics/sgr/history/index.htm>과 Tobacco.org, "1964: The First Surgeon General's Report," <http://www.tobacco.org/resources/history/1964_01_11_1st_sgr.html>도 보라.
63 Centers for Disease Control and Prevention, "History of Surgeon General's

Report on Smoking and Health."
64 Glantz et al., *The Cigarette Papers*, 50쪽.
65 *Tobacco Industry Research Committee: Council for Tobacco Research*, BN: 2015002362, Legacy Tobacco Documents Library.
66 Glantz et al., *The Cigarette Papers*, 51쪽.
67 앞의 글, 53~54쪽.
68 앞의 글, 45쪽.
69 *Press Release: From the Council for Tobacco Research—USA*, 11 March 1964, BN: 961009573, Legacy Tobacco Documents Library.
70 *Tobacco News Summary no. 31, Condensed from Public Sources by Hill and Knowlton, Inc.*, 31 March 1965, BN: 680280682, Legacy Tobacco Documents Library.
71 U.S. Department of Health, Education and Welfare, *The Health Consequences of Smoking A Public Health Service Review: 1967* (Washington, D.C.: U.S. Government Printing Office, 1967), <http://profiles.nlm.nih.gov/NN/B/B/K/M/_/nnbbkm.pdf>.
72 앞의 글.
73 *Company Statement on Smoking and Health*, 12 May 1967, BN: 282001858, Legacy Tobacco Documents Library.
74 *The Original Ed Gibbs Newsletter of the Beer, Wine and Liquor Industries*, 7 February 1969, BN: TI55842608, Legacy Tobacco Documents Library.
75 공정 보도 원칙에 관한 담배 업계의 견해에 관해서는 Glantz et al., *The Cigarette Papers*, 262쪽을 보라. 담배 업계에서 광고 금지에 반대하지 않은 속사정과 광고 금지로 업계가 누린 혜택에 관해서는 같은 책, 256쪽과 258쪽을 보라.
76 Glantz et al., *The Cigarette Papers*, 256쪽.
77 *Newsletter of the Beer, Wine and Liquor Industries*, BN: TI55842608, Legacy Tobacco Documents Library.
78 U.S. Department of Health, Education and Welfare, *Smoking and Health: Report of the Advisory Committee to the Surgeon General of the Public Health Service* (Washington, D.C.: U.S. Government Printing Office, 1964), <http://profiles.nlm.nih.gov/NN/B/B/M/Q/_/nnbbmq.pdf>. 의사 집단의 흡연자 통계에 관해서는 Jonathan Foulds, "How Many Medical Doctors Smoke?" Healthline, <http://www.healthline.com/blogs/smoking_cessation/labels/

medical.html>과 Derek R. Smith and Peter A. Leggat, "An International Review of Tobacco Smoking in the Medical Profession: 1974-2004," *BMC Public Health* 7, no. 115 (June 20, 2007), <http://www.biomedcentral.com/1471-2458/7/115>를, 『뉴욕 타임스』의 담배 업계 대표자 인용에 관해서는 Clark Hoyt, "The Doctors Are In. The Jury Is Out," *New York Times*, February 17, 2008, <http://www.nytimes.com/2008/02/17/opinion/17pubed.html>을 보라.

79 *Annual Report, 1969, R. J. Reynolds Tobacco Company*, BN: 500435078, Legacy Tobacco Documents Library.
80 Glantz et al., *The Cigarette Papers*, 7장.
81 Altria, "History of Tobacco Litigation: 1954-1978," <http://www.altria.com/media/03_06_01_02_01_1954-1978.asp>. 담배 업계의 한 문서에 따르면, 1979년에 업계가 담배 소비세로 7억 9400만 달러를 지출했다고 한다. Colin Stokes, *RJR's Support of Biomedical Research, Draft III*, May 1979, BN: 504480518, Legacy Tobacco Documents Library.
82 Glantz et al., *The Cigarette Papers*, 19쪽.
83 앞의 글, 7장, 특히 241~247쪽.
84 *Summary, Re: Research Funding*, BN: 502370120, Legacy Tobacco Documents Library.
85 Stokes, *RJR's Support of Biomedical Research*, BN: 504480518, Legacy Tobacco Documents Library.
86 *Summary, Re: Research Funding*, Legacy Tobacco Documents Library.
87 Stokes, *RJR's Support of Biomedical Research*, BN: 504480518, Legacy Tobacco Documents Library.
88 *Biography of Frederick Seitz*, November 1985, BN: 87697430, Legacy Tobacco Documents Library.
89 Frederick Seitz, *Draft of Presentation to the International Advisory Committee—R. J. Reynolds Industries*, 9 May 1979, BN: 503955384, Legacy Tobacco Documents Library. Stokes, *RJR's Support of Biomedical Research, Draft III*, BN: 504480518, Legacy Tobacco Documents Library도 보라.
90 H. C. Roemer et al., *Proposal for Profit, Expenditure, or Policy Change: Financial Support of Research Efforts of Rockefeller University*, 11 September 1975, BN: 502521448, Legacy Tobacco Documents Library.
91 Seitz, *On the Frontier*.

92 Murph Goldberger, 2008년 1월 24일에 나오미 오레스케스와 개인적으로 나눈 대화. Zuoyue Wang, *In Sputnik's Shadow: The President's Science Advisory Committee and Cold War America* (New Brunswick, N.J.: Rutgers University Press, 2008)도 보라.

93 Frederick Seitz et al., "Eugene Paul Wigner," *Biographical Memoirs* v. 74 (Washington, D.C.: National Academies Press, 1998), 364~388쪽, <http://books.nap.edu/openbook.php?record_id=6201&page=365>; "Wigner, Eugene P.," *New World Encyclopedia*, <http://www.newworldencyclopedia.org/entry/Eugene_P._Wigner>.

94 Seitz, *On the Frontier*.

95 Seitz, *Draft of Presentation to the International Advisory Committee*, BN: 503955384, Legacy Tobacco Documents Library.

96 Frederick Seitz, *Presentation to Operating Committee R. J. Reynolds Industries, Inc.*, 8 August 1979, BN: 504779244, Legacy Tobacco Documents Library.

97 앞의 글.

98 앞의 글.

99 Michel Ter-Pogossian et al., "Radioactive Oxygen 15 in Studies of Kinetics of Oxygen of Respiration," *American Journal of Physiology* 201 (1961): 582~586쪽, <http://ajplegacy.physiology.org/cgi/content/abstract/201/3/582>.

100 Seitz, *On the Frontier*, 380쪽.

101 사이츠의 회고록에는 대중문화, 특히 할리우드에서 쏟아내는 영화의 수치스러운 상태에 관한 언급이 무수히 많다. 물리학자이자 발명가인 윌리엄 쇼클리 William Schockley의 엘리트주의 — 나중에는 인종주의 — 가 할리우드의 영향에 뿌리를 두는 점에 관해서도 논의한다.

102 Seitz, *On the Frontier*, 37쪽.

103 "Emphysema," Aetna InteliHealth: Health A to Z, <http://www.intelihealth.com/IH/ihtIH/WSIHW000/9339/10600.html>.

104 Karen Bartholomew, "Century at Stanford," *Stanford Magazine* (July/August 2003), <http://www.stanfordalumni.org/news/magazine/2003/julaug/dept/century.html>.

105 U.S. Department of Energy, "Chronic Beryllium Disease," <http://www.energy.gov/safetyhealth/cbd.htm>. Natural Resources Defense Council,

"Settlement of the Contempt Action against the Department of Energy: Joint Stipulation and [Proposed] Order," <http://www.nrdc.org/nuclear/9812doe.asp>도 보라. 미국 정부는 베릴륨 질환을 예방하기 위한 규정을 만들었다. "Chronic Beryllium Disease Prevention" (10 CFR 850)과 David Michaels and Celeste Monforton, "Beryllium's Public Relations Problem: Protecting Workers When There Is No Safe Exposure Level," *Public Health Reports* 123 (January-February 2008): 79~88쪽, <http://www.defendingscience.org/upload/Berylliums_PR_Problem.pdf>를 보라.

106 Seitz, *On the Frontier*, 108쪽.

107 Murph Goldberger, 2008년 1월 24일에 나오미 오레스케스와 개인적으로 나눈 대화.

108 Frederick Seitz to Colin Stokes, *Meetings of the R. J. Reynolds Advisory Committee in Bermuda*, 7 November 1979, BN: 502742718, Legacy Tobacco Documents Library. 『배너티 페어Vanity Fair』에 실린 사이츠의 언급도 보라. Mark Hertsgaard, "While Washington Slept," *Vanity Fair*, May 2006, 5, <http://www.vanityfair.com/politics/features/2006/05/warming200605>.

109 프로젝트 지원의 구체적인 내역에 관해서는 Colin Stokes, *RJR's Support of Biomedical Research, International Advisory Board*, May 1979, BN: 504697359; *R. J. Reynolds Industries Support of Biomedical Research*, 12 September 1979, BN: 515449696; *Executive Summary of the RJR Nabisco, Inc. Biomedical Research Grants Program for 1987*, BN: 508265593; William D. Hobbs to J. Paul Sticht, *Corporate Support for Biomedical Research*, 29 May 1980, BN: 504480340 등을 보라. Seitz to H. C. Roemer, 19 June 1979, BN: 503137602; Frank G. Colby to Alan Rodgman, *Information for Dr. Laurene's Weekly Meeting with Mr. Hobbs*, 17 October 1979, BN: 502443876, all Legacy Tobacco Documents Library 등도 보라.

110 Hobbs to Sticht, *Corporate Support for Biomedical Research*, BN: 504480340, Legacy Tobacco Documents Library.

111 David Dickson, "NIH Censure for Dr. Martin Cline," *Nature* 291, no. 4 (June 1981): 369쪽; Wade, "Gene Therapy Caught in More Entanglements," 24~25쪽.

112 Dickson, "NIH Censure," 369쪽.

113 앞의 글.

114 *Deposition Transcript of James J. Morgan*, 17 April 1994, BN: 2063670882,

Legacy Tobacco Documents Library; *Deposition Transcript of Martin J. Cline*, 20 May 1997, BN: 516969762, Legacy Tobacco Documents Library. 클라인이 연구 지원금을 박탈당한 일에 관해서는 55쪽을 보라.
115 "*Norma R. Broin et al. v. Philip Morris Incorporated*—Further Readings," <http://law.jrank.org/pages/12908/Broin-et-al-v-Philip-Morris-Incorporated-et-al.html>. *Deposition Transcript of James J. Morgan*, BN: 2063670882, Legacy Tobacco Documents Library도 보라.
116 Colin Stokes, Chairman of R. J. Reynolds Industries, to G. Barry Pierce, M.D., BN: 503036338, Legacy Tobacco Documents Library.
117 *Deposition Transcript of Martin J. Cline*, BN: 516969762, Legacy Tobacco Documents Library, 19~21쪽.
118 앞의 글, 20쪽.
119 앞의 글. 첫 번째 인용은 23~24쪽, 두 번째 인용은 46쪽.
120 *Joint Defendants' Initial List of Fact Witnesses, U.S. v. Philip Morris Inc. et al.*, CA99-CV-02496(GK), 18 January 2002, BN: 94690287, Legacy Tobacco Documents Library. 증인 명단은 3쪽부터 나오며 프루지너는 12쪽에 거론된다. 프루지너의 연구를 언급하는 1998년의 문서도 보라. *Combined Exhibit List—Additions*, August 1998, BN: 2084317019, Legacy Tobacco Documents Library와 *United States' Final Proposed Finding of Facts, U.S. v. Philip Morris Incorporated et al.*, CA99-CV-02496(GK), July 1, 2004, <http://www.library.ucsf.edu/sites/all/files/ucsf_assets/uspm.pdf>. 담배 업계와 주 정부들 사이의 소송 합의에 관해서는 "Tobacco Settlement Agreements," Government Relations, PhilipMorrisUSA, <http://www.philipmorrisusa.com/en/cms/Responsibility/Government_Relations/TSA/MSA_10yrs_Later/default.aspx>를 보라.
121 U.S. Department of Justice, Civil Division, *Litigation Against Tobacco Companies*; U.S. complaint against the tobacco industry, filed September 22, 1999—*United States of America v. Philip Morris, R. J. Reynolds, et al.*; *United States of America v. Philip Morris USA et al.*, Closing Arguments, vol. 115, CA99-02496, BN: DOJDCS060905, Legacy Tobacco Documents Library.
122 Amended Final Opinion, CA99-02496, filed September 8, 2006.
123 Glantz et al., *The Cigarette Papers*, 289~339쪽.
124 *A Discussion of Tobacco Industry and R. J. Reynolds Industries' Support of Biomedical Research*, BN: 504480429, Legacy Tobacco Documents Library.

다른 회사들 역시 이런 전략을 개발했다. Glantz et al., *The Cigarette Papers*, 44쪽을 보라. '특별 프로젝트'라는 완곡어법은 흔히 "소송이나 입법의 장에서 업계의 증인을 맡아줄 수 있는 과학자와 의사를 찾기 위한" 노력을 가리키는 말이었다. *Memo from Ernest Peoples to J. E. Edens, Chairman and CEO of Brown & Williamson*, 4 April 1978. Glantz et al., The Cigarette Papers, 44쪽에서 재인용.

125 Kessler, *A Question of Intent*; Alicia Mundy and Lauren Etter, "Senate Passes FDA Tobacco Bill," June 12, 2009, *Wall Street Journal*, <http://online.wsj.com/article/SB124474789599707175.html>; U.S. Department of Health and Human Services, "FDA Seeks Public Input on Tobacco Regulation," FDA: News and Events, June 30, 2009, <http://www.fda.gov/NewsEvents/Newsroom/PressAnnouncements/ucm169853.htm>.

126 "Smoking—The Health Effects," *BBC News Online*, February 8, 2003, <http://news.bbc.co.uk/1/hi/health/medical_notes/473673.stm>.

127 Ross C. Brownson et al., "Demographic and Socioeconomic Differences in Beliefs About the Health Effects of Smoking," *American Journal of Public Health* 82, no. 1 (January 1992): 99~103쪽, <http://www.pubmedcentral.nih.gov/picrender.fcgi?artid=1694417&blobtype=pdf>.

128 Stuart Berg Flexner and Eugene F. Shewmaker, eds., *The Random House Dictionary of the English Language* (New York: Random House, 1973), 235쪽.

129 *Smoking and Health Proposal*, 1969, BN: 680561778, Legacy Tobacco Documents Library. "Doubt of Tobacco Hazard, Ads Goal," *Indianapolis Star*, July 7, 1981, BN: 690834753, Legacy Tobacco Documents Library; *Press Query*, 2 July 1981, BN: 170012852, Legacy Tobacco Documents Library; Michaels, Doubt Is Their Product의 논의 등도 보라.

130 Seitz, *On the Frontier*, 382쪽.

2장 전략 방위 구상의 날조된 진실

1 Harry Rubin, "Walter M. Elsasser," *Biographical Memoirs* v. 68 (Washington, D.C.: National Academies Press, 1995), 103~166쪽, <http://books.nap.edu/openbook.php?record_id=4990&page=103>.

2 Alexander Holtzman to Bill Murray, *Subject: Fred Seitz*, 31 August 1989, BN: 2023266534, Legacy Tobacco Documents Library.

3 Philip Mirowski and Dieter Plehwe, *The Road from Mont Pèlerin: The Making of the Neoliberal Thought Collective* (Cambridge, Mass.: Harvard University Press, 2009).

4 "Remembering Frederick Seitz," March 4, 2008, George C. Marshall Institute, <http://www.marshall.org/article.php?id=579>.

5 Anne Hessing Cahn, *Killing Détente: The Right Attacks the CIA* (College Station: Pennsylvania State University, 1998), 125쪽에서 재인용.

6 앞의 글.

7 텔러의 해석은 Hessing Cahn, *Killing Détente*, 125쪽에서 볼 수 있다.

8 Central Intelligence Agency(CIA), *National Intelligence Estimate NIE 11-3/8-75: Soviet Forces for Intercontinental Conflict, Through the mid-1980s, Volume 1, Key Judgments and Summary, Advance Dissemination*, created November 17, 1975, CIA, 40, <http://www.foia.cia.gov/browse_docs.asp?doc_no=0000268110>.

9 여기서 말을 인용한 정보 관리는 조지 카버George Carver이다. Hessing Cahn, *Killing Détente*, 130쪽을 보라.

10 Hessing Cahn, *Killing Détente*, 132~135쪽.

11 앞의 글, 126~127쪽.

12 그레이엄에 관해서는 "Meet the Staff," High Frontier, <http://www.highfrontier.org/Highfrontier/main/Contact/Meet%20th%20Staff.htm>을, 울포위츠에 관해서는 Hessing Cahn, *Killing Détente*, 147~152쪽을 보라.

13 Central Intelligence Agency(CIA), *Intelligence Community Experiment in Competitive Analysis, TCS 889140-76, Soviet Strategic Objectives: An Alternative View, Report of Team "B,"* December 1976, 5, <http://www.foia.cia.gov/browse_docs.asp?doc_no=0000278531>.

14 앞의 글, 13~14쪽.

15 앞의 글, 45~46쪽, 강조는 원문.

16 앞의 글, 47쪽.

17 앞의 글, 32쪽.

18 C. S. Lewis, *The Four Loves* (San Diego: Harcourt Brace, 1960)([국역] 클라이브 스테이플즈 루이스 지음, 이종태 옮김, 『네 가지 사랑』, 홍성사, 2005년), 60쪽.

19 앞의 글, 61쪽.
20 CIA, *Soviet Strategic Objectives*, 34쪽.
21 Hessing Cahn, *Killing Détente*, 176~179쪽.
22 앞의 글, 189쪽.
23 Frances FitzGerald, *Way Out There in the Blue: Reagan, Star Wars, and the End of the Cold War* (New York: Simon and Schuster, 2000), 207쪽에서 재인용.
24 앞의 글, 179~182쪽.
25 Rebecca Slayton, "Discursive Choices: Boycotting Star Wars between Science and Politics," *Social Studies of Science* 37, no. 1 (2007): 27~66쪽.
26 8000개라는 탄두 수치는 Stephen I. Schwartz, ed., *Atomic Audit: The Costs and Consequences of U.S. Nuclear Weapons Since 1940* (Washington, D.C.: Brookings Institution Press, 1998), 23쪽의 〈그림 3〉에서 가져온 것이다.
27 Keay Davidson, *Carl Sagan: A Life* (New York: John Wiley and Sons, 1999), 358~359쪽.
28 Slayton, "Discursive Choices," 27~66쪽.
29 Peter Galison and Barton Bernstein, "In Any Light: Scientists and the Decision to Build the Superbomb, 1942-1954," *Historical Studies in the Physical and Biological Sciences* 19, no. 2 (1989): 267~347쪽.
30 Slayton, "Discursive Choices," 27~66쪽.
31 John Schwartz, "Robert Jastrow, Who Made Space Understandable, Dies at 82," *New York Times*, February 12, 2008, <http://www.nytimes.com/2008/02/12/science/space/12jastrow.html>.
32 Henry Abarbanel, 2009년 9월 17일에 나오미 오레스케스와 개인적으로 나눈 대화.
33 Daniel Patrick Moynihan, "Reflections: The Salt Process," *New Yorker*, November 19, 1979, 136쪽.
34 앞의 글, 159쪽.
35 그 결과물이 MX미사일이다.
36 Moynihan, "Reflections," 162쪽.
37 Robert Jastrow, "Why Strategic Superiority Matters," *Commentary* 75, no. 3 (March 1983): 27~32쪽.
38 앞의 글, 32쪽.
39 Hessing Cahn, *Killing Détente*, 167쪽.

40 William Burr and Svetlana Savranskaya, eds., "Previously Classified Interviews with Soviet Officials Reveal U.S. Strategic Intelligence Failure over Decades," Nuclear Vault, National Security Archive, released online September 11, 2009, <http://www.gwu.edu/~nsarchiv/nukevault/ebb285/index.htm#1>.

41 FitzGerald, *Way Out There in the Blue*, 498쪽.

42 Luis W. Alvarez, *Alvarez: Adventures of a Physicist* (New York: Basic Books, 1987), 252~258쪽.

43 R. P. Turco et al., "Nuclear Winter: Global Consequences of Multiple Nuclear Explosions," *Science* 222, no. 4630 (December 23, 1983), 1283~1292쪽. Paul R. Ehrlich et al., *The Cold and the Dark: The World after Nuclear War* (New York: W. W. Norton and Company, 1984), 83~85쪽도 보라.

44 Turco et al., 1292쪽.

45 Ehrlich et al., *The Cold and the Dark*, xiii~xvii쪽.

46 원래 '핵겨울' 개념은 1982년 12월 9일에 지구물리학회Geophysical Union 연차 총회 자리에서 미리 발표할 예정이었다. 그런데 에임스연구센터 경영진이 일시적으로 발표를 막았다. 내부 검토를 제대로 거치지 않았기 때문이다. 이 일로 인해 나사가 과학을 억압하려 한다는 비난이 일었지만, 에임스연구센터에서 특별 검토위원회를 구성하고 논문 보완을 위해 추가 예산을 지원했다. Lawrence Badash, "Nuclear Winter: Scientists in the Political Arena," *Physics in Perspective* 3, no. 1 (March 2001), 85쪽을 보라.

47 Ehrlich et al., *The Cold and the Dark*, xiii~xvii쪽.

48 Carl Sagan, "The Nuclear Winter," *Parade Magazine*, October 30, 1983, 4~6쪽; Lawrence Badash, *A Nuclear Winter's Tale: Science and Politics in the 1980s* (Cambridge, Mass.: MIT Press, 2009), 63~76쪽. 바다시도 세이건이 "『퍼레이드』에 커다란 충격을 야기하는 글을 기고한 것은 성급한 처사"였다는 점에 동의하지만, 이런 행동이 과학 규범을 위반한 것으로 보지는 않는다.

49 Carl Sagan, "Nuclear War and Climate Catastrophe: Some Policy Implications," *Foreign Affairs* 62, no. 2 (Winter 1983/1984): 257~292쪽.

50 William D. Carey, "A Run Worth Making," *Science* 222, no. 4630 (December 23, 1983): 1281쪽.

51 예를 들어 Lawrence Badash, *Scientists and the Development of Nuclear Weapons: From Fission to the Limited Test Ban Treaty* (Atlantic Highlands, N.J.: Humanities Press, 1995)를 보라.

52 Curt Covey et al., "Global Atmospheric Effects of Massive Smoke Injections from a Nuclear War: Results from General Circulation Model Simulations," *Nature* 308 (March 1, 1984): 21~25쪽; Starley L. Thompson and Stephen H. Schneider, "Nuclear Winter Re-appraised," *Foreign Affairs* 64 (Summer 1986): 981~1005쪽. Stephen H. Schneider, *Science as a Contact Sport: Inside the Battle to Save Earth's Climate* (Washington, D.C.: National Geographic, 2009), 95~108쪽도 보라.

53 John Maddox, "What Happened to Nuclear Winter?" *Nature* 333 (May 19, 1988): 203쪽; Starley L. Thompson and Stephen Schneider, "Simulating the Climatic Effects of Nuclear War," *Nature* 333 (May 19, 1988): 221~227쪽. 매덕스는 대중적인 책에서 '환경 센세이셔널리즘'을 비판했다. John Maddox, *The Doomsday Syndrome* (New York: McGraw-Hill, 1972).

54 R. P. Turco et al., "Climate and Smoke: An Appraisal of Nuclear Winter," *Science* 248, no. 4939 (January 12, 1990): 166~176쪽. 이보다 앞선 검토 논문인 Schneider and Thompson, "Simulating the Climatic Effects," 221~227쪽도 보라.

55 Peter Westwick, 2009년 10월 1일에 에릭 콘웨이와 나눈 개인적인 대화.

56 K. A. Emanuel, "Towards a Scientific Exercise," *Nature* 319, no. 6051 (January 23, 1986): 259쪽.

57 Covey et al., "Global Atmospheric Effects," 21~25쪽.

58 Curt Covey, "Nuclear Winter Debate," *Science* 235, no. 4791 (February 20, 1987): 831쪽.

59 세이건의 활동에 관해서는 Badash, "Nuclear Winter: Scientists in the Political Arena," 76~105쪽을 보라.

60 *Draft Proposal for the George C. Marshall Institute*, 12 December 1984, William A. Nierenberg(WAN) papers, MC13, 75: 6, Scripps Institution of Oceanography(SIO) Archives.

61 Union of Concerned Scientists, "Founding Document: 1968 MIT Faculty Statement," <http://www.ucsusa.org/about/founding-document-1968.html>.

62 Richard L. Garwin and Hans A. Bethe, "Anti-Ballistic Missile Systems," *Scientific American* 218, no. 3 (March 1968): 21~31쪽.

63 당시 벨연구소Bell Labs에서 일하던(유닉스UNIX 운영 체제 개발을 도왔다.) 존 매시John Mashey는 세이프가드에 관해 다음과 같이 회상한다. "세이프가드는 벨연구소에서 설계했는데, 내가 1973년에 연구소에 들어갔을 때 소프트웨어

전문가 몇 명이 다른 일을 하려고 세이프가드에서 손을 떼고 있었다. 그중에는 내가 합류한 부서로 결합한 이들도 있었다. 그들은 한결같이 이렇게 말했다. '이건 정말 어려워요. 세부적인 명세를 충족시켰고 미사일을 격추시킬 수도 있는데 …… 실전에서는 절대 쓸모가 없을 겁니다. 우리는 소프트웨어 설계에 관해 많이 배웠습니다. …… 어쨌든 세이프가드가 실제로 쓸모가 없을 거라고 생각한 건 다른 물리학자들만이 아닙니다. 그걸 만든 사람들이 그렇게 생각했다고요.'" John Mashey, 2009년 10월 1일에 저자들과 전자 우편으로 나눈 대화.

64 Daniel J. Kevles, *The Physicists: The History of a Scientific Community in Modern Day America* (New York: Knopf, 1995), 406~407쪽.

65 Robert Jastrow, "The War Against Star Wars," *Commentary* 78, no. 6 (December 1984): 28쪽; FitzGerald, *Way Out There in the Blue*, 246~247쪽.

66 Robert Jastrow to Robert Walker, 1 December, 1986, WAN papers, Accession 2001-01, 21: file label "George Marshall Institute 9/86-1/88," SIO Archives; 보수주의 운동을 장려한 각종 재단의 역할에 관해서는 John B. Judis, The Paradox of American Democracy (New York: Pantheon Books, 2000), 109~136쪽과 Sidney Blumenthal, *The Rise of the Counter-Establishment: From Conservative Ideology to Political Power* (New York: Crown, 1986), 67쪽을 보라.

67 *Draft Proposal for the George C. Marshall Institute*, 12 December 1984, MC13, 75: 6, SIO Archives.

68 Jastrow to Walker, "George Marshall Institute," WAN papers.

69 Robert Jastrow, *How To Make Nuclear Weapons Obsolete* (Boston: Little Brown, 1985); Ashton B. Carter, "Directed Energy Missile Defense in Space," OTA-BP-ISC_26, Washington, D.C., Office of Technology Assessment, April 1984; U.S. Congress, Office of Technology Assessment, "Ballistic Missile Defense Technologies," OTA-ISC-254, Washington, D.C., September 1985; '사회를 걱정하는 과학자 연맹'의 연구는 다음의 책에 담겨 있다. John Tirman, ed., *The Fallacy of Star Wars* (New York: Vintage Books, 1984).

70 Jastrow to Walker, "George Marshall Institute," WAN papers.

71 방송국 인가 수가 적었던 것은 송신기와 수신기의 주파수를 세밀하게 제어하는 기술적 능력이 부족했기 때문이다. 라디오와 텔레비전 방송국의 주파수가 서로 간섭하지 않도록 주파수 간격을 떼어놓아야 했다. 따라서 1930년대에 라디오와 텔레비전 주파수역域을 설정할 때 많은 방송국을 설립할 수 없었다. 1980년대에 이르면 기술이 개선된 덕분에 한결 더 정확한 제어가 가능해졌고, 따라서 훨씬

더 많은 방송국을 만들 수 있었다. 케이블 방송은 지상파 방송보다 훨씬 더 많은 채널을 가용할 수 있기 때문에 희소성 문제는 이제 의미가 없어졌다.

72 처음에는 칼 벤데트슨Karl Bendetsen이라는 네 번째 동료도 있었다. 벤데트슨은 핵 X선 레이저 같은 신무기 개발에 관한 보안 허가를 받은 로널드 레이건의 자문위원이었다. Kerry Richardson, "The Bohemian Grove and the Nuclear Weapons Industry: Some Connections," 1987, <http://sonic.net/~kerry/bohemian/grovenukes.html>을 보라. 벤데트슨은 전쟁부[국방부의 전신. — 옮긴이]에서 초기 경력을 쌓았다. 1950~1952년에는 육군 차관보를, 1952년에는 육군 차관을 지냈다. 벤데트슨이 역사에서 맡은 가장 중요한 일은 아마 전쟁 중이던 1942년에 일본계 미국인을 소개疏開시켜 수용소에 수용하는 지휘관을 역할을 맡은 것이다. 벤데트슨은 마셜연구소의 일부 초기 자료에는 등장하지만 이내 사라진 것으로 보인다. "Oral History Interviews with Karl R. Bendetsen," Harry S. Truman Library and Museum, <http://www.trumanlibrary.org/oralhist/bendet.htm#bio>; Alfonso A. Narvaez, "Karl R. Bendesten, 81, Executive and High-Ranking U.S. Official," *New York Times*, June 30, 1989, <http://www.nytimes.com/1989/06/30/obituaries/karl-r-bendetsen-81-executive-and-high-ranking-us-official.html>.

73 Robert Jastrow, George Marshall Institute Program Summary, 1985-1986, WAN papers, Accession 2001-01, 21: file label "George Marshall Institute 9/86-1/88," SIO Archives.

74 James Frelk to William Nierenberg, 2 December 1986과 첨부 편지, Jastrow to Walker, 1 December 1986, WAN papers, Accession 2001-01, 21: file label "George Marshall Institute," WAN papers.

75 앞의 글.

76 앞의 글.

77 James Frelk to William Nierenberg, Strategic Defense Initiative of February 19, 1986, WAN papers, Accession 2001-01, 21: file label "George Marshall Institute 9/86-1/88," SIO Archives 발췌 동봉.

78 "Grant Proposal Information," Adolph Coors Foundation, <http://www.adolphcoors.org/criteria.cfm>.

79 Jastrow to Walker, 1 December, 1986, WAN papers, Accession 2001-01, 21: file label "George Marshall Institute," SIO Archives.

80 앞의 글.

81 앞의 글.

82 올린재단과 이 재단의 우파 이념에 대한 지원에 관해서는 <http://mediatransparency.org/funderprofile.php?funderID=7>을 보라. 올린재단이 문을 닫은 지금 이 인터넷 링크는 불통이다. "John M. Olin Foundation," SourceWatch, http://www.sourcewatch.org/index.php?title=John_M._Olin_Foundation; "John M. Olin Foundation," Right Web, <http://www.rightweb.irc-online.org/profile/John_M._Olin_Foundation> 등을 보라.

83 William E. Simon, *A Time for Truth* (New York: McGraw-Hill, 1978), 221쪽.

84 Russell Seitz, letter to the editor, *Foreign Affairs* 62 (Spring 1984): 998~999쪽; Russell Seitz, "In from the Cold: 'Nuclear Winter' Melts Down," *National Interest* 5 (Fall 1986): 3~17쪽.

85 R. Seitz, "In from the Cold," 3쪽.

86 앞의 글, 4쪽.

87 앞의 글, 4쪽.

88 앞의 글, 5쪽.

89 앞의 글, 5쪽.

90 앞의 글, 9쪽.

91 앞의 글, 7쪽.

92 Freeman J. Dyson, *Infinite in All Directions: Gifford Lectures Given at Aberdeen, Scotland, April-November 1985*, ed. by author (New York: Harper and Row, 1988).

93 Nicholas Dawdoff, "The Civil Heretic," *New York Times*, March 25, 2009, <http://www.nytimes.com/2009/03/29/magazine/29Dyson-t.html>; G. MacDonald et al., *Long Term Impact of Atmospheric Carbon Dioxide on Climate*, Jason Technical Report JSR-78-07, April 1979, xiii쪽.

94 R. Seitz, "In from the Cold," 8쪽.

95 William Broad and Nicholas Wade, *Betrayers of the Truth* (New York: Simon and Schuster, 1982)([국역] 윌리엄 브로드·니콜라스 웨이드 지음, 김동광 옮김, 『진실을 배반한 과학자들』, 미래인, 2007년), 12쪽에서 재인용.

96 R. Seitz, "In from the Cold," 12쪽.

97 Broad and Wade, *Betrayers of the Truth*, 213쪽.

98 담배 업계의 여러 문서들이 웨이드의 연구를 추적한다. 예를 들어 Victor Han to Ellen Merlo, *Subject: Burson/ETS*, Memorandum, 22 February 1993, BN: 2023920035와 Victor Han to Tom Humber, *Subject: Op Ed*, Memorandum, 23 November 1992, BN: 2021173510을 보라. 담배 업계는 웨이드가 언론이 환

경 단체에 유리한 쪽으로 편향되어 있다고 생각하며 담배 업계의 주장에 동조함을 시사하는 그의 언급을 추적했다. 예를 들어 David Shaw, "Dose of Skepticism Enters Coverage on Environment," *Los Angeles Times*, September 11, 1994, BN: 500805874; David Shaw, "Nuclear Power Coverage Focused Morbidly on Risk," *Los Angeles Times*, September 13, 1994, BN: 500873034; Nicholas Wade, "The Editorial Notebook: The Titanic Lesson," *New York Times*, September 4, 1985, on p. 62 in *Environmental Tobacco Smoke and Indoor Air Quality in Modern Office Work Environments*, vol. 29, no. 1, BN: 507967179 등을 보라. 출처는 모두 Legacy Tobacco Documents Library.

99 R. Seitz, "In from the Cold," 12쪽.

100 앞의 글, 13쪽.

101 러셀 사이츠는 이 기구를 대통령과학보좌관실Office of the Presidential Science Adviser이라고 언급했다. 그러나 실제 명칭은 대통령과학자문위원회 President's Science Advisory Committee이다. Gregg Herken, *Cardinal Choices: Presidential Science Advising from the Atomic Bomb to SDI* (New York: Oxford University Press, 1992), 179~181쪽.

102 R. Seitz, "In from the Cold," 14쪽.

103 Edward Teller, "Defensive Weapons Development," *Science* 223, no. 4633 (January 20, 1984): 236쪽.

104 Edward Teller, "Widespread After-Effects of Nuclear War," *Nature* 310 (August 23, 1984): 621~624쪽.

105 S. Fred Singer, "On a Nuclear Winter," *Science* 227, no. 4685 (January 25, 1985): 356쪽; Russell Seitz, "Nuclear Winter Debate," *Science* 235, no. 4791 (February 20, 1987): 832쪽.

106 Kerry Emanuel, 2009년 9월 16일에 나오미 오레스케스와 개인적으로 나눈 대화.

107 피터 웨스트윅Peter Westwick은 에드워드 텔러가 쿠어스 맥주 설립자 조셉 쿠어스에게 보낸 다음의 편지를 보여주었다. 텔러가 조지 키워스George Keyworth로부터 재스트로가 키워스의 후임으로 과학 보좌관에 천거되었다는 소식을 들은 상황에서 보낸 편지이다. 텔러는 쿠어스에게 다음과 같이 썼다.

재스트로와는 30년 넘게 알고 지내는 사입니다. 재스트로는 훌륭한 과학자이고 저는 그를 아주 좋아합니다. 전략 방위 구상을 옹호하는 데서도 탁월한 역할을 했지요. 하지만 재스트로의 경력이 이 일을 맡기에는 충분하지 않다고 봅니다. 게다가 만약 재스트로가 대통령 과학 보좌관이 된다면, 정치적인 인사라는 비판이 쏟아지기 쉽습니다. 자격은 있지만 탁월한 자격은 아닌 거지요. 재스트로를 임명하면 적들한테 엄청난 공격의 빌미를 주는 셈입니다. 제이Jay와 상황을 의논했더니 제 견해를 알리라고 강력하게 권하더군요. 그래서 이 기회에 말씀드리는 겁니다[출처: Teller papers at Hoover Institute, Teller to Joseph Coors, 6 January 1986 Teller, 275: Coors].

계속해서 텔러는 바티칸 특사 윌리엄 윌슨William Wilson에게 추천 명단을 보냈다. 프레더릭 사이츠, 윌리엄 니런버그, 해럴드 애그뉴Harold Agnew 순이었다. (Teller to William A. Wilson [Vatican envoy], 14 February 1984, Teller, 286: Wilson.) 니런버그가 과학 보좌관 후보 물망에 오른 사실에 관해서는 여러 문서를 통해 1980년에 그가 고려되었음을 알 수 있다. (SIO WAN papers, MC13 collection). 웨스트윅은 니런버그가 나중에 두 차례 거론되었다고 지적한다. 당시 텔러는 딕시 리 레이Dixy Lee Ray도 추천했다. (Peter Westwick, 2009년 5월 16일에 나오미 오레스케스와 전자 우편으로 나눈 대화 — '텔러 문서Teller papers'의 미정리 부분.)

108 Edward Reiss, *The Strategic Defense Initiative* (Cambridge University Press, 1992), 105쪽.

109 R. Seitz, "In from the Cold," 7쪽.

110 Russell Seitz, "An Incomplete Obituary," *Forbes* 159, no. 3 (February 10, 1997): 123쪽; "Aliens Cause Global Warming," January 17, 2003, Speeches, Michael Crichton Official Site, <http://michaelcrichton.com/speech-alienscauseglobalwarming.html>.

111 Milton Friedman, *Capitalism and Freedom* (Chicago: University of Chicago Press, 1962)([국역] 밀턴 프리드먼 지음, 심준보·변동열 옮김, 『자본주의와 자유』, 청어람미디어, 2007년).

112 Friedman, *Capitalism and Freedom*, 특히 viii쪽과 ix쪽.

113 Russell Seitz, "The Melting of Nuclear Winter," *Wall Street Journal*, November 5, 1986, Eastern edition, 1쪽; Russell Seitz, letter to the editor, *Wall Street Journal*, January 29, 1987, Eastern edition, 1쪽. 몇 년 뒤 사이츠는 『포브스』를 통해 간접흡연을 옹호한다. Russell Seitz, "Making the World Safe for Cigarette Smokers," *Forbes* 160, no. 5 (September 8, 1997), 181쪽, <http://www.forbes.com/forbes/1997/0908/6005181a.html>을 보라.

114 Barry Goldwater, 1963년 공화당 대통령 후보 수락 연설, Quotation Details,

The Quotation Page, <http://www.quotationspage.com/quote/34605.html>; "Barry Goldwater: Extremism in the Defense of Liberty," YouTube, <http://www.youtube.com/watch?v=RVNoClu0h9M>.

3장 산성비에 대한 의혹

1 Gene E. Likens, "The Science of Nature, the Nature of Science: Long-term Ecological Studies at Hubbard Brook," *Proceedings of the American Philosophical Society* 143, no. 4 (December 1999): 558~572쪽.
2 일부 관찰자들이 오염과 관련됐을 것이라고 생각한 르네상스 시대의 '자줏빛 비'에 관해서는 Margaret D. Garber, "Alchemical Diplomacy: Optics and Alchemy in the Philosophical Writings of Marcus Marci in Post-Rudolphine Prague, 1612-1670" (Ph.D. dissertation, University of California, San Diego, 2002), 278~314쪽을 보라. 일부 관찰자들이 오염/강수의 연관성을 시사한 이례적인 기상 현상에 관한 논의로는 James Fleming and Roy Goodman, eds., *International Bibliography of Meteorology from the Beginning of Printing to 1889* (Upland, Penn.: Diane Publishing, 1994); Vladimir Janković, *Reading the Skies: A Cultural History of the English Weather 1650-1820* (Manchester, UK: Manchester University Press, 2000) 등을 보라. Jan Golinksi, *British Weather and the Climate of Enlightenment* (Chicago: University of Chicago Press, 2007)도 보라.
3 Doug Scott, *The Enduring Wilderness: Protecting Our Natural Heritage through the Wilderness Act* (Golden, Colo.: Fulcrum Publishing, 2004).
4 [국역] 레이첼 카슨 지음, 김은령 옮김, 『침묵의 봄』, 에코리브르, 2002년. — 옮긴이
5 Gene E. Likens and F. Herbert Bormann, "Acid Rain: A Serious Regional Environmental Problem," *Science* 184, no. 4142 (June 14, 1974): 1176~1179쪽.
6 앞의 글, 1176쪽.
7 앞의 글, 1177쪽; Charles Herrick, "Predictive Modeling of Acid Rain: Obstacles to Generating Useful Information," in *Prediction: Science, Decision Making, and the Future of Nature*, ed. Daniel Sarewitz, Roger A. Pielke Jr., and Radford Byerly Jr. (Washington, D.C.: Island Press, 2000), 251~268쪽.

8 예를 들어 R. J. Beamish and H. H. Harvey, "Acidification of the La Cloche Mountain Lakes, Ontario, and Resulting Fish Mortalities," *Journal of the Fisheries Research Board of Canada* 29 (1972): 1131~1143쪽; Svante Odén's work: S. Odén and T. Ahl, Sartryck, *Ur Ymer Årsbok* (1970): 103~122쪽; Svante Odén, "The Acidity Problem—An Outline of Concepts," *Water, Air, and Soil Pollution* 6, no. 2-4 (June 1976): 137~166쪽 등을 보라.

9 Linda Lear, *Rachel Carson: Witness for Nature* (New York: Houghton Mifflin Harcourt, 2009)([국역] 린다 리어 지음, 김홍옥 옮김, 『레이첼 카슨 평전』, 샨티, 2004년); Elizabeth Seigel Watkins, *On the Pill: A Social History of Oral Contraceptives, 1950-1970* (Baltimore, Md.: Johns Hopkins University Press, 1998).

10 Bert Bolin, ed., *Report of the Swedish Preparatory Committee for the U.S. Conference on the Human Environment* (Stockholm: Norstedt and Söner, 1971). Lawrence Van Gelder, "Aroused Europeans Try to Stem Industrial Pollution," *New York Times*, January 11, 1971, 41쪽도 보라.

11 Bert Bolin et al., *Air Pollution Across National Boundaries: The Impact of the Environment of Sulfur in Air and Precipitation, Sweden's Case Study for the United Nations Conference on the Human Environment*, Royal Ministry for Foreign Affairs and Royal Ministry of Agriculture (Stockholm, Sweden, 1971).

12 Bolin et al., *Air Pollution Across National Boundaries*, 85쪽에서 재인용. 헨닝 로드헤Henning Rodhe는 유력한 지구물리학 저널인 『텔루스Tellus』에 유럽 대기 중에 존재하는 황의 원천을 분석하는 중요한 논문을 발표했다. 이 연구에서 로드헤는 자연적 원인보다 인간 활동에서 배출된 황이 더 많음을 보여주었다. 또 이 황은 지상에 내려앉지 않은 채 1000킬로미터 이상을 이동할 수 있고, 스웨덴에서 내리는 산성비의 황 중 절반 정도가 외국의 오염원에서 옮겨 온 것임을 보여주었다. 나머지 절반은 스웨덴에서 배출된 것과 자연적으로 생겨난 것이었다. 산성비는 화산에 의해 생기거나 바다 비말sea spray에서 유래하는 게 아니었으며, 국가간 경계선을 쉽게 넘어갔다. Henning Rodhe, "A Study of the Sulfur Budget for the Atmosphere over Northern Europe," *Tellus* 24 (January 19, 1972): 128~138쪽. 렌나르트 그라나트Lennart Granat 역시 스칸디나비아, 영국, 북중유럽의 1000여 곳에서 모은 샘플의 결과를 발표했다. 그 결과를 보면 네덜란드와 벨기에가 실제로 가장 심하게 영향을 받는 나라였다. 스웨덴 과학자들이 유럽의 산성비에 관해 상당한 연구를 했는데, 실제로는 다른 나라들이 더

심각한 영향을 받은 셈이다. Lennart Granat, "On the Relation Between pH and the Chemical Composition in Atmospheric Precipitation," *Tellus* 24 (1972): 550~560쪽; Lennart Granat, *Deposition of Sulfate and Acid with Precipitation over Northern Europe*, Report AC-20, Institute of Meteorology (University of Stockholm, March 1972), 30쪽과 부록.

13 USDA Forest Service, *Workshop Report on Acid Precipitation and the Forest Ecosystem*, General Technical Report NE 26, 1976.

14 D. H. Matheson and F. C. Elder, eds., "Atmospheric Contribution to the Chemistry of Lake Waters, First Specialty Symposium of the International Association for Great Lakes Research, Supplement 1 to Vol. 2," *Journal of Great Lakes Research* (Longford Mills, Ontario, Canada, 1976).

15 Richard J. Beamish, "Acidification of Lakes in Canada by Acid Precipitation and the Resulting Effects on Fishes," *Water, Air, and Soil Pollution* 6, no. 2-4 (March 26, 1976): 501~514쪽. 1970년, 캐나다 연방인디언부Federal Department of Indian Affairs는 인근 인디언 보호 구역의 호수와 삼림에 환경 피해를 입힌 혐의로 광산 회사들을 상대로 소송을 제기했다. 이 사건은 법원 밖에서 해결되었지만, 1970년에 이미 얼마 동안 원주민들이 산성화의 이런 효과를 관찰해왔다는 사실을 알 수 있다.

16 H. Leivestad and I. P. Muniz, "Fish Kill at Low pH in a Norwegian River," *Nature* 259 (February 5, 1976): 391~392쪽.

17 Gene Likens, "Acid Precipitation," *Chemical and Engineering News* (November 22, 1976): 29~44쪽.

18 앞의 글.

19 F. Herbert Bormann, "Acid Rain and the Environmental Future," *Environmental Conservation* (November 20, 1974): 270쪽. 대부분의 동료들과 대조적으로 보먼은 후자의 결론으로 기울었다.

20 안정된 탄소 동위 원소를 활용하여 대기 중 이산화탄소 증가가 인간 활동에 따른 것임을 증명하는 문제에 관한 논의로는 "How do we know that recent CO_2 increases are due to human activities?" *Real Climate*, December 22, 2004, <http://www.realclimate.org/index.php/archives/2004/12/how-do-we-know-that-recent-cosub2sub-increases-are-due-to-human-activities-updated/>를 보라.

21 Jerome O. Nriagu and Robert D. Coker, "Isotopic Composition of Sulphur in Atmospheric Precipitation around Sudbury, Ontario," *Nature* 274 (August 31,

1978): 883~885쪽. 이런 서명은 특히 뚜렷하다. 선캄브리아기에 이례적으로 높은 온도에서 형성된 그곳의 니켈 광석은 지질학적으로 독특하기 때문이다.

22 N. M. Johnson, "Acid Rain: Neutralization within the Hubbard Brook Ecosystem and Regional Implications," Science 204, no. 4392 (May 4, 1979): 497~499쪽; N. M. Johnson et al., "Acid Rain, Dissolved Aluminum and Chemical Weathering at the Hubbard Brook Experimental Forest, New Hampshire," Geochimica et Cosmochimica Acta 45, no. 9 (September 1981): 1421~1437쪽.

23 Gene E. Likens et al., "Acid Rain," Scientific American 241, no. 4 (October 1979): 43~51쪽.

24 J. N. B. Bell, "Acid Precipitation—a New Study from Norway," Nature 292 (July 16, 1981): 199~200쪽, 인용은 199쪽.

25 U.S. Department of State, Long-range Transboundary Air Pollution, Convention between the United States of America and Other Governments, 1979년 11월 13일 제네바에서 조인, Treaties and Other International Acts Series 10541. 이 조약의 이행에 대한 평가에 관해서는 United Nations, Economic Commission for Europe, The State of Transboundary Air Pollution, Air Pollution Studies No. 5, Geneva, Switzerland, 1989를 보라. 장래 행동을 예고라도 하듯, 미국 정부는 1985년 의정서에 조인하지 않았다.

26 1985년 의정서는 캐나다, 스웨덴, 노르웨이, 덴마크, 핀란드, 서독, 스위스, 오스트리아, 프랑스 등이 서명했다.

27 Gus Speth, "The Sisyphus Syndrome: Air Pollution, Acid Rain and Public Responsibility," Proceedings of the Action Seminar on Acid Precipitation, Nov 1st to 3rd, 1979 (Canada: A.S.A.P. Organizing Committee, 1979), 170쪽.

28 앞의 글, 164쪽.

29 앞의 글, 171쪽.

30 Patricia M. Irving, ed., Acidic Deposition: State of Science and Technology: Summary Report of the US National Acid Precipitation Assessment Program, 1990 Integrated Assessment Report (Washington, D.C.: Office of the Director, National Acid Precipitation Assessment Program, 1991). Herrick, "Predictive Modeling"; Gene Likens, "The Role of Science in Decision Making: Is Anybody Listening? When Does Evidence-Based Science Drive Environmental Management and Policy?" 2009 Cary Conference, for submission in Frontiers in Ecology and the Environment, second correction sent August 12, 2009. 국

가산성강우평가프로그램이 정책 결정에 어떤 영향을 미쳤는지에 관해서는 Christopher J. Bernabo, "Improving Integrated Assessments for Applications to Decision Making," in *Air Pollution in the 21st Century: Priority Issues and Policy, Studies in Environmental Science* 72, ed. T. Schneider (Amsterdam: Elsevier, 1998), 183~197쪽을 보라.

31 Herrick, "Predictive Modeling," 252쪽.

32 Royal Society of Canada, *Acid Deposition in North America: A Review of Documents Prepared under the Memorandum of Intent between Canada and the United States of America*, 1980, on Transboundary Air Pollution, II, Technical Report, May 1983.

33 앞의 글, II-11쪽.

34 앞의 글, II-11쪽.

35 앞의 글, II-9쪽.

36 앞의 글, II-7쪽.

37 앞의 글, II-8쪽.

38 Environment Canada, *The Acid Rain Story* (Ottawa: Ministry of Supply and Services, 1984).

39 Chris Bernabo, 2009년 4월 17일에 나오미 오레스케스와 전화로 나눈 대화. 부처간산성강우태스크포스의 보고서 공개에 관해서는 Eliot Marshall, "Acid Rain Researchers Issue Joint Report," *Science* 220, no. 4604 (June 24, 1983): 1359 쪽을 보라.

40 J. Christopher Bernabo, "Global Climate Change: A Second Generation Environmental Issue," *Air and Waste Management Association*, for Presentation at the 82nd Annual Meeting and Exhibition, Anaheim, California, June 25-30, 1989; Bernabo, "Communication Among Scientists, Decision-Makers and Society: Developing Policy-Relevant Global Climate Change Research," *Climate Change Research: Evaluation and Policy Implications, Proceedings of the International Climate Change Research Conference*, ed. S. Zwerver et al. (Amsterdam: Elsevier, 1995), 103~117쪽; Bernabo, "Improving Integrated Assessments," 183~197쪽.

41 Chris Bernabo, 2009년 4월 17일에 나오미 오레스케스와 전화로 나눈 대화; Gene Likens, 2009년 4월 29일에 나오미 오레스케스와 전화로 나눈 대화.

42 Gene Likens, 2009년 4월 29일에 나오미 오레스케스와 전화로 나눈 대화.

43 Richard Ayres, 2009년 4월 15일에 나오미 오레스케스와 전자 우편으로 나눈

대화; Jurgen Schmandt, Judith Clarkson, and Hilliard Roderick, eds., *Acid Rain and Friendly Neighbors: The Policy Dispute Between Canada and the United States* (Charleston, N.C.: Duke University Press, 1989); Leslie R. Alm, Crossing Borders, *Crossing Boundaries: The Role of Scientists in the US Acid Rain Debate* (Westport, Conn.: Praeger, 2000); Gene E. Likens, *The Ecosystem Approach: Its Use and Abuse* (Germany: Ecology Institute, 1992).

44 David W. Schindler 주재, *Atmosphere—Biosphere Interaction: Toward a Better Understanding of the Ecological Consequences of Fossil Fuel Combustion*, Committee on the Atmosphere and Biosphere, Board on Agriculture and Renewable Resources, Commission on Natural Resources, National Research Council (Washington, D.C.: National Academy of Sciences, 1981).

45 Robert Reinhold, "Acid Rain Issue Creates Stress between Administration and Science Academy," *New York Times*, June 8, 1982, C1쪽.

46 "Clearing the Air," 사설, *Washington Post*, June 12, 1982, A14쪽.

47 프랭크 프레스[Frank Press(1924년~). 미국의 지구물리학자. 1976~1980년에 카터 대통령 과학 보좌관 역임. 1981~1993년에 국립과학학술원 원장 역임. — 옮긴이]와 윌리엄 니런버그는 이 문제를 놓고서 의견을 교환하면서 분위기가 다소 다소 과열되기도 했다. William A. Nierenberg(WAN) papers, MC13, 140: 9, Scripps Institute of Oceanography(SIO) Archives를 보라.

48 Schindler, *Atmosphere—Biosphere Interaction*. "Dropping Acid," *Washington Post*, October 16, 1981, A26쪽에서 재인용.

49 Discussed in "Acid Rain Is Caused Mostly by Pollution at Coal-Fired Midwest Plants, Study Says," *Wall Street Journal*, November 2, 1982, 2쪽. 1983년에 과학학술원에서 두 번째로 내놓은 보고서도 이런 결론을 뒷받침했다. Jack Calvert 주재, *Acid Deposition: Atmospheric Processes in Eastern North America: A Review of Current Scientific Understanding*, Committee on Atmospheric Transport and Chemical Transformation in Acid Precipitation, Environmental Studies Board, Commission on Physical Sciences, Mathematics, and Resources, National Research Council (Washington, D.C.: National Academies Press, 1983)을 보라.

50 1981년 1월, 니런버그는 대통령 당선자 인선 책임자인 E. 펜들턴 제임스E. Pendleton James로부터 편지를 한 통 받았다. 새 행정부에서 발탁을 검토 중이라는 내용이었다. William A. Nierenberg personal correspondence, WAN papers, MC13, 35: 8, SIO Archives.

51 William A. Nierenberg to General Alexander Haig, 17 December 1980, WAN papers, MC13, 43: 3, SIO Archives.
52 William A. Nierenberg personal correspondence, WAN papers, MC13, 35: 8, SIO Archives. WAN papers, MC13, 35: 13, Personal, Jan.-Dec. 1982도 보라.
53 Naomi Oreskes et al., "From Chicken Little to Dr. Pangloss: William Nierenberg, Global Warming, and the Social Deconstruction of Scientific Knowledge," *Historical Studies in the Natural Sciences* 38, no. 1 (2007): 109~152쪽; Naomi Oreskes, "My Facts Are Better than Your Facts: Spreading Good News about Global Warming," in *How Do Facts Travel?* ed. Mary Morgan and Peter Howlett (Cambridge: Cambridge University Press, 근간) 등을 보라. 이 책 6장도 보라.
54 Charles Townes and Walter Munk, "Obituary, William Aaron Nierenberg," *Physics Today* 54, no. 6 (June 2001), <http://scitation.aip.org/journals/doc/PHTOAD-ft/vol_54/iss_6/74_1.shtml>.
55 Naomi Oreskes, *Science on a Mission: American Oceanography in the Cold War and Beyond* (Chicago: University of Chicago Press, 근간); Naomi Oreskes and Ronald Rainger, "Science and Security before the Atomic Bomb: The Loyalty Case of Harold U. Sverdrup," *Studies in the History and Philosophy of Modern Physics* 31B, (2000): 309~369쪽; Ronald Rainger, "Constructing a Landscape for Postwar Science: Roger Revelle, the Scripps Institution and the University of California, San Diego," *Minerva* 39, no. 3 (2001): 327~352쪽; Ronald Rainger, "Science at the Crossroads: The Navy, Bikini Atoll, and American Oceanography in the 1940s," *Historical Studies in the Physical and Biological Sciences* 30, no. 2 (2000): 349~371쪽; Ronald Rainger, "Adaptation and the Importance of Local Culture: Creating a Research School at the Scripps Institution of Oceanography," *Journal of the History of Biology* 36 (2003): 461~500쪽; Jacob D. Hamblin, *Oceanographers and the Cold War: Disciples of Marine Science* (Seattle: University of Washington Press, 2005); Jacob D. Hamblin, *Poison in the Well: Radioactive Waste in the Ocean at the Dawn of the Nuclear Age* (New Brunswick, N.J.: Rutgers University Press, 2008); Naomi Oreskes, "A Context of Motivation: US Navy Oceanographic Research and the Discovery of Seafloor Hydrothermal Events," *Social Studies of Science* 33 (2003): 697~742쪽; William Nierenberg, *Oceanography: The Making of Science, People,*

Institutions, and Discovery, 2000년 2월 10일에 나오미 오레스케스와 나눈 구술사 인터뷰, Office of Naval Research, Oral History Project.

56 Gene Likens, 2009년 6월 15일에 이 장 초안에 대해 나오미 오레스케스에게 전자 우편으로 보낸 논평; Sherwood Rowland, 2005년 9월 7~8일에 나오미 오레스케스와 개인적으로 나눈 대화.

57 William Nierenberg 주재, *Report of the Acid Rain Peer Review Panel, July 1984* (Washington, D.C.: White House Office of Science and Technology Policy, 1984), v쪽.

58 앞의 글, III-3쪽과 III-7쪽.

59 William A. Nierenberg to John Marcum, Office of Science and Technology Policy, 18 March 1982, WAN papers, MC13, 140: 4, SIO Archives와 또 다른 편지 Nierenberg to A. M. Rosenthal, 9 November 1982, MC13, 140: 2, SIO Archives: "위원회 성원은 한 명 빼고는 내가 직접 골랐습니다." 이 편지의 축약본은 1982년 12월 5일자 『뉴욕 타임스』의 오후 최종판 6섹션 174쪽에 편집자에게 보내는 서한으로 실렸고, 1982년 7월 2일자 『워싱턴 포스트』에 보낸 서한에서는 많은 성원이 학술원 회원이라는 언급이 되풀이되었다. "Acid Rain Fallout," *Washington Post*, July 2, 1982.

60 Homer Newell, "Beyond the Atmosphere: Early Years of Space Science," *The Academy of Sciences Stakes a Claim*, 5장, NASA History Series, <http://www.hq.nasa.gov/office/pao/History/SP-4211/ch5-1.htm>. 문제가 되는 부분은 5장 52~53쪽에 있다.

61 Newell, "Beyond the Atmosphere," 50~53쪽; Walter S. Sullivan, *Assault on the Unknown: The International Geophysicist Year* (New York: McGraw-Hill, 1961), 78쪽.

62 Erik M. Conway, *Atmospheric Science at NASA: A History* (Baltimore, Md.: John Hopkins University Press, 2008), 34쪽.

63 이 책 6장에서 논의하는 지구 온난화에 관한 연구 덕분에 싱어는 아마 가장 많은 적을 얻었을 것이다. 특히 로저 리벨과 줄 차니Jule Charney 같은 존경 받는 인물들과 드잡이를 하면서 적이 많아졌다. 몇 년 전 어느 날 밤, 싱어가 우리 중 한 명(나오미 오레스케스)의 집에 전화를 걸어 자신이 아주 유명한 과학자의 친구라고 말했다. 그 사람은 로저 리벨의 친한 친구이자 동료였다. 다음날 아침에 오레스케스가 이 과학자에게 전화를 걸었다. 미국에서 60년을 살고도 빈Wien 사람 특유의 억양을 고스란히 간직한 이 과학자는 놀라서 대꾸했다. "오오오오. 나는 프레드 싱어를 친구라고 말허[하]지 않어[아]요." 그러고는 "싱어가 로저

를 어떻게 배신했는지"에 관한 이야기를 들려주었다. 6장을 보라.
64 S. Fred Singer, ed., *Global Effects of Environmental Pollution: A Symposium Organized by the American Association for the Advancement of Science* (New York: Springer-Verlag, 1970), 206쪽.
65 S. Fred Singer, ed., *Is There an Optimum Level of Population?* (New York: McGraw-Hill, 1971), 4쪽.
66 Singer, *Is There an Optimum Level?*, 157쪽.
67 앞의 글, 256쪽.
68 1984년에 싱어는 줄리언 L. 사이먼과 허먼 칸이 편집한『자원이 풍부한 지구 The Resourceful Earth』라는 풍요론 저서에 논문을 기고했다. 사이먼은 풍요론 학파의 지도적 주창자이자 덴마크의 정치학자인『회의적 환경주의자The Skeptical Environmentalist』([국역] 비외른 롬보르 지음, 김승욱·홍욱희 옮김,『회의적 환경주의자』, 에코리브르, 2003년)의 저자 비외른 롬보르에게 영감을 준 것으로 널리 받아들여진다. 이 책을 펴낼 당시 사이먼은 유력한 보수주의/자유지상주의 싱크 탱크인 헤리티지재단의 특별 연구원이었다. 싱어는 집필을 맡은 장인「세계의 석유 수요World Dema-nd for Oil」에서 완전한 풍요론의 전형을 보여준다. "에너지 소비는 …… 미래의 경제 성장에 어떤 한계도 부과하지 않으며 중대한 단절[원문 그대로]조차도 가져오지 않는다. 일반 대중의 견해와 정반대로, 석유를 계속 사용할 수 있는지는 결코 심각한 문제가 아니다." Singer, *The Resourceful Earth: A Response to Global 2000* (New York: Blackwell, 1984), 339~360쪽, 인용은 339쪽.
69 S. Fred Singer, *Cost-Benefit Analysis as an Aid to Environmental Decision Making, Report M77-106* (McLean, Va.: MITRE Corporation, 1979), 3쪽.
70 앞의 글, 126쪽.
71 Singer, *Cost-Benefit Analysis*.
72 Robert Reinhold, "13 Experts Named to Councel [sic] Reagan's Adviser for Science," *New York Times*, February 18, 1982, <http://query.nytimes.com/gst/fullpage.html?res=980DEED8123BF93BA25751C0A964948260>. 싱어가 정부에서 일하는 데 관심을 피력한 편지와 동봉한 이력서에 관해서는 Singer to E. E. David, 21 November 1981, WAN papers, MC13, 49: 12, file label "'S' Misc.," SIO Archives를 보라. 싱어의 이력서에는 공화당전국위원회 종신 회원증, 공화당전국위원회 산하 윌리엄 케이시William Casey(장래 중앙정보국장)가 이끄는 국제경제학 자문소위원회 위원, 재무부 장관 윌리엄 사이먼의 국제석유·자원 문제 자문역, 버지니아대학교 청년공화당원모임 자문교수 등 수많

은 공화당 이력이 나열되어 있다. WAN papers, MC13, 50: 1, Misc. 1982, SIO Archives도 보라.

73 앞의 글.

74 S. Fred Singer, "The World's Falling Need for Crude Oil," 오려낸 언론 기사, 출처 미상; S. Fred Singer, "The Price of World Oil," *Annual Review of Energy* 8 (November 1983): 451~508쪽. 오려낸 두 기사 모두 Nierenberg personal correspondence, 1981, WAN papers, MC13, 35: 10, SIO Archives에서 찾아낸 것이다. S. Fred Singer, "Oil Pricing Blunders Now Have Saudis in a Jam," *Wall Street Journal*, May 28, 1981, 24쪽도 보라.

75 S. Fred Singer, "The Coming Revolution in World Oil Markets," *Wall Street Journal*, February 4, 1981, 26쪽: Nierenberg personal correspondence, 1981, WAN papers, MC13, 35: 10, SIO Archives에 있는 오려낸 기사.

76 S. Fred Singer to E. E. David, 21 November 1981, WAN papers MC13, 35: 10, SIO Archives.

77 S. Fred Singer to Joseph Ryan, Personnel Office, the White House, 15 June 1981, WAN papers MC13, 35: 10, SIO Archives.

78 William Nierenberg to John Marcum, 18 March 1982, WAN papers, MC13, 140: 4, SIO Archives. Biographic Data for Acid Rain Group, 18 March 1982, WAN papers, MC13, 140: 4, SIO Archives도 보라. 타이핑된 이 명단에는 더 자세한 내용이 담겨 있지만 싱어는 포함되어 있지 않다. *Scientific Problems of Weather Modification: A Report of the Panel on Weather and Climate Modification*, Committee on Atmospheric Sciences, NAS-NRC Publication 1236 (Washington, D.C.: National Academies Press, 1964).

79 William Nierenberg to John Marcum, 18 March 1982, WAN papers, MC13, 140: 4, SIO Archives; Biographic Data for Acid Rain Group, WAN papers.

80 앞의 글.

81 앞의 글. Russell W. Peterson, "Laissez Faire Landscape," *New York Times*, October 31, 1982, SM27쪽도 보라.

82 Ben Lieberman and Nicolas Loris, "Five Reasons the EPA Should Not Attempt to Deal with Global Warming," Heritage Foundation, Issues: Energy and Environment, April 23, 2009, <http://www.heritage.org/Research/EnergyandEnvironment/wm2407.cfm>.

83 Singer to Nierenberg, 19 January 1982, WAN papers, MC13, 50: 1, SIO Archives.

84 William Ackerman to John Robertson, "Review of Subject" notes, 4 February 1983, WAN papers, MC13, 140: 9, SIO Archives.

85 *Minutes of the January 27, 28, and 29 meeting of the Acid Rain Peer Review Panel*, WAN papers, MC13, 140: 9, stamped March 11, 1983, SIO Archives.

86 1983년 7월 27일자로 된 보도 자료 사본은 다음 문서에서 볼 수 있다. William Nierenberg papers, *General Comments on Acid Rain: A Summary of the Acid Rain Peer Review Panel for the Office of Science and Technology Policy*, press release (draft), 17 June 1983, WAN papers, MC13, 140: 12. 보고서 사본은 WAN papers, MC13, 141: 4, SIO Archives에서 찾을 수 있다.

87 "Reagan-appointed Panel Urges Big Cuts in Sulfur Emissions to Control Acid Rain," *Wall Street Journal*, June 28, 1983, 6쪽.

88 *General Comments on Acid Rain*, WAN papers. MC 13, 140: 12, on p. 1, SIO Archives.

89 앞의 글, 1~2쪽의 논의.

90 앞의 글, 1쪽.

91 앞의 글, 4쪽.

92 S. Fred Singer, *Overall Recommendation of the Acid Rain Peer Review Panel*, draft by Singer to panel, 4 June 1983, received by Nierenberg 10 June 1983, WAN papers, MC13, 140: 12, SIO Archives.

93 앞의 글, 2쪽.

94 Chauncey Starr to George Keyworth, 19 August 1983과 WAN papers, MC13, 141: 1, SIO Archives에 있는 다른 편지들.

95 Starr to Keyworth, 19 August 1983.

96 S. Fred Singer to Acid Rain Peer Review Panel, *Acid Effects on Forest Productivity?*와 *Political Solutions to the Acid Rain Problem*, 1 November 1983, WAN papers, MC13, 141: 1, SIO Archives.

97 S. Fred Singer to Acid Rain Peer Review Panel, *Assessment of Crop Losses from Ozone*, 31 October 1983, WAN papers, MC13, 141: 1, SIO Archives.

98 S. Fred Singer to William A. Nierenberg, 27 July 1983, cover letter to *3rd Draft—Acid Rain Peer Review Panel*, 2 August 1983, WAN Papers MC13 141:2, SIO Archives. 초안에는 싱어의 주석이 달려 있다. 첨부 편지를 보면, 이 주석이 싱어가 변경한 것이며 니런버그와 함께한 것임을 분명히 알 수 있다.

99 Frederic Golden, "Storm over a Deadly Downpour," *Time*, December 6, 1982, 84~85쪽.

100 Gene Likens to Tom Pestorius, 19 April 1983, WAN papers, MC13, 140: 10, SIO Archives.

101 *Critique of NRC Document on Atmosphere-Biosphere Interactions, Set 1981, Environmental Research and Technology, Inc.*와 critique by David Schindler(타이핑 원고), WAN papers, MC13, 140: 7, SIO Archives.

102 S. Fred Singer to John Robertson, 편지와 첨부 문서, 15 February 1983, WAN papers, MC13, 140: 7, SIO Archives.

103 S. Fred Singer to John Robertson, *Global Environment, Resources, and Population Issues-Federal Policy in the 1980s*, 15 February 1983, WAN papers, MC13, 140: 7, SIO Archives. 인용은 3쪽과 4쪽.

104 Gene Likens, 2009년 4월 19일에 나오미 오레스케스와 전화로 나눈 대화.

105 니런버그가 쓴 짧은 편지를 보면, 그가 산성비가 심각한 문제임을 인정했음을 알 수 있다. 가령 평가단이 처음 소집된 1983년 1월에 니런버그는 진 라이컨스와 루스 패트릭Ruth Patrick에게 짧은 편지를 보냈다. 이 편지에서 니런버그는 불확실성을 펼쳐 보이는 게 중요하기는 하지만 그 과정에서 제대로 맥락을 잡는 것 역시 중요하다고 강조했다. "우리 논의의 목적은 불확실성과 간극 때문에 문제의 잠재적 심각성을 인식하지 못하는 사태를 피하자는 겁니다. 또한 환경 산성화가 야기할 수 있는 중대한 영향을 완화하는 국가적 정책을 채택할 필요성을 깨닫지 못하는 사태도 막아야 합니다. …… 더욱 중요한 점으로, 만약 산성 강우에서 생겨나는 문제들을 다루는 데 순전히 경제적인 접근을 요구한다면, 우리 사회의 다른 중요한 문제를 해결하는 데 채택한 절차들과 너무나도 달라집니다. 다른 환경 문제, 교육, 에너지, 복지, 국방 등을 다루면서 우리는 현존하는 지식 기반을 가지고 최선을 다합니다. 신중한 과학자라면 이런 기반에서 벗어나 너무 멀리 나가면 안 되겠지만, 가만히 손 놓고 있어서도 안 됩니다." Draft sent to Dr. Gene Likens and Dr. Ruth Patrick, 12 January 1983, WAN papers, MC13, 140: 9, SIO Archives.

106 William Nierenberg to S. Fred Singer, 26 July 1983, WAN papers, MC13, 141: 3, SIO Archives. 몇 달 뒤 윌리엄 러클스하우스에게 보낸 편지에서 니런버그는 구체적인 배출 제한을 권고하는 불확실한 근거에 관해 논의하면서 이 점을 재차 확인했다. "내가 이런 생각을 정리하려고 노력하는 과정에서도 배출 제한이 필요하다는 입장을 포기하지 않았다는 걸 알아주었으면 합니다." Letter from William Nierenberg to William Ruckelshaus, 4 November 1983, WAN papers, MC13, 141: 6, SIO Archives.

107 Steve LaRue, "Early Action Urged in Fight on Acid Rain," *San Diego Union*,

August 8, 1984, Local Section, B-2쪽.

108 애커먼에 관해서는 William J. Hall, et al., "William C. Ackermann," in *Memorial Tributes: National Academy of Engineering*, vol. 4 (Washington, D.C.: National Academies Press, 1991), 1~8쪽, <http://books.nap.edu/openbook.php?record_id=1760& page=3>을 보라. 경제학자들은 호수와 삼림의 가치를 수량적으로 평가하는 수단을 개발하는 중이었지만, 그런 일은 이 평가단의 책임이나 전문 분야를 넘어서는 것이었다.

109 S. Fred Singer to chairman of the House Committee on Science and Technology, 30 September 1983, WAN papers, MC13, 141: 10, SIO Archives.

110 *Memorandum for Acid Rain Peer Review Panel*, 3 December 1982, WAN papers, MC13, 140: 2, SIO Archives.

111 Russell W. Peterson, "Laissez Faire Landscape," *New York Times*, October 31, 1982; Gerald O. Barney(연구 책임자), *The Global 2000 Report to the President: Entering the Twenty-First Century, Prepared by the Council on Environmental Quality and Department of State* (Washington, D.C.: U.S. Government Printing Office, 1980).

112 S. Fred Singer, *Report of the Acid Rain Peer Review Panel, Final Report, July 1984*, Office of Science and Technology Policy (Washington, D.C.: U.S. Government Printing Office, 1984), 부록 5.

113 앞의 글, 부록 5, A5-2쪽.

114 앞의 글, 부록 5, A5-8쪽.

115 1990년 대기청정법 수정안 제IV조, 일명 산성강우통제프로그램Acid Deposition Control Program은 발전소의 이산화황 배출을 통제하기 위해 마련된 시장에 근거한 유인책(배출량 할당 거래제cap and trade system)을 포함한 것으로 오늘날 많은 사람들이 온실가스 배출을 통제하고 감축하기 위한 모델로 간주하는 접근법이다. 이런 접근은 또한 지휘·통제 접근법이 아닌 '탄력적인 규정 준수'(배출 할당량을 거래하고 예치할 수 있는 방식) 구상으로 이어졌다. 1998년에 진행된 사후 평가에서는 "인간 건강과 가시도 분야에서 수량화할 수 있는 편익이 비교적 크며, 이 두 분야의 잠재적인 편익의 규모만으로도 [규정 준수에 따른] 비용을 초과한다."고 결론지었다. Title IV of 1990 Clean Air Act Amendments, a.k.a., Acid Deposition Control Program; Herrick, "Predictive Modeling," 252쪽.

116 Milton Friedman, *Capitalism and Freedom* (Chicago: University of Chicago Press, 1962), 30~32쪽.

117 앞의 글, 32쪽.
118 Singer, 부록 5, *Report of the Acid Rain Peer Review Panel, Final Report*, A5-8쪽.
119 앞의 글, A5-10쪽.
120 Russell W. Peterson, "Laissez Faire Landscape," *New York Times*, October 31, 1982에서 재인용. "The 30% Club," *Time*, April 2, 1984, <http://www.time.com/time/magazine/article/0,9171,954196,00.html>에서 6000달러라는 추정치를 찾아볼 수 있다.
121 *Press Conference with Allan MacEachen*, 11 April 1983, transcript in WAN papers, MC13, 140: 10, file label "OSTP Acid Rain Review Group 1983," SIO Archives. Deborah Shapely, "Acid Rain Settlement in Sight?" *Nature* 301 (January 27, 1983): 274쪽도 보라.
122 *Press Conference with Allan MacEachen*, WAN papers.
123 "Acid Rain Report Suppressed before U.S. Vote, Group Says," *G&M*, September 13, 1984, 오려낸 언론 기사, WAN papers, MC13, 141: 4, SIO Archives.
124 "Polluted Air and Acid Rain: A Missing Link?" *Newsweek*, September 2, 1985, 25쪽.
125 "Impurities from Heaven," *New Republic* 190, no. 10 (March 12, 1984): 8~9쪽.
126 Stephen Budiansky, "Acid Rain: Canada Must Act Alone," *Nature* 307, no. 5953 (February 23, 1984): 679쪽.
127 William M. Brown, "Maybe Acid Rain Isn't the Villain," *Fortune* 109 (May 28, 1984): 170~174쪽.
128 Alan W. Katzenstein, "Acidity Is Not the Major Factor," *Wall Street Journal*, June 28, 1984, 28쪽.
129 John S. Eaton, letter to the editor, *Wall Street Journal*, September 5, 1984, 33쪽. (이 편지가 왜 그렇게 늦게 신문에 실렸는지 궁금할 따름이다.)
130 Alan W. Katzenstein, Bates Number (BN): TI01942387, Legacy Tobacco Documents Library. "Alan W. Katzenstein," SourceWatch, <http://www.sourcewatch.org/index.php?title=Alan_W._Katzenstein>도 보라.
131 Michael Wines, "Acid Rain Must be Sharply Curbed Soon, Controversial White House Report Warns," *Los Angeles Times*, August 18, 1984, A10쪽; Ben A. Franklin, "Legislators Say White House Suppressed Acid Rain

Report," *New York Times*, August 18, 1984, 10쪽.
132 Marjorie Sun, "Acid Rain Report Allegedly Suppressed," *Science* 225, no. 4668 (September 21, 1984): 1374쪽.
133 "Acid Rain Report Suppressed," *G&M*, WAN papers.
134 William A. Nierenberg to Acid Rain Peer Review Panel members, WAN papers, MC13, 140: 11, SIO Archives.
135 Tom Pestorius to William A. Nierenberg, *Acid Rain Panel Report-Executive Summary*, 21 May 1984, WAN papers, MC13, 141:6, SIO Archives. Kenneth A. Rahn, *Memorandum to Members of the OSTP Acid Rain Peer Review Panel*, 13 September 1984와 Executive Summaries, WAN papers, MC13, 141: 4, SIO Archives의 원본 및 수정본도 보라.
136 Alm, *Crossing Borders, Crossing Boundaries*, 66쪽.
137 Rahn, *Memorandum*, WAN papers, 1.
138 John Robertson to Acid Rain Panel, 24 February 1984, WAN papers, MC13, 141: 6, SIO Archives.
139 앞의 글.
140 John Robertson, *Memorandum for the Acid Rain Peer Review Panel*, 2 March 1983, WAN papers, MC13, 140:7 SIO Archives.
141 Rahn, *Memorandum*, WAN papers, 편지 2쪽의 마지막 문장.
142 Rahn, *Memorandum*, WAN papers, 2쪽.
143 앞의 글, 3쪽.
144 Gene E. Likens to William A. Nierenberg, 17 September 1984, WAN papers, MC13 141: 4, SIO Archives.
145 Mal Ruderman to William A. Nierenberg, 5 October 1984, WAN papers, MC13, 141: 4, SIO Archives.
146 Rahn, *Memorandum*, WAN papers, 3.
147 William A. Nierenberg to Mal Ruderman, 24 October 1984, WAN papers, MC13 141: 4, SIO Archives.
148 Tom Pestorius, OSTP, letter to Mal Ruderman, 22 October 1984, WAN papers, MC13 141: 4, SIO Archives. 게다가 수정 요약본에는 뚜렷하게 다른 문장이 담겨 있다. "산성 강우는 사회적으로 매우 중요한 부류의 문제에 속하며, 현존하는 기술적·법적 해결책을 모두 합쳐야만 해결할 수 있는 것으로 보인다. 이 말은 거짓이다. 오히려 이런 부류의 문제는 폐쇄적인 방식으로는 영원히 해결하지 못하며, 점진적으로 다루어야 한다. 지식은 꾸준히 늘어나기 때문에, 가

장 효과적이고 경제적으로 보이는 행동을 취해야 한다." 이 문장이 맞을 수도 있지만 원본에는 비슷한 내용이 전혀 없다. 이 문장은 산성비 문제가 근본적으로 해결 불가능함을 암시한다. 그저 산성비를 인정하고 살면서 시간을 두고 최선을 다해 이 문제에 대처해야 한다는 것이다. 이런 입장은 그 전해에 니런버그가 지구 온난화에 관한 보고서 첫 줄에서 쓴 것과 거의 흡사한 내용이다. "합의된 행동 방침을 통해 문제를 해결할 수 있다는 의미의 '해법'이 존재하지 않는 문제들도 광범위한 부류가 존재한다." 니런버그는 이 두 평가단에 모두 참여한 유일한 사람이었고, 따라서 이 말은 그가 한 것이거나 백악관이 그의 입을 빌린 것이다. *Changing Climate: Report of the Carbon Dioxide Assessment Committee, Board on Atmospheric Sciences and Climate, Commission on Physical Sciences, Mathematics, and Resources*, National Research Council (Washington, D.C.: National Academies Press, 1983), xiii쪽을 보라.

149 Mal Ruderman to William A. Nierenberg, 7 November 1984, WAN papers, MC13, 141: 4, SIO Archives.

150 Gene Likens, 2009년 4월 29일에 나오미 오레스케스와 전화로 나눈 대화.

151 *Changes Wanted by Keyworth*, copy of 21 May 1984 telecopy, WAN papers, MC13, 141: 5, SIO Archives. 아무 표시가 없는 5월 21일자 팩스도 보라. 21 May 1984 telecopy in WAN papers, MC13, 141: 6, SIO Archives.

152 Vernon Ehlers to William A. Nierenberg, 1 July 1983, WAN papers, MC13, 36: 4.

153 William A. Nierenberg to Carol Lynch, OSTP, 8 September 1983, WAN papers, MC13, 36: 4, SIO Archives.

154 C. Stark Draper to Donald T. Regan, chief of staff to the president, 5 December 1985, WAN papers, MC13, 36: 8, SIO Archives.

155 *This Week with David Brinkley*, Sunday, 26 August 1984, transcript in WAN papers, MC13, 141: 4, SIO Archives.

156 Brown, "Maybe Acid Rain Isn't the Villain," 170~174쪽.

157 Magda Havas et al., "Red Herrings in Acid Rain Research," *Environmental Science and Technology* 18, no. 6 (1984): 176A~86A쪽.

158 "With a Gun at Its Head, the EPA Turns Activist," *Business Week*, November 5, 1984, 35쪽.

159 "Acid Rain: How Great a Threat?" *Consumers' Research Magazine*, March 1986, 11~15쪽.

160 William M. Brown, "Hysteria about Acid Rain," *Fortune* 113 (April 14,

1986): 125~126쪽.

161 Daniel Seligman, "April Fooling," *Fortune*, May 11, 1987, 153쪽.

162 Frank W. Woods, "The Acid Rain Question: Making Decisions Today for Tomorrow," *Futurist* (January-February 1987): 37쪽. 이 기사는 실제로 과학적 증거에 의문을 제기하지는 않지만, 바로 옆에 있는 상자 기사에서는 윌리엄 브라운의 주장에 의지하면서 과학적 증거에 의문을 표한다.

163 Edward C. Krug and Charles R. Fink, "Acid Rain on Acid Soil: A New Perspective," *Science* 221, no. 4610 (August 5, 1983): 520~525쪽.

164 James N. Galloway et al., "Acid Precipitation: Natural versus Anthropogenic Components," *Science* 226, no. 4676 (November 16, 1984): 829~831쪽.

165 Edward C. Krug, "Fish Story: The Great Acid Rain Flimflam," *Policy Review* 52 (Spring 1990): 44~48쪽.

166 William Anderson, "Acid Test," *Reason* (January 1992); "The EPA vs. Ed Krug," <http://www.sepp.org/Archive/controv/controversies/epavskrug.html>.

167 Edward C. Krug, "Save the Planet, Sacrifice the People: The Environmental Party's Bid for Power," *Imprimis* 20, no. 7 (July 1991): 1~5쪽; The Skeptic Tank, <http://www.skepticfiles.org/conspire/kr91part.htm>.

168 예를 들어 하트랜드연구소Heartland Institute는 조셉 L. 배스트Joseph L. Bast 등이 쓴 책을 홍보한다. Joseph L. Bast et al., *Eco-Sanity: A Common-Sense Guide to Environmentalism*, Heartland Institute (Lanham, Md.: Madison Books, 1994). Heartland.org, <http://www.heartland.org/bin/media/publicpdf/23043a.pdf>. Samuel Aldrich and Jay Lehr, "Acid Rain, Nitrogen Scares Debunked," *Environment and Climate News*, February 1, 2007, Heartland Institute, Heartland.org, <http://www.heartland.org/publications/environment%20climate/article/20522/Acid_Rain_Nitrogen_Scares_Debunked.html>; J. Laurence Kulp, "Acid Rain: Causes, Effects, and Control," *Regulation: The CATO Review of Business and Government* (Winter 1990): 41~50쪽, <http://www.cato.org/pubs/regulation/regv13n1/v13n1-5.pdf>; Michael Sanera, "Environmental Education in Wisconsin: What the Textbooks Teach," *Wisconsin Policy Research Institute Report* 9, no. 5 (June 1996): 1~39쪽, Competitive Enterprise Institute, <http://cei.org/gencon/025,01843.cfm> 등도 보라.

169 William L. Anderson and Jacquelynne W. McLellan, "Newspaper

Ideological Bias or 'Statist Quo'? The Acid (Rain) Test," *American Journal of Economics and Sociology* 65, no. 3 (July 2006): 473~495쪽, Business Services Industry, BNET, <http://findarticles.com/p/articles/mi_m0254/is_3_65/ai_n27009297/pg_5/>.

170 Daniel Seligman, "Our Government Fails an Acid Test, How to Buy Politicians, California Conspiracies, and Other Matters," *Fortune* 123 (February 11, 1991): 145~146쪽.

171 S. Fred Singer, "Environmental Strategies with Uncertain Science," *Regulation: The Cato Review of Business and Government* 13 (Winter 1990): 65~70쪽, <http://www.cato.org/pubs/regulation/regv13n1/v13n1-8.pdf>. 연간 비용 절감에 관한 자기 글 인용은 68쪽에 있다.

172 Likens, "Is Anybody Listening?" 8~9쪽.

173 Charles Drake(사망), 1995~1996년에 나오미 오레스케스와 개인적으로 나눈 대화. Ronald L. Numbers, *The Creationists: From Scientific Creationism to Intelligent Design* (Cambridge, Mass.: Harvard University Press, 2006), 184~192쪽도 보라.

174 Philip Shabecoff, "Government Acid Rain Report comes under Sharp Attack," *New York Times*, September 11, 1987, <http://www.nytimes.com/1987/09/22/science/government-acid-rain-report-comes-under-sharp-attack.html?pagewanted=all>.

175 U.S. Environmental Protection Agency, "Air Trends: Sulfur Dioxide," <http://www.epa.gov/air/airtrends/sulfur.html>. 나중에 지구 온난화 회의론을 펼치긴 했지만(6장을 보라.), 조지 윌은 보수주의자들에게 산성비의 과학적 증거를 받아들이라고 부추겼다. "산성비는 골프장에도 내리기" 때문이었다. *This Week with David Brinkley*, Sunday, 26 August 1984, transcript in WAN papers, MC13, 141: 4, SIO Archives; Energy Information Administration, "Annual Energy Review 2008," 〈표 8.10〉, "Average Retail Prices of Electricity, 1960-2008," June 26, 2009, <http://www.eia.doe.gov/emeu/aer/elect.html> 등을 보라.

176 Likens, "Is Anybody Listening?", 12쪽; Office of Management and Budget, *Informing Regulatory Decisions: 2003 Report to Congress on the Costs and Benefits of Federal Regulations and Unfunded Mandates on State, Local, and Tribal Entities*, 8, <http://www.whitehouse.gov/omb/inforeg/2003_cost-ben_final_rpt.pdf>.

177 Sharon Begley, "Is It All Just Hot Air?" *Newsweek*, November 20, 1989.

178 Likens, "The Science of Nature, the Nature of Science," 558~572쪽. Gene E. Likens, "Some Aspects of Air Pollutant Effects on Terrestrial Ecosystems and Prospects for the Future," *Ambio* 18, no. 3 (1989): 172~178쪽; Gene E. Likens, *The Ecosystem Approach*, 166쪽 등도 보라.

179 Likens, "The Science of Nature, the Nature of Science," 567쪽.

180 Gene E. Likens and Jerry F. Franklin, "Ecosystem Thinking in the Northern Forest—and Beyond," *Bioscience* 59, no. 6 (2009): 511~513쪽, 인용은 512쪽. Likens, "Is Anybody Listening?"도 보라.

181 Likens and Franklin, "Ecosystem Thinking," 511쪽.

182 앞의 글, 512쪽. Gary Randorf, "Environmental Advocacy, the Adirondacks and Air Quality," *Environmental Science and Policy* 1, no. 3 (August 1998): 175~178쪽도 보라.

183 Likens and Franklin, "Ecosystem Thinking," 512쪽.

184 Jeffrey Salmon, *Are We Building Environmental Literacy?* A report by the George C. Marshall Institute's Independent Commission on Environmental Education, April 15, 1997, 9. John H. Cushman Jr., "Critics Rise up Against Environmental Education," *New York Times*, April 22, 1997, <http://www.nytimes.com/1997/04/22/us/critics-rise-up-against-environmental-education.html?pagewanted=all>도 보라.

185 Margaret R. Taylor, Edward S. Rubin, and David A. Hounshell, "Regulation as the Mother of Innovation: The Case of SO2 Control," *Law and Policy* 27, no. 2 (April 2005): 348~378쪽.

4장 오존 홀을 둘러싼 싸움

1 MIT, *Man's Impact on the Global Environment: Report of the Study of Critical Environmental Problems* (Cambridge, Mass.: MIT Press, 1970).

2 앞의 글, 100~106쪽.

3 Harrison Halstead, "Stratospheric Ozone with Added Water Vapor: Influence of High-Altitude Aircraft," *Science* 170, no. 3959 (November 13, 1970): 734~736쪽.

4 맥도널드는 자외선과 피부암의 연관성에 관한 근거로 다음의 연구를 인용한다.

Frederick Urbach, ed. *The Biologic Effects of Ultraviolet Radiation, with Emphasis on the Skin* (New York: Pergamon Press, 1969); Alexander Hollaender, ed., *Radiation Biology* v. 2 (New York: McGraw-Hill, 1965); H. F. Blum, *Carcinogenesis by Ultraviolet Light* (Princeton: Princeton University Press, 1959).

5 Erik M. Conway, *High-speed Dreams: NASA and the Technopolitics of Supersonic Transportation, 1945-1999* (Baltimore, Md.: Johns Hopkins University Press, 2005), 63쪽.

6 리디아 도토Lydia Dotto와 해럴드 시프는 이 회의를 대단히 자세하게 설명한다. Lydia Dotto and Harold Schiff, *The Ozone War* (Garden City, N.Y.: Doubleday, 1978), 39~68쪽을 보라.

7 Paul Crutzen, "The Influence of Nitrogen Oxides on the Atmospheric Ozone Content," *Quarterly Journal of the Royal Meteorological Society* 96 (1970): 320~325쪽.

8 이 과정에 관해서는 두 가지 설명이 있다. 하나는 Dotto and Schiff, *The Ozone War*, 59~68쪽의 설명이다. 1992년에 발표한 회고적인 논문에서 존스턴은 방대한 주석을 통해 다소 다른 설명을 제시한다. Harold S. Johnston, "Atmospheric Ozone," *Annual Review of Physical Chemistry* 43 (October 1992): 1~32쪽. 우리는 두 출처의 서술을 종합하면서 상이한 부분에서는 존스턴의 설명을 따랐다.

9 Conway, *High Speed Dreams*, 5장.

10 Dotto and Schiff, *The Ozone War*, 68~70쪽.

11 앞의 글, 70쪽.

12 앞의 글, 83쪽.

13 앞의 글, 86쪽. Thomas Donahue and Alan J. Grobecker, "The SST and Ozone Depletion," letter to editor, *Science* 187, no. 4182 (March 28, 1975): 1142쪽과 1145쪽도 보라.

14 이런 연구 결과 발표는 우주 왕복선에 문제가 있을지도 모른다고 생각한 나사 소속 과학자 세 사람의 지지에 힘입은 게 분명하다. 휴스턴에 있는 나사 존슨우주센터Johnson Space Center의 로버트 허드슨Robert Hudson, 제트추진연구소Jet Propulsion Laboratory의 제임스 킹James King, 에임스연구센터의 I. G. 포포프I. G. Poppoff 등이 그 주인공이다. Dotto and Schiff, *The Ozone War*, 127쪽을 보라. 스톨라르스키에 따르면, 허드슨은 자신 및 시서론과 계약을 관리하는 담당자였다. 우주 왕복선에 관한 환경 영향 평가 결과는 R. J. Cicerone et

al., *Assessment of Possible Environmental Effects of Space Shuttle Operations*, NASA CR-129003, June 3, 1973을 보라.
15 Richard Stolarski, 2001년 4월 26일에 에릭 콘웨이와 한 인터뷰; Johnston, "Atmospheric Ozone," 26~27쪽.
16 Erle Ellis, "Anthropocene," in *The Encyclopedia of Earth*, ed. Jay Gulledge (Washington, D.C.: Environmental Information Coalition, National Council for Science and the Environment, 2008), <http://www.eoearth.org/article/Anthropocene>.
17 Mario J. Molina and F. S. Rowland, "Stratospheric Sink for Chlorofluoromethanes: Chlorine Atom Catalyzed Destruction of Ozone," *Nature* 249 (June 28, 1974): 810~812쪽. F. S. Rowland and Mario J. Molina, "Chlorofluoromethanes in the Environment," *Reviews of Geophysics and Space Physics* 13 (February 1975): 1~35쪽도 보라.
18 F. Sherwood Rowland, 2009년 9월 17일에 에릭 콘웨이와 전자 우편으로 나눈 대화; Panel on Atmospheric Chemistry, *Halocarbons: Effects on Stratospheric Ozone* (Washington, D.C.: National Academies Press, 1976), v~vi쪽.
19 Edward Parson, *Protecting the Ozone Layer: Science and Strategy* (NewYork: Oxford University Press, 2003), 32쪽; Senate Committee on Aeronautical and Space Sciences, *Stratospheric Ozone Depletion: Hearings before the Subcommittee on the Upper Atmosphere*, 94th Congress, 1st sess., 8 September 1975.
20 Dotto and Schiff, *The Ozone War*, 149쪽.
21 앞의 글, 150쪽.
22 Parson, *Protecting the Ozone Layer*, 35쪽.
23 앞의 글, 37쪽.
24 Dotto and Schiff, *The Ozone War*, 201쪽.
25 듀퐁의 수석 과학자 테드 케언스Ted Cairns는 과학학술원의 핸들러 원장에게 몇 차례나 편지를 보내 보고서에 자신들에게 우호적인 내용이 담기도록 설득하려고 애썼다. 핸들러와 친한 사이였던 것으로 보이는 해럴드 존스턴 역시 몇 차례 편지를 보냈다. 예를 들어 T. L. Cairns to Philip Handler, 19 January 1976, *Committee on Impacts of Stratospheric Change: Panels: Atmospheric Chemistry: Report*, National Academies Archive; Harold S. Johnston to Philip Handler, 2 February 1976, *Committee on Impacts of Stratospheric Change: Panels: Atmospheric Chemistry: Report*, National Academies Archive 등을 보

라. 시프는 평가단원인 펜실베이니아주립대학교의 한스 패노프스키Hans Panofsky와 관련된 이야기를 자세하게 설명한다. 패노프스키는 아무 생각 없이 한 기자에게 보고서에 관해 말했고 결국 조사의 중심이 되었다. Dotto and Schiff, *The Ozone War*, 266~270쪽.

26 Dotto and Schiff, The Ozone War, 156쪽에서 재인용.
27 앞의 글, 157쪽.
28 앞의 글, 214쪽.
29 앞의 글, 157쪽.
30 앞의 글, 218쪽.
31 앞의 글, 225쪽.
32 앞의 글, 226쪽.
33 앞의 글, 227쪽.
34 Parson, *Protecting the Ozone Layer*, 76쪽; Dotto and Schiff, *The Ozone War*, 228쪽.
35 Dotto and Schiff, *The Ozone War*, 249쪽.
36 Parson, *Protecting the Ozone Layer*, 38쪽.
37 Committee on Impacts of Stratospheric Change, *Halocarbons: Environmental Effects of Chlorofluoromethane Release* (Washington, D.C.: National Academy of Sciences, 1976), 7쪽.
38 Parson, *Protecting the Ozone Layer*, 39쪽에서 재인용한 러셀 피터슨Russell Peterson 환경의 질 위원장의 말.
39 Dotto and Schiff, *The Ozone War*, 287쪽.
40 Dotto and Schiff, *The Ozone War*, 280쪽에서 재인용한 서부에어로졸정보사무소의 말.
41 Robert T. Watson, 2004년 4월 14일에 에릭 콘웨이와 한 구술사 인터뷰.
42 Erik M. Conway, *Atmospheric Science at NASA: A History* (Baltimore, Md.: John Hopkins University Press, 2008), 175쪽.
43 Sharon L. Roan, *Ozone Crisis: The 15 Year Evolution of a Sudden Global Emergency* (New York: Wiley & Sons, 1989), 131쪽.
44 Parson, *Protecting the Ozone Layer*, 84~85쪽; Maureen Christie, *The Ozone Layer: A Philosophy of Science Perspective* (Cambridge: Cambridge University Press, 2001), 44~45쪽. Conway, *Atmospheric Science at NASA*, 173쪽도 보라.
45 Roan, *Ozone Crisis*, 132쪽.
46 Roan, *Ozone Crisis*, 173~179쪽; Ellen Ruppel Shell, "Weather versus

Chemicals," *Atlantic Monthly*, May 1987.

47 Ruppel Shell, "Weather versus Chemicals."

48 예를 들어 남극오존비행시험단의 연구 과제 문서 서론을 보라. NASA, *Airborne Antarctic Ozone Experiment*, Ames Research Center, MS 245-5 (July 1987), 1~2쪽, copy from: NASA HQ History Office, file "Airborne Antarctic Ozone Experiment"; A. F. Tuck et al., "The Planning and Execution of ER-2 and DC-8 Aircraft Flights Over Antarctica, August and September 1987," *Journal of Geophysical Research* 94: D9 (August 30, 1989): 11181~11222쪽.

49 Parson, *Protecting the Ozone Layer*, 141쪽.

50 앞의 글, 121~122쪽.

51 앞의 글, 142~144쪽.

52 Conway, *Atmospheric Science at NASA*, 185~187쪽.

53 Robert T. Watson, F. Sherwood Rowland, and John Gille, *Ozone Trends Panel Press Conference*, NASA Headquarters, 15 March 1988, Langley Research Center doc. CN-157273, 1988. *Executive Summary of the Ozone Trends Panel*, 15 March 1988, Langley Research Center doc. CN-157277, 1988도 보라.

54 Parson, *Protecting the Ozone Layer*, 156쪽.

55 Richard Turco, Alan Plumb, and Estelle Condon, "The Airborne Arctic Stratospheric Expedition: Prologue," *Geophysical Research Letters* 17, no. 4 (March 1990, Supplement): 313~316쪽; W. H. Brune et al., "In Situ Observations of ClO in the Arctic Stratosphere: ER-2 Aircraft Results from 59N to 80N Latitude," *Geophysical Research Letters* 17, no. 4 (March 1990, Supplement): 505~508쪽; D. S. McKenna et al., "Calculations of Ozone Destruction during the 1988/1989 Arctic Winter," *Geophysical Research Letters* 17, no. 4 (March 1990, Supplement): 553~556쪽; M. H. Proffitt et al., "Ozone Loss in the Arctic Polar Vortex Inferred from High-Altitude Aircraft Measurements," *Nature* 347 (September 6, 1990): 31~36쪽.

56 Parson, *Protecting the Ozone Layer*, 206쪽.

57 Robert E. Taylor, "Advice on Ozone May Be: 'Wear Hats and Stand in Shade,'" *Wall Street Journal*, May 29, 1987, Eastern edition, sec. A, 1쪽.

58 John B. Judis, *The Paradox of American Democracy* (New York: Pantheon Books, 2000). 20세기 후반 보수주의의 반환경적 면모에 관해서는 Samuel P. Hays, *Beauty, Health, and Permanence: Environmental Politics in the United*

States, 1955-1985 (Cambridge: Cambridge University Press, 1987), 491쪽; Hal K. Rothman, Saving the Planet: The American Responses to the Environment in the Twentieth Century (Chicago: Ivan R. Dee, 2000), 158쪽 등을 보라.
59 Judis, The Paradox of American Democracy, 125쪽. Edwin J. Feulner Jr., interview by Adam Meyerson, "Building the New Establishment," Policy Review 58 (Fall 1991): 6~16쪽도 보라.
60 Judis, The Paradox of American Democracy, 124~127쪽.
61 "S. Fred Singer, Ph.D. Professional Background," <http://www.sepp.org/about%20sepp/bios/singer/cvsfs.html>.
62 S. Fred Singer, "Ozone Scare Generates Much Heat, Little Light," Wall Street Journal, April 16, 1987, 1쪽.
63 앞의 글.
64 앞의 글.
65 S. Fred Singer, "Does the Antarctic Ozone Hole Have a Future?" EOS 69, no. 47 (November 22, 1988): 1588쪽.
66 앞의 글.
67 V. Ramanathan, "The Greenhouse Theory of Climate Change: A Test by an Inadvertent Global Experiment," Science 240, no. 4850 (April 15, 1988): 293~299쪽.
68 Committee on Energy and Natural Resources, Hearing on Greenhouse Effect and Global Climate Change, 100th Congress, 1st sess., November 9, 1987 (Washington, D.C.: U.S. Government Printing Office, 1987), 53쪽. J. Hansen et al., "Global Climate Changes as Forecast by Goddard Institute for Space Studies Three-Dimensional Model," Journal of Geophysical Research 93: D8 (August 20, 1988): 9341~9364쪽도 보라.
69 S. Fred Singer, "My Adventures in the Ozone Layer," National Review (June 30, 1989): 34~38쪽, 인용은 36쪽.
70 앞의 글. 돕슨에 관한 논의는 37쪽에 있다. 염화불화탄소에 관한 인용은 38쪽.
71 Roan, Ozone Crisis, 11장을 보라.
72 Christie, The Ozone Layer, 46~47쪽.
73 일반 소비자가 접하는 중요한 염화불화탄소 대체 물질인 HFC-134a는 "필적할 만한 사이클 효율[cycle efficiency. 열기관 등의 기본 사이클의 열효율. — 옮긴이]"을 자랑하며, 1990년에 냉장고에 에너지 효율 기준이 채택됨에 따라 비염화

불화탄소계 냉매를 도입했음에도 불구하고 실제로 에너지 소비가 큰 폭으로 줄었다. James R. Sand et al., *Energy and Global Warming Impacts of HFC Refrigerants and Emerging Technologies* (Washington, D.C.: U.S. Department of Energy, 1997), 22쪽을 보라.

74 "Washington Institute for Values in Public Policy," SourceWatch, <http://sourcewatch.org/index.php?title=Washington_Institute_for_Values_in_Public_Policy>를 보라. 1990년 당시 싱어는 로저 리벨에게 워싱턴공공정책가치문제연구소의 편지지에 편지를 써서 보냈다. Singer to Revelle, 2 March 1990, Revelle Papers, MC6A, 150: 10, Scripps Institute of Oceanography (SIO) Archives를 보라.

75 위그너와 통일교의 관계에 관한 설명은 Frederick Seitz et al., *Eugene Paul Wigner, Biographical Memoirs* v. 74 (Washington, D.C.: National Academy Press, 1998), 364~388쪽, <http://books.nap.edu/openbook.php?record_id=6201&page=365>를 보라.

76 S. Fred Singer and Candace Crandall, "Misled by Lukewarm Data," *Washington Times*, May 30, 1991, final edition, sec. G; S. Fred Singer, "The Science Behind Global Environmental Scares," *Consumers' Research Magazine* 74, no. 10 (October 1991): 17쪽. 인용은 『워싱턴 타임스』 기사.

77 Dixy Lee Ray and Lou Guzzo, *Trashing the Planet: How Science Can Help Us Deal with Acid Rain, Depletion of the Ozone, and Nuclear Waste (Among Other Things)* (New York: HarperPerennial, 1990), 12쪽; 처음에는 1990년에 레그너리게이트웨이출판사Regnery Gateway Publishing에서 발간됨.

78 앞의 글, 45쪽.

79 앞의 글, 175쪽. Singer, *Global Climate Change*도 보라.

80 Rogelio Maduro, "The Ozone Layer that Won't Go Away," *21st Century Science and Technology* 2 (September/October 1989): 26쪽; Rogelio Maduro, "The Myth Behind the Ozone Hole Scare," *21st Century Science and Technology* 2 (July/August 1989): 11쪽.

81 Rogelio A. Maduro and Ralf Schauerhammer, *The Holes in the Ozone Scare: The Scientific Evidence that the Sky Isn't Falling* (Washington, D.C.: 21st Century Science Associates, 1992), 서론과 1장. 마두로의 논문과 단행본의 '사실성'에 관한 다른 분석으로는 Christie, *The Ozone Layer*, 185~202쪽을 보라.

82 Dixy Lee Ray with Lou Guzzo, *Environmental Overkill: Whatever Happened to Common Sense?* (Washington, D.C.: Regnery Gateway, 1993), 35쪽.

83 Gary Taubes, "The Ozone Backlash," *Science* 260 (June 11, 1993): 1580~1583쪽.

84 F. Sherwood Rowland, "President's Lecture: The Need for Scientific Communication with the Public," *Science* 260 (June 11, 1993): 1571~1576쪽, 1573쪽.

85 앞의 글, 1574쪽.

86 David A. Johnston, "Volcanic Contribution of Chlorine to the Stratosphere: More Significant to Ozone than Previously Estimated?" *Science* 209, no. 4455 (July 25, 1980): 491~493쪽.

87 F. Sherwood Rowland, "President's Lecture," 1574쪽.

88 S. Fred Singer, "The Hole Truth about CFCs," *Chemistry & Industry* (March 21, 1994): 240쪽. S. Fred Singer, "Bad Science Pulling the Plug on CFCs?" *Washington Times*, February 22, 1994, final edition, A 섹션도 보라.

89 House Committee on Science, Subcommittee on Energy and the Environment, Hearing on *Scientific Integrity and Public Trust: The Science Behind Federal Policies and Mandates: Case Study 1—Stratospheric Ozone: Myths and Realities*, S. Fred Singer testimony, 104th Congress, 1st sess., September 20, 1995 (Washington, D.C.: U.S. Government Printing Office, 1996), 50~64쪽, 인용은 50쪽과 52쪽.

90 앞의 글, 54쪽.

91 "The Nobel Prize in Chemistry 1995," Nobelprize.org, <http://nobelprize.org/nobel_prizes/chemistry/laureates/1995/>.

92 S. Fred Singer, "Ozone Politics with a Nobel Imprimatur," *Washington Times*, November 1, 1995, final edition, sec. A15쪽.

93 William K. Stevens, "G.O.P. Bills Aim to Delay Ban on Chemical in Ozone Dispute," *New York Times*, September 21, 1995, A20쪽, <http://www.nytimes.com/1995/09/21/us/gop-bills-aim-to-delay-ban-on-chemical-in-ozone-dispute.html>.

94 Singer, "My Adventures in the Ozone Layer," 36쪽.

95 데이터 출처는 2008년 5월 15일자 과학환경정책프로젝트 2007년도 국세청 회계 보고 양식(8d줄과 21줄).

96 Singer, "My Adventures in the Ozone Layer," 36~37쪽.

97 S. Fred Singer, "Global Warming: Do We Know Enough to Act?" *Environmental Protection: Regulating for Results*, ed. Kenneth Chilton and

Melinda Warren (Boulder, Colo.: Westview, 1991), 45쪽.
98 Singer, "Global Warming: Do We Know Enough to Act?" 45~46쪽.
99 Andrew Revkin, "Let's Be Sensible on Global Warming," *Christian Science Monitor*, June 30, 1992에서 재인용; George Will, "Chicken Little: The Persistence of Eco-Pessimism," *Washington Post*, May 31, 1992, C7쪽.
100 Frederick Seitz, *Global Warming and Ozone Hole Controversies: A Challenge to Scientific Judgment* (Washington, D.C.: George C. Marshall Institute, 1994), 16~17쪽, 22쪽. 사이츠의 말을 그대로 옮겨보자면 다음과 같다. "이것은 여전히 열린 문제로 남을 것으로 보인다. …… 프레온 가스를 채운 풍선은 공기보다 훨씬 무겁다." 우리가 참고한 보고서의 출처는 다음의 데이터베이스이다. Legacy Tobacco Documents Library, BN: 2025479245.
101 Patrick J. Michaels, "Perils Up in the Air," April 12, 2000, Cato Institute, <http://www.cato.org/pub_display.php?pub_id=4736>; Seitz, *Global Warming and Ozone Hole Controversies*; Patrick Michaels, "Apocalypse Machine Blows Up," *Washington Times*, November 1, 1991, final edition, sec. F; Patrick Michaels, "More Hot Air from the Stratosphere," *Washington Times*, October 27, 1992, sec. F, 1쪽.
102 S. Fred Singer, "Letters to the Editor: Bad Climate in Ozone Debate," *Wall Street Journal*, June 17, 1993, Eastern edition, A1쪽; "Letters to the Editor: Ozone, CFCs and Science Fiction," *Wall Street Journal*, March 24, 1993, Eastern edition, A15쪽; "Letters to the Editor: The Dreaded Ozone Hole," *Wall Street Journal*, March 10, 1992, Eastern edition, A19쪽; "Bookshelf: Environmental Fear-mongers Exposed," *Wall Street Journal*, April 28, 1993, Eastern edition, A18쪽; "Letters to the Editor: Nobel Politicized Award in Chemistry," *Wall Street Journal*, November 3, 1997, Eastern edition, 23쪽.
103 Kent Jeffreys, "Too Many Holes," *Wall Street Journal*, February 11, 1993, Eastern edition, 15쪽.

5장 간접흡연 논쟁

1 Derek Yach and Aguinaga Bialous, "Junking Science to Promote Tobacco," *American Journal of Public Health* 91, no. 11 (November 2001): 1745~1748쪽; David A. Kessler, *A Question of Intent: A Great American Battle with a*

Deadly Industry (New York: Public Affairs, 2002); Stanton A. Glantz et al., *The Cigarette Papers* (Berkeley: University of California Press, 1996).
2 U.S. Department of Health and Human Services, Centers for Disease Control and Prevention, *The Health Consequences of Involuntary Exposure to Tobacco Smoke: A Report of the Surgeon General* (Washington, D.C.: U.S. Government Printing Office, 2006), <http://www.surgeongeneral.gov/library/secondhandsmoke/report/fullreport.pdf>; U.S. Department of Health and Human Services, "The Health Consequences of Involuntary Exposure to Tobacco Smoke: A Report of the Surgeon General," Office of the Surgeon General, <http://www.surgeongeneral.gov/library/secondhandsmoke/factsheets/factsheet1.html>.
3 Glantz et al., *The Cigarette Papers*, 10장.
4 앞의 글, 402~403쪽.
5 A. N. Koplin, "Anti-Smoking Legislation: The New Jersey Experience," *Journal of Public Health Policy* 2, no. 3 (September 1981): 247~255쪽.
6 앞의 글.
7 J. R. White and H. F. Froeb, "Small-airways Dysfunction in Nonsmokers Chronically Exposed to Tobacco Smoke," *New England Journal of Medicine* 302, no. 13 (March 27, 1980): 720~723쪽.
8 Glantz et al., *The Cigarette Papers*, 429쪽.
9 이것은 무척 중요한 점이었다. 흡연의 영향을 연구하려면, 단순히 비흡연자 일반과 사망률을 비교하는 게 아니라 '환경적 담배 연기'에 노출되지 않은 비흡연자들과 비교해야 한다는 사실을 뜻하는 것이기 때문이었다. 이런 비교를 했을 때 흡연의 영향이 과거에 인정했던 것보다 훨씬 크다는 점이 분명해졌다.
10 Mi-Kyung Hong and Lisa Bero, "How the Tobacco Industry Responded to an Influential Study of the Health Effects of Second Hand Smoke," *British Medical Journal* 325 (December 14, 2002): 1413~1416쪽; Glantz et al., *The Cigarette Papers*, 413~416쪽.
11 Glantz et al., *The Cigarette Papers*, 414쪽.
12 Glantz et al., *The Cigarette Papers*, 415쪽에서 재인용.
13 David Michaels, *Doubt Is Their Product: How Industry's Assault on Science Threatens Your Health* (New York: Oxford University Press, 2008), 80쪽. *The Health Consequences of Involuntary Smoking: A Report of the Surgeon General* (Washington, D.C.: U.S. Government Printing Office, 1986),

<http://profiles.nlm.nih.gov/NN/B/C/P/M//nnbcpm.pdf>도 보라.

14 Glantz et al., *The Cigarette Papers*, 308쪽. (두 조치는 1988년에 시행되었다.)

15 U.S. Department of Health and Human Services, *The Health Consequences of Involuntary Smoking*, 1986.

16 앞의 글, viii쪽.

17 National Research Council, Committee on Passive Smoking, Board of Environmental Studies and Toxicology, *Environmental Tobacco Smoke: Measuring Exposures and Assessing Health Effects* (Washington, D.C.: National Academy Press, 1986); U.S. Environmental Protection Agency, Office of Health and Environmental Assessment, *Respiratory Health Effects of Passive Smoking: Lung Cancer and Other Disorders* (Washington, D.C.: 1992).

18 *Ellen Merlo, Vendor Conference Draft*, December 1993, Bates Number (BN): 2040863440, Legacy Tobacco Documents Library.

19 Glantz et al., *The Cigarette Papers*, 366쪽.

20 앞의 글, 251쪽, 299~300쪽, 305~313쪽.

21 Glantz et al., *The Cigarette Papers*; Kessler, *A Question of Intent*; Michaels, *Doubt Is Their Product*.

22 다음의 책에는 이 문제에 관한 수많은 글이 실려 있다. *Bad Science: A Resource Book*, 26 March 1993, BN: 2074143969, Legacy Tobacco Documents Library, 예를 들어 Peter Brimelow and Leslie Spencer, "You Can't Get There from Here," *Forbes*, July 6, 1992, 59~64쪽(*Bad Science*에는 120~125쪽). *Bad Science*의 181쪽, 217쪽, 225쪽 등도 보라.

23 *Briefing of Ralph Angiuoli Chairman, Executive Committee The Tobacco Institute, Comments: Excise Taxes*, 24 May 1989, BN: TI51541478, Legacy Tobacco Documents Library; Regional Corporate Affairs, 1991, 2, BN: 2501146354, Legacy Tobacco Documents Library; Anne Landman, "Beware Secondhand Rhetoric on Cigarette Taxes," PR Watch.org, <http://www.prwatch.org/node/8271>.

24 Nonsmokers Rights Association, *The Fraser Institute: Economic Think Tank or Front for the Tobacco Industry?* April 1999, 부록A, transcript of original court document, "Proposal for the Organization of the Whitecoat Project," 18, BN: 2065228563, Legacy Tobacco Documents Library. *Deposition of Steven Parrish in the* United States of America v. Philip Morris Incorporated

et al., CA99-CV-02496, 25 June 2002, BN: PARRISHS062502, Legacy Tobacco Documents Library도 보라.
25 Merlo, *PM USA Vendor Conference*, Legacy Tobacco Documents Library.
26 *The ETS Program for 1991*, 1990, BN: 2023856052, Legacy Tobacco Documents Library.
27 앞의 글.
28 U.S. Environmental Protection Agency, "Fact Sheet: Respiratory Health Effects of Passive Smoking," Smoke-free Homes and Cars Program, January 1993, <http://www.epa.gov/smokefree/pubs/etsfs.html>.
29 EPA, *Respiratory Health Effects of Passive Smoking*, 1~4쪽.
30 앞의 글, 1~6쪽부터 1~7쪽.
31 National Research Council, *Risk Assessment in the Federal Government: Managing the Process* (Washington, D.C.: National Academy Press, 1983).
32 U.S. Environmental Protection Agency, "Risk Assessment Portal," <http://www.epa.gov/risk/>.
33 EPA, *Respiratory Health Effects of Passive Smoking*, 1~2쪽.
34 앞의 글, 2~6쪽.
35 EPA, "Fact Sheet," 1993.
36 *A Review of the Final Version of the Report: "Links between Passive Smoking and Disease: A Best Evidence Synthesis,"* A Report of the Working Group on Passive Smoking, coordinated by Frederick Seitz, 14 April 1989, BN: 512781113, Legacy Tobacco Documents Library.
37 앞의 글.
38 Science and Environmental Policy Project, <http://www.sepp.org/>.
39 Tom Hockaday to Ellen Merlo and others, *Opinion Editorials on Indoor Air Quality and Junk Science*, memorandum, 8 March 1993, BN: 2021178205, Legacy Tobacco Documents Library; S. Fred Singer, *Junk Science at the EPA*, 8 March 1993, BN: 2021178206, Legacy Tobacco Documents Library.
40 Singer, *Junk Science at the EPA*, Legacy Tobacco Documents Library.
41 *Bad Science: A Resource Book*, BN: 2074144197, Legacy Tobacco Documents Library.
42 앞의 글.
43 Paul D. Thacker, "Pundit for Hire: Smoked Out," *New Republic*, February 6, 2006, 13~14쪽.

44 *Bad Science: A Resource Book*, BN: 2074144197, Legacy Tobacco Documents Library.
45 Competitive Enterprise Institute, "About CEI," <http://cei.org/about>.
46 *CEI Science Policy Clips and Highlights, January 1993-April 1994*, BN: 2023585726, Legacy Tobacco Documents Library.
47 Craig L. Fuller to Jim Tozzi, 13 July 1993, BN: 2046597569, Legacy Tobacco Documents Library.
48 라이증후군은 뇌와 간을 비롯한 장기를 공격하는 치명적인 질병이다. 아스피린과 소아 라이증후군 발병의 연관성은 1960년대부터 의사들이 꾸준히 제기했다. 1982년 6월, 보건복지부는 수두나 독감을 앓는 어린이의 경우에 진통제를 복용하면 라이증후군이 발병할 수 있다는 내용의 경고문을 아스피린 병에 붙이자는 규제안을 내놓았다. 연방 기관인 질병통제예방센터와 식품의약국, 미국 소아과 학회 등에서도 보건복지부의 규제안을 지지하는 의견을 내놓았다. 그러나 규제 문제에 대한 권한을 쥔 관리예산처의 정보·규제업무실 부실장이었던 토지는 아스피린 업계의 대표자와 한 번 만난 뒤 보건복지부의 규제안을 일축했다. 결국 경고문은 1986년에서야 부착되게 되었다. "1992년, 미국과학학술원과 캘리포니아대학교 버클리캠퍼스 보건 대학의 연구자들이 1982년에 아스피린 병에 경고문을 부착했다면 이 5년 동안 라이증후군으로 사망한 수많은 어린이 가운데 1470명의 목숨을 구할 수 있었음을 밝히는 연구 보고서를 완성했다." 인용문과 자세한 내용은 윌리엄 클라인크넥트 지음, 유강은 옮김, 『세계를 팔아버린 남자』, 사계절, (근간), 201~205쪽 참조. — 옮긴이
49 Chris Mooney, "Paralysis by Analysis: Jim Tozzi's Regulation to End All Regulation," *Washington Monthly* (May 2004); Chris Mooney, *The Republican War on Science* (New York: Basic Books, 2005)([국역] 크리스 무니 지음, 심재관 옮김, 『과학전쟁』, 한얼미디어, 2006년). 데이터질법Data Quality Act에서 토지가 한 역할에 관한 논의로는 무니의 책 8장을 보라.
50 Memorandum from James Tozzi to Jim Boland, 29 December 1993, BN: 2024207141, Legacy Tobacco Documents Library.
51 Craig L. Fuller to Tom Borelli, et al., Subject: "*Investor's Business Daily/EPA*," 28 January 1993, BN: 2023388137, Legacy Tobacco Documents Library.
52 "Thomas J. Borelli," SourceWatch, <http//www.sourcewatch.org/index.php?title=Thomas_J._Borelli>.
53 Victor Han to Ellen Merlo, *Subject: Burson/ETS*, memorandum, 22 February 1993, BN: 2023920035, Legacy Tobacco Documents Library.

54 레거시담배문서도서관에서 러시 림보를 검색해보면 500건이 넘는 문서를 찾을 수 있다. 크레이그 풀러가 짐 볼런드Jim Boland에게 보낸 '환경적 담배 연기'에 관한 문서와 *Getting Rush Limbaugh on the Issue*, 23 January 1993, BN: 2047908408, Legacy Tobacco Documents Library 등을 보라. 또한 1996년 9월 13일자로 림보에게 보낸 편지에서 뉴욕주도매상·유통업자협회New York State Association of Wholesale Marketers and Distributors는 "열성 흡연 반대론자들의 불합리한 공격"을 다룬 프로그램에 대해 감사의 뜻을 전했다. BN: 621965403, Legacy Tobacco Documents Library.

55 Han to Merlo, *Subject: Burson/ETS*, BN: 2023920035, Legacy Tobacco Documents Library. *ETS Media Strategy*, February 1993, BN: 2023920090, Legacy Tobacco Documents Library도 보라.

56 Han to Merlo, *Subject: Burson/ETS*, BN: 2023920035, Legacy Tobacco Documents Library.

57 *New Project*, April 1993, BN: 2046662829, Legacy Tobacco Documents Library; *EPA Watch Undertakes "Risk Assessment" on Danger of Showering*, EPA Watch vol.1, no. 2, 16 March 1992, BN: 2021174568, Legacy Tobacco Documents Library.

58 Han to Merlo, *Subject: Burson/ETS*, BN: 2023920035, Legacy Tobacco Documents Library.

59 Committee for a Constructive Tomorrow. "About CFACT," <http://www.cfact.org/about/1549/About-CFACT>. 그린피스의 웹 사이트에 따르면 프레더릭 사이츠는 이 위원회의 위원으로 활동했다. "Factsheet: Frederick Seitz," Exxonsecrets.org, <http://www.exxonsecrets.org/html/personfactsheet.php?id=6#src12>; "Biography: Bonner R. Cohen," <http://prfamerica.org/biography/Biography-Cohen-Bonner.html> 등을 보라.

60 Han to Merlo, *Subject: Burson/ETS*, BN: 2023920035, Legacy Tobacco Documents Library.

61 앞의 글.

62 Paul D. Thacker, "The Junkman Climbs to the Top," *Environmental Science and Technology Online News* (May 2005); Thacker, "Smoked Out: Pundit for Hire," 13~14쪽; "Steven J. Milloy: The 'Junkman' Exposed," February 2006, Americans for Nonsmokers' Rights, <http://www.no-smoke.org/pdf/stevenmilloy.pdf>.

63 APCO의 부회장 닐 코언Neal Cohen은 나중에 이 일을 일반적인 전략이라고 떠

벌였다. Jane Fritsch, "Sometimes, Lobbyists Strive to Keep Public in the Dark," *New York Times*, March 19, 1996, <http://query.nytimes.com/gst/fullpage.html?res=9505E1DC1739F93AA25750C0A960958260&sec=&spon=&pagewanted=print>를 보라.

64 Sheldon Rampton and John Stauber, *Trust Us, We're Experts! How Industry Manipulates Science and Gambles with Your Future* (New York: Tarcher, 2000), 239, 248~249쪽.

65 Sheldon Rampton and John Stauber, "How Big Tobacco Helped Create 'The Junkman,'" *PR Watch* 7, no. 3 (Third Quarter, 2000): 5~15쪽; PR Watch.org, Center for Media and Democracy, <http://www.prwatch.org/prwissues/2000Q3/junkman.html>.

66 Rampton and Stauber, "The Junkman," 5~15쪽.

67 John Lenzi to Ellen Merlo, *Subject: TASSC Update*, memorandum, 13 December 1993, BN: 2046553280, Legacy Tobacco Documents Library.

68 앞의 글; John Lenzi to Vic Han et al., *Subject: TASSC*, 22 February 1994, BN: 2078848225, Legacy Tobacco Documents Library; Tom Hockaday and Neal Cohen to Matt Winokur, *Re: Thoughts on TASSC Europe*, 25 March 1994, BN: 2024233595, Legacy Tobacco Documents Library. George Monbiot, "The Denial Industry," *Guardian*, September 19, 2006, <http://www.guardian.co.uk/environment/2006/sep/19/ethicalliving.g2>도 보라.

69 Garrey Carruthers, TASSC chairman and governor of New Mexico, to Dr. Richard Lindzen, *Invitation to Join TASSC*, 12 May 1993, BN: 2046989059, Legacy Tobacco Documents Library.

70 Craig L. Fuller to Michael A. Miles, *January Monthly Report*, 23 February 1994, BN: 2048212857, Legacy Tobacco Documents Library.

71 Steven J. Milloy to Sharon Boyse, *Grant Request from TASSC*, 22 September 1997, BN: 190204008, Legacy Tobacco Documents Library.

72 *Statement of Garrey Carruthers*, 20 December 1995, BN: 2047070949, Legacy Tobacco Documents Library.

73 Mark Dowie, "What's Wrong with the New York Times Science Reporting?" *Nation* 267, no. 1 (July 6, 1998): 13~19쪽; "Gina Kolata," SourceWatch, <http://www.sourcewatch.org/index.php?title=Gina_Kolata>.

74 Yach and Bialous, "Junking Science to Promote Tobacco," 1745~1748쪽; *Inventory of Comments Received by the Tobacco Institute on the Costs and*

Benefits of Smoking Restrictions: An Assessment of the Smoke-Free Environment Act of 1993 (H.R. 3434), August 1993, BN: 2047232462, Legacy Tobacco Documents Library 등의 논의를 보라.

75 *The Tobacco Institute 1995 Proposed Budget*, 11 October 1994, BN: 91082676, Legacy Tobacco Documents Library.

76 S. Fred Singer and Kent Jeffreys, *The EPA and the Science of Environmental Tobacco Smoke*, Alexis de Tocqueville Institution, May 1994, BN: TI31749030, Legacy Tobacco Documents Library; *The Tobacco Institute 1995 Proposed Budget*, Legacy Tobacco Documents Library.

77 Kent Jeffreys, *Who Should Own the Ocean?* (Washington, D.C.: Competitive Enterprise Institute, 1991), 17~18쪽; Kent Jeffreys, "Rescuing the Oceans," in *The True State of the Planet*, ed. Ronald Bailey (New York: Free Press, 1995); "Kent Jeffreys," SourceWatch, <http://www.sourcewatch.org/index.php?title=Kent_Jeffreys>.

78 *Science, Economics, and Environmental Policy: A Critical Examination*, 11 August 1994, on p. 1, BN: 92756807, Legacy Tobacco Documents Library.

79 앞의 글, 7쪽.

80 *Memorandum from Samuel D. Chilcote, Jr. to The Members of the Executive Committee*, 11 August 1994, BN: 980193761, Legacy Tobacco Documents Library.

81 EPA, *Respiratory Health Effects of Passive Smoking*.

82 Letter to William K. Reilly, EPA administrator, from members of the Science Advisory Board, *Subject: Science Advisory Board's Review of the Office of Research and Development Document: Health Effects of Passive Smoking*, 19 April 1991, 2쪽, BN: 2023989358, Legacy Tobacco Documents Library; 및 본 보고서 44쪽, EPA Science Advisory Board, *Review of Draft Environmental Health Effects Document*, April 1991, EPA-SAB-IAQC-91-007, U.S. Environmental Protection Agency.

83 EPA Science Advisory Board, *Review of Draft*, EPA-SAB-IAQC-91-007, 47~48쪽.

84 앞의 글, 45쪽.

85 앞의 글, 48쪽.

86 앞의 글, 49쪽.

87 EPA Science Advisory Board, *Review of Draft Passive Smoking Health Effects*

Document. *Respiratory Health Effects of Passive Smoking Lung Cancer and Other Disorders*, November 1992, EPA-SAB-IAQC-93-003, 27쪽, BN: 2023989067, Legacy Tobacco Documents Library.
88 앞의 글, 1~2쪽.
89 앞의 글, 21~22쪽.
90 이에 관한 훌륭하고 명쾌한 설명을 찾기는 무척 어렵다. 통계학 문서는 귀무가설null hypothesis을 기각하는 것에 관한 이중 부정으로 가득하기 때문이다. 이 난해한 어법에서 1종 오류는 사실인 귀무가설을 기각하는 것이다. 이를테면 결과가 없는데도 가설을 기각하면 당신은 존재하지 않는 결과가 존재한다고 생각한다. 거짓 양성false positive인 셈이다. 이 문제와 이와 관련된 통계적 유의성 및 이를 둘러싼 혼란, 그 안에 담긴 가치 판단의 문제를 가장 잘 다룬 최근의 연구로는 다음의 책을 보라. Deirdre McCloskey and Stephen Ziliak, *The Cult of Statistical Significance: How the Standard Error Costs Us Jobs, Justice, and Lives* (Ann Arbor: University of Michigan Press, 2008).
91 이것은 또한 종교적 신념에 대한 해독제로 회의주의를 높이 평가하는 과학사의 오랜 전통을 반영한다. 과학자들이 1종 오류를 범하는 것을 그토록 두려워하는 것도 이 때문이다.
92 Valerie J. Easton and John H. McColl, "Type I Error," Statistics Glossary, <http://www.stats.gla.ac.uk/steps/glossary/hypothesis_testing.html#1err>.
93 "Type I and II Errors," HyperStat Online Contents, <http://davidmlane.com/hyperstat/A18652.html>.
94 유럽에서 널리 적용되는 예방 원칙은 잠재적인 유해성이 인정되는 경우에 의식적으로 피해자에게 입증의 책임을 떠넘기지 않고 사회에 좀 더 신중할 것을 요구함으로써 이 문제를 개선하려는 시도이다. 미국이 이런 입장을 택하지 않는 점은 이 책에서 한 이야기와 밀접한 관련이 있다.
95 Ziliak and McCloskey, *The Cult of Statistical Significance*.
96 U.S. Environmental Protection Agency, "Setting the Record Straight: Secondhand Smoke is a Preventable Health Risk," Smoke-Free Homes and Cars Program, June 1994, <http://www.epa.gov/smokefree/pubs/strsfs.html>.
97 U.S. Environmental Protection Agency, National Center for Environmental Assessment, National Research Council, *Risk Assessment in the Federal Government*, "Guidelines for Carcinogen Risk Assessment (2005)," <http://cfpub.epa.gov/ncea/cfm/recordisplay.cfm?deid=116283>.

98 Judith Graham, 2007년 8월 6일에 나오미 오레스케스에게 보낸 전자 우편. 주디스 그레이엄 박사는 EPA, "Guidelines for Carcinogen Risk Assessment (2005)"를 언급하고 있다.

99 최근의 검토 결과로는 D. P. Hayes, "Nutritional Hormesis," *European Journal of Clinical Nutrition* 61 (February 2007): 147~159쪽을 보라.

100 이 문단의 인용은 모두 다음의 글에서 따온 것이다. EPA, "Setting the Record Straight."

101 앞의 글.

102 담배 업계는 간판 조직인 '과학적 생태학을 위한 국제센터International Center for a Scientific Ecology'를 통해 유럽 전역에 이런 생각을 퍼뜨렸다. "용량과 효과 사이의 일직선적인 관계라는 관념이 적은 용량의 발암 물질과 관련한 유해성을 평가하는 데 여전히 유효한 모델인가?"라는 문제를 둘러싸고 1993년 5월에 열린 한 회의에서 프레드 싱어는 덜레이니 수정안[Delaney amendment. 발암성 식품 첨가물 사용을 전면 금지한 법안. ― 옮긴이]과 이 수정안이 미국의 규제에 미친 결과에 대해 발표했고, 정치학자 애런 윌다스키Aaron Wildasky는 "설치류 연구로 인간 암을 예상할 수 있느냐"고 질문을 던졌다. *The International Center for a Scientific Ecology*, BN: 85012622와 Ron Tully to National Manufacturers Associations, *Subject: International Center for a Scientific Ecology Meeting*, 27 April 1993, BN: 2028385382, Legacy Tobacco Documents Library를 보라. 2008년, 마셜연구소는 앞서 1999년 9월 7일에 브루스 N. 에임스Bruce N. Ames와 로이스 스워스키 골드Lois Swirsky Gold가 발표한 「파라셀수스에서 유사 과학으로: 환경 암 소동Paracelsus to Parascience: The Environmental Cancer Distraction」이라는 논문을 웹 사이트에 게재했다. 이 논문 역시 수많은 독성 물질과 발암 물질에 관해 동일한 논지를 전개했다. <www.marshall.org/article.php?id=73>.

103 Chauncey Starr to George Keyworth, 19 August 1983과 다른 편지들, William A. Nierenberg(WAN) papers, MC13, 141: 1 Scripps Institution of Oceangraphy(SIO) Archives. Chauncey Starr, "Risk Criteria for Nuclear Power Plants: A Pragmatic Proposal," *Risk Analysis* 1, no. 2 (1981): 113~120 쪽; Chauncey Starr, "Risk Management, Assessment, and Acceptability," *Risk Analysis* 5, no. 2 (1985): 97~102쪽 등도 보라.

104 Emil Mrak speech to Philip Morris Laboratories, "Some Experiences Related to Food Safety," 16 January 1973, Emil M. Mrak Collection D-96, MSS, box 8, Special Collections, Shields Library, University of California, Davis.

105 앞의 글.
106 A. R. Feinstein, "Scientific Standards in Epidemiological Studies of the Menace of Daily Life," *Science* 242, no. 4883 (December 2, 1988): 1257~1263쪽.
107 "Tobacco Sales Light Up Philip Morris Earnings," *USA Today*, January 26, 1995. "Philip Morris's Net More than Tripled in 4th Quarter, Aided by Tobacco Sales," *Wall Street Journal*, January 26, 1995도 보라. 두 오려낸 기사 모두 *FYI: Director's Edition*, 1 February 1995, BN: 2041128878, Legacy Tobacco Documents Library에 있다.
108 "Five Bargain Blue Chips that Offer Towering Gains," *Money: Wall Street Newsletter*, February 1995, 오려낸 기사, *FYI: Director's Edition*, Legacy Tobacco Documents Library.
109 필립모리스는 이런 긍정적인 언론 보도를 수집하는 일을 계속했다. *FYI: Director's Edition*, Legacy Tobacco Documents Library를 보라.
110 "Profiles: FOREST," Tobaccodocuments.org, Tobacco Documents Online, <http://tobaccodocuments.org/profiles/forest.html>. Iain Brotchie, "UK: Scottish Report Exposes Tobacco Tactics," *Tobacco Control* 14, no. 6 (2005): 366쪽도 보라.
111 *Air Chief Marshal Sir Christopher Foxley-Norris*, 27 November 1978, BN: 2025024182, Legacy Tobacco Documents Library.
112 *Confidential Conference and Research Proposal*, 1997, BN: 516860591, Legacy Tobacco Documents Library. 레거시담배문서도서관에서 '포리스트'로 검색한 결과로 나오는 3000개가 넘는 다양한 문서들도 보라.
113 *Confidential Conference and Research Proposal*, 1997.
114 앞의 글.
115 "Ralph Harris, Baron Harris of High Cross," Wikipedia, <http://en.wikipedia.org/wiki/Ralph_Harris,_Baron_Harris_of_High_Cross>. 정확한 인용문을 찾지는 못했지만 해리스 경이 글에서 '보이지 않는 손' 비유를 자주 사용한 것은 분명하다. J. E. King, "Ralph Harris. Ralph Harris in His Own Words: The Selected Writings of Lord Harris," *History of Economics Review* (Summer 2008), BNET, <http://findarticles.com/p/articles/mi_6787/is_48/ai_n31611565/?tag=content;col1>; "Lord Harris of High Cross," Obituaries, *Daily Telegraph*, October 2006, telegraph.co.uk, <http://www.telegraph.co.uk/news/obituaries/1531862/Lord-Harris-of-HighCross.html>; "Lord Harris of

High Cross: Free-Market Thinker Who Served as Director of Institute of Economic Affairs for Three Decades," *Times Online*, October 20, 2006, <http://www.timesonline.co.uk/tol/comment/obituaries/article606521.ece> 등을 보라. 해리스와 영국경제문제연구소에 관해서는 Philip Mirowksi and Dieter Plehwe, *The Road from Mont Pèlerin: The Making of the Neoliberal Thought Collective* (Cambridge, Mass.: Harvard University Press, 2009), 45~97쪽을 보라.

116 John C. Luik, *Through the Smokescreen of "Science": The Dangers of Politically Corrupted Science for Democratic Public Policy*, 1쪽, BN: 517443033, Legacy Tobacco Documents Library.

117 앞의 글, 1쪽.

118 앞의 글, 2쪽.

119 Singer and Jeffreys, *The EPA and the Science of Environmental Tobacco Smoke*, 2쪽.

120 William E. Simon, *A Time for Truth* (New York: Reader's Digest Press, 1978), 221쪽.

121 올린재단과 우파의 대의를 지원한 활동에 관해서는 <http://mediatransparency.org/funderprofile.php?funderID=7>을 보라. 올린재단이 문을 닫았기 때문에 이 인터넷 링크는 지금 불통이다. "John M. Olin Foundation," SourceWatch, <http://www.sourcewatch.org/index.php?title=John_M._Olin_Foundation>; "John M. Olin Foundation," Right Web, <http://www.rightweb.irc-online.org/profile/John_M._Olin_Foundation> 등을 보라.

122 Russell Seitz, "Making the World Safe for Cigarette Smokers," *Forbes* 160, no. 5 (September 8, 1997): 181쪽, <http://www.forbes.com/forbes/1997/0908/6005181a.html>.

123 앞의 글.

124 Lt. General Daniel Graham to William A. Nierenberg, 27 December 1984, WAN papers, MC13, 43: 17, SIO Archives.

125 Isaiah Berlin, *Liberty: Incorporating Four Essays on Liberty*, ed. Henry Hardy (New York: Oxford University Press, 2002)([국역] 이사야 벌린 지음, 박동천 옮김, 『이사야 벌린의 자유론』, 아카넷, 2006년).

126 Luik, *Through the Smokescreen of "Science,"* Legacy Tobacco Documents Library.

127 앞의 글, "전체주의의 냄새" 부분 인용은 3쪽, 나머지 인용은 2쪽.

128 앞의 글, 3쪽.
129 *Comparative Substance Use III: Plea sure and Quality of Life*, 28 September 1993, BN: 2029104002, Legacy Tobacco Documents Library.
130 *Academic Contact List*, BN: 502563475, Legacy Tobacco Documents Library.
131 Luik, *Through the Smokescreen of "Science,"* Legacy Tobacco Documents Library.

6장 지구 온난화 부정하기

1 John Roach, "2004: The year global warming got respect," *National Geographic News: Reporting Your World Daily*, December 29, 2004, <http://news.nationalgeographic.com/news/2004/12/1229_041229_climate_change_consensus.html>.
2 Intergovernmental Panel on Climate Change, *Summary for Policy Makers in Climate Change 2007, the Physical Science Basis, Contribution of Working Group I to the Fourth Assessment Report of the Intergovernmental Panel on Climate Change* (Cambridge: Cambridge University Press, 2007), 8쪽, <http://www.ipcc.ch/pdf/assessment-report/ar4/wg1/ar4-wg1-spm.pdf>.
3 Naomi Oreskes, "Behind the Ivory Tower: The Scientific Consensus on Climate Change," *Science* 306, no. 5702 (December 2004): 1686쪽.
4 "Poll: Americans See a Climate Problem," *Time*, March 26, 2006, <http://www.time.com/time/nation/article/0,8599,1176967,00.html>. 이 결과를 지구 평균 온도가 꾸준히 상승하고 있다고 분명하게 선언한 정부간기후변화위원회 3차 평가 보고서와 비교해보라. *Climate Change 2001, Contribution of Working Groups I, II, and III to the Third Assessment Report of the International Panel on Climate Change* (Cambridge: Cambridge University Press, 2001), <http://www.ipcc.ch/ipccreports/tar/vol4/english/index.htm>.
5 Gary Langer, "Poll: Public Concern on Warming Gains Intensity: Many See a Change in Weather Patterns," *ABC News*, March 26, 2006, <http://abcnews.go.com/Technology/GlobalWarming/story?id=1750492&page=1>. 관련된 여론 조사에 관해서는 Pew Research Center for the People and the Press, "Little Consensus on Global Warming: Partisanship Drives Opinion," July 12, 2006,

Survey Reports, <http://people-press.org/report/280/little-consensus-on-global-warming>도 보라. 퓨리서치센터의 여론 조사 결과에 관해서는 "Fewer Americans see Solid Evidence of Global Warming," October 22, 2009, <http://pewresearch.org/pubs/1386/cap-and-trade-global-warming-opinion>을 보라.

6 James R. Fleming, *The Callendar Effect: The Life and Times of Guy Stewart Callendar(1898-1964), The Scientist Who Established the Carbon Dioxide Theory of Climate Change* (Boston, Mass.: American Meteorological Society, 2007); James R. Fleming, *Historical Perspectives on Climate Change* (New York: Oxford University Press, 1998); Spencer R. Weart, *The Discovery of Global Warming* (Cambridge, Mass.: Harvard University Press, 2008).

7 [국역] 앨 고어 지음, 김명남 옮김, 『불편한 진실』, 좋은생각, 2006년. — 옮긴이

8 Roger Revelle et al., "Atmospheric Carbon Dioxide," app. Y.4, in President's Science Advisory Committee, Panel on Environmental Pollution, *Restoring the Quality of Our Environment: Report of the Panel on Environmental Pollution* (Washington, D.C.: The White House, 1965).

9 앞의 글, 9쪽.

10 Lyndon B. Johnson, "Special Message to Congress on Conservation and Restoration of Natural Beauty," February 8, 1965, American Presidency Project, <http://www.presidency.ucsb.edu/ws/index.php?pid=27285>.

11 Gordon MacDonald et al., *The Long Term Impact of Atmospheric Carbon Dioxide on Climate*, Jason Technical Report JSR-78-07 (Arlington, Va.: SRI International, 1979), 1쪽.

12 Ann K. Finkbeiner, *The Jasons: The Secret History of Science's Postwar Elite* (New York: Viking, 2006). 초기에 제이슨위원회에 참여한 물리학자들의 성격에 관해서는 Myanna Lahsen, "Experiences of Modernity in the Green house: A Cultural Analysis of a Physicist 'Trio' Supporting the Backlash against Global Warming," *Global Environmental Change* 18 (2008): 204~219쪽, <http://sciencepolicy.colorado.edu/admin/publicationfiles/resource-2590-2008.05.pdf>도 보라.

13 MacDonald et al., *The Long Term Impact of Atmospheric Carbon Dioxide*, 1쪽.

14 앞의 글, iii쪽.

15 Robert M. White, "Oceans and Climate—Introduction," *Oceanus* 21 (1978):

2~3쪽.
16 John S. Perry to Jule Charney, 9 May 1979, MC184, 364: 11, National Academies Archives.
17 Jule Charney et al., *Carbon Dioxide and Climate: A Scientific Assessment, Report of an Ad-Hoc Study Group on Carbon Dioxide and Climate, Woods Hole, Massachusetts, July 23-27, 1979, to the Climate Research Board*, National Research Council (Washington, D.C.: National Academies Press, 1979), 2쪽.
18 앞의 글, 2쪽.
19 Verner E. Suomi in Charney et al., *Carbon Dioxide and Climate*, viii쪽.
20 Charney et al., *Carbon Dioxide and Climate*, 10~11쪽.
21 Henry Abarbanel, 2006년 10월 26일에 나오미 오레스케스와 개인적으로 나눈 대화.
22 Suomi in Charney et al., *Carbon Dioxide and Climate*, viii쪽.
23 앞의 글.
24 Richard Meserve to Verner E. Suomi, 5 October 1979, *Assembly on Mathematical and Physical Sciences, Climate Board: Review Panel on Carbon Dioxide and Climate: General, 1979-1981*, collection, National Academies Archives.
25 Thomas C. Schelling, 18 April 1980, Climate Research Board Collection, National Academy of Sciences, National Academies Archives.
26 앞의 글.
27 앞의 글, 강조는 원문.
28 John S. Perry, "Energy and Climate: Today's Problem, Not Tomorrow's," *Climatic Change* 3, no. 3 (September 1981): 223~225쪽.
29 앞의 글, 223~224쪽.
30 Perry, "Energy and Climate," 224쪽에서 인용.
31 Weart, *The Discovery of Global Warming*.
32 Abraham Ribicoff to Philip Handler, 30 October 1979, *Climate Research Board Study Group on Stratospheric Monitoring*, Ad Hoc: Meeting: Agenda, Assembly on Mathematical and Physical Sciences, William A. Nierenberg (WAN) papers, MC13 88: file label "National Academy of Sciences, Energy Security Act Text, August 1979," Scripps Institute of Oceanography(SIO) Archives.

33 John Perry to members of the Climate Research Board, 3 August 1979, National Academy of Sciences, Assembly of Mathematical and Physical Sciences, Climate Board: Review Panel on Carbon Dioxide & Climate, General 1979-1981 collection, National Academies Archives.

34 William Nierenberg to John Perry, 10 August 1979, National Academy of Sciences, Assembly of Mathematical and Physical Sciences, Climate Board: Review Panel on Carbon Dioxide & Climate, General 1979-1981 collection, National Academies Archives.

35 Roger R. Revelle, "Probable Future Changes in Sea Level Resulting from Increased Atmospheric Carbon Dioxide," in William Nierenberg et al., *Changing Climate: Report of the Carbon Dioxide Assessment Committee* (Washington, D.C.: National Academies Press, 1983), 441~442쪽.

36 앞의 글.

37 앞의 글.

38 Nierenberg et al., *Changing Climate*, 87쪽.

39 가장 낮은 예상치(337ppm)가 이미 2000년에 지나갔음을 주목하라.

40 William D. Nordhaus and Gary W. Yohe, in Nierenberg et al., *Changing Climate*, 151쪽.

41 Thomas C. Schelling, "Climate Change: Implications for Welfare and Policy," in Nierenberg et al., *Changing Climate*, 449쪽.

42 앞의 글, 452쪽. 지금 와서 보면, 문제는 이산화탄소가 아니라 기후 변화라는 셸링의 주장은 명백히 틀린 것이다. 해양 산성화와 이것이 해양 생태계에 미치는 영향은 이산화탄소 자체가 문제임을 보여준다. 설사 이산화탄소가 지구 온난화를 야기하지 않았다 할지라도 말이다. 대기의 화학 구성이 바뀌면 해양의 화학 구성 역시 변화하며, 이런 변화는 생물권에 대기의 온도 변화보다도 더욱 중대한 영향을 미칠 수 있다.

43 Nierenberg et al., *Changing Climate*, 3쪽.

44 앞의 글, 53쪽.

45 Alvin M. Weinberg, "Global Effects of Man's Production of Energy," *Science* 186, no. 4160 (October 18, 1974): 205쪽.

46 Alvin Weinberg, Comments on NRC draft *Report of the Carbon Dioxide Assessment Committee*, July-August 1983, WAN MC13, 86: file label "BASC/CO_2," SIO Archives.

47 Anonymous, *Chapter Reviews*, 5쪽과 8쪽, WAN papers, MC13, 86: file label

"Chapter reviews of Draft CO₂ Assessment Committee Report, July 1983, 1 of 2," SIO Archives.

48 Edward Frieman, 2007년 3월 16일에 나오미 오레스케스와 개인적으로 나눈 대화.

49 Philip Shabecoff, "Haste of Global Warming Trend Opposed," *New York Times*, October 21, 1983, Late City edition, sec. A, 1쪽; Stephen Seidel, *Can We Delay a Greenhouse Warming?: The Effectiveness and Feasibility of Options to Slow a Build-Up of Carbon Dioxide in the Atmosphere*, Office of Policy and Resources Management, Office of Policy Analysis, Strategic Studies Staff (Washington, D.C.: U.S. Government Printing Office, 1983); John S. Hoffman et al., *Projecting Future Sea Level Rise: Methodology, Estimates to the Year 2100, and Research Needs*, U.S. Environmental Protection Agency, Office of Policy and Resource Management (Washington, D.C.: U.S. Government Printing Office, 1983).

50 Jay Keyworth to Ed Meese, *OSTP Monthly Report for October 1983*, 28 November 1983, George A. Keyworth Collection, 6: file label "OSTP Monthly Report 1982-84 [1 of 4]," Reagan Presidential Library Archives, Simi Valley, Courtesy of Josh Howe, Stanford University.

51 Shabecoff, "Haste of Global Warming Trend Opposed," 1쪽.

52 *Climate Board, Carbon Dioxide Assessment Committee, Fourth Session, 28-29 September 1981, Washington, D.C.*, WAN papers, MC13, 90: 7, file label "NAS Climate Research Board/CO₂ Committee," SIO Archives.

53 앞의 글.

54 John Perry to Carbon Dioxide Assessment Committee, 27 September 1982, 3, WAN papers, MC13, 91: 1, file label "NAS Climate Research Board/CO₂ Committee, Aug-Sep 1982," SIO Archives.

55 Senate Committee on Energy and Natural Resources, *Greenhouse Effect and Global Climate Change: Hearing Before the Committee on Energy and Natural Resources*, 100th Congress, 1st sess., November 9, 1987 (Washington, D.C.: U.S. Government Printing Office), 52쪽.

56 Senate Committee on Energy and Natural Resources, *Greenhouse Effect and Global Climate Change: Hearing Before the Committee on Energy and Natural Resources*, 100th Congress, 1st sess., June 23, 1988, pt. 2 (Washington, D.C.: U.S. Government Printing Office), 1쪽.

57 앞의 글, 39쪽.

58 Senate Committee on Energy and Natural Resources, *Greenhouse Effect and Global Climate Change*, 100th Congress, 1st sess., June 23, 1988, 2부, 48쪽; Senate Committee on Energy and Natural Resources, *Greenhouse Effect and Global Climate Change*, 100th Congress, 1st sess., November 9, 1987 (Washington, D.C.: U.S. Government Printing Office), 52쪽.

59 Philip Shabecoff, "Global Warming Has Begun, Expert Tells Senate," *New York Times*, June 24, 1988, sec. A, 1쪽.

60 Richard A. Kerr, "Hansen vs. the World on the Greenhouse Threat," *Science* 244, no. 4908 (June 2, 1989): 1041~1043쪽.

61 Bert Bolin, *A History of the Science and Politics of Climate Change: The Role of the Intergovernmental Panel on Climate Change* (Cambridge: Cambridge University Press, 2007), 49쪽.

62 Bolin, *A History of the Science and Politics of Climate Change*, 50~51쪽; J. T. Houghton, G. J. Jenkins, and J. J. Ephraums, eds., *Climate Change: The IPCC Scientific Assessment* (New York: Cambridge University Press, 1990), iii쪽과 v쪽 등을 보라.

63 John Balzar, "Bush Vows 'Zero Tolerance' of Environmental Polluters," *Los Angeles Times*, September 1, 1988, sec. A.

64 Committee on Earth Sciences, *Our Changing Planet: A U.S. Strategy for Global Change Research* (Washington, D.C.: U.S. Government Printing Office, 1989).

65 Senate Committee on Commerce, Science, and Transportation, *National Global Change Research Act of 1989*, 101st Congress, 1st sess., February 22, 1989 (Washington, D.C.: U.S. Government Printing Office, 1989), 1~4쪽.

66 Gus Speth, 2007년 8월 3일에 나오미 오레스케스와 한 인터뷰.

67 Robert Jastrow, William Nierenberg, and Frederick Seitz, *Global Warming: What Does the Science Tell Us?* (Washington, D.C.: George C. Marshall Institute, 1989).

68 Leslie Roberts, "Global Warming: Blaming the Sun," *Science* 246, no. 4933 (November 24, 1989): 992~993쪽.

69 앞의 글.

70 앞의 글.

71 Jastrow et al., *Global Warming: What Does the Science Tell Us?*, 30~31쪽,

48~57쪽.

72 앞의 글, 56~57쪽; Roberts, "Blaming the Sun," 992~993쪽.

73 James Hansen et al., "Climate Impact of Increasing Atmospheric Carbon Dioxide," *Science* 213, no. 4511 (August 28, 1981): 957~966쪽, 963쪽의 그림.

74 Schneider to Albert Hecht, September 1, 1989, reproduced in Stephen H. Schneider, *Global Warming: Are We Entering the Greenhouse Century?* (New York: Vintage, 1990), 329쪽.

75 Houghton et al., eds., *The IPCC Scientific Assessment*, xi쪽. Michael Weisskopf and William Booth, "UN Report Predicts Dire Warming; Break with US Seen in Thatcher Response," *Washington Post*, May 26, 1990, sec. A, 1쪽도 보라.

76 Houghton et al., eds., *The IPCC Scientific Assessment*, 63쪽.

77 Bolin, *History of the Science and Politics of Climate Change*, 72쪽; 니런버그는 다음의 글에서 기후의 민감성에 관한 마셜연구소의 추정치를 설명했다. William Nierenberg, "Global Warming: Look Before We Leap," *New Scientist* (March 9, 1991): 10쪽.

78 Deborah Day, 2008년에 나오미 오레스케스와 개인적으로 나눈 대화.

79 Bill Kristol to Sam Skinner et al., Attachment —Chart B, 23 April 1992, Jeffrey Holmstead, file "Global Warming Implications," OA/ID CF01875, Counsels Office, George H. W. Bush Presidential Library, College Station, Texas.

80 Robert Jastrow to Terry Yosle, 22 February 1991, WAN papers, Accession 2001-01, 60: file label "Marshall Institute Correspondence, 1990-1992," SIO Archives.

81 Roger Revelle, "What Can We Do About Climate Change?" Presented at the AAAS Annual Meeting, New Orleans, 9 February 1990, Revelle Papers, MC6A 165: 9, SIO Archives.

82 앞의 글.

83 앞의 글.

84 Affidavit of Ms. Christa Beran, *S. Fred Singer v. Justin Lancaster*, Mass., CA93-2219 (August 2, 1993).

85 Walter Munk, 2005년 1월 10일에 나오미 오레스케스와 개인적으로 나눈 대화.

86 Affidavit of Ms. Christa Beran, *S. Fred Singer v. Justin Lancaster*, CA93-2219.

저스틴 랭커스터의 웹 사이트에서 관련 자료 대부분을 찾아볼 수 있다. "The Real Truth about the Revelle-Gore Store," The Cosmos Myth, <http://home.att.net/~espi/Cosmosmyth.html>, 프레드 싱어의 진술 조서도 있다. <http://home.att.net/~S-F-Singer_Deposition.pdf>.

87 Houghton et al., eds., *The IPCC Scientific Assessment*, xi쪽. Weisskopf and Booth, "UN Report Predicts Dire Warming," 1쪽도 보라.
88 S. Fred Singer, "What to Do about Greenhouse Warming," *Environmental Science and Technology* 24, no. 8 (August 1990): 1138~1139쪽. 강조는 원문.
89 Lancaster, "The Real Truth," The Cosmos Myth와 첨부 교정본.
90 앞의 글.
91 S. F. Singer, R. Revelle, C. Starr, "What to Do about Greenhouse Warming: Look Before You Leap," Cosmos 1, no. 1 (1991): 28~33쪽; republished as S. Fred Singer, Roger Revelle, and Chauncey Starr, "What to Do about Greenhouse Warming: Look Before You Leap," in Richard A. Geyer, ed., *A Global Warming Forum: Scientific, Economic, and Legal Overview* (Boca Raton, Fla.: CRC Press, Inc., 1991), 347~356쪽.
92 앞의 글.
93 Singer et al., "What to Do about Greenhouse Warming."
94 Justin Lancaster, 2007년 10월 20일에 나오미 오레스케스와 한 인터뷰.
95 [국역] 앨 고어 지음, 이창주 옮김, 『위기의 지구』, 삶과꿈, 2000년. — 옮긴이
96 Gregg Easterbrook, "Has environmentalism blown it? Green Cassandras," *New Republic* 207, no. 2 (July 6, 1992): 23~25쪽.
97 S. Fred Singer, "Global Warming: Do We Know Enough to Act?" in *Environmental Protection: Regulating for Results*, ed. Kenneth Chilton and Melinda Warren (Boulder, Colo.: Westview Press, 1991), 29~49쪽. 이 핵심 구절은 30쪽에서 반복되며, 정부간기후변화위원회에 대한 공격은 33~35쪽에 있다.
98 George F. Will, "Al Gore's Green Guilt," *Washington Post*, September 3, 1992, final edition, A23쪽.
99 "The 1992 Campaign: In Dispute Quayle and Gore Battle Devolves into a Hand-to-Hand Fight about 4 Issues," *New York Times*, October 14, 1992, sec. A, 19쪽.
100 Carolyn Revelle Hufbauer, "Global Warming: What My Father Really Said," *Washington Post*, September 13, 1992, final edition, sec. C.

101 *Affidavit of Defendant Justin Lancaster, S. Fred Singer v. Justin Lancaster*, Civil Action 93-2219.

102 Roger Revelle, "What Can We Do About Climate Change," *Oceanography* 5, no. 2 (1992): 126~127쪽; Walter H. Munk and Edward Frieman, "Let Roger Revelle Speak for Himself," *Oceanography* 5, no. 2 (1992): 125쪽.

103 Walter Munk, 2005년 1월 10일에 나오미 오레스케스와 개인적으로 나눈 대화.

104 S. Fred Singer et al., "Look before You Leap," 347쪽; Roger Revelle, "What Can We Do About Climate Change," 126~127쪽.

105 S. Fred Singer, *Statement Made at Revelle Symposium at Harvard on October 23, 1992*, Biographical Information Files, 22: Roger Revelle, SIO Archives.

106 "Global Warming Lawsuit," February 25, 1994, Living on Earth, <http://www.loe.org/shows/shows.htm?programID=94-P13-00008#feature1>; Lancaster, "The Real Truth," The Cosmos Myth.

107 Lancaster, "The Real Truth," The Cosmos Myth.

108 Roger Revelle, *The Science of Climate Change and Climate Variability*, 15 November 1990 (revised 20 December 1990), Revelle Papers, MC6A, 165: 11, SIO Archives.

109 United Nations, *United Nations Framework Convention on Climate Change* (1992), <http://unfccc.int/resource/docs/convkp/conveng.pdf>.

110 George H. W. Bush, "Address to United Nations Conference on Environment and Development in Rio de Janeiro, Brazil," June 12, 1992, <http://bulk.resource.org/gpo.gov/papers/1992/1992_vol1_925.pdf>; George H. W. Bush, "Address to the United Nations Conference on Environment and Development in Rio de Janeiro, Brazil," June 12, 1992, in: *Public Papers of the Presidents of the United States, George Bush: 1992*, vol. 1 (Washington, D.C.: U.S. Government Printing Office, 1993), 924~925쪽.

111 Benjamin Santer, 2009년 2월 20일에 에릭 콘웨이와 한 인터뷰. William K. Stevens, *The Change in the Weather: People, Weather, and the Science of Climate* (New York: Delacorte Press, 1999), 218쪽도 보라.

112 Santer, 2009년 2월 20일에 에릭 콘웨이와 한 인터뷰; Stevens, *The Change in the Weather*, 218~219쪽.

113 K. Hasselmann, "On the Signal-to-Noise Problem in Atmospheric Response

Studies," in *Meteorology Over the Tropical Oceans: The Main Papers Presented at a Joint Conference Held 21 to 25 August 1978 in the Rooms of the Royal Society, London*, ed. D. B. Shaw (Bracknell, Berkshire: Royal Society, 1979).

114 Ben Santer, 2009년 10월 3일에 나오미 오레스케스와 전자 우편으로 나눈 대화.

115 V. Ramanathan, "The Greenhouse Theory of Climate Change: A Test by an Inadvertent Global Experiment," *Science* 240, no. 4850 (April 15, 1988): 293~299쪽.

116 Ben Santer et al., "Signal-to-Noise Analysis of Time-Dependent Greenhouse Warming Experiments. Part 1: Pattern Analysis," *Climate Dynamics* 9 (1994): 267~285쪽; Ben Santer et al., "Ocean Variability and Its Influence on the Detectability of Greenhouse Warming Signals," *Journal of Geophysical Research* 100, no. C6 (1995): 10693~10726쪽; Ben Santer et al., "Towards the Detection and Attribution of an Anthropogenic Effect on Climate," *Climate Dynamics* 12, no. 2 (December 1995): 77~100쪽; Ben Santer et al., "A Search for Human Influences on the Thermal Structure of the Atmosphere," *Nature* 382, no. 6586 (July 1996): 39~46쪽.

117 자료 출처: IPCC procedures for preparation, review, acceptance, approval, and publication of its reports, Annex 2, 벤 샌터가 가지고 있는 문서 사본. 이 절차는 이후 온라인에 게재되었다. International Panel on Climate Change, *Procedures for Preparation, Review, Acceptance, Adoption, Approval and Publication of IPCC Reports*, adopted at the 15th session (San Jose, 15?18 April 1999) amended at the 29th session (Paris, 19-21 February 2003) and 21st session (Vienna, 3 and 6-7 November 2003), Annex 1, <http://www.ipcc.ch/pdf/ipcc-principles/ipcc-principles-appendix-a.pdf>.

118 Santer, 2009년 2월 20일에 에릭 콘웨이와 한 인터뷰; Houghton et al., eds., *Climate Change 1995: The Science of Climate Change, A Report of the Intergovernmental Panel on Climate Change* (Cambridge: Cambridge University Press, 1996).

119 Santer et al., "A Search for Human Influences on the Thermal Structure," 39~46쪽. 샌터의 말을 들어보자. "나는 이 사실을 확인했습니다. 우리는 논문을 1995년 4월에 『네이처』에 보냈습니다." Benjamin Santer, 2009년 10월 4일에 나오미 오레스케스와 전자 우편으로 나눈 대화.

120 Stevens, *The Change in the Weather*, 226쪽에서 재인용한 마이클 오펜하이머

Michael Oppenheimer의 말.

121 Stevens, *The Change in the Weather*, 227쪽; William K. Stevens, "Global Warming Experts Call Human Role Likely," *New York Times*, September 10, 1995.

122 Waldo Jaquith, "Does Virginia Really Have a State Climatologist?" August 10, 2006, cvillenews.com, <http://www.cvillenews.com/2006/08/10/state-climatologist/>.

123 예를 들어 Patrick J. Michaels, "Climate and the Southern Pine-Beetle in Atlantic Coastal and Piedmont Regions," *Forest Science* 30, no. 1 (March 1, 1984): 143~156쪽; Patrick J. Michaels, "Price, Weather, and 'Acreage Abandonment' in Western Great Plains Wheat Culture," *Journal of Climate and Applied Meteorology* 22, no. 7 (July 1983): 1296~1303쪽 등을 보라.

124 Patrick Michaels, "Apocalypse Machine Blows Up," *Washington Times*, November 1, 1991, final edition, sec. F; Patrick Michaels, "More Hot Air from the Stratosphere," *Washington Times*, October 27, 1992, sec. F.

125 New Hope Environmental Services, <http://www.nhes.com/>. Ross Gelbspan, *The Heat Is On: The High Stakes Battle Over Earth's Threatened Climate* (Reading, Mass.: Addison-Wesley Publishing Company, 1997), 41~43쪽; Naomi Oreskes, "My Facts Are Better than Your Facts: Spreading Good News about Global Warming," in *How Do Facts Travel?* ed. Mary Morgan and Peter Howlett (Cambridge: Cambridge University Press, in press) 등의 논의를 보라. 로스 겔브스펀에 따르면, 마이클스의 간행물은 처음에 『세계 기후 평론』으로 출발해서 얼마 뒤에 『세계 기후 보고서World Climate Report』로 이름이 바뀌었다.

126 Oreskes, "My Facts Are Better than Your Facts."

127 House Committee of Science, *Scientific Integrity and Public Trust: The Science Behind Federal Policies and Mandates: Case Study 2—Climate Models and Projections of Potential Impacts of Global Climate Change, Hearing before the Subcommittee on Energy and Environment*, 104th Congress, 1st sess., November 16, 1995 (Washington, D.C.: U.S. Government Printing Office, 1996), 33쪽.

128 앞의 글, 1071쪽.

129 Bill Nierenberg to Fred Seitz (자필 편지), 27 November 1995, WAN papers, Accession 2001-01, 70: file label "Frederick Seitz, 1994-1995," SIO Archives.

130 Stevens, *The Change in the Weather*, 228쪽.

131 Santer, 2009년 2월 20일에 에릭 콘웨이와 한 인터뷰.

132 Ross Gelbspan, *The Heat Is On: The Climate Crisis, the Cover-Up, and the Prescription* (Reading, Mass.: Basic Books, 1998, updated edition), 38쪽, <http://www.heatisonline.org/contentserver/objecthandlers/index.cfm?id=3872&method=full>도 보라.

133 Stephen H. Schneider and Paul N. Edwards, "Self-Governance and Peer Review in Science-for-Policy: The Case of the IPCC Second Assessment Report," in *Changing the Atmosphere: Expert Knowledge and Environmental Governance*, ed. Paul N. Edwards and Clark A. Miller (Cambridge, Mass.: MIT Press, 2001), 219~296쪽.

134 Bolin, *History of the Science and Politics of Climate Change*, 113쪽; Stevens, *The Change in the Weather*, 229쪽; Santer, 2009년 2월 20일에 에릭 콘웨이와 한 인터뷰.

135 Bolin, 113쪽; Houghton et al., eds., *Climate Change 1995*, 5쪽.

136 Bolin, *History of the Science and Politics of Climate Change*.

137 Santer, 2009년 2월 20일에 에릭 콘웨이와 한 인터뷰.

138 S. Fred Singer, "Climate Change and Consensus," *Science* 279, no. 5249 (February 2, 1996): 581~582쪽.

139 T. M. L. Wigley, "Climate Change Report," Letters, *Science* 271, no. 5255 (March 15, 1996): 1481~1482쪽.

140 앞의 글.

141 S. Fred Singer, "Climate Change Report," Letters, *Science* 271, no. 5255 (March 15, 1996): 1482~1483쪽.

142 지구기후연맹에 관해서는 Gelbspan, *The Heat Is On*과 Jeremy Leggett, *The Carbon War: Global Warming and the End of the Oil Era* (New York: Routledge, 2001)을 보라. 펄먼에 관해서는 Gelbspan, *The Heat Is On*, 119~120쪽을 보라.

143 Stevens, *The Change in the Weather*, 231쪽.

144 Santer, 2009년 2월 20일에 에릭 콘웨이와 한 인터뷰.

145 앞의 글.

146 Myanna Lahsen, "The Detection and Attribution of Conspiracies: The Controversy over Chapter 8," in *Paranoia within Reason: A Casebook on Conspiracy as Explanation*, ed. G. E. Marcus (Chicago: University of Chicago

Press, 1999), 111~136쪽.
147 Frederick Seitz, "A Major Deception on 'Global Warming,'" *Wall Street Journal*, June 12, 1996, A16쪽.
148 Benjamin D. Santer, letter to the editor, *Wall Street Journal*, June 25, 1996; Susan K. Avery et al., "Special Insert: An Open Letter to Ben Santer," UCAR — University Corporation for Atmospheric Research, *Communications Quarterly* (July 25, 1996) and attachment 2, <http://www.ucar.edu/communications/quarterly/summer96/insert.html>; A15쪽; "Open Letter to Ben Santer" and attachment 2, *Bulletin of the American Meteorological Society* 77 (September 1996): 8, 1961~1962쪽; 1963~1965쪽.
149 Avery et al., "An Open Letter to Ben Santer," and attachment 2; *Bulletin*.
150 Avery et al., "Open Letter," and attachment 3, *Bulletin*.
151 Avery et al., "Open Letter." 1961~1962쪽; 1963~1965쪽.
152 앞의 글, 1961쪽. Bolin, *History of the Science and Politics of Climate Change*, 129쪽을 보라.
153 S. Fred Singer, letter to the editor, *Wall Street Journal*, July 11, 1996, sec. A, 15쪽. 같은 섹션에 실린 프레더릭 사이츠와 휴 엘새서의 편지도 보라. 마셜연구소의 과학자문위원회에 관해서는 Dr. Frederick Seitz, *Global Warming and Ozone Hole Controversies: A Challenge to Scientific Judgment* (Washington, D.C.: George C. Marshall Institute, 1994), BN: 2501355990을 보라. 하트랜드 연구소의 보고서에 관해서는 *Heartlander by Mail: Report on December 1995 Activities*, 9 January 1996, BN: 2046851463, Legacy Tobacco Documents Library를 보라.
154 Benjamin D. Santer, "Global Warming Critics, Chill Out," *Wall Street Journal*, July 23, 1996, sec. A, 23쪽. 같은 섹션에 실린 베르트 볼린과 존 호턴의 편지도 보라.
155 겔브스펀의 책에 이 전자 우편이 재수록되어 있다. Ross Gelbspan, *The Heat Is On*, 230~236쪽.
156 S. Fred Singer, "Disinformation on Global Warming?" *Washington Times*, November 13, 1996, sec. A쪽.
157 S. Fred Singer et al., "Comments on an Open Letter to Ben Santer," *Bulletin of the American Meteorological Society* 78, no. 1 (January 1997): 81~82쪽; S. Fred Singer et al., "Letter to the Bulletin of the AMS," Science and Environmental Policy Project Archives, January 1997, <http://www.sepp.org/

Archive/controv/IPCCcont/AMSltr.htm>.
158 Lahsen, "The Detection and Attribution of Conspiracies," 111~136쪽.
159 Tom M. L. Wigley to William A. Nierenberg, 14 April 1997, WAN papers, Accession 2001-01, 18: file label "EPRI," SIO Archives.
160 앞의 글.
161 Wigley to Nierenberg, 24 April 1997, WAN papers, Accession 2001-01, 18: file label "EPRI," SIO Archives. 니런버그의 글을 살펴보면 그가 거론하는 논문은 다음의 글로 생각된다. T. M. L. Wigley, R. Richels, and J. A. Edmonds, "Economic and Environmental Choices in the Stabilization of Atmospheric CO2 Concentrations," *Nature* 379 (January 18, 1996): 240~243쪽.
162 Klaus Hasselmann to William A. Nierenberg, 18 April 1997, WAN papers, Accession 2001-01, 18: file label "EPRI," SIO Archives.
163 앞의 글.
164 팩스 사본. Edward Frieman papers, MC77, 123: 7, SIO Archives. Chris Mooney, *The Republican War on Science* (New York: Basic Books, 2005), 62~64쪽도 보라.
165 James M. Inhofe, "Climate Change Update: Senate Floor Statement by U.S. Senator James M. Inhofe," January 4, 2005, Floor Speeches, <http://inhofe.senate.gov/pressreleases/climateupdate.htm>.
166 Interview of Richard Cheney with Jonathan Karl, *ABC News*, broadcast February 23, 2007; transcript at "Exclusive: Cheney on Global Warming," <http://abcnews.go.com/Technology/story?id=2898539&page=1>.
167 Robert W. Seidel, *Los Alamos and the Making of the Atomic Bomb* (Los Alamos, N.M.: Otowi Press, 1995); Paul Norris Edwards, *The Closed World: Computers and the Politics of Discourse in Cold War America* (Cambridge, Mass.: MIT Press, 1997); Sherry Sontag, Christopher Drew, and Annette Lawrence Drew, *Blind Man's Bluff: The Untold Story of American Submarine Espionage* (New York: Public Affairs, 1999); John P. Craven, *The Silent War: The Cold War Battle Beneath the Sea* (New York: Simon and Schuster, 2001); Peter J. Westwick, *The National Labs: Science in an American System, 1947-1974* (Cambridge, Mass.: Harvard University Press, 2003); Naomi Oreskes, *Science on a Mission: American Oceanography in the Cold War and Beyond* (Chicago: University of Chicago Press, 근간).
168 Eugene Linden, *The Winds of Change: Climate, Weather, and the Des-*

truction of Civilizations (New York: Simon and Schuster, 2006), 222~223쪽.
169 Maxwell T. Boykoff and Jules M. Boykoff, "Balance as Bias: Global Warming and the US Prestige Press," *Global Environmental Change* 14 (2004): 125~136쪽.
170 Aaron M. McCright and Riley E. Dunlap, "Defeating Kyoto: The Conservative Movement's Impact on U.S. Climate Change Policy," *Social Problems* 50, no. 3 (May 2003): 348~373쪽; Byrd-Hagel Resolution, 105th Congress, 1st sess., July 25, 1997, National Center for Public Policy Research, <http://www.nationalcenter.org/KyotoSenate.html>.

7장 레이철 카슨 죽이기

1 Naomi Oreskes, "Science and Public Policy: What's Proof Got to Do with It?" *Environmental Science and Policy* 7, no. 5 (2004): 369~383쪽; Thomas R. Dunlap, *DDT: Scientists, Citizens, and Public Policy* (Princeton, N.J.: Princeton University Press, 1981); Edmund Russell, *War and Nature: Fighting Humans and Insects with Chemicals from World War I to Silent Spring* (Cambridge: Cambridge University Press, 2001); Zuoyue Wang, "Responding to Silent Spring: Scientists, Popular Science Communication, and Environmental Policy in the Kennedy Years," *Science Communication* 19, no. 2 (1997): 141~163쪽; Linda Lear, *Rachel Carson: Witness for Nature* (New York: Henry Holt, 1998).
2 Rachelwaswrong.org, 2009, project of the Competitive Enterprise Institute, <http://rachelwaswrong.org/>.
3 Roger Bate, "The Rise, Fall, Rise and Imminent Fall of DDT," *Health Policy Outlook* 14 (November 2007): 2~9쪽, AEI Outlook Series, American Enterprise Institute for Public Policy Research, <http://www.aei.org/outlook/27063>.
4 "DDT Makes a Comeback, featuring Richard Tren," Cato Daily Podcast, September 22, 2006, Cato Institute, <http://www.cato.org/dailypodcast/podcast-archive.php?podcast_id=125>.
5 Bonner R. Cohen, "Uganda Will Use DDT to Fight Malaria," April 1, 2007, *Environment and Climate News*, Heartland Institute, <http://www.heartland.

org/policybot/results/20807/Uganda_Will_Use_DDT_to_Fight_Malaria.html>.
6 "Global Warming: Was It Ever Really a Crisis?" News, Heartland .org, <http://www.heartland.org/events/NewYork09/news.html>; Global Warming Facts, Heartland Institute, <http://www.globalwarmingheartland.org/>. Andrew C. Revkin, "Skeptics Dispute Climate Worries and Each Other," *New York Times*, March 8, 2009, <http://www.nytimes.com/2009/03/09/science/earth/09climate.html>도 보라.
7 Edmund Russell, "The Strange Career of DDT: Experts, Federal Capacity, and Environmentalism in WWII," *Technology and Culture* 40, no. 4 (October 1999): 770~796쪽; Russell, *War and Nature*.
8 Russell, "The Strange Career of DDT."
9 "Paul Müller: The Nobel Prize in Physiology or Medicine, 1948," *Nobel Lectures, Physiology or Medicine 1942-1962* (Amsterdam: Elsevier Publishing Company, 1964), Nobelprize.org, <http://nobelprize.org/nobel_prizes/medicine/laureates/1948/muller-bio.html>.
10 Dunlap, *DDT: Scientists, Citizens, and Public Policy*.
11 Russell, *War and Nature*.
12 *The American Experience: Rachel Carson's Silent Spring*, DVD, produced by Neil Goodwin (WGBH/PBS, 1992); Russell, "The Strange Career of DDT," 770~796쪽; Russell, *War and Nature*.
13 〔국역〕 레이첼 카슨 지음, 이충호 옮김, 『우리를 둘러싼 바다』, 양철북, 2003년. — 옮긴이
14 『침묵의 봄』은 처음에 『뉴요커』에 연재되었다. "Rachel Carson, A Reporter at Large, 'Silent Spring,'" *New Yorker*, June 16, 1962, June 23, 1962, June 30, 1962. 단행본으로 출간된 것은 그 직후의 일이다. Rachel Carson, *Silent Spring* (Boston, Mass.: Houghton Mifflin, 1962; repr. 1994). 인용은 1994년판.
15 Carson, *Silent Spring*, 116쪽.
16 앞의 글, 132~133쪽.
17 Wang, "Responding to Silent Spring," 141~163쪽. DDT의 개발과 화학전과의 관계는 Russell, *War and Nature*에 설명되어 있다.
18 Wang, "Responding to Silent Spring," 141~163쪽; *The American Experience: Rachel Carson's Silent Spring*.
19 Wang, "Responding to Silent Spring," 156쪽.
20 *CBS Reports: The Silent Spring of Rachel Carson*, first broadcast 3 April 1963

by CBS.
21 Russell, "The Strange Career of DDT," 770~796쪽.
22 Russell, *War and Nature*.
23 President's Science Advisory Committee, *Use of Pesticides, A Report of the President's Science Advisory Committee*, May 15, 1963 (Washington, D.C.: U.S. Government Printing Office, 1963), 1~2쪽.
24 PSAC, *Use of Pesticides*, 9쪽. 2007년의 한 연구에서는 1950년대와 1960년대에 어린 나이에 DDT에 노출된 여성들이 나중에 유방암 발병률이 더 높다는 사실을 밝혀냈다. 앞서 대부분의 연구에서는 DDT의 발암 위험성을 발견하지 못했다. 노출 시간에 초점을 맞추지 않았기 때문이다.
25 PSAC, *Use of Pesticides*, 10쪽.
26 앞의 글, 4쪽.
27 Dunlap, *DDT: Scientists, Citizens, and Public Policy*; Lear, Rachel Carson; Wang, "Responding to Silent Spring"; PSAC, *Use of Pesticides*; President's Science Advisory Committee, *Restoring the Quality of Our Environment, A Report of the Environmental Pollution Panel*, November 1965 (Washington, D.C.: U.S. Government Printing Office, 1965); *Report of Committee on Persistent Pesticides, Division of Biology and Agriculture*, National Research Council, to the U.S. Department of Agriculture, May 1969 (National Academy of Sciences, 1969); E. M. Mrak, *Report of the Secretary's Commission on Pesticides and Their Relationship to Environmental Health*, U.S. Department of Health, Education and Welfare, December 1969 (Washington, D.C.: U.S. Government Printing Office, 1969).
28 이 부분은 사실 상당히 복잡한 문제이다. 과학사학자 주오위에 왕Zuoyue Wang은 대통령 직속 과학자문위원회 보고서가 작성될 무렵에는 입증의 책임이 누구에게 있는지가 분명하지 않았다고 지적한다. 가령 살충제를 '이의를 제기하면서' 등록하게 하는 이상한 법적 관행이 있었다. 제조업자가 농무부에 의해 등록을 거부당한 뒤에도 살충제를 등록하고 판매할 수 있었던 것이다. 대통령 직속 과학자문위원회는 보고서에서 '이의' 등록을 철폐하도록 권고했지만 입증 책임을 전적으로 제조업자에게 돌리지는 않았다(PSAC, Use of Pesticides, 15쪽). 오히려 위원회는 살충제를 규제하기 위한 정부 쪽의 자원·연구 프로그램을 강화할 것을 주장했다. 일차적으로 규제를 위한 근거를 마련하는 한편 법정에서 이의 제기에 맞설 수 있어야 했다. 위원회에서 가장 중요시한 것은 아마 입증 책임 문제와 무관하게 규제 과정 전체가 투명해야 한다는 점이었을 것이다. 따

라서 위원회는 "규제를 승인하고 잔류 허용 한계량을 마련하는 근거로 사용되는 모든 데이터를 공표할 것"을 주장했다. "일반 대중과 과학계에서 이 데이터의 가설 및 타당성과 신뢰성을 비판적으로 검토하도록 하기 위해서였다." Zuoyue Wang, 2010년 1월 19일에 나오미 오레스케스와 개인적으로 나눈 대화. 여기서 말하는 '데이터'에는 제조업자뿐만 아니라 규제 기관에서 제공한 자료도 포함된다. 따라서 과학자문위원회가 입증 책임을 정부에서 제조업자에게 돌린 게 아니라 입증 기준을 높였다고 보는 게 맞다. 합리적인 의심이 있는 경우에 해당 제품의 등록을 취소하고 취소된 제품의 판매를 금지할 수 있도록 한 것이다. Wang, *In Sputnik's Shadow: The President's Science Advisory Committee and Cold War America* (New Brunswick, N.J.: Rutgers University Press, 2008), 205~207쪽도 보라.

29 법적 전통 외에도 과학자문위원회는 "먼저 해가 되는 일을 하지 마라."라는 의학의 원칙에 의해 영향을 받았을지도 모른다. 주오위에 왕은 대통령 직속 과학자문위원회의 주요 간부인 제임스 하트게링James Hartgering과 피터 S. 빙Peter S. Bing이 둘 다 의사였고, 위원장인 콜린 매클라우드가 뉴욕대학교 의과 대학의 의학 교수였음을 지적한다(5장을 보라.). 게다가 대다수 위원들은 임기응변식 기술적 해결책과 그 옹호론자들을 불신했다. 특히 핵무기 경쟁 문제를 둘러싼 오랜 싸움에서 많은 교훈을 얻었다. DDT를 비롯한 살충제는 이런 손쉬운 해결책과 같은 범주에 속하는 것처럼 보였고, 또한 위원들은 이런 살충제가 의도하지 않은 결과를 초래할 것임을 본능적으로 간파했다. Wang, *In Sputnik's Shadow*를 보라.

30 John C. Whitaker, "Earth Day Recollections: What It Was Like When the Movement Took Off," *EPA Journal* (July-August 1988), U.S. Environmental Protection Agency, <http://www.epa.gov/history/topics/earthday/10.htm>; NASA Glenn Research Center: Earth Day Committee, <http://earthday.grc.nasa.gov/history.html>; Gordon MacDonald, "Environment: The Evolution of a Concept," in *Yesterday, Today and Tomorrow: The Harvard Class of 1950 Reflects on the Past and Looks to the Future* (Arlington, Mass.: Travers Press, 2000).

31 MacDonald, "Environment: The Evolution of a Concept."

32 Rachelwaswrong.org.

33 Andrew Kenny by way of Tim Blair, "The Green Terror," A Stitch in Haste Blog, posted June 9, 2005, <http://kipesquire.powerblogs.com/posts/1118329320.shtml>.

34 Todd Seavey, "The DDT Ban Turns 30—Millions Dead of Malaria Because of Ban, More Deaths Likely," June 1, 2003, American Council on Science and Health, <http://www.acsh.org/healthissues/newsID.442/healthissue_detail.asp>.
35 Rachelwaswrong.org.
36 Kenny, "The Green Terror."
37 Thomas Sowell, "Intended Consequences," *Jewish World Review*, June 7, 2001, <http://www.jewishworldreview.com/cols/sowell060701.asp>.
38 "Environmentalists with Blood on Their Hands: Flying Fickle Finger of Fate Award: Rachel Carson," The Maverick Conservative Blog, comment posted February 29, 2008, <http://the-maverickconservative.blogspot.com/2008_02_01_archive.html>; Bjørn Lomborg, *The Skeptical Environmentalist: Measuring the Real State of the World* (New York: Cambridge University Press, 2001), 215~216쪽.
39 Angela Logomasini, "'Silent Spring' was Wrong, Sen. Coburn is Right," Commentary, *Examiner*, May 28, 2007, Examiner.com, <http://www.examiner.com/a-751059~Angela_Logomasini___Silent_Spring__was_wrong__Sen__Coburn_is_right.html>. 이 글의 필자인 앤젤라 로고마시니 Angela Logomasini는 경쟁기업연구소의 위험·환경정책 담당 과장이자 Rachelwaswrong.org의 관리자이다.
40 Pete du Pont, "Plus Ça (Climate) Change: The Earth was warming before global warming was cool," February 21, 2007, from the *WSJ* Opinion Archives: Outside the Box, *Wall Street Journal Online*, <http://www.opinionjournal.com/columnists/ pdupont/?id=110009693>.
41 Tina Rosenberg, "What the World Needs Now Is DDT," *New York Times Magazine*, April, 11, 2004, <http://www.nytimes.com/2004/04/11/magazine/what-the-world-needs-now-is-ddt.html>; John Tierney, "Fateful Voice of a Generation Still Drowns Out Real Science," *New York Times*, June 5, 2007, <http://www.nytimes.com/2007/06/05/science/earth/05tier.html?_r=2&8dpc&oref=slogin>.
42 Rosenberg, "What the World Needs Now Is DDT."
43 Tierney, "Fateful Voice of a Generation." 볼드윈의 원래 글은 I. L. Baldwin, "Chemicals and Pests," *Silent Spring* by Rachel Carson (book review), *Science* 137, no. 3535 (September 28, 1962): 1042~1043쪽을 보라.

44 Centers for Disease Control and Prevention, "Malaria: Vector Control," <http://www.cdc.gov/malaria/control_prevention/vector_control.htm>.

45 Gordon Patterson, *The Mosquito Crusades: A History of the American Anti-Mosquito Movement from the Reed Commission to the First Earth Day* (New Brunswick, N.J.: Rutgers University Press, 2009), 182쪽.

46 Carson, *Silent Spring*, 16장.

47 Conevery Bolton Valenčius, *The Health of the Country: How American Settlers Understood Themselves and Their Land* (New York: Basic Books, 2002).

48 Patterson, *The Mosquito Crusaders*는 모기를 박멸하기 위해 미국이 기울인 노력을 흥미진진하게 보여준다. Margaret Humphreys, "Kicking a Dying Dog: DDT and the Demise of Malaria in the American South, 1942-1950," *Isis* 87, no. 1 (March 1996), 1~17쪽도 보라.

49 Patterson, *The Mosquito Crusaders*, 156쪽.

50 Centers for Disease Control and Prevention, "Malaria: The Panama Canal," <http://www.cdc.gov/malaria/history/panama_canal.htm>. 파나마 운하 건설 시도의 전반적인 역사는 다음의 책에서 볼 수 있다. David McCullough, *The Path Between the Seas: The Creation of the Panama Canal 1870-1914* (New York: Simon and Schuster, 1977).

51 Centers for Disease Control and Prevention, "Eradication of in the United States (1947-1951)," <http://www.cdc.gov/malaria/history/eradication_us.htm>.

52 "Ruckelshaus, Sweeney, and DDT," Jaworowski 2003: A Cornucopia of Misinformation, 1부, Monday Bristlecone Blogging, <http://www.someareboojums.org/blog/?p=62>. 원문의 출처는 다음과 같다. *In the Matter of Stevens Industries, Inc. et al., I.F&R. Docket Nos. 63 et al. (Consolidated DDT Hearings), Opinion of the Administrator, Decided June 2, 1972*, 26쪽, <http://www.someareboojums.org/blog/wp-content/images/ddt/ead.pdf>. 나중에 다음과 같이 출간되었다. *Notices, Environmental Protection Agency*, [I.F&R. Docket Nos. 63 et al.]: Consolidated DDT Hearings, *Opinion and Order of the Administrator*, 30 June 1972, *Federal Register* 37, no. 131 (July 7, 1972): 13369~13376쪽, 13373쪽, <http://www.epa.gov/history/topics/ddt/DDT-Ruckelshaus.pdf>.

53 Baldwin, "Chemicals and Pests," 1042쪽.

54 앞의 글.
55 앞의 글.
56 U.S. Environmental Protection Agency, "DDT," Persistent Bioaccumulative and Toxic (PBT) Chemical Program, <http://www.epa.gov/pbt/pubs/ddt.htm>; United States Geological Survey, "DDT," Toxic Substances Hydrology Program, <http://toxics.usgs.gov/definitions/ddt.html>; Brenda Eskenazi et al., "The Pine River Statement: Human Health Consequences of DDT Use," *Environmental Health Perspectives* 117, no. 9 (September 2009): 1359~1367쪽.
57 *California v. Montrose Chemical Corp. of California*, 104 F.3d 1507 (9th Cir. 1997), Lewis and Clark Law School's Environmental Law Online, <http://www.elawreview.org/summaries/environmental_quality/hazardous_waste/california_v_montrose_chemical.html>.
58 Tina Adler, "Keep the Sprays Away?: Home Pesticides Linked to Childhood Cancers," *Environmental Health Perspectives* 115, no. 12 (December 2007): A594쪽; M. D'Amelio et al., "Paraoxonase Gene Variants Are Associated with Autism in North America, But Not in Italy: Possible Regional Specificity in Gene-Environment Interactions," *Molecular Psychiatry* 10 (November 2005): 1006~1016쪽; D. R. Davies et al., "Chronic Organophosphate Induced Neuropsychiatric Disorder (COPIND): Results of Two Postal Questionnaire Surveys," *Journal of Nutritional and Environmental Medicine* 9, no. 2 (1999): 123~134쪽.
59 Walter J. Rogan and Aimin Chen, "Health Risks and Benefits of bis (4-chlorophenyl)-1,1,1-trichloroethane(DDT)," *Lancet* 366, no. 9487 (August 27, 2005): 763~773쪽.
60 Barbara A. Cohn et al., "DDT and Breast Cancer in Young Women: New Data on the Significance of Age at Exposure," *Environmental Health Perspectives* 115, no. 10 (October 2007): 1406~1414쪽; Rick Weiss, "Long Hidden Dangers? Early Exposure to DDT May Raise Risk of Breast Cancer," *Washington Post*, October 9, 2007, sec. F, 1쪽, <http://www.washingtonpost.com/wp-dyn/content/article/2007/10/05/AR2007100502253.html>.
61 Dixy Lee Ray and Lou Guzzo, *Trashing the Planet: How Science Can Help Us Deal with Acid Rain, Depletion of the Ozone, and Nuclear Waste (Among Other Things)* (New York: HarperCollins, 1992), 69쪽.

62 World Health Organization, *Resistance of Vectors and Reservoirs of Disease to Pesticides*, WHO Expert Committee on Insecticides (Geneva: World Health Organization, 1976), 68~69쪽.

63 World Health Organization, "Malaria Situation in SEAR Countries: Sri Lanka," <http://www.searo.who.int/EN/Section10/Section21/Section340_4026.htm>.

64 World Health Organization, *Resistance of Vectors and Reservoirs of Disease to Pesticides*, 7쪽.

65 Ray and Guzzo, *Trashing the Planet*, 74쪽.

66 Steven J. Milloy to TASSC Members, *Re: Annual Report*, 7 January 1998, Bates Number (BN): 2065254885, Legacy Tobacco Documents Library.

67 J. Gordon Edwards, "DDT: A Case Study in Scientific Fraud," *Journal of American Physicians and Surgeons* 9, no. 3 (Fall 2004): 83~88쪽.

68 James Hoare, "Greenpeace, WWF Repudiate Anti-DDT Agenda," April 1, 2005, Environment and Climate News, Heartland Institute, <http://www.heartland.org/Article.cfm?artId=16803>에서 재인용.

69 지구 온난화에 관해서는 "Global Warming/Climate," JunkScience.com, <http://www.junkscience.com/#GWS>를, 산성비에 관해서는 "Cleaner Air Means a Warmer Europe," April 15, 2008, <http://junkscience.com/blog_js/2008/04/15/cleaner-air-means-a-warmer-europe>을 보라. (밀로이는 황산염이 대기 온도를 낮추는 데 도움이 된다고 언급한다. 이건 맞는 말이지만, 지구 온난화를 걱정하지 않는 사람이 왜 이런 문제에 신경을 쓸까?) 현재 이 인터넷 링크는 불통이지만 원래의 글은 정크사이언스닷컴의 2008년 4월 문서 모음에 올라 있다. <http://www.junkscience.com/apr08.html>. 오존에 관해서는 "The 'Ozone Layer' — What's Going On?" JunkScience.com, <http://www.junkscience.com/Ozone/ozone_seasonal.html>을 보라. Chris Mooney, "Some Like It Hot," Special Reports: As the World Burns, *Mother Jones* 30, no. 3 (May/June 2005): 36~94쪽, <http://www.motherjones.com/environment/2005/05/some-it-hot>도 보라.

70 Paul D. Thacker, "Pundit for Hire: Smoked Out," *New Republic*, February 6, 2006, 13~14쪽; Paul D. Thacker, "The Junkman Climbs to the Top," *Environmental Science and Technology Online News* (May 2005); "Steven J. Milloy: The 'Junkman' Exposed," February 2006, Americans for Nonsmokers' Rights, <http://www.no-smoke.org/pdf/stevenmilloy.pdf>; "Steven J. Milloy," SourceWatch, <http://www.sourcewatch.org/index.php?title=Steven_J._

Milloy>; Steven J. Milloy, *Junk Science Judo: Self-Defense Against Health Scares and Scams* (Washington, D.C.: Cato Institute, 2001); Steven J. Milloy, *Science Without Sense* (Washington, D.C.: 1996).

71 John Berlau, "Rush Limbaugh for the Nobel Peace Prize," May 30, 2007, Competitive Enterprise Institute, <http://cei.org/gencon/019,05942.cfm>.

72 이 책과 미국기업연구소의 크라이튼 초청 강연에 관해서는 Harold Evans, "Crichton' Conspiracy Theory," BBC News, <http://news.bbc.co.uk/2/hi/uk_news/magazine/4319574.stm>을 보라. 경쟁기업연구소와 관련된 사람들 역시 크라이튼의 든든한 지원자였다. 가령 다음의 서평을 보라. Iain Murray, "Science Fiction: Michael Crichton Takes a Novel Approach to Global Warming Alarmism," December 20, 2004, Competitive Enterprise Institute, <http://cei.org/gencon/019,04342.cfm>.

73 Michael Crichton, *State of Fear* (New York: HarperCollins, 2004)([국역] 마이클 크라이튼 지음, 김진준 옮김, 『공포의 제국』 1·2, 김영사, 2008년), 487쪽.

74 "Welcome to the Heartland Institute," Heartland Institute, <http://www.heartland.org/about/>.

75 Deroy Merdock, "DDT Key to Third World's War on Malaria," July 1, 2001, Environment and Climate News, Heartland Institute, <http://www.heartland.org/publications/environment%20climate/article/10415/DDT_Key_to_Third_Worlds_War_on_Malaria.html>.

76 하트랜드연구소가 크라이튼을 지지한 사실에 관해서는 Joseph L. Bast, "Michael Crichton Is Right!" January 1, 2005, News Releases, Heartland Institute, <http://www.heartland.org/Article.cfm?artId =16260>을 보라. 2008년에 연구소는 학술회의를 주최해서 기후 변화가 진행 중이라는 것은 사실이 아니며 설사 사실이라 하더라도 자유 시장의 대응에 맡겨두면 해결될 문제라는 주장을 계속했다. "The 2008 International Conference on Climate Change, March 2-4, New York, USA," Heartland.org, <http://www.heartland.org/NewYork08/newyork08.cfm>.

77 "Joseph L. Bast—2008 Resume," January 1, 2008, Heartland Institute, <http://www.heartland.org/policybot/results/12825/Joseph_L_Bast_2008_Resum%E9.html>.

78 Richard C. Rue, project director of the Heartland Institute, to Roy E. Marder [원문 그대로], Manager of Industrial Affairs, Philip Morris, 3 August 1993, BN: 2024211094, Legacy Tobacco Documents Library. Roy Marden to

Thomas Borelli et al., *RE: CA*, 22 April 1997, BN: 2075574228B, Legacy Tobacco Documents Library도 보라. 검색을 통해 찾을 수 있는 다른 수많은 문서로는 "Search: Heartland Institute," Legacy Tobacco Documents Library, <http://legacy.library.ucsf.edu/action/search/advanced?sq[0].f=org&sq[0].q=heartland+inst&sq[0].op=AND&ps=10&df=er&fd=1&rs=false&ath=true&drf=ndd&sd=1990&ed=2008&asf=ddu&p=12&ef=true>를 보라.

79 Roy Marden to Thomas Borelli et al., *RE: CA*, 22 April 1997, BN: 2075574226D, Legacy Tobacco Documents Library.

80 *Fedsuit Actions/Marden*, 26 October 1999, BN: 2077575920A, Legacy Tobacco Documents Library. *FET Update*, 28 January 1994, BN: 2046554465, Legacy Tobacco Documents Library도 보라.

81 *Policy Payments for Slavit*, 1997, BN: 2078848138, Legacy Tobacco Documents Library.

82 David P. Nicoli to Buffy, 8 March 1994, BN: 2073011685; Merrick Carey, president, Alexis de Tocqueville Institution, to David P. Nicoli, 8 February 1994, BN: 2073011666, Legacy Tobacco Documents Library.

83 2008년, 하트랜드연구소의 단체 일람에는 로이 마든이 이사회 성원으로 올라 있다. "2008 Annual Report," About the Heartland Institute, <http://www.heartland.org/about/ PDFs/HeartlandProspectus.pdf>.

84 Jacques et al., "The Organisation of Denial: Conservative Think Tanks and Environmental Scepticism," *Environmental Politics* 17, no. 3 (June 2008): 349~385쪽.

85 George Orwell, *1984* (New York: Harcourt Brace, 1949)(조지 오웰 지음, 정회성 옮김, 『1984』, 민음사, 2003년).

86 Lt. General Daniel O. Graham to William A. Nierenberg, 27 December 1984, William A. Nierenberg papers, MC13, 43: 17, Scripps Institute of Oceanography Archives.

결론: 표현의 자유와 자유 시장에 관하여

1 Alexis de Tocqueville, *Democracy in America*, ed. J. P. Mayer, trans. George Lawrence (New York: Perennial Classics, 2000)([국역] A. 토크빌 지음, 박지동·임효선 옮김, 『미국의 민주주의』 1·2, 한길사, 1997년), 242쪽.

2 William Ophuls, *Requiem for Modern Politics: The Tragedy of the Enlightenment and the Challenge of the New Millennium* (Boulder, Colo.: Westview Press, 1997). "항해만 하고 정박하지 못하는"이라는 표현은 18세기의 비평가 토머스 배빙턴 매콜리Thomas Babington Macaulay의 말이다.

3 Steven Lee Myers and Megan Thee, "Americans Feel Military Is Best at Ending War," *New York Times*, September 10, 2007, <http://www.nytimes.com/2007/09/10/washington/10poll.html>.

4 Jon A. Krosnick et al., "The Effects of Beliefs About the Health Consequences of Cigarette Smoking on Smoking Onset," *Journal of Communication* 56, no. S1 (August 2006): S18~S37쪽.

5 Anthony Leiserowitz(수석 연구자), "American Opinions on Global Warming: A Yale University/Gallup/ClearVision Institute Poll," 2007, <http://environment.research.yale.edu/documents/downloads/a-g/AmericansGlobalWarmingReport.pdf>.

6 Gail E. Kennedy and Lisa A. Bero, "Print Media Coverage of Research on Passive Smoking," *Tobacco Control* 8 (1999): 254~260쪽.

7 3장의 논의를 보라.

8 "How the Ozone Story Became a Volcano Story," The Donella Meadows Archive: Voice of a Global Citizen, Sustainability Institute, <http://www.sustainer.org/dhm_archive/index.php?display_article=vn504ozoneed>.

9 Maxwell T. Boykoff and Jules M. Boykoff, "Balance as Bias: Global Warming and the US Prestige Press," *Global Environmental Change* 14 (2004): 125~136쪽. Liisa Antilla, "Climate of Scepticism: U.S. Newspaper Coverage of the Science of Climate Change," *Global Environmental Change* 15 (2005): 338~352쪽과 Peter J. Jacques et al., "The Organisation of Denial: Conservative Think Tanks and Environmental Scepticism," *Environmental Politics* 17, no. 3 (June 2008): 349~385쪽의 논의도 보라. 지금도 계속되는 '거짓 균형' 문제에 관해서는 Chris Mooney, "Sadly, False Balance in the *New York Times*," The Intersection Blogs, Discover Magazine, comment posted February 26, 2009, <http://blogs.discovermagazine.com/intersection/2009/02/26/sadly-falsebalance-in-the-new-york-times/>를 보라.

10 우리는 또한 어떤 경우에 편집자들이 기자들에게 "양쪽 모두"를 다루라고 압력을 가했음을 알고 있다. 예를 들어 Eugene Linden, *The Winds of Change: Climate, Weather, and the Destruction of Civilizations* (New York: Simon

and Schuster, 2006)을 보라. 물론 텔레비전에도 협잡꾼들이 등장한다. 2007년 여름에 CNN에서 크게 다룬 웨더액션WeatherAction의 최고 경영자가 대표적이다. 이 웹 사이트는 1년 뒤까지 미래의 기상 예보를 판매하는 곳이다. (카오스 이론에서는 날씨를 정확히 예측하는 것은 1주일이 한계라고 설명한다. 5일 예보가 흔한 것도 이 때문이다. 그보다 더 뒤의 날씨를 예측할 수 있다고 말하는 사람이 있다면 당신을 놀리는 것이며, 만일 그가 돈을 받는다면 사기꾼이다.)

11 David Michaels, *Doubt Is Their Product: How Industry's Assault on Science Threatens Your Health* (New York: Oxford University Press, 2008); David Michaels and Celeste Monforton, "Manufacturing Uncertainty: Contested Science and the Protection of the Public's Health and Environment," *American Journal of Public Health* 95, no. S1 (July 2005): S39~S48쪽.

12 *Center for Indoor Air Research, Position Description: Executive Director*, May 1987, Bates Number(BN): 2023555600, Legacy Tobacco Documents Library; *The Tobacco Institute, Inc., Minutes of Meeting of the Executive Committee*, 10 December 1987, BN: TIMN0014390, Legacy Tobacco Documents Library. "The Tobacco Institute's Center for Indoor Air Research(CIAR)," TobaccoFreedom.org, <http://www.tobaccofreedom.org/issues/documents/ets/cia_center/>도 보라.

13 Robert Proctor, *The Golden Holocaust* (근간). *Center for Indoor Air Research, Position Description*, BN: 2023555600, Legacy Tobacco Documents Library도 보라.

14 "Global Warming Petition Project," <http://www.petitionproject.org>.

15 Arthur B. Robinson and Zachary W. Robinson, "Science Has Spoken: Global Warming Is a Myth," *Wall Street Journal*, December 4, 1997.

16 Arthur Robinson, Sallie Baliunas, Willie Soon, and Zachary Robinson, *Environmental Effects of Increased Atmospheric Carbon Dioxide* (Cave Junction, Ore.: Oregon Institute of Science and Medicine, 1998), <http://www.oism.org/pproject/s33p36.htm>. 이 글은 나중에 다음과 같이 발표되었다. Arthur B. Robinson, Noah E. Robinson, and Willie Soon, "Envi-ronmental Effects of Increased Atmospheric Carbon Dioxide," *Journal of American Physicians and Surgeons* 12, no. 3 (Fall 2007): 79~90쪽. "Global Warming Petition," Petition Project, <http://www.oism.org/ pproject/>도 보라.

17 David Malakoff, "Climate Change: Advocacy Mailing Draws Fire," *Science* 280, no. 5361 (April 10, 1998): 195쪽.

18 Bert Bolin, *A History of the Science and Politics of Climate Change: The Role of the Intergovernmental Panel on Climate Change* (Cambridge: Cambridge University Press, 2007), 155쪽; William K. Stevens, "Science Academy Disputes Attack on Global Warming," *New York Times*, April 22, 1998.
19 S. Fred Singer, "Kyoto Accord Protest Quickening," *Washington Times*, April 22, 1998.
20 "Global Warming Petition," Petition Project. Global Warming Petition Project, <http://www.petitionproject.org/>도 보라. 우리는 많은 사람들로부터 이 청원이야말로 과학 논쟁이 계속 이어지는 증거라고 거론하는 내용의 전자 우편을 받았다. "Letter from Frederick Seitz, Research Review of Global Warming Evidence," Petition Project, <http://www.oism.org/pproject/s33p41.htm>도 보라.
21 *Journal of American Physicians and Surgeons*, Association of American Physicians and Surgeons, <http://www.jpands.org/>.
22 "Doctors Group: Limbaugh Medical Records Seizure Unlawful," PRNewswire, February 22, 2004, Newsmax.com, <http://archive.newsmax.com/archives/articles/2004/2/21/141518.shtml>.
23 Michael Fumento, "AIDS—A Heterosexual Epidemic?" *Medical Sentinel* 2, no. 3 (Summer 1997), <http://www.haciendapub.com/v2n3.html>.
24 Emil Mrak, *Some Experiences Relating to Food Safety*, Philip Morris Laboratories, Richmond, Virginia, 16 January 1973, MSS, 8: Emil M. Mrak Collection D-96, Special Collections, Shields Library, University of California, Davis.
25 Ross Gelbspan, *The Heat Is On: The High Stakes Battle over Earth's Threatened Climate* (Reading, Mass.: Addison-Wesley, 1998); Ross Gelbspan, *Boiling Point: How Politicians, Big Oil and Coal, Journalists, and Activists Are Fueling the Climate Crisis—and What We Can Do to Avert Disaster* (New York: Basic Books, 2004). 다음의 글들도 보라. David Adam, "Exxon-Mobil Continuing to Fund Climate Sceptic Groups, Records Show," *Guardian* (UK), July 1, 2009, <http://www.guardian.co.uk/environment/2009/jul/01/exxon-mobilclimate-change-sceptics-funding>; Chris Mooney, "Some Like It Hot," Special Reports: As the World Burns, *Mother Jones* 30, no. 3 (May/June 2005): 36~94쪽, <http://www.motherjones.com/environment/2005/05/some-it-hot>; Bill McKibben, "Climate of Denial,"

Special Reports: As the World Burns, Mother Jones 30, no. 3 (May/June 2005): 34~35쪽, <http://www.motherjones.com/politics/2005/05/climate-denial>; Jeremy Leggett, *The Carbon War: Global Warming and the End of the Oil Era* (London: Penguin, 2000); James Hoggan and Richard Littlemore, *Climate Cover-Up: The Crusade to Deny Global Warming* (Greystone Books, 2009).

26 Chris Mooney, "Some Like It Hot," 36~94쪽.

27 앞의 글.

28 William Nierenberg e-mail to Richard Lindzen, 7 September 2000, William A. Nierenberg(WAN) papers, Accession 2001-01, 7: file label "Lindzen, Richard," Scripps Institute of Oceanography(SIO) Archives.

29 "NIPCC Report: Table of Contents," Heartland Institute, <http://www.heartland.org/publications/NIPCC%20report>. 싱어가 이끄는 과학환경정책프로젝트의 2007년 국세청 신고 내역 IRS form 1099에 따르면, 하트랜드연구소에서 이 작업을 위해 14만 3000달러를 지불했다.

30 "Global Warming: Was it Ever Really a Crisis?" News, Heartland.org, <http://www.heartland.org/events/NewYork09/news.html>; Global Warming Facts, Heartland Institute, <http://www.globalwarmingheartland.org/>. Andrew C. Revkin, "Skeptics Dispute Climate Worries and Each Other," *New York Times*, March 8, 2009, <http://www.nytimes.com/2009/03/09/science/earth/09climate.html>도 보라.

31 *Tobacco Strategy*, March 1994, BN: 2022887066, Tobacco Legacy Documents Library.

32 "Ludwig Von Mises," The Concise Encyclopedia of Economics, Library of Economics and Liberty, <http://www.econlib.org/library/Enc/bios/Mises.html>.

33 S. Fred Singer, "My Adventures in the Ozone Layer," *National Review* (June 30, 1989): 34~38쪽, 인용은 36~37쪽.

34 S. Fred Singer and Kent Jeffreys, *The EPA and the Science of Environmental Tobacco Smoke*, 2쪽, Alexis de Tocqueville Institution, May 1994, BN: TI31749030, Legacy Tobacco Documents Library.

35 Milton Friedman, *Capitalism and Freedom* (Chicago: Chicago University Press, 1962).

36 George Soros, "The Capitalist Threat," *Atlantic Monthly* 279, no. 2 (February

1997): 45~58쪽, <http://www.theatlantic.com/issues/97feb/capital/capital.htm>.
37 시장 근본주의가 여러 경영 대학에 미친 영향에 관해서는 Kelley Holland, "Is It Time to Retrain B-Schools?" *New York Times*, March 15, 2009를 보라.
38 Soros, "The Capitalist Threat," 45~58쪽.
39 이 점에 대해서는 실리콘그래픽스Silicon Graphics의 수석 과학자를 지낸 존 매시에게 감사한다.
40 Randall Parker, "An Overview of the Great Depression," *Economic History Encyclopedia*, EH.Net, <http://eh.net/encyclopedia/article/parker.depression>; Wendy Wall, *Inventing the "American Way": The Politics of Consensus from the New Deal to the Civil Rights Movement* (New York: Oxford University Press, 2008), 20쪽.
41 Wall, *Inventing the "American Way."*
42 Friedman, *Capitalism and Freedom*, xiii쪽, "Preface 1982" in 2002 edition.
43 UCSD 25th Anniversary Oral Histories, RSS 52, 1: 8, file label "Revelle, Roger," 147, University of California, San Diego, Mandeville Special Collections Library.
44 Andrew Revkin, "Let' Be Sensible on Global Warming," *Christian Science Monitor*, June 30, 1992에서 재인용; George Will, "Chicken Little: The Persistence of Eco-Pessimism," *Washington Post*, May 31, 1992, C7쪽.
45 Dixy Lee Ray, "Global Warming and Other Environmental Myths: The Economic Consequences of Fact vs. Media Perception," An Address to the Progress Foundation International Economic Conference, September 21, 1992, Hotel Savory Baur en Ville, Zurich, Switzerland, 인용은 1쪽. 물론 일부 환경론자들이 진보 개념을 거부하는 것은 사실이지만, 그렇다고 해서 지구 온난화가 신화임이 입증되는 것은 아니다.
46 앞의 글, 4쪽.
47 Dixy Lee Ray, "Science and the Environment," Acton Institute, <http://www.acton.org/publications/randl/rl_interview_52.php>. Jacques et al., "The Organisation of Denial," 349~385쪽에서도 논의된다.
48 스미스에 관해서는 Fred L. Smith, Jr., President and Founder, Competitive Enterprise Institute, <http://cei.org/people/fred-l-smith-jr>를, 레이와 스미스의 관계에 관해서는 Jacques et al., "The Organisation of Denial," 349~385쪽을 보라.

49 S. Fred Singer, "Earth Summit Will Shackle Planet, Not Save It," *Wall Street Journal* February 19, 1992, A14쪽. *Bad Science: A Resource Book*, 26 March 1993, BN: 2074143969, 49, Legacy Tobacco Documents Library에서 찾음.

50 Patrick J. Michaels, "Give Industry a Bigger Science Role," *Roanoke Times and World News*, December 29, 1992, A7쪽, 인용은 *Bad Science: A Resource Book*, 152, Legacy Tobacco Documents Library에서 찾음.

51 "About Consumer Distorts," Consumer Distorts: The Consumer Reports Watchdog, <http://www.junkscience.com/consumer/consumer_about.html>. Sheldon Rampton and John Stauber, "How Big Tobacco Helped Create 'The Junkman,'" PR Watch 7, no. 3 (3rd Quarter, 2000), PRWatch.org, <http://www.prwatch.org/prwissues/2000Q3/junkman.html>.

52 Patrick J. Michaels, "Cap-and-Trade Is Dead. Long Live Cap-and-Trade," September 18, 2009, Cato Institute, <http://www.cato.org/pub_display.php?pub_id=10558>.

53 Nicholas Wade, "The Editorial Notebook; Mr. Darman and Green Vegetables," *New York Times*, May 14, 1990, A16쪽.

54 Jacques et al., "The Organisation of Denial," 349~385쪽.

55 Nicholas Stern, *Stern Review: The Economics of Climate Change, Executive Summary*, i, <http://www.hm-treasury.gov.uk/d/Executive_Summary.pdf>.

56 Charles Krauthammer, "The New Socialism," *Washington Post*, December 11, 2009, <http://www.washingtonpost.com/wp-dyn/content/article/2009/12/10/AR2009121003163.html>.

57 James Gustave Speth, *The Bridge at the Edge of the World: Capitalism, the Environment, and Crossing from Crisis to Sustainability* (New Haven, Conn.: Yale University Press, 2008)([국역] 제임스 구스타브 스페스 지음, 이경아 옮김, 『미래를 위한 경제학』, 모티브북, 2008년), xi쪽.

58 앞의 글, 9쪽.

59 John Perry to Carbon Dioxide Assessment Committee, 27 September 1982, 3, WAN papers, MC13, 91: 1, file label "AS Climate Research Board/CO2 Committee, Aug-Sep 1982, SIO Archives.

60 2009년에 세상을 떠난 녹색 혁명의 아버지에 관해서는 Justin Gillis, "Norman Borlaug, Plant Scientist Who Fought Famine, Dies at 95," *New York Times*, September 13, 2009, <http://www.nytimes.com/2009/09/14/business/energy-environment/14borlaug.html>을 보라. 몇몇 부고 기사에서는 녹색 혁

명이 초기에 커다란 성공을 거둔 뒤 계속 진보를 이룩하기가 점점 어려워진 사실을 지적했다. 인프라가 열악한 지역의 사회적 도전과 불안정한 노동 시장, 교육 받지 못한 노동력 등의 이유 때문이다. 아시아에서는 놀라운 성과를 거두었지만 아프리카에서는 그런 성과를 얻지 못했다.

61 대부분의 역사가들은 이제까지 역사에 주요한 부침이 있었으며, 많은 사람들이 과거에 비해 훨씬 더 큰 물질적 안락을 누리는 것은 사실이지만 인간의 전반적인 조건이 개선되었는지는 여전히 불분명하다고 생각할 것이다. 우리 중 한 명(나오미 오레스케스)은 이런 식으로 말한다. "우리는 확실히 더 오래 살고 더 많은 것을 가지겠지만, 과연 더 행복한가? 그것은 아무도 모른다."

62 Ed Regis, "The Doomslayer," Wired.com, <http://www.wired.com/wired/archive/5.02/ffsimon_pr.html>.

63 Julian L. Simon and Herman Kahn, eds., *The Resourceful Earth: A Response to Global 2000* (New York: Blackwell, 1984), 1쪽.

64 Julian L. Simon, ed., *The State of Humanity* (Cambridge, Mass.: Wiley-Blackwell, 1995).

65 Dixy Lee Ray and Lou Guzzo, *Trashing the Planet: How Science Can Help Us Deal with Acid Rain, Depletion of the Ozone, and Nuclear Waste (Among Other Things)* (New York: HarperPerennial, 1992); 초판은 Regenry Gateway, 1990.

66 S. Fred Singer, "Will the World Come to a Horrible End?" *Science* 170, no. 3954 (October 9, 1970): 125쪽.

67 앞의 글.

68 앞의 글.

69 "Board of Advisors," About the Institute, Independent Institute, <http://www.independent.org/aboutus/advisors.asp>.

70 "Biography," Bjørn Lomborg, <http://www.lomborg.com/about/biography/>.

71 John Mashey, "Lomborg and Playing the Long Game," The Way Things Break, comment posted January 8, 2009, <http://thingsbreak.wordpress.com/2009/01/08/lomborg-long-game/>. 인용은 줄리언 사이먼의 책 *The Ultimate Resource* (Princeton, N.J.: Princeton University Press, 1996)([국역] 줄리언 L. 사이먼 지음, 조영일 옮김, 『근본 자원 2』 상·하, 자유기업센터, 2000년). 여기서 근본 자원이라 함은 인간의 독창성이다.

72 Stuart Pimm and Jeff Harvey, "No Need to Worry About the Future," Book

Review: The Skeptical Environmentalist, *Nature* 414 (November 8, 2001): 149~150쪽, <http://www.nature.com/nature/journal/v414/n6860/full/414149a0.html>. 롬보르의 생각과 줄리언 사이먼 및 다양한 자유 시장 지향적 싱크 탱크들이 공명하는 지점에 관해서는 Mashey, "Lomborg and Playing the Long Game"과 역시 덴마크의 생물학자인 코레 포그의 글을 보라. Kåre Fog, "When Lomborg Became a So-Called 'Skeptical Environmentalist,'" Lomborg-Errors, The Lomborg Story, <http://www.lomborg-errors.dk/ lomborgstory2.htm>.

73 Pimm and Harvey, "No Need to Worry About the Future," 149~150쪽.

74 John Rennie, editor in chief, et al., "Misleading Math About the Earth: Science Defends Itself Against *The Skeptical Environmentalist*," *Scientific American* 286, no. 1 (January 2002): 61~71쪽, <http://www.scientificamerican.com/article.cfm?id=misleading-math-about-the>.

75 Lone Frank, "Scholarly Conduct: Skeptical Environmentalist labeled 'Dishonest,'" *Science* 299 (January 17, 2003): 326쪽, <http://www.sciencemag.org/cgi/reprint/299/5605/326b.pdf>; Andrew C. Revkin, "Environment and Science: Danes Rebuke a 'Skeptic,'" *New York Times*, January 8, 2003, <http://www.nytimes.com/2003/01/08/world/environment-and-science-danes-rebuke-a-skeptic.html>. 덴마크의 생물학자인 코레 포그는 아예 '롬보르의 오류Lomborg's Errors'라는 웹 사이트를 만들었다. <http://www.lomborg-errors.dk/>.

76 "Bjørn Lomborg: Danish Writer Cleared of 'Scientific Dishonesty,'" December 18, 2003, Center for the Defense of Free Enterprise, <http://www.eskimo.com/~rarnold/lomborg_cleared.htm>; *Bjørn Lomborgs Klage Over Udvalgene Vedrørende Videnskabelig Uredeligheds (UVVU) Afgørelse af 6. Januar 2003*, December 17, 2003, <http://www.dr.dk/nyheder/htm/baggrund/tema2003/striden%20om%20lomborg/images/87.pdf> 등을 보라. *Årsberetning 2005: Udvalgene Vedrørende Videnskabelig Uredelighed*, November 2006, 특히 27쪽, <http://www.fi.dk/publikationer/2006/aarsberetning-2005-udvalgenevidenskabelig-uredelighed/aarsberetning-2005-udvalgene-vedrorende-videnskabeligu.pdf>도 보라. 우리를 위해 관련 부분을 번역해준 로스킬레대학교의 카스페르 에스킬센Kasper Eskildsen 교수에게 감사한다. 덴마크의 과학자들은 또한 연구 결과를 뒤엎은 데 대해서도 폭넓게 비판했다. Alison Abbott, "Social Scientists Call for Overturning of Dishonesty

Committee," *Nature* 421, no. 6924 (Febuary 13, 2003): 681쪽을 보라.

77 예를 들어 Nicholas Stern, *Stern Review, Executive Summary* 및 M. L. Perry et al., eds., *Contribution of Working Group II to the Fourth Assessment Report of the Intergovernmental Panel on Climate Change* (Cambridge: Cambridge University Press, 2007), <http://www.ipcc.ch/publications_and_data/publications_ipcc_fourth_assessment_report_wg2_report_impacts_adaptation_and_vulnerability.htm>을 보라.

78 Naomi Oreskes and Bjørn Lomborg, "Er klimaskeptikere nu domt ude?[기후회의론자들은 배제되었는가?]" A debate with Bjørn Lomborg, moderated by Morten Jastrup, *Politiken* (Copenhagen), December 5, 2004, 2쪽, sec. 4.

79 Bjørn Lomborg, *The Skeptical Environmentalist: Measuring the Real State of the World* (New York: Cambridge University Press, 2001), 11쪽.

80 Naomi Oreskes, "Science and Public Policy: What' Proof Got to Do with It?" *Environmental Science and Policy* 7, no. 5 (October 2004): 369~383쪽.

81 "Bjørn Lomborg: Danish Writer Cleared of 'Scientific Dishonesty,'" Center for the Defense of Free Enterprise.

82 Mashey, "Lomborg and Playing the Long Game."

83 "The 2010 Sir John M. Templeton Fellowships Essay Contest," Academic Programs, Independent Institute, <http://www.independent.org/students/essay/>.

84 Friedman, *Capitalism and Freedom*, 4쪽.

85 David A. Hounshell, *From the American System to Mass Production, 1800-1932: The Development of Manufacturing Technology in the United States* (Baltimore, Md.: Johns Hopkins University Press, 1984), 4~5쪽; 그리고 특히 Merritt Roe Smith, *Harpers Ferry Armory and the New Technology: The Challenge of Change* (Ithaca, N.Y.: Cornell University Press, 1977).

86 실리콘밸리의 역사에 관해서는 Christophe Lécuyer, *Making Silicon Valley: Innovation and the Growth of High Tech, 1930-1970* (Cambridge, Mass.: MIT Press, 2007); Steve Blank, "The Secret History of Silicon Valley," Lecture, Google TechTalks, December 18, 2007, <http://www.youtube.com/watch?v=hFSPHfZQpIQ> 등을 보라.

87 Janet Abbate, *Inventing the Internet* (Cambridge, Mass.: MIT Press, 1999), 43~82쪽. Thomas C. Greene, "Net Builders Kahn, Cerf Recognise Al Gore," October 2, 2000, *Register*, <http://www.theregister.co.uk/2000/10/02/net_

builders_kahn_cerf_recognise/>도 보라. 이 포스트에서 인터넷 개발에서 지도적 역할을 한 과학자인 빈트 서프Vint Cerf와 밥 칸Bob Kahn은 앨 고어가 지적 지도력을 발휘하고 1991년 고성능정보처리통신법이 통과되도록 노력한 점을 인정한다. 두 사람의 말에 따르면, "사실을 말하자면, 대다수 사람들이 귀를 기울이기 오래전에 고어는 인터넷에 관해 이야기를 하고 개발을 장려했다."

88 다음의 책은 항공기 개발에서 정부가 얼마나 복합적인 역할을 했는지를 잘 보여준다. Roger E. Bilstein, *Flight in America: From the Wrights to the Astronauts* (Baltimore, Md.: Johns Hopkins University Press, revised ed., 1994)

89 John Mashey, 2009년 10월 1일에 지은이들과 전자 우편으로 나눈 대화. 유닉스 UNIX 운영 체제의 초기 공헌자인 매시는 실리콘밸리의 컴퓨터역사박물관 Computer History Museum에서 이사로 재직하고 있다.

90 David E. Nye, *Electrifying America: Social Meanings of a New Technology, 1880-1940* (Cambridge, Mass.: MIT Press, 1990), 287~335쪽.

91 "Stephen H. Schneider," <http://stephenschneider.stanford.edu/>; Stephen H. Schneider, "Mediarology," February 2007, <http://stephenschneider.stanford.edu/Mediarology/MediarologyFrameset.html>; Stephen H. Schneider, *Science as a Contact Sport* (Washington, D.C.: National Geographic, 2009), 203~232쪽.

92 Naomi Oreskes, "The Scientific Consensus on Climate Change: How Do We Know We'e Not Wrong?" in *Climate Change: What It Means for Us, Our Children, and Our Grandchildren*, ed. Joseph F. DiMento and Pamela Doughman (Cambridge, Mass.: MIT Press, 2007), 65~99쪽에서 발췌.

93 스티븐 슈나이더도 비슷한 주장을 한다. Stephen H. Schneider, "Mediarology"를 보라. 슈나이더는 과학자들이 때로 사람들의 관심을 끌기 위해 과장되게 겁주는 이야기에 초점을 맞출 수도 있다는 생각을 표명했다. 이 말은 종종 맥락을 무시한 채 슈나이더가 마치 긴급한 문제의 경우에 과학자들이 부정직해도 된다고 생각한다는 식으로 인용된 바 있다. 전체를 인용하자면 다음과 같다.

한편으로 과학자로서 우리는 과학적 방법에 윤리적으로 구속되면서 모든 사실을 말하겠다고 약속한다. 즉 온갖 의심과 단서와 구실까지 포함시켜야 한다. 다른 한편, 우리는 과학자일 뿐만 아니라 인간이기도 하다. 또 대다수 사람들처럼 우리 또한 더 나은 세상을 보기를 원한다. 따라서 우리는 재앙으로 이어질 수 있는 기후 변화의 위험을 줄이기 위해 노력한다. 이런 노력을 위해서는 폭넓은 지지를 얻고 대중의 상상력을 사로잡을 필요가 있다. 물론 그러려면 언론에 많이 보도되어야 한다. 따라서 우리는 무시무시한 시나리오를 제시하고, 단순하고 극적인 발언을 하며, 우리가 가질 수 있는 의심은 가급적 발설하지 말아야 한다. 우리가 흔히 사로잡히는 이런 "이중적인 윤리적 구속"은 어떤 공식으로도 풀 수 없다. 우리 각자가 효율성과 정직성 사이에서 무엇이 올바른 균형인지를 결정해야 한다. 나는 두 가지를 다 가질 수 있기를 바란다.

interview for *Discover Magazine* (October 1989): 45~48쪽에서 재인용. 슈나이더의 원래 글과 왜곡된 인용에 대한 그의 언급으로는 Stephen H. Schneider, "Don't Bet All Environmental Changes Will Be Beneficial," American Physical Society, *APS News* 5, no. 8 (August/September 1996)을 보라.

94 David Ignatius, "A Bid to Chill Thinking: Behind Joe Barton's Assault on Climate Scientists," *Washington Post*, July 22, 2005, <http://www.washingtonpost.com/wp-dyn/content/article/2005/07/21/AR2005072102186.html>.

95 "First 'our Pillars,'" Senate Floor Statement by U.S. Senator James M. Inhofe (R-Okla.), April 8, 2005, Floor Speeches, <http://inhofe.senate.gov/pressreleases/pillar.htm>.

96 Antonio Regaldo, "In Climate Debate, the 'Hockey Stick' Leads to a Face-Off," Wall Street Journal, February 14, 2005, A1쪽; David Appell, "Behind the Hockey Stick," *Scientific American* 992, no. 3 (March 2005): 34~35쪽, <http://www.scientificamerican.com/article.cfm?id=behind-the-hockey-stick>; Michael Le Page, "Climate Myths: The 'Hockey Stick' Graph has Been Proven Wrong," *New Scientist*, September 2009, <http://www.newscientist.com/article/dn11646>; Gerald North, Chair, et al., *Surface Temperature Reconstructions for the Last 2000 Years*, Board on Atmospheric Sciences and Climate (Washington, D.C.: National Academies Press, 2006); Ben Santer, "The MSU Debate, Climate Auditing, and Freedom of Information," presented at AEED Seminar, Lawrence Livermore National Lab, December 10, 2008, Doc. No. LLNL-PRES-409614.

97 Stefan Ramstorf, 2009년 3월에 나오미 오레스케스와 개인적으로 나눈 대화, Copenhagen, Denmark, at conference on "Climate Change: Global Risks, Challenges and Decisions," held in Copenhagen, March 10-12, 2009.

98 2009년 3월에 나오미 오레스케스가 유력 해양학자와 비밀리에 나눈 대화, Copenhagen, Denmark, "Climate Change: Global Risks, Challenges and Decisions."

99 Kåre Fog, "The First Debate in Denmark," Lomborg-Errors, The Lomborg Story, <http://www.lomborg-errors.dk/lomborgstory3.htm>.
100 Edward Frieman, 2007년 3월 16일에 나오미 오레스케스와 개인적으로 나눈 대화.
101 Robert J. Samuelson, "Global Warming's Real Inconvenient Truth," *Washington Post*, July 5, 2006, <http://www.washingtonpost.com/wp-dyn/content/article/2006/07/04/AR2006070400789.html>; idem., "Different View of Global Warming," <http://www.msnbc.com/id/20226462/site/newsweek/print/1/displaymode/1098>.

에필로그: 과학에 관한 새로운 관점

1 Ronald N. Giere et al., *Understanding Scientific Reasoning*, 5th ed. (Belmont, Calif.: Thomson Wadsworth, 2006)([국역] 로널드 기어·존 비클·로버트 몰딘 지음, 조인래·이영의·남현 옮김, 『과학적 추론의 이해』, 소화, 2008년), 299쪽.
2 Giere et al., *Understanding Scientific Reasoning*, 299쪽.
3 동료 평가를 거치는 저널에 쓴 논문이 몇 편 있기는 하지만 제1 저자는 아니다. 예를 들어 David H. Douglass, Benjamin D. Pearson, and S. Fred Singer, "Altitude Dependence of Atmospheric Temperature Trends: Climate Models Versus Observation," *Geophysical Research Letters* 31 (July 9, 2004): L13208을 보라.
4 Fred Singer, "Warming Theories Need Warning Labels," *Bulletin of Atomic Scientists* 48, no. 5 (June 1992): 34~39쪽, <http://books.google.com/books?id=kQsAAAAAMBAJ&pg=PA34&lpg=PA34&dq=Singer+Warming+Theorieseed+Warning+Labels&source=bl&ots=q0FV8Bn732&sig=gPI4434dsCtZK1Id8262nqaFZXk&hl=en&ei=CubMSrvqJoH8tQPo7eiVAQ&sa=X&oi=book_result&ct=result&resnum=1#v=onepage&q=&f=false>. 싱어는 또한 산성비에 관한 오래전의 불만을 되풀이한다. "여전히 실체가 없는 위협일 뿐인 현상에 대해 연간 1000억 달러를 허비하는 게 상식적으로 말이 되는가?" Singer, "Warning Labels," 39쪽.
5 S. Fred Singer, "World Demand for Oil," in *The Resourceful Earth: A Response to Global 2000*, ed. Julian L. Simon and Herman Kahn (New York: Blackwell, 1984), 339~360쪽을 보라.

6 예를 들어 John J. Reilly, "Richard Feynman and Isaac Asimov on Spelling Reform," *Journal of the Simplified Spelling Society* 25 (1999/1): 31~32쪽, <http://www.spellingsociety.org/journals/j25/feynman.php#feynman>을 보라.

7 Michael Smithson, "Toward a Social Theory of Ignorance," *Journal for the Theory of Social Behaviour* 15, no. 2 (1985): 151~172쪽. Michael Smithson, "Social Theories of Ignorance," in *Agnotology: The Making and Unmaking of Ignorance*, ed. Robert Proctor and Londa Schiebinger (Stanford, Calif.: Stanford University Press, 2008), 209~229쪽도 보라.

8 이 문제에 관한 풍부한 논의로는 Robert Evans "Demarcation Socialized: Constructing Boundaries and Recognizing Difference," *Science, Technology, & Human Values* 30, No. 1: 3~16쪽을 보라.

9 Austin Bradford Hill, "The Environment and Disease: Association or Causation?" *Proceedings of the Royal Society of Medicine* 58, no. 5 (May 1965): 295~300쪽.

10 Carolyn Symon, Lelani Arris, and Bill Heel, *Arctic Climate Impact Assessment* (Cambridge: Cambridge University Press, 2005).

11 William Shakespeare, *Macbeth*([국역] 윌리엄 셰익스피어 지음, 최종철 옮김, 『맥베스』, 민음사, 2004년), 5막 5장.

12 S. Green, *Smoking Associated Disease and Causality*, 날짜 미상, BN: 1192.02, Legacy Tobacco Documents Library. 그린은 앞서 이 글과 약간 다른 내용을 1976년에 썼다. S. Green, *Cigarette Smoking and Causal Relationships*, 27 October 1976, BN: 2231.08, Legacy Tobacco Documents Library를 보라. David A. Kessler의 *A Question of Intent: A Great American Battle with a Deadly Industry* (New York: Public Affairs, 2002), 228쪽에 그린에 관한 논의가 있다.

13 Steve LaRue, "Early Action Urged in Fight on Acid Rain," *San Diego Union*, local sec., August 8, 1984, B2쪽.

찾아보기

가

가뭄과 흉작 327, 348
가원, 리처드 117
간접흡연('환경적 담배 연기') 263~319
  ~에 대한 공중위생국장의 보고서 264, 267~268
  ~에 대한 담배 산업의 지식 264, 266~267
  ~에 대한 미국인들의 의견 450
  ~에 대한 사이츠의 주장 274
  ~에 대한 환경보호청의 보고서 271, 296
  공공장소 흡연 규제 267
  담배 산업의 역정보 캠페인 269~270
  쓰레기 과학이라는 싱어의 비난 276~277
  어린이와 ~ 271, 299, 304~305
  용량 반응 곡선과 문지방 효과 293~294, 302, 304~307
  위험 평가와 ~ 271~275
  환경보호청에 대한 담배 산업의 공격 282~283, 284~294
  히라야마의 비흡연자 아내 연구 266~267

건설적인 내일을 위한 위원회 287
건전과학진흥연맹 288~291, 459
게이츠, 로렌스 374~375
겔브스펀, 로스 458
경쟁기업연구소 242, 283, 292, 406, 434, 443
고거스, 윌리엄 크로퍼드 422
고다드우주연구소 100, 348
고등연구계획국(미국 국방부) 484
고르바초프, 미하일 122
고어, 앨 359, 366
골드워터, 배리 135
공룡 멸종 105
공작 기계 483
공정 보도 원칙 54, 447
공중위생국(미국) 57
공중위생국장(미국) 29, 57~59, 263, 267
공화당 140, 292, 379~382, 469
과학 과학계도 보라.
  ~ 대 자유 311~312, 438~444
  ~에 대한 담배 산업의 공격 278~284
  ~에서의 불확실성 80, 147, 153~157,

492~494
~와 정치 127~128
~의 겉모습을 씌우기 44~46, 453~456
과정으로서의 ~ 79~80
동료 평가 25~26, 295~296, 496~497
모델의 이용 112~114, 126~127
보수주의와 ~ 132~135, 435~436
사회주의적 ~ 316~318
상충하는 주장 다루기의 어려움 448~449
신뢰와 ~ 501~505
쓰레기 과학 263, 276, 288, 433, 440
양쪽 입장을 듣는 것의 오류 494~502
집단적인 기획으로서의 ~ 495~497
과학계
   ~에 대한 자유주의적 편향 130~133
   ~와 군축 134
   ~와 환경 규제 135
   거짓 주장에 대항하는 것을 꺼림 485~490
   사이츠와 ~ 67~70, 81, 129~132
   싱어와 ~ 166~168, 256~259
과학기술정책실(백악관) 158, 165, 172~176, 178, 188~192
과학적 방법 77~78
『과학적 추론의 이해』(기어, 비클, 몰딘) 492
과학환경정책프로젝트 248, 256, 275
교토 의정서 402
교통부(미국) 213, 215~216
구토스키, 허버트 222
국가 정보 평가 89~95
국가기후법(1978년) 335

국가오존시험단 233~234
국가환경정책법(1970년) 218
국립암연구소(미국) 56
국방정보국 90~92
국제 지구물리 관측년 166
규제 205~209, 310~319, 406~407, 465~466
규제와 기술 혁신 205~206
그레이엄, 대니얼 O. 92, 95, 315, 443
그린, S. J. 505
극지 증폭 현상 327
글랜츠, 스탠턴 58
기런, 피터 293
기술 474~476, 482~485
기술맹신주의 482~483
기술평가국(미국 하원) 121
기어, 로널드 492
기후 변화 지구 온난화를 보라.
기후 변화에 관한 유엔 기본 협약 469
기후연구대학협력체 391
기후영향평가프로그램 215~217

나

『나쁜 과학: 자료책』 30, 278~284
나사(미국항공우주국) 218, 230~235
나치의 흡연 연구 47
남극 대륙 229~235
남극오존비행시험단 234, 236
『내셔널 리뷰』 246~247, 256, 258
『내셔널 인터레스트』 126
냉전과 냉전 전사들 33~34, 312~317, 399, 442~443, 461~462, 466~470

찾아보기 611

『네이처』 132, 150, 219, 231, 396
노드하우스, 윌리엄 336, 339, 342
'노마 R. 브로인 등 대 필립모리스' 사건 73
농무부(미국) 139, 145
누얼, 호머 166
뉴딜 465~466
『뉴 리퍼블릭』 281
『뉴요커』 101
『뉴욕 타임스』 63, 101, 129, 158, 188, 195, 202, 281, 291, 345, 349, 382, 417, 452, 469
『뉴홀 시그널』 215
니런버그, 윌리엄(빌)
　~에 대한 리벨의 평가 466
　~와 국립과학학술원의 지구 온난화 평가 331, 335~337, 342~343, 345~347, 387~388, 394~398
　~와 사이츠 120
　~와 지구 온난화에 대한 마셜연구소 보고 352~358, 398~400
　과학자로서의 ~ 497~499
　산성비동료평가단 158~163, 180, 189~190, 194~198
　자격과 이력 33~34, 161
　주장과 신념 160~162, 443
　지구 온난화에 대하여 31, 505
니런버그산성비동료평가단(산성비동료평가단) 157~197
　~ 성원 163, 165, 172~173
　~ 책임자로서의 니런버그 158~163
　~의 결론 164~165
　~의 절차 173
　과학기술정책실/백악관 변경 173~176, 189~192, 196
　니런버그와 보고서의 변경 194~197
　변경에 대한 평가단 성원들의 반대 194~195
　보도 자료 변경 174
　산성비 통제에 따른 비용-편익 분석을 한 싱어의 부록 181~185, 190, 191~192
　평가단 보고서에 대한 싱어의 변경 175~187
　평가단 보고서의 지연 185~187, 189~190
니츠, 폴 92
니코틴 58
닉슨, 리처드 86, 141, 326, 415, 457

다

다먼, 리처드 469
다무어스, 노먼 188
다이슨, 프리먼 128
담배 광고 금지 61~62
『담배 논쟁에 관한 과학적 관점』 52
담배 산업 39~81
　~과 간접흡연 264, 266~267
　~과 의료계 56~57
　~에 대한 그린의 생각 505
　~에 대한 법률 소송 45, 63
　~의 생물의학 연구 기금 39~46, 56, 60~61, 64, 72~73
　과학자들 자체적인 결정 58
　과학적 의심 활용 28~29, 314
　『나쁜 과학: 자료책』 278~284

논란과 논쟁 49, 54
사기를 범하려는 음모 75~76, 78
언론 활용 49~50, 54~56
의심 퍼뜨리기 79~81, 453~455
이윤 63, 308~309
전문가 증인 양성 45, 72~76
환경보호청에 대한 공격 282~283, 284~293
흡연이 암을 유발하는 증거에 도전하는 결정 45~50
담배산업연구위원회 49, 52, 60
담배산업협회 30
담배산업홍보위원회 48
담배연구센터 269
담배연구위원회 60
대공황 466
대기 오염 141~143, 150, 170 지구 온난화, 오존 감소도 보라.
대기과학위원회 221, 223~224
대기청정법 202, 204
대기화학평가단 222
대통령 직속 과학자문위원회 412~415, 457
던랩, 라일리 470
데이비스, 크리스티 317
데탕트 86~88
도너휴, 토머스 M. 217, 222
독립연구소 481
돌턴, 존 380
동료 평가 25~23, 295~296, 496
동물 연구 273, 275
듀퐁코퍼레이션(듀퐁) 238
딜레이, 톰 256

라

라마나탄, V. 245, 246, 376
라슨, 미애나 388, 395
라이컨스, 진 E.
　니런버그산성비동료평가단 164~165, 178, 194, 196, 486
　허버드브룩생태계연구모임 140, 142, 149, 157
랜, 케네스 190, 194
『랜싯』 426
랭커스터, 저스틴 32, 360, 365, 367~369
러브록, 제임스 219
러클스하우스, 윌리엄 186, 189, 198, 423, 432, 457
레이, 딕시 리 250~251, 253, 429~432, 442, 467
레이건, 로널드 85, 96~104, 153, 157, 201, 466
렌지, 존 C. 289
루러배커, 데이나 255
로렌스 리버모어 국립연구소 22
로버츠, 월터 오 107
로버트슨, 존 178, 190~191
『로스앤젤레스 타임스』 188, 223
록펠러가족기금 106
록펠러대학교 66
롤런드, 셔우드
　산성비 163~164, 178, 486
　오존 감소 219, 222, 225, 226, 237, 254, 255
롬보르, 비외른 416, 478~481, 489
루, 리처드 C. 435

루더먼, 맬빈 94~95, 196
루이스, C. S. 94
리, 드와이트 276, 279, 292
리게트그룹 60
리벨, 로저 325, 332, 337, 358~371, 466
리비코프, 에이브러햄 335~336
리틀, C. C. 51
린든, 유진 400
린전, 리처드 394
림보, 러시 434, 456

마

마나베 슈쿠로 328, 381
마두로, 로젤리오 252~253
마든, 로이 E. 435
마셜연구소 조지 C. 마셜 연구소를 보라.
마이카, 존 293
마이클스, 패트릭 258, 380~381, 393, 394, 477
막타, 레스터 163
만, 마이클 488
말라리아 405~406, 418~419, 421~422, 430~431
말먼, 제리 381~382
'매사추세츠 주 등 대 환경보호청' 사건 23
매카티, 매클린 40~42
매클라우드, 콜린 41~42
매키번, 빌 458
매킨타이어, 스티브 489
맥도널드, 고든 172
맥도널드, 제임스 E. 212

맬서스, 토머스 474
『머니』(잡지) 309
머랙, 에밀 307~308, 411, 457
머로, 에드워드 R. 55
멍크, 월터 366, 368
『메디컬센티넬』 456
메를로, 엘런 268, 276, 284, 287
모델 113~114, 126~127
모델 벤치마킹 374
모이니핸, 대니얼 패트릭 101~102
몰딘, 로버트 492
몰리나, 마리오 220, 222, 225, 255
무니, 크리스 458
문지방 효과 293, 302, 305~307
뮐러, 파울 407
미국 국립대기연구소(커비와 동료들) 110, 114~116
미국 국립보건원 41
'미국 대 필립모리스 등' 사건 75
미국 육군 병기국 483
미국과학자연맹 130, 131
미국과학진흥협회 130
미국국립과학학술원(과학학술원)
 ~과 오존 감소 220, 221~222, 226~227
 ~의 보수주의 133
 사이츠와 ~ 64~67, 131, 455
 지구 온난화에 대한 1차 평가(위원장 차니) 328~331
 지구 온난화에 대한 2차 평가(위원장 셀링) 332~335
 지구 온난화에 대한 3차 평가(위원장 니런버그) 336~347
미국기상학회 26, 391~392

미국기업연구소 241, 406, 434, 458
미국내과의·외과의협회 432, 456
미국암학회 57
미제스, 루트비히 폰 460
미첼, 조지 188
미트리연구소 169
밀로이, 스티븐 J. 288, 290, 432, 443, 459, 469

바

바넷, 팀 376, 384, 393
바스티아, 프레데릭 481
바턴, 조셉(조) 488
반공주의 68, 85~88, 122, 313, 442, 466~469 냉전과 냉전 전사들도 보라.
방사능 노출 적정량 306
배스트, 조셉 435
배출 거래(배출량 할당 거래제) 184~185, 203
배출량 할당 거래제 202~204
버나보, 크리스 156
버런, 크리스타 360, 361, 369
벌린, 이사야 315, 444
베로, 리사 451
베테, 한스 100, 110, 117~118
베트남 전쟁 67, 161
『변화의 바람』(린든) 400
『변화하는 기후: 이산화탄소평가위원회 보고서』 337~347
보건복지부(미국) 264~267
보먼, F. 허버트 139, 147
보이코프, 맥스웰 401

보이코프, 줄스 401
보잉연구소 212
보헤미안 그로브 71
볼드윈, I. L. 417, 423~424
볼린, 베르트 26, 144~145, 148, 384, 387, 390, 393
볼츠, 존 289
볼티모어, 데이비드 281
부시, 조지 H. W.
　간접흡연 267~268
　산성비 202
　중앙정보국 국장으로서의 ~ 88, 91
　지구 온난화 31, 34, 350, 352, 370, 399, 469
북극성층권비행원정대 239
브라운 2세, 조지 E., 381
브라운앤드윌리엄슨 48, 58, 60
브라이슨, 리드 252
브랜트, 앨런 57
브로드, 윌리엄 129~130
브로인, 노마 R. 73~74
브리티시아메리칸토바코 317, 505
비클, 존 492
빌링스, 말린 494

사

사이먼, 윌리엄 125
사이먼, 줄리언 474~476, 477
『사이언스』 110, 130, 132, 149, 188~189, 194, 212, 214, 247, 254
『사이언티픽 아메리칸』 150, 479
사이츠, 러셀 125~131, 313~314

사이츠, 프레더릭
　~와 건전과학진흥연맹 289
　~와 니런버그 120
　~와 담배 산업의 연구 지원금 39~40, 68~69, 72
　~와 레이놀즈 39, 66~67
　~와 마셜연구소 116
　~와 지구 온난화 352~358, 454~455
　센터에 대한 공격 389~393
　신념과 주장 29, 67~72, 81, 85, 86~87, 442~443
　자격과 이력 28~30, 33~34, 39~40, 64~66, 497~499
사회를 걱정하는 과학자 연맹 117, 121~123, 131
산성 강우와 삼림 생태계에 관한 국제 심포지엄 145
산성비 139~207 니런버그산성비평가단도 보라.
　~를 둘러싼 미국과 캐나다의 불화 151~157
　~에 대한 불확실성 145, 154~158, 175~181, 198~202
　~에 대한 시장에 근거한 해법 179, 182~185, 203~205
　~에 대한 합의 149~150
　~에 대한 해법으로서의 규제 186~187, 206~207
　늘어나는 ~의 영향에 대한 증거 143~150
　대형 굴뚝과 ~ 142~143, 152
　동위 원소 분석 148
　부수적 피해 142
　언론과 ~ 450~451

허버드브룩생태계연구모임 140, 142, 203~204
살충제 DDT를 보라.
살충제 업계 415
샌터, 벤저민(벤) 372~398
　~에 대한 공격 23~24, 25~28, 389~394
　이력 21~22, 372~375, 488~489
　정부간기후변화위원회 2차 평가 보고서 376~379, 387
생물 축적 410
섀넌, 제임스 A. 40
서부에어로졸정보사무소 221, 228
석유 산업 171
성층권변화영향검토위원회 222
세계보건기구 420, 431
『세계의 끝에 있는 다리』(스페스) 473
세이건, 칼 88, 98~101, 107~108, 113
세이프가드(탄도 미사일 요격 시스템) 118
『세인트루이스 포스트 디스패치』 280
세인트오거스틴 산 251~252, 254
센티넬(탄도 미사일 요격 시스템) 118
셸링, 토머스 332~335, 340~342
소련 89~93, 101~104, 122~124, 482
소로스, 조지 463
솔로몬, 수전 233
수누누, 존 352~353
수동적 흡연 간접흡연을 보라.
『수동적 흡연이 호흡기 건강에 미치는 영향』(환경보호청 보고서) 271
수오미, 버너 E. 331, 343
슈나이더, 스티븐 354~355, 383, 486
슐레진저, 마이크 393

스노, C. P. 504
스리랑카 430~431
스미슨, 마이클 501
스칼리아, 앤토닌 23
스케이프, 리처드 멜런 242
스코러, 리처드 222~223
스크립스하워드신문그룹 280
스타 워스 전략 방위 구상을 보라.
스타, 천시 176~177, 307, 364
스탤론, 실베스터 269
스턴, 니콜라스 471
스토크스, 콜린 H. 39, 43~45
스톡먼, 데이비드 A. 185
스톨라르스키, 리처드 218, 231~232
스페스, 거스 152, 351, 402, 472~473
시서론, 랠프 218
시장의 실패 462, 465, 472
시프, 해럴드 224
신뢰 505~505
실내 잔류 도포 방식 418~419, 420
싱어, S. 프레드
　~와 건전과학진흥연맹 289~290
　~와 산성비 173, 175~187, 190, 192
　~와 알렉시스 드 토크빌 연구소 291~292
　~와 지구 온난화 358~371, 384~387, 392~395, 468~469, 476~478
　과학자로서의 ~ 498~499
　냉전 전사로서의 ~ 442~443
　오존 감소에 대하여 242~250, 254~259, 462
　자격과 이력 28~30, 33~35, 165~171
　주장과 신념 308
　핵겨울에 대하여 132

환경보호청에 대한 공격 276~277, 292~293
쓰레기 과학 263, 276, 288, 433, 440

아

알렉시스 드 토크빌 연구소(토크빌연구소) 30, 291, 293
알파넷 484
암
　간접흡연과 ~ 263, 264~269
　오존 감소와 ~ 213, 242~243
　흡연과 ~ 45~47, 49~51, 58, 61~62
　DDT와 ~ 427
애커먼, 윌리엄 180
애커먼, 토머스 109
앤더슨, 제임스 226
언론 32, 49~50, 54~57, 400~402, 447~453, 497
언론에서의 균형에 대한 언급 50, 54~56, 400~402, 447~450, 494~502
얼리크, 폴 107, 109, 116
에너지 산업 202
에너지부(미국) 21, 327
에드워즈, J. 고든 456
에러버스 산 251~252
에어로졸 산업 220~229, 237~238
에어스, 리처드 157
에이버리, 오스월드 41~42
에임스연구센터(나사) 105~107, 239
엑손모빌 458
엘새서, 월터 85
엘새서, 휴 392

엘-아시리, 모하메드 203
엘치촌(화산) 254
역학 297
연방통신위원회 62, 121
염화불화탄소 219~229, 246~249
영국남극조사단 229, 230
영국담배자문위원회 310
영아돌연사증후군 271
오덴, 스반테 144~145, 172
오서벨, 제시 339
오염 통제 141~142, 183~185, 202~207
오웰, 조지 439, 442
오존 감소 211~259
 ~에 대한 싱어의 대항 서사 242~250, 255~259
 기상학적 효과 233~235
 남극 상공의 오존 홀 229~235
 북극의 오존 지수 238~241
 염화불화탄소 과학 대 염화불화탄소 산업 220~229
 염화불화탄소 규제 228~229, 235~237, 240~241
 염화불화탄소와 ~ 219, 244~246, 247~249
 우주 왕복선과 ~ 218, 219, 230
 초음속 여객기와 ~ 211~218, 244
 헤리티지재단의 평가 242
 화산과 ~ 223~225, 251~253, 254
오존변화추세평가단 236~238, 240, 250
오존층 파괴 물질에 관한 몬트리올 의정서(몬트리올 의정서) 235~237, 240~241, 248
오컴의 면도날 302, 304~307
오키프, 윌리엄 387

온실가스 245~246, 324~332 지구 온난화도 보라.
「온실온난화에 대해 무엇을 할 것인가: 유비무환의 교훈」 361~371
올린연구소(존 M. 올린 전략연구소) 125, 313~314
와인버그, 앨빈 343, 346
왓슨, 로버트 T. 230, 236, 237, 239, 255
외부 비용 441, 463~464
요, 게리 339
용량 반응 곡선과 문지방 효과 293~294, 302, 304~307
우드웰, 조지 107, 172
우생학 51
우주 왕복선 218, 219, 230
우파 재단 435~437, 458
위스, 팀 348
『워싱턴 타임스』 250, 255, 258, 283, 380, 394, 459
『워싱턴 포스트』 158, 360, 471
『월스트리트 저널』 25, 135, 158, 171, 173, 243, 280, 390~393, 398, 417, 455, 468
웨이드, 니콜라스 129~130
위그너, 유진 65, 68, 118
위글리, 톰 372, 373, 383, 385~386, 387, 394, 396
위성 165~167, 231~233
위험 평가 271~275, 307~308
윈덤, 로버트 268
윌, 조지 257, 366, 467
유독성 293, 302, 304~307
음성 피드백 메커니즘 329~330, 359
'의도하지 않은 성층권 변화' 평가단

221
의사 결정 492~493, 499~505
의심 퍼뜨리기
　~와 결정 이론 492
　과학이라는 겉모습 씌우기 453~456
　과학적 불확실성과 ~ 80, 147, 153~157, 492~494
　담배 산업과 ~ 28~30, 49~50, 80~81, 453~454
　산성비와 ~ 146~147, 153~157, 175~181, 198~202
　양쪽 입장을 모두 듣기 494~502
　언론과 ~ 447~453
　재단과 기업에서 자금 지원을 받는 싱크 탱크 458~461
　흡연과 건강에 대한 ~ 52~53, 78~80
이라크 전쟁 452
이매뉴얼, 케리 113~114, 132
이산화탄소 325~331 지구 온난화도 보라.
이스터브룩, 그레그 365
인과 관계 79, 372
인구 통제 168~169, 474~475
『인베스터스 비즈니스 데일리』 280, 285
인터넷 448, 484
일산화염소 225~226, 240

자

자본주의 134~135 자유 시장 이데올로기도 보라.
『자본주의와 자유』(프리드먼) 134, 462, 483

자연 보호 140
자연 보호론 140~141
자유 134, 279, 310~319, 439~444, 461~471
자유 시장 근본주의 463~473
자유 시장 이데올로기
　~와 기술 474~475, 482~485
　~와 자유 461~471
　규제 대 ~ 406~407, 428~429, 439~444, 464~465
　완벽한 정보와 자유 시장 464
　지구 온난화와 ~ 347
　풍요론 474~482
자유 시장 환경론 292
자유방임 경제학 460, 463
자크, 피터 470
잠수함 감시 93
재스트로, 로버트
　자격과 이력 33~34, 100~102, 442~443, 498~499
　조지 C. 마셜 연구소 116~117, 119~123
　지구 온난화에 대한 보고서 31, 351~358, 399~400
　『코멘터리』에 기고한 논설 101~103, 121
　핵겨울에 대하여 125
전략 방위 구상(스타 워스) 85, 96~135
　~에 대한 반대 97~100, 117~119
　~에 대한 방어 87~88
　~에 대한 재스트로와 마셜연구소의 지원 119~123
　~와 탄도탄 요격 미사일 조약 123
　~의 목적 97~98

찾아보기 619

소련의 군사력 평가와 ~ 88~96, 101~103
핵 동결 운동과 ~ 97
핵겨울 이론과 ~ 105~116
전략목표검토단 92~96
정부 통제 439, 467~468, 481 규제도 보라.
정부간기후변화위원회
  1차 평가 보고서 350, 356~358
  2차 평가 보고서 24~27, 376~378, 382~383
  2차 평가 보고서에 대한 공격 24~27, 383~388, 389~394
  3차 평가 보고서 323
정부와 기술 483~485
제이슨위원회 326~329, 331~332
제프리스, 켄트 292~293
조지 C. 마셜 연구소(마셜연구소)
  ~와 간접흡연 285
  ~와 오존 감소 242, 258
  ~의 설립 88, 117, 119~120
  과학이라는 겉모습 씌우기 453~454
  연구소장 사이츠 88
  전략 방위 구상에 대한 옹호 120~123
  지구 온난화에 대한 보고 352~358, 398
조직범죄피해자보상법 75, 78
존스턴, 해럴드 213~217, 222
존스턴, J. 베넷 348
존슨, 노이 M. 139, 149
존슨, 린든 326
종말 병기 108~109
중앙정보국 88~96, 104
지구 온난화 323~402

~ 부정하기 492~493
~ 해법으로서의 이주와 적응 333, 343
~에 대한 롬보르의 주장 478~480
~에 대한 미국인의 믿음 323~324
~에 대한 합의 323, 371~372
~에 대한 핸슨의 보고서 347, 348~350, 354~357
~와 인간 372~376
~와 해수면 상승 325, 337~338, 342
~의 원인으로서의 태양(마셜연구소 보고서) 351~358
과학자들에 대한 협박 488~489
교토 의정서 402
국립과학학술원(미국)
  지구 온난화에 대한 1차 평가(위원장 차니) 328~331
  지구 온난화에 대한 2차 평가(위원장 셸링) 332~335
  지구 온난화에 대한 3차 평가(위원장 니런버그) 336~347
극지 증폭 현상 327
기후 변화에 관한 유엔 기본 협약 370
샌터에 대한 공격 389~392, 394~395
샌터와 ~ 21~22
싱어의 르벨에 대한 왜곡 358~370
언론과 ~ 400~402, 450~451
엑손모빌과 ~ 458~459
음성 피드백 메커니즘과 ~ 329~330, 359
이산화탄소와 기후에 대한 초기 지식 325~328
자유 시장 경제와 ~ 346~347
정부간기후변화위원회

1차 평가 보고서 350, 356~358
2차 평가 보고서 24~27, 376~378, 382~383
2차 평가 보고서에 대한 공격 24~27, 383~388, 389~394
종말 예측으로서의 ~ 476~477
지구 정상 회담 370, 467~471
청문회 379~382
탄소세 339
하트랜드연구소와 ~ 459~460
1970년대의 가뭄과 흉작 326
『지구 온난화: 과학은 우리에게 무엇을 말해주는가?』 352~358
『지구 온난화 포럼』 368
지구 정상 회담(유엔 리우데자네이루) 370, 467~471
「지구 환경에 인간이 미치는 영향: 중대한 환경 문제에 관한 연구 보고서」 211~212
지구기후연맹 388, 389
『지구를 파괴하다』(레이) 250, 430~433
『지구물리 연구 저널』 246
지문 검색 22, 375, 393
『진실을 배반한 과학자들』(브로드, 웨이드) 129
질산염소 226
질소 산화물 213~214

차

차니, 줄 328
초음속 여객기 211~218, 244
『침묵의 봄』 레이철 카슨을 보라.

카

카슨, 레이첼(『침묵의 봄』) 141, 144, 405~412, 417, 423~425, 433~434
카터, 제임스 얼 95, 152, 328, 335
캐나다와 산성비 151~157, 186
캐첸스타인, 앨런 187
커러더스, 개리 290
커비, 커트 110
『컨슈머스 리서치 매거진』 250
컬프, 로렌스 201, 477
케네디, 게일 451
케네디, 도널드 229
케네디, 존 F. 412
케리, 윌리엄 D. 110
케이토연구소 201, 288, 292, 357, 406, 459
케인스, 존 메이너드 311
켄달, 헨리 122~123
켈로그, 윌리엄 211
『코멘터리』 101~103, 121, 135
『코스모스』(잡지) 363~365
〈코스모스〉(텔레비전 시리즈) 98
코언, 보너 287, 406
콘, 바바라 A. 427~428
콜라타, 지나 291
쿠어스, 조셉 242
크라우트해머, 찰스 471
크라이튼, 마이클 434
크랜들, 캔디스 280
크뤼천, 파울 219, 255
클라인, 마틴 J. 42, 46, 72~74, 76
키워스, 조지 157~158, 159, 192, 197, 345

킬링, 찰스 데이비드 325

타

『타임』 281
탄도탄 요격 미사일 시스템 94~95, 117
탄소세 339
탐지와 원인 규명 연구 372
터코, 리처드 109
테리, 루서 L. 57, 59
텔러, 에드워드 88~89, 90, 110, 117~118, 132
토지, 제임스 284
토크빌, 알렉시스 드 447, 504
통계적 문지방 299~301
통일교(통일교회) 249
툰, O. 브라이언 109
튜키, 존 222
티어니, 존 417~423, 443

파

파나마 운하 422
파라셀수스 305
파이프스, 리처드 92
파인먼, 리처드 128
퍼거, 로저 56
『퍼레이드』 108, 113
퍼멘토, 마이클 280, 290, 456
펄, 리처드 92
펄먼, 도널드 387
페더럴포커스 285

페리, 존 334, 336, 346
페스토리어스, 톰 174, 178, 189, 196, 346
폐기종 70~71
포그, 코레 489
포드, 제럴드 88, 221
포리스트(흡연을 누릴 권리를 위한 자유조직) 309~310, 316~317
『포린 어페어스』 108, 113, 126
폭슬리-노리스, 크리스토퍼 310, 312
폴락, 제임스 109
풀러, 크레이그 284~285, 287~288
풍요론 168~169, 474~482
프록터, 로버트 453
프루지너, 스탠리 B. 42, 45, 75~76
프리드먼, 밀턴 134, 184, 462~464, 483
프리먼, 마크 470
프리먼, 에드워드 366~367
피부암 213, 243
피어스, 로버트 S. 139~140
『피츠버그 프레스』 217
필립모리스
　간접흡연 캠페인 270, 275, 285~294
　머랙과 ~ 307, 457
　싱크 탱크 지원을 통한 조직화 435~437
　이윤 308~309
　하트랜드연구소와 ~ 459~460
　흡연과 암 47~48

하

하딘, 개럿 168

하셀만, 클라우스 373, 397
하운셀, 데이비드 205, 206
하트랜드연구소 406, 435~436, 443, 459~460
한, 빅터 287
할인 341
해리스 경 311
해수면 상승 325, 342
해양대기청(미국) 233~234
핵 동결 운동 97
「핵겨울: 다중 핵폭발이 전 지구적으로 미치는 결과」 109, 110~113, 115, 126~127
핵겨울 이론 104~116
　~에 대한 검토 110~113
　~에 대한 공개회의 106~107
　~에 대한 논문(일명 TTAPS 논문) 109, 110~112, 113, 115, 126~127
　~에 대한 (러셀) 사이츠의 주장 126~131
　~을 대중에게 공개하기로 한 세이건의 결정 108~109, 112~113, 114
　국립대기연구소(커비와 동료들) 110, 114~116
　나사 에임스연구센터 105~107
　이매뉴얼의 비난 113~114
　합의의 출현 116
핵무기와 핵무기 정치학 85~88, 108~110, 117~120 전략 방위 구상(스타 워즈)도 보라.
핸들러, 필립 220, 222, 227, 328
핸슨, 윌리엄 웹스터 70~71
핸슨, 제임스 E. 246, 328, 347, 348~350, 354~356, 371

허드슨연구소 87
허버드브룩생태계연구모임 139~140, 142, 203
허프바우어, 캐롤린 366
헌튼, 도널드 220
헤리티지재단 87, 172, 242
헤어, F. 케네스 154
헨리 P. 켄달 재단 106
헬레나 국유림 410
현존하는 위험에 대응하기 위한 위원회 95
호델, 도널드 241
호르메시스 303
호커데이, 톰 276
호턴, 존 383, 384, 390
화산 223~224, 251~252, 254
화이트, 로버트 M. 327
화학공업협회 220, 222
『화학 공학 뉴스』 146~147
화학기업협회 435
화학제조업협회 220
환경론
　~과 사회주의 461~463, 465~469
　~과 자본주의 134~135
　~에 대한 회의론적 도서 출판 470
　공화당과 ~ 141
　미학에서 규제로 140~141, 440~442
　보수주의와 ~ 241, 257~258
　비용-편익 분석과 ~ 169~170
　암울한 종말론을 퍼뜨리는 ~ 475~476
　우파 재단과 ~ 435~439
　자유 시장 이데올로기와 ~ 292, 461~463

『침묵의 봄』과 ~ 411~412, 414
환경보호청
　~과 간접흡연 270~272, 296~303
　~과 산성비 158~159
　~과 위험 평가 272~275
　~에 대한 담배 산업의 공격 29~30, 282~283, 284~293, 302~306
　~에 대한 크라우트해머의 비판 471
　~이 쓰레기 과학을 생산한다는 싱어의 비난 29~30, 275~276
　닉슨과 ~ 141, 415
　용량 반응 곡선과 문지방 효과 302, 304~307
『환경보호청 감시』 287
환경적 담배 연기 간접흡연을 보라.
황열병 422
『회의적 환경주의자』(롬보르) 416, 478~479
후버연구소 87
휴퍼, 윌헬름 C. 52
흡연과 건강 간접흡연, 담배 산업도 보라.
　~에 대한 나치의 연구 313
　~에 대한 불확실성 52~53, 78~80
　~에 대한 여론 조사 79
　과학이라는 겉모습 씌우기 453~454
　니코틴의 중독성 58
　담배 광고 금지 61~63
　발암 증거 45~47, 49~51, 58, 60
　보건복지부 자문위원회 보고서(1962년) 57~60
　주 정부에서 통과된 흡연 규제법 264
　폐기종 70~71
『흡연과 건강』 56

흡연과 자유 278, 310~319
히라야마 다케시 266
히로시마·나가사키 폭격 106
힐앤드놀턴(존 힐) 48~49, 52, 78

1종 오류, 2종 오류 300~301
1980년 산성강우법 152
『1984』(조지 오웰) 439

APCO사 275~276, 289
B팀 88~96, 103~104
DDT
　~ 금지 405, 414~415, 425~426
　~에 대한 곤충의 내성 419~421, 433
　~에 대한 레이의 변호 430
　~와 인간 425~428
　~와 자유 시장과 규제 406~407, 427~428
　~의 역사 407~409
　~의 지속성 410
　~의 환경적 영향 409~411, 425, 426, 442
　대통령 직속 과학자문위원회 412~415
　입증의 책임 415
　질병 통제와 ~ 405~406, 418~423, 428, 430~432
　『침묵의 봄』 발간(카슨) 410
　카슨과『침묵의 봄』에 대한 공격 405~406, 411~412, 416~417, 423~424, 434
MIT 117, 211

R. J. 레이놀즈토바코 29, 39, 43~44, 48, 63, 66~67

나오미 오레스케스 Naomi Oreskes

캘리포니아대학교 샌디에이고캠퍼스 과학사 교수. 1990년에 스탠퍼드대학교에서 지질학 및 과학사로 박사 학위를 받았으며, 1994년에 미국국립과학재단 National Science Foundation에서 '젊은과학자상Young Investigator Award'을 수상했다. 미국 환경보호청과 국립과학학술원의 자문위원을 역임했으며, 지구 과학과 지구 온난화 등의 환경 이슈를 연구하고 있다. 주요 저서로는 *Plate Tectonics*(2003년), *The Rejection of Continental Drift*(1999년) 등이 있다.

에릭 M. 콘웨이 Erik M. Conway

캘리포니아공과대학교 제트추진연구소의 역사학자. 주요 저서로는 *Atmospheric Science at NASA: A History*(2008년), *Realizing the Dream of Flight*(2006년) 등이 있다.

유강은

서울대학교 종교학과를 졸업하고 국제연대정책정보센터PICIS에서 활동하였다. 현재는 국제 문제를 전문으로 번역하고 있다. 역서로는 『자본주의, 그들만의 파라다이스』(2011년), 『두뇌를 팝니다』(2010년), 『미국 대도시의 죽음과 삶』(2010년), 『팔레스타인 현대사』(2009년), 『보이지 않는 사람들』(2009년), 『The Left 1848~2000』(2008년), 『미국민중사 1, 2』(2006년) 등이 있다.

의혹을 팝니다

2012년 1월 15일(초판 1쇄)
2012년 4월 15일(초판 2쇄)

지은이 나오미 오레스케스, 에릭 M. 콘웨이
옮긴이 유강은
펴낸곳 도서 출판 미지북스
서울 마포구 상암동 2-120 201호(우편 번호 121-270)
전화 070-7533-1848 전송 02-713-1848
mizibooks@naver.com
출판 등록 2008년 2월 13일 제313-2008-000029호

기획, 마케팅 이지열
편집 정미은
출력 스크린출력센터
인쇄 제본 영신사

ISBN 978-89-94142-21-0 03300
값 25,000원